U0621456

检察机关执法规范培训学程

最高人民检察院组织编写

中国检察出版社

《检察机关执法规范培训学程》编审委员会

主　任　胡泽君

副主任　孙　谦　李如林

编委会委员

白泉民　王少峰　胡尹庐　夏道虎　万　春

彭　东　陈连福　李文生　袁其国　王鸿翼

王晓新　王　晋　宋寒松　陈国庆　张振海

郭兴旺　叶　峰　王洪祥　石少侠

前　言

规范执法是检察机关执法活动的基本要求，也是检察机关执法公信力的重要保障。最高人民检察院高度重视规范执法工作，认真贯彻中央关于深化司法体制和工作机制改革统一部署，全面总结执法规范化建设成功经验，抓住最容易发生问题的岗位和环节，不断完善明确、具体、操作性强的执法行为规范，完善内部管理制度，确保检察机关的各项执法活动、各个执法环节都有章可循。作为深入推进检察机关执法规范化建设的关键步骤和重要内容，最高人民检察院制定了《检察机关执法工作基本规范（2010 年版）》（以下简称《执法规范》），于 2010 年 12 月 29 日发布执行。为确保全国检察机关和广大检察人员准确理解和正确执行《执法规范》，最高人民检察院组织编写了《检察机关执法规范培训学程》（以下简称《执法规范学程》），作为全国检察人员学习掌握《执法规范》的培训教材和指导用书。

（一）

《执法规范》是最高人民检察院立足检察机关执法规范化建设实际制定的基础性、规范性文件，是全面总结、系统提升近年来检察机关执法规范化建设探索实践和经验做法的结晶。《执法规范》的制定，有着深刻的背景。一方面，全国各级检察机关近年来深入贯彻落实中央和中央政法委关于执法规范化建设的部署要求，以"规范执法行为、促进执法公正"为核心，结合执法办案工作实际，积极推进机制创新，探索制定工作规范，发现、研究问题并提出解决思路，取得了显著成效，为最高人民检察院统一制定适用于全国检察机关的《执法规范》奠定了实践基础。另一方面，各地检察机关制定的执法办案工作规范在体例、内容、效力等诸多方面都不尽相同，制度的多样性影响了制度的统一性和权威性。而国家和最高人民检察院颁布的一系列法律、法规、司法解释和制度规定，由于颁布时间和规范侧重点不同，一些规定也不尽一致，给检察机关执法活动带来不利影响，需要系统梳理和全面整合，对最高人民检察院统一制定适用于全国检察机关的《执法规范》提出了迫切要求。正是在这样的背景下，最高人民检察院把编纂《执法规范》作为事关检察工作和检察队伍建设全局的大事来抓，集中最高人民检察院机关各业务部门和部分地方检察机关业务骨干，在近一年时间里，经过深入调研、周密论证、研究起草、反复修改，并经最高人民检察院检察委员会两次审议，终于完成了这一规模浩大的基础工作，形成了涵盖检察机关各个业务部门和各个工作环节的统一、完备、权威的业务工作规范体系，实现了执法标准统一、执法要求明确的基本目标。《执法规范》的颁布实施，对于规范检察人员执法行为，有效解决执法办案中存在的薄弱环节和突出问题，提高办案质量，保障和促进检察人员严格、公正、文明、廉洁执法，提升检察机关执法公信力和执法形象，都具有非常重要的意义。

（二）

《执法规范》全面整合检察机关执法办案中的法律规定、司法解释、业务规范和纪律规定，系统梳理检察机关执法办案工作流程，对每个执法环节、每项执法措施都作出明确、严密、标准、可操作的规定，既是各级检察机关所有业务部门、业务岗位的基本操作规程，又是各级检察机关执法办案的强制性规范，是规范检察机关执法办案工作的纲领性文件。全面了解《执法规范》的主要特点、基本结构和主要内容，对于更好地从总体上掌握和贯彻执行《执法规范》大有益处。

《执法规范》有以下主要特点：一是系统编纂。围绕检察机关执法办案工作这条主线，遵循检察业务工作运行规律，整合现行法律法规和规范性文件，使《执法规范》成为全面、系统、具有内部逻辑性的业务规范体系，而不是条文的简单汇集。二是范围明确。检察机关职能广泛，有的业务部门、业务岗位职责不仅局限于执法办案工作，为防止内容泛化，《执法规范》重点规范执法办案工作。三是重点突出。检察业务工作涉及面广，执法环节多，各个执法活动的要求标准不尽相同，如果把各业务部门和业务岗位每个执法过程和环节的实体与程序规定都包揽进来，就会过于庞杂和繁简不一。《执法规范》坚持以执法流程和程序性规定为主线，适当兼顾实体性规定，依据检察业务工作的主要内容和基本环节，明确检察人员执法活动中的基本要求，既全面概括，又突出重点，便于检察人员理解、掌握和执行，便于从同一层次上规范执法工作。为确保各项执法程序的连续性，对各部分相近程序或交叉内容，在重点章节详写，在其他章节略写或用指引性条文予以指引，既避免重复，又彼此衔接。四是以法为据。把所有规范性文件中涉及检察机关执法办案的规定，按照各编、章、节内容集中，从规范执法的角度加以梳理、整合，并将相关文件依据附于各编条文后，便于查询。能够引用法律法规、司法解释、业务规范及纪律规定等规范性文件原文的，原则上引用原条文；对确需转换角度表述的，对条文含义不作变动，保证《执法规范》内容的合法性和有效性。对于在检察改革中推行的少数已经比较成熟的做法经验，也固化为条文在《执法规范》中进行了规定。对高检院原发布的一些规范性文件的适用范围作了适当扩大，使其适用于全国。五是表述统一。在体例上按编、章、节、条、款、项顺序编排，所有条文用"第×（编）·×条"条文模式，以编为单位独立编排，便于查找条文种属关系和以后的局部修订。将各编、章名称原则上用统一结构的法律术语进行表述，如控告申诉检察、监所检察等。但考虑到"侦查监督"、"公诉"均有特定法律含义，无法涵盖所在两编所有内容，如审查逮捕、刑事审判监督等，故采用含义比较宽泛且约定俗成的"侦查监督工作"、"公诉工作"等表述方式。

《执法规范》根据检察机关执法特点，以检察执法流程为重点，适当兼顾检察业务部门设置，按照总则→控告申诉检察→职务犯罪侦查与预防→侦查监督工作→公诉工作→监所检察→民事行政检察→特殊程序→其他规定等九编的基本流程和逻辑顺序展开。这样的结构安排主要基于两方面考虑：一是检察工作类别较多，各项检察工作既在一定的工作流程中，又具有相对的独立性，有些工作并不全部包括在一个工作流程中，有的工作在每个执法环节都有体现，单纯按照检察工作流程进行规范，可能导致重复或遗漏。二是检察机关各业务部门职能有的交叉，有的相近，加之全国检察机关业务部门设置不尽相同，如果根据最高人民检察院机关业务部门设置情况，分别提出每个部门的执法要求，容易导致内容重复，且不能完全照顾到各地机构设置的差异性。第一篇总则。把各项检察业务都应遵循的原则、证据、回避方面的总体要求以及检察委员会审议纳入。它归纳、概括了检察机关执法办案的共性要求，突出体现统领性和原则性，兼顾针对性和实用性。第二编控告申诉检察。考虑到控告申诉是检察执法流程的"入口"，将其置于首个流程。综合考虑控告申诉检察的业务性质、特点及各地机构设置情况，将控告检察和刑事申诉检察作为一编，以控告申诉检察各业务板块办案流程为主线，分别从信访、举报、刑事申诉、国家赔偿和被害人救助五个方面进行规范，既体现控告申诉检察业务的整体性，又兼顾各项工作的相对独立性。第三编职务犯罪侦查与预防。以职务犯罪侦查工作流程为主线，系统梳理整合与职务犯罪侦查工作有关的规范性文件，分别从自侦案件的管辖、强制措施、立案、侦查、侦查指挥与协作、安全防范、职务犯罪预防等方面分七章进行规范，并在相应环节对司法警察、检察技术、国际司法合作工作进行规范。第四编侦查监督工作。主要根据侦查监督工作的性质，围绕审查逮捕、立案监督、侦查活动监督三大职责分三章进行规范。第五编公诉工作。梳理归纳涉及公诉和死刑复核检察业务的规范性文件，分别从公诉工作任务和范围、案件受理、告知、辩护与代理、审查起诉、退回补充侦查、中止审查与退回侦查机关（部门）处理、提起公诉、不起诉、出席第一审法庭、一审刑事判决裁定的监督、二审检察、再审检察、死刑复核检察、死刑执行临场监督、备案等执法环节进行规范。第六编监所检察。按照监所检察执法要求、日常执法检察、重点执法工作、执法制度保障等进行梳理，构成监所检察执法规范体系。考虑到监所检察职责广泛，为使监所检察与其他业务规范有机衔接并避免重复，在涉及监所检察与其他业务规范共有的执法程序时，仅对监所检察的特殊规定进行梳理整合，并用相应条文进行指引，以保持执法流程完整。第七编民事行政检察。分八章规范民事行政检察的工作任务和业务范围、受理、立案、审查、提请抗诉、抗诉、出庭和检察建议等内容。第八编特殊程序。考虑到有些执法程序因其对象的特殊性、案源的特殊性、监督主体的特殊性或监督范围与方式的特殊性，且牵涉多个执法环节，程序相对独立、不宜拆分，放到其他各编也不合适，故统一纳入本编规范。第一章规范未成年人刑事案件的办理程序；第二章以高检院《关于检察机关办理全国人大代表转交案件的规定》为依据编纂，并将承办主体与案件来源作了适当扩充，成为普遍适用于全国检察机关的执法规范；第三章规范人民监督员审议案件的范围、程序等；第四章规范对司法工作人员在诉讼活动中渎职行为的法律监督。第九编其他规定。分别规定检察长列席人民法院审判委员会、案件请示、检察统计、立卷归档、执法办案内部监督、执法过错责任追究和附则等内容。

《执法规范》基本涵盖了检察机关各项业务工作，主要突出执法程序规定，较少涉及实体法律问题，未涉及检察机关各类法律文书制作、具体执法标准和执法保障。对于办案工作中涉及而《执法规范》未规范的实体规定，应依照相关法律法规和规范文件适用。只要规范性文件条款与《执法规范》内容不冲突，可与《执法规范》互为补充适用。为消除法律适用和法律文书援引依据上的困惑，把《执法规范》定位为指引检察机关及其检察人员严格、准确、规范执行法律、行政法规、司法解释、业务规范和纪律规定的内部规范，限检察机关内部适用，不在法律文书中引用。

（三）

《执法规范学程》是对《执法规范》的解读、阐释、拓展和细化。作为《执法规范》的配套自学和培训教材，《执法规范学程》与《执法规范》之间是一种指导使用关系。名称定为“学程”，是想与以往的培训“教程”有所区别，目的是便于检察人员自主学习，充分体现“以学为本”理念。教材编写具有以下特色：

一是结构体例新颖，内容丰富实用。在教材结构上，《执法规范学程》总体分为导论和主体两部分。主体部分采取编、章结构，共设十编，彼此相互独立，又浑然一体。其中，第一编为总则，第十编为综合性检察工作，其他各编为各主要检察业务。主体部分的业务编均根据具体业务内容采用了新颖的“一图三章”的体例结构。“一图”即各个检察业务的“执法工作流程图”，具体内容则分解在“工作概述”、“执法重点环节与要求”、“执法中常见问题及应对措施”三章。“一图三章”的体例模式，涵盖了各主要执法工作的基本要求和具体规范，语言通俗易懂，注重传授工作思路与方法。如果说《执法规范》重在规定检察人员在执法过程中应该怎么做，《执法规范学程》则更侧重学习贯彻《执法规范》过程中的答疑解惑，学习内容直指执法办案人员在工作实践中遇到的问题和困惑，内容丰富实用，便于检察人员对比、学习、记忆和查阅。

二是强化实务技能，力图呈现实践问题，激发检察人员探究学习兴趣，突出针对性。为强化教材内容的针对性，激发检察人员学习兴趣，《执法规范学程》突出了实务技能的传授和常见问题的解答。在主体部分的业务编中，我们首先根据检察业务工作的主要内容和基本环节，结合《执法规范》相关规定，将主要检察执法工作中各项执法流程归纳、制作成“工作流程图”，直观、清晰地展现了各业务工作实际操作规程。在对该执法工作的一般要求概要阐述后，我们主要有针对性地将执法工作流程中需要重点把握的工作环节及具体操作上需要注意的关键点归纳为“执法重点环节与要求”一章加以说明；对执法办案实践中经常遇到的突出问题的解决，专设了“执法中常见问题及应对措施”一章，不但在理论上对这些问题进行了解答，还列举了一些典型案例进行了说明，使检察人员通过对本书的学习，能够做到对实际工作流程体系有全面、直观的把握，对执法办案中的重点环节有明确的认识，对其中常见的突出问题可以从容应对。

三是遵循学习规律，满足检察人员的学习需求，强化有效学习的巩固练习环节。与普通教育相比，成人的学习有很大不同。在《执法规范学程》和《培训教学大纲》的编写过程中，我们也充分考虑到了检察人员学习的特点，根据他们的经验和兴趣并结合工作现状和实际效用，尽量切合检察人员的学习需求。比如，我们将规范执法过程中的主要环节进行归纳，制作成的“执法工作流程图”，使执法工作环环相扣，形成很强的逻辑关系，执法工作中的重点环节直观而全面地展示在检察人员眼前，顺应了成人的机械记忆力等方面有不同程度的降低，但逻辑记忆能力较强的特点；根据成人一般带着问题学习，注重对问题的解决，学习重点放在解决实际问题和应用上的特点，我们在《执法规范学程》中，设专章从理论和实践两个方面，对执法办案中经常遇到的突出问题进行了全面归纳，并详细阐述了相应的解决措施。通过编写《执法规范学程》和《培训教学大纲》，我们将《执法规范》的内容进行了两次梳理，归纳出两个不同层次的学习重点，特别是《培训教学大纲》所附的自测题，更是具体明确了各章的学习目标和重点，为检察人员巩固学习成果提供了便利，强化了有效学习的练习环节。

（四）

《执法规范》要真正落实到执法实践中，关键在于提高各级检察人员依据《执法规范》执法办案的意识和能力，基础在于抓好《执法规范学程》的学习培训。《执法规范》的发布和《执法规范学程》的出版，只是万里长征走出的第一步，抓好学习掌握和贯彻执行的任务更艰巨。各级检察机关和广大检察人员要把学习使用《执法规范学程》和贯彻执行《执法规范》作为事关检察机关长远发展的一项基础性、全局性、战略性大事来抓，不断提高检察机关和广大检察人员规范执法的水平。

各级检察机关要重点抓好“四个结合”。一要把学习《执法规范学程》、执行《执法规范》与完善检察机关执法规范体系结合起来。构建完整的执法规范体系是一个长期持续的过程，随着司法体制、工作机制改革的不断推进和法律规定的不断出台，执法规范体系的内容会不断完善和充实。各地在学习执行过程中，既要注意掌握情况，研究提出进一步修改完善的意见建议；也要结合本地执法实际，认真总结执法办案工作经验教训，探索制定更为详尽的执法细则，不断丰富和完善执法规范的内容。二要把学习《执法规范学程》、执行《执法规范》与加强执法规范化建设结合起来。组织广大检察执法人员对照《执法规范》和《执法规范学程》，从每一个执法行为、执法环节、执法措施等执法细节入手，认真查找执法行为、执法作风等方面不符合《执法规范》、

《执法规范学程》的做法，制定切实有效的整改措施，及时进行整改。特别是对带有普遍性、倾向性和群众反映强烈的问题，对最容易发生问题的岗位、环节进行重点整治和规范。要通过检察官教育培训、新进执法人员研修、岗位练兵等途径，持之以恒地抓好《执法规范》的贯彻落实。要加大贯彻落实《执法规范》力度，使《执法规范》成为指导执法办案和业务工作考评的主要内容和依据。三要把学习《执法规范学程》、执行《执法规范》与推动检察业务工作结合起来。始终坚持把学习《执法规范学程》、贯彻《执法规范》的成果转化为推进各项检察工作的强大动力，用规范执法推动检察工作整体发展。四要把学习《执法规范学程》、执行《执法规范》与弘扬正气结合起来。要发现、培养和表彰在学习执行中涌现出来的先进典型，充分发挥先进典型的引领示范作用。加强对学习执行情况的监督检查，及时纠正并严肃处理违反《执法规范》的行为。

广大检察人员要提高学习《执法规范学程》、执行《执法规范》的能力和水平，重点应在三个方面下工夫。一要在学深学透上下工夫。坚持把《执法规范》与《执法规范学程》对照起来研读，与其他规范性文件结合起来理解，力求在全面掌握、学深学透上见成效，做到熟练掌握执法办案各个环节、岗位的标准、要求和工作程序，全面提高依据《执法规范》执法办案的能力。二要在强化自觉上下工夫。要把《执法规范学程》当字典一样来使用，养成随时查阅的习惯。要强化规范执法意识，使《执法规范》内化于心、外践于行。三要在边学边用上下工夫。严格按照《执法规范》、《执法规范学程》规范每个执法行为、每个执法流程，切实把《执法规范》、《执法规范学程》作为每次执法办案活动的具体指引，真正把规范执法的要求落实到每次执法办案实践中。

最高人民检察院政治部

二〇一一年七月

目　录

第一编　总　则

第一章　主要任务和基本原则

人民检察院是国家的法律监督机关，基本任务是通过履行法律监督职能，保证国家法律统一正确实施。作为法律监督机关，人民检察院应当更加重视自身执法行为的合法性和规范性，不断提高执法水平和办案质量，提升检察机关的执法公信力。

一、人民检察院的性质、任务和职权

根据宪法和人民检察院组织法，人民检察院是国家的法律监督机关。人民检察院通过行使检察权，惩罚犯罪活动，维护国家的统一，保护国家安全、人民民主专政政权和社会主义制度，保护公民、法人和其他组织的合法权益，保证国家法律的统一正确实施；对公安机关的侦查活动、人民法院的审判活动、监狱等机关执行刑罚的活动，依法实行法律监督，维护司法公正。主要职权包括：一是对于叛国案、分裂国家案以及严重破坏国家的政策、法律、法令、政令统一实施的重大犯罪案件行使检察权。二是对国家工作人员的贪污贿赂犯罪、国家机关工作人员的渎职犯罪和利用职权实施的侵犯公民人身权利、民主权利犯罪以及经省级以上人民检察院批准由检察机关直接受理的其他案件，进行侦查。三是对侦查机关侦查的刑事案件进行审查，决定是否批准逮捕和提起公诉，对符合条件的刑事案件提起公诉、支持公诉以及提起抗诉。四是对刑事立案、侦查、审判活动和刑罚执行及监狱、看守所的活动是否合法以及对民事审判活动、行政诉讼活动是否合法实行法律监督。五是法律规定的其他职权。

如根据修改后的国家赔偿法的规定，检察机关有权对人民法院作出的国家赔偿决定是否合法进行监督。

二、人民检察院依法行使职权的基本原则

根据法律和有关文件的规定，人民检察院在刑事诉讼、民事诉讼、行政诉讼活动中依法行使检察和开展其他业务工作，必须遵循一定的基本原则和制度。所谓基本原则，就是法律所规定的，贯穿于整个诉讼过程或者主要诉讼阶段，对诉讼活动具有普遍指导意义，为公安、司法机关及诉讼参与人进行或参与诉讼活动所必须遵循的基本行为准则。刑事诉讼、民事诉讼、行政诉讼的基本原则，是法律所确立的基本法律规范，反映了诉讼的客观规律和基本要求，与诉讼的目的和任务紧密相连，指导着诉讼活动的开展，对公安司法机关以及诉讼参与人正确理解法律，提高依法办案和依法诉讼的自觉性，确保诉讼活动的正确、合法、及时进行有重大作用。根据宪法、三大诉讼法、人民检察院组织法以及有关文件规定，人民检察院依法办理各类案件，应当遵循以下基本原则：

（一）依法独立行使职权

根据宪法第131条、刑事诉讼法第5条和人民检察院组织法第9条的规定，人民检察院依照法律规定独立行使检察权，不受行政机关、社会团体和个人的干涉。这一原则包含以下几点含义：

一是人民检察院行使检察权，在法律规定的范围内是独立的，不受行政机关、社会团体和个人的干涉。行政机关、社会团体和个人应当尊重和支持检察机关依法独立行使职权，不能以任何方式干涉检察机关行使法定职权。

二是人民检察院独立行使检察权，必须严格遵守宪法和法律的各项规定，既要遵守实体法，又要遵守程序法。

三是人民检察院作为一个组织整体，集体对检察权的行使负责。检察机关上下级之间是领导和被领导关系，上级人民检察院对下级人民检察院的办案工作有权作出指示，下级人民检察院应当服从。

需要注意的是，人民检察院依法独立行使职权，同时必须自觉主动地接受党的领导、国家权力机关的监督、政协民主监督以及社会和人民群众的监督。

（二）必须依靠群众

依靠群众原则，是指在刑事诉讼中，检察机关要坚持群众路线和群众观点，发挥群众的智慧和力量；要深入群众进行调查研究，收集证据，听取群众的意见和建议，接受群众的监督，取得群众的支持和帮助；要发动群众、组织群众与犯罪行为作斗争；要采取宣传教育等工作方法，努力扩大办案的社会效

果。刑事诉讼法第6条规定，人民法院、人民检察院和公安机关进行刑事诉讼，必须依靠群众。

刑事诉讼法之所以把依靠群众列为一项基本原则，首先是由我们国家的性质决定的。其次，依靠群众，也是我们所坚持的唯物史观的必然要求和重要体现。再次，依靠群众，实行群众路线，这是我国司法工作长期保持的优良传统。另外，实行依靠群众原则，也是刑事诉讼活动本身的要求。在刑事诉讼中实行依靠群众的原则，可以使群众在参加刑事诉讼活动的过程中，受到教育、锻炼，取得经验、教训，对于动员群众积极同违法犯罪行为作斗争，从根本上确立和保持良好的社会秩序，预防和减少犯罪等，均有重要作用。我国是人民民主专政的社会主义国家，人民是国家的主人。宪法规定，一切国家机关和国家工作人员都必须依靠人民的支持，经常保持与人民的密切关系，接受人民的监督。检察机关只有走群众路线，深入群众，依靠群众，接受群众监督，才能完成查明案情事实，正确办理案件的任务。同时，也可少走弯路、少犯错误。

正确理解和贯彻执行依靠群众原则，必须注意以下几个问题：一是树立相信群众的观念，学会依靠群众工作的方法。检察人员深入群众，要根据被调查者的具体情况，采取相应的方法和策略。二是严格依法办事，取信于民。检察机关只有严格依法办事，才能得到群众的支持，否则就会损害在群众心目中的地位和威信，最终会失去人民的拥护。三是坚持依靠群众与专门工作相结合。依靠群众决不意味着让群众代替检察机关去进行这些活动，也不意味着把检察机关的职权交给群众行使，而是要把检察机关的专门性工作和依靠群众巧妙结合起来，既要保证检察机关依法行使国家权力，又要发挥群众参与、监督办案工作的主动性、积极性，保障我们少犯错误，提高办案质量。

(三) 以事实为根据，以法律为准绳

所谓以事实为根据，是指人民检察院办理案件必须忠实于案件事实真相，查明案件客观事实，以客观存在的案情事实作为采取措施、作出决定和处理问题的根本依据，而不能以主观想象、推测或者无实据的议论作基础。以事实为根据的核心问题是：重证据、重调查研究，认定案件事实必须以查证属实的证据为根据，适用法律又必须以查明的事实为根据，没有确实充分的证据以及据此正确认定的案件事实，就不能确认有关当事人的法律责任。

所谓以法律为准绳，是指人民检察院在诉讼过程中以及在各个诉讼阶段对案件作出结论时，必须严格遵守程序法和组织法等法律关于国家专门机关的职权分配、相互关系以及办案程序的规定，并在查明案件事实的基础上，按照法律的具体规定对案件作出正确处理，以法律的规定作为衡量已经查明的案件事实和情节的尺度。不能违法办案，更不能背离法律规定另立标准。

以事实为根据与以法律为准绳二者之间是相互依存、密不可分的。查明案件事实真相是依据法律规定推进诉讼进程或对案件作出处理结论的前提，如果案件事实没有查清，或者弄错了，就很难正确适用法律。以法律为准绳，又是正确处理案件的关键，因为如果违反程序法和组织法的规定，就是执法违法或越权办案，不仅导致已经进行的诉讼活动无效，也难以查明案件的事实真相；如果违反实体法的规定，就会在采取强制性措施和定案处理时，作出错误的决定。因此，以事实为根据与以法律为准绳是一个有机的整体，必须在检察工作中全面地贯彻执行。

（四）对一切公民在适用法律上一律平等

刑事诉讼法第6条规定，对于一切公民，在适用法律上一律平等，在法律面前，不允许有任何特权。它要求检察机关在办理刑事案件时，不受民族、种族、性别、职业、社会出身、宗教信仰、教育程度、财产状况、居住期限等因素的影响，对一切公民的合法权益都应依法给予保护，对一切公民的违法犯罪行为，都应依法予以追究，在法律面前，不允许有任何特权。对一切公民在适用法律上一律平等，符合我国法律的社会主义性质，有利于反对和防止封建特权，密切党群关系，使特权思想、特权行为大大减少；有利于提高检察机关的威信，维护社会主义法制的尊严；有利于广泛调动群众建设社会主义民主和法制的积极性。

在司法实践中，实施犯罪行为的人是多种多样的，有党和国家的高级干部，也有平民百姓。不论行为人是谁，只要其行为构成犯罪，都应依法追究其刑事责任。不能因为他地位高、功劳大而不予追究或轻罚轻判，也不能因为他是平民百姓而重判严惩；不能因为他地位高、功劳大而享有更多的诉讼权利，也不能因为他地位低而限制他依法享有的诉讼权利。同样，受犯罪行为侵害的公民也是多种多样的。有国家的高级干部，也有一般的公民。不论受害人是谁，法律都应当对侵害他的犯罪者予以惩办。不能因为受害人地位高而对犯罪案件重惩快办，也不能因为受害人地位低而对犯罪案件轻惩慢办。

（五）保障诉讼参与人的诉讼权利

刑事诉讼法第14条规定：人民法院、人民检察院和公安机关应当保障诉讼参与人依法享有的诉讼权利。对于不满18岁的未成年人犯罪的案件，在讯问和审判时，可以通知犯罪嫌疑人、被告人的法定代理人到场。诉讼参与人对于审判人员、检察人员和侦查人员侵犯公民诉讼权利和人身侮辱的行为，有权提出控告。根据法律规定，检察机关对所有诉讼参与人依法享有的各种诉讼权利，都应当给予保障。对未成年犯罪嫌疑人、被告人的诉讼权利，应当依法给予特殊的保护。诉讼参与人有权对侵犯公民权利的行为提出控告。实行这一原则，有助于保障所有参加诉讼活动的公民的诉讼权利和人格尊严免遭侵犯；有助于检察机关正确文明地进行刑事诉讼。

（六）有用本民族语言文字进行诉讼的权利

宪法第134条规定：各民族公民都有用本民族语言文字进行诉讼的权利。它包括三方面内容：一是各民族公民，凡是涉及诉讼的，都享有用本民族语言文字进行诉讼的权利。二是如果诉讼参与人不通晓当地通用的语言，人民检察院有义务为各民族公民行使这项诉讼权利创造条件，提供保障。三是在少数民族聚居或者多民族共同居住的地区，应当用当地通用的语言进行审理，同时应当根据实际需要使用当地通用的一种或者几种文字，制作起诉书、判决书、布告和其他文书。这一原则体现了我国各民族一律平等的宪法精神，有利于保障各民族公民平等地行使诉讼权利，切实维护各民族公民的合法权益；有利于诉讼的顺利进行和案件的正确处理，保障司法机关准确、及时地查明案件事实和正确地处理案件；可以进一步密切司法机关同各民族群众的关系，便于司法机关对各民族群众进行法制宣传教育，也便于各民族群众对司法机关实行监督。

用本民族的语言文字进行诉讼，是各民族公民依法享有的诉讼权利，检察机关不仅不能随便予以剥夺，而且有义务有责任依法为各民族公民享有这项诉讼权利创造条件，提供保障。从司法实践来看，各民族公民能否切实享有这项诉讼权利，关键在于司法机关是否能够履行法律规定的义务。

（七）检务公开

检务公开是指检察机关依法向社会和诉讼参与人公开与检察职权相关的不涉及国家秘密和个人隐私等有关的活动和事项。全国检察机关自1998年10月起开始推行检务公开，2006年6月，最高人民检察院又印发了《关于进一步深化人民检察院检务公开的意见》，要求各级检察机关以改革的精神，在实践中积极探索，不断规范和完善检务公开制度。实行检务公开，可以带动辩护、回避等各项制度的贯彻执行；有助于检察机关客观全面地查明案情和正确地处理案件，提高办案质量；可以密切检察机关同群众的关系，增强检察人员的责任感，防止发生违法乱纪现象；可以充分发挥法制宣传教育作用。

检务公开应当遵循以下原则：一是严格依法原则。要严格按照法律和有关司法解释的规定，对应当向社会和诉讼参与人公开的与检察职权相关的活动和事项予以公开。二是真实充分原则。除因涉及国家秘密等原因外，对办案程序、复查案件的工作规程、各个诉讼阶段诉讼参与人的权利和义务、法律监督结果等依法应该公开的事项，都要充分公开，如实公开。三是及时便民原则。各级检察机关应当采取多种形式，包括利用新闻媒介和现代信息手段向社会和诉讼参与人公布、宣传检务公开的内容，使检务公开更加方便、快捷、及时，便于当事人行使知情权、参与权和监督权。四是开拓创新原则。检务公开应当与时俱进，随着国家的法治进程而更加开放和透明。对于检务公开的具体内容、范围、方式和途径等，应当以改革的精神，不断探索，不断丰富，不断完善。

（八）检察机关内部分工负责，互相制约

我国宪法、刑事诉讼法规定了公、检、法三机关之间的关系，即分工负责、互相配合、互相制约。这一原则在保证分工负责的前提下，又能够做到互相制约、互相监督，共同实现惩罚犯罪、保护人民的任务。但人民检察院作为法律监督机关，特别是对于职务犯罪案件，既承担侦查职能，又承担审查逮捕、审查起诉、提起公诉等职能，在理论上存在如何对检察机关履行职能实施监督制约的问题。为了加强内部制约，检察机关内部分设了多个业务部门，分别行使职务犯罪侦查、审查逮捕、审查起诉等业务，以增强这些部门之间的互相制约。首先，分解人民检察院侦查职权，规定人民检察院对贪污贿赂、渎职侵权等职务犯罪的查处工作在不同阶段由不同内设机构承办，分工负责、互相配合、互相制约。其次，侦查权与审查决定权分离。凡侦查工作中需要对犯罪嫌疑人作出程序性处理决定的，都要由侦查部门以外的其他部门进行审查。最后，审查逮捕部门与审查起诉部门互相制约。侦查监督部门承担对犯罪嫌疑人是否决定逮捕的审查工作，公诉部门承担对犯罪案件是否提起公诉、不起诉的审查工作。

（九）上级人民检察院领导下级人民检察院的工作

按照宪法和人民检察院组织法的规定，最高人民检察院领导地方各级人民检察院和专门人民检察院的工作，上级人民检察院领导下级人民检察院的工作。检察长统一领导检察院的工作。根据这些规定，检察机关要充分发挥自身的体制优势，不断增强法律监督的整体合力。最高人民检察院和上级检察院关于检察工作的各项部署和要求，下级检察院要紧密结合本地区实际认真贯彻，切实落实到各项工作中。上级检察院作出的决定，下级检察院必须执行，不得擅自改变、故意拖延或者拒不执行。上级检察院发现下级检察院相关决定、活动、文件违反相关法律规定的，应及时向下级检察院提出纠正意见或指令撤销，下级检察院如认为上级检察院的决定有错误，应在执行的同时向上级检察院报告。对上级检察院交办的事项和案件，下级检察院应当在上级检察院要求时限或法定期限内办结并报告结果。逾期不能办结的，应及时书面报告进展情况，并说明未办结原因和下一步打算。

地方各级检察院对检察工作中的重大事项和办理的重大疑难复杂案件，需要向上级检察院请示的，应严格按照报送公文和请示件的有关规定办理。上级检察院可以要求下级检察院就工作情况作出报告。对本地区发生的涉及检察机关和检察工作的重大突发事件、影响社会稳定的重要社会动态、重特大案件、重大办案安全事故等事件，地方各级检察院要按照相关规定，在规定的时限内，如实向上级检察院报告，紧急事项要立即报告。

各级检察院在侦查重大职务犯罪案件和其他检察工作中，应当发挥检察机关的整体优势，按照检察一体化工作机制运行的规律和模式，统一组织侦查活动，统一调度侦查力量和侦查装备，坚持上级领导下级、下级服从上级，同级相互支持配合，形成整体合力。

第二章 证 据

诉讼活动是查明事实真相、解决纠纷冲突的活动。为了解决纠纷冲突，必须首先确定事实真相。由于事实已经成为过去而不可能再次重现，因此对纠纷事实的确定实质上就是一个认识的过程，而且是一个间接认识的过程。一般而言，这一间接认识是借助证据而实现的。证据是查明案情的唯一手段，是正确处理案件的基础，是进行诉讼活动的依据，也是迫使犯罪分子认罪服法的重要武器，使无罪的人不受刑事追究的重要保障。所以，证据问题包括证据制度、证据规则等在诉讼活动中具有至关重要的地位和意义。目前，我国的诉讼法及相关司法解释已经有了相当数量的关于证据问题的规定，涉及证据能力、证据的收集、审查判断等方面的内容，特别是2010年6月，最高人民法院、最高人民检察院、公安部、国家安全部、司法部联合出台了《关于办理死刑案件审查判断证据若干问题的规定》（以下简称《办理死刑案件证据规定》）和《关于办理刑事案件排除非法证据若干问题的规定》（以下简称《非法证据排除规定》），对证据裁判原则、合法性原则、关联性原则以及如何质证、审查判断证据和排除非法证据等作了更为详细的规定。各级检察机关和全体检察人员应当深刻认识证据制度在诉讼活动中的重要性，严格遵守法律、司法解释和规范性文件关于证据问题的规定，坚持讲事实、讲证据、讲法律、讲责任，牢固树立打击犯罪与保障人权并重、实体公正与程序公正并重的观念，规范执法办案行为，提高执法办案水平，切实依法保障人权，推进社会主义法治建设。

一、检察机关办理案件必须以证据为根据

在诉讼活动中，对于案件事实和有关事项的认定，应当依据证据来作出裁决，这被称为证据裁判原则。证据裁判原则是证据规定的帝王条款之一，支配所有犯罪事实的认定。在诉讼证明史上，证据裁判的发展经历了由证据非裁判所必需到没有证据不得进行裁判、由依据非理性证据进行裁判到以理性证据为依据进行裁判、由片面强调证据真实性的证据裁判到真实性与合法性并重的证据裁判的转变。现代意义上的证据裁判原则要求，司法裁判的形成必须以达到一定要求、符合法律规定的证据为依据，没有达到法定标准的证据不得认定犯罪事实。我国刑事诉讼法重视证据在司法裁判中的重要性，规定对一切案件的判处都要重证据，重调查研究，不轻信口供。只有被告人供述，没有其他证据的，不能认定被告人有罪和处以刑罚；没有被告人供述，证据充分确实的，可以认定被告人有罪和处以刑罚。刚刚出台的《办理死刑案件证据规定》第2条也明确要求，认定案件事实，必须以证据为根据。检察机关作为重要的司法机关和法律监督机关，在办理案件过程中，应当遵守上述规定的精神，必须以符合规定的证据作为认定案件事实和决定批准逮捕、提起公诉的依据。只有犯罪嫌疑人、被告人供述而没有其他证据的，不能认定犯罪嫌疑人、被告人有犯罪事实。

二、检察机关必须依法、全面、客观地收集证据

合法性是证据的基本特征之一，作为用来认定案件事实或者相关事项的证据，必须在来源、形式、收集的主体、程序和手段等方面都符合法律规定。因此，检察机关收集证据，必须符合法律要求。首先，证据必须是由法定人员收集的。对于检察机关来说，必须由符合规定数量的、具有办案资格的检察官收集证据。其次，必须依照法定程序以合法的方式收集证据。刑事诉讼法第3条规定，公安机关、人民检察院、人民法院进行刑事诉讼，必须严格遵守本法和其他法律的有关规定。检察机关收集证据，也必须严格依照刑事诉讼法规定的程序进行。严禁刑讯逼供和以威胁、引诱、欺骗以及其他非法的方法收集证据。

同时，检察机关收集证据必须全面、客观。证据是查明案情、证明案件真相的唯一手段和根据，证据如果不客观，与案件事实没有关联性，就不能保证客观地重现案情，当然也就不能保证客观地认定事实和处理案件。而且，检察机关作为法律监督机关，负有客观公正性义务，必须保证公正客观地对待犯罪嫌疑人、被告人，不能只重视有罪、罪重证据，忽视无罪、罪轻证据。根据刑

事诉讼法第43条和有关规定，检察人员必须依照法定程序，全面、客观地收集能够证实犯罪嫌疑人、被告人有罪或者无罪、犯罪情节轻重的各种证据。必须保证一切与案件有关或者了解案情的公民，有客观地充分地提供证据的条件，除特殊情况外，并且可以吸收他们协助调查。

三、检察机关必须依法排除非法证据

对证据的合法性要求，是许多国家和地区刑事诉讼法律的内容之一。在历史上，证据规则主要是为了保障证据的真实性而产生的。随着人权观念的兴起并日渐受到重视，法官开始排除那些尽管真实却不符合法治规则的证据，非法证据排除规则逐渐在各国的刑事诉讼制度中确立起来。我国的法律明确规定公安司法机关必须依法收集证据，严禁刑讯逼供和以威胁、引诱、欺骗以及其他非法的方法收集证据。对于通过非法的方法收集的言词证据，“两高”的司法解释规定不得作为指控犯罪和定案的根据。《办理死刑案件证据规定》和《非法证据排除规定》对非法言词证据和非法取得的物证、书证如何排除，作了更为明确的规定。检察机关作为参与刑事诉讼的国家法律监督机关，承担着客观公正义务和监督侦查机关依法收集证据的职责。因此，在审查逮捕、审查起诉过程中，如果发现有通过非法方法收集的言词证据和物证、书证的，应当按照两个证据文件的规定依法予以排除。

一是对于采用刑讯逼供等非法手段取得的犯罪嫌疑人、被告人供述和采用暴力、威胁等非法手段取得的证人证言、被害人陈述，属于非法证据。经依法确认的非法言词证据，应当予以排除，不能作为认定案件事实的根据。对于使用其他非法手段获取的犯罪嫌疑人供述、证人证言、被害人陈述，根据其违法危害程度与刑讯逼供和暴力、威胁手段是否相当，决定是否依法排除。

二是对于刑事案件中的物证、书证的取得明显违反法律规定，可能影响案件公正处理的，人民检察院应当依法予以补正，或者要求侦查机关补正或者作出合理解释。无法补正或者无法作出合理说明或者解释的，该物证、书证不能作为认定案件事实的根据。

四、检察机关审查、判断证据的基本要求和标准

在刑事诉讼中，检察机关必须着力强化证据意识，严格依照法律和有关规定审查、判断和运用证据。根据《办理死刑案件证据规定》，司法人员应当遵守法定程序，全面、客观地收集、审查、核实和认定证据。曹建明检察长在第四次全国公诉工作会议上也要求，“凡是事实不清的不能定案，凡是证据不足的不能起诉，凡是非法言词证据要坚决排除”。检察机关在诉讼活动中，特别

要注重证据的综合审查和运用，既要认真审查证据的客观性、关联性，也要认真审查证据的合法性。要严把事实关、证据关、程序关和法律关，确保证据与证据之间、证据与案件事实之间不存在矛盾或者矛盾得以合理排除，做到事实不清的不定案，证据不足的不起诉，切实防止冤错案件的发生。

根据刑事诉讼法的规定，检察机关提起公诉的案件，必须做到“事实清楚，证据确实、充分”。而何谓“证据确实、充分”，实践中有不同的理解。《办理死刑案件证据规定》第5条对此作了明确规定，包括五个方面的内容：

1. 认定案件的事实都有证据证明。这是指认定的对解决诉讼争议有意义的事实均有证据作根据，没有证据证明的事实不能认定。证明，是诉讼活动的重要组成部分。在诉讼中，查明案件事实的过程，就是一个证明过程。案件事实即为诉讼的证明对象。客观、全面、准确地查明案件的客观事实或案件的真实情况，是正确适用法律、对案件进行正确处理的根据和前提，因此，诉讼任务的完成，有待于证明任务的完成。要查明案件的真实情况，对案件事实作出符合客观实际的结论，就只能依靠证据，借助那些反映了案件事实的痕迹、物品、文件、证人证言、被害人陈述等证据来证明。

2. 每一个认定案件事实的证据均已经法定程序查证属实。根据刑事诉讼法第42条，证据必须查证属实，才能作为定案的根据。这是因为证据是查明案件事实的根据，如果证据不查证属实，就不可能对案件事实作出正确的认定。如何判定证据是否查证属实，可以联系证据的本质属性来认识，审查该证据是否具有客观性、相关性这两个本质属性，也就是要看该证据是不是客观存在的事实，证据事实与案件事实是否存在客观联系。经查证只有客观性而无相关性，或者虽有相关性但无客观性，甚至既无客观性也无相关性的，都不能认为属实。

3. 证据与证据之间、证据与案件事实之间不存在矛盾或者矛盾得以合理排除。办案中收集到的一些证据可能与其他证据或案件事实存在矛盾，在这种情况下必须继续收集证据，深入调查，有根据地排除矛盾，去伪存真，弄清真相，绝不可置矛盾于不顾，勉强作出结论。

4. 共同犯罪案件中，犯罪嫌疑人、被告人的地位、作用均已查清。共同犯罪案件中，不同人员在犯罪中的地位、所起的作用直接决定着各自的刑事责任，因此，必须作为重要的案件事实予以查清。

5. 根据证据认定案件事实的过程符合逻辑和经验规则，由证据得出的结论为唯一结论。这是指全案证据不仅能证明认定的事实，还必须是根据它们作出的结论具有排他性，结论是唯一的，不具有其他可能性。

五、对具体证据的审查判断

审查证据，就是对诉讼过程中收集到的各种证据材料进行审查、鉴别和分析，以判断其真实性和在证明案情方面的作用。审查证据的目的，首先是逐个鉴别证据材料的真伪，其次是找出证据与案件事实之间的客观联系，并确定它们在认定案情方面的证明力。审查证据是刑事诉讼证明活动的关键环节，如果不对收集到的证据进行认真审查判断，就可能以假乱真，导致对案情产生错误的认识。

证据的种类有多种，对不同证据的审查方法虽不完全一样，但总体来说是共通的，不外乎对单个证据进行审查和综合全案进行审查两个方面。对于单个证据，包括单个的物证，书证，证人证言，被害人陈述，犯罪嫌疑人、被告人供述和辩解以及鉴定意见，勘验、检查笔录，视听资料和电子证据，在审查时一般应当注重以下几个方面：

1. 审查证据的来源。任何证据都有一定的来源。审查证据首先要判断它的来源，包括证据是如何形成的，是由谁提供或收集的，收集的方法是否正确，其形成与收集是否受到了主客观因素的影响。一切来历不明的物品、痕迹、道听途说的言词或捕风捉影的议论，只能作为侦查中参考的线索而不能作为诉讼证据使用。

2. 审查证据的形成时间、地点、条件等因素。在证据的形成过程中，这些因素可能影响其真实性。如有关人员是否出于不良动机提供虚假证据；有关人员是否因生理上、心理上、认识上、表达上等原因而提供了不实或不准确的陈述；是否在传播、转述、复制等过程中出现讹误等。

3. 审查证据与案件事实之间的联系。证据必须与案件事实具有客观联系。凡是与本案无关的事实或材料，均应从证据中剔除出去。

4. 对证据本身提供的内容进行分析，注意前后是否一致，自身是否存在逻辑矛盾，内容是否合乎情理。

5. 审查证据的收集手段是否正确、合法，固定、保管证据的方法是否科学等。通过非法的方法收集的证据不能保证证据的真实性。采用的方式、方法不当，也有可能使证据不实或者部分不实。

对于全案证据，需要进行综合审查，就是在对证据逐个进行查证核实的基础上，综合全案的证据材料进行分析、比较和判断。两个证据文件中规定，对刑事案件中证据的证明力，应当结合案件的具体情况，从各证据与待证事实的关联程度、各证据之间的联系等方面进行审查判断。证据之间具有内在的联系，共同指向同一待证事实，且能合理排除矛盾的，才能作为认定案件事实的根据。在分析比较鉴别时，一是要对同一的证据，如当事人的前后几次陈述，进行综合比较；二是要将此种证据与彼种证据进行比较；三是要将证据与案件事实联系起来加以考察比较。

第三章　回　避

一、回避的概念和意义

回避，是指在案件办理过程中，侦查人员、检察人员、审判人员等与案件有法律规定的利害关系或者其他可能影响案件公正处理的关系，不得参与办理该案件或者参与该案的其他诉讼活动的行为。我国的刑事诉讼法、民事诉讼法、行政诉讼法以及检察官法、法官法都明确规定了回避制度。关于检察人员的回避，最高人民检察院颁布的《人民检察院刑事诉讼规则》和《检察人员任职回避和公务回避暂行办法》都作了详细规定。

回避作为一项重要的制度，在当今各国的诉讼活动中普遍采用。在诉讼活动以及检察机关的其他办案活动中实行回避制度，不仅是程序正义的当然要求，而且对于保障和促进实体正义的实现也具有重要意义。

首先，回避制度有利于增强诉讼参与人特别是当事人对有关办案人员的信任感，消除心中的顾虑和猜忌，防止或者减少不必要的上诉、申诉，从而提高办案效率。

其次，回避制度有利于防止与案件有利害关系的办案人员先入为主或者徇私舞弊，保障办案人员和检察机关客观公正地处理案件。

最后，回避制度允许当事人依法对某些办案人员进行有条件的选择，不仅有利于提高公民参与诉讼活动的积极性和运用法律知识维护自己合法权利的意识，加强人民群众对检察机关办案活动的监督，也有利于提高检察机关执法办案的透明度，从形式和实体上提高案件的客观公正性，从而增强检察机关的执法公信力和权威性。

二、回避的种类、理由和人员范围

检察人员的回避包括三种，即自行回避、申请回避和指令回避。自行回避，是指具有法定回避情形之一的有关人员自行主动地提出回避。申请回避，是指案件的当事人及其法定代理人，认为有关人员具有法定回避理由而向检察机关提出申请，要求他们回避。指令回避，是指有关人员存在应当回避的法定情形，本人没有自行回避，也没有被申请回避的，检察长或者检察委员会发现后，有权作出决定，指令其回避。

根据刑事诉讼法和《人民检察院刑事诉讼规则》的规定，检察人员应当回避的情形包括：

1. 是本案的当事人或者是当事人的近亲属的。本案的当事人，是指本案的被害人、自诉人、犯罪嫌疑人、被告人、附带民事诉讼的原告人和被告人；当事人的近亲属，是指上述人员的夫、妻、父、母、同胞兄弟姊妹。由于具有本项理由的上述人员与该案件的处理结果有着直接或者间接的利害关系，由他们负责本案的侦查、批捕、起诉等，容易从维护自身或者其近亲属的不正当利益出发，歪曲事实、曲解法律，从而不公正地处理案件，或者容易引起人们对其能否正确依法履行职责、秉公执法、公正处理案件产生怀疑，所以应当回避。

2. 本人或者其近亲属和本案有利害关系的。办案人员虽然不是本案的当事人或者当事人的近亲属，但是他们或者其近亲属在某些情况下也可能与案件存在某种利害关系，可能出现办案人员从个人利益出发而不能客观、公正地履行职责、处理案件的情况。因此，这种情况下办案人员也应当回避。

3. 担任过本案的证人、鉴定人、辩护人、诉讼代理人的。根据诉讼的一般理论，证人具有不可替代性，如果办案人员事前了解案件情况，就属于应当向司法机关作证的证人。如果办案人员在同一案件中，既作证人又作检察人员，就容易先入为主，主观臆断，不利于客观全面地收集和分析判断证据，进而影响正确认定案件事实、公正处理案件。同样，担任过本案的鉴定人、辩护人或者诉讼代理人的，基于履行法律赋予的特定诉讼职责，对案件已经形成了自己的看法并向司法机关提出，如果再从事该案的侦查、批捕、起诉等工作，也会影响对案件的客观、全面、公正处理。因此，具有上述情形的人员均应回避。

4. 与本案当事人有其他关系，可能影响公正处理案件的。这里的“有其他关系”，法律没有作出具体规定。这是对可能出现影响公正处理案件但又不宜一一列举的情况而作出的原则性规定。根据该规定，“与本案当事人有其他关系”，不是必须回避的理由，只有在这种“其他关系”“可能影响公正处理案件的”情况下，才是应当予以回避的。理解和执行该规定，必须紧密结合回避的立法宗旨。如检察人员与本案当事人有恋爱关系，或者在案件发生前有救命之恩或杀父之仇等，可以理解为属于“可能影响公正处理案件的其他关系”，应当回避。

5. 接受当事人及其委托的人的请客送礼，或者违反规定会见当事人及其委托的人的。检察人员享有法律赋予的国家权力，他们的工作关系到对犯罪嫌疑人、被告人能否依法追诉和审判，因此需要依法公正廉洁地使用手中的权力。实践中，有的当事人及其委托的人，千方百计地私下约见办案人员，请客送礼，拉关系、走后门，企图左右办案人员。而有的办案人员也不顾国家的法律和有关规章纪律，禁不住金钱、物质利益的诱惑，私自会见当事人及其委托的人，接受吃请、礼物，甚至收受贿赂，办人情案、关系案、金钱案等。这种不正之风、腐败现象严重败坏司法机关的形象，损害司法机关的执法公信力。因此，将此情形纳入回避的情形，是惩罚犯罪、促进司法公正的需要。

6. 在侦查机关参加过本案侦查的人员，之后调至人民检察院工作的。根据《人民检察院刑事诉讼规则》第 29 条的规定，参加过本案侦查的侦查人员，如果调至人民检察院工作，不得担任本案的检察人员。这种情形下的检察人员，因为参加过前期的侦查工作，可能会先入为主，或者可能失去检察人员应有的客观公正性，因此，不能再担任本案的办案人员。

检察机关应当适用回避的人员范围，根据刑事诉讼法和有关规定，包括检察官、书记员、司法警察。检察机关聘请或者指派的翻译人员、司法鉴定人员、勘验人员等，也应当参照上述规定，在符合法定情形时予以回避。

另外，按照有关规定，检察人员从人民检察院离任后 2 年内，不得以律师身份担任诉讼代理人或者辩护人。

三、回避的程序及回避的效力

根据刑事诉讼法和有关规定，检察人员在检察活动中的回避，按照以下程序进行：

1. 检察人员自行回避的，可以口头或者书面提出，并说明理由。当事人及其法定代理人要求检察人员回避的，应当书面或者口头向检察机关提出，并说明理由。当事人及其法定代理人提出检察人员接受请客送礼或者违规会见当事人及其委托的人的，还应当提供有关证明材料。

2. 人民检察院进行审查或者调查，认为符合回避条件的，作出回避决定；认为不符合回避条件的，应当驳回申请。其中，检察人员的回避，由检察长决定；检察长的回避，由检察委员会决定。检察委员会讨论检察长回避问题时，由副检察长主持，检察长不得参加。

3. 应当回避的检察人员，如果本人没有自行回避，当事人及其法定代理人也没有要求其回避的，检察长或者检察委员会应当决定其回避。

4. 检察机关作出驳回申请回避的决定后，应当告知当事人及其法定代理人如不服本决定，有权在收到驳回申请回避的决定书后5日内向原决定机关申请复议一次。当事人及其法定代理人申请复议的，作出决定的人民检察院应当在3日内作出复议决定并书面通知申请人。

人民检察院直接受理案件的侦查人员或者进行补充侦查的检察人员，在回避决定作出前，不能停止对案件的侦查。其他检察人员在回避决定作出前，应当暂停参与案件的办理。

对于因符合法定情形而回避的检察人员，在回避决定作出前所取得的证据和进行的诉讼行为是否有效，由检察委员会或者检察长根据案件的具体情况决定。

第四章　检察委员会工作

一、检察委员会的地位和职责

检察委员会是人民检察院在检察长主持下的业务决策机构。检察委员会制度是中国特色社会主义检察制度的重要组成部分，是检察机关坚持民主集中制的司法组织形式。实行检察委员会制度对于提高检察机关议事能力和工作水平，促进科学民主决策，确保检察权的依法正确行使具有重要意义。

根据人民检察院组织法的规定，各级人民检察院设立检察委员会。检察委员会的主要职责是讨论决定重大案件和其他重大问题。

二、检察委员会的组成与主要工作制度

（一）检察委员会的组成

各级人民检察院检察委员会由本院检察长、副检察长、检察委员会专职委员以及有关内设机构负责人组成。

各级人民检察院检察委员会委员的员额一般为：（1）最高人民检察院为17—25人；（2）省、自治区、直辖市人民检察院为13—21人；（3）省、自治区、直辖市人民检察院分院和自治州、省辖市人民检察院为11—19人；（4）县、市、自治县和市辖区人民检察院为7—15人。检察委员会委员人数应当为单数。

（二）检察委员会的主要工作制度

检察委员会开会审议案件和其他议题，是一项重要的检察业务工作和司法

活动。检察委员会工作应当遵循和坚持以下原则和制度：

1. 检察委员会会议由检察长主持。检察长因故不能出席时，应当委托一名副检察长主持。

2. 检察委员会实行民主集中制。检察委员会会议必须有全体组成人员过半数出席，才能召开；必须有全体组成人员过半数同意，才能作出决定。为充分发扬民主，检察委员会委员在讨论发表意见时，一般按照以下顺序进行：(1) 检察委员会专职委员发表意见；(2) 未担任院领导职务的委员发表意见；(3) 担任院领导职务的委员发表意见。

3. 依法回避原则。检察委员会在讨论决定案件时，检察委员会委员具有法律规定的应当回避的情形的，应当申请回避并由检察长决定；本人没有申请回避的，检察长应当决定其回避。检察长的回避，由本院检察委员会决定。

4. 保密原则。出席、列席检察委员会会议的人员，对检察委员会会议讨论的情况和内容应当保密。检察委员会的会议记录，未经检察长批准不得查阅、抄录、复制。承办部门提交的检察委员会议题报告，应当标明密级。

5. 检察委员会实行例会制。检察委员会会议一般每半个月举行一次；必要时可以临时召开会议。为保证检察委员会工作规范化、制度化，同时也便于科学合理地安排工作，检察委员会应当尽量定期召开。如果没有需要审议的议题，可以安排检察委员会集体学习。

6. 检察委员会列席制。检察委员会举行会议，经检察长决定，未担任检察委员会委员的院领导和内设机构负责人可以列席会议；必要时，可以通知本院或者下一级人民检察院的相关人员列席会议。检察委员会审议过程中，必要时，会议主持人可以在委员讨论后、总结前请有关列席人员发表意见。

三、检察委员会议事程序

检察委员会议事一般按照以下程序进行：

(一) 议题的提请

1. 提请议题的主体。检察委员会议题一般由承办部门提出，检察委员会委员也可以提出议题。承办部门提请检察委员会审议事项或者案件，由承办检察官提出办理意见，承办部门讨论，部门主要负责人签署明确意见，经分管检察长审核后报检察长决定。提请检察委员会审议的重大事项，承办部门应当深入调查研究，充分听取有关下级人民检察院和本院内设机构的意见，必要时可以征求有关部门的意见。检察委员会委员提出议题的，经检察长同意后可以提请检察委员会审议。

2. 议题的审查。检察长决定将议题提请检察委员会审议的，检察委员会办事机构应当对议题进行审查，认为承办部门的议题和提请审议的程序不符合有关规定、书面报告或者说明的内容和形式不符合规定或者欠缺有关材料的，应当提出意见后由承办部门修改、补充。必要时，对议题的有关法律问题可以提出研究意见。

3. 议程的确定。检察委员会办事机构提出检察委员会会议议程建议，报请检察长决定。检察委员会会议议程确定后，检察委员会办事机构一般应当在会议举行3日以前，将拟审议的议题、举行会议的时间和地点通知检察委员会委员、列席会议的人员和有关承办部门，并分送会议相关材料。

（二）议题的审议

1. 会前准备。出席检察委员会会议的人员在接到会议通知和会议相关材料后，应当认真研究，准时出席会议。

2. 会议审议。检察委员会审议议题，按照以下程序进行：（1）承办部门、承办人员汇报。检察委员会审议议题，应当全面听取承办部门、承办人员的汇报。（2）检察委员会委员提问、讨论。承办部门汇报后，检察委员会委员可以就相关问题提问，承办部门应当进行说明。承办部门汇报后，在主持人的组织下，检察委员会委员应当对议题发表意见。发言应当围绕会议审议的议题进行，重点就审议的主要问题和内容发表明确的意见，并提出理由和依据。（3）会议主持人发表个人意见、总结讨论情况。会议主持人在委员发言结束后可以发表个人意见，并对审议的情况进行总结。（4）表决并作出决定。检察委员会表决议题，可以采用口头方式或者举手方式，按照少数服从多数的原则，由检察委员会全体委员的过半数通过。少数委员的意见可以保留并记录在卷。必要时，在会议结束后可以就审议的事项和案件征求未出席会议的委员的意见。表决结果由会议主持人当场宣布。受委托主持会议的副检察长应当在会后将会议审议的情况和决定意见及时报告检察长。检察长同意的，决定方可执行。

检察委员会审议过程中，遇有以下情况的，应分别作出处理：（1）议题不需要检察委员会决定或者不成熟的。经委员提议或者会议主持人决定，对于审议中的议题，如果认为不需要检察委员会作出决定的，可以责成承办部门处理；认为需要进一步研究的，可以责成承办部门补充进行相关工作后，再提请检察委员会审议。（2）委员意见分歧较大的，会议主持人可以决定暂不作出决定，另行审议。（3）检察长不同意多数检察委员会委员意见的，对案件可以报请上一级人民检察院决定；对事项可以报请上一级人民检察院或者本级人民代表大会常务委员会决定。报请本级人民代表大会常务委员会决定的，应当同时抄报上一级人民检察院。

3. 制作相关文书。检察委员会审议议题，应当制作会议纪要和检察委员会决定事项通知书。纪要和检察委员会决定事项通知书由检察委员会办事机构起草，报检察长或者受委托主持会议的副检察长审批。纪要印发各位委员并同时报上一级人民检察院检察委员会办事机构备案；检察委员会决定事项通知书以本院名义印发本院有关的内设机构和有关的人民检察院执行。

（三）决定的执行和督办

检察委员会的决定具有法律效力，承办部门和有关的下级人民检察院应当及时执行。对擅自改变检察委员会决定或者故意拖延、拒不执行检察委员会决定的，应当按照有关规定追究主要责任人员的法律、纪律责任。承办部门应当向检察委员会办事机构通报检察委员会决定的执行情况，并在决定执行完毕后5日内填写《检察委员会决定事项执行情况反馈表》，由部门负责人签字后，连同反映执行情况的相关材料，交检察委员会办事机构存档备查。检察委员会办事机构应当及时了解承办部门或者有关的下级人民检察院执行检察委员会决定的情况，必要时应当进行督办，并定期将执行情况向检察长和检察委员会报告。对于检察委员会审议通过的司法解释和规范性文件，承办部门应当定期检查执行情况，对执行中存在的问题进行调查研究，并适时提出修改、完善的意见。

检察委员会决定在执行过程中遇有以下情况的，应分别作出处理：

1. 议题由检察委员会原则通过的。承办部门应当根据审议意见进行补充、修改，必要时应当与有关方面进行沟通、协调，并向检察委员会办事机构书面说明采纳意见情况和补充修改情况。不采纳重要意见的，应当提出书面报告，经分管检察长审核后向检察长报告。

2. 不能及时执行检察委员会决定的。承办部门因特殊原因不能及时执行检察委员会决定的，应当提出书面报告，说明有关情况和理由，经分管检察长审核后报检察长决定。下级人民检察院因特殊原因不能及时执行上级人民检察院检察委员会决定的，应当向上级人民检察院相关部门提出书面报告，说明有关情况和理由，由上级人民检察院相关部门审查后形成书面意见，经分管检察长审核后报检察长决定。

3. 对检察委员会决定有不同意见的。有关下级人民检察院对上一级人民检察院检察委员会的决定如有不同意见，可以请求复议。上级人民检察院相关部门对复议请求进行审查并提出意见，由分管检察长审核后报检察长决定。检察长决定提请检察委员会复议的，应当在接到复议申请后的1个月内召开检察委员会复议并作出决定。经复议认为原决定确有错误的，应当及时予以纠正。对检察委员会复议作出的决定，承办部门和下级人民检察院应当执行。

四、检察委员会审议议题的要求

检察委员会审议议题是否规范，直接关系到检察委员会议事的质量和效率。提请检察委员会审议的议题，除了应当属于检察委员会审议议题的范围外，还要符合规定的议题标准。

（一）检察委员会审议议题的范围

检察委员会审议议题的范围包括十个方面的内容：（1）审议在检察工作中贯彻执行国家法律、政策的重大问题；（2）审议贯彻执行本级人民代表大会及其常务委员会决议，拟提交本级人民代表大会及其常务委员会的工作报告、专项工作报告和议案；（3）最高人民检察院检察委员会审议检察工作中具体应用法律问题的解释以及有关检察工作的条例、规定、规则、办法等，省级以下人民检察院检察委员会审议本地区检察业务、管理等规范性文件；（4）审议贯彻执行上级人民检察院工作部署、决定的重大问题，总结检察工作经验，研究检察工作中的新情况、新问题；（5）审议重大专项工作和重大业务工作部署；（6）经检察长决定，审议有重大社会影响或者重大意见分歧的案件，以及根据法律及其他规定应当提请检察委员会决定的案件；（7）经检察长决定，审议按照有关规定向上一级人民检察院请示的重大事项，提请抗诉的刑事案件和民事、行政案件，以及应当提请上一级人民检察院复议的事项或者案件；（8）经检察长决定，审议下一级人民检察院提请复议的事项或者案件；（9）决定本级人民检察院检察长、公安机关负责人的回避；（10）审议检察长认为需要提请检察委员会审议的其他议题。

（二）检察委员会的议题标准

提请检察委员会审议的议题因其性质和内容不同，其标准要求也不尽一致。总的讲，可以分为事项的议题标准和案件的议题标准。

1. 事项的议题标准

提请检察委员会审议的事项，应当主题明确，内容清楚，经过全面研究论证，议题材料齐备。根据事项的不同性质和内容，其标准要求也有所不同。

（1）司法解释和规范性文件的议题标准。提请检察委员会审议的司法解释、规范性文件等事项，议题报告应当包括司法解释、规范性文件审议稿和起草情况说明。起草情况说明的主要内容包括四个方面：一是立项来源或者事项缘由和背景；二是研究起草和修改过程；三是征求有关部门、地方检察机关或者专家意见情况；四是具体说明文件审议稿的主要条文，包括各方面提出的意见、争议焦点、承办部门研究意见和理由。

（2）工作报告类议题的标准。提请检察委员会审议的人民检察院工作报告等其他事项，议题报告应当包括文件审议稿和起草情况说明。起草情况说明的主要内容包括四个方面：一是事项缘由和背景；二是研究起草和修改过程；三是征求意见情况；四是对有关问题的研究意见和理由。必要时，具体说明审议稿主要条文或者主要部分，包括各有关部门提出的意见、争议焦点等。

（3）事项议题附件的标准。提请检察委员会审议的司法解释、规范性文件和其他事项，根据议题的具体情况，以下材料可作为附件：一是下级人民检察院的请示以及该院检察委员会会议纪要；二是有关单位、部门回复的书面意见或者电话记录；三是本院有关内设机构、下级人民检察院回复的书面意见或者回复意见综述；四是检察委员会专职委员或者本院检察委员会办事机构的审查意见；五是调查研究报告、座谈会以及专家咨询会等相关会议综合材料；六是反映有关社会影响的书面材料；七是法律、法规、司法解释以及其他规范性文件等有关规定。必要时，附相关指导性案例或者具有参考价值的典型案例等。

2. 案件的议题标准

提请检察委员会审议的案件，应当事实清楚，证据确实、充分，或者符合规定的条件，议题材料齐备。根据案件的不同性质和种类，其标准要求也有所不同。

（1）刑事案件的议题标准。提请检察委员会审议的刑事案件，议题报告的主要内容包括八个方面：一是提请检察委员会审议决定的问题；二是案件来源和案件基本情况；三是诉讼过程以及相关单位、部门认定的基本案件事实和适用法律情况；四是分歧意见或者诉争要点；五是承办部门工作情况、审查认定的案件事实和证据；六是其他需要说明的问题；七是承办检察官意见、承办部门讨论情况；八是承办部门的审查结论和理由。根据议题具体情况，征求有关部门或者专家等意见的，议题报告还应当写明有关部门、专家等意见；依据有关规定应当接受人民监督员监督的案件，议题报告还应当写明人民监督员监督、评议情况和表决意见。刑事申诉案件，议题报告还应当写明：原生效法律文书认定的事实和适用法律情况，申诉理由、依据和要求等。刑事赔偿案件，议题报告还应当写明：原生效法律文书认定的事实和适用法律情况，申请赔偿的理由、依据和要求，与赔偿请求人协商的情况等。向人民法院赔偿委员会提出重新审查意见的，议题报告还应当写明：人民法院赔偿委员会决定的内容，提出重新审查意见的理由、法律依据等。下级人民检察院提请抗诉的刑事案件，议题报告还应当写明：人民法院判决、裁定的内容，提请抗诉的理由和申诉理由，提请抗诉的人民检察院检察委员会审议的情况和意见以及检察长的意见。

（2）民事、行政抗诉案件的议题标准。提请检察委员会审议的民事、行政抗诉案件，议题报告的主要内容包括九个方面：一是提请检察委员会审议决定的问题；二是案件来源和案件基本情况；三是诉讼过程以及有关人民法院裁判、执行的情况；四是申诉人申请抗诉或者下级人民检察院提请抗诉的理由、证据和法律依据；五是分歧意见或者诉争要点；六是承办部门工作情况、审查认定的案件事实和证据；七是其他需要说明的问题；八是承办检察官意见、承办部门讨论情况；九是承办部门的审查结论和理由。征求有关部门或者专家等意见的，议题报告还应当写明有关部门、专家等的意见。

（3）案件议题附件的标准。提请检察委员会审议的刑事案件和民事、行政抗诉案件，根据议题的具体情况，提供以下材料作为附件：一是下级人民检察院的请示以及该院检察委员会会议纪要。二是此前本院检察委员会有关本案的会议纪要以及其他有关研究审议本案的会议综合材料、起诉书稿、不起诉决定书稿、抗诉书稿等。抗诉案件、申诉案件，还应当附判决书、裁定书、不起诉决定书等有关法律文书以及申诉书等。三是承办部门集体讨论会议纪要或者记录，专家咨询意见或者专家咨询会等相关会议综合材料。四是有关单位、部门、本院有关内设机构回复的书面意见或者回复意见综述。五是检察委员会专职委员或者本院检察委员会办事机构的审查意见。六是诉讼当事人及其代理人的辩护或者代理意见。七是反映有关社会影响的书面材料。八是法律、法规、司法解释以及其他规范性文件等有关规定。必要时，附案件重要证据、案件事实或者法律关系示意图、相关指导性案例或者具有参考价值的典型案例。

第二编　控告检察工作

【工作流程图】

（一）来信处理流程图

来信处理流程图

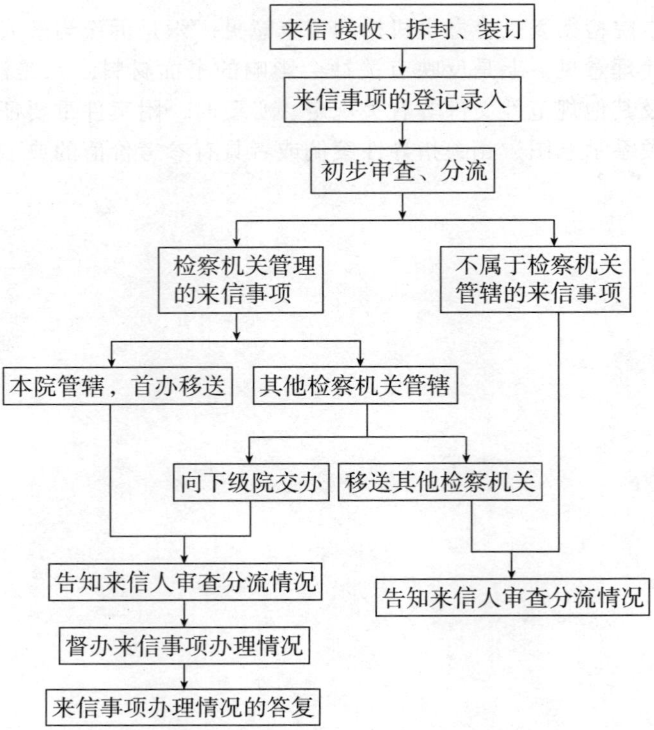

（二）来访接待流程图

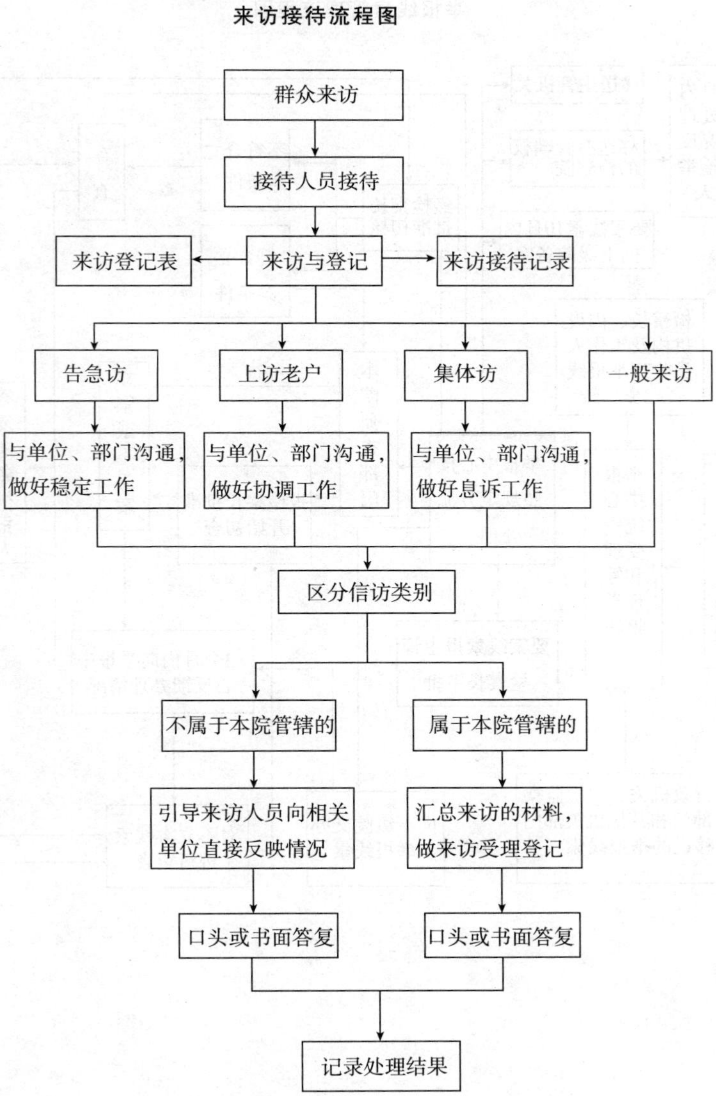
来访接待流程图
群众来访
接待人员接待
来访登记表
来访与登记
来访接待记录
告急访
上访老户
集体访
一般来访
与单位、部门沟通，做好稳定工作
与单位、部门沟通，做好协调工作
与单位、部门沟通，做好息诉工作
区分信访类别
不属于本院管辖的
属于本院管辖的
引导来访人员向相关单位直接反映情况
汇总来访的材料，做来访受理登记
口头或书面答复
口头或书面答复
记录处理结果

（三）举报线索管理流程图

举报线索管理流程图

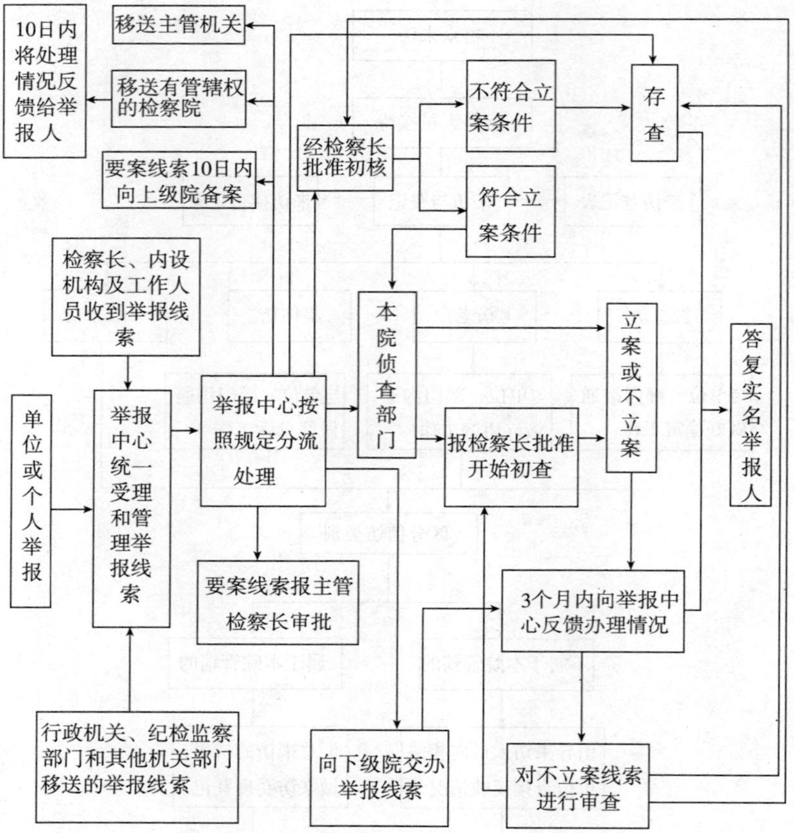

第一章　控告检察工作概述

控告检察工作，是指检察机关受理个人、单位的控告、举报、申诉，接受犯罪人自首，通过处理控告、举报、申诉案件，实施法律监督和内部制约的一项检察业务工作。控告检察工作是检察机关获取案件线索的主要渠道，是检察机关坚持群众路线、直接依靠人民群众实施法律监督的重要方式，是维护人民群众合法权益、维护社会公平正义、构建社会主义和谐社会的基础性工作。

一、新时期控告检察工作面临的形势、任务

我国已进入“十二五”时期，经济体制深刻变革、社会结构深刻变动、利益格局深刻调整、思想观念深刻变化，是经济社会发展的重要战略机遇期，同时，因发展中不平衡、不协调、不可持续问题依然突出，又是社会矛盾凸显期，大量矛盾和问题通过信访渠道反映出来。

中央高度重视信访工作，2007 年，中共中央、国务院下发了《关于进一步加强新时期信访工作的意见》，确立了信访工作在构建社会主义和谐社会中的基础性地位，明确了新时期信访工作的指导思想和目标任务。2009 年，中共中央办公厅、国务院办公厅转发《中央政法委员会关于进一步加强和改进涉法涉诉信访工作的意见》，对进一步加强和改进涉法涉诉信访工作提出了明确要求。近年来，胡锦涛等中央领导高度关注信访工作，多次对建立健全群众权益维护机制、加强信访工作、强化社会管理作出重要指示。

中央提出构建和谐社会、全面建设小康社会的重要战略，要求各地各部门以人为本，关注民生，政法各部门要把三项重点工作的要求贯穿于各项工作的始终。适应时代发展和中央要求，控告检察工作要深化职能，不仅要解决群众的法律诉求，而且要解决群众“法度之外、情理之中”的生活困难问题；不仅要“案结”，还要“息诉事了”；不仅要化解社会矛盾，而且要善于总结，延伸职能，加强源头治理，促进公正廉洁执法和加强社会管理创新。

近年来，控告检察业务难度加大：一是信访量呈“倒金字塔”形，越往上级院信访量越大。经多年的集中处理，数量虽有所下降但仍在高位运行。二是重复信访量大。尤其是积案的息诉难度相当大，需要大量人力、物力。同时，新的涉检信访仍有发生。

另一方面，检察队伍建设方面也存在与形势不相适应的问题：一是少数地

方少数人思想认识不到位，政治意识、大局意识、责任意识、忧患意识不够强。信访“是天下第一难事”，需要领导重视，各方支持。但少数地方领导重视不够，工作力度不强。二是少数地方协调不畅、监督制约不力。一些地方控告检察部门与其他相关业务部门协调不够，没有形成解决信访问题的合力；有的控告部门监督制约意识和力度欠缺，加上一些地方业务部门对信访重视不够，造成落实不严格、不规范。三是研究解决并防范信访问题的综合能力有待加强。

二、控告检察工作的方向和思路

控告检察工作要始终坚持检察工作主题，把人民群众的需要和愿望作为控告检察工作的努力方向和目标，在工作中落实三项重点工作的要求，采取更加有力的措施，将控告检察工作推上一个新台阶。

（一）以深化三项重点工作为主线，在坚持矛盾纠纷排查化解工作的同时，更加注重探索促进社会管理创新的方法和机制

一是注重构建依法有序的信访秩序。运用民主的、说服教育的方法，引导群众通过正当渠道理性反映和依法解决问题。二是及时依法解决群众的合理诉求，进一步加大积案清理和案件评查工作力度。坚持检察长和业务部门负责人定期或预约接访制度，坚持释法说理、领导包案、下访巡访、联合接访、公开听证、心理咨询、定期通报、责任追究、督查指导等长效工作机制和有效做法。三是下大力量协调解决群众“法度之外、情理之中”的问题。坚持以人为本、关注民生的要求，做好个案补偿、救济工作，把影响稳定的因素化解在基层。四是强化源头治理，促进执法规范化和社会管理创新。结合工作实际深入分析执法环节存在的问题和原因并提出对策建议，为院领导决策提供参考；在即将全面推行的执法办案风险评估预警工作中，控告检察部门要履行好配合、协调、协作职能。对工作中发现的反映其他部门工作中存在的问题和隐患，以检察建议等形式，协同帮助有关部门加强管理。五是不断创新延伸法律服务的新机制。发挥好检察联络室和巡回检察等已有工作机制的作用，并在实践中不断创新服务群众、方便群众、服务社会管理的模式，进农村、进社区、进学校、进企业，人对人、手拉手、面对面、心贴心地做群众工作。

（二）进一步加强和改进举报工作，更好地服务反腐倡廉建设

一是围绕职务犯罪查办重点，强化线索管理。结合自侦部门专项查办工作，对发生在领导机关和领导干部中的以权谋私、失职渎职的犯罪线索，重点民生领域的职务犯罪线索，重大责任事故和群体性事件涉及的职务犯罪线索，

发生在基层政权组织和重点岗位的贪污贿赂、滥用职权的犯罪案件线索，地方换届选举中的破坏选举、买官卖官的犯罪案件线索，以案谋私、贪赃枉法和为黑恶势力充当“保护伞”的犯罪案件线索以及行贿犯罪案件线索等，及时审查、清理、移送。对性质不明难以归口、群众多次举报未查处的举报线索，加强与自侦部门的沟通，依法开展初核工作，为自侦部门移送高质量的举报线索。二是强化内部制约，积极推进不立案线索审查工作。在加强举报线索交办、催办、督办和答复的同时，要根据高检院的有关规定，对自侦部门决定不予立案的线索，从强化内部监督制约出发，组织专门力量认真审查，认为处理不当的，提出具体处理意见报检察长审批，重新初核。三是杜绝线索积压、防止有案不查。及时清查积压线索，对群众多次举报未查处的举报线索要列为重点，及时移送自侦部门初查或由举报中心进行初核，防止压案不查、失信于民。四是进一步加强举报宣传工作。在坚持搞好举报宣传周活动的同时，采取多种形式开展举报宣传工作，使举报宣传经常化、常态化。要充分利用举报门户网站、互联网、报刊杂志等媒体宣传举报法规、举报常识和职务犯罪查办成效，利用下访巡访机制开展法制讲座、廉政报告、警示教育等宣传活动。要结合典型案例，重点向群众宣传检察机关依靠群众反腐倡廉的工作理念和检察机关奖励举报有功人员、保护举报人等有关规定，鼓励群众积极举报。五是立足举报工作职能，积极参与社会管理。对群众反映行政机关工作人员不作为、乱作为的举报线索，针对社会管理中存在的问题，及时提出消除隐患、堵塞漏洞、健全制度、强化管理的检察建议，协同有关部门共同推进社会管理创新。六是加强调查研究，积极推进举报工作法制化建设。对举报工作机制运行情况及存在的问题进行深入调查研究，提出进一步完善举报工作制度的意见和建议。

（三）探索动态管理模式，深化文明接待室创建评比活动对控告检察工作的全方位考核作用

文明接待室评比标准是对信访接待、案件办理、举报工作、业务指导、综合信息、硬件建设、信息化建设、队伍建设进行立体全面考核的标准。积极配合检务督察，对已授予“全国检察机关文明接待室”称号的单位进行不定期的明察暗访，发现对群众冷硬横推、清积评查工作滞后等严重不符合文明接待室标准的，应通报批评或摘牌，切实提高服务群众的质量和水平。

（四）加强信息化建设，进一步畅通信访渠道，提高管理水平和效率

加快信访信息传输速度，减轻群众赴省进京上访的负担。一是积极推进

"12309" 举报电话的制度化建设，提高规范化水平。规范接听受理、审查分流、交办转办、督办催办、答复反馈、登记备案等流程，要做到台账明晰、处理高效、答复及时、群众满意。二是加大资金投入，推广视频接访、网络信访，并完善工作制度，方便群众反映问题，表达诉求。

三、控告举报工作队伍能力建设

控告检察工作能力就是执法办案、化解矛盾、维护稳定、促进和谐的能力，包括法律监督能力、群众工作能力和公正廉洁执法能力。

（一）牢固树立宗旨意识，增强大局观念，提升检察职业道德水平

一是结合"创先争优"和"发扬传统、坚定信念、执法为民"主题教育实践活动，以控告检察战线张章宝、王世杰、郭爱云、袁建凌、谢香孟、葛海英、方健娟、严迎春以及山东省民生检察热线等先进个人和集体为楷模，使控告检察干警牢固树立"以人为本、执法为民"意识，进一步增强责任意识、大局意识，善于把控告检察工作放在党和国家工作大局以及检察工作全局中谋划和推进，紧紧围绕中央关于加快转变经济发展方式、推进经济结构调整、加强"三农"工作、保障和改善民生、发展社会事业等重大战略决策和重大工作部署，找准服务的切入点和着力点，增强工作的针对性和有效性。二是严格落实检察官职业行为基本规范、检察机关执法工作基本规范、检察机关文明用语基本规则，切实做到严格、公正、文明、规范执法。

（二）切实提高法律监督和内部监督的能力

公平正义是控告检察工作的生命线，强化内部监督是控告检察工作的发展之基。一是通过岗位练兵、业务培训、经验交流等方式，切实解决好不敢监督、不会监督等问题，培养干警适用法律、运用政策的能力，发现问题、解决问题、敢于纠错、善于监督的能力，切实做到依法律、按程序、按政策解决群众反映的问题。二是提高综合分析能力。抓住信访举报信息的苗头性、倾向性、典型性问题，并提出建设性意见，为加强法律监督、检察机关内部监督以及加强社会管理提供有价值的参考。

（三）提高做群众工作的能力

控告检察工作必须依靠群众、尊重群众、服务群众、方便群众才能做好。群众工作能力包括与群众打交道、赢得群众信赖的能力，善于释法说理、沟通协调、化解矛盾的能力。群众工作能力是实践能力，要按照胡锦涛总书记关于加强和改进新形势下群众工作的要求，在控告检察工作实践中学习，在学习中实践。要深入学习全国重大先进典型张章宝同志"融入群众，公正执法，情理兼容，促进和谐"的工作模式，一是扎根基层，服务群众，坚持"矛盾不

上交，纠纷不扩大”，把化解社会矛盾纠纷贯穿于执法办案全过程，探索建立化解矛盾纠纷工作机制。二是积极探索新形势下参与社会管理的新思路、新方法，通过运用检察建议、“流动检察工作站”，建立信访、举报、维稳“三网合一”工作机制等手段，拓展和延伸检察服务职能。三是结合各地工作实际，积极探索建立刑事和解、民生热线、检调对接、廉政风险防控、信访分级受理和巡回接访、涉检信访督查专员等机制制度，着力解决影响社会和谐稳定的源头性、根本性、基础性问题。

（四）抓好纪律作风和反腐倡廉建设

控告检察人员要守得住清贫、耐得住寂寞、经得住诱惑，把公正廉洁执法作为履行好职责的首要条件，要恪守“忠诚、公正、清廉、文明”的检察职业道德，秉持职业良知，严格遵守各项检察纪律和廉政规定，不为金钱所诱，不为人情所惑，不为关系所扰，不为权势所迫，堂堂正正做人，干干净净办事，清清白白执法，把控告检察部门建设成为清正廉洁、业务过硬、群众信任的工作部门。

第二章　控告检察工作重点环节与要求

一、来信来访受理、审查分流的重点环节与要求

（一）来信的受理和审查分流

书信是公民、法人或其他组织提出控告、举报、申诉经常采用的传统书面形式。畅通来信渠道，就是检察机关通过规范、优化工作流程，依法、及时、公正地受理、办理来信事项，化解社会矛盾，维护人民群众的合法权益，维护社会和谐稳定。检察机关处理来信的主要环节和要求如下。

1. 来信的接收、拆封、装订

检察机关控告申诉检察部门（控告检察部门与刑事申诉检察部门分设的，“控告申诉检察部门”系指控告检察部门，下同）接收群众来信时，要检查信封上所写的收信单位是否本检察院，是否本检察院工作人员的私人信件。接收群众来信后，应在当日拆封。拆封时，应当注意保持邮票、邮戳、邮编、地址和信封内材料的完整，然后按照主件、附件顺序将来信材料和信封一起装订整齐，在来信首页右上角空白处加盖本院收信专用章。如来信中夹带证件原件、现金、票证原件和其他贵重物品，要逐一清点登记。

2．来信事项的登记录入

来信登记是来信诉求进入检察机关信访渠道的记录，是来信办理工作初始阶段的一项基础性工作。首先，体现了对来信人控告举报申诉权利的保护和尊重，为来信人查询来信事项办理情况提供了基本前提条件；其次，为监督检察机关办理来信情况提供了依据，有利于促进来信事项的办理；最后，便于来信情况的统计分析，为全面掌握社情民意提供了基本数据资料。

控告申诉检察部门工作人员在认真细致阅读来信材料的基础上，采用信息化技术逐件登记来信事项，录入信访信息处理系统。登记录入的项目主要有：(1) 是首次来信，还是重复来信；(2) 来信人基本情况，包括来信人姓名、住址、单位、与原案当事人的关系等；(3) 信件的来源；(4) 来信控告、举报、申诉的基本事实和处理经过的摘要；(5) 来信主要诉求，提出的事实理由和依据等。

为提高工作效率，控告申诉检察部门将来信事项录入信访信息系统时，应首先通过检索来信人姓名等方式判断是首次来信还是重复来信。对显示为重复来信的，还要将本次来信与以前录入信息进行认真比对。如果本次来信事项的诉讼过程发生了变化，提出了新的诉求，则按首次来信录入（如以前来信事项录入为不服不起诉决定，而本次来信事项系不服对不起诉决定的复查结论，则本次来信属于首次来信）；来信人姓名一致，还要看住址等内容是否一致，判断是否重名重姓。总之，判断首次来信还是重复来信要认真细致，不能简单粗糙。

在来信事项登记录入中，摘编来信控告、举报、申诉的基本事实和处理经过等情况是一项重要内容。在确保准确的基础上，要注意做到重点突出，详略得当。对初步审查判断属于检察机关管辖的来信事项应登记详细，对不属于检察机关管辖的来信事项则登记简略。还要根据控告、举报、申诉事项的特点进行登记录入。例如，举报职务犯罪类来信应重点登记录入被举报人的姓名、单位、职务，涉嫌职务犯罪罪名、主要事实和线索；申诉类来信应重点登记录入原案当事人的姓名、原案认定的基本事实及诉讼经过，现在所处的诉讼阶段。控告类来信应重点登记录入被控告人的姓名、涉嫌刑事犯罪罪名或违法违纪的性质。

来信由控告申诉检察部门统一受理，实行一个窗口对外。本院领导、其他部门及其工作人员收到的控告、举报、申诉来信，应及时移送控告申诉检察部门，由控告申诉检察部门统一登记、处理。这样既能避免造成来信积压，又能避免来信多头交办的现象。

3．来信事项的初步审查、分流

检察实践中，来信的登记录入其实也是来信事项初步审查的开始。初步审查的主要目的是，在辨明来信事项性质的基础上，依照法律规定判断该来信事项的主管和管辖（即判断该来信事项是否属于检察机关管辖，是否属于本院管辖，属于本院哪个业务部门办理），对属于本院管辖的来信事项予以受理，对不属于本院管辖的来信事项提出移送有权机关处理的意见。初步审查中，对属于本院管辖的来信事项，控告申诉检察部门还要审查法律文书和证明材料是否齐全，是否符合受理的形式要件，如来信材料不齐全，不符合受理形式要件，应及时通过电话或信件告知来信人补充材料。

来信事项的分流就是控告申诉检察部门根据初步审查结果，按照“属地管理、分级负责，谁主管、谁负责”的信访工作原则，经内部审批程序，确定来信事项分流去向，在收到来信之日起的7日内移送管辖机关和部门办理。主要有以下几种情况：

（1）首办移送来信事项。来信事项属于本院管辖的，根据部门职能分工，逐件附《控告、申诉首办流程登记表》移送本院管辖部门办理。控告检察部门与刑事申诉检察部门没有分设的，控告申诉检察部门既负责来信事项的初步审查分流工作，又负责办理管辖范围内的刑事申诉来信事项、国家赔偿请求事项，要按照高检院复查刑事申诉案件、国家赔偿工作等规定，及时指定首办责任人员，实行严格的流程管理。来信事项涉及多个部门工作的，由本院检察长组织协调，明确相关部门牵头办理。

（2）交办重要来信事项。上级检察机关将重要来信事项交下级检察机关办理并要求在规定期限内反馈处理结果，是转变工作作风，有力推动来信事项解决，及时有效化解社会矛盾的重要措施。上级检察机关控告申诉检察部门可以代表本院向下级检察机关交办以下重要来信事项：①群众反映强烈，社会影响较大的；②举报内容较翔实，案情重大，多次举报未查处的；③不服检察机关处理决定，多次申诉未得到依法处理的；④检察长批办的。上级检察机关控告申诉检察部门交办重要来信事项，要进行初步核实甄别，准确把握交办来信事项的范围，严格审批程序，以交办函附带原信的形式交下级检察机关办理。对不属于检察机关管辖的来信事项、已经作出终结决定的来信事项、开展集中处理涉检信访专项工作以来信访人已经签订息诉协议的来信事项，上级检察机关不予交办；交办重要举报线索，应报分管检察长审批，交办前应当向有关侦查部门通报，交办函及有关材料复印件应当移送本院有关侦查部门。

（3）向管辖机关移送来信事项。对属于检察机关管辖，但不属于本院管辖的来信事项，移送下级检察机关或有管辖权的检察机关；对不属于检察机关管辖的，移送主管机关。

需要注意的是，对告急信件应在接收当日依法处理。对于来信人声称将要实施自杀、自焚、杀害政法干警或他人、爆炸、集会、静坐、游行、集体进京上访等告急信件，来信办理人员在接收当日应立即向部门负责人报告，在第一时间采用电话、传真等方式向相关检察机关或主管机关通报情况、移送信件，切实防止极端事件的发生。

4. 告知来信人审查分流情况

控告申诉检察部门将来信事项审查分流后，除来信人的姓名（名称）、住址等个人信息不清的以外，应在规定期限内书面将来信分流去向告知来信人，告知举报人应当注意保密。（1）来信事项属于本院管辖的，应当自收到来信事项之日起15日内书面告知来信人。这样做，一方面有利于来信人根据法律规定预判其来信事项的办结期限，有效避免来信人在检察机关对来信事项正在办理之中仍不断信访；另一方面，书面告知也是检察机关对来信人的承诺，有利于促使检察机关提高工作效率，严格履行职责。（2）来信事项不属于检察机关管辖的，应在收到来信之日起7日内书面告知来信人。这样做，一方面有利于来信人及时调整救济渠道，向主管机关提出诉求并得到及时解决；另一方面有利于减少非涉检来信，使检察机关集中精力办好涉检信访事项。（3）来信事项属于检察机关管辖，但不属于本院管辖的，应当自收到来信材料之日起7日内告知来信人。

（二）来访的受理和审查分流

1. 接谈

接谈是群众来访接待工作的首要环节。

（1）接谈的行为规范。要严格按照《检察机关文明用语规范》、《人民检察院文明接待用语和工作忌语》的规定要求，安排有专人接待，不得推诿塞责，杜绝“门难进、话难听、脸难看、事难办”和“冷、硬、横、推”；接待人员应按要求着检察装、挂牌接待；举止文明、态度和蔼、语言规范。对属检察机关管辖的，及时办理；对不属于检察机关管辖的，热情接待后，为其指明投诉方向或帮助协调有关部门处理。

（2）接谈的方式、方法。①接谈方式。除在接待场所等候接访外，应按照便民、利民、为民办实事的原则，适时采取预约接访、下访巡访、视频接待、联合接访、检察长接待等方式，不断延伸化解矛盾触角，切实化解矛盾纠纷。②接待方法。在接谈中，要紧紧围绕涉检信访的四大功能价值即法律监督程序引导功能、映射功能（监督功能）、救济功能、矛盾释放化解功能展开，并贯穿于接访工作始终，坚决克服“为了接待而接待”的思想，进一步提高接访质量和水平。法律监督程序引导功能就是对应进入法律程序的来访诉求，及时通过转办、交办、初核等方式引导进入法律程序；映射功能就是把信访作为一面镜子，了解执法状况、政策落实情况、社情民意等；救济功能包括实体救济、程序救济、制度救济，就是切实解决反映的实际问题，对涉检信访反映的制度性、体制性、政策性的问题或者建议加以研究，建立健全相关制度，完善相关机制；矛盾释放化解功能就是拓宽信访渠道，让矛盾纠纷有一个正常的传输通道、具体的处理场所、必要的过程和阶段，避免矛盾纠纷激化升级。

2. 分流

对群众来访，经甄别属于非涉检访的，应当即为其指明投诉方向，或者通过信函方式将其反映的问题转有管辖权的单位处理；对涉检访，接谈后，应根据《人民检察院信访工作规定》、《人民检察院控告、申诉首办责任制实施办法（试行）》等相关规定，在7日内按照分流原则、管辖规定和部门职能分工，以交办、函转、转办、开信等方式移送下级人民检察院或本院有关部门处理。分流来访案件，应按照要求履行审批程序。移送材料应附领导审批件、来访接谈登记表、接访笔录、来访材料原件，同时应复印一份存档保留。

二、来信来访办理、答复、信息分析的重点环节与要求

（一）来信来访事项的办理

控告申诉检察部门对来信来访事项的审查分流是办理的启动程序，而对来信来访事项的实质办理，即对来信来访诉求是否有事实和法律依据作出法律结论，化解信访问题，则由检察机关职能部门完成。

来信来访事项的办理是处理信访的核心所在，承办部门要牢固树立群众观念和理性、平和、文明、规范的执法理念，严格依照法律规定和程序作出客观公正的法律结论，在此基础上主动把执法办案工作向化解矛盾延伸，努力实现法律效果、政治效果和社会效果的有机统一。

1. 首办责任部门办理来信来访事项的要求

一是严格遵守办理期限。承办部门应当在收到本院控告申诉检察部门转送的信访事项之日起60日内办结；情况复杂，逾期不能办结的，报经分管检察长批准后，可适当延长办理期限，并通知控告申诉检察部门，延长期限不得超过30日。法律、法规另有规定的，从其规定。如国家赔偿法第23条规定，赔偿义务机关应当自收到申请之日起2个月内，作出是否赔偿的决定。

二是努力提高执法办案质量和化解矛盾的水平。承办部门办理来信来访事项，应严格按照法律和高检院制定的执法办案规范和执法办案质量标准，确保法律结论客观公正，并切实做好法律结论的执行工作（主要是通过艰苦细致的善后息诉工作，使信访人接受、认可法律结论，实现息诉罢访，将矛盾化解在首次办理环节）。

三是书面回复办理结果。承办部门应当向控告申诉检察部门书面回复办理结果。书面回复文书应当具有说理性，主要包括下列内容：（1）信访人反映的主要问题；（2）办理的过程；（3）认定的事实和证据；（4）处理情况和法律依据；（5）开展化解矛盾、教育疏导及相关善后工作的情况。

2. 下级检察机关办理交办来信来访事项的要求

一是控告申诉检察部门负责管理交办来信来访事项。控告申诉检察部门负责管理上级检察机关控告申诉检察部门交办的信访事项。对于上级检察机关交办的信访事项，承办人应当提出办理意见，经部门负责人审核后，报分管检察长审批。

二是严格遵守办理期限。对上级检察机关交办的信访事项应当及时办理，一般应当在3个月内办结；情况复杂，确需延长办结期限的，需经分管检察长批准，延长期限不得超过3个月。延期办理的，应当向上级检察机关书面报告进展情况，并说明理由。

三是以院名义报送处理情况。办理交办信访事项应坚持“案结事了、息诉罢访”的工作标准。对于上级检察机关交办的来信事项，承办部门应当将办理情况和结果报分管检察长审批后，制作《交办信访事项处理情况报告》，连同有关材料移送控告申诉检察部门，由控告申诉检察部门以本院名义报上一级检察机关控告申诉检察部门。《交办信访事项处理情况报告》应当包括下列内容：（1）信访事项的来源；（2）信访人反映的主要问题；（3）办理的过程；（4）认定的事实和证据；（5）处理情况和法律依据；（6）开展化解矛盾、教育疏导工作及相关善后工作的情况。

（二）来信来访事项的督办

督办是控告申诉检察部门的一项重要职责，是监督制约职能的重要体现，是控告申诉检察部门切实改变收收转转状况，实现由转到办重大转变的重要途径。其目的在于通过对检察机关和承办部门办理信访事项情况的督促检查，使信访事项得到依法及时公正的解决，有效防止信访事项转而不办、办而不决、决而不执。

1. 控告申诉检察部门对首办移送本院有关部门办理的信访事项，应当每月进行一次清理，对即将到期的应当发催办函进行催办；超过1个月未办结的，应当报分管检察长，并向有关部门负责人通报。

2. 对于交办的信访事项，上级检察机关控告申诉检察部门应定期进行清理，对未办结的信访事项采取通报、派出工作组督办、听取承办检察机关汇报等方式进行督办。

对下级检察机关报送的《交办信访事项处理情况报告》，上级检察机关控告申诉检察部门应当认真审查，严格结案审批程序，把好结案关。对事实清楚、处理适当的，应当结案；对事实不清、证据不足、定性不准、处理不当的，应当提出意见，退回下级检察机关重新办理；对确有错误，下级检察机关坚持不予纠正的，上级检察机关经检察长或者检察委员会决定，可以撤销下级检察机关的原处理决定，并作出新的决定。

3. 对下级检察机关信访工作的督办。上级检察机关控告申诉检察部门通过督查或者专项检查等方式，发现下级检察机关在处理信访事项中有下列情形之一的，应当及时予以监督纠正：（1）应当受理而拒不受理的；（2）未按规定程序办理的；（3）未按规定的办理期限办结的；（4）未按规定反馈办理结果的；（5）不执行信访处理意见的；（6）其他需要监督纠正的事项。

上级检察机关控告申诉检察部门对所督办事项应当提出改进建议。下级检察机关收到改进建议后应当及时改进并反馈情况。建议未被采纳的，控告申诉检察部门可报分管检察长审批后，责成被督办单位执行。

（三）来信来访事项办理结果的答复

检察机关对来信来访事项作出法律结论后，除因信访人的个人信息不详等情况无法答复的以外，原则上应当书面答复信访人，但有特别规定的除外。书面答复可以使信访人知晓检察机关对其诉求的处理意见，并据此决定是否再次依法请求司法救济。

对信访事项办理结果的答复由承办该信访事项的人民检察院控告申诉检察部门负责，除因通讯地址不详等情况无法答复的以外，原则上应当书面答复信访人。口头答复的，应当制作答复笔录，载明答复的时间、地点、参加人及答复内容、信访人对答复的意见等。书面答复的，应当制作答复函。举报答复应当注意保密，需要以邮寄方式书面答复署名举报人的，应当挂号邮寄并不得使用有“人民检察院”字样的信封。重大、复杂、疑难信访事项的答复应当由承办部门和控告申诉检察部门共同负责。

检察机关答复信访人不仅仅是简单地向信访人送达法律结论文书，更重要的是在答复信访人的同时，统筹解决法律问题、思想问题和民生问题，最大限度兼顾法、理、情，努力实现案结事了人和。（1）坚持实事求是、有错必纠的原则，对执法行为有过错的，要纠正到位；对执法行为有瑕疵的，要设法弥补到位；对该赔偿、补偿的，要赔偿、补偿到位。（2）对信访诉求没有法律和事实依据，不予支持的，或信访诉求有一定合理性，但来信人提出过高要求的，应通过释法明理答疑、心理疏导等方式，多做人对人、面对面、手拉手、心连心的工作，要依靠信访人所在单位、社区群众以及亲朋好友与信访人身份相近、感情相通、沟通便利的优势，解开信访人的“法结”和“心结”。

(3) 密切关注法律诉求背后的民生问题，综合运用刑事被害人救助、困难救济帮扶等方法，妥善解决“法度之外、情理之中”的问题，帮助解决来信人的实际困难。(4) 对重大、复杂、疑难信访事项，必要时可以举行公开听证、公开答复，提高执法办案的透明度和公信力。

(四) 来信来访信息的分析

来信来访情况是反映社情民意的晴雨表，也是检验检察机关执法办案状况的一面镜子。对来信来访信息的收集应按照“抓小、抓实、抓早、抓细”的原则，注意通过信访统计数据和表面的信访现象，主动挖掘信访背后的深层次和根本性问题；从个案、个访研判分析一般、一类及规律性问题，从而探索发现信访产生的源头性、根本性原因，从源头上、根本上预防和减少涉检信访，掌握工作主动权。对重大信访事项以及热点敏感问题和可能引起群体性事件的苗头隐患，要做到早发现、早报告、早稳控。要通过重要信访摘报、信访动态情况分析、信访交办案件剖析等方式，深入查找检察机关在执法思想、执法作风、执法能力和执法水平等方面存在的突出问题，真实反映人民群众对法律监督工作的新期待、新需要，向检察机关领导和各部门通报，为磨砺执法观念，提高执法水平，推动检察机关的科学发展提供重要的依据和参考。

三、办理涉检信访案件的重点环节和要求

(一) 涉检信访案件的内涵

涉检信访案件有其特定内涵，即公民、法人或者其他有关单位通过信访渠道反映的涉及检察机关或检察人员的案件，包括不服检察机关处理决定的案件，检察机关在处理群众举报线索中久拖不决、未查处、未答复的案件，检察机关违法违规或检察人员违纪违法的案件。

上述三类案件，是当前群众反映较为强烈的检察机关存在的突出问题，开展清理排查化解涉检信访工作应首先解决这些问题。就目前而言，检察机关涉检信访案件的清理排查、息诉化解等工作都是围绕这个范围开展的。

(二) 涉检信访案件的排查化解

排查化解是办理涉检信访案件的中心任务，是任何一件涉检信访案件的必经程序。涉检信访工作的成效以清理排查是否彻底、化解息诉是否到位来衡量。在处理涉检信访过程中，只有排查与化解工作相得益彰，才能维护好群众权益和社会的和谐稳定。

1. 认真、全面排查涉检信访矛盾纠纷是开展涉检信访工作的前提和基础。排查工作到位与否，直接影响矛盾化解的深度和广度。排查工作的基本目标是：及早发现，提前预防；底数清、情况明。排查应采取集中清理排查和经常

性动态清理排查相结合的方式。集中清理排查要求对所辖地区已经产生的涉检信访案件逐一建档登记，确保清仓见底，不留死角。经常性动态排查要求对可能演变成涉检信访的检察各执法环节所形成的案件建立台账，确保发现得早、预防得好。通过排查，各级检察院应当准确掌握本辖区涉检信访案件底数和具体案件情况，对遗漏和新产生的涉检信访案件应当随时纳入工作范围。底数一经核准确定，应当报送同级政法委和上级检察院，报送口径必须一致无误。

2. 公正合理有效化解涉检信访案件是开展涉检信访工作的核心和关键。“案结事了、息诉罢访”是中央政法委确定的工作目标，以信访人书面作出息诉罢访承诺为主要标志。这就要求各级检察院要在解决问题上下真工夫，在息诉罢访上下真工夫。

第一，要客观公正地解决法律适用问题。在认真梳理信访人诉求、仔细审查信访材料的基础上，根据高检院有关管辖权限的分工规定，确定承办单位。承办人员要全面审查原案案卷材料，到案发地重新核查案件事实和证据，认真研究法律和政策的适用，依法作出客观公正的审查结论。各级检察院应当摒弃“官无悔判”的观念，坚持实事求是、有错必纠，认真及时地纠正实体和程序上存在的过错或瑕疵，使息诉化解工作建立在扎实可靠的法律基础之上。

第二，要多措并举，统筹解决法律适用问题、思想问题和民生问题。通过综合分析全案演变过程、接谈信访人深入了解真实诉求，找准长期不息诉的症结所在。在对法律问题解决到位的基础上，对工作中存在的问题和失误，给信访人一个合乎情理的答复和补偿。依靠各方力量，采取联合接访、公开听证、心理咨询、检调对接，邀请律师或者人民监督员参与，动员上访人所在单位、乡村领导和其亲朋好友做工作等方式加强沟通和感化疏导，尽最大努力化解信访人的“心结”。对长期上访造成生活困难的，要充分利用现有救助机制，协调临时救济的办法和长期帮扶的措施。涉检信访问题产生原因的多样性，决定了处理涉检信访方式的多元结合，任何一种处理方法都不是万能的，要综合运用联合接访、心理咨询、调解、公开听证、领导包案等多种手段和方法，并充分结合统筹运用，才能发挥潜在价值，达到预期效果和目的。

3. 严格落实工作责任。责任不落实，涉检信访排查化解任务就会落空。

第一，要加强对涉检信访工作的领导。领导重视是解决涉检信访问题，特别是解决重大、复杂、疑难信访问题的关键。各级检察院要成立涉检信访工作领导小组，加强组织领导，定期召开会议，共同商讨科学合理的解决方案。对上级院交办的案件要逐级逐案签订责任状，明确包案领导，明确承办部门和承办人员，明确办案时限和结案要求。包案领导要做到“五个亲自”：亲自听取案件汇报，亲自查阅案卷核实证据，亲自接待上访人，亲自研究解决办法，亲自督促处理意见的落实。

第二，要强化上级检察院督查督办责任。实践中通常采取以下方式：一是对息诉化解工作不力的地方下发“检察长督办令”，要求在指定期限内完成任务；二是组织高规格、有权威的督查组走下去分片包干，深入案发地查阅原始卷宗，到信访人家中了解情况，与下级院就地组织联合接访，出面与当地党委、政府加强协调，帮助或督促承办单位秉公办案，为案件的彻底化解争取有力支持；三是请下级检察院向上级检察院汇报办案进展情况，提出指导意见；四是实行定期通报，奖优罚劣。

第三，要强化责任查究力度。不少涉检信访积难案件都经过了多次处理，来回“翻烧饼”，仍然“案结事不了”，一个很重要的原因是有错不纠，有责任不查究。解决这些“骨头案”、“老大难”案件，必须进行回头看，通过对事实和法律的客观分析评价，有错纠错，该赔偿就赔偿，有责任就查究，以评析查究促息诉化解。因此，各级检察院应当选择一些积难案件进行真评实查，抽调办案经验丰富、业务精通的业务骨干全面审查案件在实体和程序上是否存在错误和瑕疵，执法机关和人员在原办案过程和处理信访过程中是否存在过错和违法违纪行为，准确界定问题性质、分清责任，提出责任追究的处理意见或建议。

四、举报工作执法重点环节与要求

举报是公民选择一定的方式，就其知道的违法犯罪人和违法犯罪事实向有关的国家机关检举、报告，并请求依法受理、查处的行为。举报权是我国宪法赋予公民的一项重要的民主权利，是公民对国家工作人员进行民主监督，同违法犯罪行为作斗争的最重要的手段。

检察机关举报工作是检察机关直接依靠群众同贪污、贿赂、渎职、侵权等职务犯罪作斗争的一项业务工作，是法律监督与群众监督相结合的有效形式。人民检察院举报工作的主要任务，是通过开展举报宣传和受理、审查、分流、交办举报线索以及督办、答复等工作，保障职务犯罪侦查依法顺利进行，维护社会公平正义，维护社会和谐稳定。

（一）举报线索的受理

受理是检察机关举报中心对属于检察机关管辖的举报线索程序上的正式接受。与一般意义上的接受不同，受理是举报线索进入检察机关的第一个环节，是检察机关审查、办理举报事项的开端。而一般意义上的接受是指对群众反映材料的接纳行为。对接受的材料经过审查后，才能决定是否受理。

举报线索的秘密特性，决定了接受举报线索与接受控告、申诉等有很大的不同。一要保证接待场所的独立性、安全性、秘密性。接受举报，应当设立专门的举报接待场所，如举报工作室、密谈室等，与控告、申诉的场所要分开。二要确定专人处理举报事项。要选择政治觉悟高、道德观念强、保密意识好、业务精通的同志专门从事举报工作，人选一般由检察长指定或党组会确定。对受理的举报线索，应当按照首办责任制的原则进行办理。三要采取方便有效的接受方式。除信、访、网、电四种方式外，针对举报线索，《人民检察院举报工作规定》特别规定了预约接待、到举报人认为方便的地方接待以及检察长和有关侦查部门负责人接待举报等制度。随着实践的发展和工作的深入，接受举报的方式会更多，方法会更灵活，其目的就是为了保证对举报线索搜集的全面、准确、高效。

对接受的举报线索，举报中心应当进行详细的摘要登记。对接受的每一件举报线索，先直接录入计算机，再进行审查、分流等工作。摘要内容要尽可能全面。对举报事项的时间、地点、举报人与被举报人的基本情况、举报的事实和依据、目击者、证人以及举报的性质等基本要素逐项摘录。如果涉及多个事项，则必须对每个事项都进行摘要，不能因为怕麻烦而选择自己认为重要的事项登入，忽略了其他事项。因为举报线索有很大的不确定性，一条线索价值只有经过认真调查才能得到确认。也许起初看来很不重要的线索，经过调查反而能查出一起大案。相反，对一些看似很具体的线索，经过调查也可能颗粒无收。因此，对举报线索的摘要一定要全面，它也会成为以后举报中心加强内部制约工作的依据。当然，最好的方法是将举报线索经过扫描录入计算机，既节约时间，又便于查询，一举多得。

如果属于国家工作人员贪污贿赂犯罪，国家机关工作人员渎职犯罪以及利用职权实施的非法拘禁、刑讯逼供、报复陷害、非法搜查等侵犯公民人身权利和民主权利犯罪的举报，以及犯罪嫌疑人投案自首的，人民检察院应当依法受理。受理后，按照有关规定及时分流、办理，并答复举报人。

（二）举报线索的分流

分流是对举报线索经过初步判断后，决定将举报线索流转到不同机关、部门进行处理的活动。它是举报工作人员对举报线索的初步裁决，对举报线索具有决定性的意义。分流得及时、得当与否，决定着举报线索价值的挖掘和发挥。

对接受的举报线索，应当在确立专人审查的基础上，根据举报线索的不同情况和管辖规定，自收到举报线索之日起7日内分别作出处理。

举报线索的分流方向有三：

一是对不属于人民检察院管辖的举报线索，移送有管辖权的机关处理，但必须采取紧急措施的，应当先采取紧急措施，然后移送主管机关。移送时，应当逐件填写移送单，注明接受单位的名称、移送举报线索的性质，要求处理以及为举报人保密、不得将举报内容透露给被举报人或被举报单位等内容，通过机要信件形式发送。发送时，要登记好机要编号，以便查询。

二是内容不具体的匿名举报线索或者不具备查处条件的举报线索，经检察长审批后存档备查。内容不具体，是指没有具体的举报人和被举报人；没有具体的事实或不可能发生的事实，如纯粹对事件的评论或看法，或只有对犯罪性质的描述，以及基本要素严重不全甚至缺失，让审查人员无法判断的举报线索等。不具备查处条件，是指线索经评估模糊不清，内容不具体；突破口难以选择；查处时机不成熟等。对内容不具体的实名举报线索，应当及时与举报人取得联系，要求补充有关内容。经补充内容仍然不具体的，决定存档备查，并答复举报人。

三是属于检察机关管辖的举报线索，根据对举报线索“归口办理，分级负责”的原则，举报中心应当及时依法受理，并按照分级管辖的有关规定，在7日内分别转送有管辖权的机关或部门办理。辖内分流分为横向和纵向两种。横向分流是指向本院侦查部门以及有管辖权的同级检察机关分流。纵向分流是指向下一级检察机关分流。对属于本院管辖的举报线索，应当按照《人民检察院控告申诉工作首办责任制》的要求，填写首办《控告、申诉首办流程登记表移送单》，移送有关侦查部门。纵向分流到下一级检察机关的举报线索，如果需要本院侦查部门掌握的，应当将举报线索复印件同时移送本院侦查部门。

为了提高举报线索分流效率，便于实行流程管理，从2005年开始，高检院要求各级人民检察院在建立举报线索数据库的基础上，实现举报线索的网上传输。经过几年的努力，高检院与所有省级检察院举报中心之间均实现系统联网，建立畅通的线索分流移送、交办、督办、结果反馈和查询等信息化管理机制，提高线索流转效率。要加快举报中心与侦查部门之间的联通，根据部门职责设定管理权限，提高数据横向传输的效率。

（三）举报线索的管理

管理，即通过计划、组织、领导、控制及创新等手段，对人力、物力、财力以及其他资源进行协调处理，以达到预期目标的活动过程。举报线索是检察机关的工作秘密。举报线索具有的隐秘性、目标性、目的性、非确定性（或待确定性）等特点决定了其敏感性十分强，检察机关必须完善管理。

检察机关对举报线索实行统一管理原则，即由举报中心一个部门进行管理，其他部门不具有相应职责。实践中，侦查部门对举报线索也有一定的管理职责，但与举报中心的管理不同，侦查部门管理举报线索的数量较小，在时间上是暂时的，它主要是对正在办理的举报线索的暂时性保管，不是完整意义上的管理。而举报中心对举报线索的管理，包括计划、组织、领导、控制、创新等活动，是适应举报线索特点，对人力、物力、财力以及其他资源进行协调处理的过程。这种管理是规范的、永久的，具有最大的效力。

举报中心的管理包括两方面的含义。一是对举报线索的管理。凡举报中心收到的举报线索，本院检察长、各内设部门及其工作人员收到的举报线索，一律由举报中心进行管理。二是对其他部门在办案中发现的案件线索的管理。这些线索也就是平常所说的“自摸”的线索，尽管不属于举报线索，也应实行严格的通报和移送制度。侦查部门在侦查中发现的需另案处理的线索，一般应当在2个月内向本院举报中心通报；对暂时不具备查办价值的举报线索，应当每月向举报中心集中通报一次；经初查不予立案的举报线索，应当在1个月内移送举报中心。其他业务部门在检察工作中发现的职务犯罪线索，应当在移送有关侦查部门处理的同时向举报中心通报。实践证明，统一管理对于全面收集举报信息，充分挖掘线索价值，深入查办职务犯罪以及严格保密、保护举报人，加强督办催办等工作十分必要。统一管理是建立线索数据库的前提，有利于线索的跟踪培养和综合利用；有利于准确分析发案的特点与规律，为领导决策和开展集中整治的专项行动服务；有利于准确地统计数据，容易区分失泄密责任，为开展内部监督制约打下良好基础。

实行举报线索要案备案制度。涉及县处级以上国家工作人员涉嫌职务犯罪的线索一般称为要案线索。对于要案线索，应当在受理后10日内向上级人民检察院移送或者备案。以便上级检察机关能够及时掌握大要案件发案情况，发挥侦查一体化机制的作用，及时进行侦破。

对举报线索定期清理，是减少举报线索积压，挖掘举报线索价值，提高线索办理效率，加强内部制约的重要举措。举报中心对自身存查以及转办的举报线索应当定期清理，至少每半年清理一次。尤其是对侦查部门没有及时回复的举报线索，要作为重点加强督查，同时对线索的查办和反馈情况进行分析，查找存在的问题，及时改进工作，完善管理制度。

强化对举报线索信息的分析。举报中心应当每季度对举报线索情况进行分类统计，综合分析群众反映强烈的突出问题以及群众举报的特点和规律，提出工作意见和建议，向上级人民检察院举报中心和本院检察长报告，充分发挥“参谋部”和“第二研究室”的作用。

（四）举报线索的审查

审查意为审核、调查，或者说是对某项事情、情况的核实、核查。举报中心对举报线索的审查，主要包括转办、移送、初核、交办等工作。举报线索审查是举报线索处理的重中之重，是提高线索处理质量和效率的关键，其中的初核和交办更是容易出现问题的环节。

1．关于初核

初核是对举报线索的初步调查核实，是举报中心对举报线索进行审查的一项活动。初核与侦查部门初查的最大区别在于调查范围的不同。举报线索一般应当移送侦查部门查处，但对性质不明难以归口、群众多次举报未查处的举报线索，举报中心应当及时进行初核，查明举报的犯罪事实是否存在，是否属于本院管辖，是否需要立案侦查。

（1）初核的审批程序。为了保证准确初核，防止初核的随意性，举报中心在举报线索初核前，应当拟写初核方案和初核报告，报经检察长审批。对群众多次举报未查处的举报线索在初核前，应当向有关侦查部门通报。侦查部门没有异议的，立即启动初核程序。侦查部门已经开展初查或者已经决定开展初查的，举报中心应立即向检察长报告，将举报线索移送侦查部门办理。

（2）科学把握举报线索初核方法，提高线索查处效率和质量。

第一，界定初核重点，把握初核程度。一般情况下，将署名举报、单位举报线索和上级交办线索作为初核重点，对匿名举报线索有重点地初核。关于举报初核的方法和程度问题，应当明确：凡举报的事实清楚、性质明确的，只查管辖和主体，不就事实开展调查；凡举报的事实不清、性质不明的，坚持既查管辖和主体，又查事实的办法。

第二，坚持秘密初核原则。严格遵守保密规定，秘密取证，不开警车、不着检察制服、不接触被举报人、不出示举报信件、不暴露举报人姓名、不泄露初核目的和掌握的证明材料，严格将知情范围限制在主要领导和直接办案人员以内。

第三，选准案件突破口，有计划地开展初核。初核人员必须制订初核计划，报部门领导批准后实施。在初核中要做到精心策划、科学运筹，选准突破口，先易后难，突破案件。

（3）初核注意事项。初核以书面审查为主、外围调查为辅；外围调查不得接触被举报人，不得采取冻结账户、扣押款物等措施；应当制定安全防范预案，严格保障办案安全，防止发生安全事故。经初核认为案件性质明确、属于本院管辖，或者有证据证明被举报人涉嫌职务犯罪的，应当及时移送有关侦查部门处理；认为举报失实的，应当按照有关规定及时答复实名举报人，做好释法说理、息诉罢访工作。

2. 举报线索交办工作

上级检察机关举报中心向下级检察机关交办举报线索，是举报中心固有的职权。这与举报工作的历史和性质有关，与举报量大，有些问题需要及时处理有关。《人民检察院举报工作规定》和2002年《关于加强和改进控告申诉工作的决定》等文件中也都对此作了规定。在当前社会矛盾增多、形势严峻的情况下，交办职责应该加强。因为一些地方检察机关公信力的问题，群众向上级院尤其是省级以上检察院举报的多，需要上级检察机关将重要的、比较清楚的举报线索移送本院侦查部门处理的同时，对反映职务较低的国家工作人员职务犯罪线索或者群众告急的、反映多次举报未查处、对查处结果不满意、地方查处阻力大的举报线索需要及时处理，对这些举报线索需要交办，通过及时办理消除社会矛盾，维护社会稳定，促进社会和谐。

举报中心是代表本院向下级人民检察院交办举报线索的。下级人民检察院举报中心接到上级人民检察院交办的举报线索后，应当在3日内提出处理意见，报检察长审批，并应当在3个月内办结。结案后，制作《交办案件查处情况报告》连同有关材料移送本院举报中心，以本院而不是以举报中心名义报上一级人民检察院举报中心审查。

上级人民检察院举报中心要加强督办，对下级人民检察院的《交办案件查处情况报告》认真审查。认为事实清楚、处理适当的，予以结案；对事实不清、证据不足、定性不准、处理不当的，提出意见，退回下级人民检察院重新办理。必要时可以派员或者发函督办。

3. 举报线索查处的配合与制约

强化内部制约制度，是防止对举报线索该查不查、查不到位、私自处理线索等现象的发生的重要保证，能够有效解决举报线索处理程序不规范、执法任意性大、办案质量不高等问题。现代管理制度的一大特色是要讲究对权力运行的监督与制约，做到用制度管权，按制度办事，靠制度管人。法律程序对于法律适用的重要作用之一就是约束适用法律者的权力。正当程序的特征表现为直观的公正、有意识的思维阻隔以及分化在正当程序中占有重要位置。检察机关作为法律监督机关，在充分行使监督权的同时，也要有意识地对权力运行程序科学分化，加强内部制约，使权力尤其是侦查权受到监督。一要科学设置举报中心，坚持举报中心与侦查部门分开设置，各司其职，为实行在举报线索处理问题上的内部制约提供体制保障。二要坚持举报线索统一管理制度，避免造成线索失散、多头管理、多头交办、统计数据不准、监督不到位等多种弊端。三要改进目前的举报线索分流方式，与侦查一体化工作机制的要求相适应。对属于检察机关管辖的举报线索，由过去举报中心完全按照管辖权分流的做法，改为根据线索所涉及的被举报人的干部级别和管辖权进行先横后纵、上管一级、双向分流。四要探索完善举报线索评估机制。建立刚性的跟踪督办机制，将个人审批改为集体审查评估，将分散的粗放式管理改为统一的集约型管理，将闭合型管理模式改为开放型管理模式，将静态的制度管理改为动态的机制管理，促进线索管理的科学化和规范化。五要推行不立案审查制度。解决举报线索利用率低、侦查部门初查缺乏实体制约、自侦监督有空白点、内部制约手段疲软且不足等情况，促进职务犯罪的查办工作，彰显举报权益。

加强对举报线索的催办督办力度。举报中心应当每月指派专人到侦查部门核对举报线索，对移送侦查部门超过 3 个月未回复的，及时进行催办，必要时向侦查部门发《催办单》。对举报中心移送的经侦查部门初查后作出不立案决定，且举报人、举报单位未申请复议的线索，由举报中心指定专人进行审查，发现原举报中涉及属于检察机关管辖的犯罪线索未进行初查的，以及涉及犯罪的事实已达到立案标准的，经举报中心负责人同意，报分管检察长或检委会决定，制作《移送侦查部门重新初查意见书》，送达侦查部门重新办理。

（五）实名举报的答复

答复举报人是保障公民的知情权、取信于民的重要体现，也是推行检务公开、自觉接受群众监督的重要举措。举报人实名举报以后，检察机关对处理情况给不给答复、如何答复，是举报人十分关心的问题。如果答复不及时或不到位，就会挫伤群众特别是实名举报群众的积极性，也会造成举报人重复举报、越级举报，使信访变为人访，影响社会和谐稳定，严重影响检察机关的公信力。因此，开展实名举报答复工作既是深入开展查办职务犯罪工作的客观需要，又是深化检务公开，接受群众监督，加强和改进检察工作的具体体现，是激发群众举报热情，确保举报工作真正收到实效的重要手段。

完善机制，规范运行。制定实名举报答复工作管理办法，根据“谁主办，谁答复”的原则，对实名举报答复的责任进行细化。举报中心负责对举报人是否实名进行确认；属于检察机关管辖的，由有管辖权或负责承办线索的检察院举报中心直接答复。进入初查、侦查环节正在办理的，由举报中心与办案部门共同答复。已经办结的，由办案部门答复；不属检察机关管辖的，在征得举报人同意后，由收到线索的检察院举报中心将处理情况答复举报人。

明确规定实名举报答复期限。对使用真实姓名或者单位名称举报的实名举报，除通讯地址不详的以外，应当将处理情况和办理结果及时答复举报人。对采用走访形式举报的，应当场答复是否受理；不能当场答复的，应当同来信、网络、电话举报一样，自接到举报材料之日起 15 日内答复。

实行实名举报答复备案制度，防止在答复工作中走过场或流于形式，使答复工作落到实处。

实名举报答复工作应当做到三个结合。一是将实名举报答复与查办案件工作机密相结合；二是将实名举报答复与化解矛盾、解决群众困难相结合；三是将实名举报答复工作与全年工作绩效考评相结合，与文明接待室评比相结合，激发各级院做好实名举报答复工作的自觉性。

应当说明的是，检察机关对实名举报进行答复，并不意味着对匿名举报不答复，而是为了强调对实名举报必须答复。许多通过网络、电话、传真途径而来的匿名举报，检察机关也通过系统设置的自动答复程序进行答复。

（六）举报保护

宪法赋予了公民举报的权利。检察机关在鼓励群众举报的同时，应当采取一切措施确保举报人及其近亲属的安全，确保他们的人身、财产等合法权益不受侵犯，这是对公民举报权利的具体落实，是检察机关的重要责任。各级人民检察院应当依法维护举报人及其近亲属的合法权益。

检察机关应当对举报人及其近亲属实行全方位的保护，包括事前、事中和事后保护。

事前保护：开设多种利民便民的举报渠道，利用网络信息等高科技技术收集、登记、整理、传输举报线索，严格保守举报秘密。

事中保护：在举报线索的受理、管理、移送、初核、初查、侦查、宣传、反馈和奖励等各个环节，严格遵守保密制度。包括举报线索由专人录入专用计算机，加密码严格管理，未经授权或者批准，其他工作人员不得查看；举报材料不得随意摆放，无关人员不得随意进入举报线索处理场所；向检察长报送举报线索时，应当用机要袋密封，并填写机要编号，由检察长亲自拆封；严禁向无关单位和个人泄露举报内容以及举报人姓名、住址、电话等个人信息，严禁将举报材料转给被举报人或者被举报单位；调查核实情况时，严禁出示举报线索原件或者复印件；对匿名举报线索除侦查工作需要外，严禁进行笔迹鉴定；举报中心应当指定专人负责受理网上举报，严格管理举报网站服务器的用户名和密码，并适时更换；通过网络联系、答复举报人时，应当核对密码，答复时不得涉及举报的具体内容。

事后保护：第一，依法查处打击报复举报人案件。规定对打击报复或者指使他人打击报复举报人及其近亲属的，经调查核实，构成犯罪的，依法追究刑事责任；尚未构成犯罪的，提出检察建议，移送分管机关或者部门处理。第二，对举报人因受打击报复，造成人身伤害或者名誉损害、财产损失的，应当支持其依法提出赔偿请求。第三，保护被举报人的合法权益。对利用举报捏造事实、伪造证据、诬告陷害他人构成犯罪的，依法追究刑事责任。因举报失实给被举报人造成一定影响的，应当采用适当方式澄清事实，为被举报人消除影响。这充分体现了实事求是、平等保护的原则。

（七）举报奖励

开展举报奖励，激发人民群众举报热情，鼓励群众积极举报，是举报工作不可或缺的内容。目前，在职务犯罪发现机制不完善的情况下，群众举报是对检察机关法律监督工作的有力支持。

举报奖励应当常态化，不应局限在每年的“举报宣传周”进行。一是贯彻“有功必奖”原则，凡是“举报线索经查证属实，被举报人构成犯罪的”，便有权利得到奖励。二是注意奖励标准。人民检察院根据举报追回赃款的，应当在举报所涉事实追缴赃款的10%以内发给奖金，每案奖金数额一般不超过10万元。举报人有重大贡献的，经省级人民检察院批准，可以在10万元以上给予奖励，数额不超过20万元。有特别重大贡献的，经最高人民检察院批准，不受上述数额的限制。经查证属实构成犯罪但没有追回赃款的案件，可以酌情给予举报人5000元以下的奖励。对举报渎职侵权案件有功的举报人员，参照上述规定给予奖励。三是注意奖励时机。奖励举报有功人员，应当在判决或者裁定生效后进行。四要注意举报人信息的保密。向社会公布涉及举报有功人员的姓名、单位等个人信息的，应当征得本人同意。

要严格举报奖励账户的管理，对检察机关决定奖励的举报有关人员主动放弃申领奖金，或者无法找到的，应当及时回笼资金，交财务部门严格管理。

第三章　控告检察工作中常见问题及应对措施

一、处理来信注意的问题及应对措施

（一）正确区分名为举报实为申诉的情况

检察实践中，很多信访人不服法院判决裁定或公安、检察机关处理决定，在提出申诉的同时，又向检察机关举报司法工作人员涉嫌受贿，徇私枉法，民事、行政枉法裁判，非法拘禁等渎职侵权犯罪行为，希望通过检察机关对司法工作人员的查处达到改变原判决或处理决定的目的。很多此类情况反映或者属于信访人的主观臆断，或者因原处理决定仍为生效决定，明显缺乏渎职侵权犯罪后果等构成要件，属于名为举报实为申诉的信访事项。例如，信访人对法院判决裁定不服，由此反推认为审理此案的法官肯定是收受了贿赂而枉法裁判；

信访人认为公安机关采取刑事拘留措施不当，遂举报公安人员涉嫌非法拘禁犯罪等。在对来信事项的登记录入中，如果不认真细致地辨析来信内容，草率地将名为举报实为申诉的来信事项作为举报线索移送侦查部门，侦查部门只能存查或作出不立案决定，这样，不仅不能解决来信人的真正诉求，还使来信人将诉求重点转到不服检察机关不立案上来，徒增信访人的诉累和司法成本，还增加了化解难度。当然，如果来信人提供了司法工作人员涉嫌职务犯罪的具体明确的事实、证据或翔实线索，应按举报类登记录入。

（二）初步审查、分流环节中主管和管辖的确定

对来信事项准确进行审查分流，必须坚持“属地管理、分级负责，谁主管、谁负责”的原则，其基础是分清主管和管辖。主管是指国家机关行使职权和履行职责的范围和权限。管辖则是对主管的具体落实，包括级别管辖、地域管辖、专门管辖等。

分清主管和管辖，首先要全面充分掌握法律规定关于主管和管辖的界定，正确适用。其次，要关注法律规定的立、改、废情况，及时掌握对主管和管辖作出的新规定。如2010年11月22日公布实施的《人民检察院国家赔偿工作规定》第五章规定了赔偿监督内容，“赔偿请求人或者赔偿义务机关不服人民法院赔偿委员会作出的刑事赔偿决定或者民事、行政诉讼赔偿决定，以及人民法院行政赔偿判决、裁定，向人民检察院申诉的，人民检察院应当受理”。控告申诉检察部门应按照该规定执行，及时改变以前对此类来信的审查分流做法。最后，要厘清思路，做好管辖交叉和重叠情况下的审查分流。主要是：对不服法院生效判决裁定的申诉事项，检察机关与法院均有管辖权；对不服公安机关不立案决定的申诉事项，检察机关与公安机关均有管辖权。对上述情况确定管辖是控告申诉检察部门办理来信人员经常遇到的难点问题。可从以下几个方面厘清思路，综合研判。1. 法院、公安机关内部监督和检察机关的法律监督各有其作用和意义，也是公民获得救济的不同渠道。公民对上述救济渠道可自由选择。2. 法院、公安机关内部监督和检察机关法律监督行使的方式、效力是有区别的，要认真研究最高人民法院关于审判监督程序、高检院关于申诉复查程序和立案监督程序、公安部关于不立案复议程序等规定，正确理解权力行使的边界。例如，根据《人民检察院民事行政抗诉案件办案规则》第6条规定，有下列情形之一的申诉，人民检察院不予受理：（1）判决、裁定尚未发生法律效力的；（2）判决解除婚姻关系或者收养关系的；（3）人民法院已经裁定再审的；（4）当事人对人民检察院所作的终止审查或者不抗诉决定不服，再次提出申诉的；（5）不属于人民检察院主管的其他情形。3. 从来信材料中认真分析来信申诉事项的处理经过，重点是来信人在向检察机关提出申诉

之前或提出申诉的同时，是否已向法院提出再审请求或向公安机关提出复议请求，法院或公安机关是否已受理审查等。4. 如来信人曾到本院就相同事项上访，则该来信的审查分流宜与来访审查分流一致。5. 及时了解来信人申诉事项是否属于集中清理涉法涉诉信访专项工作中排查的信访案件，如属于排查案件，则应将该来信事项移送包案单位办理。

（三）答复来信人的负责部门辨析

根据《人民检察院信访工作规定》第39条规定："信访事项办理结果的答复由承办该信访事项的人民检察院控告申诉检察部门负责……""重大、复杂、疑难信访事项的答复应当由承办部门和控告申诉检察部门共同负责……"从该规定上看，答复工作一般由控告申诉检察部门办理。

但根据《人民检察院信访工作规定》第38条规定，承办部门向控告申诉检察部门书面回复信访事项办理结果时，应包括开展化解矛盾、教育疏导及相关善后工作的情况。该条规定则意味着答复工作由承办部门负责。《人民检察院复查刑事申诉案件规定》、《人民检察院国家赔偿工作规定》、《人民检察院民事行政抗诉案件办案规则》对法律结论文书的送达、通知申诉人、国家赔偿请求人作出了规定，这些规定与《人民检察院信访工作规定》第39条规定是不同的。

从检察实践看，由控告申诉检察部门进行答复，经常造成结案、息诉相脱节，做息诉工作的不熟悉案情，熟悉案情的不参与息诉工作，不利于做好息诉化解工作。

基于以上情况，控告申诉检察部门在答复来信人时，应了解承办部门是否已经答复过来信人，防止出现重复答复情况；应尽可能多地由控告申诉检察部门与承办部门共同答复，一起做好息诉工作，有效解决结案、息诉相脱节的问题。

（四）交办来信事项处理情况的审查

审查下级检察机关报送的《交办信访事项处理情况报告》是否符合结案标准，是上级检察机关控告申诉检察部门的一项重要工作。一般应从以下几个方面着手：一是通篇仔细阅读《交办信访事项处理情况报告》，从事实、证据、法律适用、程序应用等方面判断是否存在事实不清、证据不足、定性不准、处理不当和报告自身矛盾等情形。二是围绕来信人的主要诉求和提出的事实和理由，审查《交办信访事项处理情况报告》是否逐一作出了客观公正的认定结论，是否仍存在来信人提出的疑点或异议没有得到合理解释的情况。三是审查承办检察机关是否开展了息诉化解工作以及工作效果。四是审查《交办信访事项处理情况报告》是否以院名义上报，报告的格式和内容是否符合形式要求。

（五）派出工作组实地督查重要来信交办未结案件的基本工作方法

从检察实践看，上级检察机关派出工作组实地督办重要来信交办未结案件是重要的督查工作方式，取得了很好的成效。其总体要求是：坚持"案结事了、息诉罢访"的目标，重在深入，贵在实效，坚决防止简单化、形式化、表面化。

一是正确充分地进行调查研究。督查组要从查阅原始卷宗入手，辅以走访信访人、听取办案人员汇报等，对重要来信交办案件的法律结论和处理意见进行分析研判，并注意从案件形成的最初原因及演变过程综合剖析不息诉的症结所在。

二是集中智慧会诊，多方寻找化解突破口。督查组与当地检察机关进行集体会诊，集中智慧，拓宽思路，达成共识，准确把握信访人的真实诉求，统筹解决法律问题、思想问题和民生问题，最大限度兼顾法、理、情。需要注意的是，工作情况应严格保密，形成统一意见后，一个口径对外，防止造成被动局面。

三是就地组织联合接访。督查组到案发地组织联合接访，释法说理，尽最大努力纾解信访人的抵触和对立情绪，化解信访人的"法结"、"心结"，使信访人接受、认同检察机关的法律结论和处理意见。

四是纠正执法偏差。针对承办单位坚持错误执法理念、复查工作不彻底、有错不纠、久拖不决、化解工作不到位等情形，督查组要坚决提出纠正意见，并督促抓好落实。

五是加强协调帮助。督查组利用自身优势，加强与当地党委、政府以及政法委、联席会议有关领导的协调和沟通，在救助资金和案件协调等方面积极争取支持，帮助当地检察机关解决实际困难。

六是跟进督查意见落实，保持督查工作的连续性。督查工作结束后，及时写出督查报告，完整记录督查过程和督查意见。对未息诉的信访案件，要跟进督查意见的落实，直至息诉罢访。

七是做好督查工作的延伸工作。督查工作不仅是促进涉检信访积案化解的过程，还是深入调查研究、预防和减少涉检信访的过程。要通过典型案例的剖析，准确反映检察机关执法办案的真实状况和存在的问题，提出加强和改进检察工作的建议。

二、来访工作中常出现的问题及应对措施

（一）“两访一户”的处置对策和措施

1. 集体访

集体访的形成一般都会经历矛盾诱发与酝酿、累积发酵与扩展、发生与处置化解三个阶段，每个阶段得不到有效的应对处置，都会向下一个阶段转化。

（1）事前预防策略和措施

这个阶段要主动预防，力争不产生或少产生引起集体访的矛盾纠纷，或努力将其化解在萌芽初始状态。主要策略有：

一是改进工作作风，提高办案质量。建立科学的办案监督、业绩考核、错案追究等案件质量保证机制；杜绝推诿拖延、不作为、乱作为等官僚主义作风，要把群众是否满意作为第一标准，提高办案质量，从源头上预防和减少群体访。

二是加强防控预警机制建设。充分发挥信访工作领导小组的作用，统一防范，在各办案环节主动进行信访风险评估，从源头防控集体访的产生。建立畅通有效的信访信息预警机制，逐步推进乡镇信访工作联络点和信访信息网络建设。建立重大信访信息的预警报告制度。

三是建立矛盾纠纷的排查调处机制。对有可能产生集体访的苗头隐患定期排查分析，建立台账，做到底数清、情况明；采用挂牌督办、实地调查、请上来汇报等多种措施，切实化解；适时回访，避免发酵反弹。

四是加强法制教育，提高群众综合素养。尤其是热点问题多、有集体访苗头的乡镇村和单位，要加强法制宣传，引导群众依法反映问题，淡化或消除通过集体访施压而达到解决问题的预期。

（2）现场的处置措施

这个阶段的主要任务是现场应急处置，控制平息事态，疏散上访群众。

第一步：启动预案，人员到位，各司其职。要求是：①有关领导应亲临一线，现场组织协调指挥。②亲自出面，深入现场，靠前对话。③根据情况，相机决策，严防事态蔓延和扩大。

第二步：控制事态，教育转化。要求是：①宜解不宜结、宜缓不宜急；②积极稳妥、言行文明、举止得当；③以情感人、以理服人、以诚助人。一是讲感情，显亲民形象，切忌盛气凌人，防止矛盾激化。二是讲法律政策，显公正形象，让群众对其反映问题充满信心，从而缓和矛盾。三是讲策略，显诚恳品质，使群众的情绪由“热”变“冷”，由“硬”变“软”，以便控制局面。

第三步：摸清情况，诉求定性。要求是：①全面了解；②明确重点；③弄清动态。一是摸清关键人物。二是摸清全面情况，弄清上访相关动态，预测趋

势。三是摸清关键问题。

第四步：突破“核心”，转化矛盾。要求是：①避免“压、拖、躲、怕”，优柔寡断；②区别情况，大胆决策；③转化矛盾，就地疏散。一是做好核心问题的处置。如果核心问题属于检察机关管辖，且按照法律规定应该依法进入程序的，应当即表明，经领导审批后转相关职能部门处理；如反映的问题，不属于检察机关管辖，应为其指明方向，或协调有管辖权的部门处置；如正在法律程序中的诉求，应将其反映的问题向办案部门反映，让其回家等候结果；如属于工作失误造成的问题，要诚恳检讨，争取群众的谅解；对群众无理或过高要求，依法以政策明确答复，促其自动放弃。二是做好核心人物的工作。给组织者讲明相关法律政策，明确指出组织集体访是违法行为。告知其有义务协助做好上访群众的思想稳定工作。三是就地疏散。原则上就地疏散，如局势不可控制，有可能转化升级，应积极协助公安部门采取进一步稳控疏导措施。

第五步：及时通报报告。要求是：①及时；②准确；③全面。在处置过程中，随时与相关领导报告新情况、新问题、新动态，听取相关指示和意见。群众疏散后，当天专门综合报告院领导，并报上级检察院。

（3）事后处置对策和措施

一是严肃法纪，分别处理。对集体访组织者和骨干成员，尤其是违反治安管理法的，建议公安部门依法严肃处理。绝不能给群众造成“闹”是解决问题的捷径的心理定式。

二是加强督办，依法及时处理群众诉求。对群体访反映的问题，应成立专案组或专人跟踪办理；对法度之外、情理之中的问题，应协调党委、政府解决。

三是事后回访，防止反复。根据不同案情，可通过案件通报会、座谈会、对话会等形式通报回访，坚决避免反复。必要时可派常驻工作组，直到矛盾纠纷彻底化解为止。

四是加强事后调查总结分析。案件办结后，要对产生的背景、原因、执法中存在的问题、对策措施以及相关建议综合分析，必要时实地调查，写出综合分析报告，供领导决策参考。

2. 告急访

对告急访的预防和事后处置措施与前面讲到的集体访基本相同，在此不再赘述。告急访的现场处置应遵循“准确及时”的原则，一是要及时发现，并对上访人的过激行为有一个初步预判、预知。二是及时处置，对自伤、自残的，应采取果断措施迅速制止或救护，必要时拨打“120”送医院抢救；对威胁跳楼、自杀的，要组织有经验人员劝解疏导，同时应采取相应的保护措施；对威胁爆炸或发现疑似爆炸物的，一方面及时通知公安等相关部门和单位，采取紧急措施控制事态；另一方面组织有相关专业知识的安保及现场处置人员，采取临时防护措施。三是及时报告，对来访人的基本情况，随时报告领导，并适时通报上访人所在地及相关部门。

3. 上访老户

上访老户反映的问题，有的不属于法律范畴，或不属于检察机关管辖，或虽属于检察机关管辖，但走完法律程序后，始终不服；有的属于办案有瑕疵，但不影响实体结论；有的属于法度之外、情理之中；有的属于时过境迁，或过时效，或涉及新法和旧法的适用；等等。他们一般要求过高，思想固化，性格偏执，固执己见，难以息诉罢访。处理的原则和方法：一方面，按照"谁主管，谁负责"的原则，重点放在解决问题上，对上访老户反映的问题，应该依法解决而又能够解决的，尽量尽快解决；对因检察机关执法原因引起的，应按照"有损害必有救济"的原则，及时协调有关部门采取救助等方式予以解决；对属法度之外、情理之中的，应该创造条件依法解决；要把上访行为和诉求分开处理，对违法上访行为应依法处理，对该解决的诉求应及时认真解决，不能因上访行为违法而不积极解决问题。另一方面，通过信访听证、公开答复、联合接访、领导包案等方法措施，并利用人大代表、政协委员、人民监督员、基层组织、上访人亲属、律师等共同做好上访老户的息诉工作。同时，要不定期进行接谈，了解上访动态，做好心理疏导和矛盾化解工作，尤其是重大活动和重要会议期间的稳控工作。

（二）"三跨三分离"案件的责任主体

"三跨三分离"案件，是指跨地区、跨部门、跨行业以及人户分离、人事分离、人事户分离的案件。涉及"三跨三分离"案件的来访，跨地区的上级检察院是协调责任主体，跨部门的当地党委政法委是协调责任主体；对来访事项的解决由案发地检察机关负责解决；教育稳控由来访人户籍地检察机关负责，如户籍地和居住地不一致的，由居住地检察机关负责解决。

（三）"无序上访"的预防

无序上访在检察环节主要表现为越级上访和应到其他部门反映的非辖内上访。从到高检院的来访情况看，越级上访要占上访总量的90%以上，非涉法涉诉访占上访总量的50%左右。所以，无序上访问题突出，应加强预防。预防的措施有以下几种：一是提高认识。要坚持以人为本理念，把接待工作作为联系群众、服务群众、依靠群众的有效途径。二是切实做好初信初访工作。对群众来访，尤其是初信初访，要按照"谁主管，谁负责"的原则，落实责任，采取有力措施，抓源头、清积案、建机制、树新风，切实解决好群众反映的诉求。三是加强法制宣传。通过法制宣传，不断规范上访秩序，逐步将群众信访引入依法、依程序表达诉求的法制化轨道，逐步消除信“访”不信“法”、“大闹大解决，小闹小解决，不闹不解决”的思想误区。

三、办理涉检信访案件注意的问题及应对措施

（一）匿名重复举报是否属于涉检信访案件

涉检信访案件的第二类是关于举报案件久拖不决，未查处、未答复的，这部分案件占涉检信访总数的比率近年来持续增长，处理难度也愈加增大。需要注意的是，匿名重复举报因检察机关无法与举报人取得联系，无法将处理结果向举报人答复反馈，签订息诉罢访协议更是无从谈起。因此，匿名重复举报不宜列入涉检信访案件。

（二）排查化解涉检信访案件中需要注意的问题

1. 摸底排查确保不漏、不重。目前，有的地方不是将清理排查定位于解决问题，而是着眼于应付上级，玩数字游戏，担心数字多，化解压力大，通报排名靠后挨批评，故意弄虚作假，漏报瞒报。有的地方对具体案件了解不全面、不深入，与当地政法委协调沟通不够，与上下级检察院业务联系不够，存在多头重复登记。各级检察院在排查工作中要明确统计口径，明确专人一盯到底，数据及时汇总上报。

2. 化解要兼顾法、理、情，实现息诉罢访、案结事了。涉检信访案件往往涉及法律、伦理、道德、文化和习俗以及政策等，错综复杂，单靠法律手段无法彻底解决。因此，化解涉检信访案件是一项综合工程，应综合运用“法”、“理”、“情”，既要以“法”为基础，解决诉求定性问题，又要以“理”和“情”疏导，达到息诉罢访的目的。“法”、“理”、“情”三者结合，要以“法”为基础，不能用“理”、“情”去弱化“法”的运用和调节，或者用“理”、“情”代替“法”对涉检信访问题的处理。“情”也不是徇私情，而是带着感情去处理群众的信访，真情感化，真心交流。

第一，要防止在解决法律问题上“认认真真走过场，转了一圈，终点又回到起点”。有的地方办理涉检信访案件不区分案件具体情况层层往下转，下级检察院照搬原有结论层层往上报，案件原有的法律和事实问题在原地踏步，矛盾和问题因此积聚迸发。各级检察院应当认真审阅卷宗，深入调查核查，从案件形成的最初原因及演变过程判断信访人的诉求是否合法，力争让复查案件的过程变成赢得信访群众信任和理解的过程，变成办案机关更新理念自我审视的过程。

第二，要防止简单“花钱买平安”和“就案办案”两种倾向。有的地方有意回避原案法律和事实认定存在的问题，把所有精力放在花钱摆平信访人上。

有的地方单纯办案，不做群众工作，不关注信访人的民生问题。各级检察院应当从提高办案能力和群众工作能力入手，统筹各方力量，综合施策解决问题。

3. 明确工作责任，敢于较真碰硬。

第一，要防止对涉检信访工作的组织领导停留在书面上。信访问题是老大难，老大抓了就不难；信访问题是棘手事，齐抓共管不棘手。目前，有的地方特别是"一把手"纸上包案，业务部门只负责结案，息诉化解工作完全推给控告检察部门，造成做息诉工作的不熟悉案情、熟悉案情的不参与息诉工作的情况。有的上级检察院业务指导限于开会听汇报，不提办案件，不参与办案等等。实践证明，涉检信访工作搞得好的地方一定是领导包案既挂帅又出征，各业务部门共同参与，上下级检察院、相关部门之间相互配合到位的地方。

第二，要防止督查督办工作有头无尾。有的地方组织了声势浩大的督查督办工作，督查意见在会上说说，办案部门在本上记记，督查组抬脚走人，办案思路和行动依旧。有的上级检察院发通知、通报多，雷声大，雨点小，不见实际督查行动。保持督查工作的实效性和连续性，跟进督查指导意见的落实，是必须引起高度重视的问题。对受人情干扰、徇私枉法、久拖不决、久诉不息的案件，督查组要抓住不放，督促承办单位打破关系网，盯着办，直到息诉罢访。对于息诉罢访的案件，督查组要通过回访信访人检验工作成果，巩固工作成效。

第三，要防止责任查究流于形式，不动真格。不少地方涉检信访案件很多，积难案久拖不息，但责任查究似蜻蜓点水，不愿发现问题，不敢发现问题，也不善于发现问题。责任查究走了过场，信访人与检察机关分歧越来越大，化解难度可想而知。各级检察院在对涉检信访案件评析核查时要严格按照吃透案情、找准症结、明辨是非、解决问题、规范执法五项要求，认真完成调阅案卷、调查核实、集体评议、出具结论四个规定动作，通过查原因，析案情，找问题，推动积案化解，堵塞执法管理漏洞，促进执法规范化建设。

四、举报工作中常出现的问题及应对措施

（一）人民检察院如何加强与监察机关、行政执法机关的联系与配合，建立和完善举报材料移送制度

关于行政执法机关移送案件线索问题。高检院 1999 年《关于检察机关反贪污贿赂工作若干问题的决定》以及 2000 年《关于加强渎职侵权检察工作的决定》均有类似的规定。1999 年 12 月，高检院与公安部、国土资源部等九个部委局会签了《关于在查办渎职案件中加强协调配合建立案件移送制度的意见》，要求相关部委对需要追究刑事责任的涉嫌渎职犯罪案件，应将案件材料或犯罪案件线索移送检察机关。2001 年，高检院根据国务院办颁发的《行政

机关移送涉嫌犯罪案件的规定》，制定了《人民检察院办理行政执法机关移送涉嫌犯罪案件的规定》，其中规定："一、对于行政执法机关移送检察机关的涉嫌犯罪案件，统一由人民检察院控告部门受理。""二、人民检察院控告检察部门审查行政执法机关移送的涉嫌犯罪案件，应当根据不同情况，提出移送有关部门的处理意见，三日内报主管副检察长或者检察长批准，并通知移送的检察机关……对于性质不明、难以归口办理的案件，可以先由控告检察部门进行必须的调查。""三、对于不属于本院管辖但又必须采取紧急措施的案件，人民检察院控告检察部门在报经主管副检察长或者检察长批准后，应当先采取紧急措施，再行移送。"在没有新的制度规定出台以前，应当坚持既有的规定。但是，如果由侦查部门受理更为合适的，经检察长批准，可以由侦查部门受理，并定期向举报中心通报。

（二）如何发挥好举报中心的线索管理作用，确保举报线索科学准确分流

第一，加强与公安机关、人民法院、党的纪律检查机关、政府监察机关和工商、税务、审计、物价、海关、外汇管理、劳动社会保障、质量技术监督等不同机关和部门之间举报线索的移送工作，确保举报线索流转衔接顺畅，防止相互"踢皮球"、冷对抗或者线索回流。对属于检察机关管辖的职务犯罪线索，应当输入线索信息数据库，一般不移送纪检监察部门处理。

第二，建立与工商、银行、税务、房产等部门的信息联网工作，把社会信息与案件评估结合起来；建立机制，坚持对要案线索集体研究评估研判。

第三，要善于分析热点问题。紧紧把握党和国家大局，把握群众反映的热点、难点问题展开线索的研判和移送等工作，确保及时突破一批热点案件。

第四，参照举报线索管理扁平化模式，减少举报线索流转环节，提高举报工作效率。

（三）《人民检察院举报工作规定》第21条为何规定"有特殊情况不宜移送"

举报线索由举报中心统一管理，是举报工作不可动摇的原则，实际工作中必须坚决落实。但是，由于现实情况纷繁复杂，举报线索往往比较敏感。为了更好地发挥举报线索的作用，对一些比较特殊的举报线索需要在坚持原则的前提下，采取比较灵活务实的方法妥善处理。比如，涉及本院领导违法违纪的线索；涉及举报中心及其工作人员的违法违纪线索；反贪、渎检部门正在初查或侦查的线索；移送会扩大知情面，容易造成线索内容泄露的线索等，是暂时不宜移送的，这是统一管理的例外。对这部分举报线索，应实行严格的检察长或

者部门负责人批准制度，且在不宜移送的情况消失后，及时移送举报中心。

（四）如何开展大要案线索评估

线索评估是科学判断线索价值、正确处理线索的首要环节，也是强化内部监督制约的重要举措。传统的举报线索管理模式采用个人审批的方式，缺乏横向联系沟通机制，内部制约乏力。新型举报线索集体评估制度，将举报线索由个人审批改为集体审查评估，体现了民主集中制原则，集中了智慧，保障了举报线索的严格把关和准确分流，限制了个人以案谋私的可能性，有利于防止线索流失。通过评估制度，真正做到了举报线索统一管理，使业务部门查处的每一件线索在举报中心都有案可查，举报中心成为线索汇总和管理的唯一部门，便于领导及时便捷掌握职务犯罪侦查动向，便于实现横向纵向联系，更好地发挥侦查一体化的整体优势；由闭合型管理模式向开放型管理模式转变，体现了“权力接受监督”原则，有效克服了办案工作中的随意性，使得线索的处理走向规范和透明。因此，应当改变传统观念，以创新精神和自觉接受监督的意识对待线索评估，促进线索处理的科学化。

深圳市检察院举报线索评估的做法可供各地参考。2004 年 10 月起，深圳市院成立了举报线索审查评估小组，制定了较为完善的审查评估工作制度。该制度以举报线索审查评估小组为平台，具有线索的集体审查、准确分流和跟踪督办功能。一是把线索的个人审批改为集体审查评估，审查评估小组由检察长任组长，副检察长兼反贪局局长、分管渎职侵权检察及控告举报工作的副检察长和举报中心主任为成员。凡属本市检察机关管辖的举报线索，均由评估小组进行审查。先由举报中心提出分类和分流处理意见后，提交评估小组集体审查决定。二是实行线索的分类管理，根据管辖和可查性大小，把线索分为五类：A 类线索为交办类，要求在 6 个月内办结；B 类线索为移送类，要求在 1 年内办结；C 类线索为可查性一般，但根据现有办案情况暂无法安排力量查办或者查处时机不成熟的，列入缓查档案，每半年清理一次；D 类线索为存查类；E 类线索为管辖外线索。三是建立刚性的跟踪督办机制，侦查部门对于交办的 A 类线索和移送的 B 类线索在规定时间内未查结，或拟退回举报中心作其他处理的，须提交审查评估小组进行二次评估，决定进一步的处理；举报中心负责每半年通报一次线索的评估分流和办理情况。由于线索评估小组成员在检察机关具有权威性和代表性，通过线索审查评估小组这一平台开展线索跟踪督办，大大增强了督办的权威性和有效性。

深圳市的举报线索审查评估制度取得了明显的效果：一是线索的内部监督和制约明显增强。线索的审查处理既坚持了检察长审批制度，又充分发挥了审查评估小组集体审查研究的优势，较好地解决了线索管理过程中存在的审查分流不准确、审批和初查处理的随意性、跟踪督办难等问题，保障了举报线索的严格把关和准确分流，促进了检察机关内部的廉政建设。二是评估后线索的查结率和成案率明显上升。三是自行摸查成案的数量明显加大。四是侦查部门及其人员的工作积极性明显提高，经过评估后的线索，由于成案率高、可查性增强了，侦查人员对办案的热情和积极性被激发和调动起来了。

（五）如何把握初核的范围及程度

初核即立案前的调查，是对进入刑事诉讼程序前的举报线索进行调查的行为。初核是举报工作的重要职能和重要组成部分。举报中心对部分线索开展初核，不单纯是为了提高成案率，更是为了加强举报线索管理，提高线索利用率，防止线索流失和积压，加快线索消化进度，及时答复举报人，化解矛盾纠纷，促进社会和谐。因此，举报中心必须开展初核。关于举报中心的初核范围，应当确定为：举报中心主要是对性质不明、难以归口的和群众多次举报未查处，以及检察长直接交办的举报线索进行初核。另外，举报中心对侦查部门初核后不立案、群众多次信访要求重新初核的案件，或举报人要求侦查部门回避初核的线索，经检察长签批后，也可以开展初核。初核工作中，要注意主动加强与侦查部门的沟通，避免与侦查部门争抢案源、多头初核等问题的发生。

关于初核的程度。一般理解为查清管辖和归口就可以了，不必深究。其实，《人民检察院举报工作规定》第30条明确要求，初核的标准就是“查明犯罪事实是否存在”。对什么是“查明”，我们理解，至少应当是查清一件是否涉嫌犯罪的全部事实或者能够证明是否构成犯罪的关键证据。涉嫌犯罪的证据必须达到能够立案的标准，否定犯罪的证据必须让举报人心服口服。

（六）交办制度应重点掌握哪些内容

第一，举报中心交办是代表本级院向下一级检察院的交办，而不是上下级举报中心之间的交办。这与侦查部门向下级交办案件在本质上是不同的。因此，对上级院举报中心交办的案件，下级院举报中心一定要报告检察长决定承办部门。

第二，关于交办前向侦查部门的通报内容。主要将被举报人、基本案情及举报中心要交办的意思与侦查部门沟通。沟通一般采取书面形式。侦查部门未提出异议的，即启动交办程序。

第三，下级院对交办案件能否移送当地纪检监察部门处理，或直接转给自己认为有管辖权的检察机关？不能。交办案件是属于检察机关管辖的，交办主要是为了排除阻力。交给地方办理，则失去了交办的意义。对办理有难度的，可以向上级院请示。对认为不属于自己管辖的，请示上级院交有管辖权的检察院办理。对上级院异地交办，指令管辖的，也要积极办理，及时回复结果。

第四，关于重要举报线索的范围。从级别上看，包括高检院交办正厅级以上国家工作人员的线索；省级院交办正处级以上国家工作人员的线索；地市级院交办正科级以上国家工作人员的线索。从影响力上看，包括国有大中型企业、事业单位负责人，国家重大项目负责人、政治敏感人物的线索，涉及检察机关工作人员的线索以及涉及人大代表、政协委员的线索等。从地域上看，包括涉及跨地域、难协调的线索。从查处难度上看，包括有可能导致地方保护主义的线索等。

第五，《人民检察院举报工作规定》第40条的（对上级人民检察院交办的举报线索，一般应当在3个月内办结。情况复杂，确需延长办理期限的，经检察长批准，可以延长3个月。延期办理的，由举报中心向上级人民检察院举报中心报告进展情况，并说明延期理由）“情况复杂”需要延期的情形包括：需要审计、鉴定结论的；多条线索涉及多个事实，需要继续查证的；需要请示地方党委或协调纪检监察部门处理的；需要重新指定管辖或确定管辖的；因回避或变换办案人员造成案件需要重新办理的；发生重大自然灾害必须中止办理的；法律另有规定的，如立案后依法采取强制措施的；等等。

（七）《人民检察院举报工作规定》第35条“法律另有规定的，从其规定”是何含义

这是针对“三个月内回复办案结果”的补充性规定，主要指侦查部门已经立案侦查，在法定的侦查期限内不能办结的案件，无法在3个月内回复办案结果的。根据刑事诉讼法规定，包括依法延长羁押的期限在内，从对犯罪嫌疑人刑事拘留到侦查终结，最长需要7个半月的时间。在案件未侦查终结以前，让侦查部门回复办理结果显然是不符合法律规定的。但是，对延长办理的情况，侦查部门应当及时向举报中心通报。

（八）对不立案举报线索的审查与立案监督的区别

立案监督是指人民检察院对刑事立案活动进行的监督，它是我国刑事诉讼法赋予检察机关的一项重要权力，体现了人民检察院对刑事诉讼履行监督职能的必然要求，其目的是解决人民群众告状无门和侦查机关查案不细、有案不立、有罪不究、以罚代刑或利用职权制造冤假错案等问题，确保立案活动依法进行，促进侦查机关规范执法、公正执法，保护当事人的合法权益。立案监督工作由侦查监督部门具体负责。凡当事人不服不立案决定提出的复议或申诉，均属于立案监督的范围。而对不立案线索的审查是检察机关内部制约的新的工作程序，它不以当事人提起为前提，是举报中心根据自身职能，主动实施的一种对侦查部门不立案线索的审查。它是一种发现问题的机制。这种审查的范围较广，既有对实名举报线索的审查，也有对匿名线索的审查。经审查发现问

题，可以报告检察长由举报中心初核，也可以经检察长批准直接移送侦查部门重新初查或者立案。以上二者的实质区别就是：立案监督是权力监督权力，而不立案线索的审查是权力制约权力。

区别	立案监督	不立案线索的审查
目的	立案，程序启动。	发现问题，弄清事实，纠正错误。
对象	有不立案决定。	不要求。一切退回的没有立案线索。
程序	举报人提起。先说明不立案理由，认为理由不成立，通知立案。	直接审查，发现问题经补充初核后经检察长批准直接移送侦查部门。
后续程序	立案的，程序结束；不立案的，发检察建议。	立案的，可继续跟踪；不立案的，可继续审查。

（九）如何发挥检察举报的信息化作用

大力推行举报线索网络化管理，是新形势下提高办案的工作效率和案件管理水平的重要举措。检察机关内部的信息化平台基本形成，但要发挥好信息平台的作用，仍需在以下几个方面下工夫：一要加强举报线索传输网络建设。上下级检察院举报中心之间、侦查部门之间、举报中心与侦查部门之间要尽快实现系统联网，建立纵横畅通的线索分流、移送、交办、督办、结果反馈和查询等信息化管理机制，提高线索流转效率，强化监督制约。二要加强检察机关与举报人之间在网络平台上的互动交流，提高举报线索质量。三要加强举报信息渠道的保密化建设。在开通新的举报渠道的同时，要绝对保证举报信息不被泄露。如对举报网站链接没有国家保密资质认证的公共网站服务器、短信举报、QQ 举报等要认真论证，在保密的前提下稳步推进。四要重视收集公共网络舆情反映的举报线索，建立网络舆情研判机制，培养专门的网络舆情研判人员，实现与网民信息交流和网络舆情引导。总之，要适应开放透明信息化条件下举报线索收集方式，实现从被动到互动，从封闭到开放，从现实到虚拟，从单一到多样，由无为到有为的转变。

（十）目前阶段，如何开展对举报人的保护

第一，认真落实全国人大代表、政协委员的建议，大力开展保护举报人制度方面的研究，提出保护举报人合法权益的立法建议。

第二，不断完善保护举报人的工作机制。严格举报线索保密工作机制和保密软件的开发应用及保密设施建设；学习国内外的先进做法，探索建立举报人风险评估机制和保护机制，推动举报人保护工作健康发展。

第三，加大对检察机关工作人员失密、泄密责任追究力度；加大对打击报复举报人案件的查办力度，严惩一批违法犯罪分子，为举报人创造良好的举报环境。

第三编　刑事申诉检察工作

【工作流程图】

（一）刑事申诉检察工作流程图

刑事申诉检察工作流程图

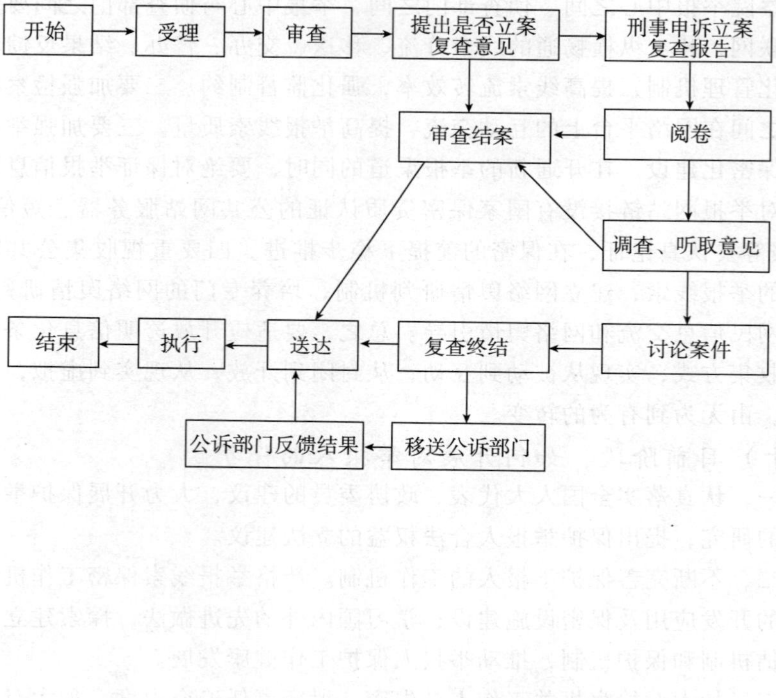

（二）国家赔偿工作流程图

1. 刑事赔偿、复议、国家赔偿监督工作流程图

刑事赔偿、复议、国家赔偿监督工作流程图

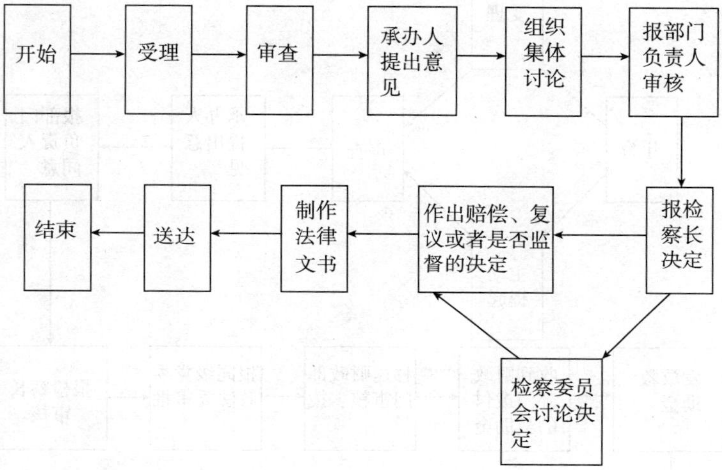

2. 国家赔偿执行工作流程图

国家赔偿执行工作流程图

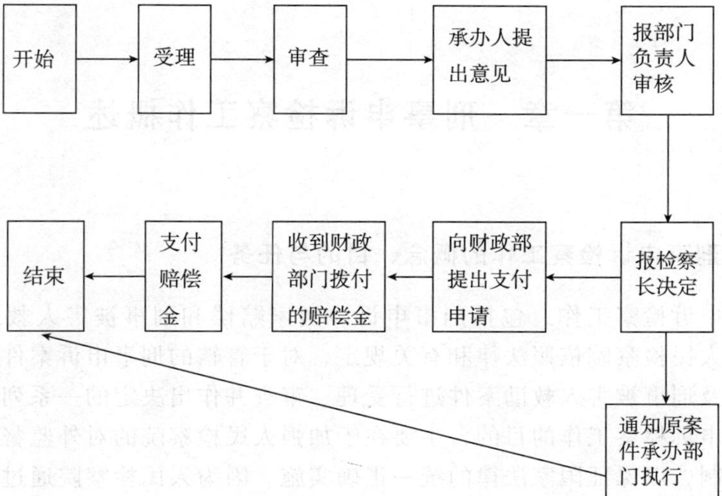

（三）刑事被害人救助工作流程图

刑事被害人救助工作流程图

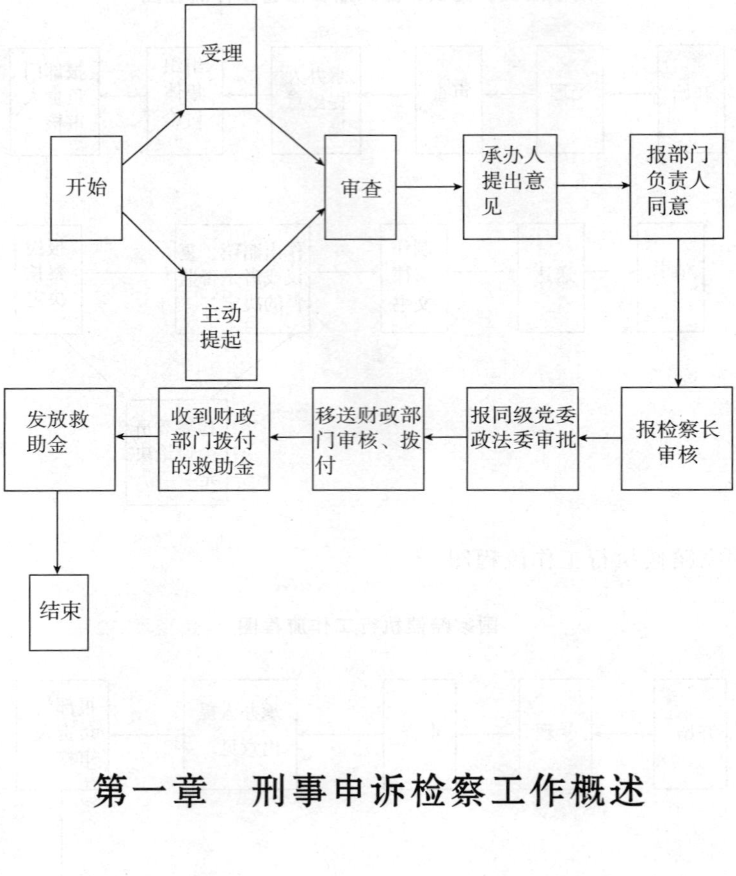

第一章　刑事申诉检察工作概述

一、刑事申诉检察工作的概念、目的与任务

刑事申诉检察工作，包括刑事申诉、国家赔偿和刑事被害人救助三项业务，是指人民检察院依照法律和有关规定，对于管辖的刑事申诉案件、国家赔偿案件以及刑事被害人救助案件进行受理、审查并作出决定的一系列活动。

刑事申诉检察工作的目的，主要在于加强人民检察院的对外监督职能和内部制约机制，以保证国家法律的统一正确实施。因为人民检察院通过处理对刑事判决、裁定不服而提出的申诉，可以加强对人民法院的刑事审判监督，保证人民法院审判权的正确行使。同时，人民检察院内部实行案件的决定权与申诉复查权相分离的制度，人民检察院刑事申诉部门通过复查有关不批捕、不起诉等决定的申诉，纠正错误的不批捕、不起诉等决定，实现有效的内部制约。因此，刑事申诉检察作为落实法律监督的一种手段，既可以加强人民检察院的对外监督职能，也可以从整体上强化人民检察院系统内部的监督制约机制，保证人民检察院正确行使检察权。

刑事申诉检察工作的任务，在《人民检察院复查刑事申诉案件规定》第2条中作了明确规定，即："通过复查刑事申诉案件，维护正确的决定、判决和裁定，纠正错误的决定、判决和裁定，保护申诉人的合法权益，保障国家刑事法律的统一正确实施。"由此可见，人民检察院承担刑事申诉检察工作，其主要任务有以下几个方面：

1. 维护正确的决定、判决和裁定。维护人民检察院、人民法院正确的决定和裁判是人民检察院刑事申诉检察工作的一项重要任务，这是因为在我国刑事诉讼中，人民检察院、人民法院依法行使检察权和审判权，对刑事案件作出刑事判决、裁定和决定，该刑事判决、裁定和决定是人民检察院和人民法院代表国家依法作出的决定，应当具有权威性和有效性。但是，人民检察院和人民法院作出的刑事裁判和决定又是对犯罪嫌疑人、被告人的生命、自由、权利和财产的处分，关系到当事人的切身利益。因此，为了切实保障当事人的合法权利，防止出现错案，法律赋予了当事人刑事申诉权，同时法律又赋予人民检察院刑事申诉检察权，以处理当事人的刑事申诉。人民检察院通过对当事人刑事申诉的审查，如果认为原裁判和决定是正确的，就应当予以维护，并应当向当事人说明理由，通过说服教育，使其理解和接受人民检察院、人民法院的刑事判决、裁定和决定，从而完成维护正确决定、判决和裁定的任务。

2. 纠正错误的决定、判决和裁定。人民检察院、人民法院处理刑事案件，只要严格遵守刑法和刑事诉讼法的规定，依照法定程序进行处理，一般是可以作出正确决定的。但是，在司法实践中，由于犯罪现象的复杂性和司法工作人员的认识能力及政策、法律水平的不足，以及其他各种主客观因素的影响，司法机关对某些案件也可能作出错误的裁判或决定，要求司法机关不发生一起错案，是不可能的，也是不现实的。对于错案，我们的方针历来是实事求是，有错必纠。刑事申诉检察工作就是发现和处理错案的重要措施，也是公民寻求救济的一种重要的法律途径。有了刑事申诉检察工作，就可以使公民在不服人民检察院、人民法院的刑事判决、裁定或决定时，能够依法提出申诉，人民检察院对有关刑事申诉依法进行复查，可以及时发现和纠正错误的判决、裁定或决定，使无罪的人不致受到刑事处罚，维护法律的严肃性和社会公平正义。

3. 保护刑事申诉人的合法权益。根据法律规定，刑事申诉检察工作的任务之一在于保护刑事申诉人的合法权益，该任务是由以下两方面因素决定的：一是由刑事诉讼活动的任务决定的。刑事诉讼法规定，刑事诉讼活动的任务是保证准确、及时地查清犯罪事实，正确应用法律，惩罚犯罪分子，保障无罪的人不受刑事追究，教育公民自觉遵守法律，积极同犯罪行为作斗争，以维护社会主义法制，保护公民的人身权利、财产权利、民主权利和其他权利，保障社会主义建设事业的顺利进行。可见，保护公民的合法权益是我国刑事诉讼活动的任务之一。人民检察院依法复查刑事申诉案件，是刑事诉讼活动中的一项重要诉讼活动，其必然承担着刑事诉讼活动的任务，因而保护刑事申诉人的合法权益就必然成为刑事申诉检察工作的一项重要任务。二是由人民检察院的性质决定的。人民检察院是法律监督机关，其任务是通过行使法律赋予的权力，保护公民的合法权益。人民检察院通过行使法律赋予的刑事申诉检察权，对有关刑事申诉进行复查，以保护刑事申诉人的合法权益。

4. 保障国家法律的统一正确实施。在现代社会，维护国家法律的统一正确实施，是依法治国的必然要求。国家机关的一切活动都必须依法进行，否则，依法治国无从谈起。人民检察院作为国家的法律监督机关，担负着维护国家法律统一正确实施的任务。刑事诉讼活动是司法机关依照刑事法律处理刑事案件的一系列活动，包括刑事侦查、审查起诉、审判等诉讼活动。其中，审查批捕、起诉等活动由人民检察院负责，通过审查批捕、起诉等活动，人民检察院对案件可以作出批捕（不批捕）、起诉（不起诉）等决定；刑事审判活动由人民法院负责，通过审判活动，人民法院对案件可以作出判决或裁定。人民检察院在刑事诉讼活动中，承担着通过行使法律赋予的各项权力，保证国家刑法和刑事诉讼法得以统一正确实施的任务。而刑事申诉检察权是人民检察院的一项重要权力，人民检察院通过行使该项权力，无论是对于法院的生效刑事裁判，还是对于人民检察院诉讼终结的刑事处理决定，是正确的就予以维持，是错误的就予以纠正，以保障国家法律的统一正确实施。

二、刑事申诉检察工作面临的主要问题

1. 执法理念还存在偏差。对刑事申诉检察工作的地位作用缺乏正确的认识，办案动力不足；加强对外监督和对内制约的意识不强，申诉案件不想办、不敢办的情况还不同程度地存在；对案结事了、息诉罢访的认识不足，存在案结了事，不愿做深入细致群众思想工作的倾向，办案的政治效果和社会效果还不够明显。

2. 申诉案件的办理难度加大。刑事申诉案件大多时间跨度比较长，往往因时过境迁，事实难查，证据难取，而且涉及众多部门，关系复杂；有的申诉

人对原办案机关心存疑虑和不满，有的长期反复申诉出现严重的心理和认识上的误区，案件的办理难度和息诉难度越来越大。

3. 办案的制度机制还不够顺畅。主要表现：刑事申诉检察工作监督手段单一，监督效果不够理想；立案标准和条件过于严格，许多案件经过简单的初步审查，很难判断能否进入立案程序；不服法院生效刑事裁判的申诉案件是否提起抗诉，刑事申诉检察部门提出初步审查意见后，要由公诉部门进一步审查后决定，不利于调动刑事申诉检察干警的工作积极性。

另外，刑事申诉检察部门还存在发展不平衡、业务素质不高、法律监督能力不强等问题。

三、刑事申诉检察工作基本思路和要求

1. 坚持质量和效率并重，充分发挥刑事申诉检察工作在化解矛盾纠纷中的作用。要提升办案质量，始终坚持以人为本，自觉地把维护申诉人合法权益作为工作的出发点和落脚点，在强调依法办事的同时，注重树立主动保护公民合法权益的价值取向，千方百计、想方设法帮助申诉人解决问题。要妥善处理“情、理、法”之间的关系，不仅要解决法度之内的问题，还要统筹解决法度之外、情理之中的问题，做到既合法，又合情、合理。要把依法处理与解决实际困难、疏导思想症结有机结合起来，使申诉真正得到化解。要高度重视效率，该解释的及时解释、该答复的及时答复、该审查结案的及时审查结案、该立案复查的及时立案复查，力争将申诉案件解决在基层，解决在首次办理环节。

2. 坚持以公开促公正，大力提高刑事申诉检察工作的公信力。要引入公开原则，把公开贯穿于刑事申诉办案全过程。要通过公开办理，增强工作透明度，自觉接受社会监督，提升处理结论的社会公信力；通过公开听证，充分示证、质证，做到兼听则明，客观全面地查明案件事实、核实证据，正确判断是非曲直；通过公开处理，使申诉人充分地行使诉讼权利，充分地阐述申辩理由，充分地了解案件认定的事实和依据，使申诉人亲眼看到司法公正的实现过程，从根本上消除抵触、怀疑、不满情绪，从内心接受并服从复查决定，自动息诉。要积极推进申诉文书说理制度，决定作出后要与申诉人见面，根据申诉人的申诉意见和理由，有针对性地把复查结论所依据的事实、证据和法律向申诉人讲清楚，把送达的过程变成说理的过程、公开的过程、法制宣传的过程，最大限度地提高申诉案件的公开程度，最大限度地提高刑事申诉检察工作的公信力。

3. 坚持纠错、防错并抓，切实从源头上减少申诉案件的发生。刑事申诉检察部门在充分履行纠错职能的同时，还应进一步强化其在防止错误发生、减

少办案瑕疵方面的作用。要严格执法、敢于纠错、善于纠错，使有冤者得到昭雪，使有罪者得到惩罚，使受损者得到赔偿。要进一步发挥刑事申诉检察工作的防错功能，提升防错意见的针对性和实效性。要积极探索防错方式的多样性和前瞻性，在容易导致涉检申诉问题产生的执法环节，如作出扣押冻结款物、撤销案件、不批准逮捕、不起诉等决定时，做到先期预测、先期防范、先期化解，将事后费时费力的被动化解改为事前的主动防范，变“事倍功半”为“事半功倍”。

4. 坚持工作创新、体制创新和制度创新联动，不断激发刑事申诉检察工作新活力。要鼓励基层刑事申诉检察部门根据实际情况，大胆探索和尝试工作创新，上级机关要及时总结、完善，及时推广运用。要抓住司法改革契机，进一步完善刑事申诉检察体制机制，改革完善不服法院生效刑事裁判申诉案件办理程序。要紧紧抓住刑事诉讼法修改、修改后国家赔偿法贯彻实施的契机，通过立法完善进一步破解制约刑事申诉检察工作的制度性缺陷和不足，建立健全科学、高效、权威的申诉问题解决和终结机制，为刑事申诉检察工作科学发展提供制度保障、注入新的活力。

5. 建立健全刑事申诉检察干警培训的长效机制，努力提升执法办案的能力和水平。要着重抓好刑事申诉检察业务知识的学习和各种能力的拓展，当前要重点深钻细研《检察机关执法工作基本规范（2010 年版）》（以下简称《执法规范》），做到每个条款都能烂熟于心，准确适用。各级刑事申诉检察部门要采取有效形式抓好《执法规范》学习研究，建立健全各项培训机制，要突出抓好一线办案人员的培训，确保基层干警和一线办案人员每年都能得到不同形式的业务培训，努力把各级刑事申诉检察干警锤炼成执法办案的行家里手。

第二章　刑事申诉检察工作重点环节与要求

刑事申诉案件都是不同历史时期处理的案件，从复查案件的角度看都属于历史案件。根据处理历史案件的原则，处理申诉案件，必须将案件放在案件处理当时的历史条件中去认识，对法律、政策适用情况的审查，应坚持历史唯物主义的观点，依据案件处理当时的法律、政策及相关规定，考虑案件处理当时的历史背景，用案件处理时的法律来衡量案件处理是否正确，不能以现在的法律、政策去取代过去的法律、政策。除了中央已明确表态属于错误的政策、法律和规定，不能作为复查案件的依据外，都要以当时的政策、法律作为复查案件的依据。

需要特别强调的是，对于未成年人申诉的案件，应根据现实情况，从保护未成年人合法权益和考虑未成年人日后的成长生活的角度，依照未成年人保护条例和有关未成年人保护的法律法规，贯彻宽严相济的刑事政策，酌情处理。如可以从有利于未成年人的角度出发，作出是否撤销不起诉、是否抗诉的结论。同时运用社会力量和家庭感召、亲情感化等方式做好申诉人的息诉工作。

一、不服检察机关处理决定刑事申诉案件办理工作重点环节和要求

（一）不服检察机关处理决定刑事申诉案件的管辖

刑事申诉的管辖是指申诉处理机关在刑事申诉受案范围上的分工。它既指法院与检察院之间受理刑事申诉的分工，也指法院、检察院系统内部各业务部门之间受理刑事申诉的分工。根据《执法规范》第2·105条和《人民检察院复查刑事申诉案件规定》第4条的规定，刑事申诉的管辖包含两方面内容：一是管辖的范围包括不服人民法院刑事判决、裁定和不服人民检察院刑事处理决定两部分；二是对人民法院的判决、裁定只有已经发生法律效力的和对人民检察院的刑事处理决定只有诉讼终结的（包括不批捕、不起诉、撤销案件及其他处理规定），才按照《人民检察院复查刑事申诉案件规定》管辖。

级别管辖中应注意以下问题：

1. 不服人民检察院刑事处理决定的申诉原则上先由作出处理决定的人民检察院审查处理，不服人民法院生效刑事判决、裁定的申诉一般由作出生效判决、裁定的人民法院的同级人民检察院受理。因此对越级申诉的，上级检察院应将申诉材料交有管辖权的下级检察院办理，下级检察院对管辖内申诉要认真受理，及时审查，并做好善后息诉工作。

2. 根据《执法规范》第2·110条第（二）项的规定，被害人不服人民检察院不起诉决定7日内提出申诉的要由上一级人民检察院管辖。

3. 不服下一级检察院复查决定的申诉，上级检察院应予受理。只有在必要时，上级检察院才可以将自己管辖的申诉案件交下级检察院复查，或直接复查下级检察院管辖的申诉案件。

根据《执法规范》第2·107条的规定，不服人民法院死刑终审判决、裁定尚未执行的申诉由公诉部门或者死刑复核检察部门管辖。除此之外的当事人及其法定代理人、近亲属不服人民法院已经发生法律效力的刑事判决、裁定的申诉和不服人民检察院诉讼终结的刑事处理决定的申诉均由刑事申诉（控告申诉）检察部门管辖。

（二）不服检察机关处理决定刑事申诉案件立案复查标准

根据《不服人民检察院处理决定刑事申诉案件办理标准》第1条、第2条和第3条的规定，下列申诉案件，刑事申诉（控告申诉）部门应予受理：（1）属于对人民检察院诉讼终结的刑事处理决定不服的申诉；（2）原判决、裁定或决定有错误可能；（3）申诉主体和申诉材料的形式要件符合要求；（4）属于本院管辖。

具有下列情形之一的刑事申诉案件应当立案复查：一是不服本院作出诉讼终结的刑事申诉处理决定，申诉人首次提出申诉的；二是不服人民检察院对直接立案侦查的案件首次作出复查决定的；三是不服下级人民检察院审查或者复查处理决定，上级人民检察院认为有错误可能的；四是不服人民检察院不起诉决定，7日内提出申诉的；五是上级人民检察院或本院检察长交办的申诉。

原判决、裁定或决定在认定事实，适用法律及办案程序上是否有错误可能，可以从以下几方面来判断：（1）申诉人是否提出了可能改变原处理结果的新的事实或证据；（2）据以定案的证据是否确实、充分或者证明案件事实的主要证据之间是否存在矛盾；（3）适用法律是否正确；（4）处罚是否适当；（5）有无违反案件管辖权限及其他严重违反诉讼程序的情况；（6）办案人在审理案件时，有无贪污受贿、徇私舞弊、枉法裁判的行为。只要存在上述问题之一，就可以认为原案处理有错误可能，就应当立案复查。

（三）公开审查刑事申诉案件范围、形式和要求

适用公开审查程序的刑事申诉案件范围，可以有以下几类：（1）当事人申请公开审查，检察机关认为可以公开审查的案件；（2）当事人反复上访，上级部门或检察长指令公开审查的案件；（3）案情复杂、社会影响大等具有公开审查社会需求的案件，上级部门或检察长建议公开审查的。

下列案件可不进行公开审查：（1）案情简单，没有争议的案件；（2）对于当事人提出申请的确属涉及个人隐私或商业秘密的案件；（3）14周岁以上不满18周岁未成年人犯罪的案件，一般也不宜进行公开审查；（4）其他不适宜进行公开审查的案件。

公开审查主要以听证会为主，从实践来看，听证会的效果比较好。但是举行听证会周期长、组织难度高、成本较大，在基层院人员缺乏、年龄老化的客观现实下实施难度较高。实践中，一些检察院已经开始探索其他简便易行的公开审查形式，如公开质证、公开答复、公开协商等，效果较好。这些公开审查的方式比较适合案情简单、较易息诉的申诉案件。

对人民法院发生法律效力的刑事判决、裁定不服的申诉不适用公开审查制度。因为此类案件，即使举行了公开听证，也必须通过启动审判监督程序才能

对确有错误的刑事判决、裁定予以纠正，检察机关无权作出终结性决定。如若出现检察机关认为原刑事判决、裁定确有错误，但通过审判监督程序，经法院重新审判，维持原结论的情形，难免会使有些申诉人产生对司法机关的误解而闹访、缠访，甚至越级上访，造成不必要的社会负效应。

二、不服法院生效刑事裁判申诉案件办理工作重点环节和要求

（一）受理的条件和程序

不服法院生效刑事裁判申诉案件的受理，就是人民法院和人民检察院对于当事人及其法定代理人、近亲属对人民法院已经发生法律效力的刑事判决、裁定不服提出的申诉，按照刑事申诉管辖的规定，对申诉材料进行审查后，决定将其作为申诉案件进行办理的活动。司法机关收到申诉人的申诉材料后进行登记，并不属于受理，而是要依法进行审查，只有符合条件的，才予以受理。

1. 受理的条件

检察机关受理不服法院生效刑事判决、裁定的申诉案件，应当符合以下条件：

（1）申诉主体适格。申诉人应当是原案的当事人及其法定代理人、近亲属。申诉人以外的人或单位、组织等不服法院生效刑事裁判提出的申诉，一般不属于刑事申诉的受理范围。

（2）申诉对象属于检察机关管辖范围。申诉人是对法院作出的且已发生法律效力的刑事判决或者裁定不服提出的申诉。申诉对象必须是生效的刑事判决、裁定。

（3）属于本院管辖。即按照级别管辖的规定，接到申诉的检察院对此申诉具有管辖权。

（4）申诉材料齐备。根据《人民检察院复查刑事申诉案件规定》第14条的规定，申诉人提出申诉应当提交申诉书、原审的判决书或裁定书等法律文书。对于申诉材料提供不齐备的，应当通知申诉人补充材料，待申诉材料齐备后予以受理。

对有下列情形之一的，不予受理：

（1）判决、裁定尚未发生法律效力的；

（2）当事人及其法定代理人、近亲属以外的人提出申诉的；

（3）人民法院已经裁定再审的。

2. 涉及自诉案件和刑事附带民事诉讼案件申诉的受理

近年来，各地对于当事人不服人民法院对自诉案件和刑事附带民事诉讼案件作出的判决或裁定提出申诉，检察机关是否受理提出了很多问题，由于原有

规定在此方面的不明确，造成各地在实践中做法不一。

（1）自诉案件

按照刑事诉讼法规定，当事人及其法定代理人、近亲属对人民法院已经发生法律效力的判决、裁定，可以向人民法院或者人民检察院提出申诉。人民法院对自诉案件作出的判决、裁定，也属于刑事判决、裁定的范畴。据此，自诉案件当事人及其法定代理人、近亲属对人民法院已经发生法律效力的刑事判决、裁定提出申诉，属于检察机关管辖的刑事申诉范围。但应当注意，自诉案件不同于公诉案件。无论是提起诉讼的方式、举证责任，还是法院审理案件的程序及方式，自诉案件都有其自身的特点。在自诉案件中，自诉人较之公诉案件的当事人享有更大的诉讼权利和自主权。如自诉人可以参加调解、与被告人自行和解以及撤回自诉等。同时，权利和义务是对等的。在自诉案件中，自诉人也承担着相应的诉讼义务。如提供证明被告人犯罪事实的证据、按时出席法庭审理及遵守法庭纪律等。自诉人在行使诉讼权利和履行诉讼义务方面，具有完全的自主性。对于自诉人没有正确行使诉讼权利、放弃诉讼权利或者未依法履行诉讼义务，造成法院作出于己不利的裁判，而后又向检察机关提出申诉的，检察机关可以不予受理。如不属于自诉案件范围，法院裁定驳回的；自诉人撤回自诉后就同一事实再行告诉，法院裁定驳回的；法院调解结案后，自诉人反悔，就同一事实再行告诉，法院裁定驳回的；自诉人明知有其他共同侵害人，但只对部分侵害人提起自诉，法院判决后，又以追究其他侵害人责任为由提出申诉的；共同被害人在法院通知参加诉讼后，放弃告诉权利，而对法院判决、裁定不服提出申诉的；自诉人同被告人自行和解或者撤回自诉的。

（2）刑事附带民事诉讼

附带民事诉讼就其解决问题的性质而言，是经济赔偿问题，和民事诉讼中的损害赔偿是一样的，属于民事诉讼性质。但它和一般的民事诉讼又有不同，因为这种赔偿是由犯罪行为引起的，是在刑事诉讼过程中提起的，由审判刑事案件的审判组织审理，所以它又是刑事诉讼的一部分，是一种特殊的民事诉讼。基于此，人民法院对附带民事诉讼作出的判决、裁定属于刑事判决、裁定的范畴。附带民事诉讼当事人对人民法院刑事附带民事诉讼中附带民事部分作出的判决、裁定提出申诉，检察机关一般应当受理。但基于其与自诉案件相近的理由和情形，对不服法院刑事附带民事诉讼中民事部分的判决或者裁定的申诉，也应当参照前面对自诉案件申诉处理原则，区别不同情况进行处理。

3. 受理的程序

（1）申诉材料的接受

人民检察院接受申诉材料的主要来源是申诉人的来信、来访、有关部门移送、上级检察院或者本院领导交办等。人民检察院对于申诉人的申诉，无论是申诉材料的来源渠道如何，无论是否属于本院管辖，人民检察院的有关职能部门——控告申诉检察部门，都应当首先接受下来。

申诉人提出申诉一般有两种形式，即书面形式和口头形式。原则上，申诉人应当采用书面形式，即采用申诉书的方式提出申诉。在特定条件下，申诉人也可以向人民检察院口头申诉。对于申诉人口头向人民检察院提出申诉的，人民检察院应当制作笔录，并由申诉人签名或者盖章。在此情况下，人民检察院不得以申诉人口头提出申诉而拒绝接受其申诉。

（2）对申诉材料的形式审查

人民检察院对于接受的申诉材料，应当及时进行审查，以决定对该申诉是否受理。这种审查是一种形式审查，也称初步审查，主要目的是审查申诉材料在形式要件上是否符合刑事申诉的受理条件。刑事申诉的形式要件是否合格、完备，是刑事申诉是否成立的必要条件。审查的内容主要包括：申诉人是否具有提出刑事申诉的主体资格、申诉是否属于人民检察院的管辖范围、申诉是否属于本院管辖以及申诉材料是否齐备。

（3）刑事申诉的受理

人民检察院对于申诉材料进行形式审查后，应当根据不同情况作出处理：

①申诉人不符合刑事申诉主体资格的，应当通知申诉人不予受理，申诉材料退回申诉人或存查；

②申诉人提出的申诉不属于人民检察院管辖的刑事申诉范围的，应当将申诉材料转有管辖权的有关部门；

③申诉人提出的申诉不属于本院管辖的，应当及时移送有管辖权的人民检察院，并通知申诉人；

④申诉人提供的申诉材料不齐备的，应当通知申诉人补充相关材料；

⑤申诉人提出的申诉符合刑事申诉受理条件的，应当填写《刑事申诉受理登记表》，予以受理。

（二）服刑人员申诉案件的管辖

服刑人员申诉案件的管辖，从1998年修改发布《人民检察院复查刑事申诉案件规定》开始，历经几次调整变化。

1. 服刑人员申诉案件管辖的调整变化过程

根据《人民检察院复查刑事申诉案件规定》和《人民检察院刑事诉讼规则》规定，办理不服法院生效刑事裁判的部门为公诉部门、监所部门和控申部门。公诉部门管辖不服法院已经发生法律效力但尚未执行的死刑判决申诉；监所部门管辖刑罚正在执行中的申诉，即服刑人员申诉；控申部门管辖被害人不服法院已经发生法律效力的刑事裁判的申诉以及被告人不服已经执行完毕的刑事判决、裁定的申诉。

2003 年 4 月，检察机关内设各部门对于不服法院生效刑事裁判申诉的管辖分工进行了调整。2003 年 4 月 11 日最高人民检察院下发的《关于调整服刑人员刑事申诉案件管辖的通知》（高检发刑申字〔2003〕1 号），将原来由监所部门管辖的服刑人员申诉划归控申部门管辖，监所检察部门不再办理服刑人员申诉；派驻监管改造场所的派出检察院仍然办理其管辖范围内的服刑人员申诉。

2007 年 9 月 5 日，高检院下发了《最高人民检察院关于办理服刑人员刑事申诉案件有关问题的通知》（高检发刑申字〔2007〕3 号）。该《通知》调整、修改了 2003 年《关于调整服刑人员刑事申诉案件管辖的通知》中监所检察部门和派出检察院对服刑人员申诉的管辖、办理，规定了监所检察部门与派驻监管场所的派出检察院对服刑人员及其法定代理人、近亲属提出的申诉应当审查并提出审查意见，并分别不同情况予以处理。

2. 服刑人员申诉的管辖

《最高人民检察院关于办理服刑人员刑事申诉案件有关问题的通知》下发后，一些地方就此提出了很多问题，其核心都是涉及该《通知》的理解和适用问题。有的认为，对检察机关受理的服刑人员申诉，首先交由监所检察部门审查，需要立案复查的，再移送控申部门办理；有的认为，2007 年 3 号通知是对 2003 年 1 号通知的根本修改，使 2003 年 1 号通知废止了。这些理解都不全面、不正确。2007 年 3 号通知适用和调整的范围仅限于监所检察部门和派出检察院在监管场所直接收到的服刑人员的申诉，而不包括各级检察院通过来信、来访、有关部门转交等渠道收到的服刑人员申诉。

根据 2007 年 3 号通知，对于在监管场所接到的服刑人员申诉，明确了监所检察部门、派出检察院与接受移送的人民检察院刑事申诉检察部门各自的工作职责：

（1）人民检察院监所检察部门及派出检察院接到服刑人员及其法定代理人、近亲属向人民检察院提出的刑事申诉后，应当认真审查，提出审查意见，并分别情况予以处理：

①原审判决或者裁定正确，申诉理由不成立的，应当将审查结果答复申诉人，并做好息诉工作；

②原审判决或者裁定有错误可能，需要人民检察院立案复查的，应当将申诉材料及审查意见一并移送作出原生效判决或者裁定的人民法院的同级人民检察院，由刑事申诉检察部门办理。

（2）接受移送的人民检察院刑事申诉检察部门对于移送来的服刑人员申诉，应当受理和审查办理。对符合立案复查条件的，应当立案复查，并在结案后10日内将审查或者复查结果通知移送的人民检察院。

在申诉案件办理过程中，接受移送的人民检察院刑事申诉检察部门需要进行提审服刑人员等调查活动的，移送的人民检察院应当予以协助配合。

移送的人民检察院收到审查或者复查结果后，应当及时答复申诉人。

（三）立案标准的把握

根据《人民检察院复查刑事申诉案件规定》第16条的规定，对不服法院生效刑事裁判申诉案件的立案，基本标准为：原生效刑事判决或者裁定有错误可能。

对“原生效刑事判决或者裁定有错误可能”应把握以下两个方面：

1. 原审生效刑事裁判存在错误的可能性

在审查立案环节，对于原审生效刑事裁判存在错误的认识，只要具有可能性即可，而不需要达到确定的程度。同时，对于原审生效刑事裁判是否存在错误，应当作出有利于申诉人的理解和把握。

原审生效刑事裁判是否存在错误可能，应当从以下几个方面进行审查：

（1）有新的证据证明原审判决或裁定认定事实错误；

（2）据以定案的证据不确实、不充分或者证明案件事实的主要证据之间存在矛盾；

（3）原审判决、裁定适用法律不正确；

（4）审判人员在审理该案件的时候，有贪污受贿、徇私舞弊、枉法裁判行为的；

（5）法院审判活动违反诉讼程序。

2. 原审裁判可能存在的错误影响到原案的定罪量刑或者公正审判

原审裁判存在错误包括实体错误和程序错误。对不服法院生效刑事裁判的申诉，经审查认为原审判决或者裁定在认定事实、采信证据、适用法律等实体方面可能存在错误的，以及法院审判活动可能违反法定诉讼程序，可能影响公正审判的，均属于应当立案复查的情形。

（四）不服法院生效刑事裁判申诉案件的复查抗诉程序

不服法院生效刑事裁判申诉案件的复查抗诉程序也经历了修改、变化的过程。《人民检察院刑事诉讼规则》第407条规定，对人民法院已经发生法律效力的判决、裁定需要提出抗诉的，由控告申诉检察部门报请检察长提交检察委员会讨论决定。人民检察院决定抗诉后，由审查起诉部门出庭支持抗诉。1999年9月21日颁布的最高人民检察院《关于修改〈人民检察院刑事诉讼规则〉

第四百零五条和第四百零七条的通知》对《人民检察院刑事诉讼规则》第 407 条予以修改，规定控告申诉检察部门对于不服法院生效刑事判决、裁定的申诉进行审查，认为需要提出抗诉的，移送本院公诉部门审查，公诉部门认为需要提出抗诉的，报请检察长提交检察委员会讨论决定。检察委员会讨论决定抗诉的，由公诉部门出庭支持抗诉。

近年来，各地对现行不服法院生效刑事裁判申诉案件的复查抗诉程序提出了很多意见，认为现行办案程序在体现各诉讼职能相互监督制约、诉讼环节设计以及诉讼效率等方面存在问题。2009 年，高检院将改革和完善不服法院生效刑事裁判申诉案件的办理程序列入了司法改革的项目。高检院有关部门对此进行了充分调研论证，并着重听取了全国各级检察院对现行办理程序在实践中的适用情况以及如何调整办理程序的意见和建议。目前，改革和完善不服法院生效刑事裁判申诉案件办案程序的工作正在进行中。

三、国家赔偿工作重点环节和要求

国家赔偿是国家作为主体进行的赔偿，在我国是指因国家机关和国家机关工作人员在行使职权过程中造成损害而进行的赔偿。国家赔偿包括行政赔偿、刑事赔偿和非刑事司法赔偿（又称民事行政诉讼赔偿）。检察机关在国家赔偿工作中的职责包括两方面：一是办理检察机关作为赔偿义务机关的刑事赔偿案件；二是对人民法院赔偿委员会决定和行政赔偿诉讼依法履行法律监督职责。上述职责均由检察机关国家赔偿工作办公室具体履行。

（一）刑事赔偿的立案

刑事赔偿立案应当同时符合以下五项条件：

1. 前提条件。不同类型的赔偿请求，立案的前提条件不同。（1）人身自由权赔偿案件，立案前提是“已决定撤销案件、不起诉或者判决宣告无罪终止追究刑事责任”。（2）生命健康权赔偿案件，立案前提是“有伤情、死亡证明”。（3）财产权赔偿案件，原则上应以刑事诉讼程序终结为前提，但对于已经查明该财产确与案件无关，不需要等待刑事诉讼处理结果的，可以在刑事诉讼程序终结前进入赔偿程序。

2. 管辖条件。本院属于赔偿义务机关。对于本院不属于赔偿义务机关的，应当告知赔偿请求人或者直接移送相关机关。

3. 主体条件。申请主体适格，具备国家赔偿法第 6 条规定的条件，属于受害的公民、法人或者其他组织。受害人死亡或者受害法人、组织终止的，是其继承人或者权利承受人。

4. 时效条件。没有超过法定的 2 年请求赔偿时效。

5. 材料条件。申请的材料齐备。当面递交申请材料不齐备的，应当当场或者在5日内一次性明确告知赔偿请求人所缺少的材料，对补充齐备后的申请材料审查后决定是否立案。

对符合立案条件的赔偿申请，人民检察院应当立案，并在收到赔偿申请之日起5日内，将《刑事赔偿立案通知书》送达赔偿请求人。立案应当经部门负责人批准。

(二) 刑事赔偿案件的审查决定

1. 全面审查。办理刑事赔偿案件时，要对申请赔偿的有关材料进行审查，还要对赔偿案件涉及的原案卷材料一并进行审查，在全面把握原案办理情况、侵权损害情况，以及请求事项和法律规定的基础上，作出是否赔偿以及赔偿方式和数额的决定。

2. 调查核实。办理刑事赔偿案件，必要时可以向原案件承办部门和承办人员调查核实有关情况、收集证据，原案承办部门和承办人员应当协助、配合。

3. 违法认定。对请求生命健康权赔偿的案件，人民检察院对是否存在违法侵权行为尚未处理认定的，国家赔偿工作办公室应当在立案后3日内将相关材料移送本院监察部门和渎职侵权检察部门，监察部门和渎职侵权检察部门应当在30日内提出处理认定意见，移送国家赔偿工作办公室。

4. 听取意见。人民检察院作出赔偿决定，应当充分听取赔偿请求人的意见，并制作笔录。赔偿请求人确有困难不能到赔偿义务机关陈述意见的，赔偿案件承办人可以到赔偿请求人所在地核实情况，听取意见。

5. 协商。对存在国家赔偿法规定的侵权损害事实，依法应当予以赔偿的，人民检察院可以与赔偿请求人就赔偿方式、赔偿项目和赔偿数额，依照国家赔偿法有关规定进行协商，并制作笔录。

6. 作出决定。承办人制作赔偿案件审查终结报告，提交部门集体讨论后，报赔偿部门负责人审核、检察长决定。对于重大、复杂的案件，由检察长提交检察委员会审议决定。根据检察长或者检察委员会决定，分别不同情形作出赔偿或者不予赔偿的决定。

7. 送达。刑事赔偿决定书自作出之日起10日内送达赔偿请求人。送达时，应当说明法律依据和事实证据情况，并告知赔偿请求人如对赔偿决定有异议，可以自收到决定书之日起30日内向上一级人民检察院申请复议；如对赔偿决定没有异议，要求依照刑事赔偿决定书支付赔偿金的，应当提出支付赔偿金申请。

（三）复议案件的办理

复议是上一级检察机关对赔偿决定进行审查并重新作出决定的活动。复议程序是上一级检察机关监督下级检察机关的重要途径，有利于及时、快捷地纠正错误赔偿决定。

人民检察院复议赔偿案件可以调取有关的案卷材料。对事实不清的，可以要求原承办案件的人民检察院补充调查，也可以自行调查。对损害事实及因果关系、重要证据有争议的，应当听取赔偿请求人和赔偿义务机关的意见。对于事实不清、争议较大的案件，可以适用公开审查程序。复议赔偿案件，实行一次复议制。

（四）赔偿监督案件的办理

赔偿监督是指人民检察院对人民法院国家赔偿审理活动是否合法所进行的专门法律监督，包括两方面：一是对法院赔偿委员会赔偿决定的监督，高检院和省级院有权直接提出监督意见；二是对行政赔偿诉讼的监督，根据行政诉讼法规定，采取抗诉模式，具体程序适用《人民检察院民事行政抗诉案件办案规则》，上级检察机关对下级法院的生效行政赔偿判决、裁定有权抗诉。各级检察机关都应当依法受理赔偿请求人和赔偿义务机关的申诉，依法审查，如发现原决定或者裁判有错误可能的，应当由有监督权的检察机关依法处理。

根据国家赔偿法第30条第3款规定，对于人民法院赔偿委员会作出的"违反本法规定"的赔偿决定，检察机关可以提出监督意见。包括五种情形：(1)有新的证据，足以推翻原决定的；(2)原决定认定事实的主要证据不足的；(3)原决定适用法律错误的；(4)违反程序规定、影响案件正确处理的；(5)作出原决定的审判人员在审理该案时有贪污受贿、徇私舞弊、枉法处理行为的。下列国家赔偿问题，不属于检察机关法律监督范围：一是赔偿义务机关该受理不受理的。对于这种情形，赔偿请求人可以通过向赔偿义务机关的上级投诉、申诉、复议等程序寻求救济。二是赔偿义务机关作出错误赔偿决定，未进入赔偿委员会程序的。这种情形，赔偿请求人可以申请法院赔偿委员会作出决定，由赔偿委员会对赔偿义务机关进行监督制约。三是赔偿义务机关不执行赔偿决定的。这种情形，应当由法院承担督促执行的责任。

（五）赔偿决定的执行

国家赔偿法第37条和《国家赔偿费用管理条例》规定了赔偿决定的执行程序，分为以下几个步骤：

1. 赔偿义务机关或者复议机关告知。赔偿义务机关、复议机关送达时应当告知赔偿请求人如对赔偿决定、复议决定没有异议，要求依照赔偿决定书、复议决定书支付赔偿金的，应当提出支付赔偿金申请。

2. 赔偿请求人申请。赔偿请求人凭生效的刑事赔偿决定书、刑事赔偿复议决定书或者赔偿委员会决定书以及身份证明，向负有赔偿义务的检察机关提出支付申请。

3. 赔偿义务机关申请。赔偿义务机关应当自受理赔偿请求人支付申请之日起7日内，依照预算管理权限向有关财政部门提出书面支付申请，并提交相关材料。

4. 财政部门支付。财政部门应当自受理申请之日起15日内，按照预算和财政国库管理的有关规定支付国家赔偿费用。财政部门自支付国家赔偿费用之日起3个工作日内告知赔偿义务机关、赔偿请求人。

财政部门直接将赔偿金拨付至赔偿义务机关的，赔偿义务机关要及时支付给赔偿请求人，严禁截留、滞留、挪用、侵占。

四、刑事被害人救助工作的重点环节和要求

刑事被害人救助，是指在刑事被害人或其近亲属无法获得有效赔偿的情况下，由国家给予适当经济资助，帮助其解决暂时困难的措施，体现了国家关怀的救济性、抚慰性。2009年3月，中央政法委会同高检院等八部门出台《关于开展刑事被害人救助工作的若干意见》，随后高检院下发了贯彻实施通知，部署全国检察机关全面开展刑事被害人救助工作。

（一）救助案件的提起

1. 检察机关主动提起

一是告知。检察机关在办理案件中，办案部门认为刑事被害人或者其近亲属需要救助的，应当告知被害人或者其近亲属可以提出救助申请并提出意见，连同有关材料移送控申部门审查提出意见。

二是备案。检察机关办理刑事被害人重伤或者死亡的刑事案件，对犯罪嫌疑人作出不起诉决定的，办案部门应在送达不起诉决定书之日起10日内将公诉案件审查报告、不起诉决定书、刑事被害人基本情况等材料移送控申部门备案。对于办案部门移送的备案材料，控告申诉检察部门要认真审查，符合救助条件的要及时办理，在1个月内提出救助意见。经审查不符合救助条件的，直接存档备查。

2. 刑事被害人或其近亲属申请

刑事被害人或其近亲属提出救助申请的，由控申部门受理。如果刑事被害人或其近亲属直接向办案部门提出救助申请的，办案部门应在3日内将申请材料及时移送控申部门，并告知刑事被害人或者其近亲属。

刑事被害人或者其近亲属申请救助的，应当提交以下材料：（1）申请书；

(2) 户籍证明；(3) 是否已获得民事赔偿的证明材料；(4) 申请人为被害人近亲属的，应提供与被害人的关系证明材料；(5) 当地民政部门或者乡镇、街道出具的生活确有困难的证明；(6) 其他需要提供的相关材料。申请人口头提出申请的，应当制作成笔录，并由申请人签名或者盖章。申请材料不齐全的，可以要求申请人补充完善，申请人提供有关材料确有困难的，控申部门可以自行调查取证。

(二) 救助意见的提出

对刑事被害人或其近亲属提出的救助申请，控申部门应当指定专人对相关材料进行审查。审查的对象主要包括：本院是否为适格的救助机关；申请人是否为适格的刑事被害人或其近亲属；申请人提供的材料是否齐备等。对符合受理条件的救助申请，承办人应当填写《受理救助申请登记表》，进一步核实申请人提供材料的真实性，必要时可以到申请人所在地调查核实。控申部门提出救助意见时，应当听取刑事被害人或其近亲属的意见，并经其同意。对于不符合救助条件的救助申请，报请部门负责人同意后结案，并向申请人说明有关情况，做好安抚稳定工作。

(三) 救助意见的报批

检察机关提出的救助意见，经部门负责人同意、检察长审核后，均应当报同级党委政法委审批。提请审批时应当提交《提请审批救助意见书》、当事人申请及其他相关材料。《提请审批救助意见书》主要包括以下内容：刑事被害人或其近亲属的基本情况；刑事被害人或其近亲属提出申请的情况及其理由；救助机关调查核实的原案基本情况和申请人家庭困难情况；检察机关拟救助金额及主要事实依据等。

(四) 救助金的发放

刑事被害人救助以发放现金的形式为主。在一些特殊情况下，也可以根据申请人的要求，发放实物，如帮助被害人或其近亲属购买生活用品、生产用具。刑事被害人救助以一次性救助为原则，对于因遭受犯罪侵害陷入长期困难的刑事被害人或其近亲属，应纳入民政救济或者其他救助范畴。

检察机关发放救助金时，计财部门应当积极协助控申部门。计财部门在收到财政部门核拨的救助资金后，应当在 5 日内通知控申部门。控申部门接到计财部门通知后，应当在 5 日内向申请人发放。特殊情况需要延期发放或者分期发放的，应当向同级党委政法委作出说明。实际发放时，应当制作《刑事被害人救助资金发放登记表》，由申请人签名或者盖章。

(五) 备案和报告

实施救助的人民检察院应当在救助完成后 10 日内将审批决定书、提请审批救助意见书、不起诉决定书等材料的复印件报上一级人民检察院控申部门备案。

地方各级人民检察院还应建立刑事被害人救助工作档案和台账，及时、准确填报《刑事被害人救助案件情况月报表》，并按规定向上级人民检察院控申部门报送年度总结报告。

第三章　刑事申诉检察工作中常见问题及应对措施

一、办理不服检察机关处理决定申诉案件应注意的问题

（一）办理不服不批准逮捕决定的申诉案件应注意的问题

依照刑事诉讼法第60条关于逮捕条件的规定，针对刑事申诉对象的特征，即刑事处理决定是否引起诉讼终结的程序效力，人民检察院以不构成犯罪或不予追究刑事责任为由作出的以下不批准逮捕决定，申诉人不服提出申诉的，由刑事申诉（控告申诉）部门管辖，因为此类不批捕决定一经作出，就意味着对该犯罪嫌疑人的诉讼即告终结。

（1）没有证据证明有犯罪事实的不批准逮捕决定；

（2）犯罪嫌疑人没有犯罪事实的不批准逮捕决定；

（3）具有刑事诉讼法第15条规定情形之一而作出的不批准逮捕决定。

以下不服不批准逮捕决定的申诉不属于控告申诉（刑事申诉）部门管辖，因为这些不批准逮捕决定，只是不适用逮捕这一强制措施，诉讼还要继续进行，因此，这类申诉不属刑事申诉（控告申诉）部门管辖范围。

（1）人民检察院对提请批捕的案件审查后，以事实不清、证据不足，需要补充侦查为由作出的不批准逮捕决定；

（2）以下列理由作出的不批准逮捕决定：①虽有证据证明有犯罪事实，但不可能判处犯罪嫌疑人徒刑以上刑罚的。②虽有证据证明有犯罪事实，可能判处犯罪嫌疑人徒刑以上刑罚，但采取取保候审、监视居住方法，足以防止发生社会危险性，没有逮捕必要的。③对应当逮捕的犯罪嫌疑人，如果患有严重疾病或者是正在怀孕、哺乳自己婴儿的妇女的。

（二）不服不起诉申诉案件复查中应注意的问题

根据刑事诉讼法第145条、第146条规定，对不起诉决定有权提出申诉的情形主要是：（1）对于有被害人的案件，决定不起诉的，被害人如果不服，

可以自收到不起诉决定书后7日内向上一级人民检察院申诉，请求提起公诉。（2）对于人民检察院依照刑事诉讼法第142条第2款规定作出的不起诉决定，被不起诉人不服，可以自收到决定书后7日内向人民检察院申诉。根据《执法规范》的规定，凡是不服人民检察院作出的不起诉决定，不管是依据刑事诉讼法第142条第2款规定作出的不起诉决定，还是依据刑事诉讼法第140条第4款、第142条第1款规定作出的不起诉决定，只要符合刑事申诉复查条件，均可以进入复查程序。

根据《执法规范》第2·134条第（四）项的规定，对于《不起诉决定书》认定的事实错误，被不起诉人不构成犯罪的，应当依法撤销不起诉决定。这种情形一般指经复查，被不起诉人没有犯罪事实或者犯罪事实不是被不起诉人所为的情形，对此类申诉案件，应予撤销原不起诉决定。但在作出复查决定时，应综合考虑办案的社会效果和法律效果，避免引发新的矛盾。

（三）办理不服其他处理决定的申诉案件涉及的有关问题

检察实践中，不服其他处理决定的申诉主要有不服不立案决定的申诉，不服扣押、冻结涉案款物决定的申诉，不服检察建议、检察意见的申诉等情形。

1. 不服不立案决定的申诉。不立案决定是案件不进入诉讼程序的一种决定，与申诉复查程序所处理的诉讼终结的决定是不同的。按照刑事诉讼法规定，控告人对不立案决定不服，是“可以申请复议”，而不是“提出申诉”，所以对不立案决定不服的，应适用复议程序进行审查，审查后向控告人发出复议决定书；复议决定不属于刑事申诉（控告申诉）部门管辖的人民检察院的其他处理决定范围，控告人对复议决定仍不服的，不适用刑事申诉复查程序。依据《最高人民检察院内设机构处理来信来访分工暂行办法》、《人民检察院举报工作规定》第49条和《执法规范》第2·21条第（五）项的规定，不服公安机关或检察机关不立案决定的来信或来访，由侦查监督部门负责处理。

2. 不服追缴、没收涉案款物决定和查封、冻结、扣押涉案款物决定的申诉。追缴决定、没收决定是对犯罪分子违法所得的财物、违禁品和供犯罪所用的物品所作出的处理决定。刑法第64条规定，犯罪分子违法所得的一切财物，应当予以追缴或者责令退赔；违禁品和供犯罪所用的本人财物，应当予以没收。刑事诉讼法第142条第3款规定，人民检察院决定不起诉的案件，对被不起诉人需要没收其违法所得的，人民检察院应当提出检察意见，移送有关主管机关处理。按照上述规定，检察机关已不具有对非法所得的没收权，不应再直接作出追缴决定、没收决定。但由于法律对不起诉案件之外的其他案件非法所得并没有规定应由哪个机关处理，实践中一些检察院依据刑法第64条，仍然作出追缴决定、没收决定。

检察机关作出追缴决定、没收决定可能发生在诉讼的各个环节上。在侦查环节，检察机关侦查终结作出撤案决定后没收或追缴了当事人的财物；在审查起诉环节，检察机关对案件作出不起诉决定（包括免予起诉决定），同时又超出决定中认定的数额没收或追缴了当事人的财物；在审判环节，在法院判决认定的赃款赃物数额之外，对没有认定的或者检察机关未向法院起诉的当事人的财物予以没收或追缴；还有对案件没有作出任何结论，只有没收决定或追缴决定等。

针对追缴决定、没收决定的复杂性，如果当事人提出申诉，要求返还财产，应区分不同情况处理：①对刑法、刑事诉讼法修改前作出的没收决定、追缴决定，鉴于按照当时的法律、法规，检察机关对违法所得有权作出没收决定、追缴决定，可作为不服人民检察院其他处理决定的申诉，按申诉程序办理；②对刑法、刑事诉讼法修改后作出的没收决定、追缴决定，鉴于检察机关对非法所得已无没收权，决定的作出没有法律依据，属于违法的决定。这类申诉案件经复查应撤销没收决定、追缴决定，也可以按照国家赔偿法第 18 条第（一）项的规定，作为违法对财产采取追缴措施的赔偿案件，按赔偿程序办理。如果上级检察院或本院领导交办，可按交办案件程序办理。

查封、冻结、扣押财产是办案部门在案件处理过程中对犯罪嫌疑人的财产采取的一种暂时性措施。诉讼程序终结之后，检察机关未对扣押、冻结的涉案款物作出处理，或者不起诉决定书中未写明对扣押、冻结涉案款物的处理结果，被不起诉人对扣押、冻结涉案款物的决定不服，提出申诉的，按照《执法规范》第 2·111 条第（五）项的规定，不属于控申部门管辖的刑事申诉案件，不应进入刑事申诉案件的复查程序。

申诉人要求返还法院判决认定之外的扣押财产，如果经复查认定扣押该财产证据充分，构成犯罪，应当提请抗诉，由法院再审改判，追加该部分犯罪数额；如果经复查事实证据没有变化，则不能在法院判决书之外认定犯罪所得，予以追缴。人民检察院应当严格按照人民法院的生效判决、裁定处理扣押、冻结的款物。对于起诉书中未认定的扣押、冻结款物以及起诉书中已经认定，但人民法院判决、裁定中未认定的扣押、冻结款物，如有证据证明确属违法所得，需要没收的，应当提出检察意见，移送有关主管机关处理；需要返还原主或者被害人的，应当直接返还；经查明属于当事人的合法财产的，应当及时返还当事人。检察机关不能在法院判决书之外认定犯罪所得，也不能直接作出追缴或者没收决定。

3. 不服检察建议、检察意见的申诉。检察机关对办案中发现的问题向有关部门提出检察建议、检察意见，是检察机关的职权、职责，是有关部门对相关人员作出处理的重要依据，但建议、意见不是决定，只是参考性意见，有关部门对相关人员是否作出处理及作出何种处理，必须依据党纪、政纪的有关规定。如果当事人对党政机关依据检察建议、检察意见对其作出的党政纪处理决定不服，应当按照党政纪的有关规定向有关党政机关申诉，检察机关不予受理，但应做好说服解释工作。如果当事人坚持申诉，有必要进行审查时，可作为久诉不息案件进行审查，不应进入刑事申诉复查程序。

（四）如何审查申诉材料

1. 审查申诉材料在形式要件上是否符合要求。主要审查以下内容：

（1）申诉人是否具有申诉资格，能否成为刑事申诉的主体。刑事申诉的主体是指依法对人民法院已经发生法律效力的刑事判决、裁定和人民检察院诉讼终结的刑事处理决定，具有提出重新处理请求权利的人或单位。根据刑事诉讼法第 203 条规定，有权提出刑事申诉的是当事人及其法定代理人、近亲属，这些人与案件有直接利害关系，案件的处理结果对他们有直接影响。在某些案件中，单位具有被告人或被害人的地位，也可以作为申诉人提起申诉。其他与案件没有利害关系的人或单位可以对案件的处理有不同看法，可以向有关机关提出纠正意见，但他们不能成为刑事申诉的主体。如被害人或被不起诉人的债权人、代理人等，就不具有主体资格。

（2）申诉的对象是否属于检察院的受理范围。在人民法院已发生法律效力的刑事判决、裁定和人民检察院诉讼终结的刑事处理决定范围之外的申诉，不作为刑事申诉案件受理。

（3）申诉材料是否齐备。申诉人提出申诉应当提交申诉书，阐明申诉理由及提供相关证据，应当提交原案的决定书、判决书、裁定书等法律文书。

（4）申诉是否属于本院管辖。对申诉应严格按照《人民检察院复查刑事申诉案件规定》中级别管辖的规定来受理。

对形式要件不符合要求的申诉，要继续做好工作，有的可退回申诉人，让其补充相关材料，有的则可直接答复不予受理，有的则要转有管辖权的部门处理。

2. 对刑事申诉的实质内容进行初步审查，主要是审查案件事实和适用法律是否存在错误可能，有无立案复查的必要。

（五）复查案件时对事实不清、证据不足的认定处理

在复查案件时认定事实不清的情形主要包括：（1）作出原处理决定时认为事实清楚，复查时发现原认定的事实并未查清且已无法查清；（2）作出原处理决定时即事实不清，复查时经重新调查事实仍无法查清；（3）案件曾向法院起诉，法院以事实不清、证据不足退回补充侦查，或法院拟判无罪，检察

院撤回起诉，在未补查或补充证据的情况下仍以原认定的事实和证据作出处理决定，经复查确属事实不清，证据不足；（4）复查时发现的新证据，证明作出原处理决定时认定的事实不清等。

认定证据不足的情形主要有：（1）作出原处理决定时认定的事实没有证据证明；（2）作出原处理决定时认定的事实虽有证据证明，但不充分，不具有排他性；（3）作出原处理决定时认定的证据存在矛盾，且无法合理排除等。由于复查的案件都是多年前发生的案件，随着时间的流逝和人员记忆、心态等改变，复查时的补充调查很难提取到新的证据或可采用的证据，因此，除有证据证明原有证据系伪证或非法取得不能采用外，多数情况下只能以原卷中的证据为依据。当案件出现上述情形时，只能以作出原处理决定认定的事实不清、证据不足为由，撤销原处理决定。

（六）复查决定执行过程中应注意的有关问题

复查刑事申诉案件的目的，是为了纠正错误的判决、裁定和决定，维护正确的判决、裁定和决定，保护申诉人的合法权益，保障国家法律的正确实施。上述目的的实现，不是表现在仅仅作出复查决定上，如果复查决定确定的内容得不到执行，即使复查决定的内容完全正确，也达不到复查案件的目的。对复查决定的执行，应注意以下三点：

1. 下级人民检察院对上级人民检察院的复查决定必须执行，这是执行的一个基本原则。下级检察院对案件的处理有不同看法，可以在上级检察院复查案件的过程中，向上级检察院提出，上级检察院在作出决定前也可以听取下级检察院意见。但是在上级检察院作出复查决定后，下级检察院就必须立即执行，不能以任何借口拖延不办。

2. 根据复查决定的不同内容分别执行。由于刑事申诉案件复查决定的内容存在着多种可能性，在执行时要分别情况予以执行：对人民检察院原处理决定不当，复查后决定撤销原决定的案件，如果决定的内容是重新提起程序，即重新立案侦查或提起公诉的，由原作出决定的人民检察院执行。如程序即告结束，由负责复查的人民检察院执行，也可指令作出决定的下一级人民检察院执行。对人民法院已发生法律效力的判决、裁定，检察委员会决定抗诉的，依法抗诉。

3. 重视做好申诉人的善后和息诉工作。做好善后和息诉工作，关系到对申诉人申诉权、民主权的切实保护问题，关系到社会稳定。尽管有些工作已超出复查案件的范围，但作为复查案件的延伸或有连带关系的工作，仍要一并做好。对复查后维持原处理结论的，要向申诉人讲明理由，宣传法律，做好申诉人息诉工作。对复查后认定原案的处理错误，改变原处理结论的，要使申诉人息诉，则要做好善后工作，解决好原案的遗留问题。一要做好申诉人的思想疏导工作，实事求是，勇于承认错误，取得申诉人的谅解。二要为申诉人恢复名誉，在政治上挽回影响。三要解决实际问题，对因原案的处理给申诉人带来的党政纪处理、工作、工资等实际问题，要主动与有关部门联系，说明纠正错案的理由和事实根据，取得理解和支持。对申诉人提出的合理要求，按照法律政策规定，积极会同有关部门协商予以解决，不留尾巴。根据《人民检察院复查刑事申诉案件规定》，刑事申诉案件复查决定的善后处理工作，应由作出原处理决定的人民检察院负责，商请有关部门予以落实。

二、办理不服法院生效刑事裁判申诉案件应注意的问题

（一）申诉人提出申诉后要求撤回申诉应如何处理

由于刑事诉讼法、《人民检察院复查刑事申诉案件规定》对申诉人提出申诉后又要求撤回申诉如何处理未予规定，因此，在司法实践中各地对于申诉人提出申诉后要求撤回申诉的案件处理方式并不一致。有的地方不理会申诉人撤回申诉的申请，继续处理申诉案件；有的地方则接受申诉人撤回申诉案件的申请，对申诉案件不再审查、复查。

《中华人民共和国宪法》第 41 条规定了我国公民有控告申诉权。申诉权作为公民的一项宪法权利，必须得到法律的保护；同时，从法理上讲，义务必须履行，而权利则既可以享有，也可以放弃。刑事诉讼法在第五章审判监督程序中规定了当事人及其法定代理人、近亲属不服法院生效刑事裁判可以向人民法院或人民检察院提出刑事申诉。作为不服法院生效刑事裁判的申诉权，公民同样可以放弃。对于已向检察机关申诉而未予受理的，当然准许申诉人撤回申诉；对于已经受理进入审查、复查阶段的申诉案件，不论办案人员认为原审判决、裁定是否有错误可能，都应允许申诉人撤回申诉。如果办案人员经审查、复查，认为原审判决、裁定确实存在错误，刑事申诉检察部门可将案件移交有权处理部门依法处理。

（二）再审检察建议适用中应注意的几个问题

再审检察建议是人民检察院在办理不服法院生效刑事裁判过程中，认为原审生效刑事裁判确有错误，要求法院按照审判监督程序重新进行审判的一种监督活动，是刑事申诉检察部门在办案实践中总结并加以运用的行之有效的监督方式。各级检察院尤其是基层检察院对同级法院生效刑事裁判提出再审检察建议，实现了检察监督与同级法院审判监督程序的有效衔接，取得了较好的监督效果。

与抗诉手段相比，再审检察建议在适用中可以做到复查与监督同步，并且

可以弥补抗诉手段的不足，具有灵活、便捷、高效的特点。但是，由于再审检察建议没有具体的法律依据，因而在实践中效力缺乏保障。为了更好地发挥再审检察建议的优势作用，在工作中适用再审检察建议应当注意把握以下几个问题：

1. 规范再审检察建议的适用。再审检察建议适用于复查后认为生效刑事裁判确有错误，且需要通过法院启动再审程序才能解决的申诉案件。人民检察院提出再审检察建议应当向同级人民法院提出。适用再审检察建议时要保证复查结论准确，不能因适用再审检察建议而放松对案件质量的整体要求，谨防滥用而丧失监督行为的严肃性。

2. 加强与法院的沟通协调。在实践中，检察机关在发出再审检察建议之前，应与法院进行沟通，充分阐明检察机关的依据和理由，以此保障再审检察建议发挥应有的监督作用。

3. 再审检察建议与抗诉手段配合适用。检察机关向法院发出再审检察建议后，应当及时跟踪再审检察建议的落实情况，对于法院不采纳建议，且符合抗诉条件的，应当依法提出抗诉或提请抗诉，使再审检察建议与抗诉手段优势互补，通过抗诉手段的运用强化再审检察建议的效力。

（三）被害人不服一审判决，在5日内请求检察机关抗诉的是否属于刑事申诉案件

根据刑事诉讼法第182条的规定，被害人及其法定代理人不服地方各级人民法院第一审判决的，自收到判决书后5日以内，有权请求人民检察院提出抗诉。人民检察院自收到被害人及其法定代理人的请求后5日以内，应当作出是否抗诉的决定并且答复请求人。刑事诉讼法明确规定了不服一审判决的上诉和抗诉期限为10天，在上诉和抗诉期限内，被告方未上诉并且检察机关未抗诉，经过上诉和抗诉期限后，一审判决才能成为生效判决。在被害人及其法定代理人收到判决书5日内向检察机关请求抗诉时，该判决并不是生效刑事判决。而刑事申诉检察部门办理不服法院生效刑事判决、裁定的申诉案件，必须是申诉人不服已经发生法律效力的刑事判决、裁定。只有当该判决、裁定发生法律效力后，当事人及其法定代理人、近亲属不服向检察机关申诉的，才属于刑事申诉检察部门的受理范围。因此，被害人不服一审判决，在5日内请求检察机关抗诉的不属于刑事申诉案件，而应当由公诉部门依法办理。

司法实践中，有的检察院刑事申诉检察部门将被害人及其法定代理人、近亲属不服一审法院判决5日内请求检察机关抗诉的当做申诉案件办理，并且出庭抗诉。我们发现后，及时向该省指出了该县检察院刑事申诉检察部门的错误办案方式，请他们加强对办案人员的业务培训，提高业务素质和办案能力。

三、国家赔偿工作中常见问题及应对措施

（一）如何审查认定是否属于国家赔偿法第 19 条规定的国家不承担赔偿责任的情形

国家赔偿法第 19 条规定的国家不承担赔偿责任的情形有六种：

1. 因公民自己故意作虚伪供述，或者伪造其他有罪证据被羁押或者被判处刑罚的。符合这一情形应当具备以下几个条件：（1）必须是公民本人作出虚伪陈述或者伪造有罪证据。（2）主观上必须出于故意，明知自己没有实施犯罪行为，明知自己的供述会妨碍司法机关查明案件真相，明知自己一旦作出供述就有可能导致被羁押、被判刑的法律后果，而故意欺骗、误导司法机关。（3）故意作虚伪供述的目的是为了欺骗、误导司法机关，或者是有意替他人承担刑事责任。（4）故意提供伪供、伪证与羁押有因果关系，提供的伪供或者伪证是认定犯罪所必需的有罪证据。如某单位领导开车肇事逃逸，其司机投案自首，谎称是自己开车，因此司机被拘留、逮捕，后来真相大白，但由于司机"故意作虚伪供述"，严重干扰司法机关的正常活动，因此对其不予赔偿。

司法实践中，要注意把握有罪供述与故意作虚伪供述的区别，不能把曾经做过有罪供述一概认定为故意作虚伪供述，只有确实查明行为人主观上出于故意，并作出了与客观真相相反的供述，才能适用国家免责条款。对存疑无罪案件，一般不能适用该条款免除国家赔偿责任。

2. 依照刑法第 17 条、第 18 条规定不负刑事责任的人被羁押的。主要是指不满刑事责任年龄的人和精神病人因犯罪活动被羁押的，国家不承担赔偿责任。对于没有犯罪事实的或没有证据证明其有犯罪事实的无刑事责任能力人，以及无刑事责任能力被确认后，因释放延迟而羁押的期间，国家仍应当承担赔偿责任。

3. 依照刑事诉讼法第 15 条、第 142 条第 2 款规定不追究刑事责任的人被羁押的。主要是指作法定不起诉、相对不起诉处理的案件，当事人被羁押的，国家不承担赔偿责任。对于犯罪嫌疑人没有违法犯罪行为的，或者犯罪事实并非犯罪嫌疑人所为的案件，人民检察院根据刑事诉讼法第 142 条第 1 款的规定作法定不起诉处理的，应当在刑事赔偿决定书或者复议决定书中直接说明该案不属于国家免责情形，依法作出予以赔偿的决定。

4. 行使侦查、检察、审判职权的机关以及看守所、监狱管理机关的工作人员与行使职权无关的个人行为。这种情形应由侵权人根据侵害的程度、性质等承担民事或刑事责任，国家不承担赔偿责任。

5. 因公民自伤、自残等故意行为致使损害发生的。如果司法机关工作人

员存在故意或过失，致使损害扩大的，以及公民自伤、自残是因为司法机关工作人员违法行使职权，如刑讯逼供或殴打、威胁、折磨等致使公民不堪忍受肉体或精神上的痛苦而自伤、自残甚至自杀的，国家应当承担赔偿责任。

6. 法律规定的其他情形。主要是指除国家赔偿法以外的其他法律规定的国家不承担赔偿责任的情形。

（二）办理刑事赔偿案件如何进行协商

协商是指争议的有关各方就某一事项共同交换看法或者想法，从而达成一致意见的活动。协商先行是我国立法和司法中一贯坚持的原则。一些国家在国家赔偿程序中，也有协议或者协商的规定。我国国家赔偿法第 23 条规定了协商程序。协商为赔偿请求人提供了充分表达意愿的空间和机会，体现了互相理解和尊重，依法开展协商对于调和赔偿义务机关和赔偿请求人之间的冲突，及时有效解决国家赔偿纠纷具有重要作用。

赔偿义务机关与赔偿请求人协商时，要重点把握以下几点：

1. 协商从属于赔偿程序。只有符合赔偿立案条件、进入赔偿程序的，才存在国家赔偿法规定的协商问题。如果不属于国家赔偿法规定的侵权损害事实，不应当赔偿的，就不存在这种协商。

2. 协商是选择性规定。对于一些案件事实清楚，赔偿项目、标准、数额比较确定，与赔偿请求人意见分歧不大的案件，可以在听取赔偿请求人意见后直接作出赔偿决定。对于存在精神损害抚慰金赔偿的案件，以及涉及财产损害赔偿的案件，应当与赔偿请求人协商，尽量使赔偿结果的确定建立在双方合意的基础上。

3. 协商时要注意角色的转变。进入赔偿程序后，赔偿义务机关已从原来的追诉机关转变为权利救济机关，赔偿请求人也从原来的犯罪嫌疑人、被告人转变成权利受损的被害人。协商要基于这种认识展开，体现平等、尊重和恰当的人文关怀，要注意实事求是地承认原案办理过程中存在的问题，并对原案过程中的证据情况、事实认定、法律适用作出说明和解释，有错认错，真诚道歉。

4. 协商要坚持自愿、合法原则。对于赔偿请求人拒绝协商的，赔偿义务机关可以在听取意见后直接作出赔偿决定，不能以协商为名，案件久拖不决，或者强迫赔偿请求人放弃赔偿申请，把协商当胁迫。协商程序和结果也要合法，不能突破国家赔偿法关于赔偿范围、赔偿项目、赔偿数额方面的规定，把协商当私了。

5. 协商后不论是否达成协议，均应当制作赔偿决定书。按照国家赔偿法规定，刑事赔偿中的请求人申请支付赔偿金的依据，只有赔偿决定书、赔偿复议决定书，不包括协议书。协议书本身并不属于法定的赔偿文书，不能作为申请支付赔偿金的凭据。

（三）精神损害抚慰金赔偿的原则与标准

根据国家赔偿法规定，侵犯人身权造成严重后果的，应当支付相应的精神损害抚慰金。具体适用该赔偿项目时，应当把握以下三个原则：一是要积极稳妥给予赔偿，不能因为标准不好把握就对赔偿请求人提出的精神损害赔偿申请一律驳回，也不能脱离法律规定滥赔；二是精神损害抚慰金只适用于人身自由权、生命健康权受到侵犯的情形，如果仅仅是违法查封、扣押、冻结、追缴财产，不单独赔偿精神损害抚慰金；三是必须对精神造成了严重损害后果，如受害人重伤、残疾、死亡以及出现严重精神障碍、精神疾病等情形的，就可以认定为“严重后果”。对于一般被羁押的，按照上年度职工日平均工资标准予以赔偿即可，不必单独赔偿精神损害抚慰金。

在确定具体赔偿数额时，要考虑我国刑事诉讼和刑事赔偿工作实际情况，参照民事法律的有关规定，综合赔偿义务机关过错程度、受害人个人情况、当地居民平均生活水平等，合理确定。一般情况下，精神损害抚慰金不宜高于其他赔偿项目，但在一些特殊情况下，精神损害抚慰金数额应当高于、甚至远远高于其他赔偿项目。如完全无辜的人被错误羁押一两天，他的羁押赔偿金只有一两百元，但对其名誉权、荣誉权、精神健康等方面遭受严重损害的赔偿，可能就要达到几千元以上。此外，还要同步做好恢复名誉、赔礼道歉、消除影响等非物质性赔偿工作，充分发挥协商的作用，为精神损害抚慰金的合理确定打好基础。

四、刑事被害人救助工作中常见问题及应对措施

（一）如何把握检察机关救助案件范围

根据规定，检察机关对不起诉案件中符合救助条件的刑事被害人或其近亲属，提出救助意见。符合救助条件是指：刑事被害人因严重暴力犯罪侵害重伤，无法通过诉讼及时获得赔偿，生活困难；与刑事被害人共同生活或者依靠其收入作为重要生活来源的近亲属，因刑事被害人遭受严重暴力犯罪侵害死亡，无法通过诉讼及时获得赔偿，生活困难。严重暴力犯罪是指故意杀人、故意伤害、抢劫等故意犯罪行为；生活困难是指收入水平低于当地基本生活保障线，或者因为年老、年幼没有劳动能力、收入来源等。对救助范围作这样的限定，主要原因是：遭受严重暴力犯罪侵害造成重伤、残疾、死亡的刑事被害人或其近亲属，经济损失较一般刑事案件大，面临的困难更突出，客观上急需救助，而此类案件的加害人往往又是赔偿能力较弱的群体。特别是这类案件双方

当事人的矛盾激烈，被害人或其近亲属得不到赔偿时，往往要求司法机关加重对加害人的处罚。一旦无法满足其要求，矛盾容易激化。因此，对这部分被害人或其近亲属进行救助显得最为迫切。

由于过失犯罪（如过失重伤罪、交通肇事犯罪、重大责任事故类犯罪）或不负刑事责任的人（如精神病人、未满刑事责任年龄的人）实施的刑事不法行为，同样可能造成刑事被害人重伤或者死亡的严重后果，如果生活困难又无法通过诉讼获得赔偿的，对于这种情况的被害人或其近亲属，也应当给予救助。

（二）如何确定救助标准及主要应当考虑的因素

救助标准是根据被害方损害程度、损害范围确定救助数额的方法和准则，对于实现对被害人或其近亲属的救助具有重要作用。目前对于被害人或其近亲属的救助标准只能是一种抚慰性救助标准。为了照顾各地经济发展状况和居民生活实际支出差异较大的现状，增强指导性和适应性，救助标准规定了一定的幅度范围：以提出意见时案件管辖地上一年度职工月平均工资为基准，一般在36个月的总额之内，即不超过本地职工3年的平均工资总额。职工月平均工资以案件管辖地同级统计部门公布的职工月平均工资为准。

检察机关实际确定救助金发放数额时，应当综合考虑以下因素：刑事被害人遭受犯罪侵害所造成的实际损害后果，犯罪嫌疑人、被告人及其他赔偿义务人实际民事赔偿情况，刑事被害人对案件发生有无过错以及过错大小，刑事被害人家庭生活状况，维持当地基本生活水平所必需的最低支出等情况。关于维持当地基本生活水平所必需的最低支出，可以参照救助机构所在地城镇居民人均消费性支出和农村居民人均年生活消费支出。现在大体可以把握这样一个标准：被害人死亡的，救助金额一般不低于3万元；被害人重伤残疾的，救助金额一般不低于1万元。

（三）刑事被害人救助工作如何与其他救助方式衔接

刑事被害人救助是一次性现金救助，难以解决刑事被害人的长期生活困难问题，因此，对于救助后仍面临困难的刑事被害人或其近亲属，需要结合其他社会救助制度，使刑事被害人或其近亲属的基本生活得到保障。

一是与社会救助制度的衔接。符合社会救助条件的，检察机关可以报请当地党委、政府将其纳入其他政府救助、社会救助、民间互助范围。司法实践中，主要通过民政救济途径，如符合城乡低保、农村五保条件的刑事被害人，协调民政部门及时将其纳入低保范围。

二是与社会保险制度的衔接。对于参加社会养老、工伤、医疗保险的刑事被害人，协调刑事被害人参保地的社会保险经办机构及时向被害人支付社会保险。

需要注意的是，刑事被害人救助和涉法涉诉救助的关系。从目前实践情况看，两种救助在很多地方尚未作区分，这种情况下原则上就给予一次救助。对于两种救助已作区分并同时存在的地方，对接受过刑事被害人救助的，原则上不再给予涉法涉诉救助；对接受过涉法涉诉救助的，也不再给予刑事被害人救助，以避免多次受益后引发新的矛盾。

第四编　职务犯罪侦查工作

【工作流程图】

职务犯罪侦查工作流程图

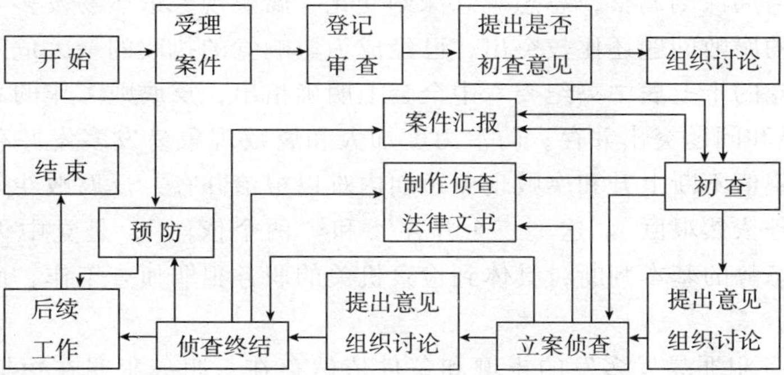

第一章　职务犯罪侦查工作概述

一、职务犯罪侦查工作面临的形势和任务

职务犯罪侦查工作是检察机关的重要职责，也是我国反腐败斗争的重要组成部分，对于深入推进党风廉政建设和反腐败斗争，保障经济又好又快发展，维护社会和谐稳定等具有重要作用。按照我国宪法、人民检察院组织法及刑事诉讼法等有关规定，检察机关承担立案侦查贪污贿赂犯罪，国家机关工作人员的渎职犯罪，国家机关工作人员利用职权实施的非法拘禁、刑讯逼供、报复陷

害、非法搜查的侵犯公民人身权利的犯罪以及侵犯公民民主权利的犯罪案件。这类犯罪共计 57 种，其中包括贪污贿赂犯罪 13 种；渎职犯罪 37 种（《刑法修正案八》增设“食品监管渎职罪”）；侵犯公民人身权利和民主权利犯罪 7 种。同时，按照刑事诉讼法第 18 条第 2 款规定，国家机关工作人员利用职权实施的其他重大犯罪案件，需要由人民检察院直接受理的时候，经省级以上人民检察院决定，可以由人民检察院立案侦查。

要做好新形势下的职务犯罪侦查工作，确保取得实效，首先要正确把握影响工作长远发展的形势和任务。

（一）当前和今后一个时期职务犯罪侦查工作面临的形势

改革开放 30 多年来特别是 2008 年以来，在党中央的坚强领导下，全国检察机关认真贯彻落实中央和高检院的重大决策部署，积极发挥检察职能，依法查办职务犯罪取得了明显成效，积累了许多重要经验，为深入推进党风廉政建设和反腐败斗争作出了重要贡献。但随着经济体制深刻变革，社会结构深刻变动，利益格局深刻调整，思想观念深刻变化，腐败现象依然易发多发，一些地方和领域的腐败问题还比较突出，已经成为影响党的执政的最大危险。胡锦涛总书记在党的十七届中央纪委六中全会上明确指出，反腐败工作的总体情况是“成效明显和问题突出并存；防治力度加大和腐败现象易发多发并存；群众对反腐败期望值不断上升和腐败现象短期内难以根治并存，反腐败斗争形势依然严峻、任务依然艰巨”。这“三个并存”和“两个依然”，是党中央对反腐败斗争总体态势的基本判断，具体到检察机关的职务犯罪侦查工作，面临的形势仍然严峻。

1. 职务犯罪易发多发的土壤和条件依然存在，职务犯罪在短期内难以根治。在社会转型期，市场经济追逐利润的天然属性和各种腐朽思想必定渗透到经济社会发展的重要领域、重大项目以及资金密集领域、行业，并将大肆腐蚀领导机关、领导干部和公共权力的关键岗位，对党和国家的事业将造成更大的危害。犯罪分子为了规避法律、逃避制裁，犯罪类型和手段将不断翻新、变换，新情况、新问题层出不穷。特别是贪污贿赂等职务犯罪日趋隐蔽化、智能化、群体化及跨区域化，侦查难度进一步加大。同时，伴随着经济全球化速度加快，贪污贿赂等职务犯罪呈现出国内犯罪国际化、国际犯罪国内化的新趋势，跨国实施职务犯罪、犯罪嫌疑人潜逃境外、向境外转移赃款等问题越来越突出。

2. 职务犯罪认定处理更加复杂，办案要求不断提高。随着我国经济成分多元化、利益主体和分配形式多样化，使得从法律上对职务犯罪的认定处理将更趋复杂。特别是随着我国社会主义民主与法制建设的发展，社会各界和广大人民群众要求迅速根治腐败的心情十分迫切，对职务犯罪侦查透明化、民主化的要求进一步提高，以及现代法治理念所强调的公开透明、法制统一、司法公正等原则，对牢固树立理性、平和、文明、规范执法理念，坚持严格、公正、规范、文明执法等都提出了新的更高要求。

3. 检察机关自身工作和队伍能力尚不能适应职务犯罪侦查新形势要求，自身建设的任务仍然繁重。从总体上讲，当前社会各界和广大人民群众对检察机关职务犯罪侦查工作的监督制约越来越严，特别是中国特色社会主义法律体系已经形成，对职务犯罪侦查工作的要求更加提高，但是有的地方执法观念还不适应经济社会发展进步的新要求，服务经济社会科学发展、服务人民群众的认识和能力有待进一步提高；有的地方侦查能力和水平还不能适应职务犯罪日益隐蔽化、智能化、群体化和跨区域化发展变化的需要，侦查工作的职能作用发挥得还不够充分、正确和有效；有的地方在处理办案力度、质量、效率、效果的辩证关系上还不够协调，办案工作整体效果还不够理想；有的地方执法办案还不够规范，重大办案安全事故没有从根本上得到遏制和防止；一些制约反贪工作科学发展的体制性、机制性、保障性障碍还未从根本上消除，队伍整体素质也有待进一步提高，执法办案能力和工作作风还不能完全适应执法办案的新形势新要求，违法违规办案甚至贪赃枉法等严重问题尚未得到有效遏制，严重损害了检察机关的形象和职务犯罪侦查与预防工作的公信力。归结起来，由于检察机关办案力度、执法理念、队伍素质、工作机制、执法保障、法律制度等方面存在的不适应问题，特别是队伍的整体执法办案能力与社会经济发展不够适应这一主要矛盾，还难以在短时期内得到完全解决，侦查职务犯罪的任务依然艰巨而繁重，迫切需要从政治和全局的高度对腐败严重性、危害性以及开展反腐败斗争的长期性、紧迫性有更加清醒的认识，坚定不移地把侦查职务犯罪和反腐败斗争推向深入。

（二）当前和今后一个时期职务犯罪侦查工作的任务

形势决定任务。当前和今后一个时期的总体任务是：坚持以科学发展观为指导，认真贯彻党中央惩治和预防腐败的方针政策，紧紧围绕科学发展这个主题和加快转变经济发展方式这条主线，坚持以执法办案为中心，全面加强职务犯罪侦查工作，着力加大办案力度，着力提高执法能力和公信力，着力改革机制制度，创新办案模式，转变执法方法，强化执法保障，加强队伍建设，以更加有力的措施依法坚决惩治职务犯罪，为经济社会发展创造廉洁高效的政务环境、公平正义的法治环境、和谐稳定的社会环境。落实到具体实践中，就是要突出重点，紧紧围绕以下几个主要方面推动工作深入开展。

1. 职务犯罪侦查工作要为科学发展主题和加快转变经济发展方式主线服务。以科学发展为主题，是时代的要求，是坚持发展是硬道理的本质体现，也是今后一个时期全党、全国各族人民都要为之奋斗的重要任务。加快转变经济发展方式，关系改革开放和社会主义现代化建设的全局，是今后一个时期我国经济社会发展的一条主线，体现了科学发展观的内在要求，反映了对发展中国特色社会主义的规律性认识。职务犯罪作为最严重的腐败现象，是影响我国发展最大的威胁因素之一。检察机关作为反腐败斗争的一支重要力量，一项重要职责就是坚决依法打击职务犯罪活动，有效预防职务犯罪滋生蔓延，努力为经济科学发展提供法治保障。

2. 职务犯罪侦查工作要为党的执政地位巩固和执政使命实现发挥积极职能作用。政治实践表明，执政是同时涉及社会、政党和国家一个系统而复杂的过程，对执政党提出新的更高的要求。在现代社会，只有在全面遵循宪法和法律、充分尊重人民意志的前提下使用公共权力、实行依法执政，才能维护并巩固执政地位。腐败是对法制秩序最大的破坏，是执政的大敌，直接危及党和国家政权安全，破坏党群关系，影响党的形象。胡锦涛总书记在党的十七届四中全会上深刻指出，“在和平建设时期，如果说有什么东西能够对党造成致命伤害的话，腐败就是很突出的一个”；温家宝总理在2011年全国“两会”期间接受记者采访时说“当前，腐败是最大的危险”。检察机关作为反腐败的重要职能部门，加强职务犯罪侦查工作，加大查办职务犯罪案件力度，为巩固党的执政地位、维护党和国家政权安全发挥职能作用，是当前和今后一个时期的一项重大政治任务。

3. 职务犯罪侦查工作要为加强和创新社会管理、维护社会和谐稳定作出应有的贡献。加强和创新社会管理，是社会管理领域的一场革命。社会建设与经济建设、政治建设、文化建设及生态文明建设构成我国经济社会建设的有机体系，当前和今后一个时期加强社会建设、创新社会管理意义重大。社会管理与检察工作密切相关，既是检察机关履行职责的重要内容、发挥职能作用的重要领域，也是检察机关承担的重要社会责任。特别是职务犯罪与社会矛盾相伴而生，成为毒化社会风气、诱发社会矛盾、影响和谐稳定的重要因素。这要求职务犯罪侦查工作必须与社会矛盾化解、社会管理创新、公正廉洁执法的三项重点工作紧密结合，充分发挥在打击职务犯罪、维护社会稳定、促进社会管理创新中的基础作用；坚持把化解矛盾贯穿侦查与预防工作的始终，不断完善贯彻宽严相济刑事政策长效机制，最大限度增加和谐因素；不断拓宽检察机关职务犯罪侦查工作参与社会管理创新的领域，在依法查办职务犯罪案件的同时，配合有关部门加强社会管理；坚持以人为本、执法为民，加强和改进群众工作，拓展检察机关侦查工作联系和服务群众的平台，健全群众诉求表达机制，畅通群众控告申诉渠道；把职务犯罪侦查工作更好地融入党委领导、政府负责、社会协调、公众参与的社会管理格局，加强与政府部门和社会各方面力量的协调配合。

4. 职务犯罪侦查工作要进一步转变执法观念和工作方式，努力适应新形势新要求。实践表明，当前传统的侦查观念、侦查机制、侦查方式方法和侦查手段，已经远不能适应做好新形势下职务犯罪侦查工作的实际需要。这就决定了当前的一项重要任务，就是积极探索侦查与预防机制改革创新，在加强现有改革及其成效总结的基础上，进一步认真研究健全侦查机制的途径和方式方法，整合反贪、反渎资源，加大侦查力度，规范侦查活动及其管理制度，增强侦查活动科技智能含量，提高发现犯罪、侦破犯罪的能力；进一步强化对检察机关侦查工作内外部监督制约，保证侦查工作质量，提高工作效率，增强工作效果；进一步强化侦查高素质队伍建设，不断提高队伍侦查技战术水平，提升精确打击职务犯罪的能力，有力推动侦查工作法治化建设，适应新形势下开展侦查工作的新要求。

二、职务犯罪侦查工作的思路、基本要求和主要原则

（一）职务犯罪侦查工作的思路

总体上看，现阶段检察机关职务犯罪侦查工作，仍然需要大力加强、规范、创新、开拓提高和健全完善，有些问题的解决还需要一个相当长的过程，并随着国家经济社会的发展而逐步解决。从这个意义讲，做好当前和今后职务犯罪侦查工作的基本思路是：适应当前和今后一个时期经济社会科学发展的需要，使侦查工作随着经济社会的发展而发展，用自身工作科学发展有力促进和保障经济社会科学发展。具体要按照以下思路推动工作：一是要积极实行改革。这是解决当前问题的必由之路，就是改变一切不符合不适应经济社会发展、不符合不适应加强和改进工作传统的、陈旧的、落后的思想观念，破除阻碍、制约、束缚工作发展的体制性、机制性、保障性障碍。二是要积极开展创新。这是推动工作发展的不竭动力，就是创新工作思路、创新办案模式、创新体制机制、创新执法方式和办案措施。三是要加强规范执法。这是确保依法履行职责的内在要求，就是增强法治意识，严格办案程序，强化管理制度，规范执法行为。四是要大力发展。这是服务当前和今后一个时期经济社会发展的根本方向，就是使职务犯罪侦查工作随着经济社会的发展而发展，用自身科学发展有力促进和保障经济社会科学发展。

（二）职务犯罪侦查工作的基本要求

当前和今后一个时期特别是“十二五”期间，做好职务犯罪侦查工作，要把握以下几点基本要求：一是侦查工作力度进一步加大，遏制和减少职务犯

罪的职能作用得到充分发挥；二是进一步深化侦查工作改革，转变工作方式，推动具有中国检察特色职务犯罪侦查工作体系更加完善；三是加快侦查信息化、管理科学化、装备现代化建设进程，科技强侦工作取得突破性进展；四是坚持以思想政治建设、专业素能建设和公信力建设为重点，大力推进高素质队伍建设，队伍战斗力和公信力显著提高。

（三）职务犯罪侦查工作的主要原则

职务犯罪侦查工作的原则，是指依照国家法律用以指导检察机关行使侦查权、实施侦查活动所必须遵循的基本准则。从我国法律和侦查工作的实际出发，检察机关开展职务犯罪侦查工作，除了坚持刑事诉讼法规定的原则，还应遵循以下几条基本原则：

1. 坚持突出重点。始终把查办严重影响改革发展稳定和危害民生的职务犯罪作为工作重点，严肃查办发生在领导机关和领导干部中的职务犯罪案件，权力集中部门和岗位、资金密集领域和行业中的职务犯罪案件；重点查办发生在宏观调控、结构调整、新农村建设和城镇化建设、资源节约和环境保护、自主创新、知识产权、交通、水利等工程建设中危害中央重大决策实施的职务犯罪案件；着力查办发生在教育、医疗、就业、社保、住房、拆迁、食品安全和侵犯人权等危害民生民利的案件；集中查办重大责任事故、执法司法不公和群体性事件涉及的职务犯罪和充当黑恶势力“保护伞”的职务犯罪案件；突出查办大案要案和窝案串案。针对一个时期职务犯罪的突出问题，组织实行专项侦查，适时调整办案重点，增强惩治力、遏制力和威慑力。

2. 坚持以办案为中心。坚决贯彻执行中央惩治和预防腐败一系列方针政策，始终保持查办案件的高压态势，对职务犯罪依法打击。当前，职务犯罪等腐败现象依然严峻，如果没有强劲的办案势头，就很难有效遏制腐败滋生蔓延态势。因此，必须全力以赴加大办案力度，形成查处、惩治腐败高压态势，不断提高对职务犯罪的查处率、震慑力和遏制力，不让任何腐败分子逃脱党纪国法惩处。要提高发现犯罪的能力，充分利用各种手段特别是侦查信息化建设平台，拓宽案源渠道。要坚持有案必办，不论涉及什么人、职务地位有多高，都要一视同仁，坚决查处，决不姑息。要加大办案力度，着力缩减犯罪发生率与查处率之间的差距，使职务犯罪分子有所畏惧，充分发挥震慑和遏制的功能。

3. 坚决、慎重，务必搞准。职务犯罪分子大多拥有一定的政治地位、权势及其社会关系网，依法查处和揭露其职务犯罪活动既是一场严重的政治斗争，也是一项法律政策要求很高的刑事司法活动，客观上要求检察机关做到既要坚决，又要慎重，务必搞准。这里的坚决，就是敢于同职务犯罪作斗争，决不放纵任何犯罪；慎重，就是讲究策略方法，严格、公正、文明、规范办案；

务必搞准，就是牢固树立办案质量是侦查生命线的思想，十分注重办案质量，证据要确凿、定性要准确、措施要适度，使所办案件经得起事实的检验、法律的检验和历史的检验。总之，坚决是前提，慎重是保证，务必搞准是关键，三者是一个有机统一的整体，应当在职务犯罪侦查工作中统筹科学运用。

4. 客观全面收集证据。这是长期司法实践正反两方面经验教训的科学总结，是我们党的实事求是思想路线在检察机关侦查工作中的具体体现，也是坚持“以事实为根据，以法律为准绳”的宪法原则和“认定案件事实以证据为根据”刑事诉讼原则的必然要求。这里的客观，就是一切从案件的实际出发，尊重客观事实，实事求是，按照案件本来面目开展侦查活动，客观收集各种证据。在处理案件时必须以查证的案件事实为根据，忠于事实真相，切忌先入为主，凭主观愿望和主观臆断取舍证据。这里的全面，就是在侦查中要全面反映案情，不能仅凭某一情节或部分案件材料下结论、作处理，客观全面反映案件本来面目，防止冤假错案发生。具体要做到：一是在侦查活动中凡是对定案有意义的证据材料，都必须收集调取；二是要全面收集调取有罪、无罪、罪重和罪轻的证据；三是在处理案件时要认真审查核实收集调取的每一个证据，科学分析各证据间的有机联系，去粗取精，去伪存真，切实防止浅尝辄止。

5. 全面贯彻宽严相济刑事政策，实现办案数量、质量、效率和效果有机统一。根据社会经济成分、组织结构、就业方式、利益关系和分配形式日益多样化等实际，认真贯彻执行“打击极少数、教育挽救大多数”的方针，坚持该严则严、当宽则宽、宽严有度，灵活运用抓住重点、分化瓦解、区别对待等策略和方法，正确区分罪与非罪、罪与错的界限，正确处理法律与政策的关系，正确处理办案数量、质量、效率、效果的辩证关系，不断改进办案方式，慎用逮捕、扣押等强制性措施，依法妥善处理涉及企业特别是中小企业的案件，加强与发案单位的沟通协作，既要维护发案单位正常的工作和生产经营秩序，又要依法查处和惩治职务犯罪，做到打击犯罪者、保护无辜者、支持改革者、教育失误者和挽救失足者，更好地尊重和保障人权，营造干事创业的良好氛围。

6. 专门工作与群众路线相结合。这是我们党的群众路线在侦查中的体现，是提高检察机关群众工作能力的实际需要，也是侦查工作的一条重要原则。首先，要充分认识群众路线是检察机关侦查工作的力量源泉和根本保证。只有走群众路线，充分发动和依靠群众，广泛听取群众意见，才能及时收集各种证据，揭露和惩罚职务犯罪分子。其次，要依靠人民群众的支持和协助，将侦查活动置于人民群众监督之下，不断提高侦查水平，避免和减少工作中的失误，最大限度地发挥侦查职能作用。再次，要严格区别走群众路线与搞形式主义、搞群众运动或者对群众强迫命令的性质，有效整合各种有利于反腐败斗争的社会资源，充分调动人民群众的积极性，发挥同职务犯罪作斗争的作用。最后，要强化专门工作。强调走群众路线，不等于忽视、削弱专门工作。职务犯罪侦查是人民群众同职务犯罪作斗争的强有力的法律武器，要通过司法程序，不断提高发现犯罪和侦查破案的能力，及时有效收集调取证据，揭露和惩罚职务犯罪分子。

7. 坚持自觉接受监督、强化自身监督，严格、公正、规范、文明执法。任何权力一旦失去监督，就会产生腐败。当前，加强对职务犯罪侦查职权行使的监督制约是必需的，并且十分重要。要坚持把自觉接受监督、强化自身监督放在与强化侦查职能同等重要的位置，牢固树立理性、平和、文明、规范的执法理念，高度重视外部监督，实行人民监督员制度，自觉接受权力机关的监督、社会各界和人民群众包括媒体舆论的监督，夯实侦查权正确行使、确保执法公信力的基础；要不断强化内部制约，积极推行立案报备、撤案报批、审查决定逮捕上提一级、讯问全程同步录音录像、办案安全防范等各项内部制约监督制度，严密侦查权运行的程序和制度，促进严格、公正、规范、文明行使侦查权；要科学审视现有外部监督与内部制约的制度、机制和措施，加强有效的整合和衔接，注重提高制度执行力和执法公信力。

8. 坚持党的领导和依法独立行使侦查权。我国宪法第 131 条规定："人民检察院依照法律规定独立行使检察权，不受任何机关、社会团体和个人的干涉。"这是检察工作的一项重要原则，也是一项重要侦查原则。要坚持在党的绝对领导下，认真按照反腐败领导体制和工作机制，对重大案件、重大问题和重要情况要及时向党委请示报告，切实把握正确的政治方向，及时排除干扰和阻力，积极发挥职能作用。要依法独立行使侦查权，严格依照宪法和法律，坚持实体法与程序法并重，全面收集有罪、罪重和无罪、罪轻、减轻证据，做到打击犯罪与保障人权有机结合。要正确处理与党的纪律检查部门的协作配合关系，既要加强与积极配合，服从组织协调，明确规范案件移送、证据转换的途径方法，也要各负其责、各司其职，防止职能混淆甚至相互替代，增强反腐败合力。要加强党对司法工作的领导，最重要的一条就是切实保证法律的实施，加强政治思想和方针政策的领导，充分发挥司法机关的作用，保证检察机关独立行使检察权，使之不受行政机关、团体和个人的干涉。

此外，还要坚持把素质能力、公信力建设作为队伍建设的根本任务，努力建设一支高素质的专业化队伍，坚持改革创新，丰富和完善中国特色检察机关职务犯罪侦查体系，推动侦查工作健康深入发展。

三、职务犯罪侦查队伍的素质能力建设

政治路线确定后，干部是决定因素。职务犯罪侦查工作的特殊性，决定了加强侦查与预防队伍建设的重要性，一刻也不能放松。当前和今后一个时期，要以深入开展“发扬传统、坚定信念、执法为民”主题教育实践活动和“职责与使命”专题教育活动为抓手，着力加强队伍的思想政治建设、能力建设、纪律作风建设和自身反腐倡廉建设，切实把以人为本、执法为民的要求贯彻落实到各项工作之中，确保以更高的标准、更严的要求忠实履行侦查职责。

（一）加强侦查队伍思想政治建设

这是必须坚持的一条重要政治原则，任何时候都不能放松思想政治建设这根弦。重点是要坚定侦查队伍共产主义远大理想和中国特色社会主义理想信念，确立以忠诚、公正、清廉、文明为核心的职业道德，不断提高侦查队伍政治素质和职业道德素养，确保每一位干警始终做到党在心中、法在心中、人民在心中、正义在心中，始终坚持“三个至上”和“三个效果有机统一”，永葆侦查队伍的政治本色。

（二）加强侦查部门领导班子建设和管理

始终坚持对司法领导班子严格要求、严格管理、严格监督、严格纪律，采用以加强党的建设和领导班子建设带动队伍建设的思路与方法，建立侦查部门领导干部廉政档案和干警执法档案制度，健全上级院负责人约谈、领导干部述职述廉等制度。加强和改进巡视工作，强化对侦查部门领导班子特别是“一把手”的监督；开展侦查队伍特别是领导干部违法违纪行为的自查和督查，加强督察工作和明察暗访，发现一起，查处一起；充分发挥领导干部示范作用，切实做勤于学习、善于思考的表率，以人为本、执法为民的表率，求真务实、真抓实干的表率，解放思想、改革创新的表率，严于律己、廉政勤政的表率和抓好班子、带好队伍的表率，增强领导和驾驭科学发展的能力。

（三）加强侦查队伍专业化建设

一是要牢固树立侦查队伍的现代先进执法理念。要坚持有案必办，违法必究，提倡零容忍的政治宣告，绝不允许国家工作人员特别是各级领导干部利用人民赋予的权力搞腐败；要坚持围绕中心，服务大局，与党和国家工作大局结合起来，发挥应有的作用；要坚持严格执法、依法办案，不断提高侦查工作的执法公信力；要坚持执法为民、以人为本，围绕维护人民群众的根本利益推动工作，正确处理专门工作与群众路线相结合的关系，不断提高群众工作能力，更好践行执法为民；要坚持党的领导和正确方向，保证侦查工作正确的前进方向。二是要强化侦查意识，主要是察微析疑意识、办案时机意识、侦查手段灵

活运用意识、侦查谋略意识、证据意识及保密意识等，不断提升侦查与预防工作科学化水平。三是要优化知识结构，既要懂法律、懂侦查，还要懂社会管理、金融财税、科学技术；既要有指挥、侦查等方面的人才，也要有预审、查账等方面的人才。四是要加强侦查能力建设，重点是提升发现案件线索的能力；获取、固定、鉴别使用证据的能力；科学使用侦查策略、强制措施、侦查手段的能力；侦查决策、指挥、协调的能力；分析和掌握犯罪特点规律的能力；准确应用法律和政策的能力；依法办案和服务大局的能力；秉公执法、公正办案的能力。五是要加强业务培训，制定《侦查与预防执法规范化指导意见》和《基层侦查与预防技能纲要》，通过组织学习、强化业务培训、组织岗位练兵和实战演练、实行传带帮、总结推广经验等途径，切实增强侦查队伍的各项业务能力和综合素质。

（四）加强队伍纪律作风和自身反腐倡廉建设

侦查队伍风纪建设事关反腐败工作兴衰成败，侦查队伍如果违法违纪甚至搞腐败，其危害的后果将更为严重。当前，侦查队伍总体是好的，积极主动办案，公正廉洁执法，为反腐倡廉建设作出了应有贡献，但也存在特权思想、霸道作风等一些不容忽视的问题，如有的执法办案行为不规范不文明、不讲究方式方法甚至粗暴执法；有的不能正确对待手中的权力，私自接受当事人、请托人或其亲友的宴请；有的滥用权力、越权办事，插手经济纠纷甚至执法犯法、贪赃枉法等。这些问题的存在，严重影响了检察机关的形象和执法公信力。对此，要坚持管事与管人相结合，实行严格要求、严格管理、严格监督、严格纪律，突出抓好线索受理、初查、立案、侦查、终结处理等重点岗位、环节、人群的管理和监督。一是要认真执行廉政准则、领导干部报告个人有关事项等制度和廉洁从检规定、职务犯罪侦查队伍执法公信力建设“三十条”，坚持运用查办、教育、预防、监督、保护的方法，加强对反贪工作重点岗位和关键环节的监督，着力解决和防止以权谋私、以案谋私、违规违法办案等突出问题。二是要认真落实党风廉政责任制，明确职责分工，突出抓好责任分解、检查考核和责任追究。三是要坚决执行中央政法委的“四个一律”要求，以零容忍的态度严肃查处反贪队伍中的违法违纪问题，坚决遏制反贪干警特别是反贪局领导班子成员消极腐败行为，对害群之马要坚决清除出反贪队伍，不断提高公正廉洁执法的水平，确保队伍“打得赢、不变质”。

（五）加强侦查工作的基层建设

要把加强侦查工作基层基础建设作为一项长期的战略任务，放在更加突出的位置，坚持面向基层、服务基层、建设基层，把人力、财力、物力、智力更多向基层倾斜，为侦查工作全局科学发展夯实基础；要加强侦查工作基层制度建设，进一步完善基层侦查工作机制；要加强基层业务素能培训，切实提高基层侦查队伍的业务素质和司法能力；要按照“明确责任、分类负担、收支脱钩、全额保障”的原则，尽快抓好基层侦查工作经费保障标准的制定落实，着力解决基层侦查工作经费保障问题；要加强上级机关的领导、指导和监督，切实解决基层工作中存在的突出问题，改善基层侦查执法环境，调动基层工作积极性，推动侦查工作基层基础建设上新台阶。

第二章 职务犯罪侦查工作重点环节与要求

一、受案

受案，即受理案件，是立案前阶段的一项重要活动，是按照刑事诉讼法有关规定，结合职务犯罪侦查活动的规律、特点和要求，在立案环节增设的程序，对于拓展案件线索渠道、科学合理使用案件线索，以及防止有案不立、压案不查问题的发生等具有重要意义。

（一）受案的概念及法律依据

受案，是指检察机关接受公民或单位的报案、控告、举报和犯罪嫌疑人自首，依法审查后决定直接立案侦查或移送主管机关处理的诉讼活动。根据刑事诉讼法第 84 条第 3 款、第 4 款规定，人民检察院对于报案、控告、举报和犯罪人自首，都应当接受。对于不属于自己管辖的，应当移送主管机关处理，并且通知报案人、控告人、举报人及犯罪人；对于不属于自己管辖又必须采取紧急措施的，应先采取紧急措施，再移送主管机关。《人民检察院刑事诉讼规则》第六章第一节规定了受案程序。职务犯罪侦查中应当严格执行刑事诉讼法和《人民检察院刑事诉讼规则》规定，做好受案工作。

（二）受案的内容及特点

1. 受案的目的

受案的目的就是规范案件线索受理及其审查活动，有利于提高案件线索的利用水平，防止有案不立、压案不查等问题，也有利于保障报案人、控告人和举报人的合法权益。

2. 受案的主体

受案的主体就是检察机关，具体由其内设的举报中心负责。由举报中心负责受理案件线索，是加强对直接受理侦查案件内部制约的需要，有利于依法审查和公正处理案件线索。

3. 受案的对象和内容

受案的对象是案件线索，主要来源于报案、控告、举报和犯罪人自首，具体内容包括检察机关管辖范围的案件线索和不由检察机关管辖的案件线索。

4. 受案的方式

根据《人民检察院刑事诉讼规则》第120条规定，受案的方式有接受和受理。其中，接受针对所有向检察机关包括不属检察机关管辖的报案、控告、举报和犯罪人自首；受理仅针对属于检察机关管辖的报案、控告、举报和犯罪人自首。

5. 受案的要求

受案是刑事诉讼法赋予检察机关的职责，也是检察机关的法定义务。根据刑事诉讼法有关规定，首先，要无条件接受来自各种渠道和途径的案件线索。无论是属于检察机关管辖还是不属于检察机关管辖的案件线索，只要向检察机关报案、控告、举报和犯罪人自首的，检察机关都应当接受。其次，要对案件线索及时进行审查和处理。经过审查，属于检察机关管辖的，要及时移送反贪或反渎等侦查部门；对不属于检察机关管辖的，要移送主管机关处理，并且通知报案人、控告人、举报人及犯罪人；对不属于检察机关管辖但又必须采取紧急措施的，要先采取紧急措施，然后移送主管机关。

（三）管辖制度及审查处理

在受案阶段，管辖审查十分重要，特别是在“两个证据规定”施行后，直接涉及侦查主体及其所取证据的合法性。因此，要高度重视案件线索的管辖审查，并把好审查关。

1. 职务犯罪侦查管辖的概念

职务犯罪侦查管辖，是检察机关直接受理案件的分工。换言之，职务犯罪侦查管辖是指检察机关受理职务犯罪案件在权限上的分工。按照《人民检察院刑事诉讼规则》规定，检察机关对直接受理案件实行分级立案侦查制度，也即根据职务犯罪嫌疑人的级别以及案情重大程度等因素，确定哪些案件由哪一级检察机关负责受理侦查。在受案阶段，在对案件线索进行审查、处理时应当据此进行。

2. 职务犯罪侦查管辖的范围

根据刑事诉讼法、刑法以及1998年1月19日最高人民法院、最高人民检察院、公安部、国家安全部、司法部、全国人大常委会法制工作委员会六机关联合制定的《关于刑事诉讼法实施中若干问题的规定》和1999年1月18日最高人民检察院制定施行的《人民检察院刑事诉讼规则》等有关规定，检察机关职务犯罪侦查管辖的范围，具体明确的犯罪有57种，其中贪污贿赂犯罪13种；渎职犯罪37种（《刑法修正案八》增设“食品监管渎职罪”）；国家机关工作人员利用职权实施的侵犯公民人身权利和民主权利的犯罪7种。这些案件，具体可以参见刑法第八章、第九章及相应刑法修正案。

3. 职务犯罪侦查管辖的分类及内容

根据职务犯罪案件性质、发案地、犯罪嫌疑人或者被告人身份特征等情况，职务犯罪侦查管辖可以分为以下几种：

（1）级别管辖。这是指某一类职务犯罪案件归哪一级检察机关立案侦查，也即检察机关上下级之间的侦查分工，一般与各级人民法院的审判管辖相对应。根据刑事诉讼法和《人民检察院刑事诉讼规则》等规定：一是最高人民检察院管辖全国性的重大职务犯罪案件；二是省、自治区、直辖市人民检察院管辖全省（自治区、直辖市）性的重大职务犯罪案件；三是省、自治区、直辖市人民检察院分院，自治州、省直辖市人民检察院管辖本辖区（州、市）的重大职务犯罪案件；四是县、市、自治县和市辖区人民检察院管辖本辖区的职务犯罪案件。同时，确定级别管辖时还需注意以下问题：一是犯罪嫌疑人属于县级以上地方各级人民代表大会代表的，经本级人民代表大会常务委员会同意后，由同级人民检察院侦查。在必要时也可以请求移送上级人民检察院侦查。二是对于具有特殊身份的犯罪嫌疑人，包括县（处）级以上领导干部和各方面有代表性的知名人士中的犯罪嫌疑人，在特殊的情况下，要按照干部管理权限的规定，由与干部管理权限的机构相应的同级人民检察院侦查。

（2）地域管辖。这是指某类职务犯罪案件归哪个地区的检察机关立案侦查，也即同级检察机关之间的分工。对于国家工作人员职务犯罪案件，应当按照三个原则办理：第一，职务犯罪案件由犯罪嫌疑人的工作单位所在地人民检察院管辖；如果由犯罪嫌疑人或被告人的犯罪地或居住地等人民检察院管辖更为适宜的，可以由犯罪嫌疑人犯罪地或者居住地等人民检察院管辖。第二，对于几个同级人民检察院都有权管辖的职务犯罪案件，由最初受理的人民检察院侦查。必要时，可以由主要犯罪地人民检察院侦查。对于贿赂案中的行贿、受贿并案处理的案件，由受贿犯罪嫌疑人工作单位所在地人民检察院管辖。第三，由省、市、州和地区人民检察院或分院侦查的职务犯罪案件，除依法由高级或者中级人民法院管辖的第一审案件外，应交由犯罪嫌疑人所在地的县、市（区）人民检察院立案侦查。对于单位涉嫌职务犯罪案件，一般由犯罪地人民检察院管辖。刑事诉讼法和《人民检察院刑事诉讼规则》没有对单位涉嫌职务犯罪案件的管辖作出规定。但根据《最高人民法院关于执行〈中华人民共和国刑事诉讼法〉若干问题的解释》第6条规定：“单位犯罪的刑事案件，由犯罪地的人民法院管辖。如果由被告单位所在地的人民法院管辖更为适宜的，可以由被告单位住所地的人民法院管辖。”据此，对单位涉嫌职务犯罪案件，一般可由犯罪地人民检察院管辖。如果由单位所在地的人民检察院管辖更为适宜的，则由单位所在地的人民检察院受理侦查。

（3）专门管辖。这是指某类职务犯罪案件由专门检察院立案侦查，也即根据职务犯罪案件的特点和专门检察院的设置，由专门检察院或派出机构立案侦查。这类案件通常与专门业务有密切联系。这里的专门检察院指军事检察院等专门检察院及地方检察院派出的专门检察院。根据我国的实际，在职务犯罪侦查管辖中还涉及新疆建设兵团人民检察院和铁路等检察机关对职务犯罪案件的管辖问题。一是军事检察院管辖现役军人内含军队文职干部、在编职工包括人民武装警察部队在编职工的职务犯罪。军、地互涉的职务犯罪案件，由军事检察院和犯罪嫌疑人工作单位所在地的地方检察院协调侦查。对军人和非军人在部队营区进行职务犯罪的，由军事检察院侦查。军人在部队营区以外进行职务犯罪的或者非军人在部队营区进行职务犯罪活动，其涉及军事机密的或者军人在部队营区进行职务犯罪的或者在部队营区以外作案，主犯是军人的或者退役军人在服役期间进行职务犯罪的，由军事检察院侦查，地方检察院协助侦查。非军人在部队营区进行职务犯罪活动，不涉及军事机密的或者军人和非军人在部队营区以外进行职务犯罪，主犯是非军人的或者军人入伍前进行职务犯罪的，由地方检察院侦查，军事检察院协助侦查。二是新疆建设兵团对职务犯罪案件的管辖问题。根据 2001 年 6 月 4 日最高人民检察院制定的《关于新疆建设兵团各级人民检察院案件管辖权的规定》，“兵团所属国家工作人员职务犯罪案件，属检察机关管辖的，由兵团检察机关立案侦查。”“对于兵团所属的国家工作人员与地方国家工作人员共同实施的职务犯罪案件，依据主要犯罪地或者在共同犯罪中起主要作用的犯罪嫌疑人工作单位所在地确定侦查管辖。侦查终结后，由与审判管辖相适应的兵团检察机关或者地方检察机关审查起诉。”在确定新疆建设兵团对职务犯罪案件的管辖问题时，按照上述规定进行。三是铁路等检察机关依照规定，管辖发生在本系统内的职务犯罪案件。

4. 职务犯罪侦查管辖的组织和协调

职务犯罪侦查中，通常会遇到一些案情特殊、复杂，后果特别严重或者侦查遇到困难或者在案件管辖上发生分歧等情况，有关检察机关应当及时组织、协调，具体可以按照 2006 年 9 月最高人民检察院制定的《最高人民检察院关于健全职务犯罪侦查工作一体化机制的若干规定》，采用上级人民检察院直接侦查、参办、督办、提办、指定异地侦查等方式加以解决。对于管辖权有争议的或者情况特殊的案件，由有关检察机关协商解决，协商不成的，由共同的上级人民检察院决定。涉及几个省、自治区、直辖市的职务犯罪案件，必要时由最高人民检察院组织、协调侦查工作；涉及几个地区、自治州、省辖市的职务犯罪案件，必要时由省、自治区、直辖市人民检察院组织、协调侦查工作；涉及几个县、市（不设区的市、县级市）、自治县或市辖区的职务犯罪案件，必要时由省、自治区、直辖市人民检察院分院或自治州、直辖市人民检察院组织、协调侦查工作。此外，人民检察院立案、侦查涉外职务犯罪案件的，应当依照《中华人民共和国外交特权与豁免条例》、《中华人民共和国领事特权与豁免条例》及有关职务犯罪案件侦查法律规定办理。

（四）受案的程序和要求

检察机关接受或受理报案、控告、举报和犯罪人自首后，应当根据刑事诉讼法及有关制度和程序进行审查、处理。这里，重点了解案件线索来源、审查和分流程序、处理要求等。

1. 案件线索的来源

（1）检察机关自行发现。刑事诉讼法第83条规定，人民检察院发现犯罪事实或者犯罪嫌疑人，应当按照管辖范围，立案侦查。从实践看，当前职务犯罪窝案、串案等群体化现象比较明显，侦查办案中往往办理一案带出一窝。

（2）部门移送。如人民法院、公安、工商、税务、海关、审计等行政执法或纪检监察部门在执法司法活动中，发现有职务犯罪事实或犯罪嫌疑人，依法向检察机关移送等。

（3）单位或个人的报案、举报。刑事诉讼法第84条第1款规定，任何单位和个人发现有职务犯罪事实或犯罪嫌疑人，有权利也有义务向人民检察院报案或者举报。单位或个人报案、举报，是检察机关受案的最主要、最普遍的渠道。

（4）被害人的报案或者控告。刑事诉讼法第84条第2款规定，被害人对侵犯其人身、财产权利的犯罪事实或者犯罪嫌疑人，有权向人民检察院报案或控告。实践中被害人的控告，是受案的一个重要渠道或途径，侦查部门不可忽视。

（5）犯罪嫌疑人自首。刑法第67条规定，犯罪以后自动投案，如实供述自己的罪行的，是自首。被采取强制措施的犯罪嫌疑人、被告人和正在服刑的罪犯，如实供述司法机关还未掌握的本人其他罪行的，以自首论。对自首者，可以从轻或者减轻处罚。其中，犯罪较轻的，可以免除处罚。从实践看，自首也是受案的一个渠道或途径。

除上述五个方面外，职务犯罪侦查中的案件线索来源还包括党委、权力机关、上级人民检察院的交办，同级人民检察院的移送或下级人民检察院请求移送等。

2. 案件线索的接受、审查和处理分流

（1）案件线索的接受。按照《人民检察院刑事诉讼规则》第121条和《关于人民检察院办理直接受理立案侦查案件实行内部制约的若干规定》第3条规定，人民检察院举报中心负责统一受理、管理职务犯罪案件线索。本院检察长和其他部门或者人员对所接受的犯罪案件线索，应当及时移交或者移送举报中心。有关机关或者部门移送人民检察院审查是否立案的案件线索和人民检察院侦查部门查办案件发现的案件线索，由侦查部门自行审查。受案时要注意：

①接受人向报案人、控告人、举报人讲明：要客观真实地反映案件情况，不能诬告陷害，否则要承担法律责任。

②接受案件时，应尽可能问清下列情况：一是犯罪时间、地点、手段、结果等基本情况；二是犯罪嫌疑人的姓名、性别、工作单位、职务等基本情况；三是发案单位的地址、电话及企事业单位的经营范围、上级主管部门等基本情况。

③做好询问笔录。笔录做好后，须经报案人、控告人、举报人阅读或向其宣读，在其认为无误后，在笔录上逐页签名或盖章。对随身携带的举报等材料，应注明时间，并由其在材料上签名或盖章。

④对当面举报和电话举报，应当制作举报笔录，必要时可以录音。对书面举报，要写明举报人的姓名、住址、所在单位及联系方式。对通过邮递的举报材料，要注明收到材料的时间。对举报材料在审查中发现内容不清楚的，可以约见举报人面谈或者补充材料。

⑤对机关、团体、企业、事业单位的书面报案，应由单位加盖公章，并由单位负责人签名或盖章。

⑥对犯罪嫌疑人的自首，要制作自首笔录。记录要详细，内容包括自首的时间（精确到分钟）、自首动机、自首事实等。自首人在自首笔录上，要逐页签名或盖章。

⑦对不愿公开姓名和举报行为的举报人，应当为其保密。严禁将举报材料转给被举报单位和被举报人。对匿名举报也应当认真、细致地审查，确定是否有犯罪事实发生。

（2）登记建档。按照有关规定，举报中心对举报、控告、报案、自首、移送、交办的案件线索，应当逐件进行登记，内容主要包括：报案人、控告人、举报人以及被报案人、被控告人、被举报人的基本情况，举报的内容和办理情况，如分流情况等。当前，要注意采用信息化手段探索建立电子档案，既有利于定期研究分析职务犯罪的新特点、新动向、新趋势，也有利于加强对案件线索审查、处理的监督。

（3）案件线索的审查。按照《人民检察院刑事诉讼规则》规定，举报中心对举报线索应当及时审查，主要是两个方面：一是实体审查。根据刑法规定，全面、客观、公正地审查案件线索是否有犯罪嫌疑和成案可能。二是程序审查。根据实体审查，认为有初查必要的，则需明确案件线索的管辖，然后对案件线索进行分流。

（4）案件线索的处理。举报中心根据对举报线索的审查，在收到举报线索的7日以内分别作出如下处理：一是对不属于人民检察院管辖的，移送有关主管机关处理，并通知报案人、控告人、举报人、自首人。对不属于人民检察院管辖但又必须采取紧急措施的，应当先采取紧急措施，然后移送主管机关。二是对属于人民检察院管辖的，按照最高人民检察院《关于人民检察院办理直接受理立案侦查案件实行内部制约的若干规定》第4条规定，应当及时移送侦查部门审查。对属于人民检察院管辖但不属于本院管辖的，应移送有管辖权的人民检察院。三是侦查部门对举报中心移送的举报线索进行审查后，认为需要初查或者拟不予初查的，应当报经检察长或检察委员会决定。对认为需要初查的，应及时安排初查。对暂时不具备初查条件或者没有初查价值的举报材料，经登记后可以暂存待查。四是举报中心移送举报线索，应当报经检察长批准后，移送举报线索原件。

3. 受案的要求

（1）实行要案线索分级备案管理制度。根据最高人民检察院《人民检察院刑事诉讼规则》第125条、第126条和《关于要案线索备案、初查的规定》规定，要案线索实行分级备案管理制度，具体要求：一是分级备案。依法由人民检察院直接立案侦查的县、处级干部要案线索，一律报省级人民检察院备案，其中涉嫌犯罪数额特别巨大或者犯罪后果特别严重的，层报最高人民检察院备案；厅局级以上干部要案线索一律层报最高人民检察院备案。二是备案的登记和审查。对于要案线索的备案，应当逐案填写要案线索备案表。备案应当在受理后7日以内办理；情况紧急的，应当在备案之前及时报告。接到备案的上级人民检察院对于备案材料应当及时审查，如果有不同意见，应当在10日以内将审查意见通知报送备案的下级人民检察院。

（2）实行举报线索催办制度。按照最高人民检察院《关于人民检察院办理直接受理立案侦查案件实行内部制约的若干规定》第3条规定，举报中心对职务犯罪案件的线索，应当在受理后7日以内按照职能分工，移送本院侦查部门或者依照规定移送有管辖权的人民检察院。侦查部门对举报中心移送的举报线索应当在1个月以内将处理情况书面回复举报中心；逾期未回复的，举报中心应当催办，侦查部门应当说明理由。

（3）建立和完善对举报人的保护和奖励制度。为防止举报人及其亲属可能因举报行为而遭到打击报复，建立必要的保护制度，保护举报人的合法权益，调动广大人民群众与职务犯罪作斗争的积极性。第一，要防止对报案人、控告人、举报人及其近亲属的人身权利、民主权利、财产权利等合法权益的侵害。第二，发现有打击报复举报人活动的，应当及时予以制止，并通过依法调查，由主管部门处理；情节严重的，还要追究行为人的刑事责任。对举报失实的，应当正确区分诬告与错告。第三，对举报、控告失实的，要客观分析失实原因。按照刑事诉讼法规定，只要不是捏造事实、伪造证据的，即使控告、举报事实有所出入甚至错误，也不能追究控告人、举报人的法律责任。第四，建立举报奖励制度，主要内容包括：一是被举报人被追究刑事责任的，应当对举报有功人员或单位给予精神及物质奖励；二是对侦破职务犯罪案件有重大贡献的，应给予重奖；三是奖励由检察机关举报中心执行，并以判决生效为依据；四是建立奖励基金，实行专款专用。

（4）加强对控告、举报材料的保密。在职务犯罪案件没有查实或者侦查没有结束之前，必须做好对举报人和被举报人的保密工作。一是对举报材料的内容应当严格保密，不允许任何人私自摘抄、复制、扣押、销毁举报材料。二是禁止泄露举报人的姓名、工作单位、家庭住址等情况，将举报材料和举报人有关情况透露或者转给举报单位和被举报人。三是在初查时不得出示举报材料，不得暴露举报人姓名和单位。四是宣传报道和奖励举报有功人员时，除本人同意外，不得在新闻媒体中公开报道举报人姓名、单位及相关情况。

（5）注意对被控告人、被举报人合法权益的保护。根据刑事诉讼法第12条规定，未经法院判决，对任何人都不得确定有罪。检察机关作为司法机关，应当全面履行职责，既要准确及时查明犯罪事实，正确适用法律，依法惩治职务犯罪分子，也要保障无罪的人不受刑事追究。一是要认真、全面审查控告、举报材料，避免先入为主，搞“有罪推定”；二是要对故意捏造事实、伪造证据，诬告陷害他人，构成犯罪的，及时追究刑事责任；三是要对确属错告并已对被控告人、被举报人造成不良影响的，应当及时为其澄清事实，恢复名誉，消除影响。

二、初查

加强初查工作，对于判明是否有职务犯罪事实、需要立案侦查，保证立案质量，保障无罪的人不受刑事追究等具有重要意义。

（一）初查的概念及法律依据

初查，是指人民检察院在立案前对职务犯罪案件线索材料进行调查的司法活动。根据刑事诉讼法第86条规定，人民检察院对于报案、控告、举报和自首的材料，应当按照管辖范围，迅速进行审查。这里的审查即立案前审查，主要有两种方式：一是书面审查。就是对报案、控告、举报和自首的材料进行分析研究、审查甄别，确定是否有犯罪事实存在并需要追究刑事责任，最后决定是否立案侦查。二是必要的调查。就是对有关人员、场所等进行访查、了解，收集相关证据材料，为是否决定立案侦查服务。初查，作为查办职务犯罪案件的一个程序，首次在最高人民检察院1993年制定的《关于进一步加强大案要案查处工作的通知》中出现。1995年制定的《关于要案线索备案、初查的规定》第3条首次对“初查”进行界定。1999年1月18日施行的《人民检察院刑事诉讼规则》设立专门章节，对初查的任务、方法、结果处理、具体程序等进行规定，促使初查工作制度化、程序化和规范化。

（二）初查的原则和方法

从某种意义上讲，一条案件线索能否成案、一条有侦查价值线索的使用能否成功乃至立案后能否顺利查清全案事实等，都取决于初查是否扎实及全面细致。做好初查工作，不仅要依法进行，而且要讲究艺术和方法。这要求遵循一定的原则，采取相应的手段和方法。

1. 初查的原则

开展初查工作，既要遵守侦查工作的一般原则，还要遵守初查工作的一些特殊原则：一是依法原则。按照人民检察院刑事诉讼规则等规定，侦查部门对举报中心移交的举报线索审查后认为需要初查的，应当报检察长或检察委员会决定。在初查期间，只能采取询问、查询、勘验、鉴定、调取证据材料等不限制被查对象的人身、财产权利的措施进行调查活动，而不能使用限制被查对象的人身、财产权利的措施和手段。开展初查工作，应当遵守这些规定。二是秘密原则。由于职务犯罪案件的特殊性以及初查结果的不确定性，实行秘密初查，对初查的对象、内容、方法、时间等内容进行保密，并严格控制知情范围，有利于对初查对象、初查意图和初查内容的保密，达到初查的目的。三是突出重点原则。初查的任务和目的在于判明是否符合立案条件、需要立案侦查，必须突出重点，根据对案件线索前景全面分析的情况制定预案，抓住案件线索中最有成案价值的问题展开调查，而不能面面俱到，力求取得成功。

2. 初查的方法

初查的方法多种多样，因案而异。总地来讲，可以采用自行调查、联合调查和委托调查。其中，自行调查是指检察机关侦查部门直接派员调查；联合调查是指检察机关侦查部门与上级或者横向检察机关共同调查；委托调查是指采取委托的方式由相应的检察机关进行调查，或者要求有关行政执法部门提供相应的材料等。初查的具体方法，主要视案情而定，通常有以下几种：一是化装调查法。化装调查是指侦查人员假扮成与被调查对象有关的人员，接近被调查对象开展调查。二是以案隐案法或称声东击西法。以案隐案是指侦查人员以查甲案为名，深入发案单位进行调查乙案，目的是为了隐藏调查的真实意图。三是长期“经营”法。长期“经营”是指对一条案件线索的调查，遇有被调查人或重要证人一时难以找到或调查时机不够成熟等情况时，采取长期观察的方法，待条件成熟后再开展调查。总之，要根据案件线索的性质及具体案情等实际，选择相应的初查方法。

（三）初查的程序和要求

1. 初查的部门

按照《人民检察院刑事诉讼规则》第127条规定：“举报线索的初查由侦查部门进行，但性质不明、难以归口处理的案件线索可以由举报中心进行初查。”可见，对于性质不明、如不进行必要调查难以确定管辖的案件线索，由举报中心负责初查；对于属于检察机关管辖的职务犯罪案件线索，由侦查部门负责初查。

2. 初查的任务和内容

初查的任务是收集必要的证据，确定是否有犯罪事实并需要立案侦查，主要内容如下：一是调查被控告人、被举报人的基本情况，包括被控告人、被举报人所在单位权力运行是否规范、管理是否有序、生产经营活动是否正常以及被控告人、被举报人的个人及其家庭情况，如年龄、住址、籍贯、文化程度、简要经历、任职情况、工作权限等；二是调查被控告、被举报事实的基本情况，包括线索材料所反映的问题是否属实、是否符合犯罪构成的条件、被控告人或被举报人是否属于国家工作人员、有否利用职务便利、是否达到犯罪程度、是否具有依法不追究刑事责任的情形等情况。

3. 初查的要求

按照《人民检察院刑事诉讼规则》规定，初查应当在规定的期限内进行，并做好报备工作。一是要按照初查时限及其催办制度进行初查。按照《人民检察院刑事诉讼规则》第131条规定，侦查部门接到举报中心移送的举报材料后，应当在1个月内将处理情况回复举报中心；下级人民检察院接到上级人民检察院移送的举报材料后，应当在3个月内将处理情况回复上级人民检察院举报中心，逾期未回复的，举报中心应当进行催办。二是做好党内请示报告工作。按照最高人民检察院1999年制定的《关于检察机关反贪污贿赂工作若干问题的决定》第4条第21项及2000年制定的《关于加强渎职侵权检察工作的决定》第23条规定，对县处级以上领导干部涉嫌职务犯罪的要案线索决定初查的，应向党委主要领导报告，同时要向上一级人民检察院备案。三是做好要案线索初查后的报备工作。按照《人民检察院刑事诉讼规则》第130条规定，侦查部门对要案线索初查后的处理情况，应当在作出决定后10日以内按照备案范围报上级人民检察院备案。上级人民检察院认为处理不当的，应当在收到备案材料后10日以内对下级人民检察院纠正。

（四）初查结果的处理

按照《人民检察院刑事诉讼规则》规定，侦查部门对举报线索初查后，应当制作审查结论报告，提出处理意见，报检察长决定。

1. 提请批准立案侦查

经初查，认为有犯罪事实需要追究刑事责任的，应当制作立案决定书，提请检察长批准立案侦查。

2. 提请批准不予立案

经初查，认为没有犯罪事实的，或者事实不清、证据不足的，或者具有刑事诉讼法第15条规定情形之一的，应当制作不立案通知书，提请检察长批准不予立案。对检察长决定不立案的，凡违反党纪和行政纪律的，移交被调查人的主管机关处理；凡违反行政法规需要进行行政处罚的，移送行政执法部门处理。对于属于错告的，如果对被控告人、被举报人造成不良影响的，应当向有关部门澄清事实。属于诬告陷害的，应当依法追究刑事责任。

三、立案侦查

（一）立案

立案，是办理职务犯罪案件一个必经的诉讼程序，是刑事诉讼活动开始的标志，也是通过司法程序将职务犯罪分子绳之以法、有效遏制和预防职务犯罪活动滋生蔓延不可缺少的重要措施。加强立案工作，有利于正确把握立案时机，保证立案质量，为及时侦破案件、圆满完成侦查任务打好基础。

1. 立案的概念及法律依据

立案，是指根据刑事诉讼法第83条、第86条规定，人民检察院依照管辖范围，对自行发现的或者报案、控告、举报和自首的材料进行审查后，认为有职务犯罪事实并需要追究刑事责任时，决定交付侦查的诉讼活动。按照我国法律规定，立案是刑事侦查活动的开始和必经程序，属于刑事司法活动，也是一个独立的诉讼阶段。立案的对象是职务犯罪案件和职务犯罪嫌疑人，根据案件线索具体情况既可以对职务犯罪嫌疑人立案，也可以对职务犯罪事实立案。正确及时立案，有利于迅速揭露、证实和惩罚职务犯罪，有效遏制和预防职务犯罪滋生蔓延，加强对国家工作人员合法权益的保护。

2. 立案的条件与标准

(1) 立案条件

立案条件是决定立案的法定理由和根据。根据刑事诉讼法第 86 条规定，人民检察院认为有犯罪事实需要追究刑事责任的时候，应当立案；认为没有犯罪事实，或者犯罪事实显著轻微，不需要追究刑事责任的时候，不予立案。可见，立案必须具备两个条件，并且缺一不可。

①认为有犯罪事实。这是立案的事实条件。这里的“犯罪事实”，是指刑法规定的职务犯罪行为。理解和把握时要明确：一是职务犯罪事实，不是一般的违法或违纪行为。二是认为有犯罪事实，是一种主观上的认识和判断，而不是已经掌握的确实的犯罪事实。也就是说，认为的犯罪事实存在一定的或然性。三是有一定的证据证明有犯罪事实。检察机关作出“有犯罪事实”的主观判断是有一定根据的，也即基于一定的证据，而不是主观臆断或猜测。四是已经掌握的证据之证明力达到足以认定“有犯罪事实”的程度。

②认为需要追究刑事责任。这是立案的刑事责任条件，是指已经发生的犯罪事实，依法必须追究刑事责任。如贪污、贿赂行为达到一定数额，或者具备法定情节，就应当依法立案。如果没有犯罪事实或者法律规定不予追究的事实，就不应当立案。如刑事诉讼法第 15 条规定的 5 种情形之一的，就不应立案。已经立案的，应当撤销案件。

(2) 立案标准

立案标准是衡量或者决定能否立案的一种尺度，也是罪与非罪的一条临界线。从理论上讲，所有犯罪案件的立案条件都是相同的，但不同种类的犯罪案件却有各自不同的立案标准。可以说，这里的立案标准，实质是对刑法分则规定的犯罪构成要件与刑事诉讼法规定的立案条件的具体化。根据刑法、刑事诉讼法及其他法律法规，最高人民检察院结合职务犯罪侦查实践和经济政治社会发展实际，于 1999 年 9 月 16 日制定了《人民检察院直接受理立案侦查案件立案标准的规定（试行）》，2005 年 12 月 29 日最高人民检察院第十届检察委员会第四十九次会议通过，2006 年 7 月 26 日公布实施《最高人民检察院关于渎职侵权犯罪案件立案标准的规定》。这两个规定采用数额加情节的方式确定职务犯罪的立案标准。其中，这里的数额作为一种使用度量手段测试、评估财产内容的标志，对成立贪污贿赂、渎职等职务犯罪具有决定意义。需要指出的是，具体数额标准将随着经济政治社会发展而变化。这里的情节，即按照刑法规定的定罪情节，综合考虑了客观存在于职务犯罪之中、能体现该行为社会危害性和行为人主观恶性程度的各种情节，如危害后果等，对职务犯罪的成立也具有决定作用。总之，运用数额加情节的方式确定职务犯罪案件的立案标准，符合职务犯罪的性质和特点，具有一定的科学合理性，实践中要严格按照该标准开展侦查工作。

3. 立案的方式

实践表明，职务犯罪侦查中由于个案情况不同，有的犯罪嫌疑人明确，有的犯罪事实明确，侦查程式也由个案情况而定，既可以由人查事，也可以由事查人。与此相对应，可以按照以人立案和以事立案的方式进行：

(1) 以人立案的方式

以人立案，适用于犯罪事实和犯罪嫌疑人基本确定的案件。

(2) 以事立案的方式

以事立案，适用于犯罪事实、犯罪性质比较明确但犯罪嫌疑人需要确定的案件。

4. 立案的程序

(1) 作出决定并制作法律文书

通过对报案、控告、举报和犯罪人自首的材料书面审查或者必要的调查，认为有犯罪事实需要追究刑事责任的，应当立案。对于决定立案的，具体由案件承办人制作《立案报告书》或者填写《立案报告表》，经检察长批准或者检察委员会讨论决定后，制作《立案决定书》。对于决定不予立案的，如果是被害人控告的，应当制作《不立案通知书》，写明案由和案件来源、决定不立案的原因和法律依据，由侦查部门在15日以内送达控告人，同时告知本院控告申诉检察部门。对于未构成犯罪、决定不立案，但需要追究党纪政纪责任的被举报人，应当移送有关主管机关处理。

(2) 对不服不立案决定的复议

控告人如果对检察机关不立案决定不服的，可以在收到不立案通知书后10日以内提出复议申请。对于不立案的复议，由人民检察院控告申诉检察部门办理，并在收到复议申请的30日以内作出复议决定。

(3) 做好通报或报告工作

决定对人民代表大会代表立案的，应当按照《人民检察院刑事诉讼规则》第79条规定的程序，向该代表所属人民代表大会主席团或者常务委员会通报。

①人民检察院对全国人民代表大会代表立案的，决定立案的人民检察院应当层报最高人民检察院，由最高人民检察院向全国人民代表大会主席团通报，或者在全国人民代表大会闭会期间，向全国人民代表大会常务委员通报。

②人民检察院对担任县级以上人大代表的犯罪嫌疑人因现行犯需要立案并采取强制措施的，应当立即向该代表所属人民代表大会主席团或常委会报告；因其他情形需要立案的，应当立即向该代表所属人民代表大会主席团或常委会

通报。对县级以上领导干部或者知名人士立案的，决定立案的检察机关按照规定依法向有关组织等部门通报。

③人民检察院对本级人大代表立案的，直接向本级人大主席团或者常委会通报。

④人民检察院对上级人大代表立案的，应当立即层报该代表所属人民代表大会同级的人民检察院进行通报。

⑤上级人民检察院对下级人民代表大会代表立案的，可以直接向该代表所属人大主席团或常委会通报，或者委托与代表所属人大同级的检察院通报；对乡、民族乡、镇人大代表立案的，由县级人民检察院向乡、民族乡、镇人大通报。

⑥人民检察院对担任两级以上的人大代表立案的，应当分别按照上述规定执行。

⑦人民检察院对外省、自治区、直辖市及其本辖区以外市、区、县人大代表立案的，应当委托该代表所属人大同级的人民检察院进行通报。担任两级以上人大代表的，应当分别委托该代表所属人大同级的人民检察院进行通报。

⑧做好党内请示报告工作。按照最高人民检察院 1999 年制定的《关于检察机关反贪污贿赂工作若干问题的决定》第 21 条及 2000 年制定的《关于加强渎职侵权检察工作的决定》第 23 条规定，对县处级以上领导干部涉嫌职务犯罪的要案线索决定立案的，应向党委请示，同时要向上一级检察院备案或者报告。

（二）侦查

职务犯罪侦查，是指检察机关办理职务犯罪案件所进行的专门调查工作和采取强制性措施的刑事诉讼活动。这里的专门调查工作主要是指讯问，询问，搜查，勘验，检查，辨认，鉴定，调取和扣押物证、书证及视听资料，查询或冻结存款汇款等活动；这里的强制性措施主要是指拘传、取保候审、监视居住、拘留、逮捕等强制措施以及追逃、追捕、国内外通缉等强制性措施。职务犯罪侦查的意义：一是揭露、证实和惩治职务犯罪；二是预防职务犯罪；三是维护国家机关的正常活动和公信力。这里，应重点把握以下内容：

1. 立案初期的侦查措施

（1）制订侦查计划

侦查计划是指对具体职务犯罪案件实施侦查活动的全面规划和设计，是组织、指导侦查工作的依据和行动指南，也是侦查活动的行动方案。

①制订侦查计划的主要原则。一是要有利于全面调查职务犯罪事实，全面收集证据，保证侦查质量；二是要有利于科学安排各项侦查任务，协调各项侦

查措施，保证有条不紊地开展调查活动；三是要有利于针对待查的问题，系统地提出深入查证的措施和方法，保证侦查工作的彻底性；四是要在全面查核职务犯罪事实和证据的基础上，有利于判明案件的性质、揭示犯罪的事实和后果。

②制订侦查计划的步骤。要根据已掌握事实材料和线索，在全面细致地分析判断案情的基础上，根据侦查的一般规律和个案的特点，提出侦查任务、策略和步骤，选用适当的侦查方法和手段。制订时要讲究方法，要有针对性，具体把握三点：一是侦查计划应根据立案报告制订。即根据立案掌握的情况，通过全面细致的审查，吃透案情，对案件繁简程度及需要侦查的各个方面和环节加以认真研究分析，既要把握重点，又要点面结合，统筹兼顾。二是注意时机的选择。制订侦查计划，一般应在通过立案前审查和最初侦查措施的运用，初步判明案件性质，获得足以确定侦查方向、侦查范围的材料时进行。如果制订过早，由于缺乏足够的案情材料，虚拟推断过多，就容易不切实际，没有明确的侦查方向和重点，盲目性大。但如制订过晚，就会丧失侦查计划的指导意义。三是注意侦查计划的稳定性和适时的调整。侦查计划一经审定，必须严格实施，不能无故放弃。但由于侦查情势瞬息万变，最详尽的侦查计划也不可能面面俱到。实施中应注意根据侦查活动中出现的新情况、新问题，及时补充或修改，必要时可以就某项重要问题制订专项计划，以保证侦查活动的顺利进行。

③侦查计划的内容。主要包括应查明的问题和应追查的线索，侦查的方法、步骤、措施、时间、注意事项，参与侦查人员的职责分工等。通常可概括为：一是立案根据。简要叙述事件发生发展的情况及其后果，证明对报案、控告、举报等事实情节的审查结果，用以表明确有应予追究刑事责任的职务犯罪事实存在。二是对案情的分析判断。列举对应查明的主要问题和事实情节所作的初步分析判断。如赃款赃物的去向、犯罪人去向及犯罪实施过程的推断等。三是侦查的任务和措施。在对案情分析判断的基础上，根据侦查方向、范围，针对每一种判断列举应当查明的问题，以及为查明某个问题而采取的方法、措施，并注明完成各项措施的步骤和时间。四是侦查力量的组织与分工。对一些复杂的案件和跨地区的案件，应当注意侦查力量的组织和分工，规定配合协作的办法、特殊情况下的工作纪律及汇报检查制度、参与侦查人员的注意事项等。侦查计划制订后，应报经检察长批准。

（2）侦查措施的综合运用

侦查计划制订后，即转入侦查实施阶段。侦查措施的运用，实质是侦查谋略和侦查方法的综合运用，直接关系到侦查计划的顺利实施、侦查活动的有效开展及侦查目的的实现等，具体做好以下几项工作：

①总体部署，重点突破。根据侦查计划的要求，在立案初期开展侦查活动，待查问题一般较多。因此，要因案制宜，在侦查力量安排使用上要考虑待查问题的侦查意义大小、难易缓急程度等因素，按照先主后次、先易后难、先急后缓等原则进行总体部署、合理分工，而不宜平均使用力量。同时，在通常情况下，侦查初期对案件突破口的选择极为重要，往往直接关系到能否查清全案、制服犯罪嫌疑人。由于案情不同，每个案件均有各自的突破口，并且突破口的多少因案而异。因此，要充分了解、分析能够反映犯罪事件本质特征的案情材料，善于针对侦查对象的弱点，抓住其薄弱环节，击其虚处，重点突破。

②准确判断，措施得当，以快制胜。对案情的分析判断是否准确、选择措施是否得当、行动是否迅速，直接关系到侦查活动能否顺利进行并取得成功。要做到准确判断，取决于侦查人员自身业务水平和掌握案情材料的多寡。因此，准确进行分析判断不仅要有足够的案情材料和认真细致的思考研究，还要具备丰富的实践经验。侦查中，要根据各类职务犯罪的规律特点及个案的情况，从案情的实际出发，有的放矢地选择各种侦查措施。从实践看，为了查明某个问题，可能运用的侦查措施往往并非只有一种，这就需要选择把握性大、失误少、阻力小的侦查措施。对已确定选用的措施，如搜查或讯问等，在具体实施时要周密设计，对症下药，保证取得最佳效果。同时，实施各种侦查措施要始终贯穿以快制胜的谋略。案情似军情，瞬息万变。如果侦查人员不能把握时机和速度，就有可能丧失侦查主动权。这就要求一切侦查活动，包括从拟定工作方案到部署分工和实施都要迅速进行，不能被大量案件线索所困惑，也不能在一些非原则性、非关键性问题上争论不休，或者对关键性问题如侦查范围的确定等久拖不决、行动迟缓，以致贻误战机，给犯罪嫌疑人逃匿、毁证、串供或行凶、自杀的机会。但强调速度，并不等于草率盲目，轻举妄动，否则将欲速则不达，反受其害。

③侦技结合，深挖细究。侦技结合就是要统筹运用讯问、勘验、搜查、检验等侦查措施与刑事技术手段。实践表明，在侦查初期通常利用各种技术手段配合现场勘查，及时检验和鉴定痕迹物证、会计资料等书证，为侦查提供线索；在侦查过程中及至最后阶段，利用技术手段可以排除或肯定嫌疑线索，缩小侦查范围，为破案提供证据。需要注意的是，通过各种侦查措施和技术手段取得的大量案情材料，并非都一定与案件有关。这需要分析鉴别，去芜存菁，抓住其中反映出的新的案情线索深挖细究，使已经取得的案情材料最大限度地体现出侦查价值。总之，既要做到不放过任何嫌疑线索和犯罪人，也决不冤枉好人，切实保护公民的合法权益。

2．强制措施

强制措施是保障职务犯罪侦查活动顺利进行的重要手段，对于防止职务犯罪嫌疑人实行逃匿、毁灭罪证、串供等妨碍侦查活动问题发生，保障犯罪嫌疑人的合法权益等具有十分重要的意义。

(1) 强制措施的概念及法律依据

职务犯罪案件侦查期间的强制措施，是指人民检察院在职务犯罪侦查活动中，为了保障侦查工作顺利进行，防止犯罪嫌疑人继续实施危害社会的行为，依法对犯罪嫌疑人采取的暂时限制或者剥夺其人身自由的方法和手段。按照我国刑事诉讼法总则第六章规定，强制措施包括拘传、取保候审、监视居住、拘留、逮捕五种，是一种暂时的保障性措施，以国家强制力为后盾，并有法定期限。正确、适时地适用强制措施，既能有效打消职务犯罪嫌疑人的侥幸、对抗心理，促其走坦白从宽之路，又能有效分化瓦解职务犯罪嫌疑人，有利于防止职务犯罪嫌疑人实行自杀、逃跑、逃避侦查以及进行串供、毁证、匿证、匿赃、伪造证据、干扰证人作证等妨碍侦查的活动，有利于及时全面地收集证据、查明案件事实，在某种程度上还显示出检察机关依法查办职务犯罪的决心，充分调动人民群众同职务犯罪作斗争的积极性，以及有效防止职务犯罪嫌疑人继续危害社会，维护国家、社会和人民群众的合法利益。

(2) 强制措施的适用原则

强制措施是一柄“双刃剑”。适用得当，对侦查工作能够起到有力的保障和促进作用；适用不当，不仅对侦查工作起不到作用，而且还会侵犯犯罪嫌疑人及其他公民的合法权益，影响乃至阻碍侦查工作的顺利进行。正确、适当地适用强制措施，要把握好以下几项原则：

①合法性原则。人民检察院对职务犯罪嫌疑人采取强制措施，要严格依照法律规定的条件和程序，绝不允许违法变通，越权行事。

②必要性原则。人民检察院采取强制措施，要以职务犯罪嫌疑人妨碍侦查活动顺利进行的可能为前提，并非每案必用。对职务犯罪嫌疑人是否采取强制措施，以及采取哪一种强制措施，都要以是否有必要为原则，视实际情况而定。

③相当性原则。在适用强制措施时，采用强制措施的种类、强制的力度要与犯罪嫌疑人涉嫌罪行的轻重程度及妨碍侦查活动顺利进行的可能性大小相适应，该重则重，当轻则轻。

④灵活性原则。在确定适用强制措施时，对职务犯罪嫌疑人是否适用某种强制措施，以及适用的时机、方法、地点，都要根据案情和侦查需要灵活掌握，而不能机械套用。

（3）拘传

①拘传的概念及适用对象。职务犯罪案件侦查期间的拘传，是指人民检察院在职务犯罪侦查中，对未被拘留、逮捕的犯罪嫌疑人，依法强制其到指定地点接受讯问的一种强制措施。这是强制措施中最轻微的一种。根据刑事诉讼法第 50 条规定，人民检察院根据案件情况，对犯罪嫌疑人可以拘传。拘传的适用对象是没有被拘留、逮捕的犯罪嫌疑人，包括被采取取保候审、监视居住措施的犯罪嫌疑人。拘传不必以传唤为前提，视侦查工作需要而定。

②拘传的程序。

第一，拘传的批准。根据《人民检察院刑事诉讼规则》第 32 条规定，人民检察院对犯罪嫌疑人采取拘传措施，应当经检察长批准，并签发《拘传证》。实践中一般由侦查人员提出意见，侦查部门负责人审核后报请检察长批准。根据《中华人民共和国全国人民代表大会和地方各级人民代表大会代表法》第 32 条规定，对担任县级以上各级人民代表大会代表的犯罪嫌疑人采取拘传措施的，应经该级人民代表大会主席团或者人民代表大会常务委员会许可。对担任乡、民族乡、镇人民代表大会代表的犯罪嫌疑人采取拘传措施的，应立即向该代表所在乡、民族乡、镇人民代表大会报告。

第二，拘传的执行。执行拘传可以由检察人员或司法警察负责，但执行人员不得少于 2 人。拘传时，应当向被拘传的犯罪嫌疑人出示拘传证。如果犯罪嫌疑人抗拒拘传或者在拘传途中有逃跑可能的，可以对其使用手铐、警绳等戒具。

第三，拘传的时限和间隔。根据刑事诉讼法第 92 条规定，拘传持续的时间最长不得超过 12 小时。根据《人民检察院刑事诉讼规则》第 34 条规定，拘传持续的时间从犯罪嫌疑人到案时开始计算。犯罪嫌疑人到案后，人民检察院应当责令其在拘传证上填写到案时间、签名或者盖章，然后立即对其讯问。讯问结束后，责令其在拘传证上填写讯问结束时间。犯罪嫌疑人拒绝填写的，检察人员应当在拘传证上注明。人民检察院在侦查期限内根据侦查需要可多次拘传，不计算多次的累计时间，但每次拘传持续时间不超过 12 小时。

第四，拘传的到案地点。根据《人民检察院刑事诉讼规则》第 35 条规定，人民检察院拘传犯罪嫌疑人，应当在犯罪嫌疑人所在市、县内的地点进行。犯罪嫌疑人的工作单位与居住地不在同一市、县的，拘传应当在犯罪嫌疑人工作单位所在的市、县进行；特殊情况下，也可以在犯罪嫌疑人户籍地或者居住地所在的市、县进行。如果承办案件的人民检察院与犯罪嫌疑人不在同一市、县，但需要拘传犯罪嫌疑人的，应当与犯罪嫌疑人所在市、县的人民检察院联系，以便在当地指定拘传的到案地点。实践中，一般是将犯罪嫌疑人拘传到其所在市、县的人民检察院进行讯问。

第五，拘传后的处理。根据《人民检察院刑事诉讼规则》第36条规定，人民检察院对犯罪嫌疑人拘传后的处理分两种：一是需要对被拘传的犯罪嫌疑人变更强制措施的，应当经检察长或者检察委员会决定，在拘传期限内办理变更手续；二是在拘传期间内决定不采取其他强制措施的，拘传期限届满，应当立即释放。

（4）取保候审

①取保候审的概念及适用对象。职务犯罪案件侦查期间的取保候审，是指人民检察院在职务犯罪侦查中，为了保障侦查活动顺利进行，依法责令犯罪嫌疑人提供保证人或者交纳保证金，保证其不逃避或者妨碍侦查，并随传随到的强制措施。根据刑事诉讼法和《人民检察院刑事诉讼规则》第37条规定，有下列情形之一的犯罪嫌疑人可以取保候审：第一，可能判处管制、拘役或者独立适用附加刑的；第二，可能判处有期徒刑以上刑罚，不予逮捕不致发生社会危险性的；第三，对被拘留的人，需要逮捕而证据尚不符合逮捕条件的；第四，应当逮捕但患有严重疾病的；第五，应当逮捕但正在怀孕或者哺乳自己婴儿的；第六，被羁押的犯罪嫌疑人不能在法定侦查羁押、审查起诉期限内结案，需要继续侦查或者审查起诉的；第七，持有效护照或者其他有效出境证件，可能出境逃避侦查，但不需要逮捕的。

②取保候审的方式。根据刑事诉讼法第53条和《人民检察院刑事诉讼规则》第41条规定，人民检察院决定对犯罪嫌疑人取保候审，可以采用两种方式：一是保证人保证，二是保证金保证。二者可以选择适用，但不能同时并用。对此，最高人民法院、最高人民检察院、公安部、国家安全部、司法部、全国人大常委会法制工作委员会《关于刑事诉讼法实施中若干问题的规定》第21条和最高人民法院、最高人民检察院、公安部、国家安全部《关于取保候审若干问题的规定》第4条规定，凡对同一犯罪嫌疑人决定取保候审的，不得同时使用保证人保证和保证金保证。实践中，可以根据案件情况进行适用。

第一，保证人保证。主要涉及以下内容：一是保证人的条件。根据刑事诉讼法第54条规定，保证人的条件有：与本案无牵连；有能力履行保证义务；享有政治权利，人身自由未受到限制；有固定的住处和收入。保证人是否符合条件，应经人民检察院审查。保证人保证以其自愿为前提。根据《人民检察院刑事诉讼规则》第48条规定，采取保证人保证的，如果保证人在取保候审期间不愿继续担保或者丧失担保条件的，应当责令犯罪嫌疑人重新提出保证人或者变更为保证金担保方式，并将情况通知公安机关。二是保证人的义务及不履行义务的法律后果。根据刑事诉讼法第 55 条规定，保证人的义务有：监督被保证人遵守刑事诉讼法第 56 条规定；发现被保证人可能发生或者已经发生违反刑事诉讼法第 56 条规定的行为的，应当及时向执行机关报告。被保证人有违反刑事诉讼法第 56 条规定的行为，保证人未及时报告的，对保证人处以罚款，构成犯罪的，依法追究刑事责任。对此，《人民检察院刑事诉讼规则》第 43 条规定，保证人保证承担上述义务后，应当在取保候审保证书上签名或者盖章。三是保证人的处罚及其救济。根据最高人民法院、最高人民检察院、公安部、国家安全部《关于取保候审若干问题的规定》和《人民检察院刑事诉讼规则》规定，对保证人的罚款数额为 1000 元以上 2 万元以下，罚款决定由县级以上执行机关即公安机关作出。人民检察院发现保证人没有履行刑事诉讼法第 55 条规定的义务的，应当通知公安机关，要求公安机关对保证人作出罚款决定。当事人如果对罚款决定不服，可以向执行机关的上一级主管机关申请复核一次，不服复核决定的，可以依法向有关机关提出申诉，但不能提起行政诉讼。

第二，保证金保证。主要涉及以下内容：一是保证金的形式和数额。保证金应当以人民币的形式交纳，其他货币以及有价证券、贵重物品等都不能作为保证金交纳。保证金的起点数额为 1000 元，但对最高限额未作规定。实践中，人民检察院要按照足以保证被取保候审人不逃避、不妨碍侦查的原则，综合考虑犯罪的性质和情节、可能判处刑罚的轻重以及犯罪嫌疑人人身危险性、经济状况和涉嫌犯罪金额、当地经济发展水平等情况合理确定。二是保证金的收取和保管。取保候审的保证金由县级以上执行机关即公安机关统一收取和管理，并严格按照国家财经管理制度执行，任何单位和个人不得截留、坐支、私分、挪用或者以其他任何方式侵吞保证金。对违反规定的，应当依照有关规定给予行政处分；构成犯罪的，依法追究刑事责任。

③取保候审的程序。

第一，取保候审的决定。人民检察院决定对犯罪嫌疑人取保候审的形式有两种：一种是根据案件情况，直接主动作出决定；另一种是对于犯罪嫌疑人及其法定代理人、近亲属和委托的律师申请取保候审，经审查后作出决定。具体程序是：办案人员提出意见，报经部门负责人审核，再由检察长决定。对犯罪嫌疑人决定取保候审的，办案人员应当宣读取保候审决定书，由犯罪嫌疑人签名或盖章，并责令犯罪嫌疑人遵守刑事诉讼法第 56 条规定，告知其违反规定应负的法律责任；对于以保证金方式担保的，应当同时告知犯罪嫌疑人到负责执行的公安机关指定的银行一次性交纳保证金。对于犯罪嫌疑人及其法定代理人、近亲属和委托的律师申请取保候审的，人民检察院应当在 7 日以内作出是否同意的答复。如同意的，则按上述程序办理；不同意的，应当告知申请人，并说明不同意的理由。根据《中华人民共和国全国人民代表大会和地方各级人民代表大会代表法》第30条规定，对担任县级以上各级人民代表大会代表的犯罪嫌疑人采取取保候审措施的，应当经该级人民代表大会主席团或者人民代表大会常务委员会许可。对担任乡、民族乡、镇的人民代表大会代表的犯罪嫌疑人采取取保候审措施的，应当立即向该代表所在的乡、民族乡、镇的人民代表大会报告。

第二，取保候审的执行。根据刑事诉讼法第51条第2款和最高人民检察院、公安部《关于适用刑事强制措施有关问题的规定》规定，取保候审由公安机关执行。人民检察院决定对犯罪嫌疑人取保候审后，如采取保证金担保的，应当在核实保证金已经交纳到执行机关指定银行的凭证后，将取保候审决定书、取保候审执行通知书、有关案由、犯罪嫌疑人基本情况和银行出具的收款凭证一并送交犯罪嫌疑人居住地同级公安机关执行，并告知执行机关在执行期间拟批准犯罪嫌疑人离开所居住的市、县的，应当征得人民检察院同意。如以保证人方式担保的，应当将取保候审保证书、保证人基本情况的材料等同时送达执行机关。对执行机关的执行情况，人民检察院应当及时了解，加强监督。

第三，被取保候审人应遵守的法律规定及违反规定的法律后果。刑事诉讼法第56条规定，被取保候审人应当遵守以下规定：未经执行机关批准不得离开所居住的市、县；在传讯的时候及时到案；不得以任何形式干扰证人作证；不得毁灭、伪造证据或者串供。被取保候审人违反上述规定，已交纳保证金的，没收保证金，并且区别情形，责令具结悔过、重新交纳保证金、提出保证人或者监视居住、予以逮捕。根据《人民检察院刑事诉讼规则》第53条、第54条规定，对被取保候审人违反下列规定的犯罪嫌疑人应当予以逮捕：企图自杀、逃跑、逃避侦查的；实施毁灭、伪造证据或者串供、干扰证人作证行为，足以影响侦查工作正常进行的；未经批准擅自离开所居住的市、县，造成严重后果，或者两次未经批准，擅自离开所居住的市、县的；经传讯不到案，造成严重后果，或者经两次传讯不到案的；被取保候审人在取保候审期间故意实施新的犯罪行为的。

第四，取保候审的期限。根据刑事诉讼法第58条和《人民检察院刑事诉讼规则》第55条规定，人民检察院决定对犯罪嫌疑人取保候审的，最长不得超过12个月。

第五，取保候审的变更、解除和撤销。根据刑事诉讼法第58条、第73条和《人民检察院刑事诉讼规则》第53条、第58条、第62条规定，犯罪嫌疑人被取保候审后，如果案件情况发生变化，或者人民检察院发现对犯罪嫌疑人采取取保候审措施不当的，应当及时撤销或者变更取保候审。案件情况发生变化的情形主要有：犯罪嫌疑人在取保候审期间违反应当遵守的规定的；应当逮捕但患有严重疾病而被取保候审的犯罪嫌疑人疾病已经痊愈的；应当逮捕但当时正在怀孕或哺乳自己婴儿而被取保候审的犯罪嫌疑人哺乳期满；保证人要求取消保证的；等等。取保候审期限届满或者发现不应当追究犯罪嫌疑人刑事责任的，应当及时解除或者撤销取保候审。对于犯罪嫌疑人及其法定代理人、近亲属和委托的律师及其他辩护人认为取保候审超过法定期限，提出解除取保候审要求的，人民检察院应当在7日内审查决定。经审查认为超过法定期限的，经检察长批准后，解除取保候审；经审查未超过法定期限的，书面答复申请人。人民检察院变更、解除和撤销取保候审的程序与决定取保候审相同，先由办案人员提出意见，报经部门负责人审核，再报检察长决定。解除或者撤销取保候审的决定，应当及时通知执行机关，并将解除或者撤销取保候审的决定书送达犯罪嫌疑人；对有保证人的，还应当通知保证人解除担保义务。对采取保证金方式担保的，如果犯罪嫌疑人在取保候审期间没有违反刑事诉讼法第56条规定，或者发现不应当追究犯罪嫌疑人的刑事责任的，变更、解除或者撤销取保候审时，应当通知执行机关退还保证金。

（5）监视居住

①监视居住的概念及适用对象。职务犯罪案件侦查期间的监视居住，是指人民检察院为了保障职务犯罪侦查活动顺利进行，责令犯罪嫌疑人未经批准不得离开住处或者指定居所，并对其行动加以监视的强制措施。根据刑事诉讼法第51条和《人民检察院刑事诉讼规则》第37条、第63条规定，监视居住的适用对象与取保候审相同，一般在犯罪嫌疑人找不到保证人或者交不出保证金时适用。对于犯罪嫌疑人在取保候审期间违反应遵守的规定、情节较轻，需要变更强制措施但又不需要拘留、逮捕的，也可以适用监视居住。

②监视居住的程序。监视居住的决定、执行以及监视居住的变更、解除和撤销等，与取保候审相同，具体可以参照上述取保候审部分。

③被监视居住人应遵守的法律规定及违反规定的法律后果。根据刑事诉讼法第57条规定，被监视居住人应当遵守以下规定：第一，未经执行机关批准不得离开住处，无固定住处的，未经批准不得离开指定的居所；第二，未经执行机关批准不得会见他人；第三，在传讯的时候及时到案；第四，不得以任何形式干扰证人作证；第五，不得毁灭、伪造证据或者串供。被监视居住人违反上述规定，情节严重的，予以逮捕。根据最高人民法院、最高人民检察院、公安部、国家安全部、司法部、全国人大常委会法制工作委员会《关于刑事诉讼法实施中若干问题的规定》第24条规定，被监视居住的犯罪嫌疑人会见其

聘请的律师不需要经过批准。因此，这里的“不得会见他人”中的“他人”，是指除了与被监视居住人同住的家庭成员、被监视居住人聘请的律师之外的任何人。根据《人民检察院刑事诉讼规则》第68条规定，下列违反监视居住规定的行为属于情节严重，对犯罪嫌疑人应当予以逮捕：第一，故意实施新的犯罪行为的；第二，企图自杀、逃跑、逃避侦查、审查起诉的；第三，实施毁灭、伪造证据或者串供、干扰证人作证行为，足以影响侦查、审查起诉工作正常进行的；第四，未经批准擅自离开住处或者指定的居所，造成严重后果，或者两次未经批准擅自离开住处或者指定的居所的；第五，未经批准擅自会见他人，造成严重后果，或者两次未经批准擅自会见他人的；第六，经传讯不到案，造成严重后果，或者经两次传讯不到案的。对被监视居住人违反监视居住规定，情节较轻的其他行为，人民检察院可以予以训诫，责令具结悔过。

④监视居住的期限。根据刑事诉讼法第58条和《人民检察院刑事诉讼规则》第69条、第71条规定，人民检察院对同一犯罪嫌疑人监视居住的最长期限不得超过6个月。在监视居住期间，不得中断对案件的侦查。

(6) 拘留

①拘留的概念和适用对象。职务犯罪案件侦查期间的拘留，是指人民检察院在紧急情况下，为了保障侦查活动的顺利进行，对于符合法定条件的犯罪嫌疑人，依法采取的暂时剥夺其人身自由的强制措施。根据刑事诉讼法第61条、第132条规定，人民检察院对有以下两种情形之一而需要拘留的犯罪嫌疑人，可以决定拘留：犯罪后企图自杀、逃跑或者在逃的；有毁灭、伪造证据或者串供可能的。拘留是仅次于逮捕的一种强制措施，依法正确适用拘留措施，不但可以有效防止犯罪嫌疑人进行逃跑、自杀、毁灭或伪造证据、串供等妨碍侦查的行为，而且可以极大震慑犯罪嫌疑人的侥幸心理，瓦解犯罪嫌疑人拒供的心理防线，有利于掌握侦查工作主动权，突破犯罪嫌疑人的口供，迅速及时地收集其他必要的证据，提高侦查的效率和办案质量。

②拘留的程序。

第一，拘留的决定。根据《人民检察院刑事诉讼规则》第77条规定，人民检察院决定拘留犯罪嫌疑人的，先由办案人员提出意见，报经部门负责人审核，再报检察长决定。根据《中华人民共和国全国人民代表大会和地方各级人民代表大会代表法》第30条及《人民检察院刑事诉讼规则》第79条规定，具体程序如下：一是拘留担任本级人民代表大会代表的犯罪嫌疑人，直接向本级人民代表大会主席团或者常务委员会报告或者报请许可。二是拘留担任上级人民代表大会代表的犯罪嫌疑人，应当立即层报该代表所属的人民代表大会同级的人民检察院报告或者报请许可。三是拘留担任下级人民代表大会代表的犯罪嫌疑人，可以直接向该代表所属的人民代表大会主席团或者常务委员会报告或者报请许可，也可以委托该代表所属的人民代表大会同级的人民检察院报告或者报请许可。四是拘留担任乡、民族乡、镇的人民代表大会代表的犯罪嫌疑人，由县级人民检察院向该代表所在的乡、民族乡、镇的人民代表大会报告。五是拘留担任办案单位所在省、市、县（区）以外的其他地区人民代表大会代表的犯罪嫌疑人，应当委托该代表所属的人民代表大会同级的人民检察院报告或者报请许可。担任两级以上人民代表大会代表的，应当分别委托该代表所属的人民代表大会同级的人民检察院报告或者报请许可。此外，根据1996年7月8日中央政法委《关于对政协委员采取刑事拘留、逮捕强制措施应当向所在政协党组通报情况的通知》要求，人民检察院拘留担任政协委员的犯罪嫌疑人，应当在拘留前向该委员所属政协党组通报情况；情况紧急的，可同时或事后及时通报。

第二，拘留的执行。根据刑事诉讼法和最高人民法院、最高人民检察院、公安部、国家安全部、司法部、全国人大常委会法制工作委员会《关于刑事诉讼法实施中若干问题的规定》及最高人民检察院、公安部《关于适用刑事强制措施有关问题的规定》，人民检察院决定拘留犯罪嫌疑人的，由公安机关执行，人民检察院可以协助执行。人民检察院在作出拘留决定后，应当将有关法律文书和有关案由、犯罪嫌疑人基本情况的材料送交同级公安机关执行。公安机关核实有关法律文书和材料后，应当报请县级以上公安机关负责人签发拘留证，并立即派员执行，人民检察院可以协助公安机关执行。公安机关拘留犯罪嫌疑人后，应当立即将执行回执送达作出拘留决定的人民检察院。公安机关未能抓获犯罪嫌疑人的，应当在24小时以内将执行情况和未能抓获犯罪嫌疑人的原因通知作出拘留决定的人民检察院。在人民检察院撤销拘留决定之前，公安机关应当组织力量继续执行，人民检察院应当及时向公安机关提供新的情况和线索。

第三，拘留后的讯问和通知。根据刑事诉讼法第133条和《人民检察院刑事诉讼规则》第80条、第81条规定，犯罪嫌疑人被执行拘留后，人民检察院应当在24小时以内进行讯问。除有碍侦查或者无法通知的情形外，人民检察院还应当把拘留的原因和羁押的处所在24小时以内通知被拘留人的家属或者他的所在单位。因有碍侦查，不能在24小时以内通知的，应当经检察长批准，并将原因写明附卷；无法通知的，应当向检察长报告，并将原因写明附卷。这里的"有碍侦查"情形，主要是指犯罪嫌疑人被拘留的消息扩散后可能导致其他共同犯罪嫌疑人和有关涉案人员逃跑、躲避侦查的；犯罪嫌疑人的家属或者单位的人与犯罪有牵连的；等等。这里的"无法通知"情形，主要是指被拘留人无家属和工作单位的；被拘留人拒不讲明家庭和单位的详细通讯地址和联系方式的；被拘留人家庭、工作单位地处偏远，交通、通讯十分不便，24小时以内确实无法通知的；等等。

第四，拘留后的处理。根据刑事诉讼法第133条、第134条和《人民检察院刑事诉讼规则》第82条规定，对被拘留的犯罪嫌疑人，人民检察院应当根据情况分别作如下处理：一是发现不应当拘留的，必须立即释放，发给释放证明；二是对需要逮捕而证据还不充足的，可以取保候审或者监视居住；三是对符合逮捕条件的，依法决定逮捕。需要注意的是，省级以下（不含省级）人民检察院认为犯罪嫌疑人符合逮捕条件、需要依法逮捕的，应当制作报请逮捕书，经本院侦查监督部门提出审查意见，报检察长或者检察委员会审批后，连同案卷材料、讯问录音录像资料以及本院侦查监督部门的审查意见一并交上一级人民检察院侦查监督部门审查，并由上一级人民检察院依照审查决定逮捕的程序办理。

第五，拘留后的羁押期限。根据刑事诉讼法第134条和《人民检察院刑事诉讼规则》第83条规定，人民检察院拘留犯罪嫌疑人的羁押期限为10日，特殊情况下可以延长1日至4日。根据《人民检察院刑事诉讼规则》第109条及《关于省级以下人民检察院立案侦查的案件由上一级人民检察院审查决定逮捕的规定（试行）》的规定，人民检察院办理直接立案侦查的案件，需要逮捕犯罪嫌疑人的，如果犯罪嫌疑人已被拘留，侦查部门应当在拘留后3日以内报上一级人民检察院侦查监督部门审查决定。在特殊情况下，移送上报审查决定的时间可以延长1日至4日。对于犯罪嫌疑人及其法定代理人、近亲属或者犯罪嫌疑人委托的律师认为对被拘留的犯罪嫌疑人羁押超过法定期限，向人民检察院提出释放犯罪嫌疑人或者变更拘留措施要求的，由人民检察院侦查部门审查，侦查部门应当在3日内审查完毕。侦查部门经审查认为超过法定期限的，应当提出释放犯罪嫌疑人或者变更拘留措施的意见，经检察长批准后，通知公安机关执行；经审查认为未超过法定期限的，书面答复申请人，并将审查结果同时书面通知本院监所检察部门。

（7）逮捕

①逮捕的概念及适用对象。职务犯罪案件侦查期间的逮捕，是指人民检察院为了保障侦查活动的顺利进行，对符合法定条件的犯罪嫌疑人依法采取的在较长时间内剥夺其人身自由的最为严厉的强制措施。根据刑事诉讼法有关规定，逮捕的适用对象有两种：一是刑事诉讼法第60条规定的"有证据证明有犯罪事实，可能判处徒刑以上刑罚的犯罪嫌疑人，采取取保候审、监视居住等方法，尚不足以防止发生社会危险性，而有逮捕必要的"；二是刑事诉讼法第

56条、第57条规定的被取保候审、监视居住的犯罪嫌疑人违反应遵守的规定，情节严重而需要逮捕的。

②逮捕的条件。按照刑事诉讼法有关规定，逮捕的条件有以下三个，并且三者必须同时具备，缺一不可。

第一，有证据证明有犯罪事实。这是适用逮捕的证据条件，也是逮捕的前提和事实基础。根据最高人民法院、最高人民检察院、公安部、国家安全部、司法部、全国人大常委会法制工作委员会《关于刑事诉讼法实施中若干问题的规定》第26条和《人民检察院刑事诉讼规则》第86条规定，“有证据证明有犯罪事实”是指同时具备下列情形：一是有证据证明发生了犯罪事实；二是有证据证明该犯罪事实是犯罪嫌疑人实施的；三是证明犯罪嫌疑人实施犯罪行为的证据已有查证属实的。其中，犯罪事实既可以是单一犯罪行为的事实，也可以是数个犯罪行为中任何一个犯罪行为的事实。根据《人民检察院刑事诉讼规则》第87条规定，对实施多个犯罪行为或者共同犯罪案件的犯罪嫌疑人，符合《人民检察院刑事诉讼规则》第86条规定，具有下列情形之一的，应当逮捕：一是有证据证明犯有数罪中的一罪的；二是有证据证明实施多次犯罪中的一次犯罪的；三是共同犯罪中已有证据证明有犯罪事实的犯罪嫌疑人。这里的“证明犯罪嫌疑人实施犯罪行为的证据已有查证属实的”，是指侦查人员依法收集的证据相互之间能够彼此印证，共同证实犯罪嫌疑人实施了犯罪行为。“已有查证属实的”强调只要对定罪起关键作用的证据查证属实了即可，无须全部查证属实。可见，对逮捕证据证明力是质和量的统一，既有质的要求，就是要求各个证据必须真实可靠，具有证明能力和证据价值，证据间必须能够相互印证；也有量的要求，就是对犯罪嫌疑人符合主体资格、具有犯罪的主观故意、客观上实施了犯罪行为等犯罪构成要件事实，都要有相应的经查证属实的证据加以证明。

第二，可能判处徒刑以上刑罚。这是逮捕的刑罚条件，也是适用逮捕在犯罪严重程度方面的要求。据此，人民检察院在决定逮捕时，既要严格把握罪与非罪的界限，还应考虑犯罪嫌疑人所犯罪行的严重程度，分析判断是否可能判处徒刑以上刑罚。对那些罪行较轻，可能判处管制、拘役或者独立适用附加刑的，不适用逮捕。这里的“可能判处徒刑以上刑罚”，只是一种不确定的判断，根据当时已有的证据证明的犯罪事实及案情作出，而大量的侦查工作、证据的充实和完善都需要在逮捕后的侦查阶段查清和获取。同时，在个别案件中也会出现逮捕后政策法律发生变化或原来据以逮捕的证据发生变化的可能性。这说明，“可能判处徒刑以上刑罚”的判断，是逮捕阶段的初步判断，是可能性而非确定性。

第三，采取取保候审、监视居住等方法尚不足以防止发生社会危险性，而有逮捕必要。这是逮捕的社会危险性条件。所谓社会危险性，主要包括两方面的含义：一是妨碍侦查活动顺利进行的危险性，如逃跑、串供、毁灭罪证、干扰证人作证等；二是继续实施犯罪的危险性，如打击报复、为掩盖罪行又实施新的犯罪行为等。对职务犯罪而言，犯罪嫌疑人可能发生的社会危险性主要是前者。需要指出，正确把握这一条件的关键，不在于判断犯罪嫌疑人是否可能发生社会危险性，而在于判断犯罪嫌疑人发生社会危险性的可能性大小，以及采取取保候审、监视居住等方法是否足以防止发生社会危险性。实践中，一般从犯罪的事实、性质、情节、社会危害程度以及犯罪嫌疑人的认罪态度、主观恶性、一贯表现、案件证据的特点和当时收集固定证据的程度等方面综合分析判断犯罪嫌疑人发生社会危险性的可能性大小。如经分析判断，认为虽然有一定社会危险性，但危险性不大，采取取保候审、监视居住等方法足以防止的就不必逮捕。这里的"有逮捕必要"，主要是根据最高人民检察院、公安部《关于依法适用逮捕措施有关问题的规定》，具有下列情形之一者：一是可能继续实施犯罪行为，危害社会的；二是可能毁灭、伪造证据、干扰证人作证或者串供的；三是可能自杀或逃跑的；四是可能实施打击报复行为的；五是可能有碍其他案件侦查的；六是其他可能发生社会危险性的情形。

③特定情形下适用逮捕的例外。根据刑事诉讼法第 60 条第 2 款规定，对应当逮捕的犯罪嫌疑人，如果患有严重疾病，或者是正在怀孕、哺乳自己婴儿的妇女，可以采用取保候审、监视居住的方法。该款的规定是逮捕条件在特定情形下的适用例外，体现了人道主义精神。但需注意，对这种情形，法律规定"可以"而不是"应当"采取取保候审、监视居住的方法。根据案件具体情况，必要时对这类犯罪嫌疑人也可以逮捕，如犯罪嫌疑人虽然患有严重疾病，但罪行特别严重、主观恶性很大、拒不认罪、大肆干扰侦查活动等。

④被取保候审、监视居住人转逮捕的情形。根据刑事诉讼法第 56 条规定，被取保候审的犯罪嫌疑人违反应遵守的四项规定，应当区分情形，责令具结悔过、重新交纳保证金、提出保证人或者监视居住、予以逮捕。对被取保候审人违反规定后转捕问题，根据《人民检察院刑事诉讼规则》第 53 条、第 54 条规定，是指具有下列情形的犯罪嫌疑人，应予逮捕：一是企图自杀、逃跑、逃避侦查的；二是实施毁灭、伪造证据或者串供、干扰证人作证行为，足以影响侦查工作正常进行的；三是未经批准擅自离开所居住的市、县的；四是经传讯不到案，造成严重后果，或者经两次传讯不到案的；五是在取保候审期间故意实施新的犯罪行为的。根据刑事诉讼法第 57 条规定，被监视居住人违反应遵守的五项规定、情节严重的予以逮捕。根据《人民检察院刑事诉讼规则》第

68 条规定，是指具有下列情形、属于情节严重的犯罪嫌疑人应予逮捕：一是故意实施新的犯罪行为的；二是企图自杀、逃跑、逃避侦查、审查起诉的；三是实施毁灭、伪造证据或者串供、干扰证人作证行为，足以影响侦查、审查起诉工作正常进行的；四是未经批准擅自离开住处或者指定的居所，造成严重后果，或者两次未经批准擅自离开住处或者指定的居所的；五是未经批准擅自会见他人，造成严重后果，或者两次未经批准擅自会见他人的；六是经传讯不到案，造成严重后果，或者经两次传讯不到案的。

⑤逮捕的程序。

第一，逮捕的决定。一是根据《人民检察院刑事诉讼规则》第 91 条、第 109 条及《关于省级以下人民检察院立案侦查的案件由上一级人民检察院审查决定逮捕的规定（试行）》的规定，人民检察院决定逮捕犯罪嫌疑人的，报上一级人民检察院侦查监督部门办理，由侦查部门制作报清逮捕书，连同案卷材料、讯问录音录像资料及本院侦查监督部门审查意见一并报上一级人民检察院侦查监督部门审查。犯罪嫌疑人已被拘留的，侦查部门应当在拘留后 3 日以内上报。特殊情况下，上报审查时间可延长 1 日至 4 日。对侦查部门上报审查决定逮捕的案件，犯罪嫌疑人已被拘留的，上一级人民检察院应当在收到报请逮捕书后 7 日以内作出是否逮捕的决定；犯罪嫌疑人未被拘留的，应在收到报请逮捕书后 15 日以内作出是否逮捕的决定，重大、复杂的案件不得超过 20 日。二是根据《中华人民共和国全国人民代表大会和地方各级人民代表大会代表法》第 30 条和《人民检察院刑事诉讼规则》第 93 条规定，对担任各级人民代表大会代表的犯罪嫌疑人决定逮捕的具体程序如下：对担任本级人民代表大会代表的犯罪嫌疑人决定逮捕的，应当报请本级人民代表大会主席团或者常务委员会许可；对担任上级人民代表大会代表的犯罪嫌疑人决定逮捕的，应当层报该代表所属的人民代表大会同级的人民检察院报请许可；对担任下级人民代表大会代表的犯罪嫌疑人决定逮捕的，可以直接报请该代表所属的人民代表大会主席团或者常务委员会许可，也可以委托该代表所属的人民代表大会同级的人民检察院报请许可；对担任乡、民族乡、镇的人民代表大会代表的犯罪嫌疑人决定逮捕的，由县级人民检察院向该代表所在的乡、民族乡、镇的人民代表大会报告；对担任办案单位所在省、市、县（区）以外其他地区人民代表大会代表的犯罪嫌疑人决定逮捕的，应当委托该代表所属的人民代表大会同级的人民检察院报请许可；对担任两级以上人民代表大会代表的犯罪嫌疑人决定逮捕的，应当分别委托该代表所属的人民代表大会同级的人民检察院报请许可。三是根据 1996 年 7 月 8 日中央政法委《关于对政协委员采取刑事拘留、逮捕强制措施应当向所在政协党组通报情况的通知》要求，人民检察院在逮捕担任政协委员的犯罪嫌疑人之前，应向该委员所属政协党组通报情况，情况紧急的可同时或事后及时通报。四是根据《人民检察院刑事诉讼规则》第 94 条第 2 款规定，人民检察院侦查部门在办理职务犯罪案件中需要逮捕涉嫌犯罪的外国人、无国籍人的，应当由分、州、市人民检察院审查并提出意见，报省级人民检察院征求同级政府外事部门的意见后，决定批准逮捕，同时报最高人民检察院备案。如果属于在适用法律上确有疑难的案件，还要层报最高人民检察院审查。

第二，逮捕的执行。根据《人民检察院刑事诉讼规则》第 112 条及最高人民检察院、公安部《关于适用刑事强制措施有关问题的规定》和“逮捕上提一级改革”等规定，对人民检察院侦查部门报请决定逮捕的犯罪嫌疑人，上一级人民检察院作出逮捕决定后，应当将逮捕决定书连同案卷材料交回下级人民检察院，由下级人民检察院侦查部门通知公安机关执行。必要时人民检察院可以协助公安机关执行。公安机关逮捕犯罪嫌疑人后，应当立即将执行回执送达承办案件的人民检察院。公安机关未能抓获犯罪嫌疑人的，应当在 24 小时以内将执行情况和未能抓获犯罪嫌疑人的原因通知承办案件的人民检察院。在人民检察院撤销逮捕决定之前，公安机关应当组织力量继续执行，人民检察院应当及时向公安机关提供新的情况和线索。

第三，逮捕后的通知。根据刑事诉讼法第 71 条和《人民检察院刑事诉讼规则》第 115 条规定，人民检察院决定逮捕犯罪嫌疑人后，承办案件的侦查部门应当把逮捕的原因和羁押的处所，在 24 小时以内通知被逮捕人的家属或者其所在单位。因有碍侦查，不能在 24 小时以内通知的，应当经检察长批准，并将原因写明附卷；无法通知的，应当向检察长报告，并将原因写明附卷。这里的“有碍侦查”和“无法通知”与“拘留”相同，可以参见上述相关部分。

第四，逮捕后的讯问和处理。一是根据刑事诉讼法第 72 条、第 73 条、第 74 条和《人民检察院刑事诉讼规则》第 116 条、第 119 条规定，对被逮捕的犯罪嫌疑人，人民检察院应当在 24 小时以内进行讯问。发现不应逮捕的，应当经检察长批准，撤销逮捕决定或者变更为其他强制措施，并通知公安机关执行。这里的“不应当逮捕”主要是指：犯罪行为没有发生或者被逮捕人不构成犯罪的；有刑事诉讼法第 15 条规定情形之一的；犯罪嫌疑人罪行较轻，不可能判处徒刑以上刑罚的；犯罪嫌疑人患有严重疾病，或者正在怀孕、哺乳自己婴儿，根据案件情况不是非捕不可的；犯罪嫌疑人的社会危险性不大，采取取保候审或者监视居住措施足以防止，没有逮捕必要的；犯罪嫌疑人在取保候审或者监视居住期间没有严重违反应遵守的规定，不符合转捕条件的；等等。对于犯罪嫌疑人被逮捕后，如果案件不能在法定侦查羁押期限内办结，需要继续查证的，对犯罪嫌疑人可以采取取保候审或者监视居住；对撤销或者变更逮捕措施的情况，侦查部门应通知上一级人民检察院侦查监督和本院监所检察部门。二是根据《人民检察院刑事诉讼规则》第 96 条规定，对犯罪嫌疑人及其法定代理人、近亲属或者犯罪嫌疑人委托的律师及其他辩护人认为对逮捕的犯罪嫌疑人羁押超过法定期限，向人民检察院提出释放犯罪嫌疑人或者变更逮捕措施要求的，由人民检察院侦查监督部门审查，侦查监督部门应当向侦查部门了解有关情况，并在 7 日内审查完毕。经审查认为超过法定期限的，应当提出释放犯罪嫌疑人或者变更逮捕措施的意见，经检察长批准后，通知公安机关执行；经审查认为未超过法定期限的，书面答复申请人。

3. 侦查措施

侦查措施，是实现职务犯罪侦查目的的根本手段和途径。侦查的目的是收集证据、查清犯罪事实及查获犯罪嫌疑人。要实现侦查目的，就要使用各种侦查措施。离开了侦查措施，侦查破案就无从谈起。因此，依法适用侦查措施，对于提高侦查措施的运用能力，及时有效查处职务犯罪，更好地履行侦查职责，深入推进反腐败斗争等具有十分重要的作用。

(1) 侦查措施的概念及其法律依据

职务犯罪侦查措施是指人民检察院在职务犯罪侦查过程中，为了收集证据，查明案情，查缉犯罪嫌疑人，依照法律规定进行专门调查活动而采取的措施，具有法定性、强制性、整体性、有效性等特点。检察机关在职务犯罪侦查中运用侦查措施，主要依据刑事诉讼法第 131 条的规定进行。

(2) 讯问

①讯问的概念和任务。讯问，是侦查人员为了核查犯罪事实和收集证据，发现新的犯罪线索，查明案件全部事实真相，依照法定程序对犯罪嫌疑人进行审问的一项专门侦查措施。讯问的任务主要有：一是查清犯罪嫌疑人全部犯罪事实，收集犯罪证据；二是发现其他犯罪线索，挖出其他犯罪嫌疑人；三是保障无罪的人不受刑事追究；四是对犯罪嫌疑人进行法律政策教育，促使其认罪服法。

②讯问的程序和要求。

第一，讯问的程序。

一是要做好人员、力量配备。根据刑事诉讼法规定，讯问犯罪嫌疑人，不能少于 2 人。讯问力量的配备，应当根据案件具体情况而定，在一般情况下由讯问人和书记员进行。对于案情复杂的重大案件，应配备较多、较强的讯问力量，必要时侦查部门负责人应当参加。如果讯问聋哑犯罪嫌疑人，应当有通晓聋哑手势的人参加；讯问不通晓当地语言文字的人、外国人，应当配备翻译人员；讯问不满18周岁的未成年犯罪嫌疑人时，可以通知其法定代理人到场。

二是要熟悉案情，研究犯罪嫌疑人的特点。首先，对犯罪嫌疑人涉嫌犯罪情况进行了解分析，包括已掌握的证据和线索、其他犯罪嫌疑人情况以及侦查的方向、深挖的潜力和可能性；其次，对犯罪嫌疑人家庭情况的了解；再次，对犯罪嫌疑人心理的分析，如性格是内向还是外向等；最后，对犯罪嫌疑人经历的了解，如担任职务、政绩、获得的荣誉、受过的处分、经受过的挫折等。

三是做好讯问前的物质技术准备。如果对在押犯罪嫌疑人的讯问，要与公安看守所取得联系，安排好讯问室，架设、检查、调试录音录像设备；如果对拘传、传唤的犯罪嫌疑人进行讯问，应当在本院讯问室进行，要对讯问室进行检查，如果发现不安全因素的要立即排除；对录音录像设备要进行检查，使设备处于正常、完好状态。

四是做好讯问人员的心理准备。首先，要有坚定的自信心；其次，要有顽强的自制力；再次，策略要得当，调控要适度；最后，要做到随机应变，当机立断。

五是制订讯问计划。讯问计划是指对某一具体案件进行讯问所要采取的步骤、方法和策略等的安排。讯问人员在熟悉案件情况和掌握犯罪嫌疑人的特点之后，应当据此制订切实可行的讯问计划，保证讯问有目的、有步骤地进行。讯问计划的内容主要包括：简要案情；通过讯问要查明的主要问题；犯罪嫌疑人思想动态和个性特点分析；讯问的步骤、方法和策略；初查手段和举报人的保密；讯问过程中可能出现问题的预测及处理等。讯问计划制订后，讯问人员既要严格执行，又要根据侦查情势的变化适时进行补充、修改，灵活掌握。

六是讯问不需要逮捕、拘留的犯罪嫌疑人，可以传唤、拘传到犯罪嫌疑人所在市县内的人民检察院讯问室进行讯问，首先出示人民检察院的证明文件，传唤、拘传持续的时间不能超过12小时，不能以连续传唤的方式变相拘禁犯罪嫌疑人。对拘留、逮捕的犯罪嫌疑人，则须在24小时以内讯问。

七是提讯在押犯罪嫌疑人的，应当填写提押证，在看守所进行讯问。因侦查需要而提押犯罪嫌疑人出所辨认罪犯、罪证或者追缴罪犯有关财物的，可以提押犯罪嫌疑人到人民检察院讯问室接受讯问，并应当经检察长批准，由2名以上司法警察押解，讯问当天要及时还押。

八是讯问犯罪嫌疑人实行告知制度。侦查人员在第一次接触犯罪嫌疑人或者对其采取强制措施之日起，讯问时应当告知犯罪嫌疑人可以会见律师，可以聘请律师为其提供法律咨询，代理控告、申诉或者申请取保候审。第一次讯问犯罪嫌疑人，应当告知其有申请回避的权利，如果讯问与本案无关的问题有拒绝回答的权利，还要告知其对讯问活动要实行全程同步录音录像，并将告知情况记明笔录。犯罪嫌疑人要求聘请律师的，也应在笔录中注明。

九是侦查人员在讯问犯罪嫌疑人时，应当首先讯问犯罪嫌疑人是否有犯罪行为，让其陈述有罪的情节或者无罪的辩解，然后向其提出问题。对提出的反证，要认真核查。

十是侦查人员在讯问犯罪嫌疑人时，必须制作讯问笔录，将讯问人员的提问和犯罪嫌疑人的回答如实地记录下来。首先，书记员事前要全面熟悉案件情况，包括主要的犯罪事实和情节，与案件有关的人名、地名、单位，专用名词、术语等。还要熟悉整个讯问计划的内容及每次讯问的重点、意图，以便记录快速、准确和抓住要领。初次讯问时，要先查明犯罪嫌疑人的姓名、曾用名、化名、籍贯、出生时间、职业、住址、文化程度、主要社会经历、是否受过行政处罚或刑事处罚以及家庭成员、主要社会关系等基本情况。其次，笔录要如实反映讯问的真实情况。对侦查人员的提问和犯罪嫌疑人陈述包括供述和辩解，要采取一问一答的方式，尽量用原话记录。为了便于记录，侦查人员要把握讯问的节奏，对犯罪嫌疑人的表情、神态、动作，如沉默、摇头、抓发、捶胸、顿足、哭泣、冷笑等，也应如实记录。再次，每次讯问结束后，将笔录交给犯罪嫌疑人阅读；对没有阅读能力的要向其宣读，然后在末页上写明“以上笔录看过或给我读过，和我说的一致”，写上日期，并逐页签名或盖章。如果犯罪嫌疑人拒绝签名或盖章的，应当在笔录上注明。如果记录有遗漏和差错，或者同犯罪嫌疑人表达意思不一致的，应当允许犯罪嫌疑人补充或更正，并在补充、修改处盖章或按手印。讯问人和记录人、翻译人员应在笔录末页签名，在笔录头上注明讯问的起止时间。最后，讯问笔录可以由书记员手工记录或者电脑记录。对用电脑记录的，记录完毕应打印纸质文字记录材料，交给犯罪嫌疑人阅读或向他宣读。对于书面记录，要与录音录像资料相吻合；在讯问中犯罪嫌疑人要求自行书写供词的，侦查人员应当准许。必要时，侦查人员也可以要求犯罪嫌疑人亲笔书写供词，用以固定证据。

第二，讯问的要求。

一是保障犯罪嫌疑人依法享有的诉讼权利。犯罪嫌疑人有为自己行为进行辩解的权利。对犯罪嫌疑人的辩解，要耐心听取，认真研究；对犯罪嫌疑人提供的反证，要认真对待，辨明真伪；犯罪嫌疑人对与本案无关的问题如国家机密、个人隐私等，有拒绝回答的权利；犯罪嫌疑人有要求阅读或向其宣读讯问笔录的权利，并有要求改正或补充的权利；犯罪嫌疑人有要求用本民族的语言文字回答讯问的权利，有对非法讯问及刑讯逼供行为提出控告的权利。

二是正确认识、对待犯罪嫌疑人的供述和辩解。根据刑事诉讼法规定，犯罪嫌疑人的供述和辩解经查证属实的，也是一种重要证据。因为犯罪嫌疑人对自己是否实施犯罪行为，以及如何进行犯罪活动等最为清楚，其供述或辩解都将直接或间接涉及与案件有关的事实。因此，在讯问中既要有效获取犯罪嫌疑人的真实供述，又要重视围绕口供收集各种证据材料，使其相互印证，保证准确查明案件事实真相。

三是严格依法讯问，确保办案安全。首先，严禁刑讯逼供；其次，禁止以威胁、引诱、欺骗及其他非法的方法进行讯问；最后，保证讯问安全，特别是要注意犯罪嫌疑人因受法律追究而产生很大的心理压力，讲究讯问的策略方法，有效调节犯罪嫌疑人的心理，打消其思想顾虑，指明出路，避免产生自杀的念头，有效防止自杀等重大办案事故的发生。

(3) 询问

①询问的概念和任务。询问，是指侦查人员按照法定程序用口头的方式向证人、被害人就其了解的案件情况进行调查的侦查措施。询问的任务主要有：一是查明案情；二是收集证据；三是审查和核实证据；四是查缉在逃犯。

②询问的程序和要求。

第一，询问的程序。

一是做好询问前的准备。询问证人前应了解证人的身份、职业及证人与犯罪嫌疑人的关系、证人的性格特征及心理状态，研究证人可能提供什么情况和能够证明什么问题，做到心中有数，制定询问的预案，拟出简要的询问提纲或腹稿，使询问证人工作有条不紊地进行。

二是询问证人，可以到证人所在单位或者住所进行。必要时，可以通知证人到人民检察院提供证言。询问证人，可以向证人或其单位发询问证人通知书。询问证人时，侦查人员应该向证人出示人民检察院的证明文件或检察院工作证。询问不满18周岁的证人，可以通知其法定代理人到场。

三是实行告知制度。询问证人时，首先要说明用意，然后根据证人的职业、文化程度等特点，采用适当的方法告诉其权利义务，讲明凡是知道案件情况的人都有作证的义务，以及应当如实提供证据、证言和有意作伪证或者隐匿罪证要负法律责任等法律规定。

四是讲究询问的方式方法，不要引起证人的反感或给证人增加不必要的思想负担。询问时，应先让证人就其所知道的案件情况进行详细叙述，然后再询问。询问的内容限于与案件有关的问题，让证人就其所了解的案件情况进行实事求是的叙述，并说明这些情况的来源，以判明证言的效力。询问人员不得向证人泄露案情或者本人对案件的看法，不得对证人的证言作同意或不同意的表示，严禁用威胁、引诱、暗示和其他非法的方法进行询问。询问证人应个别进行，如果一案有两个或者两个以上证人的，应当分别进行询问，不能把几个证人集中在一起采用座谈或讨论的方法进行。

五是询问要制作询问笔录。对证人提供的证言要客观准确地记录，笔录的内容包括：询问的时间、地点；参加询问人的姓名、职务；证人的姓名、性别、年龄、职业、住址和工作单位及与犯罪嫌疑人的关系；证言的详细内容，一般采用侦查询问人员提问和证人回答的方式记录；证人的陈述应当用第一人称，并力求详细具体，字迹清晰端正。笔录制成后，应当交由证人阅读，对没有阅读能力的要向其宣读。如果证人认为记载有错误或者有遗漏时，应当允许其改正或补充。笔录核对无误后，证人应在笔录上签名、盖章，如有添改则应在添改处签名、盖章，侦查询问人员应在笔录上签名。

第二，询问的要求。

一是明确证人的资格。根据刑事诉讼法第 48 条规定，知道案件情况的人，都有作证的义务。生理上、精神上有缺陷或者年幼、不能辨别是非、不能正确表达的人，不能作证人。其一，证人必须是在诉讼活动开始前就知道案件情况，或在诉讼活动开始后犯罪嫌疑人实行反侦查活动时知道案件情况的人。其中，三种人不能作证人：一种是生理有缺陷不能辨别是非、不能正确表达的人；第二种是精神上有缺陷而不能辨别是非、不能正确表达的人；第三种是年幼而不能辨别是非、不能正确表达的人。其二，证人限于自然人。对涉案行为人的出生年月、个人成分、经历、家庭出身、社会关系、表现鉴定等一般事实，单位或法人出具的材料可作为证据材料。其三，证人不能任意指定，也不能更换和代替。其四，在共同犯罪中，同案的犯罪嫌疑人、被告人不能互为证人。其供述涉及同案其他犯罪嫌疑人、被告人部分，性质上属于犯罪嫌疑人、被告人的供述。其五，辨认人和见证人作证。辨认人对有关嫌疑人或物品的辨认，是以辨认的方法作证，与证人证言没有区别；见证人是在勘验、检查、搜查、扣押时被邀请作为现场的见证人，是事先选择的同本案没有利害关系的公证人，并且一旦作为见证人就成为不可替代的证人。辨认人和见证人具有与证人相同的权利和义务。其六，国家机关、人民团体、企业事业单位人员及各级领导干部，都有作证的义务，没有拒绝作证的特权。

二是尊重证人的权利。证人有使用本民族语言文字提供证言的权利；对侦查人员侵犯其诉讼权利或人身侮辱的行为有提出控告的权利；有权要求阅读或向其宣读自己证言笔录的权利，如果发现记录有遗漏或差错，有权申请补充或更正，有权要求自己书写证言；在侦查阶段不愿公开自己的姓名时有权向司法机关提出为其保密；因作证而影响自己正常收入的，可以向通知其作证的司法机关请求给予适当的补助。对证人禁止以威胁、引诱、欺骗以及其他非法的方法进行询问。

三是讲究策略方法，保证证人询问安全。首先，要选择适应证人心理的询问地点、方式。根据刑事诉讼法第 97 条规定，侦查人员询问证人，可以到证人的所在单位或者住处进行，但是必须出示人民检察院或者公安机关的证明文件。在必要的时候，也可以通知证人到人民检察院或者公安机关提供证言。其次，要保障证人及其亲属的安全。根据刑事诉讼法第 49 条规定，人民法院、人民检察院和公安机关应当保障证人及其近亲属的安全。对证人及其近亲属进行威胁、侮辱、殴打或者打击报复，构成犯罪的，依法追究刑事责任；尚不够刑事处罚的，依法给予治安管理处罚。再次，要善于营造询问势能，促使污点证人如实作证；善于通过询问证人获取再生证据；在必要时可以让证人提交书面证言。此外，询问未成年的证人时，在方法和地点上都要区别于成年人。同时，严禁对证人采取任何强制措施，严禁暴力取证。

(4) 勘验、检查、辨认

①勘验、检查、辨认的概念和任务。一是勘验、检查。这是指侦查人员对与犯罪有关的场所、物品、尸体或人身等进行亲临现场查看、了解和检验，从中发现和固定犯罪活动遗留各种痕迹和物品的侦查措施。勘验、检查的主要任务是收集与犯罪有关的痕迹和物品，判明案件性质，研究和了解犯罪分子实施犯罪的情况及犯罪分子的个体特点，确定侦查方向和范围。二是辨认。这是指在侦查人员主持下，由证人、被害人及其他有关人员对犯罪嫌疑人及与案件有关的物品、尸体或场所进行识别指认活动。辨认的主要任务是：明确辨认客体与案件的关系，验证和判断某些证人证言、犯罪嫌疑人供述和辩解及被害人陈述的真伪和可信性，为审查、查缉犯罪嫌疑人提供依据和帮助。

②勘验的程序和要求。

第一，保护现场。职务犯罪不同于普通刑事犯罪有明确的犯罪现场，但也有一些犯罪如重大责任事故、贪污犯罪中的监守自盗、赃款赃物的埋藏点以及犯罪嫌疑人自杀或因病死亡等现场。保护现场，是指在案件发生后，对犯罪现场进行警戒封锁，使其保持案件发生、发现时的状态。根据刑事诉讼法规定，任何单位和个人都有义务保护犯罪现场。侦查人员到现场后，首先要做好保护现场的工作，主要包括划定保护范围，布置警戒，不许任何人进入现场；保全易于消失损坏的痕迹、物证；对遇到紧急情况的紧急处置措施等。

第二，组织调集勘验人员。一般由侦查破案的负责人、侦查员、技术员等组成，可以邀请有关专业人员参加，确定两名与案件无关、为人正直的公民作见证人，案件当事人及其亲属和司法人员不能充当见证人。

第三，做好现场勘验前的准备。接到报案后应立即组织力量快速赶赴现场，及时了解和掌握现场情况，制定勘验方案，确定勘验的范围和顺序，对现场勘验人员进行组织分工，及时决定采取有关紧急措施，准备人民检察院的证明文件。

第四，实施现场勘验。现场勘验可分为实地勘验和现场访问两个部分，根据具体情况及要求采取相应的方法和措施。如开展实地勘验，首先要进行初步勘验，然后进行详细勘验，还可以进行临场实验，对该事实或现象参照案件原有条件加以演示的活动。对于现场访问，其对象主要是知情人，现场访问的重点是有关案件或事件发生情况、被害人有关情况及被害程度等，要注意选择适当的访问地点，提问要简明、准确，对被询问人的陈述要耐心听取。

第五，制作现场勘验记录。主要内容包括前言、主体、结尾三个部分。前言部分写案由和勘验情况；主体部分主要写勘验所见，包括现场地址、方法和周围环境、现场所见反常现象等；结尾部分是附记和签名，包括现场拍照、录像，现场提取物品的种类、名称及数量，现场指挥人员、勘验人员及见证人签名，勘验日期等。

③检查的程序及要求。

第一，物证、书证的检验。物证、书证检验是指侦查人员对收集的物品、痕迹和书面文字材料进行检查和验证，以确定该物品、痕迹和书面文字材料与案件事实之间关系的侦查活动。侦查人员对于收集到的物证、书证应当认真细致地检查，以便确定物证、书证与该案事实的关系。检验物证、书证应制作检验笔录，详细记载物证的特征，如物品的材料、形状、尺寸以及痕迹的位置、大小、形状等，参加物证书证检验的人员和见证人，应当在笔录上签名或者盖章。

第二，尸体检查。职务犯罪案件的侦查中将会遇到有的犯罪嫌疑人或知情人被杀人灭口，有的犯罪嫌疑人自杀或者因突发重病死亡，有的还可能因违法办案导致犯罪嫌疑人死亡等情况。对此，应立即封锁现场，一般邀请有权威的部门对尸体进行检查，但侦查人员也应当了解尸体检查的程序和方法。尸体检查是通过尸表检验和尸体解剖的检验，以确定或判断死亡的时间和原因，致死的工具和手段、方法等，为查明案情、明确责任提供根据。具体根据《人民检察院刑事诉讼规则》第 168 条规定进行，检验尸体的一切情况应详细写成笔录，由侦查人员、法医和解剖医生等签名或盖章。

第三，人身检查。人身检查是指侦查人员为了确定被害人、犯罪嫌疑人人身的某些特征、伤害状况或生理状况，依法对其人身进行检查的侦查活动。侦查人员对人身的检查，主要是为了防止犯罪嫌疑人及其家属在身体某个部位藏匿涉案证据如存折等。人身检查由侦查人员进行，必要时可以聘请法医或医师在侦查人员的主持下进行，检查时不得有侮辱被害人、犯罪嫌疑人人格或其他合法权益的行为，必要时可以强制检查，但对被害人人身检查应当征得本人同意，不得强制进行。检查妇女的身体应当由女工作人员或医师进行。人身检查应制作笔录，详细记载检查的结果，并由参加检查的人员和见证人签名或盖章。

第四，侦查实验。侦查实验是指侦查人员为了确定和判明有关事实或行为在某种情况下能否发生或如何发生，而按原有条件实验性地重演的侦查活动。在职务犯罪案件的侦查中，可以运用侦查实验为侦查服务。但决定侦查实验，需经检察长批准。为了保证侦查实验的科学性、准确性，实验的环境与条件应尽可能与原来相同，对同一情况重复实验。侦查实验应由侦查人员进行，并邀请见证人在场，在必要时可以聘请有关人员参加或者要求犯罪嫌疑人、被害人、证人参加，并严禁一切足以造成危险、侮辱人格或者有伤风化的行为。侦查实验应制作笔录，记明侦查实验的条件、经过和结果，由参加侦查试验的人员签名或者盖章。

④辨认的程序和要求。辨认是一种重要的侦查措施，职务犯罪侦查中通常也有遇到。辨认包括对人的辨认、对物的辨认、对尸体的辨认、对场所的辨认等，对人的辨认包括对活人的辨认、对照片的辨认、对录像的辨认、对声音的辨认。

第一，对犯罪嫌疑人的辨认，应经检察长批准。必要时侦查人员可以让被害人、犯罪嫌疑人和证人对与犯罪有关的物品、文件、尸体或者犯罪嫌疑人进行辨认。

第二，辨认在侦查人员的主持下进行，由辨认人、被辨认人、见证人参加，也可以商请公安机关参加或者协助。

第三，在辨认前，应向辨认人详细询问被辨认人或者被辨认物的具体特征，应告知辨认人有意作假辨认应负的法律责任，禁止辨认人在辨认前见到被辨认人或被辨认物。辨认人多人对同一被辨认人或同一物品进行辨认时，应由每一名辨认人单独进行，必要时可以由见证人在场。

第四，辨认时，应将辨认对象混杂在其他人员或者物品之中，不能给辨认人任何暗示。辨认犯罪嫌疑人时，受辨认人不得少于5人、照片不得少于5张；辨认物品时，同类物品不得少于5件、照片不得少于5张。

第五，制作辨认笔录。主要内容包括：辨认的时间、地点和条件；辨认人的姓名、性别、年龄、工作单位、职业和住址；辨认对象的具体情况，如被辨认人的姓名、性别、年龄、职业、住址；被辨认物品的种类、型号、形状、数量等；辨认结果及其根据，即认定同一、不同一或者相似，认定的根据是什么；混杂辨认客体（人或物）的具体情况；参加辨认人员签名或者盖章，包括主持辨认的侦查人员、辨认人、被辨认人、见证人等。

（5）搜查

①搜查的概念和任务。搜查，是指侦查人员依法对犯罪嫌疑人以及可能隐藏罪犯或者犯罪证据的人的身体、物品、住处或其他有关地方进行搜索和核查的诉讼活动。搜查的任务主要有：一是收集已知证据，发现未知证据，开辟证据来源。二是防止证据的自然消失和人为毁灭、破坏、伪造、转移。三是查获犯罪嫌疑人。

②搜查的程序和要求。

第一，要明确搜查的目的和重点。明确搜查的目的是查找书证、赃证还是查获犯罪嫌疑人，据此确定搜查的重点和方式方法。

第二，要研究掌握被搜查对象的情况，包括被搜查的人和处所，认真分析被搜查人的基本情况，如思想状况、性别、职业、文化程度、生活方式、作息时间、业余爱好、社会关系以及家庭成员及其年龄、职业、居住状况、关系密切的亲友等；了解被搜查处所的周围环境、出入口、门窗位置、内部结构、家具摆设、室内地窖、地下室及其他可能隐藏赃物的地点等情况。在此基础上，判断罪证去向，确定搜查重点、搜查方法等。

第三，制定搜查方案，内容主要包括搜查的目的、重点，搜查的时间、地点，搜查的力量组织与分工，搜查的方法与顺序，搜查中可能遇到的各种情况如突发事件及对策等。

第四，做好物质准备。根据案件性质和搜查的目的，准备好必要的器材、工具，如照相、摄像器材，照明工具，金属探测器，测量测试工具，开锁开保险柜专用工具以及枪支、械具。

第五，进行搜查，要向被搜查人或其家属出示由检察长签发的搜查证。在执行拘留、逮捕时，如遇有紧急情况，可以直接搜查，但搜查结束后应及时向检察长报告，并补办有关手续。

第六，搜查时，应当有被搜查人或其家属、邻居及其他见证人在场；如果遇阻碍，可以强制搜查；对以暴力、威胁等方法阻碍搜查的要制止，或由司法警察强制带离现场，构成犯罪的要追究刑事责任。

第七，搜查中发现与案件无关的国家秘密和个人隐私，不得泄露。

第八，制作搜查笔录，并由检察人员和被搜查人或其家属、邻居及其他见证人签字或者盖章。如果被搜查人或其家属在逃，或者拒绝盖章的，应当记明笔录。对有关党和国家的秘密文件，应注意保密，在笔录上只写文件号、不写内容，以免泄露。

第九，办案人员到本辖区外执行搜查任务，应当携带搜查证、工作证及写有主要案情、搜查目的、要求等内容的公函，与当地人民检察院联系，并取得配合、协助执行。

③搜查的策略方法和措施。这取决于案因、被搜查对象的实际情况，如对人、对住宅以及对办公室及车库等场所的搜查，都有不同的方法和要求，实践中应当注意把握。

（6）调取、扣押物证、书证和视听资料

①调取、扣押物证、书证和视听资料的概念及任务。调取、扣押物证、书证和视听资料，是指人民检察院依法调取和强行扣留与案件有关的物品、文件和视听资料的侦查措施。其主要任务是：防止证明犯罪嫌疑人有罪或无罪、罪重或罪轻的物品、文件和视听资料发生毁灭、灭失或被隐藏等问题，发挥在认定事实、揭露和证实犯罪及保障无罪公民不受刑事追究中的作用。

②调取、扣押物证、书证和视听资料的程序和要求。

第一，调取物证、书证和视听资料的程序和要求。一是侦查人员凭借人民检察院的证明文件，可以向有关单位和个人调取能够证实犯罪嫌疑人有罪或者无罪的证据材料，并根据需要进行拍照、录像、复印和复制，对涉及国家秘密的证据应严格保密。二是需要向本辖区以外有关单位和个人调取物证、书证、视听资料的，侦查人员应当携带工作证、单位办案证明信和有关法律文书，及时同当地人民检察院联系，取得其配合、协助执行任务。如果需要调取的证据比较简单，也可以向证据所在地人民检察院函调。函调证据时，应当注明取证对象的具体内容和明确地址，协助函调的人民检察院应当及时派员按函调内容进行调查取证，并在收到函件的 1 个月内将调查结果送达函调的人民检察院。三是调取的书证、视听资料应当是原件。如调取原件确有困难或者因保密需要不能调取原件的，可以调取副本或者复制件；调取的物证应当是原件，如原物不便搬运、保存或者依法应当返还被害人的，或者因保密工作需要不能调取原物的，可以将原物拍照、录像。对原物拍照、录像应足以反映原物的外形、内容。对因不能调取原件、原物而调取书证、视听资料的副本、复制件和物证照片、录像的，应当附有不能调取原件、原物的原因，制作过程和原件、原物的存放地点的说明，并由制作人和原书证、视听资料、物证的持有人签名或盖章。

第二，扣押物证、书证和视听资料的程序和要求。一是勘验、搜查时扣押的程序和要求。首先，在勘验、搜查中发现可以证明犯罪嫌疑人有罪或者无罪的各种文件、资料和其他物品，应当扣押。同案件无关的物品、文件不得扣押，如果已经扣押，应尽快发还。在扣押中，遇有持有人拒绝交出应扣押的文件、资料和其他物品的，可以强制扣押。其次，对于扣押的文件、资料和其他物品，侦查人员应会同在场见证人和被扣押物品持有人查对清楚，当场开列扣押物品清单一式两份，写明文件、资料和其他物品的名称、型号、规格、数量、重量、质量、颜色、新旧程度和缺损特征等，由侦查人员、见证人和持有人签名或者盖章，一份交给持有人，另一份附卷备查。如果持有人拒绝签名或者盖章，应当在扣押物品清单上记明。对于扣押的金银珠宝、文物、名贵字画、违禁品以及其他不易辨真伪的贵重物品，应当场密封并由扣押人员、见证人和被扣押物品持有人在密封材料上签名或者盖章。对于应扣押但不便提取的物品，经拍照或者录像后可以交被扣押物品持有人保管，单独开具扣押物品清单一式两份，在清单上注明该物品已经拍照或者录像，物品持有人应当妥善保管，不得转移、变卖、毁损，并由侦查人员、见证人和持有人签名或者盖章，一份交给物品持有人，另一份连同照片或者录像带附卷备查。二是扣押邮件、电报的程序和要求。根据侦查的需要，可以扣押犯罪嫌疑人的邮件、电报或者电子邮件。扣押应经检察院长批准，填发《扣押犯罪嫌疑人邮件、邮包、电报、电子邮件通知书》，送达邮电部门或者网络服务机构予以扣押。不需要继续扣押的，应立即通知相关部门。对扣押在人民检察院的邮件、电报，应指派专人妥善保管。经查明确实与案件无关的，应在3日以内解除扣押，退还原邮电机关。

（7）查询、冻结存款、汇款

①查询、冻结存款、汇款的概念和任务。查询、冻结存款、汇款，是指根据侦查需要，依法查询、冻结犯罪嫌疑人的存款、汇款或与案件有关单位的存款、汇款的侦查措施。其主要任务是：查询发现犯罪嫌疑人的赃款，揭露、证实职务犯罪，发现新的犯罪线索，核实、固定证据，挽回国家和集体的经济损失等。

②查询、冻结存款、汇款的程序和要求。

第一，查询、冻结犯罪嫌疑人的存款、汇款的程序和要求。一是查询可以通过追缴的存折进行，可以用犯罪嫌疑人或其家属的名字进行拉网式查询，也可通过获取存款密码进行查询，还可以根据有关线索查询。二是确定犯罪嫌疑人的存款、汇款。犯罪嫌疑人的存款、汇款包括以犯罪嫌疑人名字的存款和汇款；将涉案赃款以假名、代名或其家属、亲友名义的存款、汇款；存入、汇入及取出、汇出的款项；查询时还在犯罪嫌疑人账上的款项，以及一定时期内犯罪嫌疑人账户的存入取出款项流动状态。三是向银行或其他金融机构、邮电部门查询或者要求其冻结存款、汇款的，应经检察长批准，分别制作《查询犯罪嫌疑人存款、汇款通知书》、《冻结犯罪嫌疑人存款、汇款通知书》，送达银行或者其他金融机构、邮电部门执行。四是犯罪嫌疑人的存款、汇款已被冻结的，人民检察院不得重复冻结，但应要求银行或者其他金融机构、邮电部门在解除冻结或者作出实体处理前通知人民检察院。五是对于冻结的存款、汇款，经查明确实与案件无关的，应在3日内解除冻结。

第二，查询、冻结单位存款、汇款的程序和要求。一是确定与案件有关的单位的存款。其中，有的属于犯罪嫌疑人的存款、汇款，如单位犯罪中的存款、汇款，通过单位转账的犯罪嫌疑人的款项；有的不属于犯罪嫌疑人的存款、汇款，但与案件有关如贪污、私分扣押款等犯罪案件，都需要查询。二是因侦查职务犯罪案件需要，向银行查询企业事业单位、机关、团体与案件有关的银行存款或者查询有关会计凭证、账簿等资料时，查询人应出示工作证和人民检察院《协助查询存款通知书》，银行应予配合，并由行长或其他负责人签字后，指定银行有关业务部门派专人接待，提供有关情况和资料。对原件可以进行抄录、复制、照相，并经银行盖章和查询人签字，作为证据资料使用。三是需冻结企业事业单位、机关、团体与案件直接有关的银行存款的，应出具人民检察院《协助冻结通知书》及工作证或执行公务证明，经行长或者主任签字后，银行应立即按照应冻结资金的性质，冻结当日单位银行账户上的同额存款。如遇被冻结单位存款不足冻结数额时，银行应在6个月的冻结期内冻结该单位银行账户可以冻结的存款，直至需冻结的数额。被冻结的款项在冻结期内如需解除，应制作《解除冻结存款通知书》送达银行执行。四是需扣划企业事业单位、机关、团体的银行存款的，应出具人民检察院《协助扣划存款通知书》、工作证和执行公务证明。凡是有生效法律文书的，还应附上该法律文书副本，银行应据此立即扣划单位的有关存款。五是作出查询、冻结、扣划决定的人民检察院如与协助执行的银行不在同一辖区，不受辖区范围的限制。

(8) 鉴定

①鉴定的概念和任务。职务犯罪案件侦查期间的鉴定，是指人民检察院为了查明案情，解决案件中某些专门性问题而指派或者聘请具有专门知识的人对该专门性问题进行科学鉴别和判断的侦查措施。鉴定的主要任务是：对案件一些专门性问题进行科学鉴别，以及时收集证据、揭露犯罪，正确认定案件事实。

②鉴定的程序和要求。

第一，鉴定人必须是自然人，并由侦查部门指定或者聘请与案件当事人无关又具有专门性知识的人担任。鉴定一般由人民检察院技术部门具有鉴定资格的人员进行，必要时也可以聘请其他有鉴定资格的人，但应征得鉴定人单位同意。如果当事人认为鉴定人与案件或一方当事人有利害关系，可以申请回避，也可以对已鉴定的专门性问题要求重新鉴定。

第二，侦查人员认为需要鉴定的，应报经检察长批准。应向鉴定人提出需要鉴定的问题，为鉴定人提供足够的鉴定材料，必要时可以向鉴定人介绍某些案情，以帮助鉴定人正确作出鉴定。如果提供的鉴定材料不足或认为自己的知识、技术水平不够，鉴定人可以要求补充材料或者更换鉴定人。

第三，向鉴定人提出要求鉴定解决的问题，不得暗示或强迫鉴定人作出某种鉴定结论。有几个鉴定人，如意见有分歧的，应在鉴定结论上写明分歧的内容和理由，并分别签名或者盖章。鉴定人故意作假鉴定的，应当承担法律责任。

第四，办案人员对鉴定结论应当审查，并应告知犯罪嫌疑人。必要时，或犯罪嫌疑人申请，经报检察长批准，可以补充鉴定或者重新鉴定。重新鉴定应另行指派或聘请鉴定人。

第五，对人身伤害的医学鉴定，如有争议需重新鉴定或对精神病的医学鉴定，由省级人民政府指定的医院进行。对犯罪嫌疑人精神病鉴定的时间不计入羁押期限和办案期限。

第六，鉴定后应写出鉴定结论。鉴定结论应对提出鉴定的问题作出明确的回答，不能模棱两可。确实难以作出结论的，应实事求是说明。鉴定人要在鉴定结论的最后签名，以示负责。由省级人民政府指定的医院进行的医学鉴定，作出的鉴定结论，不仅要有本人签名，而且要加盖医院公章。

③鉴定结论的审查和应用。侦查人员对鉴定结论进行审查，需从三个方面入手：一是审查鉴定主体。鉴定机构是否具有从事鉴定的资质及鉴定人本身是否具有专门知识，直接决定鉴定结论的科学程度。二是审查鉴定材料。侦查人员应审查提交鉴定的材料是否与案件有关以及提交的材料是否是原始材料。三是审查鉴定结论和其他证据的关系。侦查人员应当将鉴定结论与收集的其他证据联系分析，查明它们之间的衔接性和相印证性。如果两者之间出现矛盾的，应深入查明产生矛盾的原因，确定鉴定结论的正误，并及时采取措施查明事实真相。

（9）追缴赃款赃物

①追缴赃款赃物的概念及任务。追缴赃款赃物是获取犯罪证据的重要环节，也是扩大办案效果的必要措施，要贯穿于侦查破案的全过程。其主要任务是：依法追缴赃款赃物，使犯罪分子得不到任何好处，同时为追究犯罪分子的刑事责任提供证据，使犯罪分子得到法律应有的惩罚。

②追缴赃款赃物应遵循的原则和要求。一是依法追赃。按照罪责自负、不株连无辜的刑法原则及民事法律有关精神，维护被害人、犯罪嫌疑人或被告人家属及其他公民的合法权益。对追缴的赃款赃物不能借用、挪用、截留、坐支或拖欠甚至私分，更不允许贪赃枉法；对不属赃款赃物的，不得任意扣押、追缴；对犯罪所得财物应予追缴，并制作《收缴赃款赃物通知书》分别交被收

缴人和附卷备查；对追缴后不得退还或无法退还的，依照有关规定上缴国库；对违禁品、淫秽物品、供犯罪所用的本人财物和其他非法所得的财物应予没收，并制作《没收款物决定书》，填写《没收款物清单》一式两份，分别交被没收人和附卷备查。追缴赃款赃物时，不得以任何形式为经济纠纷当事人追款讨款，不得滥用职权随意冻结企业流动资金甚至逼企业还债，不得以扣押人质的方式追要钱款。二是迅速及时。职务犯罪嫌疑人一旦发现自己的罪行露出端倪，就会藏匿、转移赃款赃物。追缴赃款赃物若错过时机，就会给侦查造成被动，对挽回国家或集体的经济损失带来困难。因此，审查案件线索及进行立案前初查时，就应注意分析并控制赃款赃物的去向。对犯罪嫌疑人或被告人已交代赃款去向的，起赃要快；对犯罪嫌疑人或被告人的财产或者已转移到外单位、个人账户或者存入银行的赃款，查封、扣押要快，防止变卖转移、挂失提取；对存入国外银行或携款潜逃的，应采取相应措施。三是积极追缴。对犯罪嫌疑人或被告人控制下的赃款赃物，应无条件追回；如不在其控制之下，则要最大限度地设法追回；对涉及监护人、继承人、善意或恶意占有人等权益的款物，应严格依法执行。

③追缴赃款赃物的途径和方法。一是加强审讯，弄清赃款赃物去向。要慎重应变，根据犯罪嫌疑人或被告人不同的心理特点及案情、性质等个案特征，采取有针对性的措施迫其就范。二是加强搜查、扣押、冻结等措施，获取赃款赃物。根据个案特点及犯罪嫌疑人或被告人的有关情况，认真分析赃款赃物的去向，采取有效措施。三是通过犯罪嫌疑人或被告人家属、亲友，追缴赃款赃物。要认真细致地做犯罪分子及其亲属的思想工作，讲明政策，结合典型案例进行法制宣传，督促其端正态度，配合退赃。四是要将缉捕与追赃相结合，注意案内案外的赃款及主流赃款和数额较小的支流赃款等都要一并追缴，以获取良好社会效果。

（10）控制和追捕

①控制和追捕的概念和任务。控制和追捕，是指依法对重要涉案人或已经潜逃的犯罪嫌疑人实施监视、查缉、布控，以防止其串供、潜逃或将其缉捕归案的侦查措施。其主要任务是：对重要涉案人进行有效控制和对潜逃的犯罪嫌疑人实施抓捕，保障追诉犯罪活动顺利进行。

②控制的程序和要求。一是确定控制对象。即潜逃的犯罪嫌疑人和重要涉案人，包括同案犯、案件重要关系人等。二是报批。侦查人员将实施控制的对象、原因、理由、具体措施等内容以书面报告报请检察长或上级检察机关批准。三是选定控制措施。可以通过技术侦查手段及公安派出所、被控对象所在单位或者主要协助调查人员配合等方式，由侦查人员根据具体情况选定。四是

实施控制。办理必要的手续如填写使用技术侦查手段审批表、边控对象表或者组织适当人员、联系相关部门及人员等实施控制。五是准确判断、果断决定。对有明显迹象或证据证明可能发生串供、毁灭证据、潜逃，或可能导致侦查程序难以顺利进行的，侦查人员应当机立断，迅速报请控制。六是控制措施要有针对性。要根据具体案情需要，不能盲目进行或滥用措施，以免草率行动、打草惊蛇。七是措施要有较强的可操作性。一旦实施控制措施，具体步骤要落实到位，保持动态跟踪。要及时收集、整理和分析相关信息，结合其他相关情报进行综合分析，准确判断把握侦查情势，及时采取相应的控制措施。

③追捕的程序和要求。

第一，对犯罪嫌疑人潜逃的确定、报告和备案。凡传讯犯罪嫌疑人而不到案，又无法确定其所在位置时，即可判断潜逃事实已经发生，确定其为追捕对象，并及时报告检察长，制定追捕方案，实施追捕行动，同时根据最高人民检察院有关规定层报备案。对潜逃出境的，要实行“一案一卡一报”制度，及时层报最高人民检察院，同时及时向外事部门通报备案。

第二，分析查找追捕对象潜逃的方向和位置。关键是根据案情和侦查掌握的信息，确定是否潜逃境外。

第三，采取缉捕行动。一是发布追捕令，实施通缉措施。追捕令分为境内通缉令、网络通缉、边境口岸控制以及国际刑警组织“红色通缉令”等。二是加强信息跟踪与通报。要及时分析实施通缉措施而反馈、收集的信息，并向发布通缉令、实施边境口岸控制的部门及时通报。三是寻踪追缉。通过通缉措施和追踪信息分析，发现追捕对象的行踪和位置后，追捕人员应当缩小行动范围，在相关的部门和检察机关配合下跟踪追缉。对已明确逃往国外的，除上报最高人民检察院备案外，要及时全面细致地收集涉嫌犯罪的证据，尤其是同案犯的证据、犯罪嫌疑人个人基本情况、国籍身份资料等，以备日后引渡或司法协助时使用。四是发现目标、实施围捕。一旦发现追捕对象藏匿之处，就要迅速组织得力人员，在当地检察机关和公安机关配合下进行围捕，同时协调公安机关做好羁押、羁解等后续工作。

第四，要抓住时机，加强协作。追捕工作对时机的要求很高，可谓瞬息万变，追捕人员要善于抓住时机。同时，追捕工作往往涉及多方面，离不开公安等其他机关或部门的配合支持，这就要求加强协作，协同作战，增强工作的互动效应和实际效果。

④追捕的方式和措施。这是指为了发现和抓获追捕对象，依法对追捕对象采取的各种查缉手段和方法技巧等，通常有以下几种：

第一，全国通缉。这是指办案单位经层报最高人民检察院商请公安部协助，以布告令方式向全国公布追捕对象，并对其实施缉捕的侦查措施。随着电子技术迅猛发展，全国通缉可以利用网络平台。对于需在全国范围通缉的，办案单位应填写相应表格，办理审批手续。

第二，网络通缉，即上网通缉。这是指检察机关请求公安机关协助，通过专用的电子通缉网络将追捕对象相应资料上网公布，一旦被发现举报，即由公安机关实施逮捕的侦查措施。网络通缉方便快捷，是追捕中运用最广泛的措施。

第三，通报。这是指检察机关请求公安机关协助，以书面文书形式将通缉资料寄发相关公安机关，由接收地公安机关采取相应行动的侦查措施。通报，往往是不可缺少的侦查措施。对由公安机关协助的追捕行动，检察机关应及时将追捕对象的重要情况通知公安机关，以提高追捕的有效性。

第四，追捕协查。这是指检察机关之间为了缉拿追捕对象进行的侦查协作行为。协查既可以发函，也可以派员，是通缉措施以外运用较为广泛的追捕措施。追捕协查，应办理相关法律手续，并需要公安机关协作配合。

第五，边境口岸控制，即边控。这是指通过相关法律手续，请求公安边防部门在某些区域或全国范围的边境口岸对追捕对象实施控制，一旦发现其出境即予拘留的侦查措施。边控，能够截获追捕对象的外逃，既有事先的预防性也有事后的补救性，是目前世界上绝大多数国家均有使用的措施。

第六，边境协查。这是指侦查人员掌握了追捕对象在某些边境地区的行踪信息后，为防止其外逃并尽快将其抓获而发函或派员到边境地区，请求当地检察机关协助实施追捕的侦查措施。边境协查通常由当地公安机关、武警部队配合实施，在我国西南、西北、东北等地区使用较多。

第七，“红色通缉令”，即红色通报。这是指为了查找潜逃出境的追捕对象，由国际刑警组织中国国家中心局局长和国际刑警组织总秘书长签发，向所有国际刑警组织成员国发布，成员国可以据此实施逮捕或为引渡而拘留被通缉者的国际警务合作项目及措施。红色通缉，关键是要发现追捕对象的逃往国或地区，以启动引渡程序或采取其他相应措施。

第八，港、澳协查。这是指为了缉捕追捕对象，依照一定法律程序通过境内的港、澳协查机构，由港、澳有关执法机关协助查缉追捕对象的侦查措施。实施港、澳协查，可以核查或查找追捕对象是否居住港、澳及与追捕对象有关的其他事项。

第九，专项追捕行动，即集中行动和打击。这是指在一定时间或一定区域范围内，检察机关统一组织指挥，集中力量追缉、查找、捕获在逃犯罪嫌疑人的侦查措施。专项追捕行动需要多部门的配合协作，可以在不同范围或不同时间段进行，由于追捕力量集中与行动周密，见效快、成效大。

(11) 境外缉捕

①境外缉捕的概念和任务。境外缉捕是指通过特定的程序和途径，将潜逃境外的追捕对象予以缉捕归案的国际（或区际）司法协助行动。它具有司法和行政的双重属性，必须坚持国家主权原则、依条约依法办理原则、相互对等原则。其主要任务是：将潜逃出境的追捕对象缉捕归案、接受国家法律的惩处。由于案件的跨国因素，境外缉捕的参办单位随之增加，缉捕也变得更为困难和复杂。对此，要重视收集追捕对象在境内的犯罪事实、证据、国籍资料、个人基本情况等证据资料，为实施引渡、司法协助等做准备。

②境外缉捕的程序和要求。目前，我国对于境外缉捕没有统一规定，大多依据某部门的内部规则、条例、办法或意见，结合侦查实践，境外缉捕要把握以下几个环节和要求：一是境内调查。由立案侦查的检察机关负责收集境外追捕对象在境内的犯罪事实及相关证据，并将所有证据和法律文书翻译为被请求国通用的语言文字，并作相应的公证。二是境内协作。主要有：国际刑警中国国家中心局通过其国际刑警组织查找追捕对象在国外的情况，通过外交途径向有关国家提出引渡犯罪嫌疑人的请求，通过双边警务合作或检务合作渠道，境内检察机关或公安机关向有关国家对应部门提出协助请求，以及境内相应机关作出必要的承诺和必要的说明等。三是谈判与交涉。在与境外相应机关取得联系并获初步同意协助后，中国外交部或司法部牵头，由境内检察机关或公安机关工作人员出面与被请求国家机关就缉捕追捕对象进行磋商、谈判。这是复杂的执法交往过程，通常需要往返多次进行交涉，关键是要善于运用双边引渡条约、双边或多边司法协助条约、双边检务或警务合作协议（或备忘录）、双方合作先例、国际惯例、国际公约等，与被请求方达成协助的共识，就具体法律、程序问题进行充分沟通和谅解。四是实施缉捕与交还。根据谈判与交涉达成的协助共识和意向，被请求国依据一定规约，通常先行拘捕犯罪嫌疑人，然后再由被请求国司法机关或行政机关对我方提供的证据和事实材料进行审查同意后，再将追捕对象交还我方。

四、侦查终结

侦查终结是职务侦查程序的最后阶段，也是职务犯罪侦查活动相当重要的一道工序，对于加强总结侦查经验，提高侦查水平，保证侦查质量，准确有力地打击犯罪，实现国家刑罚权，保障无罪的人不受刑事追究等都具有重要意义。

（一）侦查终结的概念和任务

职务犯罪案件侦查终结，是指检察机关通过侦查，根据已经查明的案件事实、证据和法律，足以对案件及犯罪嫌疑人作出起诉、不起诉或者撤销案件的结论而终结侦查的诉讼活动。侦查终结具有诉讼性、兼具诉讼程序终止性和阶段性、承上启下性和实体性等特点，实质是对个案侦查工作的总结，任务是对案件事实作出正确结论，依法提出起诉、不起诉的意见，或者作出撤销案件的决定。

（二）侦查终结的条件

根据刑事诉讼法等规定，侦查终结时应当具备以下条件，并且缺一不可。

1. 案件事实已经查清。这是终结侦查的前提，包括犯罪的时间、地点、目的、手段、情节、作案过程、危害程度及犯罪嫌疑人的社会阅历、职业、职务、前科情况、认罪态度、有无从重包括数罪并罚或者从轻包括减轻、免除处罚的情节及犯罪嫌疑人知道的其他情况等事实都已经全部查清，不存在漏罪、漏犯情况。

2. 证据确实、充分。这是指证据材料经反复核对无误，证据间能相互印证，并形成完整的证明体系，足以排除各种矛盾和疑点，并确认犯罪嫌疑人有罪或无罪，罪重或罪轻。

3. 结论准确。这是指对犯罪嫌疑人有罪、无罪或者犯什么罪、如何处理等方面的情况，判断及所作结论准确无误。

4. 法律手续完备。包括侦查运用的各种法律文书和法律手续如报捕、批捕手续。这是依法办案的依据，既反映侦查人员依法履行职责，以及收集证据途径、方法的合法性和所取证据的法律效力，又约束侦查人员防止发生违法乱纪或非法取证的行为，确保证据的客观真实性，防止枉纵错漏。

（三）妨碍侦查终结的因素

妨碍侦查终结，是指在侦查期间由于某些因素的存在，不能终结侦查的情况，大体有三种：一是不具备或不完全具备侦查终结条件；二是中止侦查；三是终止侦查。这些因素如果出现在侦查过程之中，就须终止侦查；如果在侦查终结时发现，则应依法撤销案件。

（四）职务犯罪侦查羁押期限的法律限制

1. 羁押期限及其延长。侦查羁押期限是指从犯罪嫌疑人被拘留或逮捕到侦查终结之间的期限。羁押期限的法律限制是针对侦查中犯罪嫌疑人已被羁押的情形而言，目的在于迅速进行侦查，及时查获犯罪嫌疑人，以及避免久押不决现象，保障公民的合法权利。根据刑事诉讼法第 124 条至第 127 条规定，逮捕后的侦查羁押期限有两种：第一，一般羁押期限。根据刑事诉讼法第 124 条规定，通常为逮捕后 2 个月，如案情复杂、期限届满不能终结的可延长 1 个月。侦查部门应在期满 7 日前制作《延长羁押期限意见书》，报经上一级检察机关决定延长。第二，特殊羁押期限。根据刑事诉讼法第 125 条至第 127 条规定：一是第一次延长。由于特殊原因，在较长时间内不宜交付审判的特别重大复杂的案件，由最高人民检察院报请全国人民代表大会常务委员会批准延期审理，但没有明确的期限规定。二是第二次延长。对于交通十分不便的边远地区的重大复杂案件，重大的犯罪集团案件，流窜作案的重大复杂案件，犯罪涉及面广、取证困难的重大复杂案件，在 3 个月的期限届满不能侦查终结的，经省、自治区、直辖市人民检察院决定，可以延长 2 个月。省级人民检察院直接立案的如有上述情形，可以直接决定延长 2 个月。三是第三次延长。对犯罪嫌疑人可能判处 10 年有期徒刑以上刑罚，依照上述第二种情形延长的期限届满仍不能侦查终结的，经省、自治区、直辖市人民检察院决定，可以再延长 2 个月。四是不计入原有侦查羁押期限的情形，包括对犯罪嫌疑人作精神病鉴定的期间；在侦查期间发现犯罪嫌疑人另有重要罪行的，包括与逮捕时的罪行不同种的重大犯罪及同种的但将影响罪名认定、量刑档次的重大犯罪；犯罪嫌疑人不讲真实姓名、地址，身份不明的；等等。

2. 羁押期限的中断。一是侦查管辖变化的案件。在其移送后羁押期限即行中断，从改变后办案机关收案之日起重新计算；二是对被羁押的、正在接受侦查的犯罪嫌疑人变更强制措施为取保候审或者监视居住的，从改变之日起羁押期限即行中断；三是需要对在押的犯罪嫌疑人进行精神病鉴定的，从决定鉴定之日起羁押期限即行中断，鉴定期限不计入羁押期限；四是中止侦查情况发生，如在押的犯罪嫌疑人脱逃或者身患精神病及其他严重疾病急需治疗而取保候审的，羁押期限即行中断；五是侦查终结前发现犯罪嫌疑人另有重要罪行依法需要侦查的，如需要重新计算羁押期限的，则由侦查部门报请检察长决定后，原羁押期限即行中断。

3. 超期限羁押的监督。重新计算侦查羁押期限的，应由侦查部门提出意见，由本院侦查监督部门审查提出意见，报检察长决定。如果不能在法定期限内侦查终结的，应依法释放犯罪嫌疑人或者变更强制措施。本院监所检察部门发现羁押超期限的，应当提出纠正意见，报告检察长。凡决定延长羁押期限或者重新计算侦查羁押期限的，侦查监督部门应当同时书面告知本院监所检察部门。

（五）侦查终结的处理

1. 制作侦查终结报告。侦查终结报告，主要内容包括：案件的来源和立案时间；犯罪嫌疑人的基本情况如姓名、性别、年龄、籍贯、文化程度、住址、有无前科等；是否采取强制措施及羁押场所；通过侦查查明犯罪嫌疑人的犯罪事实、证据及认罪表现等情节；扣押物品及冻结款项情况；处理意见以及应当反映的有关犯罪嫌疑人聘请律师及律师介入等情况。侦查终结报告由承办案件检察人员制作，报经侦查部门负责人同意后，报请检察长批准或检察委员会决定。

2. 作出终结处理。根据刑事诉讼法第 135 条、第 77 条第 2 款规定，职务犯罪侦查终结后，可视情作出三种处理：

（1）提出起诉的意见。根据刑事诉讼法第 141 条规定，符合起诉的条件有二，并且必须同时具备，缺一不可。一是犯罪事实已经查清，证据确实、充分。这是起诉的根据。二是犯罪嫌疑人的行为依法应当追究刑事责任。侦查部门制作《起诉意见书》，填写《案件移送登记表》，连同《侦查终结报告》及其他案卷材料，一并移送本院公诉部门审查。

（2）提出不起诉的意见。根据刑事诉讼法第 140 条第 4 款，第 142 条第 1 款、第 2 款规定，认为对犯罪嫌疑人可以作出存疑不起诉、相对不起诉或者绝对不起诉的，应当写出侦查终结报告，并制作《不起诉意见书》，连同《案件移送登记表》及其他案卷材料，一并移送本院公诉部门审查。

（3）作出撤销案件的决定。根据刑事诉讼法第 130 条规定，认为应当撤销案件的，侦查部门应当制作撤销案件意见书，经侦查部门负责人审核后，报请检察长或者检察委员会决定撤销案件。对于决定撤销案件的，应当制作《撤销案决定书》，分别送达犯罪嫌疑人本人及其所在单位。犯罪嫌疑人死亡的，应送达犯罪嫌疑人原所在单位。如果犯罪嫌疑人在押，应当制作《决定释放通知书》，立即送达公安机关依法释放。对撤销案件后又发现新的事实或者证据，认为有犯罪事实需要追究刑事责任的，可以重新立案侦查。

（4）上级人民检察院侦查终结的案件，依法由下级人民检察院提起公诉或者不起诉的，应将检察委员会的决定、侦查终结报告连同案卷材料、证据移送下级人民检察院，由下级人民检察院按照上级人民检察院检察委员会的决定，交本院侦查部门制作《起诉意见书》或《不起诉意见书》，移送本院公诉部门办理。公诉部门认为需要补充侦查的，可以退回本院侦查部门补充侦查，上级人民检察院侦查部门应当协助；认为上级人民检察院的决定有错误的，可以提请复议，上级人民检察院维持原决定的，下级人民检察院应当执行。

（5）案件处理的期限。对职务犯罪嫌疑人未采取强制措施的，侦查部门应在立案后 2 年内提出起诉、不起诉或撤案的意见；已采取强制措施的，应当在解除或撤销强制措施后 1 年内提出起诉、不起诉或者撤案的意见。

（6）提出检察建议。检察机关对有贪污贿赂、玩忽职守、滥用职权等职务违法行为但尚未构成犯罪的国家工作人员，可以建议有关部门给予必要的教育或处理；对采取威胁、引诱、欺骗及说情等方式干扰侦查的党政机关工作人员或者领导干部等，应当把有关材料转送其所在单位或者上报主管部门，建议给予必要的教育或者处理，情节严重、构成犯罪的应当依法立案，追究刑事责任；对撤销案件后扣押在人民检察院的犯罪嫌疑人的违法所得需要没收的，应提出检察建议移送主管机关处理，需要返还被害人的可以直接决定返还被害人；对办案中发现发案单位在制度、管理等方面存在漏洞的，应当从预防职务犯罪的角度提出建议，并帮助发案单位建章立制、堵缺补漏，推进制度、管理创新。

五、涉我国香港、澳门特别行政区个案协查与涉外司法协助工作

（一）涉港、澳个案协查和涉外司法协助工作概述

1. 涉港、澳个案协查和涉外司法协助工作基本内容和要求

涉港、澳个案协查，是目前内地检察机关与港、澳特别行政区的执法司法机关在刑事个案调查取证等方面相互开展协助的主要方式。开展个案协查的主体，在内地是各级检察机关，协查工作中对港、澳特别行政区相应机关的联络均需通过最高人民检察院国际合作局进行（广东省除外）。在香港开展协查工作的主体是香港廉政公署，在澳门则按案件和程序的不同可分别是澳门检察院和澳门廉政公署；相互请求协查的案件，在内地是检察机关按照刑事诉讼法管辖立案的职务犯罪案件，在港、澳特别行政区则是根据特别行政区防止贪污贿赂条例立案的案件。

职务犯罪案件涉外司法协助，是指中国检察机关与外国司法执法机关依据条约（公约）或互惠原则，通过司法或外交渠道，按照相应的规定与程序，相互间在刑事案件的调查、犯罪嫌疑人的追捕、涉案款物的追缴等方面开展的协助。涉外司法协助从形式上讲，既包括协助调查取证、协助追缴犯罪所得或赃款赃物、犯罪信息与法律资料的交流、送达法律文书等狭义上的司法协助，也包括引渡或遣返犯罪嫌疑人、境外追逃追赃等涉外刑事案件的办理。检察机关开展涉外司法协助，统一由最高人民检察院国际合作局对外协调与联络。

2. 涉港、澳个案协查和涉外司法协助工作的依据

对港、澳特别行政区开展个案协查工作的依据是内地检察机关在1996年与香港廉政公署签署的《个案协查会晤纪要》和在2000年与澳门检察院就刑事案件个案协查问题达成的共识，在程序上则根据2001年高检发外字第44号《关于办理涉港、澳刑事个案协查工作程序的规定》进行。

涉外司法协助，主要依据双边的司法协助类条约、我国参加的国际公约，或依据互惠原则通过外交、司法或其他途径开展。在具体程序上应根据我国的

刑事诉讼法、引渡法以及《人民检察院刑事诉讼规则》和1997年高检发外字第26号《最高人民检察院关于检察机关办理司法协助案件有关问题的通知》进行。

3．涉港、澳个案协查和涉外司法协助工作面临的形势和问题

检察机关与港、澳特别行政区司法执法部门开展个案协查及与外国司法执法机关进行司法协助，首先，面临的是案件请求与被请求方不同的政治、法律制度所带来的法律冲突；其次，涉港、澳个案协查和涉外司法协助还受制于协助双方协助渠道和程序的制约；再次，任何情况下，请求方内部、被请求方内部，请求方和被请求方之间联系不通畅，相关人员协助效率不高或不作为，都会带来案件协助周期延长或影响协助的效果；最后，涉港、澳个案协查，目前仅限于案件的调查取证和证人作证，从港、澳特别行政区的银行等金融机构的取证还需内地犯罪嫌疑人的书面声明和授权书，因此取证效果还具有不确定性。

（二）检察机关涉港、澳个案协查的工作程序

1．内地检察机关向港、澳特别行政区司法执法机关请求协查程序

（1）内地主管部门

最高人民检察院国际合作局是内地检察机关办理涉港、澳案件的主管部门。除广东省人民检察院外，地方各级检察机关（包括各级军事检察院和铁路运输检察院，以下同）办理涉港、澳案件须经最高人民检察院国际合作局审核，并由国际合作局负责与港、澳有关部门联络。未经国际合作局批准，地方各级检察机关（广东省人民检察院除外）不能就案件与港、澳有关部门直接联系。

（2）报审程序

各级检察机关就办理的刑事案件需要港、澳有关部门提供协助的，应当提出报告书，逐级上报至最高人民检察院国际合作局。原则上一案一报，案件同时涉及香港、澳门两个特区的，可以同时报告。

省级人民检察院应当对下级人民检察院的个案协查请求进行审查，符合规定的，报送最高人民检察院国际合作局，同时抄送最高人民检察院有关业务部门；材料不齐全的，通知提出请求的人民检察院补充材料；不符合规定的，退回提出请求的人民检察院，并说明理由。

（3）可以请求协查的事项

内地检察机关可以提请港、澳有关部门进行个案协查的事项包括：①查找和辨认有关人员；②向有关人员录取证言；③安排证人和鉴定人出庭作证；④查询银行账户等有关文件；⑤交换犯罪情报、法律资料，提供有关司法记录；⑥其他需要协查的事项。

（4）协查请求报告书的内容

协查请求报告书应当包括以下内容：①犯罪嫌疑人或被告人基本情况；②主要犯罪事实和法律依据；③是否采取强制措施；④提出请求的理由；⑤请求协助的事项；⑥已经掌握的被调查人的姓名、性别、国籍、住址、联系电话、身份证号码或港、澳居民往来内地通行证号码，被调查单位的名称、地址、电话等，以及其他有利于查找的线索资料；⑦详细调查提纲；⑧有关法律文书复印件；⑨请求派员赴港、澳调查取证的，列出拟赴港、澳人员名单；⑩查询银行账户等有关文件的，需附授权书及声明；⑪提出请求的人民检察院的联系人和联系电话。

（5）请求协查简单事项的办理程序

内地检察机关请求港、澳有关部门协助查询简单事项的，由最高人民检察院国际合作局局长签发个案协查请求书，由国际合作局将案件材料转港、澳有关部门；在得到港、澳有关部门的答复后，国际合作局回复省级人民检察院，最后由省级人民检察院将协查结果转给办案的地方检察机关。

（6）请求派员赴港、澳调查取证的办理程序

请求派员赴香港、澳门调查取证的案件，应当符合以下条件：①案件属于重特大案件；②案件的主要证人或重要证据在香港或者澳门；③案件的协查需办案人员在场提供补充信息和建议。

在收到省级人民检察院请求派员赴港、澳调查取证的报告后，最高人民检察院国际合作局应立即征求高检院有关业务部门的意见。对符合派员赴港、澳调查取证条件的，报请分管检察长审批同意后，由国际合作局将案件材料转送港、澳有关部门，并联系落实赴港、澳调查取证事宜；在得到港、澳有关部门同意后，批复有关省级人民检察院；报送材料不齐全的，通知报送的省级人民检察院补充材料；不符合规定的，退回报送的省级人民检察院，并说明理由。

省级人民检察院根据最高人民检察院的批复在当地为赴港、澳取证人员办理港、澳通行证及相关手续。

内地检察机关赴香港、澳门调查取证的，由最高人民检察院或者最高人民检察院指定广东省人民检察院派员陪同。需广东省人民检察院派员的应当将有关材料同时抄送广东省人民检察院司法协助处。

办案人员赴港、澳调查取证的费用，由承办案件的人民检察院向当地财政部门申请解决。在港、澳协查工作完毕后，承办案件的人民检察院应将协查工作报告分别报最高人民检察院国际合作局和相关业务部门。

2. 内地检察机关办理港、澳特区相关部门向最高人民检察院提出协查请求的程序

（1）接收港、澳协查请求

最高人民检察院国际合作局在收到港、澳有关部门代为协查的请求后，应当按照下列情形分别处理：①具备协查条件的，交有关省级人民检察院办理；②材料不齐全的，请港、澳有关部门补充材料；③不具备协查条件的，退回港、澳有关部门，并说明理由。

（2）办理协查请求

承办案件的人民检察院应当在请求载明的期限内完成协查事项；未载明期限的，应当在2个月内完成。如在上述期限内不能完成的，省级人民检察院应当在期限届满前10日报告最高人民检察院，并说明理由。承办案件的人民检察院在办案过程中，如发现问题，应当及时提出意见，由省级人民检察院报告最高人民检察院。承办案件的人民检察院应当认真完成协查事项，制作报告书，连同其他材料报送省级人民检察院。未完成事项应当说明理由。

省级人民检察院应当对协查事项完成情况进行审查，对符合要求的，报送最高人民检察院国际合作局；不符合要求的，责成承办的人民检察院重新办理。

（3）回复协查请求

最高人民检察院国际合作局负责对省级人民检察院报送的执行请求情况的材料进行审查，对符合要求的，回复提出请求的港、澳有关部门；不符合要求的，通知报送案件的省级人民检察院重新办理，并说明理由。

3. 涉港、澳个案协查工作中的其他有关特别程序

（1）关于港、澳有关部门派员赴内地调查取证

最高人民检察院国际合作局收到港、澳有关部门派员赴内地调查取证的请求后，应当抄送最高人民检察院有关业务部门，对于具备协查条件的，通知港、澳有关部门，并做好相应的协查安排；不具备协查条件的，退回港、澳有关部门，并说明理由。

（2）关于内地证人、鉴定人赴香港、澳门作证

内地证人、鉴定人接受港、澳有关部门的请求，同意赴香港、澳门出庭作证的，由最高人民检察院派员陪同或者由最高人民检察院指定广东省人民检察院或证人、鉴定人所在地的人民检察院派员陪同。

内地证人、鉴定人赴香港、澳门的有关手续，由其所在地的人民检察院依据最高人民检察院的批复，协助其在当地办理。

（3）广东省人民检察院办理涉港、澳案件的范围及主管部门

广东省人民检察院除重特大案件须报最高人民检察院审批外，可直接审批本省内的涉港、澳个案协查案件，并可以直接与香港、澳门有关部门联系办理。

内地检察机关赴香港、澳门调查取证或内地证人、鉴定人赴香港、澳门出

庭作证的，可由最高人民检察院指定广东省人民检察院派员陪同。

广东省人民检察院负责办理和审批涉港、澳案件的部门是广东省人民检察院司法协助处。

（三）检察机关开展涉外刑事司法协助的程序

1. 向外国司法执法机关请求调查取证的基本程序

（1）涉外调查取证的基本要求

承办案件的人民检察院请求外国司法执法机关代为取证的，应层报省级人民检察院，由省级人民检察院制作请求书，连同调查提纲和有关材料报最高人民检察院，商请有关部门通过刑事司法协助或者外交途径办理。请求书及其附件中应当尽量提供具体、准确的线索、资料。

（2）派员赴境外取证的基本要求

派员赴国外取证，承办案件的人民检察院应当将已核查清楚的在国外证人、犯罪嫌疑人的具体居住地点或地址、联系电话等基本情况，制定的调查提纲，确定的取证人员及其相关情况，以本院名义层报省级人民检察院，由省级人民检察院书面报最高人民检察院，商请有关部门通过外交途径或者刑事司法协助途径向被请求国发出正式请求书，提出拟派员赴该国调查取证的请求。待有关国家或者地区正式邀请我方后按有关程序办理赴国外取证事宜。

（3）司法协助请求书的内容和语言要求

请求书应当包括以下内容：①犯罪嫌疑人或被告人的基本情况；②主要犯罪事实和法律依据；③是否采取强制措施；④提出请求的理由；⑤请求协助的事项；⑥已经掌握的被调查人的姓名、性别、国籍、住址、联系电话、身份证号码或护照号码，被调查单位的名称、地址、电话等，以及其他有利于查找的线索资料；⑦详细调查提纲；⑧有关法律文书复印件；⑨请求派员赴外调查取证的，列出拟赴外人员名单；⑩提出请求的人民检察院的联系人和联系电话。

开展对外刑事司法协助工作中的司法协助请求书应附译文。我国与被请求国有条约的，请求书及所附材料按条约规定的语言译制文本；我国与被请求国没有签订条约的，按被请求国官方语言或者可以接受的语言译制文本。

（4）审查及请求程序

最高人民检察院国际合作局应对省级人民检察院涉外调查取证的请求书进行形式审查，相关业务主管部门应对请求内容进行实体审查。对于符合要求的，由最高人民检察院国际合作局以最高人民检察院的名义制作正式的请求书，由检察长或分管的副检察长签字后，通过正式的司法协助或外交等途径进行；对于不符合要求的，应退回提出请求的省级人民检察院，并说明退回的理由或需要补充的事项。

2. 境外追逃的基本程序

(1) 掌握犯罪嫌疑人基本情况

对于犯罪嫌疑人已经潜逃出境，需要进行境外缉捕的，承办案件的人民检察院应当迅速查明犯罪嫌疑人的个人基本情况、主要犯罪事实、出逃时间、出逃时所持的出入境证件号码，可能逃往的国家（地区）境外居住地址、电话以及犯罪嫌疑人在境外的亲友等情况，以便开展境外缉捕工作。

(2) 办理红色通缉令

需要通过国际刑警组织缉捕犯罪嫌疑人的，承办案件的人民检察院应当填报《红色通缉令申请表》，并备齐相关法律文书、犯罪嫌疑人的身份证明、涉嫌犯罪的主要证据等材料，以本院名义层报最高人民检察院，商请国际刑警组织中国国家中心局办理。

(3) 引渡程序的适用

人民检察院开展境外缉捕工作，可以根据我国与犯罪嫌疑人所在国签订的引渡条约进行引渡。承办案件的人民检察院应当按照《中华人民共和国引渡法》的规定，以本院名义通过省级人民检察院向最高人民检察院提出引渡请求书，并附相关法律文书、犯罪嫌疑人的身份证明、涉嫌犯罪的主要证据等材料以及经过公证的译文，由最高人民检察院会同外交部审核同意后，由外交部向犯罪嫌疑人所在国提出引渡请求。

对于犯罪嫌疑人逃往国与我国尚未签订引渡条约的，最高人民检察院可通过外交、国际刑警组织或者被请求国同意的其他途径，请求犯罪嫌疑人所在国对犯罪嫌疑人先行采取强制措施，保证对个案进行引渡。

(4) 其他引渡替代措施的适用

对于不能以引渡方式移交犯罪嫌疑人的，承办案件的人民检察院可以通过查明犯罪嫌疑人有犯罪前科、持假证件出逃、以假婚姻等欺诈手段向国外移民以及持无效、作废、过期等证件非法入境，在境外非法滞留、居留或者偷渡出境等情况，以本院名义层报最高人民检察院，商请有关部门将上述情况通报犯罪嫌疑人所在国的移民管理机关或司法机关，促使犯罪嫌疑人所在国采取遣返、驱逐出境等方式移交犯罪嫌疑人，并同时通报中国驻该国使领馆。

被请求国对犯罪嫌疑人非法入境、居留情况进行审查、审理的，承办案件的人民检察院应当根据需要，及时递交有关证据和出具书面证明材料，必要时还应当派员出庭作证。

被请求国决定将犯罪嫌疑人遣返回国或驱逐出境的，由最高人民检察院协调有关部门，商请外交部、公安部、司法部等部门加强与该国有关部门的联系，争取被请求国尽快将犯罪嫌疑人遣返回国或由我国司法人员将其押解回国；犯罪嫌疑人被遣返或驱逐到第三国（地区）时，最高人民检察院应当及时通过有关部门与第三国（地区）联系，协商引渡、遣返等事宜。

3. 境外追赃的基本程序

（1）对赃款赃物境外去向的了解与掌握

对于犯罪嫌疑人携款潜逃境外或将赃款、赃物转移到境外的，承办案件的人民检察院应当尽快查清赃款、赃物的去向。赃款、赃物去向不明的，可以商请外汇管理部门、金融机构以及发案单位进行协查；可以商请省级公安机关或省华侨机构协查。必要时，层报省级人民检察院，由省级人民检察院书面报最高人民检察院，商请外交部通过我国驻外使领馆或商事机构协查；或商请国际刑警组织中国国家中心局、司法部，通过国际刑事司法协助渠道进行协查。

（2）通过国际刑事司法协助或国际刑警组织渠道追赃

需要通过国际刑警组织或其他国际刑事司法协助渠道追缴犯罪嫌疑人转移到境外的赃款、赃物的，承办案件的人民检察院应当以本院名义层报省级人民检察院，由省级人民检察院制作请求书，连同请求事项和有关材料报最高人民检察院商请有关部门办理。

（3）通过民事诉讼渠道追赃

需要通过民事诉讼渠道在境外追缴赃款、赃物的，承办案件的人民检察院可以建议由发案单位或有关部门委托赃款、赃物所在国的律师向当地法庭提交起诉状，提出退还赃款、赃物的诉讼请求。在发案单位或有关部门参与境外诉讼过程中，承办案件的人民检察院应当主动给予指导、支持和帮助。

4. 对外国司法协助请求的审查办理程序

（1）接收与审查

外国司法执法机关向最高人民检察院提出有关司法协助请求的，由最高人民检察院国际合作局对请求进行形式审查。经审查认为请求内容不明确，材料不完备，或不属于检察机关协助范围的，应立即退回有关的外国请求机关，并说明理由；经审查认为应由我国检察机关提供协助的，可根据案件管辖范围转交有关业务部门或相关的省级人民检察院办理。

（2）办理的时限和要求

承办具体协助事项的业务部门或人民检察院应当在请求函所载明的期限内完成协查工作；未载明期限的，应当在2个月内完成。

未能在上述期限内完成的，有关业务部门或人民检察院应当在期限届满前10日通知最高人民检察院国际合作局，并说明理由。

（3）结果的审查和回复

最高人民检察院国际合作局负责对有关业务部门或检察院报送的协查材料

进行审查。协查结果符合请求要求的，由国际合作局负责人或分管检察长决定后回复提出请求的外国司法执法机关。

六、司法警察看管与押解

（一）司法警察看管

司法警察看管工作流程图

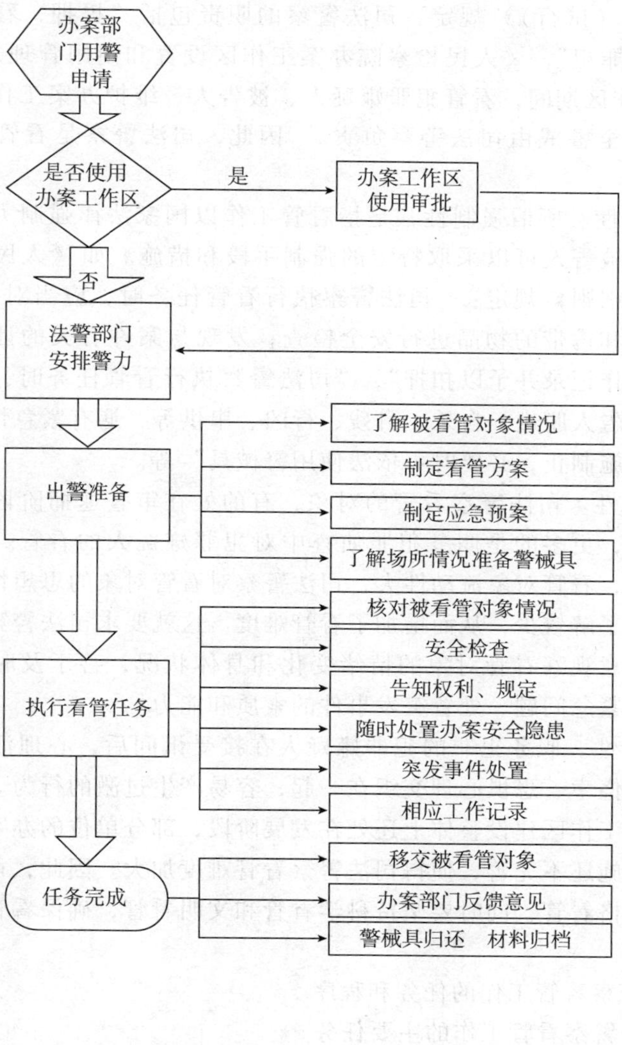

1. 司法警察看管的概念和特点

司法警察看管，是指人民检察院司法警察根据办案工作需要，在人民检察院办案工作区或者其他指定地点，依法对犯罪嫌疑人、被告人进行看守管理，保证办案活动顺利进行的职务行为。司法警察看管工作有以下特点：

（1）法定性。《中华人民共和国人民警察法》第18条规定："国家安全机关、监狱、劳动教养管理机关的人民警察和人民法院、人民检察院的司法警察，分别依照有关法律、行政法规的规定履行职权。"《人民检察院司法警察执行职务规则（试行）》规定，司法警察的职责包括"提押、看管犯罪嫌疑人、被告人和罪犯"。《人民检察院办案工作区设置和使用管理规定》规定："使用办案工作区期间，看管犯罪嫌疑人、被告人、维护办案工作区秩序和办案工作区的安全警戒由司法警察负责。"因此，司法警察是看管工作的执行主体。

（2）强制性。所谓强制性，是指看管工作以国家法律强制力为后盾，对犯罪嫌疑人、被告人可以采取特定的强制手段和措施。如《人民检察院司法警察看管工作细则》规定："司法警察执行看管任务时，应当对犯罪嫌疑人、被告人的人身和携带的物品进行安全检查，发现与案件有关的证据和可疑物品，要当场制作记录并予以扣押"，"司法警察执行看管任务时，应当严防犯罪嫌疑人、被告人脱逃、自杀、自残、行凶、串供等，遇有紧急情况，可以采取相应强制措施制止，必要时可依法使用警械具" 等。

（3）暂时性。司法警察看管的对象，有的处在审查逮捕阶段，有的处在审查起诉环节，更多的是职务犯罪侦查中对犯罪嫌疑人的看管。这种看管工作，时间较短，看管对象流动性大，司法警察对看管对象的思想情况、生活习惯、身体状况了解较少，从而增加了看管难度。这就要求司法警察在执行看管任务时，要注意观察看管对象的情绪变化和身体状况，善于及时发现问题隐患，具备应对紧急问题、处置突发事件的素质和能力。

（4）复杂性。职务犯罪的犯罪嫌疑人在接受讯问后，心理活动往往较为复杂，悔恨、侥幸、恐惧心理交织在一起，容易产生过激的行为。此外，由于检察机关办案工作区建设整体上还处在发展阶段，部分单位的办案工作区安全设施、防范设施还不完善，使得司法警察看管难度加大。因此，司法警察必须高度警惕，严格看管，同时要坚持科学看管和文明看管，确保看管任务的顺利完成。

2. 司法警察看管工作的任务和程序

（1）司法警察看管工作的主要任务

①严密监视犯罪嫌疑人、被告人的活动，防止犯罪嫌疑人、被告人脱逃、

自杀、自残、行凶，保证犯罪嫌疑人、被告人的人身安全。

②严防犯罪嫌疑人、被告人与其他人串供、传递信物，防止外来因素对犯罪嫌疑人、被告人的干扰，保证办案工作顺利进行。

③掌握看管对象的思想动态、情绪变化和健康状况，发现异常情况，及时采取相应措施，同时报告案件承办人。

④做好看管工作记录。

（2）司法警察看管工作程序

①办案工作中需要看管犯罪嫌疑人、被告人的，办案部门应当提出用警申请，报经分管检察长批准后，通知司法警察部门安排警力。需要使用办案工作区的，同时办理相关的手续。司法警察部门接到通知后，应当及时安排警力。警力不足的，告知办案部门，由办案部门安排专门人员看管。

②执行看管任务的司法警察应当对看管场所及周边情况进行检查，消除安全隐患，并向办案人员了解看管对象的基本情况。根据案件的性质，看管场所的具体情况，犯罪嫌疑人、被告人的人数及其危险程度制定看管工作方案，配备必要的警械具。同时，根据犯罪嫌疑人、被告人有无疾病、有无异常情绪等情况，制定处置突发事件的工作预案。

③犯罪嫌疑人进入看管场所后，司法警察应当依据规定履行与案件承办人的交接手续，对犯罪嫌疑人、被告人的姓名、性别、年龄、人数等基本情况，逐一核对登记。对犯罪嫌疑人、被告人的人身和携带的物品要进行安全检查。发现与案件有关的证据和可疑物品，要当场制作记录并予以扣押，由看管对象签字捺指印后，转交案件承办人处理。同时，告知犯罪嫌疑人、被告人在被看管期间享有的权利和必须遵守的规定。

④看管任务结束时，司法警察要做好相关移交手续。办案部门应将司法警察在执行看管任务时的情况反馈给司法警察部门。

3. 司法警察执行看管任务的工作纪律和要求

看管犯罪嫌疑人、被告人是办案安全防范的重要环节，看管工作是否安全，直接关系诉讼活动能否顺利进行。在看管工作中，司法警察必须严格执行《人民检察院司法警察看管工作细则》等各项制度，坚持依法、规范、文明、安全的原则，做到服从命令，听从指挥，严守法纪，保守秘密。

（1）司法警察执行看管任务时，应当按照规定着装，保持警容严整，举止端庄。

（2）司法警察执行看管任务时，未经批准，不得让无关人员进入看管场所；不得为犯罪嫌疑人、被告人带食品或其他物品；不得给犯罪嫌疑人、被告人传递口信；不得将犯罪嫌疑人、被告人提出看管场所；不得允许无关人员在看管场所摄影、录音和采访。

(3) 司法警察执行看管任务时，不得询问或者随意谈论案情，不得辱骂、体罚、虐待或者变相体罚犯罪嫌疑人、被告人，不得从事与看管工作无关的事项。

(4) 司法警察执行看管任务时，对犯罪嫌疑人、被告人交出的与案情有关的材料和物品，应当及时登记并转交案件承办人。

4. 司法警察看管工作中需要注意的问题

(1) 司法警察看管警力配备的一般原则

①人民检察院司法警察执行看管任务，应当根据案件的性质，看管场所的具体情况，犯罪嫌疑人、被告人的人数及其危险程度配备警力。

②对一名犯罪嫌疑人或被告人的看管一般应配备不少于两名司法警察。办理重大案件警力不足时，由上一级人民检察院警务部门统一协调警力，保障办案用警。

③对男性和女性、成年和未成年、同案犯以及其他需要分别看管的犯罪嫌疑人、被告人，应当分别看管。对女性犯罪嫌疑人、被告人，应当有女司法警察看管。

(2) 犯罪嫌疑人、被告人如厕过程中的安全防范

①犯罪嫌疑人、被告人需要上厕所时，每名犯罪嫌疑人、被告人应由两名司法警察监控。对女性犯罪嫌疑人、被告人，应有女性司法警察监控。

②如厕前，司法警察要注意查看厕所的环境是否安全，厕所内有无危险品及障碍物。

③如厕时，司法警察应处在有效控制位置，防止逃脱等意外事件的发生。

(3) 看管工作中应当严格执行的制度

①值班登记制度。看管过程中应实行定时值班制度，值班人员要坚守岗位，不得擅离职守。值班人员要做好值班记录，接班人员要认真查阅前值班人员的值班记录，保持工作的连续性，不因交接班产生漏洞，带来危险。

②出入管理制度。看管场所的出入，不同于一般部门的出入，不严格执行出入制度，就容易发生犯罪嫌疑人、被告人逃脱、案情泄露等事故。因此，看管人员必须坚持原则，未经批准，不得允许无关人员进入看管场所。

③安全检查制度。安全检查主要是人身检查和物品检查。检查时要做到细致再细致，不放过任何蛛丝马迹，如发现犯罪嫌疑人、被告人携带违禁物品或发现犯罪证据和可疑物品时，要及时告知案件承办人，并做好记录。

(4) 司法警察在看管工作中如何把握与办案人员相互配合、相互监督的关系

司法警察在执行看管工作任务时要正确把握与办案人员相互配合和互相监督的关系。一方面要严格落实看审分离制度，在执行看管任务时自觉接受办案检察官的监督，做到理性、平和、文明、规范执法；另一方面在接受办案部门监督的同时，对办案人员不规范、不文明的行为也要敢于监督。应当适时提醒办案人员遵守办案时限，发现办案人员对犯罪嫌疑人、被告人体罚、虐待、刑讯逼供时，应当制止，制止无效的，应当及时向主管领导报告。要坚决避免重配合、轻监督的思想，坚决杜绝对办案中出现的不文明、不规范行为不管不问，甚至漠视盲从的做法，切实防止滥用权力、违规违法办案。

（二）司法警察押解

司法警察押解工作流程图

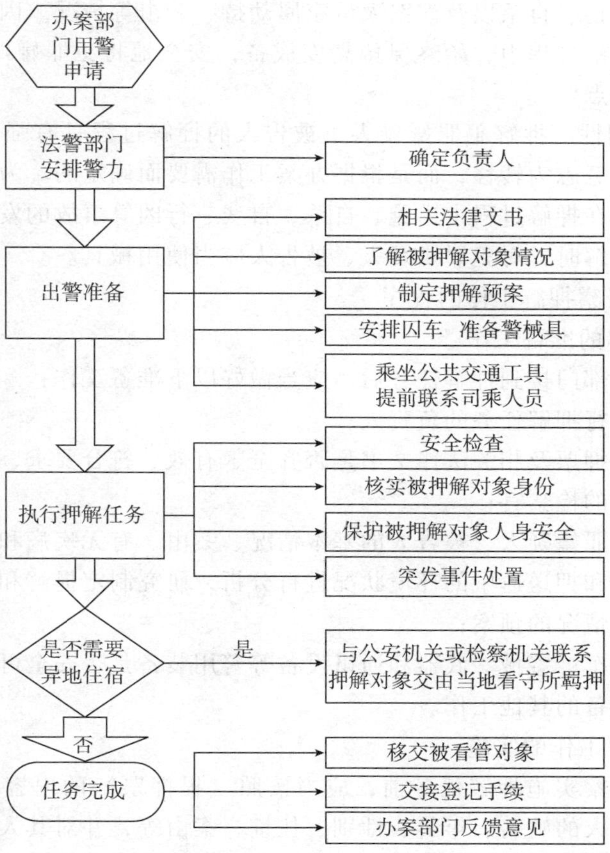

1. 司法警察押解的概念和特点

司法警察押解，是指人民检察院司法警察根据办案需要，依法将被羁押和抓获的犯罪嫌疑人、被告人强制提解、押送到指定地点或场所，接受讯问、辨认、提取证据和赃物，保证办案工作顺利进行的执法行为。司法警察押解工作有以下特点：

（1）时效性。司法警察在执行押解任务时，应根据办案工作的需要，按照规定的时限将犯罪嫌疑人、被告人押解到指定地点，做到不迟不误，保障办案工作顺利进行。因此，要求司法警察在执行押解任务前，对押解的时间、押解对象羁押的场所、押解地点仔细核实，切实做到准确无误。

（2）危险性。由于押解工作的对象主要是犯罪嫌疑人、被告人，而且执行任务过程主要处于一种运动状态，不确定因素很多，容易发生押解对象脱逃、行凶、自伤、自杀以及涉案人员家属劫持、袭击等情况。因此，要求司法警察在执行押解过程中，始终保持高度戒备，安全地将犯罪嫌疑人、被告人，押解到指定地点。

（3）强制性。押解犯罪嫌疑人、被告人的押解过程具有强制性，不是以被押解对象的意志为转移，而是根据办案工作需要而确定的。为了防止犯罪嫌疑人、被告人在押解过程中逃跑、自杀、自残、行凶等事故的发生，因此要求司法警察在押解时，对犯罪嫌疑人、被告人应当使用械具。

2. 司法警察押解工作的程序

（1）押解的准备工作

司法警察部门接到押解任务后，应当做好以下准备工作：

①指定执行押解任务的负责人；

②检查提押票及相关法律文书是否齐全、有效、符合要求，发现问题及时报告承办案件的检察官；

③了解犯罪嫌疑人、被告人的基本情况、案由、有无疾病和异常情况等；

④对提解和押送途中的环境状况进行分析，研究制定提解和押送的实施方案和处置紧急情况的预案；

⑤检查囚车、警械、武器和通讯设备等警用装备是否安全可靠；

⑥需要准备的其他工作。

（2）押解工作的实施

①司法警察实施押解任务前，应当按照《提押票》的内容逐项核对犯罪嫌疑人、被告人的姓名、年龄、性别、住址、案由等，并对其人身和物品进行检查，防止其携带危险物品。同时，向犯罪嫌疑人宣讲有关法律规定。

②司法警察执行押解任务时，要保持高度戒备，注意观察犯罪嫌疑人、被

告人的动态，发现犯罪嫌疑人、被告人有行凶、脱逃、自杀或串供等迹象时，要立即进行警告或制止，事后要及时报告。

③司法警察押解犯罪嫌疑人、被告人到达指定地点后，应当及时交予办案人员或移送羁押场所羁押。还押时，应当核对犯罪嫌疑人、被告人的身份，办理登记与交接手续，由看守人员在提押票证上签字盖章后带回，交还办案人员。

④押解任务完成后，司法警察应当及时将《提押票》及有关诉讼文书、警械和武器装备等移交相关人员，并办理移交登记手续。

3. 司法警察执行押解任务的工作要求和纪律

押解是执法办案中容易发生安全事故的工作环节之一，稍有疏漏就可能产生严重后果，给办案工作带来难以估量的损失。在执行押解任务时，司法警察必须严格遵守《人民检察院司法警察押解工作规则》等规定，坚持依法、文明、安全、准确的原则，做到恪尽职守，秉公执法，严守纪律，保守秘密。

（1）执行押解任务时，必须持有完备的法律手续、法律文书及证明本人身份的相关证件，并按规定着装。应当根据《中华人民共和国人民警察使用警械和武器条例》的规定配备和使用警械、武器。

（2）执行押解的行为和技术操作应当符合规范，严防犯罪嫌疑人、被告人脱逃、自杀、自伤或者向押解人员行凶等事故的发生。押解时，对犯罪嫌疑人、被告人应当使用械具。

（3）执行押解任务时，不得随意与犯罪嫌疑人、被告人交谈或询问案情；不得辱骂、体罚、虐待或变相体罚犯罪嫌疑人、被告人；不得从事与押解工作无关的事项。

（4）执行长途异地押解需要住宿的，应当与当地公安机关或检察机关取得联系，凭逮捕证副本或押解证明，将犯罪嫌疑人、被告人交由当地看守所羁押，严禁让犯罪嫌疑人、被告人在宾馆、酒店和招待所等公共场所住宿。

4. 司法警察押解工作中需要注意的问题

（1）司法警察押解工作警力配备的一般原则

①司法警察执行押解任务，应当根据案件性质、押解人数、押解路程及危险程度配备警力。

②押解一名犯罪嫌疑人、被告人的司法警察必须在两人以上；押解两人以上时，押解警力的配备必须为被押解人的一倍以上。

③押解女性犯罪嫌疑人、被告人，应当有女性司法警察。

（2）徒步押解应当注意的问题

在距离较近、交通不便或者车辆无法继续行进等特殊情况下，经批准，司法警察可以执行徒步押解。押解时应注意：

①押解人员必须时刻保持高度警惕，严加防范。押解途中如遇突发事件，必须保护犯罪嫌疑人、被告人的安全，迅速将其转移到安全地点看管，并及时报告。

②遇有群众围观时，应及时劝阻或强制围观群众远离押解现场，严防犯罪嫌疑人、被告人脱逃、串供，防止当事人家属围阻纠缠或暴力劫持。

③遇有复杂地段，押解人员应始终在犯罪嫌疑人、被告人侧后，抓住其手臂或手铐，并严密监视犯罪嫌疑人、被告人的动态，防止其自杀、自伤或者向押解人员行凶等事故发生。

④徒步押解必须使用警械具。

(3) 使用汽车押解应当注意的问题

①具备使用囚车押解条件的，应当使用囚车执行押解。出发前，应检查车况及车上各种设备是否处于良好的使用状态。数辆囚车执行押解任务时，应当编队行进，并配置备用车辆随行。

②对不同性别、未成年人、同案犯以及其他需要分别押解的犯罪嫌疑人、被告人，应当实行分车押解。对重、特大案件的犯罪嫌疑人、被告人，应当实行一人一车押解。不具备一人一车押解条件的，要采取严密的防范措施，严防意外事故的发生。

③押解途中遇到交通事故、车辆故障或者交通堵塞时，要在囚车周围部署警戒。必要时，可请求交通警察协助。

④专用囚车严禁搭乘与押解工作无关的人员。

(4) 长途押解应当注意的问题

①执行任务前，必须制定押解方案。需要进行长距离、跨省区押解的，可以选择乘坐公共汽车、火车、轮船和飞机等公共交通工具执行押解。选择乘坐公共交通工具执行押解的，应当事先与相关部门及司乘人员取得联系。

②长途押解要根据被押解人数量和旅途时间确定押解人员的数量，以保证能够昼夜轮流值班看管。

③执行任务过程中，要加强指挥联络。必要时，应当成立专门的指挥联系组，负责沿途的指挥和与押解工作所涉及的单位和地方进行联系。

④需要与旅客混乘押解时，应当将犯罪嫌疑人、被告人安置在远离车窗、舱门等便于控制的位置，防止意外发生。押解途中需要临时休息的，应安排在比较安全的地带，布置好看管人员。需换乘车辆时，应取得车站公安保卫部门的帮助。

第三章　职务犯罪侦查工作中常见问题及应对措施

一、反贪侦查中常见问题及应对措施

（一）反贪侦查管辖中常见问题及应对措施

管辖是刑事诉讼活动中必须首先解决的问题。我国刑事诉讼法对公安机关和检察机关的侦查管辖范围作出了明确规定，《人民检察院刑事诉讼规则》对检察机关内部的侦查管辖分工作出了比较详尽的规定。反贪侦查管辖中常见的问题主要有：一是有时未能准确区分公安机关和检察机关的管辖范围，导致该管辖的未管辖或者办理了不属检察机关管辖的案件；二是在执行检察机关内部管辖规定上有时存在不正确地行使指定管辖权力等问题。为此，应注意以下问题：

1. 要正确把握检察机关反贪部门的侦查管辖范围。根据刑事诉讼法、刑法以及相关规定，反贪部门侦查管辖范围包括贪污案、挪用公款案、受贿案、单位受贿案、利用影响力受贿案、行贿案、对单位行贿案、单位行贿案、介绍贿赂案、巨额财产来源不明案、隐瞒境外存款案、私分国有资产案、私分罚没款物案等13种案件。实践中，要严格按照刑法、全国人大常委会《关于〈中华人民共和国刑法〉第九十三条第二款的解释》等立法解释以及最高人民法院、最高人民检察院关于办理国家出资企业中职务犯罪案件具体应用法律问题的有关司法解释等的规定，正确区分国家工作人员贪污、受贿、挪用公款犯罪与非国家工作人员的贪污、受贿、挪用资金犯罪的界限，对国家工作人员的贪污、受贿、挪用公款犯罪案件，反贪部门应当依法认真查办；职务侵占、非国家工作人员受贿、挪用资金犯罪案件应当由公安机关立案侦查。

2. 要按照《人民检察院刑事诉讼规则》等关于级别管辖、地域管辖的规定办理案件。《人民检察院刑事诉讼规则》等就检察机关内部上下级检察机关之间、不同地域检察机关之间的侦查管辖分工作出了比较全面、科学的规定。按照这些规定，第一，各级检察机关都要按照分级立案侦查制度的要求，对属于本院管辖的案件依法认真办理，上级检察院要带头办案，为下级检察院作出表率。第二，各地检察机关都要严格按照侦查地域管辖的规定办理案件，不得违反。第三，上级检察院在必要时可以将本院管辖的案件交由下级检察院办理，或者指定下级检察院侦查需要改变管辖的案件，但上级检察院交办案件、指定侦查管辖时，要符合刑事诉讼法的精神，要有利于惩治职务犯罪，有利于保障司法公正，有利于提高诉讼效率。第四，属于下级检察院或者其他检察院管辖的，应及时移送有管辖权的检察院；属于上级检察院管辖的，应及时报送上级检察院。

3. 根据最高人民法院、最高人民检察院、公安部、国家安全部、司法部、解放军总政治部《关于印发〈办理军队和地方互涉刑事案件规定〉的通知》（政保〔2009〕11号）等规定，军事检察院管辖现役军人、军队文职人员、非现役工勤人员、在编职工以及执行军事任务的预备役人员和其他人员（包括武装警察部队）涉嫌的贪污贿赂犯罪案件。但是，列入人民武装警察部队序列的公安边防、消防、警卫部队人员因其行政管理隶属公安机关，按照地方人员确定管辖。地方检察机关和军事检察机关都要严格按照办理军地互涉刑事案件的规定，认真履行各自职能并注意依法加强协作配合。

（二）反贪侦查发现犯罪工作中常见问题及应对措施

要惩治犯罪首先要发现犯罪。贪污贿赂犯罪的一个重要特征是隐蔽性强、发现难，人民群众对此类犯罪有时很难具体知情，单纯依靠群众举报远远不够，侦查人员必须努力提高发现犯罪的能力。目前发现犯罪的能力还有待提高，有的依赖、等靠思想严重，过分依赖举报和有关机关移送案件；有的办案中就事论事、简单核对，深挖细查不够；有的对贪污贿赂犯罪的规律、特点、趋势缺乏深入研究，对社会反映的热点问题和重点领域没有主动出击，致使有的地方感到案源匮乏。为此，应注意以下问题：

1. 要高度重视群众举报。反贪侦查必须坚持专门工作与群众路线相结合，努力取得广大人民群众的支持。而要取信于民，首先就要高度重视群众的举报。对人民群众举报的贪污贿赂犯罪线索，必须认真对待，特别是对实名举报更要及时查办、及时反馈。要严格为举报人保密，落实举报奖励制度。要以查办大案要案的成果，增强人民群众同贪污贿赂犯罪作斗争的信心，激发人民群众的举报热情。

2. 要转变观念，拓宽视野。要在巩固现有发现犯罪渠道的基础上，由过分依赖举报和移送，等案上门，到增强职业敏感性，善于从媒体网络、街谈巷议中发现犯罪，及时捕捉国家重大改革措施实施中有可能发生的犯罪，提高自行发现犯罪的能力。

3. 要深入研究贪污贿赂犯罪的基本规律和发案趋势。贪污贿赂犯罪总是与权力相伴生，随着权力的消长而消长。随着改革开放不断向纵深推进，贪污贿赂犯罪的易发、多发领域也会不断变化。一些犯罪比较严重的领域可能会因改革的深入、管理的加强，而使犯罪减少；一些过去犯罪不太严重的领域，可能会随社会的发展而在一定时期内犯罪增多。反贪侦查人员只有深入研究和把握贪污贿赂犯罪的特点、规律和发案趋势，才能找准本地区犯罪易发、多发的重点领域，增强工作的针对性，在打击重点和部位上实现由传统领域到新领域的转变。

4. 要根据职务犯罪的关联性、行业性等特征突出，增强深挖意识，由就事论事、就案办案，到举一反三，深挖细查，在挖窝案、串案上下工夫，在抓系统、系统抓上下工夫，增强滚动深挖案中案的能力，努力取得事半功倍的效果。

5. 要加强与纪检监察机关和其他相关职能部门的协调配合，建立案件信息资料库，加强对举报线索的统一管理，健全完善线索评估制度，建立情报信息共享机制，有效防止瞒案不报、压案不查。

（三）反贪立案工作中常见问题及应对措施

立案是刑事诉讼的开始和必经程序，标志着案件已经进入侦查程序，可对犯罪嫌疑人采取各种法定的侦查措施和强制措施，对于反贪办案而言，是一项既十分重要又十分严肃的工作。反贪立案中常见的问题主要有：有的立案把关不严致使不该立的立了，有的该立的不立或者不及时立案以致贻误办案时机，有的执行立案标准失之于宽，等等。

1. 要正确把握贪污贿赂案件的立案标准。立案标准，是刑法分则所规定的犯罪构成要件与刑事诉讼法所规定的立案条件的具体化，也是罪与非罪的一条临界线和分水岭。《人民检察院直接受理立案侦查案件立案标准的规定（试行）》，采用数额加情节的方式确定了贪污贿赂犯罪的立案标准，符合贪污贿赂犯罪的性质和特点，在刑法和有关规定未修改前，要严格按照这个标准规定开展贪污贿赂犯罪侦查工作。要注意的是，根据刑法、刑事诉讼法和相关司法解释，贪污贿赂犯罪立案标准不仅包括犯罪数额规定，还包括犯罪主体、主观方面、客观方面等一些具体情形的规定。如"利用职务上的便利"、"受委托管理、经营国有财产"、"归个人使用"、"个人决定"、"不正当利益"、"为他人谋取利益"、"国有资产"，等等，在立案标准中都有特定的具体含义。要完整把握各类贪污贿赂犯罪的立案标准，必须从犯罪构成要件的四个方面全面分析。

2. 要正确把握贪污贿赂案件的立案时机。对于已具备立案条件的贪污贿赂案件而言，一定要选择好最佳的立案时机。实践表明，准确把握贪污贿赂案件的立案时机，而适时立案，既有利于深挖犯罪，防止犯罪嫌疑人潜逃、串供、隐匿证据、销毁证据，也有利于追缴赃款赃物、保护公共财物安全。其中，关键是要正确处理初查与立案的关系。初查是为立案做准备的，初查结束之后，就应当及时将依法获取的材料、发现的犯罪事实和犯罪嫌疑人等情况有机地进行结合，对初查获取的材料进行综合研究，全面系统地科学分析案情，对照立案条件进行准确核实，综合判断应否立案。只要掌握能够证实犯罪事实存在的一定证据材料，需要追究刑事责任，排除了法定不予追究的情形，就应当及时立案。抓住时机，迅速向立案侦查转换。在实际工作中，初查的组织指挥人员应严密地组织初查，这对准确地把握立案条件和时机起着重要作用。

（四）反贪侦查强制措施适用中常见问题及应对措施

反贪侦查中的强制措施适用得当，对侦查工作就能起到有力的保障和促进作用；适用不当，不仅起不到保障和促进作用，还可能侵犯犯罪嫌疑人和其他公民的合法权益。反贪侦查的强制措施适用中常见问题主要有：有的强制措施适用不及时、果断，慎重有余，果断不足；有的则过于机械，存在模式化现象，甚至不够慎重；有的不善于把强制措施上升为侦查对策，用于改变侦查情势，服务和促进侦查工作。

1. 要把握不同强制措施适用中要注意的问题。

（1）在拘传适用上要注意的问题。①要做好拘传、讯问前的准备工作。拘传时限只有12个小时，到案后必须立即讯问，这些要求在拘传前特别是首次拘传、讯问前，一定要把犯罪嫌疑人的身份、住址、工作地点等核实清楚，摸清其行动规律，并选择好拘传的时机和方式，确定好讯问人员，做好各项准备工作，确保拘传顺利进行、取得预期效果。②要预定拘传后的措施。拘传后要么拘留，要么取保候审或者监视居住，要么放人。因此，必须在拘传前根据已有证据和预测的讯问效果，预先制定相应的应变方案和后续措施，做到先定后续措施再拘传，切忌事到临头、拘传时限届满后再定后续措施。至于讯问结束后究竟采取什么措施，则要根据讯问情况确定。③要加强安全防范工作，确保拘传过程中的办案安全。④要依法履行法律规定的告知义务。在一般情况下，拘传都是检察机关在立案侦查后对犯罪嫌疑人首先采取的强制措施，拘传后的讯问一般也是首次讯问，在拘传后要依法履行法律规定的有关告知义务，并将告知情况记入笔录。

（2）在取保候审适用上要注意的问题。①要严格依照法定条件适用取保候审。取保候审是一种相对比较轻微的强制措施，对符合取保候审条件的，要敢于依法适用；对不符合法定条件的，坚决不得适用。实践中，有的犯罪嫌疑人在取保候审后潜逃，或者大肆进行毁证、串供等妨碍侦查的行为，给侦查取证造成很大困难。随着修订后国家赔偿法的施行和“逮捕上提一级改革”的推行，更要防止取保候审被滥用等问题。②要严格执行取保候审的有关法律规定。取保候审必须由公安机关执行，对保证金的收取和保管必须一律由公安机关负责。人民检察院不能自己收取保证金，自己执行。人民检察院决定取保候审后，要及时向公安机关送达执行取保候审通知书和相应的法律文书，以便公安机关执行。③在取保候审期间不得中断对案件的侦查。取保候审的期限虽然较长，但侦查工作决不能放松，更不能搁置或者中断。

（3）在监视居住适用上要注意的问题。①慎用监视居住。从理论上讲，监视居住是比取保候审更重的一种强制措施，但事实上，如果搞得不好，其实际效果可能还比不上取保候审。因此，要尽量慎用、少用监视居住措施。②要正确理解和严格执行监视居住由公安机关执行、人民检察院可以协助执行的法律规定，注意避免人民检察院在决定对被监视人实行监视居住后，以自己为主执行甚至独立执行而不交公安机关执行。③要注意防止以加强监管为名而侵犯犯罪嫌疑人人身自由、甚至变相羁押犯罪嫌疑人的错误做法。

（4）在拘留适用上要注意的问题。①要正确把握适用拘留的条件、时机和期限。修改后的国家赔偿法对检察机关适用拘留提出了更高的要求。适用拘留措施时，既要严格把握拘留的法定条件，又要充分考虑拘留的侦查对策作用，既防止因不敢及时、大胆适用拘留而错失侦查良机，又防止因错误拘留而侵犯当事人的合法权益，造成被动。在犯罪嫌疑人被拘留后，必须在法定时限内完成转捕手续，或者变更为取保候审、监视居住或者予以释放，切实防止超时限拘留。②要严格执行有关拘留程序的法律规定。如拘留的决定、执行、期限、拘留后的讯问和通知等方面的规定，必须严格遵照执行，不得违反。③要严格执行对犯罪嫌疑人的送、还押制度，犯罪嫌疑人被拘留后要及时送公安看守所进行羁押，确因侦查工作需要必须提押犯罪嫌疑人到检察院的讯问室的，应当经检察长批准，并严格执行还押制度。

（5）在逮捕适用上要注意的问题。①反贪侦查工作要适应修改后的《国家赔偿法》和“逮捕上提一级改革”的新形势，要加强学习，深入领会立法精神和改革精神。②要严格把握逮捕强制措施的适应条件，严格按照刑事诉讼法规定的程序适用逮捕措施，既尽量避免出现国家赔偿案件，又不能“怕”字当头，在符合条件、程序合法情况下还不敢适用逮捕措施，从而放纵犯罪。③要切实加强初查工作，正确把握立案时机，在报捕前努力把犯罪嫌疑人一笔或几笔犯罪事实查深、查透，使获取的证据材料达到逮捕的标准。④上下级反贪部门之间，侦查与侦查监督部门之间要加强沟通和协调，下级侦查部门对上一级侦查监督部门在审查逮捕期间提出的问题，需要补报的材料等要及时解释、补报，或者配合做好相关工作。⑤对上一级人民检察院不予逮捕的决定，下级人民检察院认为有错误的，应当在收到不予逮捕决定书后 5 日以内报请上一级人民检察院重新审查，但必须将已拘留的犯罪嫌疑人立即释放或者采取其他强制措施。⑥对已逮捕的犯罪嫌疑人，下级人民检察院认为需要撤销或者变更强制措施时，应当报请上一级人民检察院同意。⑦需要逮捕人大代表的下级院应按有关程序报请许可，获得许可后再向上一级人民检察院报请逮捕。⑧犯罪嫌疑人不服逮捕决定的，作出逮捕决定的上一级人民检察院仍应启动人民监督员监督程序。⑨要重视案卷材料和报请逮捕书或逮捕意见书的移送、制作，便于侦查监督部门审查。要继续抓紧逮捕后的侦查工作，不能放松侦查。

2. 要善于把强制措施上升为侦查对策来加以运用。侦查工作中发挥强制措施的作用，不仅在于通过运用强制措施保障侦查活动的顺利进行，还要把强制措施作为推动侦查工作深入进行的一种手段，帮助解决侦查过程中的一些特定困难和问题。

（1）要善于通过灵活运用强制措施驱动犯罪嫌疑人的心理变化，促使其走坦白从宽之路。例如：当犯罪嫌疑人因为心存侥幸而拒供时，可以通过适时采取强制措施或变更为较严厉的强制措施打消其侥幸心理；当犯罪嫌疑人因为存在畏刑心理而拒供时，可以通过向其明示“采取强制措施的不确定性”，促使其在权衡利弊中选择主动坦白交代；当犯罪嫌疑人出于“坦白交代、争取从轻处理”的心理主动讲清了问题之后，可以通过灵活运用强制措施稳定犯罪嫌疑人的认罪供述心理，防止翻供现象发生。但对犯罪嫌疑人采取的强制措施，既要让其感到是对其坦白交代行为的肯定和宽待，又要让其感到有一定的压力，不敢轻易翻供。

（2）通过灵活运用强制措施分化瓦解犯罪嫌疑人，促进对窝案串案和共同犯罪案件的顺利侦破。在侦破窝案串案和共同犯罪案件中灵活运用强制措施的一般原则是：坦白从宽，抗拒从严；从犯从宽，主犯从严；偶犯从宽，累犯从严；轻罪从宽，重罪从严；投案自首、戴罪立功者从宽，负罪外逃、拒不归案的从严。对既有从宽情节又有从严情节的，可以在综合权衡后合理确定应当采取的具体措施。在法律允许的范围内形成宽严的强烈反差，从而最大限度地分化瓦解犯罪嫌疑人，感召和震慑其他犯罪嫌疑人走坦白从宽之路。

（3）通过灵活运用强制措施改变侦查情势，实现侦查工作中“势”的彼消我长，为侦查工作营造有利环境。譬如，查办犯罪嫌疑人在案发前担任领导职务或在重要岗位任职的案件，说情、干扰现象一般比较突出，如果确实已掌握犯罪嫌疑人涉嫌犯罪的证据，就要坚决顶住压力，及时果断地对犯罪嫌疑人采取强制措施，打击犯罪嫌疑人及其同伙的嚣张气焰，调动群众同犯罪行为作斗争的积极性，打消证人及其他涉案人员的顾虑，办案中的说情和干扰也会大大减少，侦查工作的局面就会朝着对人民检察院有利的方向发展。当然，强制措施并不一定都是越严越好，也不一定是越严对人民检察院侦查取证工作越有利，在该宽的时候，严了可能反而会对人民检察院侦查取证工作造成不利影响，一切视当时的案件情况和侦查工作需要而定，从而为办案工作创造良好的环境，争取更多的理解和支持。

（4）通过灵活运用强制措施施用侦查谋略，或者为施用侦查谋略创造条件，实现侦查目的。譬如，通过灵活运用强制措施施用欲擒故纵谋略。对于被拘传或者拘留的犯罪嫌疑人，在其坚持拒供、案件难以深入的情况下，果断决定结束拘传或撤销拘留。一般情况下，这些被放回的犯罪嫌疑人，为了掩盖罪行，多数会迅速找有关涉案人员进行串供密谋，侦查人员就可以从中收集犯罪嫌疑人进行反侦查活动的再生证据，进而突破案件。

（5）要灵活运用强制措施。适用强制措施上必须具有一定的灵活性，以适应千变万化的侦查工作需要。但灵活的前提是必须依法适用，包括在适用对象、条件、程序等各个方面，都必须严格依法进行。绝对不能以侦查对策需要为名而违法适用强制措施。要考虑社会心理的承受程度，做到慎重稳妥。

（6）要充分考虑具体案件和犯罪嫌疑人的个体差异。侦查对策必须符合客观实际，才能取得预期效果。在把强制措施作为侦查对策使用时，既要考虑适用强制措施的一般规律，更要重视特定案件、特定客体在特定的时间、环境、条件下的特殊性，做到因案、因人、因时、因地而异，切忌生搬硬套，经验主义，只知按经验和常规办事，把强制措施的运用公式化、模式化。

（7）要着眼于侦查工作的整体需要。侦查工作是一个整体，强制措施是这个整体中的一个局部。局部必须服从服务于整体。在决定对犯罪嫌疑人是否适用强制措施，以及用何种、何时用、怎么用等问题上，都要从侦查工作的全局出发，而不能仅考虑局部，防止因小失大。

（五）讯问犯罪嫌疑人常见问题及应对措施

讯问犯罪嫌疑人是指侦查人员为了查明案情和其他有关问题，依照法定程序，以言词方式对犯罪嫌疑人进行审问的一种侦查措施。讯问是面对面地与犯罪嫌疑人交锋，对侦查人员的办案水平是一个直接的检验。讯问工作中常见问题有：讯问准备不充分，没有系统的讯问方略；讯问方式简单，习惯于“三板斧”、强攻硬取；讯问人员素质不高，自信心不足，意志薄弱，不懂谋略；有的甚至违法办案。为此，应注意以下问题：

1. 侦查人员要提高讯问水平。反贪侦查工作总体上必须变“由供到证”为“由证到供”，不能片面依赖讯问获取口供来突破案件，但这决不等于讯问工作不重要。贪污贿赂犯罪固有的隐蔽性，决定了讯问工作在职务犯罪侦查中发挥着极其重要的作用，往往是突破案件、扩大战果的关键。成功的讯问可以证实业已掌握的犯罪线索和证据；可以使侦查工作多走捷径，不走或少走弯路；可以突破没有口供就难以认定的犯罪案件；可以深挖余罪，扩大战果，把小案办成大案，一案办出窝案串案；可以有效获取犯罪证据和赃款赃物的下落，实践中很多疑难案件的侦破，关键时刻还是取决于侦查人员的讯问能力和技巧。侦查人员要加强学习，善于总结，不断提高讯问水平。

2. 坚持依法讯问。做好讯问工作，有一个基本前提，即讯问必须依法、文明、安全进行，绝不允许采取刑讯逼供、体罚虐待和侮辱人格等非法手段获取口供，必须准确把握犯罪嫌疑人的心理变化和身体状况，确保办案安全，防止发生办案安全事故。在依法治国，尊重和保障人权，构建社会主义和谐社会的新形势下，强调依法讯问，具有特别重要的意义。

3. 要强化对讯问工作的组织领导和决策指挥。反贪侦查指挥员要坐镇指挥，及时掌握进展情况，正确把握讯问的方向，适时调整讯问策略，有效控制讯问进程，加强对讯问工作的协调配合。

4. 要周密做好讯问前的准备，全面了解和把握全案情况特别是犯罪嫌疑人的有关情况，制定讯问计划和策略，前后讯问要相互衔接、连贯，做到目的清楚、任务明确，形成一个有机统一的整体，力争每次讯问都能达到预期目的。要从侦查整体方案中对讯问进行设计和安排，避免讯问与其他侦查工作相脱节。

5. 要提高心理对抗能力。讯问过程就是侦查人员与嫌疑人进行心理较量的过程。在讯问嫌疑人时，侦查人员要有良好的心理素质，做到成竹在胸，不急不躁、不温不火，步步紧逼，意志坚定。要善于研究并把握好嫌疑人的心理动态，时而施加强大的心理压力，时而巧用侦查计谋，在嫌疑人心理压力达到一定程度时，还要注意送梯下楼，给其某种心理和物质上的满足，促其就范。要善于观察判断，及时察觉哪怕是细微的心理变化，切实抓住稍纵即逝的心理动摇临界点，从而一举突破嫌疑人的心理防线。

6. 要善于运用证据突破口供。讯问要建立在通过外围调查获取比较扎实证据的基础之上，运用证据的目的是打消嫌疑人蒙混过关的侥幸心理，促使其坦白交代。对嫌疑人出示证据要适时适度，给嫌疑人造成错觉，使其产生错误的分析判断，切不可简单直白，轻易露出自己的底牌。

7. 要灵活应变。讯问是一个动态变化的过程，经常会出现预料不到的情况，不可能全部按照预定计划进行。侦查人员必须随机应变，及时调整讯问的思路和对策。

（六）反贪侦查收集和固定证据常见问题及应对措施

反贪案件能否突破，犯罪嫌疑人能否受到制裁，关键取决于侦查人员收集和固定证据的能力。收集和固定证据中常见问题有：取证不规范，有的取证主体及人数不符合要求，有的取证时限、地点、方式不规范，有的证据材料收集和固定不符合形式要求；不善于围绕犯罪构成收集和固定证据，特别是在对影响案件定性的关键事实和关键证据的收集和固定方面，工作不细致、扎实，造成案件反复；收集证据不全面，不善于收集运用间接证据制服犯罪，突破不了口供就无计可施；固定证据特别是对付翻供、翻证的办法不多。

1. 要树立以证据为中心的办案观。证据是刑事诉讼的核心，是保证案件质量的基石。2010 年 6 月 13 日“两高三部”联合发布的《关于办理死刑案件审查判断证据若干问题的规定》、《关于办理刑事案件排除非法证据若干问题的规定》（以下简称“两个证据规定”），对反贪侦查收集和固定证据、防止和避免出现非法证据等问题提出了新的更高的要求。侦查人员要认真学习“两个证据规定”，强化证据意识，树立认定案件事实以证据为根据的观念，按照证据裁判原则、程序法定原则、证据质证原则等的要求收集和固定证据，不断提高收集和固定证据的能力和水平。

2. 要严格依照法定程序收集证据，确保侦查取证工作和所收集的证据符合法律规定。要按照刑事诉讼法、“两个证据规定”等对证据的收集、固定、审查、判断和运用进行的全面规定，特别是关于非法证据的范围和审查排除程序等规定的要求，切实增强程序意识，严格按照法定程序和有关取证要求开展工作，有效防止在侦查阶段出现非法证据，发现证据存在瑕疵的及时补正，保证每一个证据合法有效，经得起检验。

3. 要全面收集和固定证据。要全面收集犯罪嫌疑人有罪或者无罪、犯罪情节轻重的各种证据，既要重视口供、证人证言等言词证据，也要重视赃款赃物等实物证据、财务会计资料等书证以及视听资料等证据，既要收集直接证据也要收集间接证据，既要记录嫌疑人的有罪供述也要记录其无罪辩解。要学会运用间接证据来突破案件，增强直接证据的证明力。要适应信息化时代犯罪的发展变化，善于收集、固定和运用电子证据来揭露和证实犯罪。

4. 要围绕犯罪构成设计侦查取证方案，开展取证工作，特别要紧扣有无犯罪的主观故意、是否利用职务之便为对方谋取利益等关键环节来收集和固定证据，注意查明企业财产性质、犯罪赃款赃物的出处和下落。侦查取证要严谨、细致、扎实，与案件有关的情节和细节要尽可能地收集和固定，尤其对贿赂案件要重视查清与贿赂活动有关的时间、地点、经过、原始谈话内容以及贿赂的原因、背景等。

5. 要防范反侦查，揭露反侦查，同时还要善于欲擒故纵，利用反侦查活动来获取证据和线索，从而突破案件、证实犯罪。对妨碍侦查和诉讼，毁灭、伪造证据的，要依法查处。

6. 要高度重视证据的固定工作，切实防止重视突破轻视固定的现象。要广泛采取对讯问实施全程录音录像、让嫌疑人自书供词等方式固定证据，堵死翻供翻证的后路。要重视询问、讯问等笔录的制作，做到既忠于原意，又重点突出，抓住关键，字迹工整，规范、严密。

（七）反贪侦查谋略运用中常见问题及应对措施

反贪侦查中谋略的运用是一项很高的侦查技能，是衡量侦查水平高低的重要标准之一。经过多年的办案实践，我们在运用谋略方面积累了许多经验。但是，不懂谋略、不会运用谋略的侦查人员还不少，运用谋略还比较简单机械。

1. 要增强谋略意识。侦查是侦查主体与侦查对象之间的直接对抗，这种对抗不仅仅是体能、技术上的较量，更主要的是侦查人员与犯罪嫌疑人之间的智慧较量。贪污贿赂犯罪嫌疑人大多受过良好的教育，社会经验丰富，作案手段隐蔽，在犯罪预谋、犯罪手段以及犯罪后的反侦查上，与一般刑事犯罪相比，表现出明显的智能型的特点。同这种高智商、智能型犯罪作斗争，简单的强攻硬取往往很难奏效，必须巧妙、灵活地运用侦查谋略，施计用谋，以智取胜，这样才能为侦查增添活力，取得事半功倍的效果。侦查人员必须重视和加强对谋略的学习、研究和运用，在办案中时刻要有运用谋略这根“弦”。

2. 要围绕关键环节来学习、研究、设计和使用谋略，增强运用谋略的针对性和有效性。谋略虽然重要、管用，但也不能滥用。关键是要在初查、使用或变更强制措施、讯问犯罪嫌疑人、询问重要证人、搜查、追逃追赃等侦查工作的重要阶段或环节，发挥独特作用，这样才能发挥谋略的最佳效力，取得最佳效果。

3. 运用谋略要巧妙灵活，不落俗套。侦查谋略虽然有其基本规律和方法套路，但难就难在巧妙设计、灵活运用上，如果千篇一律、流于俗套，计谋被犯罪嫌疑人识破，反而会弄巧成拙。职务犯罪的手段和形式在不断演变，每个案件、每个犯罪嫌疑人都有不同的情况特点，在运用谋略时切忌墨守成规，而要不断发展和升华谋略的内涵，赋予谋略以时代特色，真正做到因案、因人、因时而异，谋略常用常新。

4. 运用谋略必须合法。尤其不得以刑事诉讼法所禁止的以引诱、欺骗等非法手段收集证据，不能以虚假的承诺或虚假的案件事实和情节诱供、套供。

（八）反贪侦查扣押、冻结、处理涉案款物常见问题及应对措施

反贪侦查中扣押、冻结涉案款物既是一项重要的侦查措施，同时扣押、冻结、处理涉案款物又是容易出问题的环节之一。实践中常见问题有：极少数地方和个别办案人员在扣押、冻结、保管和处理涉案款物工作中，存在着超范围

扣押、不严格执行法定程序、不及时依法处理等问题。

1. 要严把扣押、冻结关。扣押、冻结涉案款物包括"款"与"物"两个方面，扣押物证、书证和视听资料等"物"的目的在于取得和保全证据，扣押、冻结与犯罪有关的现金、存款、汇款等"款"的目的则不仅在于取得和保全证据，也是挽回国家经济损失的需要。扣押、冻结涉案款物，不仅要有利于查明案情、打击犯罪，还要切实保障犯罪嫌疑人尤其是无辜者的合法权利，严格依法进行，切实做到公正廉洁执法。严格把好扣押、冻结环节这一关口，需要注意以下几点：第一，要严格按照管辖范围办案，决不超过检察机关的职责和管辖范围办案并扣押、冻结款物，或者采取以虚假立案等方式扣押、冻结款物；第二，要严格按照法定程序办案，扣押、冻结作为侦查措施，只能在立案后进行，决不能在立案之前就扣押、冻结款物；第三，要严格范围，决不扣押、冻结与案件无关的合法财产；第四，要考虑办案的效果，扣押、冻结犯罪嫌疑人、被告人的涉案款物，应当为犯罪嫌疑人、被告人及其所扶养的家属保留必需的生活费用和物品；扣押、冻结单位的涉案款物，应当尽量不影响该单位正常的办公、生产、经营等活动；第五，严格按照有关规定扣押、冻结，做到手续严密，法律文书填写规范、完备；第六，要及时审查，查明确与案件无关的，要在3日内作出解除或者退还决定，并办理有关手续。

2. 要把好保管关。涉案款物被依法扣押、冻结后，到最终处理之间常常需要一段时间。因此，其间必须严格按照有关规定，妥善予以保管，防止出现意外甚至出现被违规使用等问题。第一，要严格落实扣押、冻结与保管涉案款物相分离的原则，反贪部门扣押涉案款物后，除特定情形可以按照有关规定处理外，必须在3日内移交本院负责财务装备的部门统一管理；第二，侦查部门向管理部门移交扣押的涉案款物时，必须严密交接手续，以便核对；第三，管理部门对移交的涉案款物要认真登记，妥善保管，保管措施必须符合要求，以免在保管环节出现意外；第四，保管期间，为了核实证据，需要临时调用扣押涉案款物的，必须按规定办理审批和登记手续，特别要防止违规使用扣押款物现象的发生。

3. 要严把处理关。严格依照法律和有关规定，处理扣押、冻结的涉案款物，严把处理关，是防止反贪办案出问题的重要环节。第一，要严格审批程序，处理涉案款物，反贪部门必须提出意见报检察长决定。第二，对扣押、冻结的涉案款物，必须严格按照法律和有关规定，区别不同情况，或上缴国库，或归还原单位，或返还原主或者被害人，或移送有关主管机关处理，或返还犯罪嫌疑人。决不能该归还原单位的不归还，该返还犯罪嫌疑人或者原主、被害人的不返还，以致引发涉检上访等问题。第三，必须严密手续，并且存档备查。

（九）反贪侦查协作常见问题及应对措施

侦查协作是指检察机关在依法查办贪污贿赂等职务犯罪案件中，对需要核实案情、调查取证、采取强制性措施等事宜所进行的协调、配合和合作。目前各地反贪部门侦查协作总体上是好的，同时也存在一些问题，如：有的请求协作时手续不完备；有的不按规定程序请求协作；有的到外地缉捕犯罪嫌疑人或者扣押、追缴赃款赃物时，不向当地检察机关通报，或者在工作遇到困难后才请求协助，导致办案工作比较被动；有的协作意识不强，对外地请求协作事项不支持、不配合，甚至要求对协作事项进行实体审查；等等。为此，要从以下几个方面进一步加强和规范侦查协作：

1. 要强化大局意识、协作意识。反贪部门和侦查人员必须树立大局意识、协作意识和全国"一盘棋"的思想，上下级之间、不同地区检察院之间，在办案工作中都要相互支持、密切协作，依法主动协作，使全国检察机关反贪部门在办案中形成一个统一的整体，发挥整体作战优势，共同完成办案任务。

2. 法律手续要完备。无论是直接派员到协作地检察院请求协作，还是通过函件、电传等方式委托有关检察院予以协作，都要提供必需的法律文书和手续，包括立案决定书、拘留证、逮捕证等法律文书，以及请求协作函、介绍信等必要的文件。如果遇有紧急事项无法及时办理有关请求协作手续的，可以请求紧急协作，但应及时补办手续。同时，不同的协作请求，不同的办案阶段，需要提供的法律手续不可能是完全一样的。侦查阶段，法律规定比较具体，各种侦查活动所需法律手续也较为明确。如果是立案后对犯罪嫌疑人采取强制措施，就需向协作地检察、公安机关提供立案决定书、拘留证、逮捕证等法律文书。初查阶段不同于正式立案之后的侦查阶段，初查阶段的协作请求不可能提供上述法律文书，但应提供协作请求函、查询银行存款通知书、介绍信等。

3. 严格按规定程序进行侦查协作。侦查协作一般由请求方直接向协作方提出请求，但涉及担任实职的县（处）级领导干部的侦查协作，通过市级以上人民检察院安排；涉及厅级以上领导干部、省级以上人大代表的，通过省级以上人民检察院予以安排。因此，通常情况下，请求方不能出于对协作方不熟悉甚至不信任等原因，而"越级"提出协作请求，即便很简单的协作事项，也要通过省级检察院甚至高检院提出请求。但是，基层检察院需要外省协作时，如果案情重大，协作事项非常敏感，或者协作事项涉及面广，即使不涉及县处级以上干部，也应按照同级对同级的原则，先请其上级检察院甚至省级检察院出面与协作地的同级检察院先进行联系，再派员到当地请求协作。反贪部门派员到异地协助公安机关执行拘留、逮捕的，原则上由请求方检察机关与当地公安机关取得联系后，通过公安协作渠道办理。实践中，请求方检察机关直接向协作地公安机关请求协助时，可能效果并不好，除非是请求方检察机关、公安机关都派员到协作地，再由请求方公安机关向协作地公安机关提出协作请求。因此，如果只有请求方派员到异地执行拘留、逮捕时，一般应通过协作方检察机关与当地公安机关联系，请求协助，且要由公安干警或检察院法警执行。协作方检察机关要予以配合。反贪部门到异地进行搜查、扣押、追缴赃款赃物等活动，不能因为担心当地检察院不配合，就不按规定请求当地检察院协作，协作方也必须依法予以支持、配合。

此外要注意的是，下级检察院反贪部门需要上级检察院反贪部门协作的，如无特殊情况，一般地必须逐级报告。而对上级检察院交办的协作事项，下级必须按要求执行。

4. 协作方必须积极予以协作。当前，协查工作已经成为反贪侦查活动中的常态化工作，无论是在初查阶段，还是在侦查阶段，无论是对犯罪嫌疑人采取强制措施，还是调查取证，都可能需要通过侦查协作得以实现。在这种新形势下，各地反贪部门都要积极、主动为请求方提供协作，这是全国反贪工作健康发展的重要保障。按规定，协作方收到协作请求后，应当依据法律和有关规定进行程序审查。但这种审查一般只是程序审查，原则上不是进行实体审查，只审查是否符合协作条件，一般不应依据刑事实体法律对协作请求进行审查。但是，对于请求方的法律手续明显存在问题、协作请求明显超出正常办案范围或者案件事实、性质明显存在问题的，协作方也应提出意见，依法共同进行协商，努力通过双方的沟通来确定是否予以协作。如果协商不成的，报各自上级检察院或者共同的上级检察院协调，并按照协调意见执行。

（十）办理缉控措施常见问题及应对措施

检察机关反贪部门为了发现和抓获在逃犯罪嫌疑人、控制重要涉案人员，通常要采取缉捕、边控等缉控措施。缉控措施属于侦查措施的一个方面，包括国内通缉、国际通缉、边控等措施。虽然这些措施都要通过公安机关办理，但是检察机关要及时提供办理这些缉控措施所需要的法律手续及有关材料，并依照相应程序提请办理。目前存在的主要问题有：一是有的地方对缉控措施的种类及如何办理这些缉控措施不了解，导致提请办理缉控措施时相关手续和材料不完备，影响办案工作效率；二是不善于运用相关缉控措施为办案服务，有的因此错失控制涉案人员的良机，导致未能及时防止犯罪嫌疑人潜逃。为此，要认真学习刑事诉讼法以及最高人民检察院有关规定的精神，了解缉控措施的种类及其办理程序和具体要求。工作中要注意以下几点：

1. 全国通缉的办理。通缉措施按发布范围可分为区域性通缉和全国通缉。

办案单位如果对在逃犯罪嫌疑人办理全国通缉措施，需要提供《立案决定书》、《逮捕证》、《在逃人员信息登记表》、犯罪嫌疑人照片、省级检察院出具的奖励承诺等材料，层报最高人民检察院审查后商请公安部办理。其中的《在逃人员信息登记表》必须从公安追逃网上下载打印，对追逃人员办理全国通缉的前提必须是已经办理网上追逃手续。网上追逃是公安机关通过内部网络，直接将在逃人员信息发布到全国各级公安机关，从而对每个上网的追逃对象达到全国通缉的目的。目前，公安系统主要是依靠网络来实现全国范围内的通缉，只有对罪行极其严重的在逃犯罪嫌疑人才会按传统方式，发布书面的全国通缉令。各地在办理全国通缉措施时，要掌握一定的标准，只对那些职务级别高、犯罪数额大、造成严重社会影响的在逃人员办理全国通缉措施。对于一般的在逃犯罪嫌疑人，只要及时通过当地公安机关上网追逃，就能够达到全国通缉的目的。

2. 边控的办理。边控措施也称为“口岸出入境控制”，是出入境口岸的边防检查部门依据国家法律法规，对特定人员实行的各种查控措施，按照控制的范围可以分为特定口岸控制和全国口岸控制。边控措施主要包括扣留人员、阻止出境、阻止出境且扣留证件、阻止入境、阻止入境且扣留证件（仅限于对港、澳、台居民）、掌握出入境动态等。无论采取何种边控措施，前提是都要掌握被控对象持有的全部有效出入境证件类型及号码。办案实践中，检察机关经常使用的主要是扣留人员和阻止出境措施，这两种常用的边控措施在适用对象、法律手续、办理程序等方面有很大区别。第一，在适用对象上，“扣留人员”边控措施只适用于被采取拘留或逮捕等限制人身自由的强制措施的犯罪嫌疑人，被采取拘传、取保候审、监视居住等强制措施的犯罪嫌疑人不适用于该措施，而“阻止出境”边控措施既能适用于已立案的犯罪嫌疑人，也能适用于未立案的涉案人员，适用对象的范围要比“扣留人员”措施广。第二，在法律手续上，无论采取何种边控措施，办案单位都要填写《边控对象通知书》，尽可能地将被控对象的基本信息填写详细、清楚，如采取“扣留人员”边控措施，还要提供犯罪嫌疑人的《拘留证》或《逮捕证》等法律文书，《边控对象通知书》中的法律依据就是该法律文书的文书号；如采取“阻止出境”措施则不需要提供任何法律文书，《边控对象通知书》中的法律依据通常根据被控对象是中国人还是外国人分别依据《中华人民共和国公民出境入境管理法》第8条或《中华人民共和国外国人入境出境管理法》第23条。第三，在办理程序上，需要在全国各出入境口岸采取“扣留人员”边控措施的，由省级人民检察院审查同意后，直接向同级出入境管理部门交控。但是，采取其他边控措施的，仍必须上报最高人民检察院审查办理。

3. 国际通缉的办理。国际通缉准确来讲应该称为红色通报，它是国际刑警组织利用自身的国际通报系统实现每个成员国警察部门共享重要犯罪相关信息的一种通报形式，主要涉及严重犯罪被通缉人员，俗称“红色通缉令”，简称“红通”。对于已经查明潜逃出境的犯罪嫌疑人，办案部门应当通过国际刑警组织发布红通，它是开展境外追逃工作中的一项重要手段和措施。按照国际刑警组织的定义，红通是以逮捕证为依据，逮捕或临时性羁押以便引渡被通缉人员。因此，对已潜逃境外的嫌疑人办理红通的重要前提就是已对该犯罪嫌疑人采取逮捕强制措施，犯罪嫌疑人的逮捕证是办理红通的重要法律文书。另外，还要将犯罪嫌疑人的身份特征，主要包括体貌特征、照片、指纹、职业、语言、所持证件号码等信息；犯罪嫌疑人的犯罪信息，主要包括被起诉或指控的罪名、法律依据、可能判处的最高刑罚、司法机关签发的逮捕令文号或判决书文号等，详细填写在国际刑警组织统一格式的《红通申请表》上面。根据有关规定，办案单位要填写中、英文的《红通申请表》各一份，再附上犯罪嫌疑人的逮捕证、照片、在逃人员信息登记表等材料，层报到最高人民检察院审查后，商请公安部国际刑警组织中国国家中心局办理。

4. 要注意及时撤控。反贪部门办案中既要善于运用缉控措施保障办案工作的顺利进行，防止犯罪嫌疑人潜逃或者将其缉捕归案。同时，如果犯罪嫌疑人被缉捕归案，或者不需要继续缉控，或者撤销案件的，也要及时撤销缉控措施。

（十一）开展涉外刑事司法协助常见问题及应对措施

在经济全球化的形势下，为了有效应对跨国、跨境职务犯罪，职务犯罪侦查必须加强国际刑事司法协助，将潜逃国外的犯罪嫌疑人追捕归案，将犯罪嫌疑人转到国外的赃款赃物予以追回，并从国外获取有关犯罪的证据。为此，要注意以下几点：

1. 要了解并善于综合运用以下途径缉捕潜逃国外的职务犯罪嫌疑人。（1）对犯罪嫌疑人潜逃到国际刑警组织成员国家（地区）的，承办案件的检察机关可填报申请发布红色通缉令的表格，并备齐材料，由最高人民检察院商请公安部国际刑警中国中心局发布红色通缉令，通过国际刑警组织协助缉捕。（2）对犯罪嫌疑人逃到与我国已签订引渡条约的国家，或嫌疑人逃往国与我国虽然尚未签订引渡条约，但对方同意采取引渡方式递解人犯的，按照《中华人民共和国引渡法》规定，由省级人民检察院向最高人民检察院提出《引渡意见书》，由最高人民检察院商公安部、外交部，由外交部向犯罪嫌疑人所在国提出引渡请求。紧急情况下，可在正式提出引渡请求前，通过外交、国际刑警组织或者被请求国同意的其他途径，要求该国对犯罪嫌疑人先行采取强制措施，保证引渡的顺利进行。(3) 犯罪嫌疑人逃往与我国没有签订引渡条约的国家而对方又不同意以引渡方式递解人犯的，检察机关通过查明犯罪嫌疑人有犯罪前科、持假证件出逃、以假婚姻等欺诈手段向国外移民、办理各种出境和申请手续，以及持无效、作废、过期等证件非法入境，在境外非法滞留、居留或者偷渡出境等情况，层报最高人民检察院商请司法部、外交部或者公安部等有关部门，将上述情况通报犯罪嫌疑人所在国的移民管理机关或司法机关，促使其采取遣返、驱逐出境等方式递解外逃犯罪嫌疑人。(4) 对与我国签订有刑事司法协助条约的国家，条约确定我国司法部为中方中央机关的，或者虽然没有条约但存在互惠关系的国家，承办案件的检察机关还可以将需要协助的事项书面报告最高人民检察院，由最高人民检察院商请司法部，由司法部出面请有关国家的司法部提供司法协助。(5) 通过边境检察机关与毗邻国家司法机关或执法机关的合作。我国黑龙江、云南等边境省份的检察机关通过与毗邻国家司法机关或执法机关的联系，在平等互惠的基础上开展了刑事司法协助活动，这种合作方式在缉捕外逃嫌疑人方面具有便捷、快速、灵活等优势。(6) 通过做外逃人员亲属等的工作，敦促逃犯回国投案自首，并兑现从宽政策。实践表明，这是追捕外逃职务犯罪嫌疑人的一种有效办法和途径。

2. 要了解并善于综合运用以下追赃措施。对于犯罪嫌疑人携款潜逃境外或将赃款、赃物转移到境外的，首先要在发案单位和金融、外汇等部门的帮助下，尽快查清赃款、赃物的去向，为下一步的追缴工作做好准备。赃款、赃物去向不明的，承办案件的检察机关可通过国内有关部门或驻外机构帮助查找，必要时，也可由省级人民检察院书面报告最高人民检察院，由最高人民检察院商请有关部门通过各种途径和渠道进行查找。在查清赃款、赃物去向的基础上，综合运用以下途径进行追赃：(1) 通过国际刑警组织或其他国际刑事司法协助渠道协助追缴犯罪嫌疑人转移到境外的赃款、赃物。特别是在与相关国家进行遣返、引渡等国际司法协助合作时，应积极与对方国家的有关部门协商，尽量争取其移交犯罪嫌疑人转移到其境内的赃款、赃物。(2) 通过民事诉讼程序追缴，由发案单位或有关部门出面，委托涉案国家的律师向有管辖权的当地民事法庭送达起诉状，提出退回在该国境内赃款、赃物的请求。在发案单位或有关部门提起境外民事诉讼的过程中，负责办理案件的检察机关给予积极的支持和协助。(3) 利用边境省份的检察机关或其他司法机关与相邻国家的区域性合作渠道，在当地有关部门协助下，进行追缴。(4) 通过认真做好犯罪嫌疑人的思想工作，教育、动员其以有效的方式将转移到国外的赃款、赃物转回境内，由司法机关依法处理。对主动配合退缴赃款、赃物的，依法兑现政策，宽大处理。

3. 要加强与国内有关部门的协调和合作。境外追逃、追赃、取证等工作，不少工作超出了检察机关的职责范围，必须由有关部门出面进行或负责完成，需要多个部门的积极参与和通力合作。如办理对外逃嫌疑人的通缉和边控离不开公安部门的合作，查找和监控嫌疑人赃款的去向离不开金融、外汇管理等部门的合作，获取嫌疑人的行踪离不开公安、交通、电讯、海关、边防及驻外机构等部门的配合，出国办案离不开外交部及其驻外使领馆的配合等。各级检察机关在履行好自身职责的同时，必须主动加强与有关部门的协调配合，积极争取有关部门的支持，主动介绍、沟通情况，并且全力配合开展工作，使各有关部门充分发挥职能作用，做到既各司其职，又紧密协作，形成境外追逃工作的强大合力。要加强经常性的联系，建立信息定期通报制度，健全协调配合的长效机制，提高合作质量和效率。

4. 要加强基础工作。凡犯罪嫌疑人潜逃国外的，都要依法及时立案、决定逮捕并商公安机关对其通缉、边控。迅速查明犯罪嫌疑人涉嫌的主要犯罪事实，出逃时所持证件及号码，逃往的国家或地区及其在国外居住地址、电话号码等情况，为开展境外追逃、追赃和取证等工作做好准备。在开展国外追逃、追赃、取证等工作的同时，抓紧抓好对犯罪嫌疑人犯罪事实的查证工作，完善和固定犯罪证据，随时按有关部门或者有关国家的要求，提供相关文件、材料或证据，并做好出国押解人犯、接受遣返人犯或出境取证、追赃等方面的准备工作，以免关键时刻工作被动甚至错失良机。

5. 要依法开展工作。检察机关在国际司法协助工作中，既应当遵守我国宪法、法律，又必须尊重相关国家或地区的法律，严格按照我国缔结或者参加的国际条约进行。没有国际条约的，应当按照有关国际惯例进行。要与国家整体利益保持一致，防止因个案处理不当，损害我国的主权、安全和公共利益。

此外，要注意的是，香港、澳门回归祖国以后，与内地实行"一国两制"。查办涉及香港或者澳门特别行政区的案件，既不同于国与国之间的国际合作，也不同于内地检察机关之间的侦查协作，而必须坚持"一国两制"，即在一个国家的前提下，在充分尊重香港、澳门特别行政区法律和司法权的前提下，与港、澳有关执法机关进行个案协查。办案工作中，如果需要港、澳特别行政区有关部门代为调查取证，派员赴港、澳取证，或者缉捕潜逃到港、澳特别行政区的犯罪嫌疑人的，均应严格按照有关规定办理。

（十二）办案安全防范常见问题及应对措施

切实加强办案安全防范工作，有效防止发生办案安全事故，是办案工作最基本的要求。常见问题主要是：有的思想上不够重视，办案安全防范意识淡薄，认为本地区不会发生安全事故；有的办案安全防范制度落实不到位，保障措施不力；有的违反法律和最高人民检察院的规定办案；等等，导致办案安全事故屡禁不止。为此，各级检察机关反贪部门必须高度重视，采取有力措施，坚决杜绝发生办案安全事故特别是涉案人员自杀等重大事故。

1. 要进一步统一思想、提高认识。涉案人员自杀等办案事故严重影响检察工作健康发展。要从检察事业科学发展、健康发展、长远发展的高度，深刻认识加强办案安全防范工作的重要意义，深刻认识办案安全事故的严重危害，深入查摆办案安全防范工作中存在的问题，深刻剖析违法违规办案、造成办案事故的原因和教训，端正工作指导思想，牢固树立社会主义法治理念，正确处理加大办案力度与严格规范执法、确保办案安全的关系，努力使公正、规范、安全办案转化为广大干警的自觉行动。

2. 要狠抓各项制度的严格落实。尤其要抓好以下三项制度的落实：一是严格执行办案安全防范预案审批制度。每一起案件，不论是初查还是立案侦查，都必须事先制定周密的安全防范预案。办案组必须明确专人负责安全防范，安全防范预案要与办案计划同时执行、同时检查落实，确保安全防范措施落实到办案的每个环节。二是严格落实看审分离制度。看审不分，是导致办案安全事故的一个重要原因。要充分发挥司法警察的职能作用，由司法警察负责拘传、押解、看管等工作。司法警察力量不足的，侦查部门要安排专门人员负责看管工作。要加强对司法警察的业务培训，使司法警察真正承担起保障办案安全的职责。三是实行办案安全防范责任人制度。案件安全防范责任人要亲自盯在办案第一线，随时发现和解决办案安全防范方面存在的问题。

3. 要严格规范执法行为，坚决杜绝违法违规办案。如：初查阶段接触被调查对象，必须报经检察长或主管检察长批准，并采取严密安全防范措施。传唤、拘传犯罪嫌疑人到案接受讯问，应当在检察机关讯问室进行。讯问室应当设在一楼以下。决定对犯罪嫌疑人拘留、逮捕后，必须及时移送看守所羁押。提讯在押犯罪嫌疑人原则上应当在看守所进行，并严格遵守看守所的有关规定；因辨认、提取证据、取赃等确需提押到看守所以外的，必须采取严密的安全防范措施，并在任务完成后及时还押。适用监视居住必须符合法定的条件，并依法由公安机关执行。不得以协助调查取证等名义变相限制和剥夺证人的人身自由，严禁采取刑讯逼供等暴力手段违法取证。

4. 要大力推进办案区规范化建设，强化办案安全保障。尚未建立办案区的检察院，一定要积极争取地方党委、政府支持，按照高检院的规定要求，加快办案区规范化建设步伐。基层检察院相对集中的地方可整合资源，建立统一使用的档次较高、更加规范的办案区。

5. 要加强对办案干警的教育和培训，严肃执法执纪。增强办案安全防范意识和经验。要对每个参与办案的干警特别是新上岗的干警进行办案安全教育，树立并不断强化办案安全防范意识。要根据办案安全事故的规律特点，有针对性地进行培训和演练，使干警切实增强工作责任心，牢记安全防范规定，丰富安全防范经验，提高防范事故的警惕性和处置紧急情况的能力。要以涉案人员自杀死亡等重大安全事故为典型案例进行警示教育，使干警从中吸取教训，避免重蹈覆辙。要严肃执法执纪，严格执行责任追究制度，违法违规办案导致涉案人员非正常死亡的，必须查明事实，分清责任，依纪依法严肃处理。

二、反渎职侵权侦查中常见问题及应对措施

（一）正确理解和适用渎职罪的管辖

管辖在渎职罪案件侦查中具有一定的复杂性。根据刑事诉讼法、《人民检察院刑事诉讼规则》以及刑法有关渎职罪的规定，人民检察院立案侦查国家机关工作人员的渎职罪、国家机关工作人员利用职权实施的非法拘禁、刑讯逼供、报复陷害、非法搜查的侵犯公民人身权利的犯罪以及侵犯公民民主权利的犯罪案件。刑事诉讼法没有对人民检察院直接受理案件的侦查管辖作出规定。通说认为：刑事诉讼法第24条有关案件审判的地域管辖规定，即“刑事案件由犯罪地的人民法院管辖。如果由被告人居住地的人民法院审判更为适宜的，可以由被告人居住地的人民法院管辖”的规定，已经为侦查管辖设定了条件，人民检察院直接受理立案侦查渎职犯罪案件应当按照刑事诉讼法关于案件审判的地域管辖规定执行。最高人民检察院在制定《人民检察院刑事诉讼规则》时采取了分级管辖与地域管辖相结合、以犯罪嫌疑人工作单位所在地管辖为原则，以特殊情况下的上下级移送案件、交办案件与指定管辖为例外的办法进行规定。《人民检察院刑事诉讼规则》第13条规定：“人民检察院对直接受理的案件实行分级立案侦查制度。最高人民检察院立案侦查全国性的重大犯罪案件；省、自治区、直辖市人民检察院立案侦查全省（自治区、直辖市）性的重大犯罪案件；分、州、市人民检察院立案侦查本辖区的重大犯罪案件；基层人民检察院立案侦查本辖区的犯罪案件。”第15条规定：“国家工作人员职务犯罪案件，由犯罪嫌疑人工作单位所在地的人民检察院管辖；如果由其他人民检察院管辖更为适宜的，可以由其他人民检察院管辖。”第14条规定：“上级人民检察院在必要的时候，可以直接侦查或者组织、指挥、参与侦查下级人民检察院管辖的案件，也可以将本院管辖的案件交由下级人民检察院侦查；下级人民检察院认为案情重大、复杂，需要由上级人民检察院侦查的案件，可以请求移送上级人民检察院侦查。”

但是，在渎职罪案件侦查中，还有一些刑事诉讼法和《人民检察院刑事

诉讼规则》没有明确的案件管辖情形，需要认真对待：

1. 对作为渎职罪构成要件的案件的管辖。比如，在徇私舞弊不移交刑事案件案中，徇私舞弊和不移交刑事案件都是该罪的构成要件，检察机关侦查徇私舞弊不移交刑事案件案，必须查明国家机关工作人员不移交的案件是构成“刑事犯罪”的案件，而实际上，国家机关工作人员不移交的“刑事案件”可能性质千差万别，有的是强奸案件，有的是诈骗案件，有的是贪污贿赂案件等，不查清这些案件的“刑事案件”性质，就无法对徇私舞弊不移交刑事案件侦查，这就牵涉出对其中不属于检察机关管辖的刑事案件的管辖问题，类似的情况在徇私舞弊不征少征税款案、帮助犯罪分子逃避处罚案、放纵制售伪劣商品犯罪行为案、徇私枉法案、国家机关工作人员签订履行合同失职被骗案中都存在。对于这类情况，不少地方检察机关根据《最高人民检察院关于加强和改进新形势下惩治和预防渎职侵权犯罪工作若干问题的决定》（以下简称《高检院决定》）“要完善并案侦查的操作程序，涉及渎职侵权犯罪的相关证据的，检察机关可直接进行调查，对重特大渎职侵权犯罪案件所涉及的必须及时查清的案件，经上级检察机关同意，可以并案查处”的规定，将作为渎职罪构成要件的案件与渎职罪并案侦查。

2. 对作为渎职罪危害后果的刑事案件的管辖。比如，滥用职权、玩忽职守致人重伤、死亡案件，环境监管失职致使发生重大环境污染事故案件等，危害后果本身可能是重大责任事故罪，也可能是重大环境污染事故罪，或者是其他刑事犯罪，不查清这些作为渎职罪后果的刑事犯罪，就不可能追究渎职罪的刑事责任，对这类作为渎职罪危害后果的刑事案件，是否可以并案侦查存在分歧，有些地方检察机关根据《高检院决定》关于并案侦查的规定进行并案侦查。也有人认为，从犯罪构成理论上看，作为渎职罪危害后果的刑事案件与渎职罪也不存在牵连关系或竞合关系，不具备并案侦查的条件，主体绝大多数也不是国家机关工作人员。对这些作为渎职罪危害后果的刑事案件，原则上应当由公安机关管辖。为查清渎职罪事实，检察机关可以先行就与渎职罪有条件联系或作为渎职罪危害后果的事实进行必要的调查，认为构成犯罪的，移送公安机关侦查或通知公安机关立案侦查，或者由公安机关立案侦查，检察机关配合共同侦查。

3. 对妨害渎职罪侦查活动的刑事案件的管辖。比如，伪证罪，辩护人、诉讼代理人毁灭证据、伪造证据、妨害作证罪，帮助毁灭伪造证据罪，打击报复证人罪，隐匿、故意销毁会计凭证罪，等等，这些都是在渎职罪侦查中可能出现的犯罪，并且属于公安机关管辖的案件，不侦查难以保障渎职罪侦查活动顺利进行。对于这类案件属不属于《高检院决定》规定的“重特大渎职侵权犯罪案件所涉及的必须及时查清的案件”在理解上存在分歧。对于这类案件的管辖，在实践中多是商请公安机关立案侦查，检察机关一般不并案侦查。

（二）准确把握初查的度与立案的条件

刑事诉讼法第83条规定：“公安机关或者人民检察院发现犯罪事实或者犯罪嫌疑人，应当按照管辖范围，立案侦查。”第86条规定：“人民法院、人民检察院或者公安机关对于报案、控告、举报和自首的材料，应当按照管辖范围，迅速进行审查，认为有犯罪事实需要追究刑事责任的时候，应当立案；认为没有犯罪事实，或者犯罪事实显著轻微，不需要追究刑事责任的时候，不予立案，并且将不立案的原因通知控告人。控告人如果不服，可以申请复议。”法律上并没有“初查”这个概念。1997年最高人民检察院在制定《人民检察院刑事诉讼规则》的时候，基于查办贪污贿赂、渎职等职务犯罪的需要，总结一些地方的实践经验，对初查作了规定。《人民检察院刑事诉讼规则》第127条规定：“侦查部门对举报中心移交举报的线索进行审查后，认为需要初查的，应当报检察长或者检察委员会决定。举报线索的初查由侦查部门进行，但性质不明、难以归口处理的案件线索可以由举报中心进行初查。”第128条规定：“在举报线索的初查中，可以进行询问、查询、勘验、鉴定、调取证据材料等不限制被查对象人身、财产权利的措施。不得对被查对象采取强制措施，不得查封、扣押、冻结被查对象的财产。”实践中，几乎所有的贪污贿赂、渎职等职务犯罪案件都要进行初查。事实上，很多人对初查的界限、初查与立案前审查的区别以及初查的必要性并没有很好地研究，以致初查成了侦查，成了确保案件起诉率、有罪判决率的重要条件，很多违反法律规定的问题往往也发生在这个阶段。正确把握初查的度和立案的条件，我们认为必须吃透法律的精神：

1. 初查是对刑事诉讼法第86条“审查”的延伸性解释，在本质上属于“审查”的范畴。虽然，刑事诉讼法没有立案前调查（即初查）的有关规定，只是规定了立案材料的审查。然而，如果审查材料不足以确定“有犯罪事实”和“需要追究刑事责任”，当然需要进行必要的调查，只是由于这类调查行为不采用强制侦查措施，不影响被调查人和其他公民与组织的权利，因此不一定需要作出专门的法律规制。因此，立案前调查有关材料，是立案程序的“题中应有之义”。

2. 初查属于立案准备活动，在职务犯罪的立案程序中，一般分为受案、初查、立案三个阶段。初查在立案程序中有重要地位，但初查不是诉讼的必经阶段，如有的举报线索反映的涉嫌犯罪事实非常具体、翔实、可信，就不需要进行初查。

3. 初查应当以侦查办案人员作出“认为有犯罪事实需要追究刑事责任”的判断为度。由于立案的条件——“认为有犯罪事实需要追究刑事责任”，是一个主客观相统一的条件，是侦查办案人员基于对举报、报案、控告和自首材料以及对初查采集到的证据资料和相关信息进行分析作出的判断，既不是完全证明“有犯罪事实”、“需要追究刑事责任”，也不是侦查办案人员自己的主观臆断。在对立案条件和立案时机的把握上，程序与经验更具有价值，必须树立实体真实与程序合法相结合、注重程序合法的理念。

4. 初查不能代替侦查，初查获取的证据资料能否作为立案的依据，这是一个在理论上有争议，在制度上不明确，在实践中做法各异的问题。通说认为，物证与书证无论在哪一个阶段获取，无论是由哪一个主体提取，只要不违反法律规定，并且经过一个提取或移交程序，其法律效力一般不会发生争议。有争议的，主要是人证问题。对于人证，由于目前法律规定不明确，使用初查获取人证的法律依据不充分。因此，原则上需要在立案以后进行“转换”。侦查办案人员在能够作出“认为有犯罪事实需要追究刑事责任”的判断时就应当迅速提请检察长批准立案侦查，将初查转化为侦查，使调查取证的行为得到法律的确认，上升为侦查取证活动。

（三）依法灵活运用拘留、逮捕等强制措施

当前在渎职罪案件侦查中，对于拘留、逮捕等强制措施的运用主要存在几个方面的问题：一是对拘留、逮捕等强制措施的性质与功能认识不清，对渎职罪侦查的性质认识不清，认为对以国家机关工作人员为主要对象、以过失犯罪为主要形式、以轻刑化处理为主要结论的渎职罪，不必要适用拘留、逮捕等强制措施；二是人为拔高拘留、逮捕等强制措施的适用条件，限制适用强制措施，不适当地将一些可能出现的情况与拘留、逮捕等强制措施的运用挂钩，导致不敢适用强制措施；三是机械地适用拘留、逮捕等强制措施，不善于分析和把握渎职犯罪案件的特点和侦查对象的情况，不善于将拘留、逮捕等强制措施作为侦查谋略——该适用的适用，该变更或解除的变更或解除，灵活适用。

作为侦查人员，必须清楚地认识到，拘留、逮捕等强制措施在本质上是为侦查服务的，是侦查的应有之义。渎职罪作为侦查对象，无论处罚轻重，其犯罪嫌疑人避重就轻、逃避侦查、对抗侦查的心理和行为取向不会变化，侦查取证的目的不会变化，从实际情况看，渎职罪犯罪嫌疑人对抗侦查的能力更强，取证困难的问题更加突出，所以，对于渎职罪犯罪嫌疑人没有任何理由不适用拘留、逮捕等强制措施，只要侦查取证需要，该采取强制措施的就要采取强制措施，从全国检察机关的实践看，善于适用拘留、逮捕等强制措施的地方检察院，立案侦查渎职犯罪案件就多，侦查取证能力就强，案件起诉率和有罪判决率就高，反之，那些看似谨慎、担心出现无罪判决情形的地方检察院，由于不能正确适用、及时适用拘留、逮捕等强制措施，导致贻误战机，该取的证据取不到，不起诉和无罪判决率反而更高。

侦查是一门艺术，运用强制措施是侦查艺术的重中之重。一般来讲，对于滥用职权、徇私舞弊、徇私枉法、刑讯逼供等故意犯罪和犯罪嫌疑人及其单位不能正确认识犯罪行为性质及其危害的，决定立案之后，要及时对犯罪嫌疑人采取拘留、逮捕等强制措施，以表明检察机关的态度，使犯罪嫌疑人尽快找到自己的角色，从而形成有利于侦查的情势和心理状态；对于如实供述犯罪事实，认罪态度诚恳，变更或解除强制措施不至于影响侦查的，待主要证据采集和固定之后，该变更或解除强制措施的，要适时变更或解除强制措施。

（四）正确认识和适用拘传

刑事诉讼法第92条规定："对于不需要逮捕、拘留的犯罪嫌疑人，可以传唤到犯罪嫌疑人所在市、县内的指定地点或者到他的住处进行讯问，但是应当出示人民检察院或者公安机关的证明文件。传唤、拘传持续的时间最长不得超过十二小时。不得以连续传唤、拘传的形式变相拘禁犯罪嫌疑人。"对于刑事诉讼法的这一规定，不少地方检察院认为时间太紧，限制了对犯罪嫌疑人的讯问，不利于侦查突破案件。有的弃而不用，有的想尽一切办法延长对犯罪嫌疑人的讯问时间，这两种做法都不利于侦查办案。

我们认为，作为检察人员必须正视法律的规定，自觉遵守法律的规定。首先要正确认识拘传。拘传的对象是"不需要逮捕、拘留的犯罪嫌疑人"，正常理解应当是适用于犯罪事实轻微不需要逮捕、拘留措施的犯罪嫌疑人，以及因怀孕、哺乳自己的婴儿等法定情形不适用逮捕、拘留措施的犯罪嫌疑人。拘传是保障犯罪嫌疑人到案接受讯问的一种措施，仅仅是一种措施，既不能将其作为逮捕、拘留的替代措施进行适用，也不能附加犯罪嫌疑人到案就能如实供述的内容，犯罪嫌疑人是否如实供述、何时供述这是侦查中的一种情形，与拘传措施无关。事实上，在职务犯罪案件侦查中绝大多数犯罪嫌疑人是通知或者传唤到案的，真正适用拘传措施到案的大多效果也不好。对犯罪嫌疑人拘传期满仍不如实供述自己的犯罪事实的，如果符合拘留、逮捕条件，应当及时提请检察长批准对犯罪嫌疑人拘留或者逮捕，不符合拘留或者逮捕条件的，认真查找犯罪嫌疑人不如实供述的原因，放犯罪嫌疑人回去、跟踪观察，在动态中取证，寻找再次拘传或拘留、逮捕的时机，是侦查谋略的重要内容，所谓敲山震虎、引蛇出洞、欲擒故纵等都是运动中寻找战机的谋略。拘传措施适用于犯罪事实不清、证据不足，不具备适用逮捕、拘留条件的犯罪嫌疑人的，要充分考虑到犯罪嫌疑人在拘传期间不如实供述的后果，或者将拘传作为敲山震虎的措施，寻机取证，或者下决心对犯罪嫌疑人采取拘留、逮捕等强制措施，要做好预案。

(五) 准确理解拘留、逮捕的条件

刑事诉讼法第 132 条规定："人民检察院直接受理的案件中符合本法第六十条、第六十一条第四项、第五项规定情形，需要逮捕、拘留犯罪嫌疑人的，由人民检察院作出决定，由公安机关执行。"从刑事诉讼的证明标准讲，刑事诉讼法规定的逮捕、拘留条件是比较宽松的。

1. 关于逮捕

刑事诉讼法第 60 条规定："对有证据证明有犯罪事实，可能判处徒刑以上刑罚的犯罪嫌疑人、被告人，采取取保候审、监视居住等方法，尚不足以防止发生社会危害性，而有逮捕必要的，应即依法逮捕。"根据上述规定，我们可以将逮捕的证明标准理解为：(1) 有证据证明有犯罪事实。对此，《人民检察院刑事诉讼规则》第 86 条规定："有证据证明有犯罪事实"是指同时具备下列情形：①有证据证明发生了犯罪事实；②有证据证明该犯罪事实是犯罪嫌疑人实施的；③证明犯罪嫌疑人实施犯罪行为的证据已有查证属实的。"犯罪事实"既可以是单一犯罪行为事实，也可以是数个犯罪行为中任何一个犯罪行为的事实。《人民检察院刑事诉讼规则》第 87 条进一步解释：对实施多个犯罪行为或者共同犯罪案件的犯罪嫌疑人，符合本规则第 86 条的规定，具有下列情形之一的，应当批准或者决定逮捕：①有证据证明犯有数罪中的一罪的；②有证据证明实施多次犯罪中的一次犯罪的；③共同犯罪中，已有证据证明有犯罪事实的犯罪嫌疑人。(2) 可能判处徒刑以上刑罚。这个要件可以理解为涉嫌的罪名中有判处徒刑以上刑罚规定的，属于法定要件，不需要证明。(3) 采取取保候审、监视居住等方法，尚不足以防止发生社会危险性，而有逮捕必要。这个要件实际上是赋予侦查办案人员一定的自由裁量权。在渎职案件侦查中，由于渎职罪构成的特殊性——先前责任与危害后果之间联系的特殊意义，只要证明犯罪嫌疑人在责任与后果之间具有不履行、不认真履行或者超越职权、违背程序履行职责的一个行为，即可以实现有证据证明有犯罪事实存在的要求。

2. 关于拘留

根据刑事诉讼法的规定，人民检察院对直接受理侦查的刑事犯罪案件，具有刑事诉讼法第 61 条第（四）项"犯罪后企图自杀、逃跑或者在逃的"；第（五）项"有毁灭、伪造证据或者串供可能的"情形之一的，可以先行拘留。由此可以认为，犯罪嫌疑人实施犯罪后，没有投案自首情节，讯问中不能如实供述罪行的，都可以认为是"有毁灭、伪造证据或者串供可能"，都可以执行拘留。

现在的问题是，不少地方检察院人为地将逮捕、拘留的后果与逮捕、拘留的条件联系起来，人为地抬高了逮捕、拘留的条件，以至于不敢使用逮捕、拘留措施，这是对逮捕、拘留条件的一种误解，是不利于侦查办案的。需要强调的是，修改后的国家赔偿法对拘留、逮捕赔偿适用了不同的归责原则。其中，对拘留采取的是“违法归责原则”，对逮捕采取的是“结果归责原则”。基于此，违法采取拘留措施或超期拘留要进行赔偿，而依法采取拘留措施，不论案件结果如何，都不需要承担赔偿责任。因此，从国家赔偿的角度讲，拘留的适用条件放宽了，侦查办案人员要敢用、会用拘留这种强制措施。

（六）正确处理保障侦查与保障律师为犯罪嫌疑人提供法律帮助权利的关系

刑事诉讼法第96条规定：“犯罪嫌疑人在被侦查机关第一次讯问后或者采取强制措施之日起，可以聘请律师为其提供法律咨询、代理申诉、控告。犯罪嫌疑人被逮捕的，聘请的律师可以为其申请取保候审。涉及国家秘密的案件，犯罪嫌疑人聘请律师，应当经侦查机关批准。受委托的律师有权向侦查机关了解犯罪嫌疑人涉嫌的罪名，可以会见在押的犯罪嫌疑人，向犯罪嫌疑人了解有关案件情况。律师会见在押的犯罪嫌疑人，侦查机关根据案件情况和需要可以派员在场。涉及国家秘密的案件，律师会见在押的犯罪嫌疑人，应当经侦查机关批准。”2007年新修订的律师法第33条规定：“犯罪嫌疑人被侦查机关第一次讯问或者采取强制措施之日起，受委托的律师凭律师执业证书、律师事务所证明和委托书或者法律援助公函，有权会见犯罪嫌疑人、被告人并了解有关案件情况。律师会见犯罪嫌疑人、被告人，不被监听。”比较可以看出，新修订的律师法、刑事诉讼法关于“律师会见在押的犯罪嫌疑人，侦查机关根据案件情况和需要可以派员在场。涉及国家秘密的案件，律师会见在押的犯罪嫌疑人，应当经侦查机关批准”的规定不同。根据新的律师法，律师凭借执业执照及相关证明文件就可以会见在押的犯罪嫌疑人，而不需要经过侦查机关批准，这使侦查工作增加了许多不确定性。对此，一些办案人员感觉压力很大，认为律师不加控制地会见在押犯罪嫌疑人会使侦查力量出现新的不平衡，不利于突破犯罪嫌疑人的心理防线。

刑事诉讼法和律师法的这些规定，是适应尊重和保障人权的时代精神的，是社会主义法治进步的具体体现。律师在侦查阶段介入，为犯罪嫌疑人提供法律服务，客观上会对犯罪嫌疑人的心理产生一定的支撑和稳定作用，不利于分化瓦解犯罪嫌疑人，对办案人员的心理也会产生一定的影响。但是，从另一个方面讲，如果侦查人员能够策略地运用律师容易取得犯罪嫌疑人信任的条件，适时地向律师传递出侦查机关已经证据在握的信心，通过律师做犯罪嫌疑人的工作，也可能会产生另外一种效果。这也就要求我们必须立足于做艰苦细致的调查取证工作，不能把侦查突破案件的希望过多地寄托在获取犯罪嫌疑人供述上，要努力使侦查工作实现由供到证向由证到供、供证结合的转变，既要保障侦查活动尽可能不受外界干扰，又要注重保障律师依法为犯罪嫌疑人提供帮助的权利。

（七）关于侦查终结的条件和侦查终结报告

刑事诉讼法第 129 条规定：“公安机关侦查终结的案件，应当做到犯罪事实清楚，证据确实、充分……”刑事诉讼法的这条规定同样适用于检察机关对渎职侵权等职务犯罪案件的侦查终结。《人民检察院刑事诉讼规则》第 234 条规定：“经过侦查，认为犯罪事实清楚，证据确实、充分，依法应当追究刑事责任的案件，侦查人员应当写出侦查终结报告，并且制作起诉意见书。对于犯罪情节轻微，依照刑法规定不需要判处刑罚或者免除刑罚的案件，侦查人员应当写出侦查终结报告，并且制作不起诉意见书。”由上述规定，可以看出，侦查终结的实质包括两部分：第一，案情——事实清楚，证据确实、充分。第二，法律后果：需要追究刑事责任的，制作起诉意见书；犯罪情节轻微，不需要判处刑罚或者免除刑罚的，制作不起诉意见书。事实上，侦查终结还包括刑事诉讼法第 130 条和《人民检察院刑事诉讼规则》第 237 条规定的撤销案件情形。

由于渎职侵权犯罪案件构成的特殊性，特别是渎职犯罪案件，往往是由结果倒查应当承担刑事责任的人，责任与危害结果之间的联系既直观又复杂，以致一些地方检察院对其作简单化的处理，甚至有的办案人员有客观归罪的思维定式。比如，某地出现一起火灾事故，死亡 5 人，有的检察院就把这样的案件简化到：其一，事故是一起责任事故——由政府主管部门或鉴定机构的鉴定报告认定；其二，张三是事故地消防部门的工作人员，具体分工负责对包括事故单位在内的相关单位消防隐患进行检查、纠正和制止工作。据此，认定张三犯有渎职罪，作出案件事实清楚，证据确实、充分的侦查终结结论。这种简单化的侦查终结，不但是对犯罪嫌疑人的一种不负责任，也会为今后的申诉工作留下后患，是对侦查终结条件的一种简单化理解。

犯罪事实是特定的、具体的，其间包括什么人、什么地点、出于什么动机和目的实施或者应当实施而没有实施某种行为，发生了什么样的危害后果，触犯了刑法的什么规定等，缺乏了这些具体的相互联系的情节，犯罪事实也就不成为犯罪事实。犯罪事实清楚所要求的，就是要查清什么人、什么时间、从事或没有从事某种行为、产生了法律上所要求的后果。具体到渎职案件来讲，还以上面讲到的火灾事故为例，侦查人员不仅要查清火灾的性质以及什么人对防止火灾发生负有责任，还要具体查明对防止火灾发生具有法定或岗位职责的国家机关工作人员，在什么时间、什么地点、什么事件上具有应当制止而不制止，应当采取更加严厉的措施予以制止而没有采取，或者不应当放任违法而放任、不应当许可而许可等行为，违反了法律的什么规定，对危害后果的出现应当承担什么样的责任等，否则，仅仅原则地认定某人对火灾后果承担刑事责任，不能说已经做到了犯罪事实清楚。

比如，2008 年广东省深圳市发生一起舞王俱乐部特别重大火灾事故，检察机关调查认定，在该起事故中，深圳市公安局龙岗公安分局原副局长兼查处整治歌舞娱乐场所隐患专项工作领导小组组长陈旭明，工作严重不负责任，造成龙岗区包括“9·20”舞王俱乐部在内的大量的无证无照歌舞娱乐场所得以违法经营，对“9·20”舞王俱乐部发生死亡 44 人，64 人受伤，直接财产损失 271245 元的特别重大火灾事故负有玩忽职守罪和受贿罪责任。具体犯罪事实如下：第一，玩忽职守罪。深圳市龙岗区舞王俱乐部位于深圳市龙岗区龙岗街道龙东社区三和旧货市场综合楼，负责人王静（另案处理），2007 年 9 月 8 日开业，至 2008 年 9 月 20 日发生特大火灾事故前，一直未取得消防部门消防验收许可和文化主管部门《娱乐场所经营许可证》及工商营业执照，处于无证无照经营状态。2007 年 9 月 8 日至 2008 年 9 月 20 日期间共发生抢劫、故意伤害、强奸等各类刑事案件 24 宗。2007 年 10 月 12 日，严世杰在舞王俱乐部因吸食 K 粉被龙岗分局同乐派出所抓获，由陈旭明审批同意行政拘留 5 天。2007 年 12 月，龙岗分局治安管理科将包括舞王俱乐部在内的龙岗区涉嫌涉毒 26 间重点监督娱乐场所名单报送陈旭明，陈旭明将其作为《关于做好年终治安管理工作的通知》（深公龙通字 2008 年第 0048 号）的附件批准签发。2008 年 8 月 11 日，龙岗分局治安管理科将包括舞王俱乐部在内的 36 间龙岗区重点监管娱乐服务场所名单（涉毒）再次报送陈旭明，但犯罪嫌疑人陈旭明不认真履行监管职责，对存在违法、无证经营和容留顾客吸毒、小姐有偿陪侍等违法犯罪现象的舞王俱乐部该取缔的不取缔，致使舞王俱乐部长期非法、无证经营，并发生“9·20”特别重大火灾。根据《娱乐场所管理条例》第 14 条、第 40 条、第 42 条规定，公安机关对擅自从事娱乐场所经营活动的；娱乐场所容留、介绍他人卖淫、嫖娼的；容留他人吸食、注射毒品的；提供或者从事以营利为目的的陪侍等违法犯罪行为，负有打击取缔职责。第二，受贿罪。2008 年春节，王静宴请陈旭明及其妻子田锐等人，饭后赠送陈旭明好处费人民币 20000 元及烟酒等礼品；2008 年 7 月 12 日，王静再次宴请陈旭明及其妻子田锐等人，饭后赠送陈旭明好处费人民币 20000 元及礼品；2008 年中秋节前，王静向陈旭明妻子田锐赠送好处费人民币 20000 元及礼品。在这起案件中，检察机关侦查终结报告认定陈旭明构成玩忽职守罪的事实清楚，相关证据相互印证，可以说做到了犯罪事实清楚，证据确实、充分。案件起诉到法院后，及时作出了有罪判决。

关于侦查终结报告，既应当是对前期侦查活动的总结，也应当是对侦查认定犯罪事实的证明和结论。前者，应当简要介绍案件线索的来源、案由和犯罪嫌疑人的基本情况，对案件初查和侦查的基本经过作一个回顾。后者，要逐条列明认定的犯罪事实以及证据证明情况，最后依据事实和法律，提出侦查终结处理意见。侦查终结报告不能够过于简单，特别是不能没有对认定事实的证明过程，否则，侦查终结报告就起不到总结侦查活动的作用，也难以让检察长全面了解侦查的过程和认定的犯罪事实依据，从而作出正确的决策。侦查终结报告提出的起诉意见、不起诉意见要与认定的犯罪事实和法律规定相一致，不能相互脱节。侦查过程中，发现具有下列情形之一的，侦查人员可以提出撤销案件意见：（1）犯罪嫌疑人具有刑事诉讼法第15条规定情形之一的；（2）没有犯罪事实的，或者依照法律规定不负刑事责任和不是犯罪的；（3）虽有犯罪事实，但不是犯罪嫌疑人所为的。撤销案件意见书，经侦查部门负责人审核后，报检察长或者检察委员会决定。

第五编　职务犯罪预防工作

【工作流程图】

（一）预防业务工作流程组成图

预防业务工作流程组成图

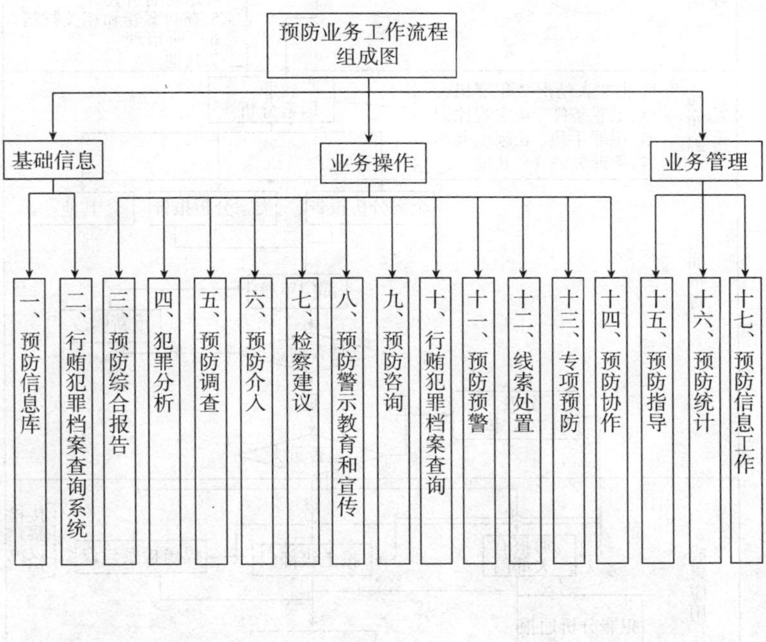

（二）犯罪分析流程图

犯罪分析流程图

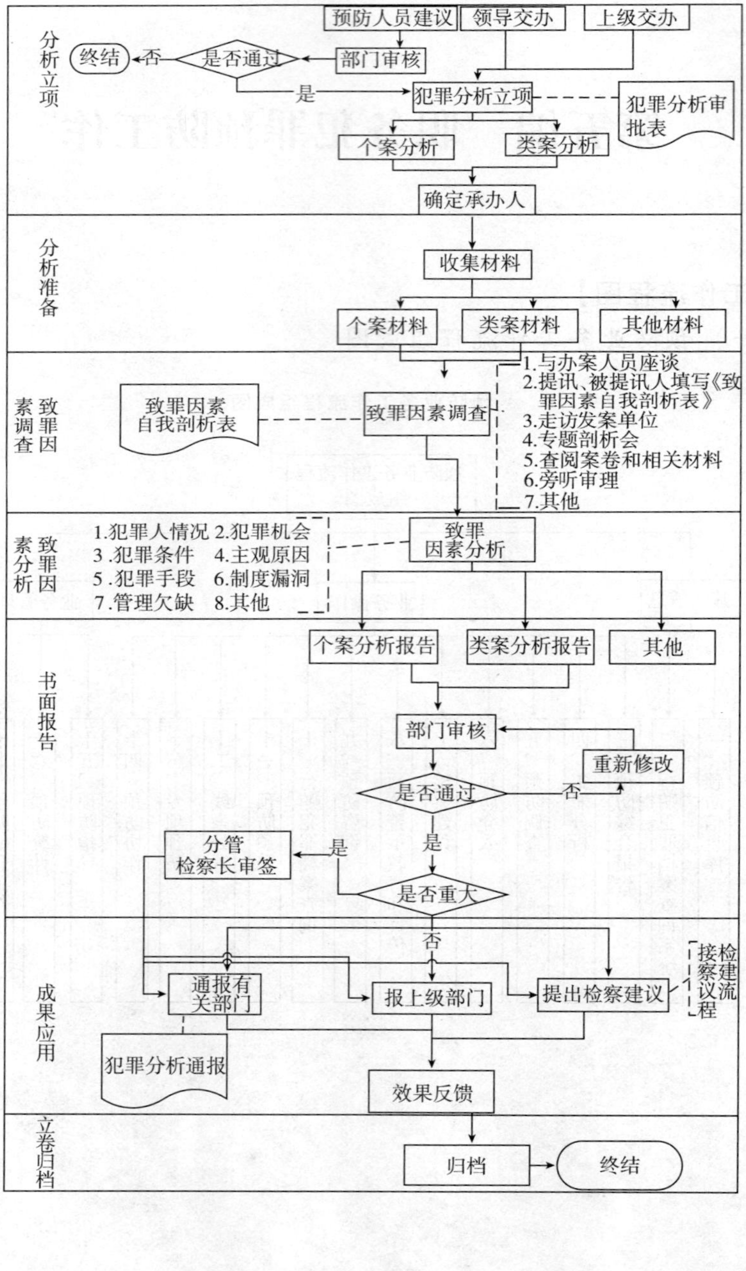

（三）预防调查流程图

预防调查流程图

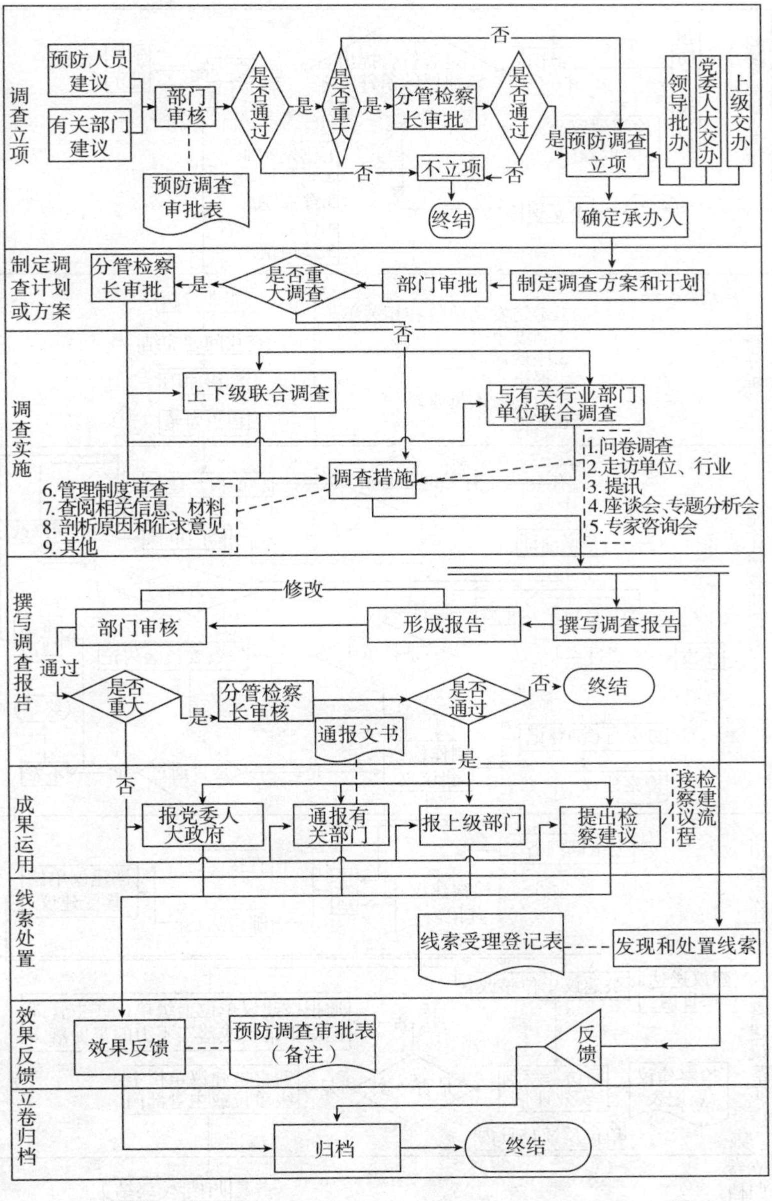

（四）检察建议流程图

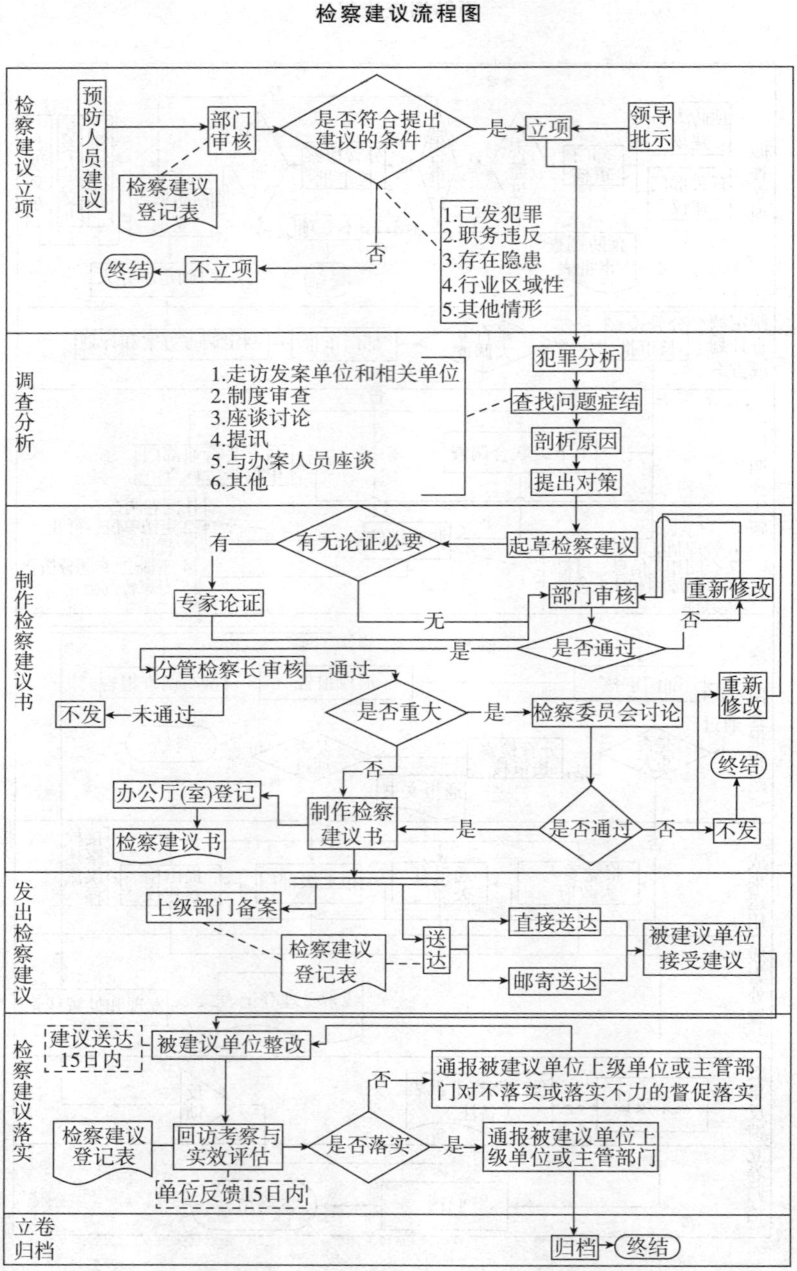
检察建议流程图
检察建议立项
预防人员建议
部门审核
检察建议登记表
是否符合提出建议的条件
是
立项
领导批示
否
1.已发犯罪
2.职务违反
3.存在隐患
4.行业区域性
5.其他情形
终结
不立项
调查分析
1.走访发案单位和相关单位
2.制度审查
3.座谈讨论
4.提讯
5.与办案人员座谈
6.其他
犯罪分析
查找问题症结
剖析原因
提出对策
制作检察建议书
有
有无论证必要
起草检察建议
专家论证
部门审核
重新修改
无
否
是
是否通过
分管检察长审核
通过
重新修改
不发
未通过
是否重大
是
检察委员会讨论
否
终结
办公厅(室)登记
制作检察建议书
是
是否通过
否
不发
检察建议书
发出检察建议
上级部门备案
送达
直接送达
被建议单位接受建议
检察建议登记表
邮寄送达
检察建议落实
建议送达15日内
被建议单位整改
否
通报被建议单位上级单位或主管部门对不落实或落实不力的督促落实
检察建议登记表
回访考察与实效评估
是否落实
是
通报被建议单位上级单位或主管部门
单位反馈15日内
立卷归档
归档
终结

第一章 职务犯罪预防工作概述

一、预防职务犯罪工作面临的形势和任务

(一)预防职务犯罪工作的主要职责

检察机关预防职务犯罪工作，是党和国家反腐倡廉建设总体格局的重要方面，是惩治和预防腐败体系的重要组成部分，是检察机关惩治职务犯罪工作的必然延伸，是法律监督职能的重要内容。其基本职责是：立足检察职能，结合执法办案，分析职务犯罪原因及其规律，提出预防职务犯罪的对策和措施，促进从源头上遏制和减少职务犯罪。工作的主要方式方法是：结合执法办案，分析研究管理和制度等方面的漏洞，向发案单位提出预防建议并协助堵漏建制；在深入调研的基础上，向党委、人大、政府以及相关主管部门提出职务犯罪状况调查报告和对策建议；开展预防咨询、宣传和警示教育；建立职务犯罪信息库，开发和管理行贿犯罪档案查询系统并受理社会查询等。具体来讲，预防职务犯罪工作的主要职责是：

1. 研究、制定预防职务犯罪工作计划、规定；
2. 组织、协调和指导预防职务犯罪工作，总结、推广预防职务犯罪经验、方法；
3. 分析研究典型职务犯罪产生的原因，向发案单位提出改进、防范建议；
4. 分析职务犯罪的特点、规律，提出预防职务犯罪的研究报告和对策建议；
5. 开展预防咨询和警示宣传教育；
6. 发现和处置职务犯罪线索；
7. 管理行贿犯罪档案查询系统，受理社会查询；
8. 制作职务犯罪发生情况、发展趋势和预防对策年度报告；
9. 承办其他预防职务犯罪工作事项。

(二)预防职务犯罪工作面临的新形势和任务

第一，加强和改进预防职务犯罪工作，是深入贯彻落实党的十七大精神，扎实推进惩治和预防腐败体系建设的必然要求。党的十七大系统总结反腐倡廉实践经验，对新时期反腐倡廉建设作出了全面部署，提出“坚持标本兼治、综合治理、惩防并举、注重预防的方针”，“以完善惩治和预防腐败体系为重

点加强反腐倡廉建设”，强调“在坚决惩治腐败的同时，更加注重治本，更加注重预防，更加注重制度建设，拓展从源头上防治腐败工作领域”。十七大以来，以胡锦涛同志为总书记的党中央全面把握反腐倡廉形势和任务，颁布了《建立健全惩治和预防腐败体系 2008—2012 年工作规划》，对扎实推进惩治和预防腐败体系建设作出了一系列重要指示。在中央纪委二次全会上，胡锦涛总书记提出，“坚持治标和治本、惩治和预防两手抓、两手都要硬”，“既坚决查处违纪违法案件，依法严惩腐败分子，又加大预防工作力度，不断铲除腐败滋生的土壤”。在中央纪委三次全会上，他强调“既要从严惩治顶风作案、铤而走险的不法分子，又要未雨绸缪、提前防范，把事后监督与事前、事中监督结合起来，切实提高监管水平”。在中央纪委五次全会上，他指出，“要进一步加强预防制度建设，推进廉政风险防控机制建设，建立健全预防腐败信息系统，建立健全防止利益冲突制度，形成有效预防腐败的长效机制。”在中央纪委六次全会上，他再次强调：“在统筹推进教育、制度、监督、改革、纠风、惩治等各项工作的基础上，突出重点、突破难点，努力推进重点领域和关键环节改革，不断提高预防腐败能力和水平。”党的十七大精神和胡锦涛总书记的重要论述，是党中央对新形势下全面推进反腐倡廉建设作出的重大战略决策，是我们党对执政规律和反腐倡廉工作规律认识的进一步深化，是从源头上防治腐败的根本举措。检察机关作为反腐败斗争的一个重要职能部门，一定要善于从全局和战略高度，把握和落实中央部署要求，切实增强推进惩治和预防腐败体系建设的责任感，在坚决惩治职务犯罪的同时，把预防工作摆到更加重要的位置来抓。

第二，加强和改进预防职务犯罪工作，是顺应人民期待、坚持执法为民的必然要求。职务犯罪是最典型、最集中、最严重的腐败现象，破坏社会公平正义，损害党群干群关系，特别是那些发生在民生领域的职务犯罪，直接侵害群众切身利益，给人民生命财产安全造成重大损失。广大人民群众对此深恶痛绝，要求有效遏制职务犯罪的呼声十分强烈，不仅希望我们加大办案力度，也殷切期待我们把办案向预防延伸，进一步加强预防工作。同时，许多人大代表、政协委员希望检察机关把法律监督关口前移，在加大惩治职务犯罪力度的同时，下更大工夫做好预防工作，从源头上减少职务犯罪的发生，使干部少犯和不犯错误，使党和人民事业少受和不受损失。检察机关一定要自觉加强和改进预防职务犯罪工作，增强反腐倡廉教育的针对性和有效性，加强监督，促进制度建设，充分发挥办案在治本方面的建设性作用。

第三，加强和改进预防职务犯罪工作，是保障和促进经济社会科学发展的必然要求。党的十七届五中全会通过，十一届全国人大四次会议审议批准的国民经济和社会发展第十二个五年规划，站在历史的新高度，从战略全局出发，以科学发展为主题，以加快转变经济发展方式为主线，描绘了我国在新世纪第三个五年经济社会发展的宏伟蓝图。“十二五”时期是全面建设小康社会的关键时期，是深化改革开放、加快转变经济发展方式的攻坚时期。职务犯罪对经济社会科学发展构成了严重干扰和损害。从检察机关办案情况看，当前工程建设、房地产开发、土地管理、矿产资源开发和金融、国有企业经营管理等经济活动和领域中的职务犯罪易发多发，而且危害严重，有的一个干部犯罪就毁了一个企业；有的酿成“豆腐渣”工程，造成巨额经济损失；有的破坏生态环境，贻害子孙后代；有的引起群体上访，严重影响社会稳定。因此，推动经济社会科学发展，必须有效遏制职务犯罪。党中央从更好维护重要战略机遇期的社会和谐稳定出发，作出了深入推进社会矛盾化解、社会管理创新、公正廉洁执法三项重点工作的重大战略部署，检察机关积极开展预防职务犯罪工作，是充分发挥检察职能，推动科学发展、促进社会和谐的重要体现。各级检察机关一定要切实增强政治意识、大局意识和责任意识，紧紧围绕党和国家工作大局，加强和改进预防职务犯罪工作，为推动经济社会又好又快发展作出积极贡献。

第四，加强和改进预防职务犯罪工作，是落实中国特色社会主义法律体系的必然要求。十一届全国人大四次会议庄严宣告了中国特色社会主义法律体系的形成，全面阐述了中国特色社会主义法律体系形成的重大意义和基本经验，作出了在实践中不断完善中国特色社会主义法律体系的新部署。中国特色社会主义法律体系的形成，总体上解决了有法可依的问题，有法必依、执法必严、违法必究的问题显得更为突出、更加紧迫。预防职务犯罪把检察机关的事后监督与犯罪预防结合起来，促进国家机关工作人员筑牢思想防线，切实防止和纠正执法和司法中的违法犯罪问题，自觉勤政廉政、依法行政、公正司法，切实维护社会主义法制的统一、尊严、权威，促进中国特色社会主义法律体系不断完善和发展。

第五，加强和改进预防职务犯罪工作，是实现检察工作自身科学发展的必然要求。从我国宪法和法律规定看，检察机关的职能不仅是打击犯罪，还包括通过检察活动，加强法制教育，预防和减少犯罪。“惩治于既然”和“防患于未然”是相辅相成的，抓好预防工作是检察机关增强惩治职务犯罪效果的必然要求。高度重视惩治腐败与预防腐败的结合，在惩治腐败的同时积极预防腐败，是世界各国通行的做法，也是《联合国反腐败公约》的规定。新加坡、我国香港特别行政区等国家和地区的经验表明，反腐败机构要有效发挥职能作用，必须在坚决严肃查办案件的同时，积极认真做好预防工作。因此，坚决惩治和积极预防，是有效遏制职务犯罪不可或缺的两个方面，只有两者统筹兼顾，才能取得更好的法律效果和社会效果。近年来，检察工作包括预防职务犯罪工作取得了长足进步，但仍然面临着如何进一步实现科学发展的问题。我们一定要以科学发展观为指导，真正做到惩治和预防职务犯罪两手抓、两手都要硬，努力推动检察工作全面、协调、健康发展。

立足新形势新要求，当前和今后一个时期，检察机关预防职务犯罪工作的主要任务是，围绕中央推动科学发展重大决策部署的贯彻落实加强预防职务犯罪工作，围绕人民群众反映强烈的突出问题加强预防职务犯罪工作，围绕职务犯罪易发多发的领域加强预防职务犯罪工作，围绕惩治和预防腐败体系建设加强预防职务犯罪工作。这“四个围绕”也是当前和今后一个时期预防职务犯罪工作的重点。

二、预防职务犯罪工作的思路和基本要求

曹建明检察长在全国检察机关查办和预防职务犯罪工作会议上指出：“要更加充分地发挥职务犯罪预防在推进惩防腐败体系建设和社会管理创新中的作用，针对执法办案中发现的社会管理问题及时提出检察建议，推动完善社会管理体系，促进提高社会管理水平。”按照这一要求，各级预防部门要把推进惩防腐败体系建设和社会管理创新作为当前和今后一个时期检察机关预防职务犯罪工作更新更高的目标任务和重点工作。更加重视对一县一市一省乃至全国一个时期职务犯罪发生特点、发案规律、犯罪原因及发展变化趋势的深入分析，反复发生的问题从规律上找原因，普遍发生的问题从机制上找原因，深入研究职务犯罪多发易发的体制性原因和机制上漏洞，以及政策、法律、制度和社会管理层面存在的突出问题，寻求解决源头性、根本性、基础性问题的办法，提出惩治和预防职务犯罪的体制机制改革、政策调整、制度健全、法律完善和社会管理创新等具有全局意义的防治对策。

从预防职务犯罪工作面临的形势任务出发，进一步明确奋斗目标。消极腐败的危险现实地、直接地威胁着经济社会科学发展与和谐稳定，职务犯罪是最严重的腐败，是“十二五”发展规划顺利实施的最大破坏因素之一。检察机关服务和保障“十二五”经济社会发展，必须把预防摆到更加重要的位置。预防工作做得好就能够更多地铲除带有源头性、根本性、基础性产生腐败的条件和土壤，就可以更加有效地遏制和减少职务犯罪，从而有力促进和保障经济社会科学发展，这比犯罪发生后再去惩治的做法更具有积极意义，付出的代价也更小。有效预防职务犯罪是检察机关强化和提升法律监督职能的重要标志，遏制和减少职务犯罪是预防工作的根本目的。因此，我们研究确定“十二五”时期预防职务犯罪工作的总体目标是：以推进惩防腐败体系建设，加强和创新

社会管理为重点，从源头上遏制和减少职务犯罪，推动社会主义廉洁政治建设，服务和保障“十二五”经济社会发展。在“十二五”经济社会发展的大背景下，预防工作大有可为，大有作为，这个目标也是可以实现的。我们要增强政治意识、大局意识和责任意识，振奋精神，鼓足干劲，按照这个目标要求，勇于开拓，大胆实践，积极推进预防工作创新发展，不辱历史使命，不辜负党和人民的殷切期望。

从预防职务犯罪工作的职能定位出发，进一步明确总体思路。推动预防工作科学发展，必须把预防工作摆进经济社会科学发展与和谐稳定的大局之中，明确发展方向；摆进检察机关强化法律监督职能之中，明确职责定位；摆进党委统一领导的惩防体系建设总体格局之中，明确功能作用。“十二五”时期预防工作的总体思路是：立足检察职能，服务中心工作，推动社会预防，实现创新发展。

立足检察职能是预防职务犯罪工作法律监督属性的本质要求和基础所在。检察机关是查办职务犯罪的，对其情况规律特点有及时准确的把握，对其原因动机条件有深刻全面的认识，这是开展预防工作的依据和基础。要充分发挥办案的优势，运用侦防一体化工作机制，认真分析职务犯罪发生的态势、规律和特点，深入剖析其成因、机会和条件，查找职务犯罪易发多发的体制缺陷和机制漏洞，使预防对策建议更具针对性和有效性。

服务中心工作是预防职务犯罪工作的目标要求和价值所在。只有围绕党和国家工作大局，我们的工作才有正确的目标方向，才有大有作为的空间，也才有体现价值的平台。要紧紧围绕党和国家重大决策部署，适时调整工作重点，在改革发展稳定的大视野下分析研究发生职务犯罪、引发社会矛盾的深层次问题，提出具有全局意义的防治对策，推动惩防体系建设，促进社会管理创新，在服务大局中实现预防工作价值。

推动社会预防是预防职务犯罪工作的现实要求和路径所在。职务犯罪是一种社会现象，预防职务犯罪必须动员社会力量。检察预防与社会大预防目标是一致的，都是为了铲除腐败发生的条件和土壤，遏制和减少职务犯罪的发生和发展蔓延，只有职责分工的区别，没有工作内容、方法的限制。只要有利于遏制和减少职务犯罪，有利于惩防体系建设和社会管理创新，有利于促进经济社会科学发展与和谐稳定，都是可以去想去做的。我们是社会大预防的重要组成部分和推动力量，要把视野放到社会大预防中，积极推进党委统一领导、社会共同参与、检察机关充分发挥职能作用的预防职务犯罪工作格局的形成。

实现创新发展是预防职务犯罪工作的时代要求和动力所在。任务的无限性和工作的主动性是预防工作的鲜明特点。从目前的工作现状看，预防工作的局面还没有完全打开，还不适应经济社会发展的客观需求，离党中央的要求和人民群众的期待还有很大差距，这是一个重大挑战，我们必须在用好现有工作成果和经验的基础上，不断适应形势的发展，顺应党和人民的期望，培育创新思维，破除制约预防工作科学发展的障碍，鼓励开拓，倡导创新，运用创新的策略和方法，不断创造新经验，创建新机制，开辟新途径，拓展新领域，开创新局面。

从预防职务犯罪工作的发展规律出发，进一步转变发展方式。一是从打防分离向打防结合、侦防一体转变。切实解决侦查和预防脱节、整体合力不强等问题，实现资源优化配置，增强侦查和预防职务犯罪的整体效能和综合效果。二是从片面重视数量规模向数量、质量、效率、效果有机统一和全面提升转变。我们所做的预防宣传、警示教育、预防调查、犯罪分析、预防咨询、检察建议、行贿犯罪档案查询、预防年度报告等都是预防的手段、方法和措施，而不是预防的目标和结果，“批判的武器不能代替武器的批判”，不能满足于我们做了哪些事情，而是要看我们所做的事情产生的效果和发挥的作用如何。不起作用、没有效果的事，做得再多也没用！例如预防年度报告，不是向党委人大政府报告了就了事，也不是领导作了批示就达到了目的，而是要在党委人大政府的重视和领导下，推动防治对策的落实。要综合运用各种预防手段、方法和措施，在健全制度规范、改革体制机制、完善政策法律、创新社会管理上下工夫，增强预防工作的权威性、可操作性和实效性。三是从偏重个案预防向注重类案预防、行业预防和专项预防转变。侦查部门结合办案搞个案预防，预防部门重点加强类案预防、行业预防和专项预防，注重解决发生职务犯罪的源头性、根本性、基础性和深层次问题，在推动惩防腐败体系建设和社会管理创新中发挥更大作用。四是从单纯的检察机关专业预防向专业化与社会化预防相结合转变。形成社会各方积极参与、共同做好预防工作的生动活泼的大好局面。

从预防职务犯罪工作的根本走向出发，进一步明确发展途径。就是要大力推进专业化、社会化、法制化和现代化建设。一是加强专业化建设。职务犯罪预防是检察机关的一项专门业务工作，要有专业的理念思路、专业的方法手段、专业的机制制度、专业的机构人才，专业化建设是工作发展的基础和保障。越是重视预防工作，越让我们感受到我们的专业化建设的严重不足。解决机构不健全，人员力量不足是我们加强专业化建设要迈过的第一道门槛；还要聚集人才、培育人才，建设一支高素质、专业化的队伍；强化制度保障、装备保障，大力提高专业化水平。二是加强社会化建设。预防职务犯罪工作的主体是各级党委政府、各有关主管部门和各发案单位，我们根据犯罪情况提出防治的对策建议，需要引起各级党委政府的重视，各有关主管部门和各发案单位的落实，从这个意义上讲，我们是预防职务犯罪的参谋部、推动器和枢纽站，只有形成在党委的统一领导下，社会共同参与的工作格局，才能达到遏制和减少职务犯罪的目的。要深入研究预防职务犯罪工作的重大问题，提请党委对加强这项工作作出决议决定；坚持、完善和强化党委领导下的职务犯罪工作领导小组（委员会）建设，积极承担起领导小组办公室工作，充分发挥协调、组织和具体办事机构的作用，推动社会化预防大格局的形成。三是加强法制化建设。要积极探索预防职务犯罪的法律制度建设，进一步推动各省级和有立法权的市级人大常委会制定《预防职务犯罪工作条例》（以下简称《条例》），配合人大常委会加强对《条例》执行情况的执法检查，适时提出全国性立法建议。加强调查研究，积极推动《防治腐败法》的立法工作。四是加强现代化建设。运用现代理念、现代管理、现代科技、现代手段，提升预防职务犯罪工作现代化和科学化水平。要建立以计算机技术为支撑、以网络为载体、互连互通的基础信息平台；加快建立预防职务犯罪信息库，实现与侦查部门及其他业务部门的信息对接；加强政府信息交流平台建设，实现与纪检监察机关、有关行业主管部门的情况交流、信息共享；利用信息化统计分析平台，加强犯罪分析和预警预测；建立社情民意和网络舆情监控机制。要积极倡导预防技术新思维，拓展利用现代技术防控职务犯罪的新途径。

第一，必须坚持党委统一领导，在推进惩治和预防腐败体系建设中发挥检察机关惩治和预防职务犯罪的职能作用。推进惩治和预防腐败体系建设是一项复杂艰巨的系统工程，是全党全社会的共同任务，必须在党委统一领导下，党政齐抓共管，纪委组织协调，部门各负其责，依靠人民群众支持和参与，统筹推进。检察机关预防职务犯罪工作作为惩治和预防腐败体系的重要组成部分，必须纳入党和国家反腐倡廉建设总体格局，纳入惩治和预防腐败体系建设总体部署，按照反腐败领导体制和工作机制要求，在党委统一领导和部署下开展。检察机关既要按照职责和分工，积极开展预防职务犯罪工作，为党委治理腐败当好参谋；又要紧紧依靠党委领导，积极参加党委、人大、政府及国家专门预防机构等组织的预防活动，加强与有关部门的协调配合，在人民群众的参与和支持下，共同推动预防职务犯罪工作，在惩治和预防腐败体系建设中更好地发挥检察职能。

第二，必须围绕中心、服务大局，始终把检察机关预防职务犯罪工作置于党和国家工作大局中开展。检察机关开展预防职务犯罪工作，本身就是服务大局的具体体现，只有围绕中心、服务大局，才能明确方向、突出重点、取得实效。要根据党和国家一个时期经济社会发展战略部署和重大措施，适应反腐倡廉建设的形势和任务，针对职务犯罪易发多发的重要领域和关键环节，紧紧围绕社会关注、群众反映强烈的问题，结合检察机关查办职务犯罪工作重点，科学确定和及时调整预防工作重点，增强预防工作实效，为深化改革、促进发展、维护稳定、保障民生服务。

第三，必须坚持立足检察职能，紧密结合执法办案开展预防职务犯罪工作。检察机关承担着侦查、决定逮捕和起诉职务犯罪等执法办案职责，对职务犯罪的症结、特点有比较准确的把握，对犯罪分子的堕落过程有比较直接的了解，对引发犯罪的体制、机制、制度问题有比较深刻的认识，这是检察机关开展预防职务犯罪工作的职能优势。必须始终立足检察职能，紧密结合执法办案，从办理每一起职务犯罪案件入手，扎扎实实地做好预防工作，取得“办理一案，教育一片”的预防效果，在全党全社会惩治和预防腐败的大格局中发挥独特作用。既要着眼于强化法律监督职能，勇于创新、大胆探索，不断改进方式方法，拓展领域途径，研究提出惩治和预防职务犯罪的新思路、新办法、新举措，防止可有可无、无所作为的倾向；又要坚持立足职能，摆正位置，做到“到位不越位、尽职不越权、参与不干预、帮忙不添乱、服务不代替”，绝不能偏离职能、超越职权，把预防工作搞成一般监督、“包打天下”，也不能与有关单位签订所谓“廉政协议”，作出不发案的承诺，以致损害法律监督的严肃性、权威性。

第四，必须统筹兼顾、协调配合，增强预防职务犯罪工作的合力和整体效果。检察机关预防职务犯罪工作涉及各项检察业务，是各个业务部门的共同责任，必须坚持院党组统一领导，业务分管领导齐抓共管，预防部门加强组织协调，各个业务部门分工负责抓落实。预防部门要发挥职能部门的作用，加强对预防工作的组织协调、综合规划、规范管理和检查指导，促进预防工作落实，增强预防工作合力。相关业务部门要坚决克服办案是硬任务、预防是软任务的思想，切实把预防职务犯罪融入到执法办案工作之中，与执法办案任务同部署、同落实、同检查，真正做到两项工作统筹兼顾、相互促进。执法办案人员要主动把办案向预防延伸，在依法查明犯罪事实和情节，准确适用法律惩治犯罪的同时，注意深入分析和研究职务犯罪产生原因、作案手段和发展变化规律，有针对性地提出相应的治理对策，预防同类犯罪的发生，扩大执法办案的效果。

三、预防职务犯罪工作的能力素质要求

1. 预防职务犯罪工作人员应具备的能力素质。预防职务犯罪工作是检察机关具有影响力的一项工作。影响力来自公信力，必须不断加强执法公信力建设，培养一支有素质、有能力，公正廉洁执法的预防队伍。根据预防职务犯罪工作面临的新形势和新任务，预防职务犯罪工作人员应具备“两念、五个能

力”，即具有坚定的政治信念和正确的法治理念，具有对社会发展形势的洞察能力，对法律政策的综合运用能力，对职务犯罪变化趋势的分析能力，对预防对策措施的研究能力和对人民群众、社会各界的组织发动能力。

2. 如何提高预防职务犯罪工作能力。一是要按照高检院关于大规模推进检察教育培训的部署，有计划地组织各级预防人员的全员轮训，特别是针对预防工作实践性强的特点，充分发挥“优秀预防建议”和“优秀案例分析”评比的积极作用，开展岗位练兵，强化实战训练，加快培训一批具有精深法律功底、丰富工作经验的业务尖子和行家里手。二是重视预防队伍专业化建设，适应新形势新任务新要求，加强法学理论和经济、管理、科技等方面新知识的学习，加强群众工作能力、信息化应用能力的培训，促进预防人员专业技能的不断提高，努力培养不同领域的预防业务专家。三是认真落实科技强检战略，加强预防信息化建设和必要装备、设备的配备，加强科技手段在预防工作中的运用，切实依靠科技提高预防工作能力。

第二章　职务犯罪预防工作重点环节与要求

总的讲，预防职务犯罪工作可以分为三大类，即基础信息、基本业务和业务管理。其中，业务管理包括预防工作指导、预防统计和预防信息工作，各业务部门都类似，预防业务主要应指基础信息和基本业务。预防职务犯罪的基础信息是与职务犯罪相关的、开展预防职务犯罪工作所必需、必备的各种信息，主要包括预防职务犯罪信息库和行贿犯罪档案查询系统两项。基本业务是指目前检察机关职务犯罪预防部门开展的各项主要业务，共12项，即：预防报告、犯罪分析、预防调查、检察建议、预防介入、警示教育和宣传、预防咨询、行贿犯罪档案查询、预防预警、线索处置、专项预防、预防协作。其中，犯罪分析、预防调查、检察建议、警示教育和宣传、预防咨询、行贿犯罪档案查询、预防预警、线索处置等8项是《人民检察院预防职务犯罪工作规则（试行）》所规定的基础性工作，预防报告、专项预防、预防协作及预防介入则是预防工作创新发展所涉及的综合性或程序性的工作。下面依次、按项作分述。

一、基础信息

现代社会是信息社会，信息在各项工作中承担起越来越重要的作用。离开了信息或缺乏信息，很多工作将无从开展，或者很难做好。预防职务犯罪工作尤其离不开信息，预防职务犯罪信息是预防职务犯罪的根基，直接影响着预防工作的综合实效，决定着预防工作的深化发展。所以，必须十分重视和切实加强预防职务犯罪信息工作。

在实践中，预防职务犯罪信息工作一直受到充分重视。最高人民检察院《关于进一步加强预防职务犯罪工作的决定》要求"加强预防职务犯罪信息系统建设，建立预防工作信息库"。《人民检察院预防职务犯罪工作规则（试行）》进一步明确要求，"人民检察院预防职务犯罪部门应当建立预防职务犯罪信息库"。实际上，预防职务犯罪信息库已成为检察机关预防职务犯罪部门信息工作的基本载体和基础平台，预防部门开展信息工作主要围绕预防职务犯罪信息库进行。

预防职务犯罪信息库工作主要包括信息库建设、管理和应用等内容。信息库建设包括硬件建设和软件建设。预防部门主要承担信息收集和应用，这是预防信息库工作的重点环节。

（一）预防职务犯罪信息库的内容

预防职务犯罪信息库包括哪些信息内容呢？或者说应当收集哪些预防信息呢？从理论上讲，凡是与预防职务犯罪工作有关的信息都属于预防职务犯罪信息的范畴，都可以分门别类地收集到预防职务犯罪信息库中。但是，预防职务犯罪信息毕竟与其他信息有所区别，这些信息必须围绕职务犯罪，为预防职务犯罪这一目标服务。概括地讲，信息内容主要可以分为5个方面，即案件信息，公共信息，行业信息，国外信息和涉港、澳信息，法律政策及其他信息。根据《人民检察院预防职务犯罪工作规则（试行）》的规定，预防职务犯罪信息库主要应当收集以下信息：

1. 典型、重大职务犯罪个案或者类案资料；
2. 与工作相关的社会公共信息；
3. 区域、行业、部门职务犯罪状况及防控职务犯罪的规定和做法；
4. 境外、国外相关信息、动态；
5. 其他与发现、控制职务犯罪有关的信息。

（二）预防职务犯罪信息的收集渠道

预防职务犯罪工作的信息来源主要有三个渠道：一是由控告、反贪、反渎、侦监、公诉、监所、铁检等业务部门提供案件信息，具体由办案人员录入。二是由法律政策研究部门提供法律政策信息。三是由预防部门录入案件信息以外的其他信息。行业信息除自行收集之外，需在与有关行业、部门的信息交流过程中有选择地录入，境外信息可以由国际合作局协助收集。其中，行业监管信息包括纪检监察机关、审计机关、信访部门的监督工作信息和行业主管

(监管）部门的行业监管信息，行政机关仅指以各级人民政府名义发布的与预防职务犯罪有关的信息。所有信息须经预防部门审核之后方可输入信息库。为此，预防职务犯罪应当加强与侦查部门等的密切配合，并主动与纪检监察、行政执法、审计、公安、法院等机关、部门的协作，建立可靠、畅通、便捷的信息传递机制。

（三）预防职务犯罪信息的加工与应用

进入预防职务犯罪信息库的信息大多是原始的，没有经过加工处理，还不能直接应用到预防工作实践中。在具体应用之前，须经过一定的加工、整理、处理，包括对信息进行分类，按具体条目分解，开展初步统计和分析。其中对信息进行分类一般都在信息库程序设计时就予以考虑，在专业人员录入时直接分类。初步统计与分析可以由计算机自动完成，也可以由人工完成。当然，这些预防信息的加工都是初步的，在很多情况下可能需要根据一些单位和部门的具体要求而进行，在基本加工完成以后，予以提供。

预防职务犯罪信息库有一个子库，即行贿犯罪档案系统，专门收集行贿犯罪（行为）的信息。该系统信息相对独立，可以与整个预防职务犯罪信息库实现信息传输，预防部门需将各业务部门录入的有关案件信息加工整理，形成符合行贿犯罪档案库要求的具体条目，以满足社会有关单位进行查询的功能的需要。

最高人民检察院《关于行贿犯罪档案查询工作规定》第 3 条明确规定了行贿犯罪档案录入的范围为：1997 年刑法修订实施以来，由检察机关立案侦查并经人民法院裁判的个人行贿、单位行贿、对单位行贿、介绍贿赂犯罪案件的档案。根据该规定第 4 条规定，行贿犯罪档案录入的内容为：

1. 个人行贿犯罪和介绍贿赂犯罪档案，包括犯罪人的姓名、年龄、性别、文化程度、身份证号、住所、所在单位、职业或职务、犯罪事实，判决结果；

2. 单位行贿犯罪以及因单位行贿犯罪被追究刑事责任的人员犯罪档案，除按前项规定的录入内容外，还包括：单位名称、单位性质（机关、企业、事业、团体、所有制类别）、注册地和办公场所、法定代表人、营业执照号、犯罪事实、判决结果。

二、犯罪分析

职务犯罪分析是预防职务犯罪工作的一项基础性业务，是指检察机关有关部门依照犯罪学基本原理，结合办案，在调查研究的基础上，针对职务犯罪状况、特点、动态、趋势、原因、发展变化规律等所作的专门分析。

根据《人民检察院预防职务犯罪工作规则（试行）》第 11 条的规定，人民检察院预防职务犯罪部门应当定期对职务犯罪发案情况和典型案例进行分析。查明个案原因、症结，把握类案特点、规律，研究区域、行业职务犯罪状况，了解变化趋势。据此，犯罪分析主要可以分为个案分析、类案分析、行业分析、总体分析等：

1. 个案分析。是指结合办案，针对典型职务犯罪个案开展调查分析，查明个案原因，找出犯罪症结，在此基础上提出相应对策，防止案件继发、再发。如某公司财务科长王某犯罪案件分析。

2. 类案分析。是针对某一类职务犯罪开展调查分析，总结类案的特点、规律，查找类案背后的原因和症结，提出防范对策和办法，以防止该类职务犯罪发生。如低龄国家工作人员职务犯罪分析、银行行长贪污贿赂犯罪分析、利用土地管理审批权受贿犯罪分析，等等。

3. 行业（系统）分析。是指针对某个行业、系统职务犯罪所作的分析。如交通系统职务犯罪分析，等等。

4. 总体分析。是针对某个地区职务犯罪所作的总体情况分析。

职务犯罪致罪因素分析是职务犯罪分析的核心内容，是指经过深入、细致的研究，对职务犯罪原因按基本要素进行分解，而后以列举的方式进行归纳、综合。在职务犯罪的致罪因素分析时，应注意从犯罪人的基本情况、犯罪机会、犯罪条件、犯罪手段、犯罪主观原因、制度漏洞、管理欠缺等方面找原因，形成一个致罪因素体系。职务犯罪分析应当综合采取以下措施：查阅有关案件卷宗、档案和相关材料；走访办案单位和有关单位、人员；与办案人员座谈，以了解情况；召开专题剖析会；以及旁听法庭审理；等等。职务犯罪预防部门所作的职务犯罪分析应以犯罪分析报告的形式终结，并及时通报侦查部门。如有必要，应在分析报告的基础上向有关单位和部门发出防范职务犯罪的检察建议。

三、预防调查

预防调查是检察机关预防部门开展预防职务犯罪工作的一项专门性调查工作。根据《人民检察院预防职务犯罪工作规则（试行）》第7条的规定，人民检察院预防职务犯罪部门应当围绕可能引发职务犯罪的隐患、非规范职务行为，以及职务犯罪衍化的宏观和微观因素开展预防调查。

预防调查可以由预防部门单独进行，也可以与侦查部门共同开展，或者联合有关行业、部门和单位一起进行。由于预防调查具有非诉讼性质，所以不能运用刑事调查权和采取强制性措施。为了保证预防调查的效果，应当在调查之前列好调查提纲，明确调查的目的、调查的内容、调查的范围、调查的措施和办法等，努力做到调查工作有条不紊，有序进行。在具体进行调查时，可以采取以下调查措施：阅卷调查，走访单位、行业，提讯，座谈会和专题分析会，专家咨询会，审查管理制度，查阅相关信息、材料，剖析原因和征求意见，等等。在调查工作中可能接收到一些群众举报，也可能自行发现一些职务犯罪案件线索，应当做好职务犯罪线索的审查和移交工作。在调查结束之时，应当详细撰写调查报告，依据调查结果提出和制定预防措施，确保调查成果得到很好的应用。

四、检察建议

检察建议是检察机关开展预防职务犯罪工作的基础手段，也是履行法律监督职能的重要形式。根据《人民检察院检察建议工作规定（试行）》第1条，检察建议是人民检察院为促进法律正确实施、促进社会和谐稳定，在履行法律监督职能过程中，结合执法办案，建议有关单位完善制度，加强内部制约、监督，正确实施法律法规，完善社会管理、服务，预防和减少违法犯罪的一种重要方式。预防职务犯罪的检察建议是检察建议的一种，在预防职务犯罪工作中应用最为普遍。如果在预防职务犯罪工作中发现已经发生职务犯罪，或者发生职务违法可能引发职务犯罪，存在职务犯罪隐患，职务犯罪具有行业性、区域性特点等情形，就应当决定提出检察建议。

检察机关提出预防职务犯罪的检察建议，应当立足检察职能，结合执法办案，坚持严格依法、准确及时、注重实效的原则。应当有事实依据，符合法律、法规及其他有关规定，具体明确，切实可行。

预防职务犯罪的检察建议应当包括哪些内容呢？根据《人民检察院检察建议工作规定（试行）》第4条，检察建议一般包括以下内容：问题的来源或提出建议的起因；应当消除的隐患及违法现象；治理防范的具体意见；提出建议所依据的事实和法律、法规及有关规定；被建议单位书面回复落实情况的期限等其他建议事项。《人民检察院预防职务犯罪工作规则（试行）》第15条进一步规定，预防职务犯罪建议应当包括以下内容：职务犯罪发生的原因、特点；应当消除的隐患和违法现象；治理防范的意见。在具体工作中，预防职务犯罪的检察建议应当基于犯罪分析，指出被建议单位的问题和犯罪隐患，然后提出防治职务犯罪发生的对策和建议。

检察建议不能任意提出，必须有所依据，当出现规定的情形时才能提出。根据《人民检察院预防职务犯罪工作规则（试行）》第14条的规定，人民检察院提出预防职务犯罪建议应当针对以下情形：

1. 已经发生职务犯罪，需要在制度、机制和管理方面改进完善，防止职务犯罪重发、继发的；

2. 已经发生职务违法，可能引发犯罪，应予制止、纠正的；

3. 存在引发职务犯罪隐患，需要防范、消除的；

4. 职务犯罪具有行业、区域性特点，需要有关部门进行综合防治的；

5. 其他需要提出建议的情形。

在提出检察建议之前，应当重视犯罪分析和预防调查，这两项工作是提出检察建议的前提。在调查分析环节可以采取走访发案单位和相关单位、审查相关制度、座谈讨论、提讯、与办案人员座谈等措施。在起草检察建议的过程中可能需要邀请专家论证，提出修改、补充和完善的意见。如果是重大的检察建议，应经检察委员会讨论通过。制作检察建议书应当严格按照高检院统一规定的文书格式，到相关部门备案，然后以人民检察院的名义送达有关单位。查办案件的人民检察院可以直接向发案单位提出检察建议，需向发案单位的上级单位或有关主管机关提出检察建议的，应当层报被建议单位的同级人民检察院决定并提出。检察建议书应当报上一级人民检察院备案，同时抄送被建议单位的上级主管机关。

在检察建议发出之后，预防部门应做好跟踪和评估，督促检察建议落实。根据《人民检察院预防职务犯罪工作规则（试行）》第17条规定："人民检察院预防职务犯罪部门应当在预防职务犯罪建议送达后十五日内，主动了解落实情况，并作好记录；在收到有关部门、单位反馈情况后十五日内，进行实效评估，并向其上级单位或者主管部门通报情况。"这一阶段是一个落实建议的动态过程，包括被建议单位接受建议，进行整改，反馈情况，检察院回访考察与实效评估等内容。被建议单位应当重视检察建议，如果被建议单位对检察建议没有正当理由不予采纳，人民检察院可以向其上级主管机关反映有关情况，通过其上级单位督促落实。

当然，检察建议也可能出现所提建议不属于应提出检察建议的情形，或者所提建议不符合法律规定等情况，对此应当及时予以纠正。如果检察长对本院提出的检察建议，上级人民检察院对下级人民检察院提出的检察建议，认为确有不当的，应当撤销，同时应及时通知有关单位并作出说明。

五、预防警示教育和宣传

根据《人民检察院预防职务犯罪工作规则（试行）》第21条的规定，人民检察院预防职务犯罪部门应当运用预防调查和犯罪分析的成果，适时在一定区域、行业、单位开展警示教育和预防宣传。警示教育和宣传是检察机关预防职务犯罪的常规性工作，通过警示教育和宣传，可以强化公职人员内心的廉洁理念，增强自我抵御职务犯罪的能力，从主观上遏制和防止职务犯罪的发生。

预防警示教育和宣传可以分为警示教育和预防宣传两大方面。警示教育是指检察机关运用职务犯罪典型案例对公职人员进行警示、告诫，或者组织参观警示教育基地，运用现实场景促使犯罪人警醒，以防范职务犯罪的发生。这是检察机关最具特色，也是最具优势的业务。预防宣传主要应围绕反腐败政策、法律和成果以及预防知识进行宣传教育，具体包括：宣讲职务犯罪的危害，惩治和预防职务犯罪的法律、政策、措施和成效，增强公职人员抵御职务犯罪的意识、能力，提高公众同职务犯罪作斗争的信心和积极性。警示教育和宣传的形式多种多样，包括开展预防宣传活动、上预防警示教育课、举办展览、参观警示教育基地等。警示教育课可以组织专人宣讲，或组织专题宣讲。预防宣传还可以运用新闻媒体、文化载体和网络媒体等形式开展。

六、行贿犯罪档案查询

行贿犯罪档案查询是检察机关预防部门的主要业务之一，是指检察机关运用行贿犯罪档案系统受理社会有关单位和个人的查询，根据查询结果向查询单位和个人提供查询服务，以预防贿赂犯罪，并促进社会信用体系建设。这是检察机关运用计算机和信息技术开展预防工作的重要实践。根据《人民检察院预防职务犯罪工作规则（试行）》的规定，人民检察院预防职务犯罪部门应当依照规定，管理行贿犯罪档案查询系统，受理查询。并运用系统信息，定期分析贿赂犯罪状况，提出书面报告。可见，行贿犯罪档案查询工作有两项重要内容，一是管理系统和受理查询，二是定期分析并形成贿赂犯罪状况报告。

根据最高人民检察院《关于行贿犯罪档案查询工作规定》，单位向检察机关申请查询需提供书面申请和单位证明，个人向检察机关申请查询需提供书面申请和有效身份证件。检察机关应及时处置受理的查询申请，认真审查查询申请和相关证明文件及证件。对符合受理条件的，应当在受理3日内书面告知查询结果。对不符合条件的，应当告知对方并说明原因。对有行贿犯罪记录的单位和个人，应当向查询申请的单位或者个人提供以下内容：

1. 行贿犯罪行为实施的时间和犯罪数额；
2. 判决的时间和结果；
3. 共同实施行贿犯罪中的被查询对象的相关内容。

对单位或者个人提出异议的查询结果，应当认真复核，由承办人在3日内提出意见，报经检察长批准后予以回复。

七、预防咨询

预防咨询是检察机关根据有关部门、单位的咨询请求，在深入调查研究之后，向其提供的关于预防职务犯罪知识、法律、对策、建议等方面的咨询服务活动。根据《人民检察院预防职务犯罪工作规则（试行）》第18条，人民检察院预防职务犯罪部门应当为部门、单位或者公职人员提供预防咨询。可以应要求为有关部门、单位所制定的规范性文件提出意见。预防咨询是一项政策性、法律性、业务性很强的工作，为了做好这项工作，在正式咨询答复之前，必须深入开展调查研究，注意做好以下工作：一是明确涉及咨询事项的法律、法规和政策规定；二是了解咨询对象的主要工作职责；三是了解咨询对象制定、实施的内部管理制度和业务流程；四是了解咨询对象面临的职务犯罪风险和隐患。

八、预防预警

根据《关于加强和改进预防职务犯罪工作的意见》要求，预防部门应加强职务犯罪信息的收集、统计和分析，深入研究职务犯罪的行业分布、发案特点、作案手段，探索建立职务犯罪趋势预测预警系统，为查办和预防职务犯罪提供对策依据。

预防预警的重点在预警准备和实施两个环节。预警准备应注意收集与预防预警有关的所有信息资料，进行深入调查研究和分析，做好犯罪趋势分析，抓住苗头性的问题，为实施预警做好准备。实施预警之时，选择适当的方式将预防预警报告向有关单位、部门通报，以保证预警的效果。在实施预警的过程中，可能需要进行警示谈话，警示谈话应针对特定的个人进行，即发生职务违法违纪行为、暴露出职务犯罪迹象、具有较大犯罪可能的人员。

九、线索处置

线索处置是指预防部门发现、受理职务犯罪案件线索之后，对线索进行审查和处理的过程。在预防职务犯罪工作中所受理的线索可能来源于有关单位、个人的举报，或者通过预防调查、预防咨询等活动自行发现，以及犯罪嫌疑人的自首。根据《关于推进职务犯罪侦查和预防一体化工作机制建设的指导意见（试行）》，在预防职务犯罪工作中对所受理的举报线索限于初查审查，即审查线索是否具有初查价值，经审查认为有初查价值就移送侦查部门处理，没有初查价值的，作结案处理。其中，移送侦查部门的举报线索，应到举报中心备案。移送侦查部门的举报线索，应注意跟踪侦查部门的处理和反馈结果。

十、预防介入

也就是预防工作介入到侦查工作中，在侦查人员开展侦查活动的同时开展预防工作。根据《关于推进职务犯罪侦查和预防一体化工作机制建设的指导意见（试行)》，预防介入是选择性的，也是被动性的。所谓选择性介入，是指专门针对典型的职务犯罪大案要案、窝案串案、新型犯罪案件，而不是对侦查部门侦查的所有案件都介入。所谓被动性介入，是指确有实时同步开展预防必要的，可由侦查部门提出，经主管检察长决定，或由检察长直接决定，而不是由预防部门自行、主动决定介入侦查。在决定预防介入侦查之后，预防部门应指派专人参加办案组，介入侦查活动。预防介入侦查开展预防工作，包括采取通过旁听询问、讯问、查阅案卷和相关材料、专访有关单位等方式。根据犯罪原因分析的结果，可以开展警示教育，或者提出检察建议。

十一、专项预防

专项预防是检察机关开展预防职务犯罪工作的一项专门性业务工作，指针对专门项目如工程建设、资金使用、移民、环保、招投采购等开展的系列预防工作。专项预防工作一般都比较慎重，都应经制定专项预防工作方案和审批的环节，在方案经过审核之后才能付诸实施。由于专项工作可能涉及很多其他部门和单位，所以尤其应做好统筹协调工作。专项工作措施比一般预防工作要多，可以同时采取犯罪分析、预防调查、预防警示教育宣传、预防咨询、行贿犯罪档案查询、预防预警、线索管理、专项报告等措施，应当善于综合运用。在专项预防工作实施完毕之后，应当撰写专项预防报告。全国检察机关曾结合检察机关查办危害能源资源和生态环境渎职失职犯罪、查办涉农职务犯罪专项工作开展预防。从 2010 年 7 月起全国检察机关集中开展“预防工程建设领域职务犯罪，推进社会管理创新”专项预防工作。

十二、预防协作

预防协作是指人民检察院预防部门与其他业务部门、部分人民检察院及相关部门、人民检察院与社会有关部门和单位针对某项或几项专门性预防工作开展的工作协作。预防协作分为对外预防协作、检察系统协作、内部部门协作三种情形。对外预防协作可以采取建立协作机制、召开联席会议、召开座谈会、召开咨询会、预防工作通报会、联合调查、联合宣传教育等方式，其中建立协作机制包括党委领导的预防工作领导小组、预防工作指导委员会、预防工作联席会议、预防工作咨询委员会、预防职务犯罪协会、预防职务犯罪研究会等形式。内部部门协作可以采取建立内部协作机制、联合宣传教育、案例剖析会、专题剖析会等形式，其中内部部门协作机制包括院预防工作领导小组、侦查和预防一体化工作机制等形式。检察系统协作是指上下级检察院、不同地区或不同层级检察院之间的预防工作协作。

十三、预防综合报告

预防综合报告是根据某个时期或某个阶段预防职务犯罪工作的需要，向特定机关、部门报送或通报的专门性报告。目前，综合报告主要有年度报告和专项报告。年度报告指人民检察院按年度撰写的有关职务犯罪发生情况、发展趋势和防治对策报告。专项报告指针对专项工作情况、效果、问题与建议等所作的专题报告。年度报告报送的对象应是党政机关、人大、政府机关和上级部门。专项报告除了可以报送上述机关和部门外，还可以通报某个主管部门或者通报有关具体单位。

年度报告制度始于 2010 年，是检察机关紧紧围绕大局、服务大局，主动将预防职务犯罪工作纳入党和国家惩防腐败体系的具体体现，是带动预防职务犯罪工作深化发展，促进社会管理创新的重要探索。各级检察院每年在广泛搜集职务犯罪信息，深入开展预防调查，深刻剖析典型案件，加强预防对策研究的基础上形成年度报告。通过年度报告对辖区内职务犯罪的总体情况、规律特点、演变趋势等作深度分析，针对职务犯罪易发多发领域和重点部位提出预警和预防对策建议，提交党委人大政府和有关部门作为决策参考，以有效增强预防职务犯罪工作的综合效应。撰写年度报告重点在于收集信息资料，深入开展调查和深度研究分析。年度报告是代表检察院所作，所以必须经检察长审核、签发，必要时应当通过检察委员会讨论研究方可通过。

十四、预防职务犯罪业务管理要求和纪律规定

预防职务犯罪业务管理要求和纪律规定是指对预防职务犯罪部门开展预防业务工作进行规范、管理和约束的有关制度要求和纪律规定。这些管理要求和纪律规定，对于促进预防工作规范化和专业化，保证预防业务工作健康、深化发展是十分必要的。

（一）预防业务管理要求

目前，检察机关预防部门开展预防业务管理的要求主要包括业务数据统计分析制度、立项审批制度、主办责任制度和请示报告制度。

1. 业务数据统计分析制度。最高人民检察院《关于加强和改进预防职务犯罪工作的意见》要求健全业务数据统计分析制度。根据《人民检察院预防职务犯罪工作规则（试行）》第 27 条的规定，人民检察院预防职务犯罪部门应当依照规定，做好预防统计报表和案卡登记管理。这项工作要求对各地、各类业务工作情况进行统计，作出分析，以全面掌握预防业务情况，并利于预防业绩考核和工作指导。

2. 立项审批制度。最高人民检察院《关于加强和改进预防职务犯罪工作的意见》要求健全预防项目审核制度。预防业务工作普遍实行立项审批，凡是开展预防调查、犯罪分析、检察建议、预防宣传和警示教育、预防咨询、预防预警、预防介入、专项预防、预防协作等业务工作都应填写立项申请表，经部门审批通过之后才可进行，重大预防业务工作须经检察长审批后方可实施。

3. 主办责任制度。根据《人民检察院预防职务犯罪工作规则（试行）》第26条的规定，人民检察院预防职务犯罪工作实行主办责任制。主办检察官受职务犯罪预防部门委托从事预防业务工作，对所承办预防职务犯罪业务工作负责，具体研究、计划、组织、协调、实施、执行预防工作任务。

4. 请示报告制度。即主办检察官对所承办的预防业务工作的相关事项须向部门负责人和检察长进行请示、报告。根据《人民检察院预防职务犯罪工作规则（试行）》第26条的规定，主办检察官在办理完毕预防业务事项之后，应及时向部门负责人报告；对重大事项，应当向分管检察长报告。

（二）预防纪律规定

目前，关于预防业务纪律的规定主要有两种情形：一是关于预防业务工作纪律的总体规定，主要由《人民检察院预防职务犯罪工作规则（试行）》规定；二是关于开展某项预防业务的特别纪律规定，如《关于加强和规范涉及工程建设项目的预防职务犯罪工作的意见》、《关于行贿犯罪档案查询工作规定》中的相关纪律规定。

根据《人民检察院预防职务犯罪工作规则（试行）》第29条的规定，人民检察院预防职务犯罪工作人员应当严格遵守检察工作纪律和检察人员行为准则，具有下列情形之一的，应当依照《检察人员纪律处分条例（试行）》等有关规定予以处分，构成犯罪的，依法追究其刑事责任：

1. 干预有关行业和单位的正常管理活动的；

2. 干预市场主体合法的经营活动的；

3. 为单位或者个人谋取私利的；

4. 隐瞒、包庇违法犯罪行为的；

5. 私自办理案件或者干预办案的；

6. 泄露案情或者其他国家秘密、商业秘密、个人隐私的；

7. 违反检察工作纪律和检察人员行为准则的其他行为。

根据《关于加强和规范涉及工程建设项目的预防职务犯罪工作的意见》，预防部门和全体人员在涉及工程建设项目的预防工作中应当遵守以下纪律：

1. 不得利用预防工作便利或以预防工作名义，以任何方式接受宴请、红包、有价证券和贵重礼品。

2. 不得干预建设单位的正常经济行为。严禁采用明示、暗示或威胁等手段，要求建设行政主管部门或建设单位在工程建设项目招投标或原材料、设备采购等过程中，给予特定单位或个人照顾，或直接指定中标人、供应商。

3. 不得向建设单位和建设施工企业拉赞助，摊派费用，报销票据。

4. 不得隐瞒、包庇工程建设项目中发现的违法犯罪行为。

最高人民检察院《关于行贿犯罪档案查询工作规定》专门对行贿犯罪档案的录入、储存、提供查询和查询结果的归档作出了纪律性规定，具体包括：

1. 保证行贿犯罪档案查询系统操作统一规范，不得擅自变更；

2. 保证录入的档案及时、准确、完整，不得拖延、遗漏、仿造；

3. 严格遵守工作规定，不得擅自受理查询申请或者超范围提供查询内容；

4. 严格遵守检察人员守则，不得利用查询工作，谋取单位或者个人的私利。

第三章　职务犯罪预防工作中常见问题及应对措施

一、预防信息工作中需要注意的问题

信息是开展预防工作的基础。加强执法信息化建设是检察机关的一项重要工作，也是预防工作的发展方向。在预防信息工作中，要以建立预防信息库为载体，重点做好预防信息的收集、分析和利用。预防信息的收集要全面、及时。定期更新罪案信息和非案信息。在非案信息的收集上，重点是易发多发职务犯罪的重点领域和关键环节的公共信息、行业信息，以及法律法规、国内外预防经验措施等。预防信息的分析要透彻。案件分析要以个案分析为基础，突出类案分析，特别是对一个时期具有地域性、行业性职务犯罪情况的综合分析。在非案信息的分析上，要加强对热点问题的研判，重在找出职务犯罪风险点。信息的利用要有效，突出发挥为提高预防对策建议的科学性和查办职务犯罪提供指引的作用。

二、预防调查工作中需要注意的问题

预防调查是开展预防工作的重要方式。各地越来越重视，越来越多地运用预防调查开展工作。正确开展预防调查，要把握住以下几点：一是规范预防调查的启动条件。要针对群众关注的热点，举报反映的重点，以及权力集中、资金项目密集、职务犯罪易发多发的行业和领域，在慎重分析后立项开展，避免启动的随意性和盲目性。二是要注意区分预防调查与立案侦查和初查的不同性质。特别是把握好预防调查与初查的区别，围绕可能引发职务犯罪的隐患、非规范职务行为，以及职务犯罪衍化的宏观和微观因素，采取公开的方式开展预防调查。三是要紧扣调查的预防目的。调查中所有的工作都是为预防犯罪服务的，必须在查找问题症结、发现漏洞和薄弱环节、把握事物发展趋势、提出防范对策上下工夫。四是在预防调查的范围、重点上，不但要做好对具体犯罪案件发生发展情况的调查，还要加强对反复发生、普遍发生的案件进行调查；不但要做好对案件发生的特点、规律和发案原因的调查，还要加强对发生职务犯罪的体制缺陷和机制漏洞的调查；不但要做好对一个单位、一个行业多发易发情况和原因的调查，还要加强对一个区域的犯罪发展变化趋势的调查；不但要做好对已发生的犯罪情况及其原因的调查，还要加强对可能发生犯罪的带有苗头性、趋势性的问题进行调查，强化犯罪预警预测。

三、检察建议工作中需要注意的问题

检察建议是检察机关开展预防职务犯罪工作的重要法律形式，也是履行法律监督职能的方式之一。2009 年最高人民检察院第十一届检察委员会第十九次会议通过，并报经中央司法体制改革领导小组批准了《人民检察院检察建议工作规定（试行）》，为规范检察建议工作提出明确意见。在预防职务犯罪工作中做好检察建议工作，应当重点把握好以下几个方面：一是深入调查研究，全面分析发案原因。检察建议旨在解决发案单位或行业存在的问题，要求必须把发案单位的问题准确查找出来。要深入发案单位，通过阅卷、提讯犯罪人、走访、座谈等方式，在全面了解第一手资料的情况下，分析原因，找准“病灶”。二是切实提高建议的质量。建议要注意合法性、针对性和可行性，特别是注重从体制、机制、制度上提出有效预防职务犯罪的防范措施，在深度上做文章，使建议实际管用。没有实际意义，泛泛而谈的，要坚决不发。三是注重检察建议的督促落实。对检察建议，不能一发了之。要通过建立和实行回访考察制度，切实保证检察建议落到实处。

四、侦防一体化机制建设工作中需要注意的问题

建立健全职务犯罪侦查和预防一体化机制，是检察机关强化职务犯罪侦查和预防工作有效衔接、协调配合，从整体上增强检察机关反腐败效能的有力举措，是深化检察改革和创新发展的重要内容。2010 年最高人民检察院反贪污贿赂总局、渎职侵权检察厅、职务犯罪预防厅印发了《最高人民检察院关于推进职务犯罪侦查和预防一体化工作机制建设的指导意见（试行）》，这一工

作目前还在稳步推进之中。预防部门在推进侦防一体化建设中，要把握好以下几点：一是在一体化中要注意分工负责、配合协作。要明确侦查部门和预防部门在预防工作中的职责分工。预防部门重在加强犯罪分析，针对类案、行业和区域的特点、规律或普遍性问题开展预防。二是要重点做好侦查和预防工作信息的交流共享。在建立信息通报制度的基础上，要积极探索、充分利用网络办公和网络信息平台等形式进行信息交流和共享，健全和完善预防职务犯罪信息库。三是对预防工作中发现的职务犯罪线索，要按照规定及时移送侦查部门，并向举报中心备案，并注意掌握线索处置进展情况。

五、预防职务犯罪年度综合报告中需要注意的问题

年度综合报告是检察机关贯彻中央反腐败方针，全面推进惩防腐败体系建设和社会管理创新的重要工作，是落实高检院党组在更高起点、更高层次、更高水平上加强和改进职务犯罪预防工作的重要举措，是向党委、人大、政府和社会各界全面展示预防工作能力、水平，提升预防工作质量的重要途径。做好这项工作，要注意把握好以下几点：一是内容深刻透彻。要做到材料充实、分析透彻、对策措施科学，对犯罪现状、犯罪原因的分析，特别是在职务犯罪人群分布、行业特点、区域特点、趋势动态及相关因素的深度分析上，要深刻具体，不能泛泛而谈；提出的对策建议，要有针对性、操作性，具体实在，确实起到为大局服务、为决策服务的作用。二是形式新颖。综合报告具体形式不限，以文字材料为主，要配以必要的数据、图表或音像资料。做到有观点、有根据、有数据、有事例，理论性和实践性相结合。要处理好共性和个性的关系，要紧密结合本地经济社会发展情况、特点，特别是职务犯罪发生特点，避免千篇一律。三是要做好报告成果的转化应用。要积极向党委、人大、政府汇报综合报告制度，采取多种途径，广泛宣传，将综合报告中提出的对策建议转化为实实在在的立法建议、体制完善、机制改革、制度创新成果。四是要在综合报告制度中强化侦防一体化机制应用。要重视加强与反贪、反渎部门的联系配合，加强信息的交流共享。

第六编　侦查监督工作

【工作流程图】

（一）审查逮捕流程图一

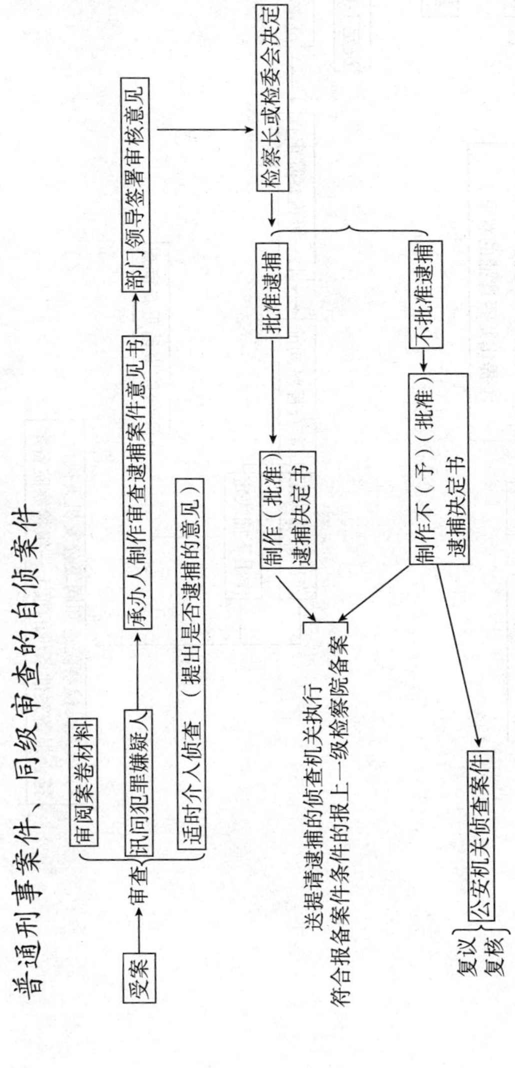

审查逮捕流程图一

（二）审查逮捕流程图二

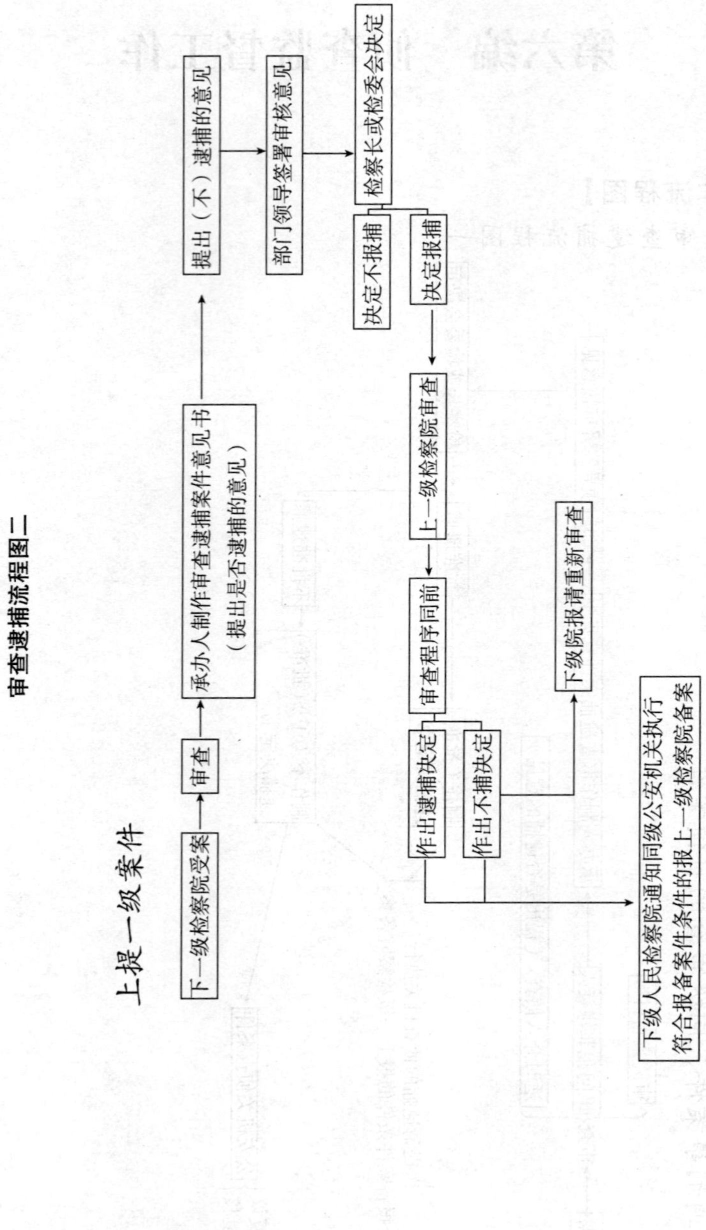
审查逮捕流程图二
上提一级案件
下一级检察院受案
审查
承办人制作审查逮捕案件意见书
（提出是否逮捕的意见）
提出（不）逮捕的意见
部门领导签署审核意见
检察长或检委会决定
决定不报捕
决定报捕
上一级检察院审查
审查程序同前
作出逮捕决定
作出不捕决定
下级院报请重新审查
下级人民检察院通知同级公安机关执行
符合报备案件条件的报上一级检察院备案

第一章　侦查监督工作概述

一、侦查监督工作的主要职责和面临的形势

（一）侦查监督工作的主要职责

侦查监督是宪法和法律赋予检察机关的重要职能之一，主要包括审查逮捕、立案监督和侦查活动监督三项职责。侦查监督职能的行使贯穿于刑事立案到侦查终结的全过程，在刑事诉讼活动中起着打击犯罪、保障人权、维护司法公正的特殊作用。

侦查监督工作的主要业务内容有：

1. 审查批准或者决定逮捕犯罪嫌疑人；
2. 复议、复核侦查机关（部门）不服不（予）批准逮捕的案件；
3. 审查批准延长侦查羁押期限；
4. 监督侦查机关（部门）的刑事立案活动，监督行政执法机关移送涉嫌犯罪案件；
5. 监督侦查机关（部门）的侦查活动；
6. 参与侦查监督环节社会治安综合治理等。

（二）侦查监督工作面临的形势

当前和今后一个时期，我国仍处于人民内部矛盾凸显、刑事犯罪高发、对敌斗争复杂时期，同时，以下因素可能使维护稳定的形势更加严峻：

一是转变经济发展方式给维稳工作带来新挑战。经济发展方式的转变必然在经济社会领域引发一场深刻变革，涉及更多利益关系、利益格局的深层次调整，引发一些新矛盾，社会治安形势和犯罪态势将更加严峻。

二是西方对我围堵和分化、西化力度加大。西方反华势力和敌对集团打着“民主自由”的旗号，与境内敌对势力加紧勾连，通过插手敏感性、群体性事件和个案，炒作社会热点问题，策划实施渗透破坏活动的情况将越来越多，侦查监督部门维护国家安全的任务更加艰巨。

三是公民权利意识日益增强，诉求的多样化以及互联网的快速发展，使得执法环境更加复杂。在公开、透明、信息化条件下，互联网对执法办案影响力不断增大，不少网络热点事件与司法个案有关，任何一次不公正、不规范、不文明的执法行为经互联网的渲染炒作，并在其他因素的综合作用下，都可能引

发群访或者群体性事件，成为不稳定因素的源头。

四是三项重点工作的新要求和人民群众对严格公正文明廉洁执法的新期待，使得侦查监督工作肩负的责任和压力不断加大。随着经济社会的发展，越来越多的矛盾会以案件形式进入司法领域，化解矛盾纠纷，做到“案结事了、息诉罢访”，结合办案促进社会管理创新，成为对侦查监督工作的新要求。特别是社会主义法律体系形成后，有法必依、执法必严、违法必究已成为人民群众重要的期待。

五是侦查监督部门人员少、任务重的矛盾依然存在，特别是侦查监督改革实施以后，这一问题更加突出。同时，侦查监督队伍在思想观念、执法理念、能力水平、作风养成等方面与新形势新任务的要求还存在不适应之处。

在面临严峻考验和重大挑战的同时，侦查监督工作也面临着难得的发展机遇和有利条件：各级党委、人大高度重视法律监督工作，绝大部分省级人大常委会出台了关于加强诉讼活动法律监督工作的决议或者决定，为强化侦查监督指明了方向，创造了良好的监督环境；社会主义法律体系已经形成，为侦查监督工作深入开展提供了充分的法律依据；广大人民群众要求强化法律监督包括侦查监督的呼声强烈，为推动工作提供了强大动力；随着司法体制和工作机制改革的深入，制约侦查监督发展的体制性、机制性、保障性问题得到了不同程度的解决；长期以来工作实践为侦查监督发展积累了较为丰富的理论和经验；等等。

二、侦查监督工作的思路和基本要求

按照新形势对侦查监督工作提出的新要求，当前和今后一个时期侦查监督工作的总体思路是：以中国特色社会主义理论体系为指导，紧紧围绕科学发展的主题和加快转变经济发展方式的主线，牢固树立社会主义法治理念，坚持“一体两翼”的工作格局和数量、质量、效率、效果相统一的工作要求，以强化法律监督，维护公平正义，推进科学发展，促进社会和谐为目标，以深化三项重点工作为着力点，以改革创新为动力，以提高队伍综合素质和能力为保障，不断提高审查逮捕的质量，不断强化立案监督和侦查活动监督，不断完善侦查监督体制机制，努力把侦查监督工作提高到一个新水平，为国家经济社会发展创造和谐稳定的社会环境和公平正义的法治环境。按照上述总体思路，侦查监督工作要着力抓好以下几点：

（一）树立正确的执法理念

执法理念是执法的灵魂，它关系到执法的方向、目标和成效。树立正确的执法理念，就侦查监督工作而言，重点要理解和把握以下五个方面的关系：一要正确理解和处理侦查监督工作与党和国家工作大局及检察工作全局的关系，始终把侦查监督工作置于党和国家工作大局及检察工作全局中去谋划和推进，通过履行侦查监督职能为大局和全局服务。当前，执法办案要特别注重向化解社会矛盾、推动社会管理创新和公正廉洁执法延伸。二要正确理解和处理执行法律与执行政策的关系，做到全面把握，不可偏废，实现执行法律与执行政策的有机统一。三要正确理解和处理打击犯罪与保障人权、宽与严、支持配合与监督制约的关系，既最大限度地使逮捕措施满足侦查工作的需要，有力地惩治犯罪，又最大限度地减少逮捕，切实保障人权；既坚决支持配合侦查机关（部门）依法履行职责，又强化对侦查的监督制约，保障侦查程序合法公正。四要正确理解和处理工作力度、质量、效率、效果以及法律效果、政治效果、社会效果的关系，做到全面把握、统筹兼顾，实现上述“四个要素”、“三个效果”的有机统一。五要正确理解和处理对外监督与对内监督的关系，既强化对公安机关侦查活动的监督，又强化对检察机关职务犯罪侦查的监督，实现监督他人与监督自己的有机统一。除此之外，还要树立理性、平和、文明、规范的执法理念。

（二）深入推进三项重点工作

将侦查监督工作纳入三项重点工作总体格局，是新时期对侦查监督工作提出的新要求。要坚持把推进三项重点工作作为侦查监督工作重中之重的任务来抓，切实转变执法观念，改进办案方式方法，建立健全执法办案风险评估预警、释法说理、检调对接等矛盾化解机制和参与社会治安综合治理促进社会管理创新的机制，不断延伸职能，拓宽服务领域，深入推进三项重点工作。

（三）全面贯彻宽严相济刑事政策

一方面，要坚持“严打”方针不动摇，保持对严重刑事犯罪的高压态势。充分运用审查批捕、立案监督、侦查活动监督等法律监督职能，依法严厉打击境内外敌对分子实施的危害国家安全犯罪和严重暴力犯罪，维护国家安全和社会和谐稳定；加大对金融、证券、商贸流通以及市场管理等领域犯罪和涉众型经济犯罪的打击力度，维护良好的市场经济秩序；严厉打击侵害农民利益、危害农业生产、影响农村稳定的犯罪活动，促进新农村建设；加大对造成重大环境污染以及严重破坏生态、浪费资源犯罪的打击力度，保护生态环境；加大对侵犯知识产权和制假售假犯罪的打击力度，维护企业权益，促进科技创新；严厉打击危害食品药品安全犯罪，切实维护人民群众生命健康安全；加大对涉及民生民利的社会管理领域职务犯罪的打击，促进公职人员公正廉洁执法。

另一方面，在严厉打击严重刑事犯罪的同时，对轻微犯罪要贯彻依法从宽的刑事政策。认真落实中央关于“两减少、两扩大”的要求，对初犯、偶犯、过失犯和老年人、未成年人犯罪，坚持少捕慎捕，高度重视逮捕必要性审查。对群体性事件引发的案件，坚持打击少数，教育挽救多数，尽可能减少逮捕人数。完善办理未成年人犯罪案件工作机制和刑事和解、轻微刑事案件快速办理机制，积极减少矛盾对抗，促进社会和谐稳定。

（四）坚持监督数量、质量、效率与效果相统一的原则

开展侦查监督工作必须做到监督数量与监督质量、效率、效果的有机统一。其中，数量和效率是保证，质量是核心，效果是根本。没有一定的监督数量，该监督的不进行监督，就谈不上监督力度；而缺乏准确性、没有质量的监督，根本不可能取得预期的监督效果；只讲质量不讲效率，也会使监督效果大打折扣。因此，强化侦查监督，既要积极畅通案源渠道，保持一定的监督数量，又要突出重点，加强跟踪监督，特别是要提高立案监督案件判刑率、重刑率，提高侦查活动监督准确率、改正率，确保监督的质量和实效。同时，还要讲究工作方式方法，协调各方面的利益和诉求，做好释法说理、化解矛盾、息诉罢访等工作，以实际效果取信于民。

（五）加强侦查监督队伍建设

队伍素质是做好侦查监督工作的根本和保证。要加强队伍的思想政治建设和纪律作风建设，深入开展学习实践科学发展观、社会主义法治理念教育以及“发扬传统、坚定信念、执法为民”主题教育实践等活动，不断提高政治素质和廉政意识。加强队伍专业化建设，加大业务培训力度，注重培养专家型、专门性、复合型人才。大力开展岗位练兵活动，通过侦查监督优秀检察官业务竞赛等形式，切实提高侦查监督人员的岗位技能。加强侦查监督人才库建设，强化侦查监督理论研究，为侦查监督工作科学发展奠定理论基础。要加强群众工作能力建设，将群众工作能力作为侦查监督队伍建设的重要内容，积极开展各种专项培训，提高执法办案一线人员掌握群众心理、使用群众语言、协调处理群众诉求、引导说服群众以及应对网络舆情的能力。

三、侦查监督人员能力素质要求

（一）侦查监督人员应具备的能力素质

侦查监督工作业务种类多，技能要求高，涉及知识领域广，法律专业性强。侦查监督工作的性质和特点决定了侦查监督人员必须具备较为全面的业务素质和岗位技能。具体而言包括以下五个方面的能力：

1. 证据分析能力。证据分析能力，即在证据尚不完全确定的情况下进行证据分析，作出捕与不捕的正确司法判断的能力。这种能力与侦查部门的侦查破案能力，公诉部门审查起诉、出庭公诉能力有着不同的特点，是与侦查监督

职责特点相适应，居于侦查监督工作中心地位的重要能力，是侦查监督干部要着力提高的核心本领。

侦查监督职能是通过办案来实现的，它的行使具有时限紧、涉及面宽、监督难、证据少、风险大等特点。审查逮捕工作既要防止该捕不捕，避免打击不力；又要防止错捕滥捕，殃及无辜。在这个阶段，办案人员需要针对有限的证据进行仔细审查，并作出符合逻辑的分析，准确地判断案件事实，理性地预测案件的证据变化情况，从而依法作出正确决定。审查逮捕证据分析具有对案件证据的预测性，对侦查取证的引导性等特殊功能，侦查监督办案人员必须对案件证据进行全面分析、仔细甄别、准确筛选和正确预判，并在此基础上作出捕与不捕的判断。

2. 正确适用法律和运用刑事政策的能力。它要求办案人员正确理解法律和司法解释，准确认定犯罪性质和情节。善于从犯罪的本质特征把握行为性质，按照主客观相统一的原则，区分罪与非罪、此罪与彼罪。善于运用宽严相济刑事政策，对不同犯罪行为和对象，对严重犯罪中的从宽情节和轻微犯罪中的从严情节，对实体处理和程序运用，都要充分体现宽严相济的要求，做到区别对待，该严则严，当宽则宽，宽严有度。

3. 文书制作能力。制作《审查逮捕案件意见书》是审查逮捕工作必不可少的重要环节，是办好案件的基础。《批准逮捕决定书》、《不批准逮捕决定书》、《纠正违法通知书》等法律文书，是侦查监督成果的重要体现。文书制作的水平如何，直接体现了办案水平和监督质量的高低。一份高质量的《审查逮捕案件意见书》，首先要做到事实概括清楚、准确，证据排列有序，证据分析透彻，案件定性和法律适用正确；其次要做到格式规范，层次清晰，简繁得当，重点突出，文字简练。制作法律文书和工作文书是每个侦查监督人员都应掌握的基本技能，是一项基本功。

4. 案件汇报能力。案件汇报是侦查监督部门最基本的工作方式，是办案的重要环节。侦查监督检察官办理案件，不像公诉、民行等部门有出庭的任务，更多的是面对科处领导、主管检察长或检委会委员，把自己办理的案件汇报清楚。案件汇报要求承办人在认真审查案件的基础上，准确、清晰地向领导汇报经过审查认定的案件事实、所依据的证据和案件中存在的问题，阐述捕或者不捕以及是否需要纠正违法的意见和理由，并回答领导提问，以便领导正确作出决定。案件汇报水平如何，不但能反映办案人员的法律业务水平，对案件的熟悉程度，而且还影响领导在定罪定性、捕与不捕等重大问题上作出的决策。案件汇报必须全面客观、详略得当、重点突出，做到事实陈述清楚、证据展示清晰、观点表述明确。案件汇报能力是侦查监督干部必须具备的重要技能之一。

5. 释法说理能力。加强释法说理是侦查监督职能本身的内在要求，也是做好新形势下群众工作、深入推进三项重点工作、构建社会主义和谐社会对侦查监督工作提出的新要求。侦查监督部门在履行监督职能的过程中，对某一事项作出结论性意见的同时也要有充足的理由来论证结论的正确性，唯有如此，才能保证法律的顺畅实施，达到监督的预期效果。对审查逮捕案件作出不批准逮捕决定，应当向提请逮捕的侦查机关乃至被害人说明不捕理由；对立案、侦查活动中的违法行为进行纠正或者经监督后认为不存在违法行为，也应当分别向侦查机关或者当事人做好释法说理工作。要提高监督的权威性和实效性，就必须不断增强释法说理能力，做到说理全面、客观，论证充分有力，语言表述精练、通俗易懂，使被监督者心悦诚服地接受监督意见，使群众从内心认可检察机关的决定。

除了以上基本的岗位技能外，一名优秀的侦查监督检察官还应该具备较高的政治理论水平和政策把握能力；了解与检察工作相关的金融、财税、知识产权、自然科学等必备知识；掌握计算机应用等现代化办公技能；具备秉公执法、清正廉洁、刚正不阿的职业道德操守。

（二）如何提高侦查监督工作能力

新的形势和任务，对侦查监督检察官的能力与素质提出了更高要求。要通过学习实践、调查研究、岗位练兵等多种形式，不断提高侦查监督能力。

1. 勤于学习。学习是一个人的终身任务和永恒追求，是增长才干、提高素质的基本途径。从事检察工作，不仅要有与时俱进、创新发展的决心和气魄，更要有做好本职工作的知识、能力和水平。首先，要坚持学习。不能因为案子多、业务忙而间断学习。其次，要懂得学习，善于学习。不仅要从书本上学，还要从实践中学，善于取人之长，补己之短。最后，要坚持理论联系实际，注重解决实际问题，做到学以致用。

（1）学习政治理论知识。胡锦涛总书记指出，政法工作是党和国家工作的重要组成部分，必须在党和国家工作大局下开展，为党和国家工作大局服务，切实维护党的执政地位。侦查监督检察官只有不断加强政治理论学习，深入理解邓小平理论、“三个代表”重要思想和科学发展观，树立正确的世界观、人生观和价值观，确保正确的政治方向，才能更好地掌握司法公正的实质，与时俱进，执法为民，切实履行好侦查监督职责。

（2）学习法律及其他相关专业知识。现代社会发展日新月异，新领域、新事物层出不穷。犯罪作为一种社会现象，可能涉及社会的方方面面，不掌握相关的知识就不能很好地吃透案情，正确处理案件。同时，侦查监督工作业务种类多，涉及知识领域广，这就要求侦查监督检察官要不断学习充电，加强知识储备。不仅学习法律、法规、司法解释，还要学习与检察工作相关的经济、自然科学等其他方面的专业知识。通过广泛阅读社会科学、人文科学、自然科学等各方面书籍，开阔视野、扩大知识面、增强思想内涵和文化底蕴，提高综合分析问题、解决问题的能力，从而进一步提高法律监督能力。

（3）学习法学理论知识。法学理论是法律条文背后的本质。懂条文是知其然，而懂法理则是知其所以然。正确地理解法条背后的法理，能更全面、更透彻地理解法条。通过学习法学理论知识，研读专家学者的理论著作，可以掌握一些前沿理论，加强对立法和司法解释的理解，在实践中更好地应用学理知识办理疑难复杂案件，提高办案能力。

2. 勇于实践。侦查监督人员要通过敢监督、多办案、办难案，不断提高自身能力。要在办理各类刑事案件和化解社会矛盾中磨炼自己，积累经验，提升能力。中央政治局常委、政法委书记周永康同志指出，要把执法办案的过程作为做群众工作的过程，要把提高群众工作能力作为执法能力建设的核心内容。侦查监督人员要牢固树立执法为民的理念，全心全意为人民服务，怀着对人民深厚的感情执法，把保障民生、服务群众、化解矛盾、促进和谐贯穿执法办案始终，不断提高掌握群众心理、使用群众语言、疏导群众情绪、协调处理群众诉求的能力。

3. 加强调研和写作。调研和写作不仅是促进工作的必要手段，也是侦查监督人员提高能力的有效途径。要重视理论研究，关注前沿理论，围绕业务工作加强调查研究，重点加强对疑难复杂案件、新类型案件以及带有普遍性的理论和实务问题的研究；同时，多练笔，勤写作，不断提高文字表达的能力。通过经常性的调研、写作可以养成勤于思考、善于总结的良好习惯，提高分析和解决问题的能力，促进工作向更深的方向发展。

4. 规范执法行为。规范执法行为，是加强法律监督能力建设，提高法律监督水平的重要举措，也是提高业务水平的有效途径。作为一名侦查监督检察官，规范办案是最基本的要求，在办案过程中，必须严格按照法律法规、规章制度的规定操作。审查案件时要体现规范，讯问犯罪嫌疑人时要做到规范，与侦查机关沟通协调时更要讲究规范。一个处处规范的监督者，才可能得到被监督者的尊重。只有自己规范了，才会对不规范的现象产生敏感，才可能练就一双慧眼，去发现和纠正侦查机关在办案过程中出现的问题，增强侦查监督能力。

5. 积极开展岗位练兵和各种培训。要提高侦查监督能力，就要综合采取岗位练兵、业务培训、学历教育、以正确的用人导向激励干部提高技能等多种措施。其中，岗位练兵是最有效的措施之一，它具有贴近实务、训练全面、收效明显的特点。开展岗位练兵活动，必须既注重结果，又注重过程，既注重实体，也注重程序，通过岗位练兵发现和纠正工作中容易出现的问题和薄弱环节，真正达到提高业务技能和办案能力的目的。可以根据业务特点有针对性地开展岗位练兵，如“审查逮捕案件意见书制作竞赛”、“不捕说理文书评选”、“精品案件评析”等，使干警在实践中反复演练工作本领，切实提高岗位技能。

除了岗位练兵的方式，还可以围绕实际工作需要，开展不同层次的培训，在培训内容上突出专业化，在培训对象上实行分类化，在培训方式上采取多样化。根据各类侦查监督人员办案职责的不同，分别设置培训重点；充分采取以案代训、以赛代训等方法，将培训与实际工作密切结合，增强培训的实效性。通过深入持久地开展具有侦查监督特点的岗位练兵和各种培训活动，可以有效提高干警的综合素质和侦查监督能力。

第二章　侦查监督工作重点环节与要求

一、审查逮捕工作的重点环节及要求

侦查监督工作的核心是审查逮捕，即在证据尚不完全确定的情况下，作出捕与不捕的司法判断。审查逮捕工作的重点环节有以下五个方面：

（一）审查逮捕的条件

逮捕需符合下列三个条件（《执法规范》第4·6条至第4·9条）：

1. 逮捕的事实、证据条件——有证据证明有犯罪事实

这是逮捕的前提条件和事实基础。相关司法解释对“有证据证明有犯罪事实”细化解释为同时符合以下三种情形：

（1）有证据证明发生了犯罪事实，该犯罪事实可以是单一犯罪行为的事实，也可以是数个犯罪行为中任何一个犯罪行为的事实。由于逮捕涉及对人身自由的剥夺，因此证据所证明的犯罪事实应当具备犯罪构成的四个要件，即必须严格把握罪与非罪的界限。

（2）有证据证明该犯罪事实是犯罪嫌疑人实施的。这一要求，使得客观存在的犯罪事实与可能适用逮捕的犯罪嫌疑人通过证据联系起来，防止张冠李戴，错捕无辜。

（3）证明犯罪嫌疑人实施犯罪行为的证据已有查证属实的。所谓“查证属实”，即侦查人员依照法定程序采集的证明犯罪嫌疑人实施犯罪的证据有其他证据与之相互印证，而不能是孤证。“已有查证属实的”，强调采用的证据

中，只要对定罪起关键作用的证据查证属实了即可，无须达到起诉所要求的“证据确实、充分”的程度。

2. 逮捕的刑罚条件——可能判处徒刑以上刑罚

在审查案件时，应当考虑犯罪嫌疑人所犯罪行的严重程度如何，分析判断是否可能判处徒刑以上刑罚。如果犯罪嫌疑人不可能被判处徒刑以上刑罚，或者虽有可能判处徒刑以上刑罚，但根据犯罪嫌疑人的犯罪情节和悔罪表现，符合缓刑条件的，一般也不需批准或者决定逮捕。需要强调的是，这种判断只能根据审查逮捕当时的证据作出，而大量的侦查工作、证据的充实和完善都需要在捕后去完成，捕后有可能出现政策法律或者证据发生变化的情形，从而影响到审判阶段的实际量刑。因此，“可能判处徒刑以上刑罚”的判断，只是逮捕阶段的初步评估，是一种不确定的判断。

3. 逮捕的社会危险性条件——具有社会危险性且采取取保候审、监视居住等方法，尚不足以防止发生社会危险性，而有逮捕必要

所谓社会危险性，一是指妨碍刑事诉讼顺利进行的危险性，如逃跑、串供、毁灭罪证、干扰作证等；二是指继续实施犯罪的危险性，如报复杀人、为掩盖罪行又实施新的危害社会行为等。倘若犯罪嫌疑人的社会危险性不大或者虽有社会危险性，但采取取保候审、监视居住足以防止发生这种社会危险性，就没有必要采取最严厉的逮捕措施，可以采用其他强制措施。

综上，人民检察院审查批准或者决定逮捕时，应当正确理解和把握逮捕的三个条件以及三个条件的相互联系，并结合具体案情综合考虑，而后作出正确的决定。

（二）审查逮捕的方式

1. 审阅案卷材料

这是审查逮捕最基本的工作方法，要做到全面细致，依法进行。阅卷审查的主要内容是：

（1）审查案件来源、发案、立案和破案的经过。

（2）审查犯罪嫌疑人的自然情况，着重审查其刑事责任能力、责任年龄和有无前科劣迹情况，是否属于特殊主体。

（3）将侦查机关（部门）提请批准逮捕或者移送、报请审查逮捕的犯罪事实与案卷中的证据材料相对照，是否能够对应证明，是否有遗漏的犯罪嫌疑人。

（4）审查与案件有关的证据。既要认真审查、鉴别、分析证据的客观性、关联性，也要认真审查证据形式和收集过程的合法性，有无瑕疵证据需要补证或者作出合理解释，有无需要依法排除的非法证据，确保证据与证据之间、证

据与案件事实之间不存在矛盾或者矛盾得以合理排除。同时还要客观评价证据证明力的大小。

(5) 审查对犯罪嫌疑人涉嫌犯罪的性质、罪名和适用法律的认定是否正确。当遇有一人犯数罪或者多次实施同一犯罪情况的案件，办案人员可以围绕其中的一罪或者一次犯罪行为来进行审查，只要有一罪或者一次犯罪行为符合犯罪的构成要件即可。

(6) 审查侦查机关（部门）在收集证据、采取侦查措施等侦查活动中有无违反程序法和实体法的情况。

(7) 审查各项法律文书是否齐全，是否具有法律效力。

2. 复核有关证据，讯问犯罪嫌疑人、询问证人

根据《人民检察院刑事诉讼规则》第 97 条的规定，侦监部门审查逮捕案件不另行侦查。在审查批捕中如果认为报请批准逮捕的证据存有疑问的，可以复核有关证据，讯问犯罪嫌疑人、询问证人。需要注意的是，讯问未被拘留的犯罪嫌疑人，讯问前应当征求公安机关或者人民检察院侦查部门的意见。在复核证据时，对犯罪嫌疑人供述不稳定，责任年龄不清，共同犯罪责任不清，发现漏罪、漏犯，发现违法取证等情形，要引起高度重视。

《最高人民检察院、公安部关于审查逮捕阶段讯问犯罪嫌疑人的规定》，进一步规范了人民检察院审查逮捕阶段讯问犯罪嫌疑人工作，在审查逮捕工作中应当严格按照《执法规范》第 4 · 19 条至第 4 · 22 条进行。审查逮捕过程中第一次讯问犯罪嫌疑人，应当依法告知其诉讼权利和义务，讯问其供述是否真实，认真听取其供述和辩解，并记入笔录。人民检察院审查逮捕，应尽量讯问犯罪嫌疑人，不能做到全部讯问的，对下列案件也应当讯问：(1) 犯罪嫌疑人是否有犯罪事实、是否有逮捕必要等关键问题有疑点的，主要包括：罪与非罪界限不清的，是否达到刑事责任年龄需要确认的，有无逮捕必要难以把握的，犯罪嫌疑人的供述前后矛盾或者违背常理的，据以定罪的主要证据之间存在重大矛盾的；(2) 案情重大疑难复杂的，主要包括：涉嫌造成被害人死亡的故意杀人案、故意伤害致人死亡案以及其他可能判处无期徒刑以上刑罚的，在罪与非罪认定上存在重大争议的；(3) 犯罪嫌疑人系未成年人的；(4) 有线索或者证据表明侦查活动可能存在刑讯逼供、暴力取证等违法犯罪行为的。

对被拘留的犯罪嫌疑人不予讯问的，应当送达听取犯罪嫌疑人意见书，由犯罪嫌疑人填写后及时收回审查并附卷。犯罪嫌疑人要求讯问的，一般应当讯问。

讯问犯罪嫌疑人时，检察人员不得少于二人，且其中至少一人具有检察官职务。检察人员讯问被拘留的犯罪嫌疑人时，应当出具提讯凭证（注明审查

逮捕起止日期）、公安机关提请批准逮捕书、人民检察院报请逮捕书或者逮捕犯罪嫌疑人意见书。

检察人员讯问犯罪嫌疑人前，应当做好以下准备工作：（1）全面审阅案卷材料，熟悉案情及证据情况；（2）掌握与本案有关的法律政策和专业知识；（3）针对犯罪嫌疑人的心理状态和案件整体情况做好应对预案和相关准备，必要时应当听取案件侦查人员的意见；（4）制作讯问提纲。检察人员讯问犯罪嫌疑人，应当注意方法与策略，防止因讯问不当造成犯罪嫌疑人不正常地推翻有罪供述，影响侦查活动顺利进行。严禁逼供、诱供。

检察人员讯问犯罪嫌疑人时，应当依法告知其诉讼权利和义务，认真听取其供述和辩解，并根据案件具体情况特别是阅卷中发现的疑点，确定需要核实的问题。其中，以下几个方面应当重点核实：（1）犯罪嫌疑人的基本情况，如：是否系未成年人，是否患有不宜羁押的严重疾病，是否系人大代表或者政协委员等；（2）犯罪嫌疑人被采取强制措施的时间和原因；（3）犯罪嫌疑人供述存在的疑点；（4）主要证据之间存在的疑点及矛盾；（5）侦查活动是否存在违法情形。犯罪嫌疑人检举揭发他人犯罪线索的，应当予以记录，并依照有关规定移送有关部门处理。

检察人员讯问犯罪嫌疑人应当制作讯问笔录，并交犯罪嫌疑人核对或者向其宣读，经核对无误后逐页签名（盖章）、捺印并存卷。犯罪嫌疑人要求自行书写供述的，应当准许，但不得以自行书写的供述代替讯问笔录。

检察人员当面讯问犯罪嫌疑人有困难的，可以通过检察专网进行视频讯问。视频讯问时，应当确保网络安全、保密。负责讯问的检察人员应当做好讯问笔录，协助讯问的其他检察人员应当配合做好提押、讯问笔录核对、签名等工作。

各级检察机关在办理审查逮捕案件中，应当严格遵照上述规定执行。需要强调的是，讯问犯罪嫌疑人必须是在全面细致阅卷的基础之上，有针对性地进行讯问。实践中，有的办案人员为了加快办案速度，就采用先讯问犯罪嫌疑人的方式来熟悉案情，而后再回过头来阅卷。这种先讯问后阅卷的方式容易产生弊端，可能出现阅卷后才发现该讯问的问题没有讯问，已讯问的问题尚不明确的情况，难以补救。因此，应当避免这种先讯问、后阅卷的方法。

3. 听取犯罪嫌疑人委托的律师的意见

在办理审查逮捕案件过程中，犯罪嫌疑人委托的律师提出不构成犯罪、无逮捕必要、不适宜羁押、侦查活动有违法犯罪情形等书面意见以及相关证据材料的，检察人员应当认真审查。必要时，可以当面听取受委托律师的意见。

4. 案件讨论

办案人员在审查逮捕中，对案件认定把握不准或者需要改变侦查机关

(部门)提请批准逮捕意见的案件，应当提请所在部门对案件进行讨论。部门负责人对进入审核程序的案件认为有必要时，也可以决定进行案件讨论。司法实践证明，对于疑难复杂案件通过集体讨论，可以集思广益，充分发挥集体的智慧，从不同的角度帮助承办人员把关。如集体讨论意见一致，可以作为案件处理的意见；如意见出现分歧的，应当及时报请检察长审查决定。检察长认为必要时，可以提交检察委员会讨论决定。特别疑难复杂的案件，经检察委员会讨论不能作出决定的，应请示上一级人民检察院。

5. 适时介入侦查

刑事诉讼法第66条规定，“必要的时候，人民检察院可以派人参加公安机关对于重大案件的讨论”。《人民检察院刑事诉讼规则》第383条规定：“人民检察院根据需要可以派员参加公安机关对于重大案件的讨论和其他侦查活动，发现违法行为，应当及时通知纠正。”这是人民检察院适时介入侦查的法律依据。多年来的司法实践已充分证明，人民检察院通过对杀人、爆炸、抢劫等严重危害人民群众生命安全和财产安全的案件、在本地区有重大影响的案件、疑难复杂案件适时介入侦查，参加公安机关的现场勘查、重大案件的讨论，讯问犯罪嫌疑人、询问被害人、证人等侦查活动，既可以提前了解案情、熟悉证据，确保逮捕案件质量和效率；又能够及时向公安机关提出侦查建议，引导侦查取证，防止关键性的证据稍纵即逝；同时还有利于人民检察院依法履行侦查监督的职能，及时发现和纠正侦查活动中的违法行为。

在职务犯罪案件逮捕权“上提一级”的案件中，对重大、疑难、复杂的案件，检察机关侦查部门可以提请本院或者上一级检察院侦查监督部门派员适时介入。上一级检察院侦查监督部门认为必要时，可以主动派员介入，审查证据、引导取证、监督侦查活动是否合法。

6. 对逮捕关键性证据的必要复核

《人民检察院刑事诉讼规则》第97条规定，在审查批捕中如果认为报请批准逮捕的证据存有疑问的，可以复核有关证据。司法实践中，尤其是对罪与非罪、捕与不捕起决定作用的证据，对定罪数额“踩线”的案件、刑事责任年龄临界的案件、职务身份不明的案件、司法鉴定不实的案件、凭言词证据定罪的案件，以及一罪一次犯罪案件中犯罪构成要件欠缺的案件，如发现疑点或者矛盾，在法定期限许可的前提下，可以对关键证据进行必要的复验、复核，以解决疑点、排除矛盾。如果解决了疑点，排除了矛盾，可以批捕；否则，不能批准逮捕。

要正确理解《人民检察院刑事诉讼规则》第97条“侦查监督部门办理审查逮捕案件，不另行侦查”与“可以复核有关证据”的关系。审查逮捕案件不另行侦查，应当理解为：一是不对提请批准逮捕案件以外的罪行进行侦查。在审查逮捕中发现另有应当逮捕的犯罪嫌疑人或者提请批准逮捕罪名以外的罪行，应当向公安机关发出《应当逮捕犯罪嫌疑人意见书》或者建议公安机关进一步侦查。二是不对提请批准逮捕案件进行补充侦查。在审查逮捕中发现证据不足的，检察机关不自行补充侦查，而是在作出不捕决定的同时，建议公安机关补充侦查后重新提请批准逮捕。三是不对提请批准逮捕案件重复侦查。审查逮捕的法定期限短，只能针对公安机关提请批准逮捕犯罪事实的矛盾点进行个别复核而非全面复核。

审查逮捕案件不另行侦查，但可以采取如下监督措施：（1）适时介入公安机关的侦查活动，引导侦查取证；（2）对关键性证据进行复核过程中可进行调查，包括讯问犯罪嫌疑人、询问证人；（3）在审查逮捕过程中发现职务犯罪线索，及时移送检察机关侦查部门；（4）发现公安机关应当立案而没有立案的应及时监督公安机关立案。

7. 制作《审查逮捕案件意见书》

这是审查逮捕工作的核心工作文书，承办人需提出是否逮捕犯罪嫌疑人的意见。《审查逮捕案件意见书》主要应写明以下内容：①受案和审查过程；②犯罪嫌疑人基本情况；③发案、立案、破案经过；④经审查认定的案件事实和证据，包括侦查机关（部门）认定的案件事实和经审查认定的案件事实、证据及证据分析；⑤需要说明的问题；⑥处理意见。

特别需要注意的是，犯罪嫌疑人委托的律师提出不构成犯罪、无逮捕必要、不适宜羁押、侦查活动有违法犯罪情形等书面意见以及相关证据材料的，应当在《审查逮捕案件意见书》中说明是否采纳的情况和理由。

《审查逮捕案件意见书》应当浓缩案件的全貌，对案情的叙述要突出重点，详略得当；对证据的分析要客观真实，重在证据的证明力；对案件事实的判断和认定要有逻辑性，得出的结论应当是唯一的，具有排他性。《审查逮捕案件意见书》既是案件承办人业务水平的集中体现，也是侦查监督部门负责人据以审核案件，检察长批准或者决定逮捕，或报请检察委员会讨论决定案件的事实基础，更是日后复查案件，追究错案责任的主要依据。

（三）审查逮捕的程序

1. 审查逮捕的一般程序

（1）受理案件

受理提请、报请、移送审查批准逮捕案件是人民检察院审查批准逮捕的基础工作，是第一道工序。对公安机关提请、下级检察机关侦查部门报请、同级检察机关侦查部门移送审查逮捕的案件，人民检察院侦查监督部门首先应当检查所移送的案卷材料和证据是否齐全，法律手续是否齐备，包括：①相关法律文书、案件材料是否完整，包括《提请批准逮捕书》、《报请逮捕书》、《本院侦查监督部门审查意见》、《逮捕犯罪嫌疑人意见书》；犯罪嫌疑人被采取强制措施的法律文书，拘留证，搜查证和搜查笔录，讯问犯罪嫌疑人录音录像，扣押物证、书证清单，人大常委会或者主席团许可书等。②证据是否随案移送，与案件有关的物证、书证照片，讯问笔录，辨认笔录，询问笔录，勘验检查笔录，视听资料等是否齐备。

人民检察院侦查监督部门依法进行初步审查后，对符合上述条件的应当受理。如发现公安机关提请批准逮捕的案件未按刑事诉讼法的规定移送案件材料和证据的，应当将案件退回公安机关，或者要求公安机关补充移送。如果发现本院侦查部门送交或者下级检察机关报请的案件材料不齐全、法律手续不完备的，应当要求侦查部门补充送交。对于不符合管辖规定的案件，应当建议侦查机关向有管辖权的机关移送。

侦查监督部门受理案件，由内勤统一登记，部门负责人核对后指定办案人员进行审查。

（2）审查案件

人民检察院依法受理审查逮捕案件后，应当指派有法律职务的承办人进行认真审查。审查的内容主要包括以下几个方面：①犯罪嫌疑人的行为是否构成犯罪；②侦查机关（部门）认定的犯罪嫌疑人所犯罪行的性质、罪名及适用法律是否正确；③犯罪嫌疑人是否符合逮捕条件；④有无证据需要补证或者作出合理解释，有无证据需要排除；⑤有无遗漏应当逮捕的共同犯罪嫌疑人或者其他犯罪事实；⑥侦查机关（部门）在侦查活动中有无违法的情形；⑦有无立案监督线索或者其他犯罪线索需要移送。

人民检察院在审查案件中，如认为报请批捕的证据存在疑问的，可以复核有关证据以排除矛盾；如认为遗漏应当逮捕的犯罪嫌疑人或者其他犯罪事实的，应建议公安机关提请批准逮捕或者补充侦查，从而保证批捕案件质量，为起诉、审判奠定基础，同时防止错捕或者漏捕，有效地履行侦查监督职能。

（3）作出决定

人民检察院对审查逮捕案件进行审查后，应当在法定期限内，根据不同情况分别作出批准逮捕、不批准逮捕或者逮捕、不予逮捕的决定。

对于公安机关提请逮捕的案件，检察机关作出批准逮捕决定的，连同案卷材料送达公安机关执行；作出不批准逮捕决定的，人民检察院应当说明理由，需要补充侦查的，应当同时通知公安机关补充侦查。对公安机关提请批准逮捕的犯罪嫌疑人，已被拘留的，人民检察院应当在接到提请批准逮捕书的7日内作出是否批准逮捕的决定；未被拘留的，应当在接到提请批准逮捕书的15日内作出是否批准逮捕的决定，重大、复杂案件，不得超过20日。人民检察院批准逮捕犯罪嫌疑人由检察长决定，重大案件应当提交检察委员会讨论决定。

对于下级检察机关报请上级检察机关审查逮捕的案件或者本院侦查部门移送审查逮捕的案件，犯罪嫌疑人已被拘留的，应当在侦查监督部门接到《报请逮捕书》或者《逮捕犯罪嫌疑人意见书》后的7日以内，由检察长或者检察委员会决定是否逮捕；犯罪嫌疑人未被拘留的，应当在侦查监督部门接到《报请逮捕书》或《逮捕犯罪嫌疑人意见书》后的15日以内，由检察长或者检察委员会决定是否逮捕；重大复杂的案件，不得超过20日。

①批准逮捕和决定逮捕

对公安机关提请批准逮捕的案件，经审查认为符合逮捕条件的，由承办人提出批准逮捕建议，经检察长签发后，承办人填写《批准逮捕决定书》，加盖院章，连同案卷材料一并送达提请批准逮捕的公安机关执行逮捕。

对下级检察机关报请审查逮捕的案件，经审查认为符合逮捕条件决定逮捕的，应当将《逮捕决定书》连同案卷材料一并交下级检察院，由下级检察院通知同级公安机关执行。必要时，下级检察院可以协助执行。

对本院侦查部门移送审查逮捕的案件，经审查符合逮捕条件，经检察长或者检察委员会决定逮捕的，侦查监督部门应当将《逮捕决定书》连同案卷材料送交侦查部门，由侦查部门通知公安机关执行。必要时，人民检察院侦查部门可以协助执行。

②不批准逮捕和决定不予逮捕

对公安机关提请批准逮捕的案件，经审查认为不符合逮捕条件，或者具有刑事诉讼法第15条规定的6种不应追究刑事责任的情形之一的，或者证据和事实未达到批准逮捕所要求的程度，即证据不足的，由承办人提出不批准逮捕的建议，报请检察长决定或者检察委员会讨论决定后，填写《不（予）批准逮捕决定书》并加盖院章，连同案卷材料、证据、不批准逮捕的理由，一并移送提请批准逮捕的公安机关执行。其中，对于不构成犯罪或者具有刑事诉讼法第15条规定的情形不承担刑事责任的应当填写《不批准逮捕决定书》；对于证据不足和无逮捕必要不捕的应当填写《不予批准逮捕决定书》。需要补充侦查的案件，应拟写补充侦查提纲，同时移送提请批准逮捕的公安机关。

对下级检察院报请审查逮捕的案件，经审查不符合逮捕条件的，经检察长或者检察委员会决定不予逮捕的，应当将《不予逮捕决定书》连同案卷材料一并交下级检察院，同时书面说明不予逮捕的理由。犯罪嫌疑人已被拘留的，下级检察院应当通知公安机关立即释放，并报上一级人民检察院；需要继续侦查并且犯罪嫌疑人符合取保候审、监视居住条件的，由下级人民检察院依法取保候审或者监视居住。

对本院侦查部门移送审查逮捕的案件，经审查不符合逮捕条件的，经检察长或者检察委员会决定不予逮捕的，侦查监督部门应当将不予逮捕的决定通知侦查部门，并移交案卷材料。犯罪嫌疑人已被拘留的，侦查部门应当通知公安机关立即释放。发现不应当逮捕的，应当经检察长批准撤销逮捕决定或者变更强制措施，并通知公安机关执行。释放犯罪嫌疑人和变更强制措施的，侦查部门应当通知侦查监督部门。如发现被释放的犯罪嫌疑人和被变更强制措施的犯罪嫌疑人又需要逮捕的，应当重新办理逮捕手续。

（4） 备案

审查逮捕案件报上级检察院备案包括以下情形：

①根据《人民检察院刑事诉讼规则》第 95 条的规定，人民检察院办理批准逮捕的危害国家安全的案件、涉外案件，应当报上一级人民检察院备案。

②根据《人民检察院审查逮捕质量标准》第 13 条的规定，作出附条件逮捕决定的，在决定批准逮捕后 3 日以内报上一级人民检察院备案。

③根据最高人民检察院《关于审查批准逮捕外国犯罪嫌疑人的规定》的规定，对外国人涉嫌危害国家安全犯罪或者涉及国与国之间政治、外交关系以及在适用法律上确有疑难的案件以外的案件，决定批准逮捕的，应当在作出批准逮捕决定后 48 小时以内报上一级人民检察院备案，同时向同级人民政府外事部门通报。外国人和中国公民涉嫌共同犯罪的，对需要逮捕同案中国籍犯罪嫌疑人的，若系由地市级人民检察院批准逮捕的，应当与批准逮捕的同案外国犯罪嫌疑人一并报省级人民检察院备案。批准逮捕的外国犯罪嫌疑人和同案中国籍犯罪嫌疑人的备案和通报材料，包括书面报告、审查逮捕案件意见书、批准逮捕决定书。上级人民检察院对涉外刑事案件的备案材料应当认真审查，发现错误应当依法及时纠正。

④根据《人民检察院直接受理侦查案件立案、逮捕实行备案审查的规定（试行）》，下级人民检察院对直接受理侦查案件的犯罪嫌疑人决定逮捕的，应当在决定逮捕之日起 3 日以内，由侦查监督部门填写逮捕备案登记表，连同逮捕犯罪嫌疑人意见书、审查逮捕案件意见书和逮捕决定书，一并报送上一级人民检察院备案。上一级人民检察院在审查备案材料过程中，可以向下级人民检察院了解案件事实、证据和适用法律等情况，在收到备案材料之日起 10 日以内，由承办人填写备案审查表，提出是否同意下级人民检察院立案或者逮捕决定的审查意见，报部门负责人审批。认为下级人民检察院的立案或者逮捕决定

错误的，或者发现下级人民检察院有应当立案而未立案或者应当逮捕犯罪嫌疑人而未决定逮捕情形的，应当在报经检察长或者检察委员会决定后，书面通知下级人民检察院纠正，或者由上一级人民检察院直接作出相关决定，通知下级人民检察院执行。自《关于省级以下人民检察院立案侦查的案件由上一级人民检察院审查决定逮捕的规定（试行）》施行以来，此类备案审查只有省级人民检察院直接受理侦查并决定逮捕的案件继续实行报上级院即高检院备案审查的制度。

实施备案审查制度，不仅有利于上级人民检察院及时发现和纠正下级人民检察院审查批准、决定逮捕工作中的错误，以保证国家法律的统一正确实施；还有利于加强上下级人民检察院之间的业务联系，有利于上级人民检察院及时地总结工作经验教训，分析工作的规律和特点，以便有针对性地开展指导工作。

（5）不批准逮捕案件的复议、复核以及重新审查

①复议、复核以及报请重新审查的概念

复议，是指人民检察院根据公安机关的要求，对本院所作的不批准逮捕决定依法重新进行审议，以决定是否改变原决定的一种诉讼活动。公安机关认为人民检察院的不批准逮捕决定有错误而要求复议的，应当在收到《不批准逮捕决定书》后的5日内提出《要求复议意见书》，送交作出不批准逮捕的人民检察院进行复议。

复核，是指人民检察院根据下级公安机关的提请，对下级人民检察院所作的不批准逮捕决定进行审查，以决定是否改变下级人民检察院的不批准逮捕决定的一种诉讼活动。公安机关在收到同级人民检察院的《复议决定书》后，如认为同级人民检察院维持原不批准逮捕决定有再议必要的，应当在5日内写出《提请复核意见书》，连同同级人民检察院的《复议决定书》和案卷材料，一并提请上一级人民检察院复核。

报请重新审查，是指上一级人民检察院根据下级人民检察院的报请，对本级人民检察院作出的不予逮捕决定进行重新审查，以决定是否改变原决定的一种诉讼活动。下级人民检察院认为上一级人民检察院作出的不予逮捕决定有错误的，应当在收到不予逮捕决定书后5日以内报请上一级人民检察院重新审查，上一级人民检察院在收到《报请重新审查逮捕案件意见书》和案卷材料后，应当另行指派承办人审查，在7日内作出是否变更的决定。

②复议的程序

第一，受理案件。公安机关向作出不批准逮捕决定的人民检察院提出《要求复议意见书》，是人民检察院复议不批准逮捕案件的前提和基础。人民

检察院侦查监督部门首先应当检查其所移送的案卷材料是否齐全，法律手续是否齐备，是否在收到《不批准逮捕决定书》后的5日以内提出，如公安机关移送的案卷材料不齐全，法律手续不齐备，或者提出复议意见的时间已超过5日，应建议公安机关补充或者不予受理。

第二，更换办案人员审查案件。对公安机关要求复议的不批准逮捕案件，人民检察院应当另行指派侦查监督部门办案人员进行复议。因为如复议案件仍让原办案人员进行，容易陷入先入为主的偏见，不利于保证复议案件的质量。复议案件审查的内容主要是原审承办人认定的事实和作出的决定是否正确，公安机关提出的复议理由是否成立。

第三，制作《复议案件审查报告》。负责案件复议的办案人员对案件进行审查后，应当认真制作《复议案件审查报告》，这是部门负责人审核、检察长审批的主要依据。《复议案件审查报告》的内容应包括：复议案件受案的时间；公安机关提请复议的理由；原审承办人作出决定的主要事实依据和法律依据；经过复议审查可以认定的事实和依据；复议的拟处意见。

第四，报请检察长审批。检察长对是否逮捕有批准权。原不批准逮捕决定是经检察长批准的，是否变更原不批准逮捕的相应决定仍应由检察长审批签发。

第五，制作《复议决定书》。人民检察院应当在收到《要求复议意见书》和案卷材料后的7日内作出是否变更的决定，通知公安机关。对复议后维持原不批准逮捕决定的，人民检察院应当制作《复议决定书》，连同案卷材料一并退回提请复议的公安机关执行。对于复议后改变原不批准逮捕决定的，人民检察院除制作《复议决定书》外，还应制作《撤销不批准逮捕决定书》和《批准逮捕决定书》，连同案卷材料一并送提请复议的公安机关执行。

③复核的程序

第一，受理案件。公安机关收到同级人民检察院的《复议决定书》后，认为同级人民检察院的维持原不批准逮捕决定有再议的必要，而向上一级人民检察院提出《提请复核意见书》，是上一级人民检察院复核案件的前提。上一级人民检察院应当检查其报送的案卷材料是否齐全，法律手续是否齐备，是否在收到《复议决定书》后的5日内提出，如报送的案卷材料不齐全、法律手续不齐备，或者提出复核意见的时间超过5日，应建议公安机关补充完善或者不予受理。

第二，指定专人审查案件。对公安机关要求复核的不批准逮捕案件，由上一级人民检察院侦查监督部门办理。司法实践中，上一级人民检察院侦查监督部门应当指定专人审查，如果原下级检察院侦查监督部门办理该案的承办人调动到上级院工作，在复核案件时不能指派同一人审查。复核案件由作出复议决定的上一级人民检察院办理，有利于保证复核案件的质量，维护执法公正。复核案件的主要内容是下级人民检察院《复议决定书》认定的事实和作出的维持原不批准逮捕决定是否正确，公安机关提出的复核理由能否成立。

第三，报请检察长审批或者提请检委会讨论决定。对公安机关提请上一级人民检察院复核的不批准逮捕案件，由检察长或者检察委员会作出是否变更的决定。

第四，作出复核决定。上一级人民检察院应当在收到《提请复核意见书》和案卷材料后的15日内报请检察长或者检察委员会作出是否变更的决定，通知下级人民检察院和公安机关执行。如需改变原决定，应另行制作《批准逮捕决定书》。必要时上级人民检察院也可以直接作出批准逮捕决定，通知下级人民检察院送达公安机关执行。下级人民检察院对上级人民检察院的复核决定必须执行。如上级人民检察院维持下级人民检察院不批准逮捕决定的，应当在《复核决定书》中写明："本院决定维持××号《复议决定书》关于对犯罪嫌疑人不批准逮捕的决定"，分别送达下级公安机关和下级人民检察院执行。

④重新审查的程序

第一，受理案件。下级检察院收到上一级检察院的《不予逮捕决定书》后，认为有错误的而向上一级人民检察院提出《报请重新审查逮捕案件意见书》，是上一级人民检察院重新审查案件的前提。上一级人民检察院应当检查其报送的案卷材料是否齐全，法律手续是否齐备，是否在收到《不予逮捕决定书》后的5日内提出，如报送的案卷材料不齐全、法律手续不齐备，或者提出重新审查意见的时间超过5日，应建议下级检察机关补充完善或者不予受理。

第二，更换办案人员审查案件。对下级检察机关要求重新审查的不予逮捕案件，上一级检察院应当另行指派承办人审查，并在7日以内作出是否变更的决定。重新审查案件的内容主要是原审承办人认定的事实和作出的决定是否正确，下级检察机关提出的重新审查的理由是否成立。

第三，制作《维持不予逮捕决定通知书》或者《逮捕决定书》。负责案件重新审查的办案人员对案件进行审查后，如果维持原不予逮捕决定的，应当制作《维持不予逮捕决定通知书》；如果改变原不予逮捕决定的，应当重新制作逮捕决定书。

第四，报请检察长审批。检察长对是否逮捕有批准权。原不批准逮捕决定是经检察长批准的，是否变更原不批准逮捕的相应决定仍应由检察长审批签发。

（6）人民监督员监督程序

需要说明的是，人民监督员在审查逮捕阶段的监督职责已经被修改。2010年10月下发施行的最高人民检察院《关于实行人民监督员制度的规定》删除了《关于实行人民监督员制度的规定（试行）》中关于人民监督员对人民检察院查办职务犯罪案件中犯罪嫌疑人不服逮捕决定实施监督的职责，仅规定了人民监督员对超期羁押和检察机关延长羁押期限决定不正确的有权进行监督。

2. 审查逮捕的特殊程序

（1）对特殊主体的特殊程序

①对未成年犯罪嫌疑人的审查逮捕

根据最高人民检察院、团中央等六部门《关于进一步建立和完善办理未成年人刑事案件配套工作体系的若干意见》的要求，审查批准逮捕未成年犯罪嫌疑人，要切实贯彻“教育、感化、挽救”方针和“教育为主、惩罚为辅”原则，严格把握批捕条件，坚持可捕可不捕的不捕，最大限度地降低未成年犯罪嫌疑人的批捕率、羁押率。在不违反法律规定的前提下，应当按照最有利于未成年人和适合未成年人身心特点的方式进行，尽量迅速办理，减少刑事诉讼对未成年人的不利影响，充分保障未成年人合法权益。

审查批准逮捕未成年犯罪嫌疑人，应当把是否已满14、16、18周岁的临界年龄，作为重要事实予以查清。对难以判断犯罪嫌疑人实际年龄，影响案件认定的，应当作出不批准逮捕的决定，需要补充侦查的，同时通知公安机关。同时应当注意未成年犯罪嫌疑人是否有被胁迫情节，是否存在成年人教唆犯罪、传授犯罪方法或者利用未成年人实施犯罪的情况。

在审查批捕阶段，人民检察院应当告知未成年犯罪嫌疑人及其法定代理人有关诉讼权利和义务，在告知其有权委托律师提供帮助的同时，应当告知其如果经济困难，可以向法律援助机构申请法律援助。未成年犯罪嫌疑人及其法定代理人提出委托律师意向，但因经济困难或者其他原因没有委托的，人民检察院应当依法为其申请法律援助提供帮助。未成年犯罪嫌疑人委托的律师提出不构成犯罪、无逮捕必要、不适宜羁押、侦查活动有违法犯罪情形等书面意见以及相关证据材料的，应当认真审查。必要时，可以当面听取受委托律师的意见。人民检察院对律师提出的意见及相关证据材料，应当在审查逮捕案件意见书中说明是否采纳的情况和理由。

审查批准逮捕未成年人刑事案件，应当讯问未成年犯罪嫌疑人。讯问未成年犯罪嫌疑人，应当根据该未成年人的特点和案件情况，制定详细的讯问提纲，采取适宜该未成年人的方式进行，讯问用语应当准确易懂。讯问未成年犯罪嫌疑人，应当告知其依法享有的诉讼权利，告知其如实供述案件事实的法律规定和意义，核实其是否有自首、立功、检举揭发等表现，听取其有罪的供述或者无罪、罪轻的辩解。讯问未成年犯罪嫌疑人，应当通知法定代理人到场，告知法定代理人依法享有的诉讼权利和应当履行的义务。法定代理人无法或不宜到场的，可以经未成年犯罪嫌疑人、被告人同意或按其意愿通知其他关系密切的亲属朋友、社会工作者、教师、律师等合适成年人到场。讯问女性未成年犯罪嫌疑人，应当有女检察人员参加。讯问未成年犯罪嫌疑人一般不得使用戒具。对于确有人身危险性，必须使用戒具的，在现实危险消除后，应当立即停止使用。

审查批准逮捕未成年犯罪嫌疑人，应当认真审查公安机关移送的社会调查报告或无法进行社会调查的书面说明、办案期间表现等有关认定有逮捕必要的证据和材料，全面掌握案情和未成年人的身心特点，根据未成年犯罪嫌疑人涉嫌犯罪的事实、主观恶性、有无监护与社会帮教条件等，综合衡量其社会危险性，确定是否有逮捕必要，慎用逮捕措施，可捕可不捕的不捕。对于公安机关没有随案移送上述材料的，人民检察院可以要求公安机关提供，公安机关应当提供。对于罪行较轻，具备有效监护条件或者社会帮教措施，没有社会危险性或者社会危险性较小，不会妨害诉讼正常进行的未成年犯罪嫌疑人，一般不予批准逮捕。

对于罪行比较严重，但主观恶性不大，有悔罪表现，具备有效监护条件或者社会帮教措施，不具有社会危险性，不会妨害诉讼正常进行，并具有下列情形之一的未成年犯罪嫌疑人，也可以依法不予批准逮捕：A. 初次犯罪、过失犯罪的；B. 犯罪预备、中止、未遂的；C. 有自首或者立功表现的；D. 犯罪后能够如实交代罪行，认识自己行为的危害性、违法性，积极退赃，尽力减少和赔偿损失，得到被害人谅解的；E. 不是共同犯罪的主犯或者集团犯罪中的首要分子的；F. 属于已满 14 周岁不满 16 周岁的未成年人或者系在校学生的；G. 其他没有逮捕必要的情形。

在作出不批准逮捕决定前，应当审查其监护情况，参考其法定代理人、学校、居住地公安派出所及居民委员会、村民委员会的意见，并在《审查逮捕案件意见书》中对未成年犯罪嫌疑人是否具备有效监护条件或者社会帮教措施进行具体说明。

人民检察院应当推动未成年犯罪嫌疑人与被害人之间的和解，可以将未成年犯罪嫌疑人赔偿被害人的经济损失、取得被害人谅解等情况作为是否批准逮捕的依据。

人民检察院在审查批准逮捕未成年犯罪嫌疑人时，应当考虑未成年人的生理和心理特点，根据其平时表现、家庭情况、犯罪原因、悔罪态度等，实施针对性教育。人民检察院审查批准逮捕未成年人犯罪嫌疑人，应当依法保护涉案未成年人的名誉，尊重其人格尊严，不得公开或者传播涉案未成年人的姓名、住所、照片、图像及可能推断出该未成年人的资料。未成年人刑事案件的法律文书和工作文书，应当注明未成年人的出生年月日。对未成年犯罪嫌疑人的有关情况和办案人员开展教育感化工作的情况，应当记录在卷，随案移送。对未成年犯罪嫌疑人的档案应严格保密，建立档案的有效管理制度；非有法定事由，不得公开未成年人的有关涉嫌犯罪、被采取强制措施的记录。人民检察院办理未成年人刑事案件，可以应犯罪嫌疑人家属、被害人及其家属的要求，告知其审查逮捕的进展情况，并对有关情况予以说明和解释。

②对担任人大代表、政协委员的犯罪嫌疑人的审查逮捕

人民检察院对担任县级以上各级人大代表的犯罪嫌疑人批准或者决定逮捕，应当报请本级人大主席团或者常委会许可。对担任上级人大代表的，应当层报该代表所属人大同级的人民检察院报请许可。对担任下级人大代表的，可以直接报请该代表所属的人大主席团或者常委会许可，也可以委托该代表所属人大同级的人民检察院报请许可；对担任乡、民族乡、镇的人大代表的，由县级人民检察院报告乡、民族乡、镇的人大。对担任两级以上人大代表的，分别按照上述规定报请许可。对担任办案单位所在省、市、县（区）以外的其他地区人大代表的，应当委托该代表所属人大同级的人民检察院报请许可；担任两级以上人大代表，应当分别委托该代表所属人大同级的人民检察院报请许可。

对于“上提一级案件”，下级人民检察院应当向该代表所属的人大主席团或者常委会报请许可，获得许可后，向上一级人民检察院报请逮捕。需要逮捕担任两级以上人大逮捕的犯罪嫌疑人的，按照上述规定分别向该代表所属的人大主席团或者常委会报请许可。

需要逮捕担任政协委员的犯罪嫌疑人的，人民检察院应当按照规定向该委员所属的政协组织通报情况。情况紧急的，可以在批准逮捕的同时或者事后及时通报。

对人大代表采取限制人身自由的强制措施需经过人大主席团或者常委会许可的规定，目的是保证代表在人民代表大会各种会议上的发言和表决，不受法律追究，是对人大代表履行职责的有力保障。根据2010年10月修订的《全国人民代表大会和地方各级人民代表大会代表法》第32条第3款的规定：“人民代表大会主席团或者常务委员会受理有关机关依照本条规定提请许可的申请，应当审查是否存在对代表在人民代表大会各种会议上的发言和表决进行法律追究，或者对代表提出建议、批评和意见等其他执行职务行为打击报复的情形，并据

此作出决定。”人大主席团或者常委会对许可申请的审查应当围绕逮捕措施是否损害了代表依法履行职务的权利展开，而不就是否符合逮捕条件进行审查。

③对外国籍犯罪嫌疑人的审查逮捕

根据《最高人民检察院关于审查逮捕外国犯罪嫌疑人的规定》的规定，外国人（包括无国籍人，但不包括享有外交特权和豁免权的人）涉嫌危害国家安全犯罪或者涉及国与国之间政治、外交关系的案件以及在适用法律上确有疑难的案件，地市级或者省级侦查机关提请批准逮捕外国犯罪嫌疑人的，分别由地市级人民检察院或者省级人民检察院审查，认为需要逮捕的，层报最高人民检察院审查。最高人民检察院经审查认为需要逮捕的，经征求外交部的意见后，作出批准逮捕的批复，同时抄送最高人民法院、外交部、公安部、国家安全部、司法部。必要时，报请中央批准。经审查认为不需要逮捕的，作出不批准逮捕的批复。地市级人民检察院或者省级人民检察院根据最高人民检察院的批复，作出批准或者不批准逮捕的决定。地市级人民检察院或者省级人民检察院经审查认为不需要逮捕的，可以直接依法作出不批准逮捕的决定，送侦查机关执行。地市级人民检察院认为需要逮捕而省级人民检察院经审查认为不需要逮捕的，由省级人民检察院作出不批准逮捕的批复，地市级人民检察院根据批复依法作出不批准逮捕的决定。

外国籍、无国籍人涉嫌其他犯罪的案件，经分、州、市人民检察院审查，认为有逮捕犯罪嫌疑人必要的，应提出书面请示，连同案卷材料，上报省、自治区、直辖市人民检察院审查决定。省、自治区、直辖市人民检察院在审查中应主动征求省、自治区、直辖市人民政府外事部门的意见。经审查决定批准逮捕或者不批准逮捕的，应批复分、州、市人民检察院，由分、州、市人民检察院制作《批准逮捕决定书》或者《不批准逮捕决定书》，送侦查机关执行。

④对军内人员犯罪嫌疑人的审查逮捕

要正确把握军地互涉案件的管辖，应按照属人原则重点把握以下几个方面：A. 凡是属于军队现役军官、文职干部、士兵和具有军籍的人员、在编职工以及由军队管理的离休、退休人员，无论是在部队营区内犯罪还是在营区外犯罪，均属军事检察院管辖范围。B. 凡是在军队营区内发生的刑事案件，在未确定是否军内人员作案时，均应以军队保卫部门为主侦查。对需要提请逮捕犯罪嫌疑人时，由军事检察院受理。待查清犯罪事实后，按其身份分别由军队或者地方起诉审判。凡是在军队营区内发生的刑事案件，已明确非军内人员作案的，均应由地方公安机关受理，军队保卫部门协助。C. 现役军人入伍前在地方上作案的，由地方公安机关提供犯罪证据材料，由军队保卫部门审查，确认应依法追诉的，由军队保卫部门拘留，提请有关部门办理退役手续后，移交有关地方司法机关处理。D. 军人退出现役后，发现其在服役期内作案，依法应当追诉的，由军队保卫部门、军事检察院、军事法院负责查清犯罪事实，将案卷材料移送其所在县以上司法机关处理；属于在服役期间犯下军人违反职责罪的，仍由军队处理，需要审查逮捕的，由军事检察院受理。E. 下列人员不属于军事检察院受理审查逮捕范围：已经办理转业或者退伍手续的县（市）人民武装部的人员；已经办理转业、复员、退伍手续，离开军队营区到地方单位报到途中的人员；已经批准入伍尚未与部队交接手续的新兵。

对于我国香港、澳门特别行政区驻军人员犯罪案件的管辖，按照《香港特别行政区驻军法》和《澳门特别行政区驻军法》的规定，香港、澳门驻军人员犯罪的案件由军事司法机关管辖。需要审查逮捕的，由军事检察院受理。但是，香港、澳门驻军人员非执行职务的行为，侵犯香港、澳门居民，香港、澳门驻军以外的其他人的人身权、财产权以及其他违反香港、澳门特别行政区法律构成犯罪的案件，分别由香港、澳门特别行政区司法机关管辖；军事司法机关和香港、澳门特别行政区司法机关对各自管辖的驻军人员犯罪的案件，如果认为由对方管辖更为适宜，经双方协商一致后，可以移交对方管辖；军事司法机关管辖的香港、澳门驻军人员犯罪的案件中，涉及的被告人有香港或者澳门居民、香港或者澳门驻军人员以外的其他人，由香港或者澳门特别行政区法院审判。香港或者澳门特别行政区执法人员依法拘捕的涉嫌犯罪的人员，查明是香港或者澳门驻军人员的，应当移交香港或者澳门驻军羁押。被羁押的人员所涉及的案件，依照上述规定确定管辖。

按照有关规定军内人员犯罪案件，涉嫌军队机密的，经批准只能委托军队律师为其辩护。

（2）快速办理轻微刑事案件程序

①快速办理轻微刑事案件工作机制的适用条件和范围

根据最高人民检察院《关于依法快速办理轻微刑事案件的意见》，适用快速办案机制的轻微刑事案件，应当同时符合以下条件：A. 案情简单，事实清楚，证据确实、充分；B. 可能判处3年以下有期徒刑、拘役、管制或者单处罚金；C. 犯罪嫌疑人、被告人承认实施了被指控的犯罪；D. 适用法律无争议。

对于符合上述条件的下列案件应当快速办理：A. 未成年人或者在校学生涉嫌犯罪的案件；B. 70岁以上的老年人涉嫌犯罪的案件；C. 盲聋哑人、严重疾病患者或者怀孕、哺乳自己未满1周岁婴儿的妇女涉嫌犯罪的案件；D. 主观恶性较小的初犯、过失犯；E. 因亲友、邻里等之间的纠纷引发的刑事案件；F. 当事人双方已经就民事赔偿、化解矛盾等达成和解的刑事案件；G. 具有中止、未遂、自首、立功等法定从轻、减轻或者免除处罚情节的案件；H. 其他轻微刑事案件。

对于危害国家安全犯罪的案件、涉外刑事案件、故意实施的职务犯罪案件以及其他疑难、复杂的刑事案件，严重刑事犯罪案件，不适用快速办理机制。

②审查逮捕环节快速办理轻微刑事案件的要求

一是简化内部工作流程，简化制作审查逮捕工作文书，在法定期限内，缩短办案期限，提高诉讼效率。

二是规定繁简分流的工作机制，指定人员专门办理轻微刑事案件，可以在侦查监督部门成立专门办理轻微刑事案件的办案组。

三是根据案件的具体情况，认为符合快速办理条件的，可以建议侦查机关及时移送审查起诉，或者建议人民法院适用简易程序审理。并要求各地检察机关加强与公安机关、人民法院的联系与配合，共同建立起依法快速办理轻微刑事案件的工作机制，以实现在侦查、批捕、起诉、审判各个诉讼环节都依法快速办理轻微刑事案件。

（四）审查逮捕工作文书的制作要求

审查逮捕案件意见书是侦查监督部门的办案人员通过对侦查机关（部门）所认定的犯罪事实、证据材料审查后，按犯罪构成、逮捕条件的规定，提出犯罪嫌疑人是否构成犯罪、构成何种犯罪、应如何处理的意见，报领导决定的工作文书。它是检察机关依法行使检察权最重要的办案文书之一，全面客观地反映了审查逮捕案件的全貌，是案件定性和处理的重要依据。

承办人要按照前述审查逮捕案件的办理方式，在全面熟悉案情、复核关键证据、清晰把握证据和事实的基础上，制作审查逮捕案件意见书。审查逮捕案件意见书主要内容包括以下六个部分：

第一部分：受案和审查过程。

依次写明受案日期，报送单位，提请或者移送案号、案由，审查逮捕承办人的姓名、职务以及审查逮捕的简要办案过程。共同犯罪中，犯罪嫌疑人分别涉嫌多种罪名的案件，要按照各犯罪嫌疑人所涉嫌的不同罪名，分别予以表述。如有提前介入、补充证据内容也要写明。

第二部分：犯罪嫌疑人基本情况。

依次写明犯罪嫌疑人姓名（曾用名、绰号，不报姓名的用代号），性别，年龄（未成年人或者刚满18周岁的应写明出生年月日），民族，籍贯（外国人需标明国籍或者无国籍人），政治面貌，文化程度，职业或者工作单位及职务（包括担任人大代表或者政协委员），住址。本人简历、家庭情况（配偶和直系亲属），便于判断未成年人其有无监护、帮教条件，有无前科劣迹，是否患有严重疾病，是否属于盲、聋、哑、残疾、智力障碍或者正在怀孕、哺乳自己婴儿等影响羁押的情况。被采取强制措施情况也应写明，犯罪嫌疑人因何罪名、采取何种强制措施，谁采取的，如被刑事拘留的，还要写具体羁押时限、羁押场所。

如果有多名犯罪嫌疑人，应按罪行轻重列明，如果所列犯罪嫌疑人有相同项目，则将该同类项合并，在将犯罪嫌疑人罗列完毕后，总体概括一下，如“现有案卷材料无人曾受行政、刑事处罚的记录，未反映有影响正常羁押的疾病等情况”。如果犯罪嫌疑人是单位犯罪，还应当写明单位名称、单位性质、单位住所，然后将所涉直接负责的主管人员和其他直接责任人员的情况依次列明。

犯罪嫌疑人基本情况部分有较特殊的两个主体：一是未成年人。对18周岁以下未成年人的出生日期，一定要有户籍证明、骨龄鉴定等相关的证据能够证明。二是职务犯罪的犯罪嫌疑人，要将犯罪嫌疑人担任具体职务的时间、负责的具体工作表述清楚。

第三部分：发案、立案、破案经过。

简要写明案件报案、受理及立案和侦破的机关、时间、地点、对象、原因及结果等案发经过，完整反映发案、立案、破案的全貌。对未经立案、破案程序直接进入刑拘、提请逮捕程序，要查明原因，违背法律规定的，要予以纠正，防止“以罚代立、以破代立、以拘代立”现象，并在后面需要说明的问题中指出。

第四部分：经审查认定的案件事实和证据。

（1）侦查机关或者侦查部门认定的案件事实。应对侦查机关的意见进行整理、归纳，简要写明案件事实，避免一味摘抄。

（2）经审查认定的案件事实及证据。

①经审查认定的案件事实及证据的引语

情况一：经审查，认为侦查机关或者侦查部门认定的案件事实有证据证明的，且无新的案件事实，不再另述经审查认定的事实，应写明“经审查，所认定事实与侦查机关认定的事实相同，上述事实有下列证据证明……”。如与侦查机关认定的事实不同，就指出不一致的地方，逐项列明，相同之处不再重复。

情况二：经审查，认为现有证据不足以证明侦查机关或者侦查部门认定的案件事实的，可表述为“经审查后认为现有证据不足以证明侦查机关认定的犯罪事实。理由如下……”。

情况三：经审查，认为侦查机关或者侦查部门认定的案件事实非犯罪嫌疑人所为的，应写明“经审查，没有证据证明犯罪嫌疑人实施了侦查机关或者侦查部门认定的犯罪行为。理由如下……"。

然后按照证据种类进行必要摘抄，并分析或者说明其证明力。

②事实、证据的内容如何表述

叙述事实时，要始终考虑有无证据支持；分析证据时，要始终结合事实中所隐含的犯罪构成要件。紧紧围绕证据的属性进行认真审查，着重审查证据形式、收集证据的主体、证据的内容、证据收集的程序是否合法，排除无关、非法的证据，客观评价证据的证明力。

案件事实叙述应严格以证据材料为依据，围绕时间、地点、动机、手段、对象、情节、后果等展开，客观全面，无推测臆想成分。如果涉嫌多个罪名，以一个罪名为单位，逐一列出。

承办人应当在认真阅卷的基础上，根据案件类型将同类证据集中排列进行摘抄、分析或者说明。排列证据时，先表明证据类别。

如属于证人证言，则先将证人姓名及其基本情况，询问人姓名、身份列出，再对证据内容进行必要摘抄并对其证明力加以分析或者说明。如果有多名证人的证言且内容比较一致，可以用"与某某证言相同"概括；如多个证人分不同的角度来证明一个问题，则列举完毕后再统一分析。

如属于犯罪嫌疑人供述和辩解，则将犯罪嫌疑人供述和辩解的时间、地点、次数，讯问人姓名、身份等列出，再对证据内容进行必要摘抄并对其证明力加以分析或者说明。如果犯罪嫌疑人多次供述比较一致，可以用"均作相同供述"省略。

如属于被害人陈述，则将被害人姓名及基本情况，询问人姓名、身份列出，如被害人人数众多，则取两三个有代表性的叙述，其余省略，再对证据内容进行必要摘抄并对其证明力加以分析或者说明。

如为书证，则将书证名称，扣押人、见证人、持有人姓名，提取的时间、地点列出，再对其证明力加以分析或者说明。

如为物证，则将物证的名称、数量、规格，以及扣押人、见证人、持有人姓名列出，再对其证明力加以分析或者说明。

如为鉴定结论，则将鉴定结论的具体名称，鉴定人姓名、身份列出，再对其证明力加以分析或者说明。

如为勘验、检查笔录，则将其具体名称、制作人及身份列出，再对其证明力加以分析或者说明。

如为视听资料，则将其具体名称、数量列出，再对其证明力加以分析或者说明。

以上证据，如果同一人、同一单位对同一事实提供两次以上内容不同的证据，应当具体予以说明，并对其证明力进行分析。

③事实、证据的表述形式

第一种形式：叙述犯罪事实后列举证据。这种形式适用于犯罪事实单一，犯罪嫌疑人、被害人、证人较少的案件。

第二种形式：按犯罪构成分别叙述。适用于较复杂或者有一定影响的案件。重点阐述证明涉嫌犯罪的关键方面，对犯罪客体在分析客观行为时一笔点出即可。着重围绕主体、主观方面和客观方面展开分析论证。例如，先阐明犯罪嫌疑人符合犯罪构成主观方面、客观方面要件，再阐明法律或者司法解释是如何规定的，最后阐明犯罪嫌疑人符合主观、客观方面要件的证据有哪些，等等。

第三种形式：列表法。适用于涉案人较多、事实较多的侵财类案件。如有些案件被害人可能有几十、上百人，选择有典型性的被害人，既能说明问题，也可以使审查逮捕案件意见书简洁。侦查机关提请逮捕犯罪嫌疑人意见书中涉及的其他被害人陈述，可在本部分——被害人陈述的最后单独说明。列表栏目可分为被害人情况、询问时间、地点、询问人、证实的情况、涉案数额等。

④证据的列举、排列

对证据类别要列举完整、无遗漏，归类排列有序。一般来讲，按照证据对案件事实证明作用的大小，将证明力强的往前排。所摘录证据内容真实、简洁，要与犯罪构成紧密相关，重点摘录犯罪主体、犯罪主观方面和犯罪客观方面的证据。证据列举后，要对证据的证明力（证据对于案件事实有无证明作用及证明作用如何）及缺陷作必要说明，突出针对性。

列举、摘录证据：一要注重利用或者借用前面已有的内容，避免重复；二是注意证据引用中的相互呼应，让所有证据、证据与事实成为一个有机体。

第五部分：需要说明的问题。

这部分主要包括下列内容：①上级机关或者有关领导对案件的批示、指示意见，是否为挂牌督办案件。②可能影响案件处理的有关背景情况，在当地有无重大影响，人民群众、新闻媒介是否广泛关注。③需要进行立案监督或者侦查活动监督的事项及处理意见。关于立案监督问题，如发现“有案不立、有罪不究、以罚代刑”线索，应提出立案监督意见，建议对侦查机关是否立案实行有效监督。同时，注意审查卷中“另案处理”情形，应了解“另案”是否处理、怎么处理，看有无立案监督问题。涉嫌渎职犯罪的，建议移送本院反渎职侵权部门查处。关于侦查活动监督，一是追捕漏犯，针对侦查机关没提请逮捕的涉案人，现有证据能够充分证实涉嫌犯罪，且有逮捕必要的，应建议向侦查机关发出《应当逮捕犯罪嫌疑人意见书》，进行追捕。二是纠正违法，如侦查机关存在适用强制措施不当、刑讯逼供、违法取证、超期羁押、采取强制措施后未在规定时间内讯问犯罪嫌疑人和通知家属等，可向侦查机关发出《纠正违法通知书》，要求其纠正。对涉嫌犯罪的，建议移送本院反渎职侵权部门。④需要补充侦查的事项。针对现有证据存在的矛盾、缺陷，指出需要补充侦查的内容。⑤有无证据存在瑕疵需要补证或者作出合理解释，有无证据被依法排除。⑥有无逮捕必要。根据高检院下发的《人民检察院审查逮捕质量标准》来阐述有无逮捕必要。⑦其他需要说明的问题。

第六部分：处理意见。

只针对提请批捕的对象发表意见——捕还是不捕，要结合逮捕的三个条件进行概括说明。

（1）承办人意见：对案情进行高度概括，应根据犯罪概念、犯罪构成以及逮捕的条件来归纳。写明适用的法律依据、是否批准或者决定逮捕的意见及理由。

情况一：拟批准（决定）逮捕。应当写明："犯罪嫌疑人（对案情进行高度概括），涉嫌××罪，根据刑法第××条、刑事诉讼法第××条之规定，建议批准（决定）逮捕。"

情况二：拟不（予）批准逮捕或者不予逮捕。拟不（予）批准逮捕或者不予逮捕的，应根据案件的具体情况，有针对性地写明意见和理由。

因行为不构成犯罪或者犯罪非犯罪嫌疑人所为而不批捕或者不予逮捕的，应写明："犯罪嫌疑人（对案情进行高度概括），其行为不构成犯罪（或者本案非犯罪嫌疑人所为），根据刑事诉讼法第×条之规定，建议不批准逮捕（不予逮捕）。"

对现有证据不足以证明有犯罪事实而不予批捕或者不予逮捕的，应写明："现有证据不足以证明犯罪嫌疑人有（罪名）犯罪事实，根据刑事诉讼法第×条之规定，建议不予批准逮捕（不予逮捕）。"

已有证据证明有犯罪事实，但不可能判处徒刑以上刑罚，采取取保候审、监视居住等方法足以防止发生社会危险性，无逮捕必要而不予批准或者不予逮捕的，应写明："犯罪嫌疑人的行为涉嫌犯罪，但犯罪情节较轻或者投案自首、立功，系从犯等，无逮捕必要，根据刑事诉讼法第××条之规定，建议不予批准逮捕（不予逮捕）。"

因犯罪嫌疑人患有严重疾病或者是正在怀孕、哺乳自己婴儿的妇女而不予批捕或者不予逮捕的，应写明："犯罪嫌疑人的行为涉嫌犯罪，但其患有严重疾病（或者是正在怀孕或者哺乳自己婴儿的妇女），根据刑事诉讼法第××条之规定，建议不予批准逮捕（不予逮捕）。"

（2）部门负责人意见：写明犯罪嫌疑人是否涉嫌犯罪及涉嫌罪名，是否同意批准或者不（予）批准逮捕、决定逮捕（不予逮捕）的意见，并由部门负责人签名。

(3) 检察长或者检察委员会意见：检察长意见，由检察长签署批准逮捕或者决定逮捕的，写明犯罪嫌疑人涉嫌罪名及批准逮捕或者决定逮捕；决定不（予）批准逮捕或者不予逮捕的，写明原因及不（予）批准逮捕或者不予逮捕。

检察委员会意见，由检察长填写。

（五）审查逮捕案件的汇报

审查逮捕案件汇报是指检察机关的侦查监督部门在办理审查逮捕案件过程中，对重大、复杂的案件向领导或者上级机关报告，以便依法作出批准（决定）逮捕或者不（予）批准逮捕决定的工作程序。

1. 审查逮捕案件汇报的准备

(1) 准备相关资料

一是熟悉案情、梳理证据。在汇报前，办案人员应当再次熟悉案情，全面梳理案件事实和证据，对卷宗材料认真进行筛选、整合和提炼，以便在汇报中简练地引用和概括案情与证据，做到既突出重点，又高度揭示案情的全貌。

二是精心准备、查阅法律。办案人员要仔细查找案件所可能适用的法律与司法解释，准备相关法律资料以备汇报时所需，并从法律视角和公正立场上准确地认定和判断事实、证据，形成自己独立的见解，并为支撑自己的观点寻找坚实的事实依据和法理依据。

三是征询意见、加强沟通。某些罪与非罪有较大争议的案件，办案人员可以事先走访法院、上级检察院等相关部门征询意见，并在汇报时如实反映。对一些重大、有影响的案件，如群体性案件，办案人员应当全面了解案发原因及案发后的社会反响，认真听取群众意见，为领导或者检委会委员准确作出决策提供参考。

(2) 制作书面汇报材料

汇报提纲或者报告一般包括案件概况、事实和证据、需要说明的问题、处理意见四个部分。

案件概况包括：①汇报或者请示的问题，即通过讨论要求研究解决什么问题。②犯罪嫌疑人的基本情况。③案发情况，即案件的受理、立案、侦破过程。

事实和证据包括：①案件事实。第一，包括侦查机关（部门）认定的案件事实和办案人员经过审查认定的事实。第二，犯罪事实的基本要素，即时间、地点、动机、过程、手段、结果等。②相关证据。对证据进行有机组合，表述繁简适当，必要时应对全案证据进行综合分析，主要论证犯罪嫌疑人的行为是否符合我国刑法规定的犯罪构成要件，证据是否达到逮捕标准，是否能够解决汇报的问题等。

需要说明的问题包括：①对上级机关或者有关领导对案件的批示、指示意见，或者可能影响案件处理的有关背景情况予以说明。②对讨论的焦点问题进一步分析说明。③对犯罪事实尚不能认定的情况，或者证据尚有矛盾的情节，应在需要说明的问题中如实说明。④必要时，对于需要开展诉讼监督的情况，犯罪嫌疑人的认罪态度及辩解，辩护律师的意见及提供的证据，赃款赃物追缴及处理情况，物品价格鉴定、人身损害鉴定中存在的问题，社会各方面意见，或者其他需要说明的问题也应予说明。

处理意见包括：①办案人员的意见、理由和法律依据。②承办部门内部对案件进行讨论时的争议焦点、不同意见及其理由和法律依据。③若系请示案件还须说明基层或者原办案部门的意见以及发案单位的意见，如意见不一致应讲明分歧和各自的理由。④处理意见后还应提供援引的法律原文，案件复杂的要作必要的论证。对事实不清、证据不足，需要继续调查的，要阐明下一步工作方向，制作相关提纲。

2. 审查逮捕案件汇报的内容

（1）与案件相关的基本情况，主要包括案件受理及审查情况，犯罪嫌疑人基本情况，发案、立案、破案经过。一般来讲可简要汇报，但对存在下列情况的应予着重说明：犯罪嫌疑人是否有影响羁押的严重疾病，是否为未成年人，有无前科，是否系累犯，是否在押以及采取强制措施情况。

（2）侦查机关（部门）认定的事实及经审查认定的事实。应当高度概括，把与犯罪事实有关的时间、地点、预谋过程、行为手段、行为后果等要素讲清楚即可。

（3）证据分析。这部分是案件汇报的重点，承办人（汇报人）通过一定顺序的证据排列和分析论证来证明犯罪嫌疑人的行为已经构成犯罪。一是应根据案件性质、复杂程度，有效地对证据进行排列、分析论证。二是细致分析有罪证据、无罪证据、罪轻证据，合法证据、非法证据、瑕疵证据，阐明如何排除非法证据，如何采用无罪证据、罪轻证据，如何完善瑕疵证据等。三是准确适用法律，正确认定罪名。四是证据分析应繁简得当。证据内容一致的，择其一次简要予以概括即可；不一致的，阐明矛盾点及排除矛盾点的理由。对非法证据、瑕疵证据在汇报中应指出并说明，特别是非法证据被依法排除后，其余证据的证明力是否受到影响，是否还足以认定犯罪事实。五是对逮捕的三个条件应全面汇报，不能有缺失。在分析了“构罪”条件以后，应当说明影响量刑的一些因素，如数额、情节、后果，阐释是否可能判处徒刑，说明是否符合有无逮捕必要性的相关情形。六是要注重对全案证据的综合分析。在对每个证据或者每组证据进行分析的基础上，要围绕证据的合法性、客观性、关联性对全案证据进行综合分析，特别是对存在非法证据并予以排除的，要分析现有证据还能否形成证据链条，还能否支撑经审查认定的事实。

(4) 需要说明的问题。主要是侦查活动监督和立案监督，应当把有无立案监督事项，侦查活动中有无违法事项详细说明，包括理由、法律适用及应当采取的措施或者建议；有无需要追捕的情形，有无需要补充侦查的事项和措施。此外，凡是与案件有关、与侦查监督职能有关的所有事项，只要是在其他部分不宜说的，均可在这部分予以说明，如是否有立功行为，是否系自首等。

(5) 处理意见。这部分是汇报人对案件如何处理的结论，应当用高度精练的语言简要概括案情，同时说明是否符合逮捕条件，适用的法律条款，对是否逮捕提出建议。

二、立案监督工作的重点环节及要求

立案监督，是指人民检察院对侦查机关的刑事立案活动是否合法所进行的法律监督。立案监督的目的在于纠正刑事立案主体在立案活动中的违法现象，确保刑事立案活动正确合法进行，保障刑事案件当事人的正当权利，确保国家法律统一正确地实施。立案监督工作的重点环节有以下四个方面：

(一) 立案监督线索的受理

受理立案监督线索是开展立案监督工作的前提和基础。在司法实践中，人民检察院的线索主要来源于以下几个方面：被害人及其法定代理人、近亲属提供的；检察机关在办案过程中发现的；行政执法机关移送的；检察机关内部其他业务部门发现并移送的以及各种交办、转办案件线索等。

对于受理的案件线索，应当及时予以登记。同时，为了更好地获取立案监督线索，应当重点做好以下三项工作：

一是加强与院内、院外部门的联系、沟通。检察机关内部侦查监督、公诉、控告申诉、职务犯罪侦查等部门之间要加强联系与配合，要建立顺畅的案件线索移送机制。同时，要加强与人大、政府信访部门以及有关行政执法机关的联系，及时获取立案监督案件线索。

二是加大宣传，增强人民群众的法律意识和对于检察机关职能的了解，使其能够提供更多线索。

三是建立信息通报制度与备案审查制度。根据《最高人民检察院、公安部关于刑事立案监督有关问题的规定（试行）》的要求，人民检察院与公安机关应当建立刑事案件信息通报制度，公安机关定期向检察机关通报刑事案件发案、报案、立案、破案情况，有条件的地方还应当建立刑事案件信息共享平台，人民检察院从中发现立案监督案件线索。

（二）对立案监督案件线索的审查

根据刑事诉讼法和《人民检察院刑事诉讼规则》的规定，人民检察院在获取立案监督线索后，应当对线索作必要的审查和调查，以保证立案监督工作的准确性。这一环节是立案监督工作的核心，关系到人民检察院能否作出正确的立案监督决定，立案监督工作能否顺利进行，为此有必要对该环节作严格要求。

1. 对公安机关应当立案而不立案线索的审查

在要求公安机关说明不立案理由之前，人民检察院应当进行调查，调查的重点是查明公安机关是否存在应当立案侦查而不立案侦查的事实，其内容包括：（1）是否符合刑事诉讼法规定的刑事立案条件；（2）是否属于公安机关的管辖范围；（3）公安机关是否立案。

人民检察院在对公安机关应当立案侦查而不立案侦查的线索进行审查后，应当根据不同情况分别作出处理：（1）在没有犯罪事实发生，或者犯罪情节显著轻微不需要追究刑事责任，或者具有其他依法不追究刑事责任情形的情况下，不再要求公安机关说明不立案理由，系投诉人投诉或者相关单位移送的应及时予以答复；（2）不属于被投诉的公安机关管辖的，应当将有管辖权的机关告知相关单位与个人，并建议向其控告或者移送；（3）对于投诉人提供的线索，公安机关尚未作出不予立案决定的，由于被监督的事由尚未发生，不能启动立案监督程序，人民检察院应当将线索移送公安机关处理；（4）有犯罪事实需要追究刑事责任，属于被投诉的公安机关管辖，且公安机关已作出不立案决定的，经检察长批准，应当要求公安机关书面说明不立案理由。

人民检察院要求公安机关说明不立案理由的应当制作《要求说明不立案理由通知书》，及时送达公安机关。对于公安机关主动立案的，人民检察院应当将公安机关送达的《立案决定书》复印件存档备查。

2. 对公安机关不应当立案而立案线索的审查

根据《最高人民检察院、公安部关于刑事立案监督有关问题的规定（试行）》第6条的规定，人民检察院对于不服公安机关立案决定的投诉，可以移送立案的公安机关处理。但经过审查认为，有证据证明公安机关可能存在违法动用刑事手段插手民事、经济纠纷，或者办案人员利用立案实施报复陷害、敲诈勒索以及谋取其他非法利益等违法立案情形，且已采取刑事拘留等强制措施或者搜查、扣押、冻结等强制性侦查措施，尚未提请批准逮捕或者移送审查起诉的，经检察长批准，应当要求公安机关书面说明立案理由。

根据上述规定，人民检察院对公安机关不应当立案而立案线索的审查，应当重点审查以下内容：（1）公安机关是否已经刑事立案；（2）是否有证据证明公安机关可能存在违法动用刑事手段插手民事、经济纠纷，或者办案人员利用立案实施报复陷害、敲诈勒索以及谋取其他非法利益等违法立案情形；（3）本案是否对当事人已采取刑事拘留等强制措施或者搜查、扣押、冻结等强制性侦查措施，并且案件尚未提请批准逮捕或者移送审查起诉。

人民检察院要求公安机关说明立案理由的应当制作《要求说明立案理由通知书》，并及时送达公安机关。对于公安机关主动撤销案件的，人民检察院应当将公安机关送达的《撤销案件决定书》复印件存档备查。

（三）通知公安机关立案或者撤案

在收到公安机关提供的不立案理由或者立案理由书面说明，以及客观反映不立案或者立案情况相关证据材料的复印件后，人民检察院应当予以审查。必要时可以询问办案人员和有关当事人，查阅、复印公安机关刑事受案、立案、破案等登记表册和立案、不立案、撤销案件、治安处罚、劳动教养等法律文书以及相关案卷材料，核实不立案理由或者立案理由是否成立，以便作出通知立案或者撤销案件的决定。

经调查核实，人民检察院认为公安机关不立案理由成立或者立案理由成立的，应当及时将不立案理由或者立案理由以及相关根据告知提供该线索的机关或者个人。

人民检察院认为公安机关不立案理由不成立应当立案的或者立案理由不成立不应当立案的，经检察长决定，应当制作《通知立案书》或者《通知撤销案件书》，说明依据和理由，连同证据材料移送公安机关。

（四）对立案监督案件的跟踪监督

人民检察院的立案监督工作不能仅以侦查机关立案或者撤案为目标，还应当监督侦查机关对检察机关所作决定的执行情况，对立案监督案件实行专人负责、逐案跟踪，形成完整的立案监督案件跟踪制度。

1. 通知公安机关立案后的跟踪监督

对于人民检察院通知公安机关立案的案件，应当要求公安机关在收到《通知立案书》后15以内作出立案决定，并将《立案决定书》副本及时送达检察机关存档备查。此后，检察机关应加强跟踪监督，要求其对被监督立案的案件及时侦查，并将侦查进展情况及时向人民检察院反馈。通知立案后的跟踪监督工作可以分为以下几个方面：

（1）对于人民检察院通知公安机关立案的案件，在监督立案后3个月公安机关仍未侦查终结的，人民检察院可以发出《立案监督案件催办函》，必要时还可以报告上一级检察院，由上一级检察院督促同级公安机关予以纠正；对通知公安机关立案的案件有多名犯罪嫌疑人，而公安机关只对部分犯罪嫌疑人立案的，人民检察院应当发出《纠正违法通知书》予以纠正；对符合逮捕条件的，要建议公安机关提请逮捕。对犯罪嫌疑人在逃的，督促公安机关加大追逃力度。

（2）对于人民检察院通知公安机关立案的案件，如果公安机关经过立案侦查决定撤销案件的，人民检察院应当及时审查公安机关撤销案件的原因，发现撤销案件不当的，应当发出纠正违法通知书，通知公安机关予以纠正。

（3）对于人民检察院通知公安机关立案的案件，公安机关在收到《通知立案书》后15日以内不予立案的，人民检察院应当发出《纠正违法通知书》，通知公安机关予以纠正。公安机关仍不予纠正的，可报上一级检察机关商同级公安机关处理。

2. 通知公安机关撤销案件后的跟踪监督

对于通知公安机关撤案的案件，人民检察院应当进行跟踪监督，要求公安机关在对《通知撤销案件书》没有异议时立即撤销案件，并将《撤销案件决定书》副本及时送达检察机关存档备查。人民检察院对通知公安机关撤案后的跟踪监督也应分情况进行。

（1）如果在公安机关收到《通知撤销案件书》后，认为撤销案件通知有错误向人民检察院提请复议的，人民检察院应当予以受理，并安排其他办案人员对案件材料重新进行审查。在收到公安机关《要求复议意见书》和案卷材料后7日以内作出是否变更撤销案件的决定，并向公安机关发出《通知撤销案件复议决定书》。人民检察院复议认为原撤销案件通知有错误的，应当立即纠正；人民检察院复议认为原撤销案件通知没有错误的，应当告知公安机关如无异议立即撤销案件，如有异议可向上一级人民检察院提请复核。

（2）如果在公安机关收到《通知撤销案件复议决定书》后，认为复议决定无法接受而向上一级检察机关提请复核的，上一级人民检察院应当予以受理，并进行认真审查，并在收到《提请复核意见书》和案卷材料后15日以内作出是否变更的决定，发出《通知撤销案件复核决定书》，要求下级人民检察院和公安机关执行。上一级人民检察院复核认为原撤销案件通知有错误的，下级人民检察院应当立即纠正；上一级人民检察院复核认为原撤销案件通知正确的，下级公安机关应当立即撤销案件，并将《撤销案件决定书》副本及时送达同级人民检察院。

（3）如果公安机关对《通知撤销案件书》没有异议，但不立即撤案，又不提请人民检察院复议的，人民检察院应当发出《纠正违法通知书》，通知公安机关予以纠正。

三、侦查活动监督工作的重点环节及要求

侦查活动监督是指人民检察院对公安机关、国家安全机关、军队保卫部门、监狱、海关走私犯罪侦查机关以及人民检察院侦查部门在办理案件过程中所进行的各项专门调查工作和有关的强制性措施是否合法进行的专门监督。侦查活动监督的对象是公安机关、国家安全机关、军队保卫部门、监狱、海关走私犯罪侦查机关以及人民检察院侦查部门实施的侦查活动；侦查活动监督的内容是侦查活动的合法性。

（一）侦查活动监督的重点

按照《执法规范》第4·113条的规定，侦查活动监督的重点是发现和纠正以下违法行为：

1. 对犯罪嫌疑人刑讯逼供、诱供的

刑讯逼供，是指侦查人员采用肉刑和变相肉刑的方式，逼取犯罪嫌疑人口供的一种讯问方式。诱供，是指侦查人员采用以许诺、诱骗等方法获取犯罪嫌疑人口供的一种讯问方式。根据刑事诉讼法第43条的规定，司法人员必须依照法定程序收集能够证实犯罪嫌疑人有罪或者无罪、犯罪情节轻重的各种证据，严禁以刑讯逼供和以威胁、引诱、欺骗以及其他非法的方法收集证据。司法实践中，侦查人员在办案过程中，在不同动机的支配下，为了获取犯罪嫌疑人的口供，而对犯罪嫌疑人进行刑讯逼供、诱供。这样做不但侵犯了犯罪嫌疑人的合法权益，干扰了刑事诉讼活动的顺利进行，而且极易罪及无辜，造成冤、错案件。虽然这类违法的情况发生数量少，但造成的影响非常恶劣，教训非常深刻。赵作海案件即是如此。同时，我们应当看到，侦查人员即使采用刑讯逼供、诱供的方法，获得了犯罪嫌疑人的供述，且能与案件中其他证据相印证，但因为侦查人员使用的取证方法违反了刑事诉讼法的规定，这种供述不具有合法性，是无效的，不能作为证据使用。《关于办理刑事案件排除非法证据若干问题的规定》和《人民检察院审查逮捕质量标准》对此也明确规定予以排除，不作为指控犯罪的根据。侦查人员刑讯逼供情节严重或者致人重伤、死亡的，按照刑法的有关规定则要追究责任人的刑事责任。所以，人民检察院在侦查活动监督时，应当注意发现、纠正公安机关的刑讯逼供、诱供的违法行为。

2. 对被害人、证人以体罚、威胁、诱骗等非法手段收集证据的

根据刑事诉讼法第43条的规定，司法人员必须保证一切与案件有关或者

了解案情的公民，有客观充分地提供证据的条件，除特殊情况外，并且可以吸收他们协助调查。严禁对被害人、证人采用体罚、威胁、诱骗等非法方法获取证据。侦查机关在办案过程中，只有严格按照法律的规定，为被害人、证人提供客观、充分的安全保障，消除他们的恐惧心理和可能受到的威胁，才能使他们提供客观真实的被害人陈述、证人证言，否则，侦查人员即使用体罚、威胁、诱骗等非法手段获取到了证据，因为这些证据是迫于侦查人员的压力或者在被诱骗的情况下提供的，存在虚假的可能性，为指控犯罪留下隐患。对这类违反刑事诉讼法规定，使用非法手段获取的被害人陈述、证人证言，《关于办理刑事案件排除非法证据若干问题的规定》和《人民检察院审查逮捕质量标准》明确规定予以排除，不作为指控犯罪的根据。所以，人民检察院应当加强侦查机关对被害人、证人运用非法手段收集证据的监督。

3. 伪造、隐匿、销毁、调换或者私自涂改证据的

证据是否具有客观性、关联性、合法性对追究犯罪嫌疑人刑事责任十分关键。如果侦查人员在收集证据过程中，出于各种动机、目的，伪造、隐匿、销毁、调换和私自涂改有罪证据或者无罪证据，会使证据真假难辨，甚至造成犯罪分子得以逃避法律制裁、无辜的人受到追究。根据刑事诉讼法第 45 条第 3 款的规定，凡是伪造证据、隐匿证据或者毁灭证据的，无论属于何方，必须受法律追究。因此，人民检察院在侦查活动监督中，应当注意对这种违法行为的监督，一经发现，坚决予以纠正，并追究相关人员的法律责任，对于构成犯罪的，应当及时移送有关侦查部门进行查处。

4. 徇私舞弊，放纵、包庇犯罪分子的

侦查人员在侦查活动中徇私舞弊，放纵、包庇犯罪分子的，是一种严重司法腐败行为。现实中，极少数侦查人员存在徇私情、徇私利，放纵、包庇犯罪分子的情形，有的因贪财而在办案中放纵犯罪分子，有的因贪色而在办案中包庇犯罪分子，甚至有的与犯罪分子沆瀣一气，充当“保护伞”。对犯罪分子该查的事实不查，该逮捕的也不提请批准逮捕，甚至为他们通风报信，致使犯罪分子长期逍遥法外，得不到及时的刑事追究，这种违法犯罪行为危害非常大。因此，人民检察院在侦查活动监督中一定要注意发现和纠正这种违法行为，对构成犯罪的要及时移送有关侦查部门查处。

5. 故意制造冤、假、错案的

刑事诉讼法第 6 条确立了“以事实为根据，以法律为准绳”的基本原则。但在办案过程中，还往往有极个别的侦查人员出于个人的私利或者报复陷害等目的，明知他人没有犯罪，也没有犯罪行为，却故意捏造、编造犯罪事实，伪造虚假证据，意图陷害他人，使其受到刑事追究。这是一种严重侵犯公民合法

权益，破坏社会主义法制的违法犯罪行为。所以，人民检察院在侦查活动监督中，要注意发现和纠正这种严重的违法行为，对构成犯罪的，应当及时移送有关侦查部门进行查处。

6. 在侦查活动中利用职务之便谋取非法利益的

廉洁、公正执法应当是每一个侦查人员奉行的工作准则，也是国家法律对侦查人员执法的基本要求。侦查人员在办案过程中，利用查办案件的职务便利，谋取非法利益，严重背离了公正执法的要求，甚至可能触犯刑法，构成犯罪，是一种十分典型的司法腐败行为表现。现实中，有的侦查人员利用办案的职务便利，接受案件当事人的吃请、游山玩水、出入娱乐场所；有的利用职务之便将个人发票拿到发案单位报销；有的与案件当事人一起赌博；甚至有的在办案过程中受贿等，这些行为不但严重损害了司法机关的形象，败坏了司法队伍的风气，而且直接影响执法的公正性，严重阻碍刑事诉讼的依法顺利进行。所以，人民检察院在侦查活动监督中，应当重视对这种违法行为的发现和纠正。

7. 在侦查过程中不应当撤案而撤案的

撤案是一种发生在侦查过程中的非常重要的诉讼行为，属于侦查活动监督的范围。根据刑事诉讼法第 130 条的规定，在侦查过程中，发现不应当对犯罪嫌疑人追究刑事责任时，应当撤销案件，终止侦查。“发现不应当对犯罪嫌疑人追究刑事责任”是撤销案件的必要条件，它包括：情节显著轻微、危害不大，不认为是犯罪的；犯罪已过追诉时效期限的；经特赦令免除刑罚的；依照刑法告诉才处理的犯罪，没有告诉或者撤回告诉的；犯罪嫌疑人死亡的；其他法律规定免予追究刑事责任的。在办案过程中如果没有出现上述应当撤销案件的法定情形而撤销案件，就会放纵犯罪分子，给国家、社会和公民的合法权益造成损害。所以，人民检察院应当加强对公安机关撤案的监督，一经发现不应当撤案而撤案的要坚决予以纠正。

8. 贪污、挪用、调换所扣押、冻结的款物及其孳息的

扣押、冻结犯罪嫌疑人的款物和孳息是侦查机关在办案过程中依法使用的一种侦查手段。它只是对被扣押、冻结的款物及孳息进行暂时性的保管，而不是最终的处理。根据刑事诉讼法第 198 条的规定，公安机关对于扣押、冻结犯罪嫌疑人的财物及其孳息，应当妥善保管，以供核查。任何单位和个人不得挪用或者自行处理。贪污、挪用或者私自处理被扣押、冻结的赃款、赃物，依法追究刑事责任；不构成犯罪的，给予处分。人民检察院在侦查活动监督中发现侦查人员在办案过程中有贪污、挪用、调换被扣押、冻结的款物及其孳息的，应当坚决予以纠正。构成犯罪的要及时移送侦查部门查处；不构成犯罪的，也

要建议侦查机关进行处分。

9. 违反刑事诉讼法关于决定、执行、变更、撤销强制措施规定的

决定、执行、变更、撤销强制措施是侦查机关在侦查过程中的重要诉讼行为。根据刑事诉讼法的规定，侦查机关在侦查活动中，为了查明案情，证明案件事实，有权对犯罪嫌疑人采取拘传、取保候审、监视居住、拘留的强制措施；对检察机关批准逮捕或者决定逮捕、决定拘留犯罪嫌疑人的，公安机关又是执行者。为了确保各种强制措施的正确适用，保障刑事诉讼的顺利进行，刑事诉讼法对决定、执行、变更、撤销强制措施规定了明确的条件和严格的实施程序，必须严格依法进行。人民检察院应当对侦查机关决定、执行、变更、撤销强制措施进行监督，发现违法行为应当予以纠正。

10. 违反羁押和办案期限规定的

为了及时处理刑事案件，防止案件久拖不决，保障犯罪嫌疑人的合法权益，刑事诉讼法不但对侦查机关侦查的一般刑事案件的侦查羁押期限作出明确规定，而且对案情复杂、犯罪涉及面广、取证困难等案件，在法定的办案期限内不能侦查终结，需要延长侦查羁押期限的也作出了明确规定。侦查机关应当严格遵守这些规定，在法定羁押期限内对所办案件侦查终结，加快案件的处理。否则，超过法定期限仍不能对案件侦查终结，会使犯罪嫌疑人被违法羁押，人身权益受到侵害。所以，人民检察院应当加强对侦查机关办案及羁押期限的监督，发现违反法律规定的情形，应当及时依法纠正。

11. 在侦查中有其他违反刑事诉讼法有关规定的行为的

其他违反刑事诉讼法有关规定的行为是指侦查机关在侦查活动中除以上10种情形之外，违反刑事诉讼法有关规定的行为，如：侦查机关收集、获取证据，讯问犯罪嫌疑人，询问被害人、证人的方法是否合法；勘验、检查、扣押物证、书证是否合法；追缴赃款物品、辨认、鉴定、通缉等是否严格依法实施。侦查机关在侦查活动监督中采取以上侦查措施，如果不按照法律规定的程序和形式实施，也是违法行为。人民检察院发现侦查机关的这类违法行为，也要及时予以纠正。

（二）侦查活动监督的要求

1. 侦查活动监督的程序

侦查活动监督的程序，主要是指检察机关实行侦查活动监督的途径和方式。实践证明，完备的监督程序，对于保证监督活动的顺利进行，实现监督目的，有着极为重要的意义。

（1）侦查活动监督的承办部门。侦查活动监督由侦查监督和公诉两个部门承担，实践中监督任务也有分工，侦查活动监督主要由侦查监督部门承担，

公诉部门承担起诉环节的侦查监督任务，如：在审查起诉工作中发现违法情况的；诉讼参与人在起诉阶段对侦查机关侦查活动中的违法行为提出控告等。

（2）侦查活动监督的途径。侦查活动监督的途径，是反映人民检察院为履行侦查监督职能，了解侦查机关的侦查活动，发现侦查机关在侦查活动中各种违法行为的具体方式。根据刑事诉讼法的规定和司法实践，人民检察院进行侦查活动监督的途径，主要有以下几个方面：

一是通过审查批捕、审查起诉进行。人民检察院在审查批捕、审查起诉时，应当审查侦查机关的侦查活动是否合法，及时发现侦查过程特别是对于侦查机关指定管辖的情况，执行人民检察院批准或者不（予）批准逮捕决定的情况，以及释放被逮捕的犯罪嫌疑人或者变更逮捕措施的情况是否存在违法情形。发现违法情况，应当提出意见通知侦查机关纠正。构成犯罪的，移送有关部门依法追究刑事责任。具体包括：①审查案卷材料。主要是审查各种证据之间是否存在矛盾，特别是要注意审查犯罪嫌疑人口供和其他证据之间的矛盾、犯罪嫌疑人翻供情况，从中发现违法的疑点和线索。②讯问犯罪嫌疑人。通过讯问犯罪嫌疑人，可以及时发现侦查活动中的各种违法情况，特别是刑讯逼供、徇私舞弊等重大违法行为。对犯罪嫌疑人反映的违法情况，要注意结合其他有关情况进行分析和判断，从中发现侦查活动中的违法行为。③询问证人。通过询问证人，既可以发现侦查活动中违法情况的线索，也可以核实犯罪嫌疑人或者其他公民提供的有关违法情况。

二是通过介入侦查活动进行。介入侦查活动，即通常所说的“提前介入”，是指检察机关根据需要（或者邀请）派员参加侦查机关对于重大案件的讨论和其他侦查活动。适时介入侦查活动，既可以及时了解案情，掌握证据，依法从快批捕、起诉，又可以及时对侦查活动中的违法情况实行监督，是一种行之有效的办案制度和监督途径。主要包括：参加侦查机关对于重大案件的讨论；参与讯问犯罪嫌疑人、询问证人的活动；提前审阅有关的案件材料；参与现场勘验、检查。通过参与这些侦查活动，进行法律监督。

三是通过受理有关的控告、申诉进行。诉讼参与人向人民检察院就侦查人员在侦查活动中侵犯其诉讼权利和人身权利提出控告，人民检察院应当受理，并及时审查，依法作出处理。对诉讼参与人以外的人民群众就侦查活动中的违法行为提出控告或者申诉的，人民检察院应当重视，对控告、申诉材料进行审查，从中发现违法行为。

四是通过跟踪监督进行。跟踪监督是检察机关在实践中总结出来的一种有效的监督方式。主要是指定专人负责，对于侦查机关执行人民检察院批准或者不批准逮捕决定的情况，以及撤销、变更强制措施的情况进行跟踪了解，发现有违法情形的，及时履行侦查监督职能。

2. 侦查活动监督的方法

侦查活动监督的方法，是指人民检察院对于发现的侦查活动中的违法情况进行纠正、处理的措施和手段。有效的监督方法，对于确保监督的效果，促进侦查机关在侦查工作中严格执法，具有重要意义。

侦查活动监督的方法主要有：

（1）口头通知纠正。口头通知纠正，是指履行监督职责的检察人员发现侦查活动中存在情节较轻的违法行为时，以言词的方式要求侦查人员予以纠正的一种监督方法。口头通知纠正是一种较为常见的监督方法。适用这一方法应当注意：适用于情节较轻的违法行为；可以由履行监督职责的检察人员向侦查人员或者侦查机关负责人提出纠正，必要时，也可由部门负责人提出；由履行职责的检察人员提出的应及时向部门负责人汇报。

（2）书面纠正违法。书面纠正违法，是指人民检察院对于侦查活动中情节较重的违法行为以特定的书面形式要求纠正的一种监督方法。适用这一方式应当注意以下几个方面：

一是适用于情节较重的违法行为。如：严重违反诉讼程序，可能导致错误追究或者放纵犯罪的；非法拘禁或者刑讯逼供的；贪污、挪用赃款赃物的；不执行检察机关批准逮捕、不批准逮捕决定的；多次口头纠正仍不改正的等。

二是必须经检察长批准。由承办人首先制作《纠正违法通知书》，然后经部门负责人审核，报经检察长批准后再向侦查机关发出。不得由检察人员或者部门负责人自行决定。

三是注意监督落实情况。检察院发出《纠正违法通知书》后，跟踪监督落实情况，才能确保纠正违法的效果。《执法规范》第4·118条规定，人民检察院发出纠正违法通知书的，应当根据侦查机关的回复，监督落实情况；没有回复的，应当督促侦查机关回复。人民检察院提出的纠正意见不被接受的，应当向上一级人民检察院报告，并抄报上一级侦查机关。上级人民检察院认为下级人民检察院意见正确的，应当通知同级侦查机关督促下级侦查机关纠正；上级人民检察院认为下级人民检察院意见错误的，应当通知下级人民检察院撤销纠正违法通知书，并通知同级侦查机关。

（3）追究法律责任。对侦查活动中的违法行为情节严重构成犯罪的，应当追究其刑事责任，以保证侦查活动监督的严肃性。《执法规范》第4·119条规定，侦查监督部门发现侦查人员在侦查活动中的违法行为情节严重构成犯罪的，应当移送本院侦查部门审查，并报告检察长。侦查部门审查后应当提出是否立案侦查的意见，报请检察长决定。对于不属于本院或者人民检察院管辖的，应当移送有管辖权的机关处理。

对本院侦查部门侦查或者决定、执行、变更、撤销强制措施等活动中的违法行为，应当根据情节分别处理。情节较轻的，可以直接向侦查部门提出纠正意见；情节较重或者需要追究刑事责任的，应当报告检察长决定。

第三章　侦查监督工作中常见问题及应对措施

一、审查逮捕工作中的常见问题及应对措施

（一）如何理解把握审查逮捕的社会危险性条件

社会危险性条件，又称为逮捕必要性条件，主要包括两个方面的含义：一是妨碍刑事诉讼顺利进行的危险性，如逃跑、串供、毁灭罪证、干扰作证等；二是继续实施犯罪的危险性，如报复杀人、为掩盖罪行又实施新的危害社会行为等。倘若犯罪嫌疑人的社会危险性不大，就没有必要采取强制措施中最严厉的逮捕措施，而可代之以取保候审、监视居住的方法。逮捕不是刑事诉讼的必经程序，也不是唯一的强制措施，因此犯罪嫌疑人社会危险性的大小制约着逮捕的必要性。《人民检察院审查逮捕质量标准》第5条规定“采取取保候审、监视居住等方法，尚不足以防止发生社会危险性，而有逮捕必要”，是指犯罪嫌疑人具有以下情形之一的：（1）可能继续实施犯罪行为，危害社会的；（2）可能毁灭、伪造、转移、隐匿证据，干扰证人作证或者串供的；（3）可能自杀或者逃跑的；（4）可能实施打击报复行为的；（5）可能有碍本案或者其他案件侦查的；（6）犯罪嫌疑人居无定所、流窜作案、异地作案，不具备取保候审、监视居住条件的；（7）对犯罪嫌疑人不羁押可能发生社会危险性的其他情形。《人民检察院审查逮捕质量标准》第6条规定：犯罪嫌疑人涉嫌的罪行较轻，且没有其他重大犯罪嫌疑，具有以下情形之一的，可以认为没有逮捕必要：（1）属于预备犯、中止犯，或者防卫过当、避险过当的；（2）主观恶性较小的初犯、偶犯，共同犯罪中的从犯、胁从犯，犯罪后自首、有立功表现或者积极退赃、赔偿损失、确有悔罪表现的；（3）过失犯罪的犯罪嫌疑人，犯罪后有悔罪表现，有效控制损失或者积极赔偿损失的；（4）因邻里、亲友纠纷引发的伤害等案件，犯罪嫌疑人在犯罪后向被害人赔礼道歉、赔偿损失，取得被害人谅解的；（5）犯罪嫌疑人系已满14周岁未满18周岁的未成年人或者在校学生，本人有悔罪表现，其家庭、学校或者所在社区以及居民委员会、

村民委员会具备监护、帮教条件的；（6）犯罪嫌疑人系老年人或者残疾人，身体状况不适宜羁押的；（7）不予羁押不致危害社会或者妨碍刑事诉讼正常进行的其他无逮捕必要的情形。对应当逮捕的犯罪嫌疑人，如果患有严重疾病，或者是正在怀孕、哺乳自己婴儿的妇女，可以取保候审或者监视居住。上述规定对于我们在审查逮捕案件时正确认定有无逮捕必要具有重要指导作用，各级检察机关应当严格遵照执行。

（二）对于哪些类型案件要慎用逮捕措施

根据宽严相济刑事政策的精神，审查逮捕工作中对于以下几类刑事案件，应当区别不同情况，慎用逮捕措施：

一是对未成年人犯罪案件慎用逮捕措施。办理未成年人犯罪案件，应当坚持“教育、感化、挽救”的方针和“教育为主、惩罚为辅”的原则。要全面考察涉案未成年人的性格特点、家庭情况、社会交往、成长经历以及有无帮教条件等情况，除主观恶性大、社会危害严重的以外，根据案件具体情况，可捕可不捕的应不捕。

二是对因人民内部矛盾引发的轻微刑事案件慎用逮捕措施。对于因亲友、邻里及同学同事之间纠纷引发的轻微刑事案件，应本着“冤家宜解不宜结”的精神，着重从化解矛盾、解决纠纷的角度正确处理，少用、慎用逮捕措施。对于轻微刑事案件中犯罪嫌疑人认罪悔过、赔礼道歉、积极赔偿损失并得到被害人谅解或者双方达成和解并切实履行，社会危害性不大的，可以依法不予逮捕。

三是对轻微犯罪中的初犯、偶犯慎用逮捕措施。对于初次实施轻微犯罪、主观恶性小的犯罪嫌疑人，特别是对因生活无着偶尔发生的盗窃等轻微犯罪，犯罪嫌疑人人身危险性不大的，一般可以不予逮捕。

四是对群体性事件中的犯罪案件慎用逮捕措施。群体性事件往往是参与者的合理诉求与不合法的手段交织，多数人的合理诉求与少数人的无理取闹交织，群众的自发行为与别有用心者的插手、利用交织，一般性的聚集活动与极少数人“打砸抢”等暴力活动交织，问题十分复杂。必须正确区分两类不同性质的矛盾，坚持惩治少数，争取、团结、教育大多数的原则，正确予以处理。对于极少数插手群体性事件，策划、组织、指挥闹事的严重犯罪分子以及进行“打砸抢”等犯罪活动的首要分子或者骨干分子，要依法严厉打击，该捕的应当依法批捕。对于一般参与者，要立足于教育，慎用逮捕措施。

（三）对特殊主体的审查逮捕需要注意的问题

1. 对未成年犯罪嫌疑人审查逮捕时需要注意的问题

（1）要严格审查未成年犯罪嫌疑人的年龄，应当把是否已满14、16、18

周岁的临界年龄作为重要事实予以查清。刑事责任年龄应当按照“周岁”计算，“已满”是指从生日的第二天起算。需要特别注意的是，在审查逮捕过程中，如果发现实施犯罪时未满 16 周岁的未成年人，且未犯刑法第 17 条第 2 款规定之罪的，公安机关查明犯罪嫌疑人实施犯罪时年龄确系未满 16 周岁依法不负刑事责任后仍予以刑事拘留的，根据 2011 年 1 月《最高人民检察院关于对涉嫌盗窃的不满 16 周岁未成年人采取刑事拘留强制措施是否违法问题的批复》，检察机关应当及时提出纠正意见。

（2）注意是否有被胁迫情节，是否存在成年人教唆犯罪、传授犯罪方法或者利用未成年人实施犯罪的情况。

（3）注意审查方式的特殊性。第一，注意维护其诉讼权利。检察人员讯问未成年犯罪嫌疑人应当通知其监护人到场，并告知依法享有的诉讼权利和应当履行的义务。无法通知监护人或者经通知监护人未到场，或者监护人具有有碍侦查的情形而不通知的，应当记录在案。第二，注意审讯方法并有针对性地进行教育、感化、挽救工作。讯问时，应当根据该未成年人的特点和案件情况、其智力发育程度和心理状态，制定详细的讯问提纲，采取适宜该未成年人的方式进行，一般不得使用戒具。讯问女性未成年犯罪嫌疑人，应当有女检察人员参加。在讯问过程中，承办人要及时地发现教育感化点，抓住有利时机，有针对性地进行教育、感化、挽救工作。第三，适时开展社会调查工作。注意掌握未成年人的一贯表现、家庭社区环境、社会交往、性格特征、受教育程度及所受奖惩等基本情况，掌握其到案后的思想状态、悔罪表现等，分析其犯罪原因，在作出不批准逮捕决定前，应当审查其监护情况，参考其法定代理人、学校、居住地公安派出所及居民委员会、村民委员会的意见，并在《审查逮捕案件意见书》中对未成年犯罪嫌疑人是否具备有效监护条件或者社会帮教措施进行具体说明。

2. 对担任人大代表、政协委员的犯罪嫌疑人审查逮捕时需要注意的问题

（1）在侦查机关对其采取逮捕以外的其他限制人身自由的措施，依法已经人大许可或者报告的，在逮捕时是否应再次报请人大许可的问题，刑事诉讼法没有明确规定，但应按照《人民检察院刑事诉讼规则》的规定，理解为需再次报请人大许可。对公安机关侦查的案件，在实践中也基本是这样做的。但是，由于检察机关直接立案侦查案件的刑拘期限最长只有 14 天，在 14 天的刑拘期限内，检察机关很难就同一犯罪嫌疑人两次提请人大采取拘留、逮捕的强制措施；人大也不可能在刚召开常委会许可拘留后，再次召开常委会许可逮捕。尤其是上提一级改革后，刑拘期限短的问题更加突出，所以在《关于省级以下人民检察院立案侦查的案件由上一级人民检察院审查决定逮捕的规定

(试行)》中专门规定：需要逮捕担任各级人民代表大会代表的犯罪嫌疑人的，下级人民检察院应当按照《人民检察院刑事诉讼规则》第93条的规定向该代表所属的人民代表大会主席团或者常务委员会报请许可，获得许可后，向上一级人民检察院报请逮捕。我们倾向性认为，侦查机关或者部门一般应在报请人大许可刑拘的同时，报请许可逮捕。对担任政协委员的犯罪嫌疑人的逮捕，检察机关应按有关规定，向该委员所属的政协党组通报情况。

(2) 对人大主席团或者常委会不同意逮捕时应如何处理。首先检察机关应执行人大的决定，不得强行批准（决定）逮捕，否则是一种严重的违法行为。但如果不逮捕又可能发生社会危险性，确有逮捕必要的，司法实践中可视情况处理：一是检察机关可以要求人大常委会说明不许可逮捕的理由，如果认为理由不成立的，可以要求复议；二是如果意见仍不被接受，可以提交同级党委政法委协调，建议由该人大重新审议或者通过上级检察机关向上级人大常委会提请依法撤销下一级人大及其常委会的不适当的决议。

3. 对外国国籍、无国籍犯罪嫌疑人审查逮捕时需要注意的问题

(1) 应注意对外国国籍和无国籍人员身份的认定，从其持有的合法有效的外国护照或者身份证明判断。对同时持有外国护照和中国护照的人员应按取得合法有效身份证明的时间顺序来确定。对没有合法有效的身份证明，但又自称外国人并具有可信性的，按无国籍人对待。

(2) 注意审查是否享有外交特权和豁免权。在审查批捕阶段，遇有外国犯罪嫌疑人提出具有外交特权和豁免权时，应及时层报最高人民检察院商请外交部决定。

(3) 对港澳台人员犯罪案件的审理，不应按照涉外案件办理，但应严格区分是否具有涉外因素，对其中具有涉外因素的案件，按涉外案件的内部审批程序办理。特别是对有重大影响的案件，要注意加强与统战、台办等部门的工作联系，及时通报和交换意见，同时要及时报告上级院。

(四) 审查逮捕阶段对非法证据的处理问题

对犯罪嫌疑人供述和证人证言、被害人陈述，要结合全案的其他证据，综合审查其内容的客观真实性，同时审查侦查机关（部门）是否将每一次讯问、询问笔录全部移送。对以刑讯逼供取得的犯罪嫌疑人供述和采用暴力、威胁手段取得的证人证言、被害人陈述，应当依法排除；对于其他非法手段，重点把握其违法危害程度与刑讯逼供和暴力、威胁手段是否相当，决定是否依法排除。犯罪嫌疑人或者其聘请的律师提出受到刑讯逼供的，应当要求其提供相关的证据或者线索，并认真予以核查。认为有刑讯逼供嫌疑的，应当要求侦查机关（部门）提供全部讯问笔录、原始讯问过程的录音录像、出入看守所的健

康检查情况、看守人员的谈话记录以及讯问过程合法性的说明；必要时，可以询问讯问人员、其他在场人员或者证人，调取驻所检察室的相关材料。发现犯罪嫌疑人有伤情的，应当及时对伤势的成因和程度进行必要的调查和鉴定。对同步录音录像有疑问的，可以要求侦查机关（部门）对不连贯部分的原因予以说明，必要时可以协同检察技术部门进行审查。

（五）如何理解错捕与国家赔偿的关系

实践中一些人认为，捕后引发国家赔偿的案件都属于错捕，对办案人员应当进行错案责任追究。我们认为，这种认识是不正确的。修改后的国家赔偿法将错捕赔偿改为无罪结果赔偿，取消了“错误逮捕”的概念。错捕与国家赔偿并非简单的对应关系。是否错捕，关键在于批捕时是否符合法定逮捕条件。符合条件的逮捕，即使日后达不到起诉或者判刑条件而不能确定犯罪嫌疑人有罪，需要进行国家赔偿，也不能认定为错捕；反之，如果批捕时不符合法定条件，捕后被撤销案件或者决定不诉、判决无罪，则不论是否属于可以免除国家赔偿的情形，均应认定为错捕，并追究执法过错责任。对此，如果不能正确认识，既会影响依法赔偿，也会影响依法行使批捕权，导致该捕不捕。

（六）案件汇报准备中应当注意的问题

1. 全面掌握案情。办案人员在对案件重要事实、关键证据或者相关犯罪情节进行准备的同时，对影响案件处理的细节问题也应做到心中有数，以免在汇报后领导仍反复多次补充提问，造成案件讨论时间延长、效率不高的情况。

2. 注意突出重点。汇报提纲要注意突出重点，紧紧围绕争议焦点阐述理由、分析证据。如对涉及多案犯的案件，要突出当事人之间的关系以及各犯罪嫌疑人在共同犯罪中的地位和作用，涉及多事实的案件，对于众多证据进行分类组合并汇总说明其证明作用等。

3. 观点鲜明透彻。办案人员在制作汇报提纲时，应将各方分歧意见进行汇总，并充分结合事实和法理两方面深入地阐明和论证自己的观点。不能就事论事，简单地罗列事实和证据，回避或者隐瞒个人倾向性观点，或者提出模棱两可的处理意见，搞折中主义。

4. 形式简洁明快。书面或者多媒体汇报提纲相对于《审查逮捕案件意见书》，内容更为精练，主次更加清晰，切忌全面冗长。多媒体课件作为汇报案件的辅助手段，如照搬照抄书面汇报提纲，则失去了制作的意义，但也切忌形式花哨，而忽视了汇报的实质内容。

二、立案监督工作中应当注意的问题

(一) 要注意立案监督工作的规范化

检察机关是国家的法律监督机关，在开展立案监督工作中应当更加注意严格执法、规范执法。开展刑事立案监督工作，一定要严格把握立案监督的条件、程序，要经认真审查和调查，才能启动立案监督程序，确保立案监督工作的准确性，切实防止轻易和草率。

(二) 要切实纠正公安机关对监督立案的案件“消极侦查”现象

一要加强监督立案后的跟踪，了解是否存在立而不查、久拖不决的现象，何时报捕、是否移送审查起诉。二要加强与公安机关的联系与配合，注意及时催办。对于因犯罪嫌疑人外逃、证据缺失等原因导致案件搁浅的，主动提出侦查取证的建议，协助其尽快破案。三要加强对立而不侦、侦而不结背后司法腐败的查处力度，增加立案监督的法律威慑力。四要提请上级检察院通过其同级公安机关对负责侦查工作的下级公安机关进行督办。

(三) 要正确处理立案监督数量、质量和效果的关系

立案监督工作要取得实效，既要强化监督的力度，又要重点突出。从理论上分析，立案监督和侦查活动监督与审查逮捕不同，前者属于主动型监督、督察型监督。对于立案监督工作，需要不等不靠，主动出击，扩大监督线索的来源，保持一定的数量规模，才能强化监督的力度，这实质上也是监督效果的体现。但是，我们也应当看到，立案监督工作不能以片面追求数量为目标，还要突出监督的重点，大力提高监督案件的质量，才能收到更大的成效。

要重点监督纠正有罪不究、以罚代刑和违法立案、动用刑事手段插手经济纠纷等人民群众反映强烈的问题。要继续加大对黑恶势力犯罪、严重暴力犯罪和破坏社会主义市场经济秩序犯罪，破坏环境、资源犯罪，尤其是侵害农民利益、危害农业生产、影响农村稳定的犯罪，以及制售有毒有害食品药品等涉及民生犯罪的监督。而对于危害性不大的轻微刑事案件、当事人达成刑事和解的案件、未成年人、老年人所犯轻微刑事案件等，一般不要启动立案监督程序。要把能否有效化解社会矛盾，促进社会和谐作为考量立案监督工作的重要指标，全面考评立案监督工作。

(四) 要加强对行政执法机关移送涉嫌犯罪案件的监督，建立健全行政执法与刑事司法相衔接机制

加强对行政执法机关移送涉嫌犯罪案件的监督，推动建立健全行政执法与刑事司法相衔接机制是检察机关充分发挥刑事立案监督职能的内在要求，也是当前和今后一定时期之内刑事立案监督工作的一项重要内容。这项工作的核心

就是督促行政执法机关及时移送、监督公安机关及时立案侦查涉嫌犯罪案件。在工作中，要认真审查行政执法机关抄送的《行政处罚决定书》副本，认为确属涉嫌犯罪、应当移送追究刑事责任而不移送的，要向行政执法机关提出移送的书面意见并督促落实。行政执法机关对公安机关不立案的决定有异议，建议检察机关进行立案监督的，检察机关要认真审查，依法开展立案监督。行政执法机关对案情复杂、疑难，是否构成犯罪难以认定的案件向检察机关咨询的，检察机关要认真研究并及时回复意见。对已经立案侦查的重大案件，可适时介入侦查活动，提出完善、固定证据的意见。发现应当移送而不移送，或者干预执法、阻挠移送和刑事追诉涉嫌犯罪的，检察机关要坚决依法查办。

三、侦查活动监督工作中应当注意的问题

（一）公安机关不接受纠正违法的问题

司法实践中经常发生人民检察院发现公安机关侦查活动有违法行为，发出《纠正违法通知书》以后，公安机关不接受检察机关提出的纠正违法意见的情况。较多地表现为：既不改正，也不予以回复。检察人员为监督改正落实情况进行催问，公安有关部门则相互推诿。出现这种情况，检察机关应当根据刑事诉讼法的立法精神和《人民检察院刑事诉讼规则》的规定，向上一级人民检察院报告，并抄报上一级公安机关。上级人民检察院认为下级人民检察院意见正确的，应当通知同级公安机关纠正；上级人民检察院认为下级人民检察院纠正违法的意见错误的，应当通知下级人民检察院撤销《纠正违法通知书》，并通知同级公安机关。

（二）关于超期羁押的问题

实践中，侦查机关不严格执行羁押期限的情形仍然存在，严重侵犯了犯罪嫌疑人的合法权益。针对超期羁押问题，除人民检察院直接对侦查机关进行监督外，法律也赋予了犯罪嫌疑人一方的救济措施。《执法规范》第 4 · 116 条规定，犯罪嫌疑人及其法定代理人、近亲属或者犯罪嫌疑人委托的律师及其他辩护人认为人民检察院批准或者决定逮捕的犯罪嫌疑人羁押超过法定期限，向人民检察院提出释放犯罪嫌疑人或者变更逮捕措施要求的，由侦查监督部门审查。侦查监督部门应当向侦查机关或者办理案件的侦查部门了解有关情况，并在 7 日内审查完毕。侦查监督部门经审查认为超过法定期限的，应当提出释放犯罪嫌疑人或者变更逮捕措施的意见，经检察长批准后，通知侦查机关执行；经审查认为未超过法定期限的，书面答复申诉人。

四、审查批准（决定）延长侦查羁押期限中需要注意的问题

审查批准延长侦查羁押期限是法律赋予检察机关行使的一项司法权力，是检察权的重要组成部分。近年来，各地侦查机关（部门）提请批准延长侦查羁押期限案件大幅增加，从总体看，办案质量是好的，但也存在侦查机关（部门）提请不依法、不规范，检察机关审查把关不严、流于形式等问题。各级检察机关办案人员要进一步提高认识，树立以人为本和保护人权的刑事司法理念，摒弃重实体、轻程序，重配合、轻监督的陈旧观念，充分履行法律监督职责，严格按照刑事诉讼法、《人民检察院刑事诉讼规则》及高检院的有关规定，认真办理延长侦查羁押期限案件，维护国家法律的尊严，保障刑事诉讼活动的顺利进行，保护犯罪嫌疑人、被告人的合法权益，确保办案质量。

（一）依法办理提请批准延长侦查羁押期限的案件

根据刑事诉讼法第 124 条的规定，对犯罪嫌疑人逮捕后的侦查羁押期限不得超过 2 个月。案情复杂、期限届满不能终结的案件，可以经上一级人民检察院批准延长 1 个月。本条规定是首次提请延长侦查羁押期限案件的法律依据，要点是对“案情复杂，期限届满不能终结的案件”条件的把握，根据刑事诉讼法、《人民检察院刑事诉讼规则》的规定，“案情复杂，期限届满不能终结的案件”主要指下列案件：（1）涉案犯罪嫌疑人在 3 人以上或者同案犯在逃的共同犯罪案件；（2）一名犯罪嫌疑人涉嫌多起犯罪或者多个罪名的；（3）案件定性争议大，在适用法律上确有疑难的；（4）涉外案件或者需要境外取证的；（5）与大要案有牵连，且影响大要案处理，大要案尚未终结的案件；（6）具有刑事诉讼法第 126 条列举的四类案件情形的。

“期限届满不能侦查终结”案件，一般应当是客观上具有侦查难度，并经过侦查机关（部门）最大限度努力，仍在现有侦查期限内不能侦查终结的案件。

关于“上一级人民检察院”，应当是指正在进行侦查，期限届满不能侦查终结的侦查机关的上一级人民检察院。

（二）第二次提请延长侦查羁押期限的法定案件

根据刑事诉讼法第 126 条的规定，下列案件在第 124 条规定的期限届满不能侦查终结的，经省、自治区、直辖市人民检察院批准或者决定，可以延长 2 个月：（1）交通十分不便的边远地区的重大复杂案件；（2）重大的犯罪集团案件；（3）流窜作案的重大复杂案件；（4）犯罪涉及面广，取证困难的重大复杂案件。

刑事诉讼法第 126 条的规定，是对适用第 124 条延长侦查羁押期限后，仍

不能侦查终结的几种特殊情况的明确列举。本规定的四类案件，一是与前述列举的五类案件同属于“案情复杂”，二是较前五类情况更加“案情复杂”的情形，只有在适用刑事诉讼法第 124 条已经延长侦查羁押期限的基础上，又具备本规定四类情形的，方可考虑结合其他案情予以第二次批准延长侦查羁押期限。

（三）第三次提请延长侦查羁押期限的法定案件

根据刑事诉讼法第 127 条的规定，对犯罪嫌疑人可能判处 10 年有期徒刑以上刑罚，依照第 126 条规定延长期限届满，仍不能侦查终结的，经省、自治区、直辖市人民检察院批准或者决定，可以再延长 2 个月。适用本条的要点是“可能判处 10 年有期徒刑以上刑罚，依照第 126 条规定延长期限届满，仍不能侦查终结的”。因此，不可能判处 10 年有期徒刑以上刑罚的案件，或者在法定延长期限内，经侦查机关（部门）主客观努力能够侦查终结的，不适用本规定，依法不予批准延长侦查羁押期限。

（四）提请批准延长侦查羁押期限案件报送时间及材料要求

根据《人民检察院刑事诉讼规则》第 225 条的规定，侦查机关（部门）需要延长侦查羁押期限的，应当在侦查羁押期限届满 7 日前，向同级人民检察院移送延长侦查羁押期限意见书，写明案件的主要案情和延长侦查羁押期限的具体理由。根据《最高人民检察院侦查监督厅关于各省级人民检察院侦查监督部门规范办理提请批准延长侦查羁押期限案件的通知》，各省级检察院侦查监督部门对同级侦查机关（部门）移送的提请延长侦查羁押期限案件，审查后向最高人民检察院侦查监督部门报送的，应当在侦查期限届满 4 日前，报送提请延长侦查羁押期限的意见及相关材料。如交付邮寄时间来不及的，应当加急密传，并同时以机要邮寄方式报送案件正式文书、材料。办理犯罪嫌疑人、被告人在押的案件，需要向上级机关请示的，请示、答复时间应当计入办案期限。

本条所称“延长侦查羁押期限的意见书”和“有关材料”，主要是指侦查机关报送材料，具体包括：

1. 侦查机关《提请延长侦查羁押期限的意见书》（加盖单位公章）。

2. 《提请延长侦查羁押期限的报告》，写明犯罪嫌疑人基本情况、主要案情和延长侦查羁押期限的具体理由。依据刑事诉讼法第 124 条提请延押的，应写明在逮捕犯罪嫌疑人后做了哪些工作，本次提请延长 1 个月的侦查提纲、计划等；依据刑事讼诉法第 126 条或者第 127 条提请延押的，应当写明上一次延押之后已经做了哪些工作，此次提请延押两个月的侦查提纲、计划。

3. 侦查监督部门制作的《提请延长侦查羁押期限审查报告》（加盖检察

院公章)。属于县级公安机关移送县级检察院提请省级检察院批准延押的，市级检察院应当将县级检察院审查报告归档备查，向省级检察院报送案件审查报告；对于已经向侦查机关发出《提供法庭审判所需证据意见书》的案件，应当对照审查侦查机关侦查进展情况、提请延押的侦查提纲等，对于侦查机关未说明延押理由或者侦查工作无明显进展的，提出不予批准延长侦查羁押期限的意见。

4. 有关附件（复印件）:《批准逮捕决定书》、《逮捕证》、《审查逮捕案件意见书》及重新计算侦查羁押期限的相关法律文书。

5. 需要说明的情况等其他材料。

检察院职务犯罪侦查部门报送的材料具体如下：

1. 自侦部门《提请延长侦查羁押期限的意见书》(加盖部门公章)。

2. 审查批捕部门制作的《提请延长侦查羁押期限报告书》（盖检察院公章)。

3. 审查批捕部门制作的《提请延长侦查羁押期限审查报告》（盖检察院公章)。属于县级检察院提请省级检察院批准延押的，市级检察院应当将县级检察院审查报告归档备查，向省级检察院报送案件审查报告。

4. 有关附件（复印件）:《批准逮捕决定书》、《逮捕证》、《审查逮捕案件意见书》及重新计算侦查羁押期限的相关法律文书。

5. 需要说明的情况等其他材料。

（五）检察机关自侦案件报请延押程序

1. 省级以下（含省级）人民检察院直接立案侦查的案件，案情复杂、期限届满不能终结，需要延长侦查羁押期限的，负责立案侦查的人民检察院侦查部门应当提出移送延长侦查羁押期限的意见并附有关材料，经本院侦查监督部门审查，依法向上一级人民检察院报请延长侦查羁押期限或者层报省级人民检察院批准延长侦查羁押期限。

最高人民检察院直接立案侦查的案件依上述规定需要延长侦查羁押期限的，直接决定延长侦查羁押期限。

2. 基层人民检察院和分、州、市人民检察院直接立案侦查的案件，属于交通十分不便的边远地区的重大复杂案件、重大的犯罪集团案件、流窜作案的重大复杂案件和犯罪涉及面广、取证困难的重大复杂案件，在依照刑事诉讼法第 124 条规定的期限届满前不能侦查终结的，经省、自治区、直辖市人民检察院批准，可以延长 2 个月。

省级人民检察院直接立案侦查的案件，属于上述情形的，可以直接决定延长 2 个月。

3. 基层人民检察院和分、州、市人民检察院直接立案侦查的案件，对犯罪嫌疑人可能判处10年有期徒刑以上刑罚，依照刑事诉讼法第126条的规定延长羁押期限届满，仍不能侦查终结的，经省、自治区、直辖市人民检察院批准，可以再延长2个月。

省级人民检察院直接立案侦查的案件，属于上述情形的，可以直接决定再延长2个月。

最高人民检察院直接立案侦查的案件，依照刑事诉讼法的规定需要延长侦查羁押期限的，直接决定延长侦查羁押期限。

（六）特别重大复杂案件的延押程序

根据刑事诉讼法第125条的规定，因为特殊原因，在较长时间内不宜交付审判的特别重大复杂的案件，由最高人民检察院报请全国人民代表大会常务委员会批准延期审理。本条规定在实践中数量较少，需要严格的呈报和审批程序。

（七）重新计算侦查羁押期限

根据刑事诉讼法第128条的规定，在侦查期间，发现犯罪嫌疑人另有重要罪行的，自发现之日起依照本法第124条的规定重新计算侦查羁押期限。犯罪嫌疑人不讲真实姓名、住址，身份不明的，侦查羁押期限自查清其身份之日起计算，但是不得停止对其犯罪行为的侦查取证。对于犯罪事实清楚，证据确实、充分的，也可以按其自报的姓名移送人民检察院审查起诉。重新计算侦查羁押期限，应当注意以下几点：

1. “另有重要罪行”是指与逮捕时的罪行不同种类的重大犯罪和同种类的将影响罪名认定、量刑档次的重大犯罪。

2. 由人民检察院立案侦查需要重新计算侦查羁押期限的案件，应当由侦查部门提出重新计算侦查羁押期限的意见移送本院侦查监督部门审查。侦查监督部门审查后应当提出是否同意重新计算侦查羁押期限的意见，报检察长决定。

3. 公安机关立案侦查需要重新计算侦查羁押期限的，应当自发现之日起5日内报县级以上公安机关负责人批准决定，同时报送原批准逮捕的人民检察院备案。人民检察院对公安机关重新计算侦查羁押期限的备案，由侦查监督部门审查，认为公安机关重新计算侦查羁押期限不当的，应当提出纠正意见，报检察长决定后，通知公安机关纠正。

第七编　公诉工作

【工作流程图】

（一）县级院公诉业务流程

县级院公诉业务流程系统整个流程可分为三项：（1）案件受理→案件审查→提起公诉/不起诉→审查判决裁定→抗诉；（2）检察建议流程；（3）审批流程。其中县级院公诉部门各个环节审批流程均为：主诉检察官自行决定、科长审批、主管副检察长审批、检察长审批、检委会讨论，以下以审批简称这一过程。下面依据这几个流程对其功能进行划分。

1．县级院公诉业务总流程

县级院公诉业务总流程图

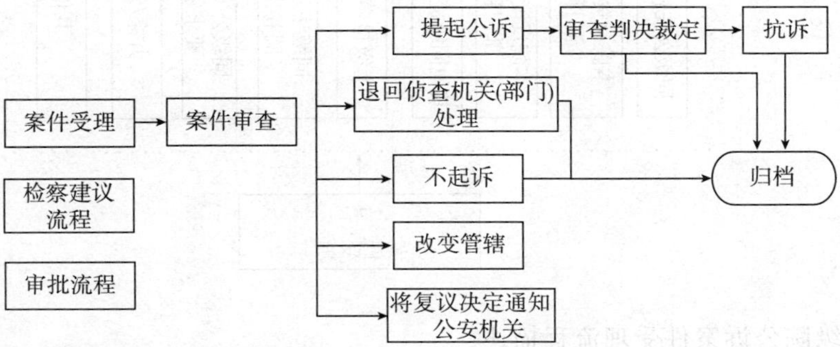

县级院公诉业务总流程描述：

以案件为主线，自受理环节开始，符合受理条件的进入审查办理环节，办理结果分五项：退回侦查机关（部门）处理、提起公诉、不起诉、改变管辖和将复议决定通知公安机关。其中提起公诉、不起诉以子流程详述，提起公诉后接审查判决裁定抗诉子流程。检察建议流程和审批流程均较特殊，在总流程当中不易纳入，故也单独设计流程。

2．县级院公诉案件受理流程

时间约束：案件受理期限为7日内。

县级院公诉案件受理流程图

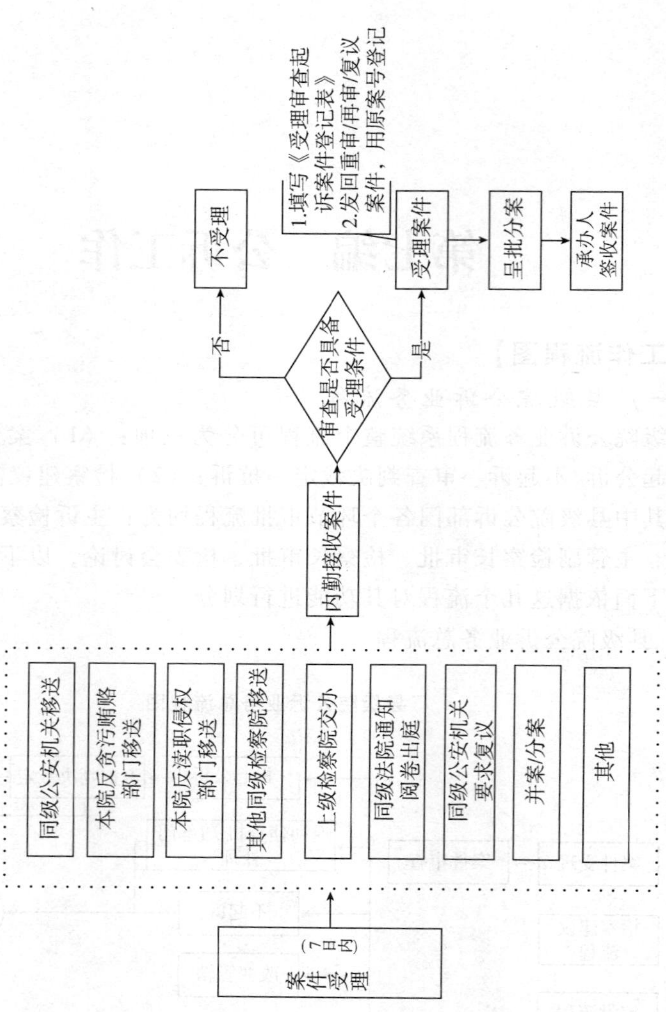

县级院公诉案件受理流程描述：

案件受理在7日内完成，来源分别是同级公安机关、本院侦查部门、同级检察院、上级检察院、同级法院和其他。其中不起诉复议案件与公安机关移送案件有区别，故单列；同级法院来源主要是发回重审和再审案件；其他一项作兜底用，比如平行部门征求意见的，可归入此类。内勤接收案件填写登记表，这一环节视接口情况可共享来源部门数据，需要注意的是以后每案一号，已经登记有案号的，比如发回重审、再审和复议案件，用原案号登记，添加新的内容。审查是否受理各地做法不一，有的是内勤统一审查，有的是案管中心审查，有的是科长分案后承办人审查，不符合条件的再退回内勤，考虑公诉案件在实践中比较复杂，所有环节都应设计为可逆的，因此流程作此表示，不影响实践中不同的做法。

3. 县级院公诉案件办理流程

县级院公诉案件办理流程图

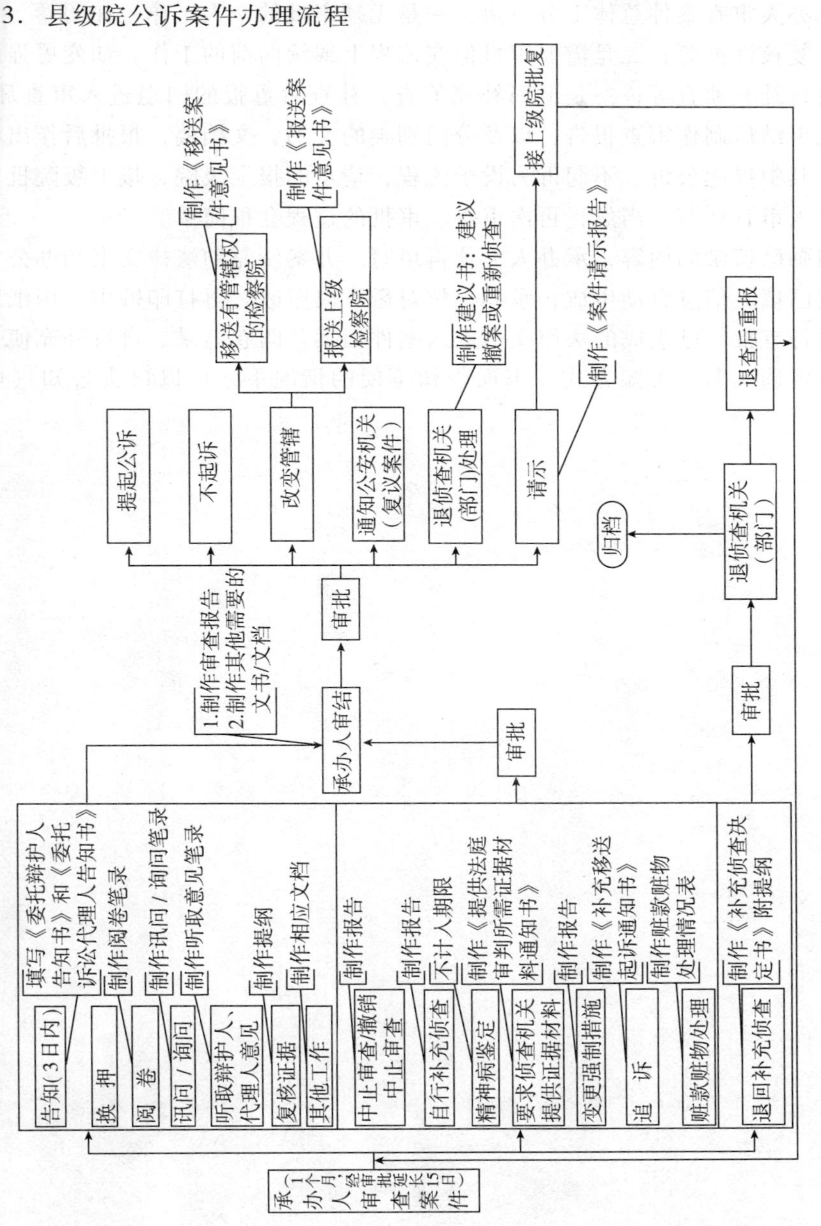

时间约束：案件审查期限为 1 个月，经审批可延长 15 日。

县级院公诉案件办理流程描述：

承办人审查案件总体上分三块：一是无须审批的个人工作，如阅卷、讯问询问、复核证据等；二是需要审批但在流程上继续向前的工作，如变更强制措施、自行补充侦查等；三是退回补充侦查，补查后重报的回退进入审查环节。承办人审结后制作审查报告，以及分门别类的文书、文档稿，报批后作出不同处理，其中提起公诉、不起诉另设子流程，请示的报上级院，接上级院批复后再次进入审查环节。当然，再次审查、审批的过程会很简单。

内勤已填录的内容，承办人无须再填写。办案所需的法律文书和办公文书可依据已填入信息自动生成，承办人核对后可以更改，再打印输出。用纸质的文书进行审批。已生成的法律文书进入案件档案。阅卷笔录、自行补充侦查报告等是可选文书。告知方式在书面告知不便的情况下，可以口头告知（电话告知）。

4. 县级院提起公诉流程

县级院提起公诉流程图

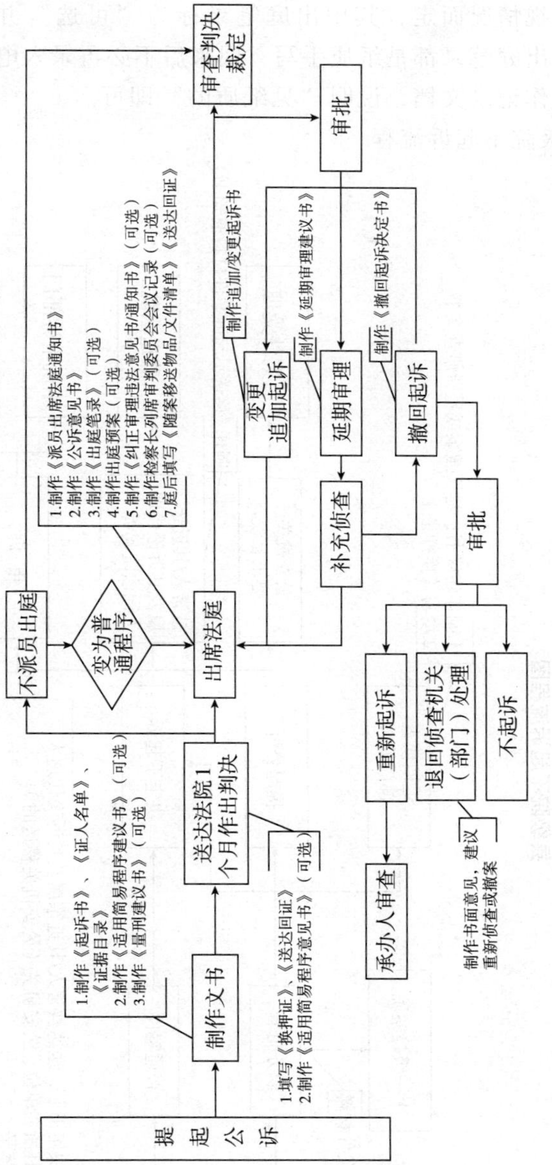

县级院提起公诉流程描述：

提起公诉阶段，制作起诉书等文件在承办人和审批之间会有几次反复修改过程。送达法院后以是否派员出庭划分：不派员出庭的简易程序案件，正常的多数案件直接进入审查判决裁定环节，发生变化改为适用普通程序的，进入出席法庭环节；派员出席法庭的，需要制作一些文档，除公诉意见书等必不可少的外，其他视情况而定，其中出庭笔录标为“可选”并不是指可作可不作，而是指一般出庭笔录都是纸质手写，回来后不必再录入电脑，可在系统上做一个简单的工作记录文档，说明“见纸质的”即可。

5. 县级院不起诉流程

县级院不起诉流程图

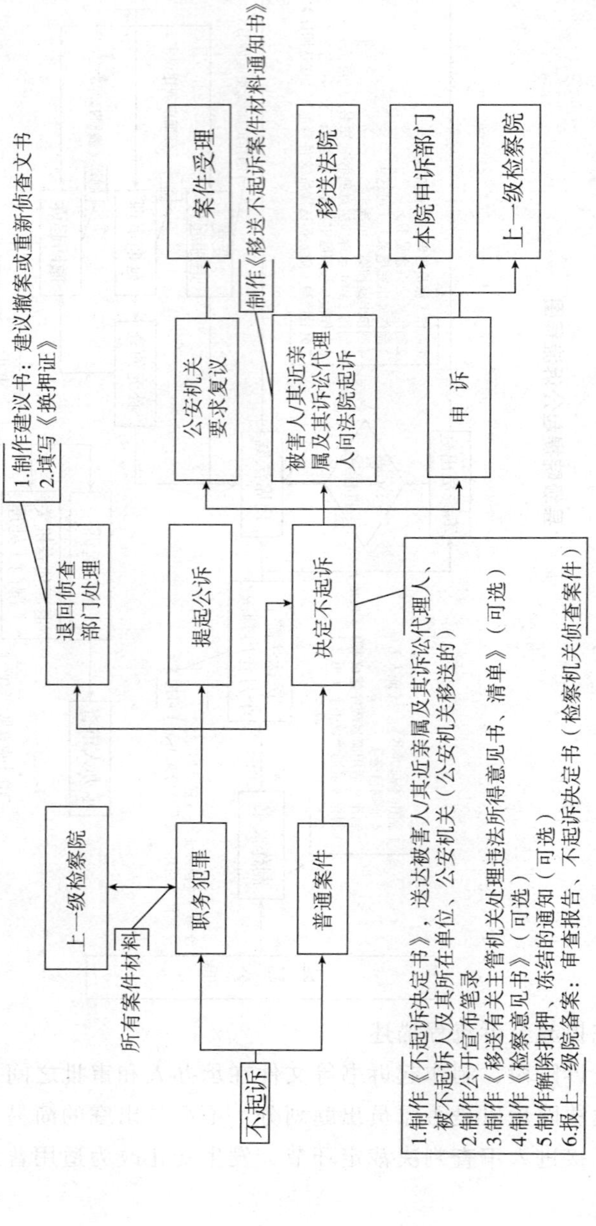

县级院不起诉流程描述：

不起诉案件以是否职务犯罪划分，职务犯罪案件需报上级院审批，结果视上级院意见而定。决定不起诉后，公安机关要求复议的转入案件受理，被害人等向法院起诉的移送至法院，申诉的转入本院申诉部门或者上级院。有公开审查、人民监督员评议的，不影响流程走向，制作相应的文件文档记录过程即可。

6．县级院审查判决、裁定抗诉流程

县级院审查判决、裁定抗诉流程图

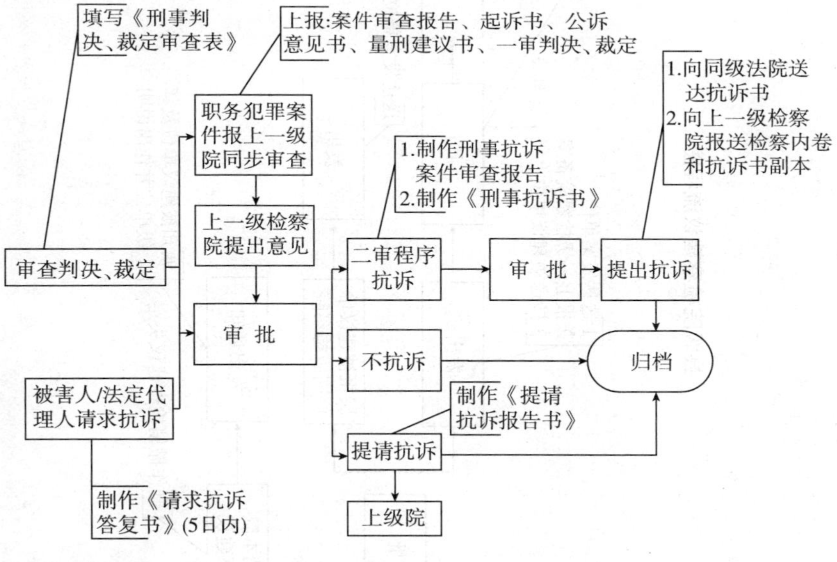

县级院审查判决、裁定抗诉流程描述：

审查判决裁定填写审查表，职务犯罪案件报上级院同步审查，上级院反馈意见后一并进入审批环节。审批后结果有三种：一是按二审程序抗诉，再次经审批后送法院并报上级院；二是不抗诉的结案归档；三是判决已生效的，制作提请抗诉报告报上级院。

7．县级院检察建议流程

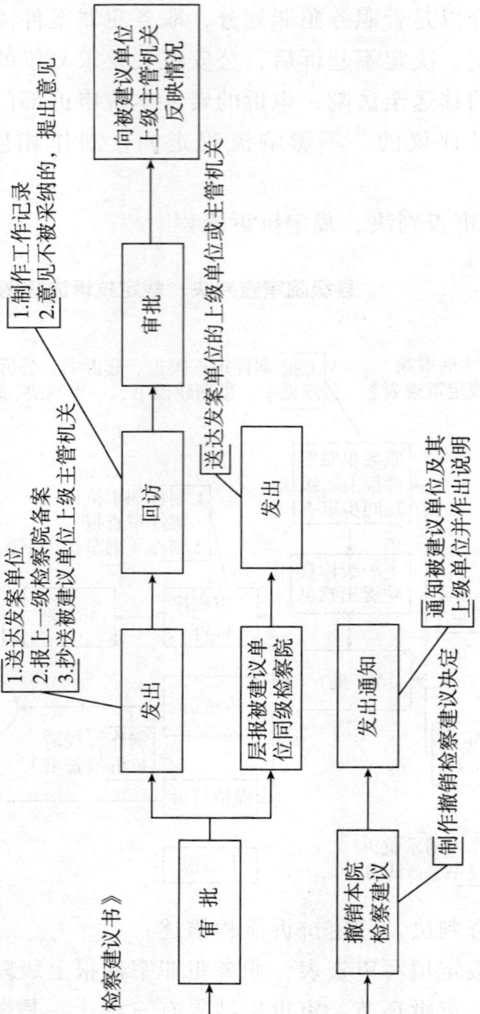

县级院检察建议流程图

县级院检察建议流程描述：

这个流程的依据是《人民检察院检察建议工作规定（试行）》。需要注意的有两点：一是拟向发案单位的上级单位发检察建议的，如果与本院不同级，应层报与其同级的检察院；二是撤销检察建议的，单设流转环节，与发出流程不交叉。

8. 县级院审批流程

县级院审批流程图

县级院审批流程描述：

各地因公诉案件千差万别、在审批上又做法不一，五级审批具有递进关系，但并非每级必经，允许跳跃和回退，如承办人不经主诉官可直接报部门负责人甚至副检察长，检察长可直接退给主诉检察官甚至承办人等。这一流程的重点：一是要灵活，以适应实践中的不同需要；二是讨论环节不需要在流程当中体现，制作相应的讨论记录即可。网上审批可作出设计，但允许虚置。纸质手动审批仍是主导，原因之一是网上不易研读和修改，大量的文书修改审阅工作仍将在纸上完成；二是归档要求纸质。

（二）市级院公诉业务流程

市级院公诉业务流程系统也分为三项：1. 案件受理→案件办理→出庭/不起诉→审查判决、裁定抗诉；2. 检察建议流程；3. 审批流程。其中审批流程与县级院相同。

1. 市级院公诉业务总流程

市级院公诉业务总流程图

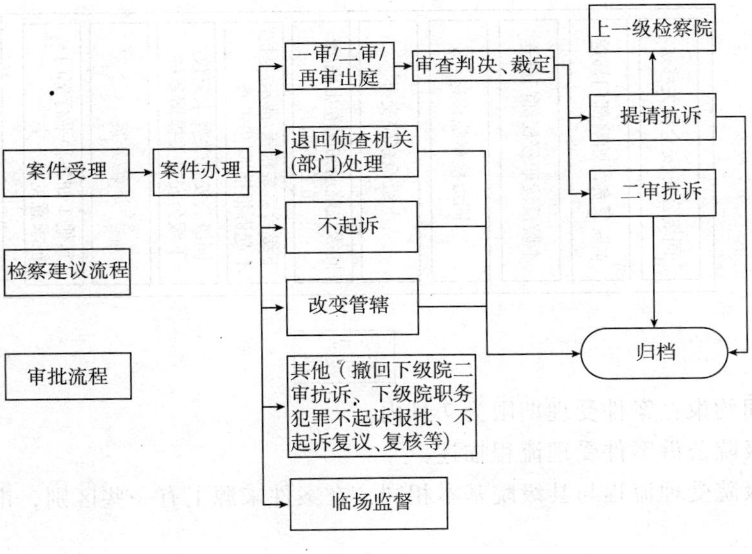

市级院公诉业务总流程描述：

以案件为主线，自受理环节开始，符合受理条件的进入审查办理环节，办理结果分五项：退回侦查机关（部门）处理、出庭、不起诉、改变管辖和其他。其中出庭、不起诉以子流程详述，出庭后接审查判决、裁定抗诉子流程。检察建议和审批单独设计流程。

2. 市级院公诉案件受理流程

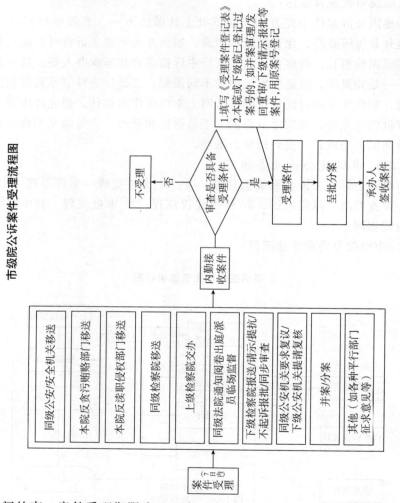

市级院公诉案件受理流程图

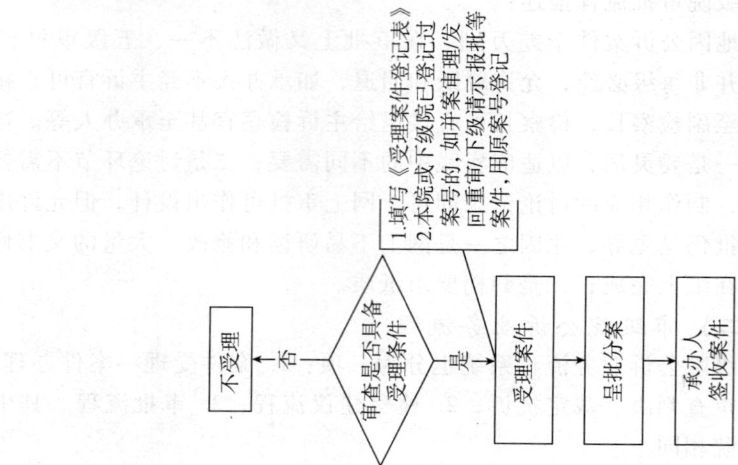

时间约束：案件受理期限为7日内。

市级院公诉案件受理流程描述：

市级院受理流程与县级院基本相同，在案件来源上有一些区别，市级院增设其他一项，用于涵盖不好归类的项目。初始受理案件编号，由高检院统一编码。

3. 市级院公诉案件办理流程

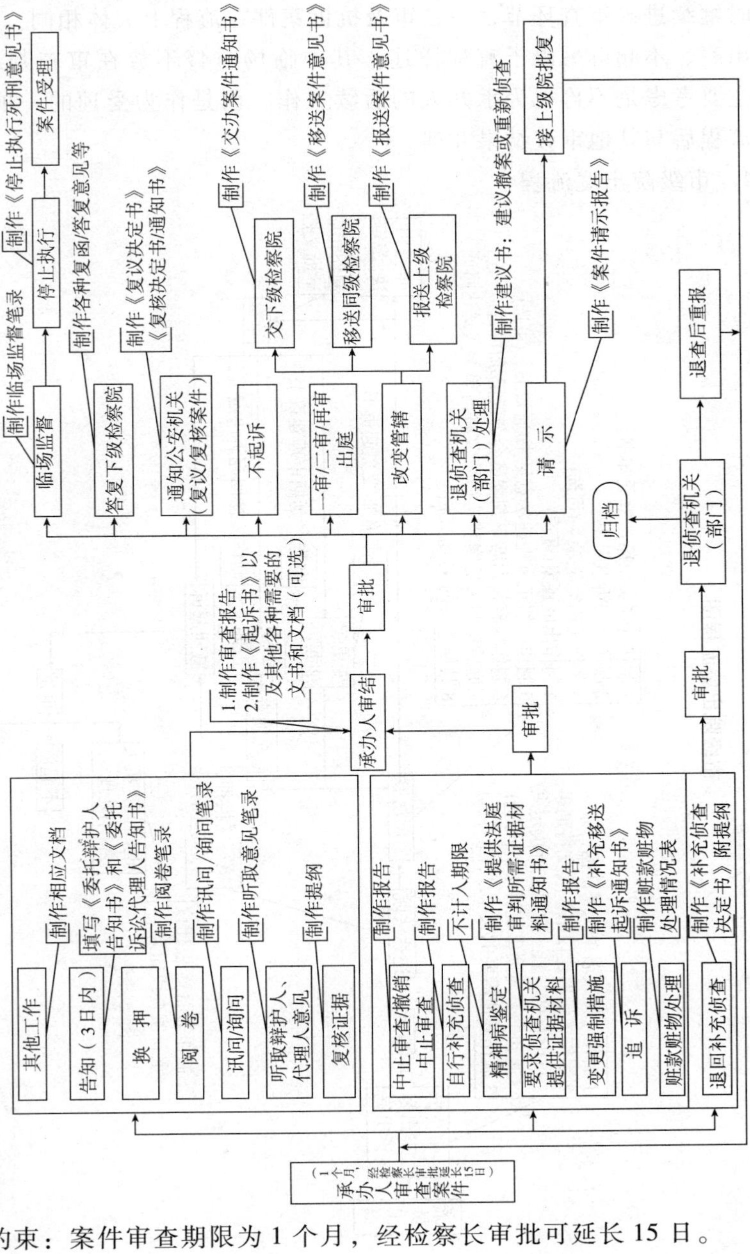

市级院公诉案件办理流程图

时间约束：案件审查期限为1个月，经检察长审批可延长15日。

市级院公诉案件办理流程描述：

承办人审查阶段工作与县级院大致一样，也是按审批与否以及对流程走向的影响分为三块工作。审结并经审批后出现8项结果，其中请示案件自上级院返回时继续进入审查环节，一二审及抗诉案件在流程上大体相同，以出庭概括之，出庭、不起诉另以子流程详述。其中临场监督不放在审查判决、裁定之后，主要考虑是不再视为承办人的后续工作，而是作为受理的一项，走审查、审批流程后与其他审查结果并列。

4．市级院出庭流程

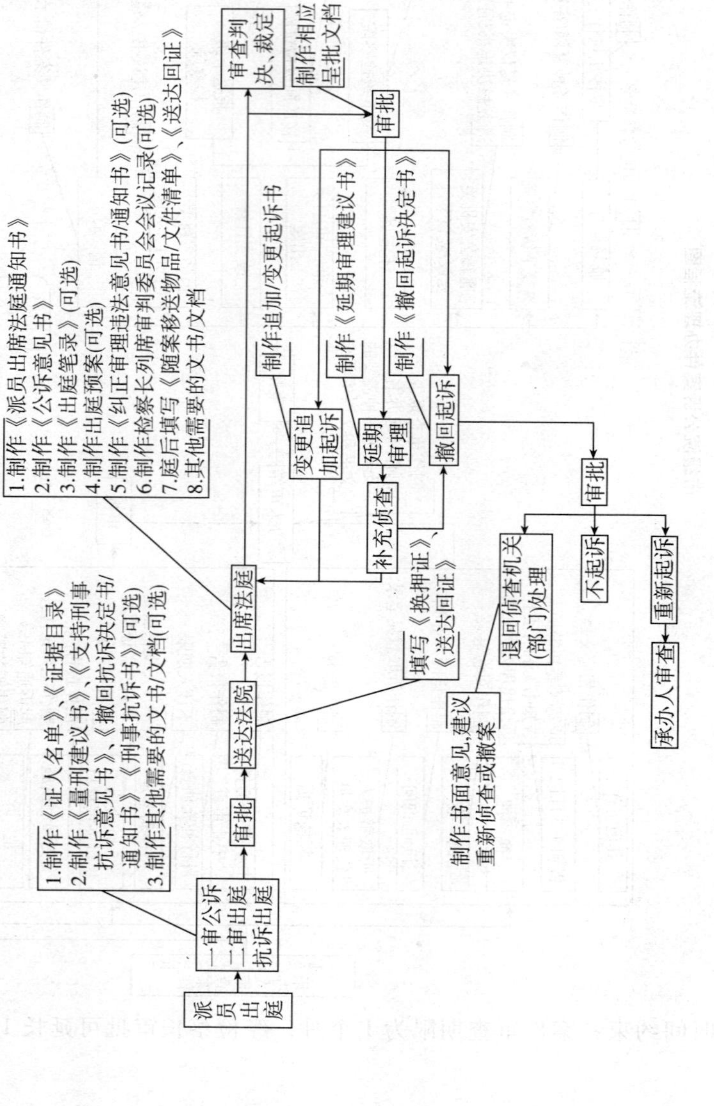

市级院出庭流程图

市级院出庭流程描述：

一审、二审和抗诉案件经审批送达法院后接出席法庭，在这个环节视案件类型制作相应的文书和文档，后接审查判决、裁定流程。其中，在出庭过程中与县级院一样，经审批后可能出现变更追加起诉、延期审理和撤回起诉三种情况。

5. 市级院不起诉流程

市级院不起诉流程图

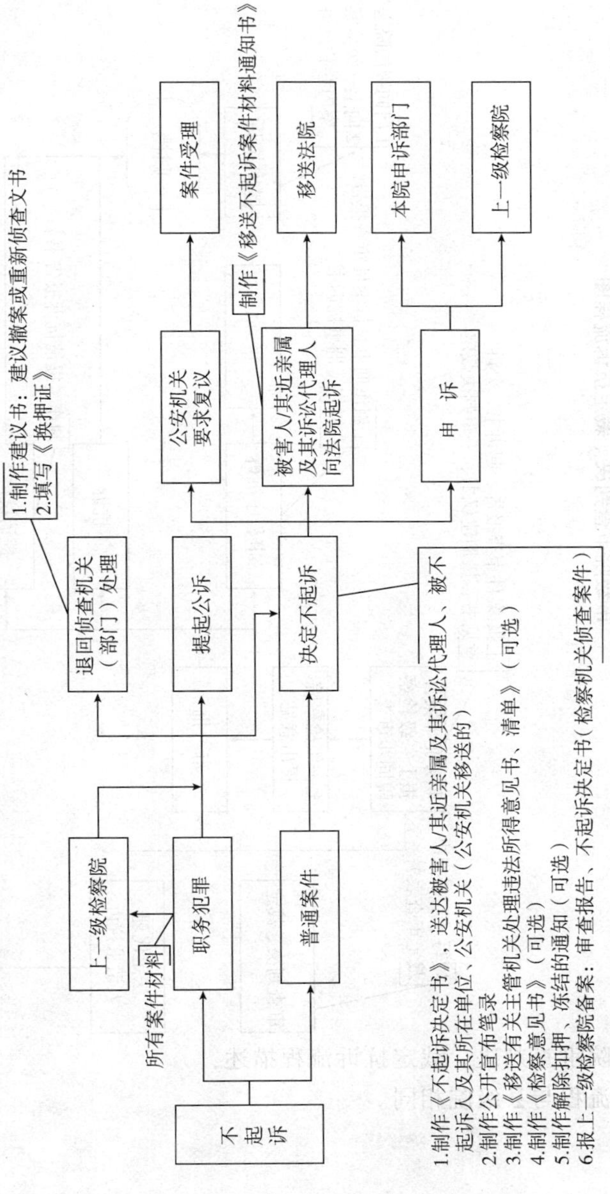

市级院不起诉流程描述：

市级院不起诉流程与县级院相同。

6. 市级院审查判决、裁定抗诉流程

市级院审查判决、裁定抗诉流程图

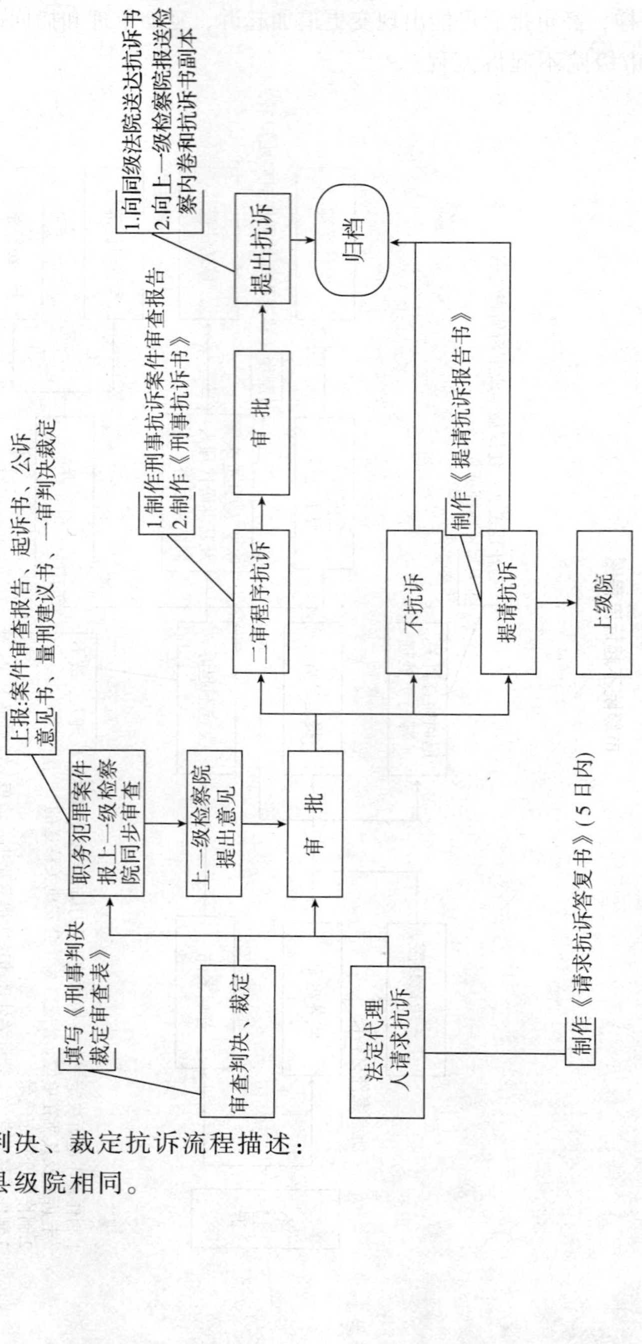

市级院审查判决、裁定抗诉流程描述：

这一流程与县级院相同。

7．市级院检察建议流程

市级院检察建议流程图

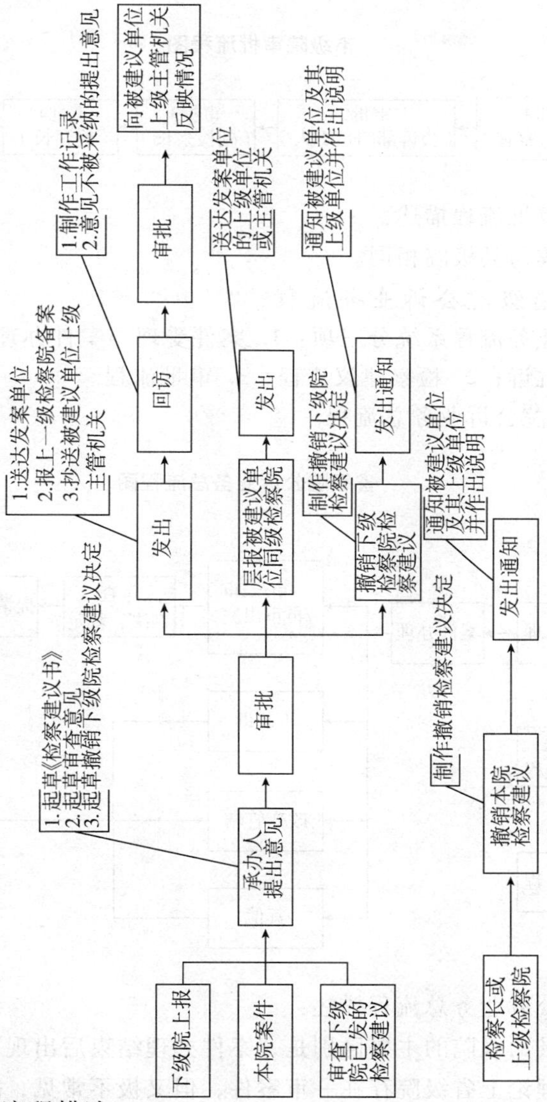

市级院检察建议流程描述：

市级院检察建议流程与县级院基本相同，区别是可以审查下级院已发的检察建议，并有权撤销。

8．市级院审批流程

市级院审批流程图

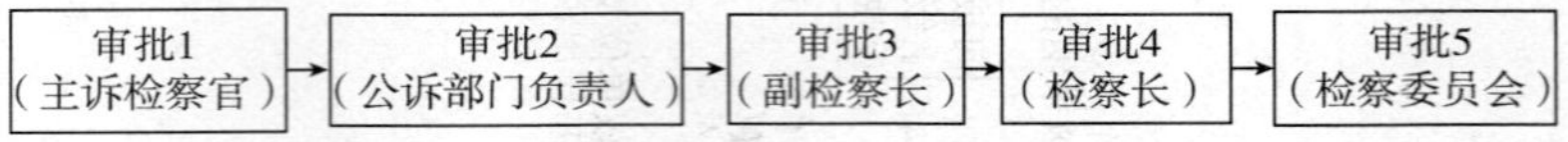

市级院审批流程描述：

这一流程与县级院相同。

（三）省级院公诉业务流程

省级院业务流程系统分三项：1. 案件受理→案件办理→出庭→审查判决、裁定→提请抗诉；2. 检察建议流程；3. 审批流程。

1．省级院公诉业务总流程

省级院公诉业务总流程图

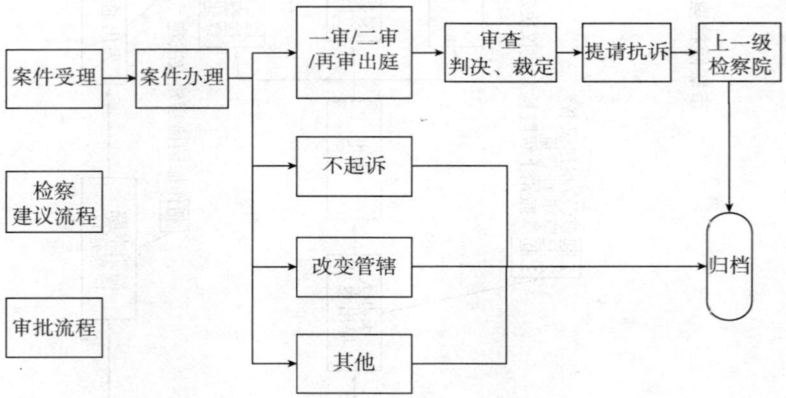

省级院公诉业务总流程描述：

与市、县两级院的主要区别是，案件办理结束后出现4种结果：出庭是主要的，考虑理论上省级院存在一审案件，但又极不常见，故不单设流程，与二审、抗诉出庭并在一处；增设其他项，用于涵盖实践中的多种可能。

2．省级院公诉案件受理流程

省级院公诉案件受理流程图

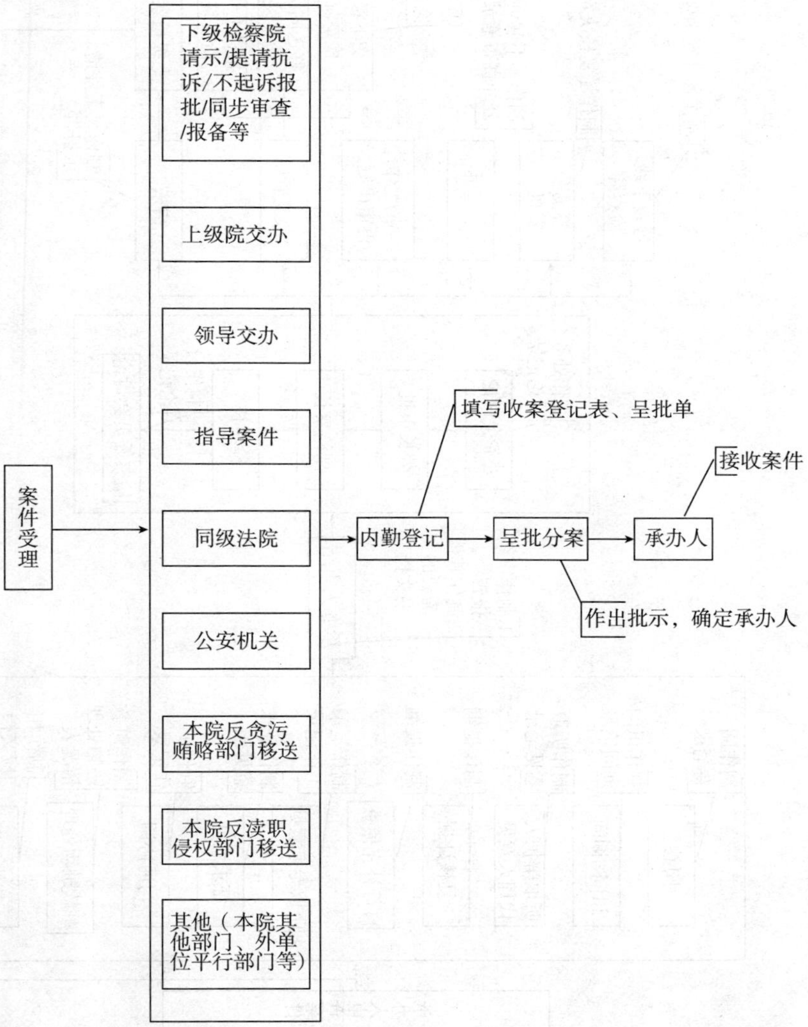

省级院公诉案件受理流程描述：

案件来源主要按部门划分，内勤登记后不需要再设审查是否受理程序，直接进入分案环节。

3．省级院公诉案件办理流程

省级院公诉案件办理流程图

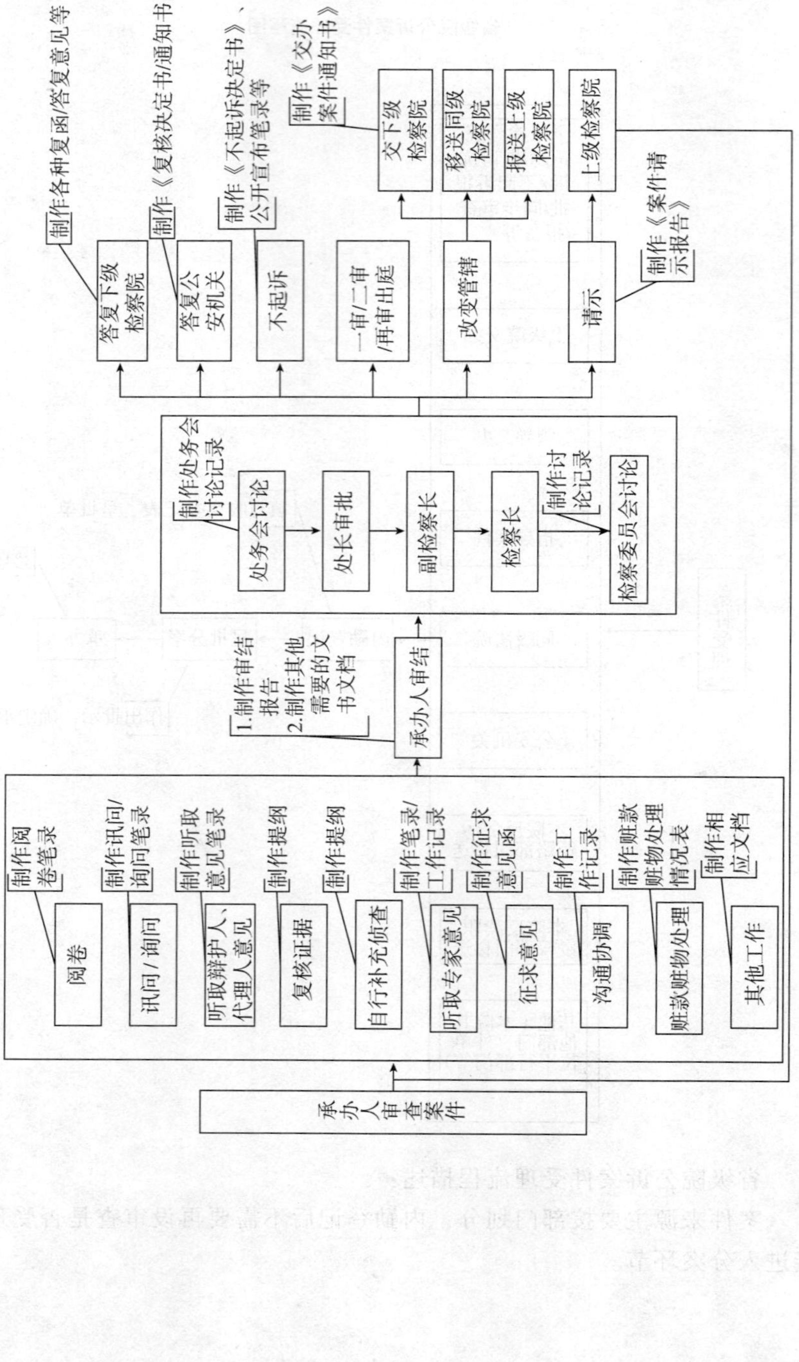

4．省级院出庭流程

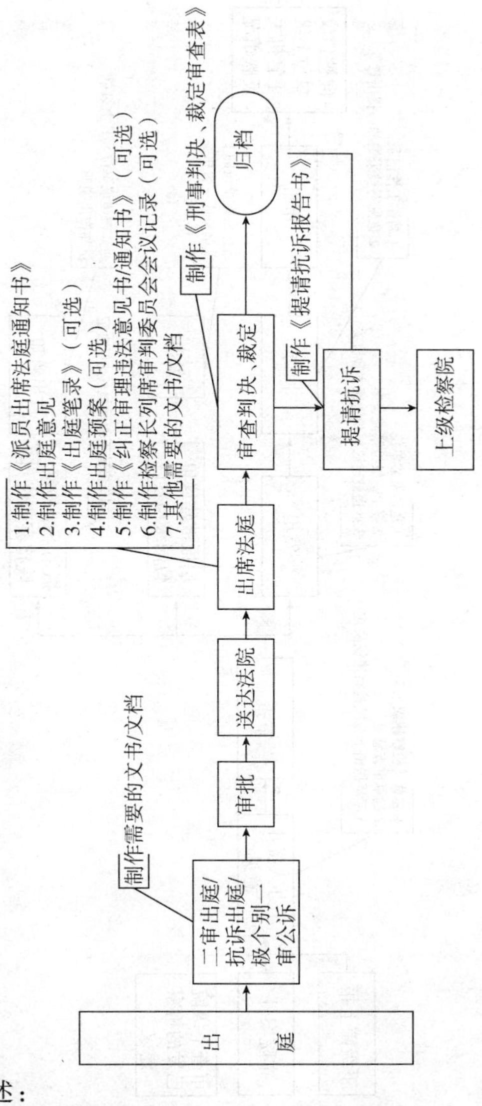

省级院出庭流程图

省级院出庭流程描述：

与市县两级院出庭流程基本相同，区别是审查判决、裁定后接提请抗诉，不再设二审程序抗诉，原因是省级院一审案件已是罕见，一旦发生也是重大案件，起诉判决质量必然较高，不太可能出现二审抗诉的情形。

5．省级院检察建议流程

省级院检察建议流程图

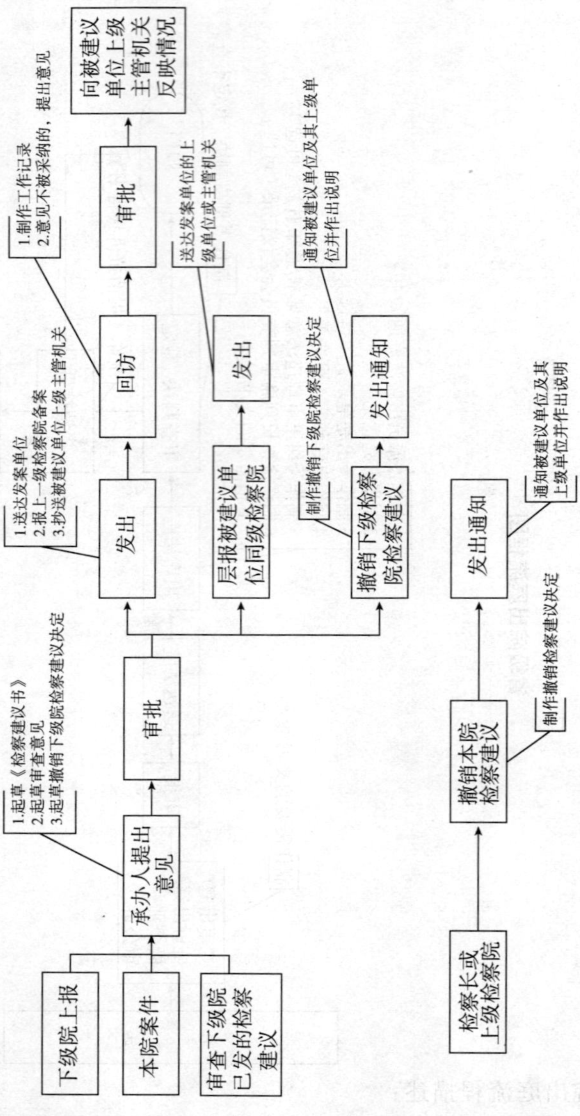

省级院检察建议流程描述：

与市级院检察建议流程相同。

6. 省级院审批流程

省级院审批流程图

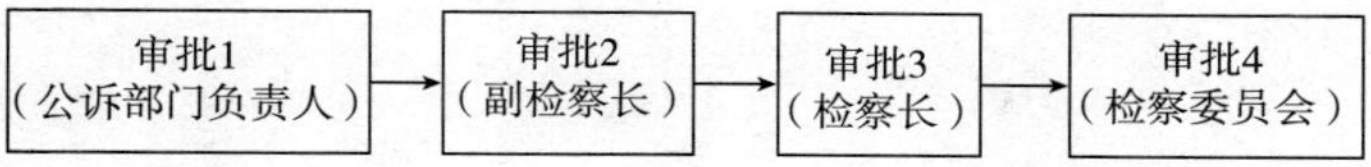

省级院审批流程描述：

省级院设4级审批，与市县级院的区别是去掉了主诉检察官环节。与市县级院相同的是，4级递进，但也并非每级必经。

（四）审查起诉（不起诉）流程

审查起诉（不起诉）流程图

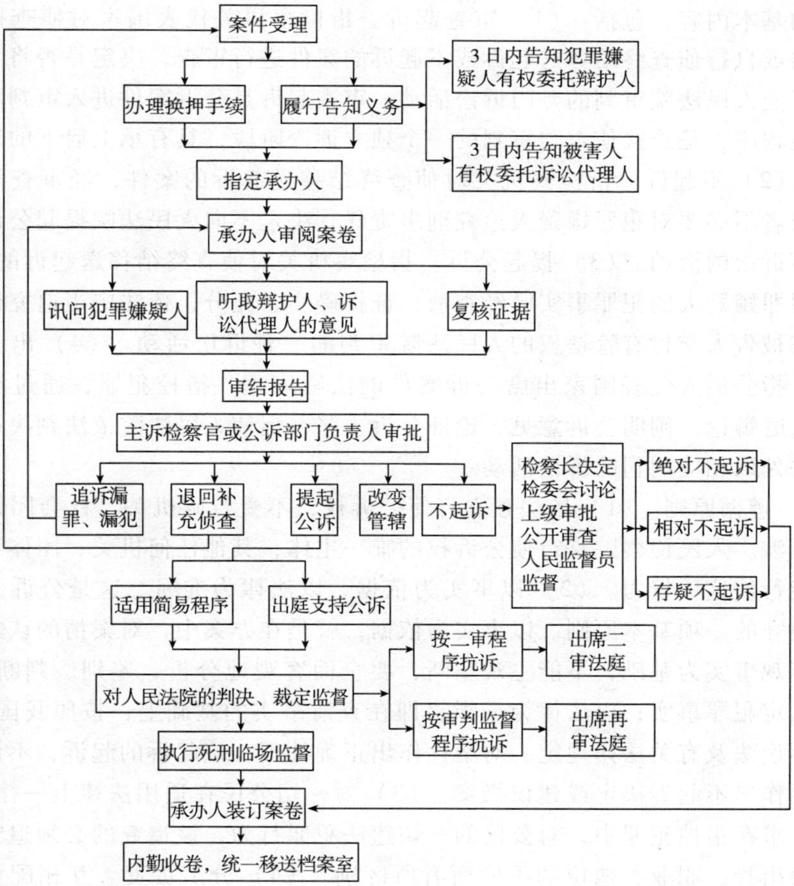

第一章　公诉工作概述

一、公诉工作的主要职责

公诉是检察机关核心的标志性职能之一，是检察机关法律监督的重要组成部分。在我国，公诉的基本职能是指控犯罪和对刑事诉讼活动进行法律监督，具有中国特色社会主义检察制度的鲜明特征。

（一）指控犯罪

1. 基本内涵。指控犯罪是世界各国检察工作的主要内容，也是我国公诉工作的基本内容，包括：（1）审查起诉。指检察机关代表国家对侦查机关侦查终结或自行侦查终结移送起诉或不起诉的案件进行审查，决定是否将犯罪嫌疑人提交人民法院审判的专门诉讼活动。审查起诉是公诉案件进入审判阶段前的必经程序，是连接侦查与审判的一个独立诉讼阶段，具有承上启下的地位和作用。（2）不起诉。指检察机关对侦查终结移送起诉的案件，经审查认为不应当或者不必要对犯罪嫌疑人追究刑事责任，决定不向人民法院提起公诉，终止刑事诉讼的活动。（3）提起公诉。指检察机关对侦查终结移送起诉的案件，认为犯罪嫌疑人的犯罪事实已经查清，证据确实、充分，依法应当追究刑事责任，将被告人交付有管辖权的人民法院审判的一种诉讼活动。（4）出庭支持公诉。指公诉人代表国家出席公诉案件的法庭审理，指控犯罪，通过法庭调查、法庭辩论，阐明公诉意见，论证公诉主张，促使人民法院依法判决被告人有罪并处以相应刑罚的诉讼活动。

2. 遵循原则。（1）依法独立行使公诉权，不受行政机关、社会团体和个人的干涉。人民检察院是行使公诉权的唯一主体，其他任何机关、团体和个人都不能行使这项权力。（2）以事实为依据，以法律为准绳。这是公诉人办案必须遵守的一项基本原则。以事实为依据，就是在办案中，对案情的认定一定要以客观事实为基础，不能主观臆断，要全面客观地分析、鉴别、判断证据，准确认定犯罪事实；以法律为准绳，即在查清事实的基础上，按照我国刑法、刑事诉讼法及有关法律规定，对案件作出正确处理，该起诉的起诉，不该起诉的就要作出不起诉决定或建议撤案。（3）对一切公民在适用法律上一律平等。这就要求在指控犯罪中，对公民的一切违法犯罪行为，该追究的必须追究，不能因为出身、职业、地位的不同而有所区别。（4）分工负责、互相配合、互相制约。具体而言，就是在刑事诉讼活动中，侦查机关、公诉机关和审判机关要按照各自的法定职能，既有分工，又有配合，互相还要发挥制约作用。(5) 重证据、重调查研究、不轻信口供、严禁刑讯逼供。这是人民检察院进行证据审查的一般规则，要求公诉人必须认真审查所有证据是否真实可靠，与案件事实有无内在联系，能否证明案件的真实情况，是否依照法定程序收集，有无刑讯逼供行为；对采取威胁、利诱、欺骗及刑讯逼供等非法方法取得的口供坚决予以排除。(6) 保障诉讼参与人依法享有诉讼权利。人民检察院在指控犯罪的过程中应当本着"公开、公平、公正"的原则，依法保障诉讼参与人的诉讼权利，及时查明案情，正确适用法律，防止冤、错案件发生。

（二）诉讼监督

诉讼监督是检察机关法律监督职责的重要组成部分，公诉权的法律监督性质集中体现在诉讼监督上。公诉环节的诉讼监督主要包括侦查监督、刑事审判监督和死刑执行监督。

1. 侦查监督。指人民检察院审查起诉时，依法对侦查机关（部门）的侦查活动是否合法进行的法律监督，包括对讯问、询问、勘验检查、搜查、扣押物证及书证等侦查行为的监督和对遗漏罪行、遗漏同案犯罪嫌疑人情形的监督。审查起诉过程中发现在侦查活动中的违法行为，应当及时通知纠正；对刑讯逼供或暴力取证获取的非法证据依法予以排除；侦查人员违法行为情节严重构成犯罪的，依法及时移送本院侦查监督部门审查，并报告检察长；认为存在遗漏罪行、遗漏同案犯罪嫌疑人等情形，需要补充侦查的，应当依法向侦查部门提出补充侦查的书面意见。公诉部门负责的侦查监督活动与侦监部门负责的侦查监督活动既有联系又有区别，两者都是对侦查机关的侦查活动是否合法进行法律监督，两者的区别主要在于：一是发生的环节不同，公诉部门负责的侦查监督主要发生在审查起诉阶段，侦监部门负责的侦查监督主要发生在审查批捕阶段；二是两者监督的方式和结果也不同，公诉部门的监督方式和结果可以是追加起诉，侦监部门的监督方式和结果可以是直接决定逮捕。

2. 刑事审判监督。指人民检察院依法对人民法院的刑事审判活动是否合法所进行的法律监督，包含两个方面的内容：(1) 对刑事审判程序是否合法进行监督。公诉部门通过出席一审、二审、再审法庭，或者通过庭外调查，审阅审判卷宗，以及受理申诉、控告等途径对刑事审判程序是否合法进行监督。(2) 对刑事判决、裁定是否正确进行监督。对刑事判决、裁定是否正确进行监督的主要方式是提起刑事抗诉，刑事抗诉是人民检察院认为刑事判决或裁定确有错误，按照法定诉讼程序，要求人民法院对案件进行重新审理并作出改判的法律监督活动。刑事抗诉包括二审抗诉和再审抗诉。

3．死刑执行监督。指对死刑案件的执行活动进行的法律监督，即人民检察院按照有关程序规定，派员对死刑临场执行活动进行监督，依法查明有无执行命令、有无停止执行、暂停执行情形以及执行场所、方式和程序是否合法等。

二、公诉工作面临的形势和任务

当前和今后一个时期，是我国全面建设小康社会的关键时期，也是深化改革开放、加快转变经济发展方式的攻坚时期。公诉工作既面临着难得的发展机遇和有利条件，也面临着严峻的考验和挑战。

（一）公诉工作面临的有利条件

一是社会主义法律体系已经形成。为公诉工作深入开展提供了充分的法律依据，真正做到了有法可依。

二是加强检察监督已渐成共识。中央领导多次对检察机关加强法律监督作出重要指示，各级党委、人大对诉讼监督工作高度重视，绝大多数省级人大常委会出台了关于加强诉讼监督工作的决议或决定，为检察机关进一步加强诉讼监督工作营造了良好的氛围。

三是检察工作中一些体制性机制性问题得到不同程度的解决。近年来中央一系列司法改革任务的落实，为检察机关解决了经费保障、机构编制、职权配置、职能行使等体制机制方面存在的突出问题，为公诉工作开展提供了有利契机。同时，公诉工作在推进规范执法、完善工作机制和创新发展上不断取得新进展，为公诉工作科学发展奠定了良好的基础。

（二）公诉工作面临的挑战

一是工作任务越来越重。由于我国在相当长的时间内都将处于“人民内部矛盾凸显、刑事犯罪高发、对敌斗争复杂”的时期，公诉案件数量将长期在高位徘徊；同时，人民群众对执法不公、司法不廉问题反映强烈，对诉讼监督工作的期待和要求越来越高。检察机关在依法办案的基础上，要更加注重延伸检察职能、深化公诉内涵，积极参与社会矛盾化解和社会管理创新。

二是工作要求越来越高。随着全社会民主意识、法治意识、权利意识不断增强，人民群众对公诉工作要求也越来越高。既要求有力惩治犯罪，又要求有效保障人权；既要求实体公正，又要求程序公正；既要求办准案件、避免冤错，又要求辨法析理、释疑增信；既要求及时审结案件，又要求事了心服、不留后遗症；既要求公诉部门自身做到公正廉洁执法，又要求公诉部门监督其他诉讼环节合法公正。同时，在开放、透明、信息化条件下，互联网等媒体、舆论对执法办案影响力不断增大。公诉工作越来越受到社会各界及新闻舆论的关注，成为社会各界尤其是网民关注的焦点。

三是工作难度越来越大。当前，维稳形势呈现出境内因素与境外因素相互作用、人民内部矛盾与敌我矛盾相互交织、传统安全因素与非传统安全因素相互影响、“虚拟社会”与现实社会互相渗透的复杂局面，境内外敌对势力和极少数别有用心者通过插手群体性事件和社会热点问题，炒作敏感事件和司法个案，来策划实施渗透破坏活动、制造社会事件的情况已不鲜见。同时，犯罪的种类、手段、方式“传染”速度加快，新类型案件、涉众型案件、群体性事件、网络媒体高度关注的案件明显增多。

（三）新形势下公诉工作的发展目标

1. 牢固树立符合时代要求的执法理念。坚持以社会主义法治理念为指导，牢固树立正确的发展观、执法观、权力观，坚决纠正“重打击、轻保护”、“重配合、轻监督”等错误观念，站在客观公正的立场上，追诉犯罪、保障人权，维护国家法律的统一正确实施，不断增强执法和监督的公信力。

2. 全面提高服务大局的能力。注重对大局的了解、把握和对形势的分析研判，把握工作主动性和针对性，将公诉工作纳入党和国家工作的总体格局，切实履行审查起诉、出庭支持公诉、诉讼监督等职能，促进社会矛盾化解和社会管理创新，提高公正廉洁执法水平。

3. 进一步健全体现科学发展观和司法规律的体制、机制。在全面落实、不断完善量刑建议、职务犯罪一审判决同步审查等已有改革措施的基础上，积极探索附条件不起诉、有条件实施未成年人犯罪记录消灭等改革措施，不断健全公诉工作体制机制。

4. 全面提升队伍综合素质和执法水平。通过思想政治教育、专业培训、岗位练兵等措施，不断加强公诉人员“六项”能力素质，即参与处置突发事件、应对各种复杂局面的能力，准确办理重大疑难复杂和新类型案件特别是出庭支持公诉的能力，熟练运用法律政策的能力，及时发现并纠正诉讼错误的能力，做群众工作、化解矛盾纠纷和参与社会管理的能力，以及坚持理想信念、拒腐防变的能力。

三、公诉工作的基本要求

（一）注重提高指控犯罪水平

一要坚持依法“严打”的方针不动摇，保持对严重犯罪的高压态势。要坚持运用起诉、追加起诉、抗诉等法律措施，严厉打击危害国家安全的各类犯罪；严厉打击杀人、抢劫、绑架、强奸、涉恐涉黑、涉枪涉暴、多发性侵财等严重影响群众安全感的刑事犯罪和黄赌毒等犯罪，维护社会治安秩序；严厉打击金融诈骗、证券内幕交易、制假售假、非法传销、破坏环境资源等严重经济犯罪，维护社会主义市场经济秩序；从重从严惩处贪污贿赂、渎职侵权等严重职务犯罪，促进反腐倡廉。二要强化出庭公诉工作。出庭公诉是指控犯罪的载体，是教育感化被告人认罪服法的重要途径，是展现公诉人乃至检察机关执法形象的重要窗口。公诉部门要认真、全面审查案件，围绕认定重点和争议焦点，扎实做好各项准备工作；要加强出庭前的模拟演练，完善出庭预案，增强应变能力；要充分利用多媒体示证系统，增强庭审效果。三要认真总结办理新类型犯罪案件的经验。对于证券、金融、网络、电信、知识产权等新领域的犯罪，集资诈骗、非法吸收公众存款、非法传销等涉众型犯罪，群体性事件中的犯罪，媒体关注度高的犯罪等案件要认真研究规律和特点，总结办理经验，培养专业人才，切实提高审查起诉和出庭公诉水平。

（二）注重发挥诉讼监督职能

1. 增强监督意识。认真贯彻落实高检院《关于进一步加强对诉讼活动法律监督工作的意见》，防止和克服“监督是软任务”等错误观念，采取切实有效措施，加强对诉讼活动的法律监督工作。

2. 遵循监督原则。贯彻“坚决、准确、及时、有效”的原则，确保监督力度、质量、效率和效果的有机统一，防止监督工作的片面性。

3. 突出监督重点。坚持把监督的重点放在人民群众反映强烈的司法不公案件上，放在容易产生司法人员执法不严、违法犯罪的薄弱环节上，放在严重侵犯诉讼当事人权利的突出问题上。其中，侦查监督要重点开展对刑讯逼供、暴力取证、滥用刑事手段插手经济纠纷等问题的监督；审判监督要重点开展对有罪判无罪、无罪判有罪、判刑畸轻畸重以及审判中徇私枉法等行为的监督。特别是要注意发现执法不严、司法不公背后的司法人员职务犯罪线索，及时移交职务犯罪侦查部门查处。

4. 注重监督实效。要把监督所取得的实际效果作为衡量诉讼监督成效的主要依据，例如，纠正违法和错漏要重点看实际得到纠正的数量；抗诉要重点看被法院采纳的数量；发现司法人员职务犯罪线索要重点看移送线索后成案的数量特别是大要案的数量；等等。

5. 完善监督机制。要把日常监督与专项监督相结合，事后监督与事前引导相结合，诉讼结果监督与诉讼过程监督相结合，跟踪监督与争取支持相结合，不断增强诉讼监督实效。

（三）注重提高案件质量

1. 认真落实“两个证据规定”。将贯彻“两个证据规定”和“两个基本”结合起来，既要确保案件质量，又要防止纠缠于细枝末节。提高对犯罪嫌疑人或被告人称遭到刑讯逼供情况的应对能力，坚持依法办案，在审查起诉中对刑讯逼供或暴力取证获取的非法证据依法排除。进一步完善介入侦查工作机制，引导侦查机关全面、规范收集证据。

2. 强化责任，认真审查把关。案件承办人、公诉部门负责人、分管检察长都要高度负责地对待每一起案件，并对案件的事实证据、定性、适用法律和诉或不诉意见负全部责任，其中承办人侧重于对事实证据负责，部门负责人侧重于对关键性证据、承办人提出的问题和是否起诉等意见负责，分管检察长侧重于对部门负责人提出的问题和是否起诉等决定负责。一旦发现错案，要实行责任倒查，并严肃追究存在过失的有关责任人的责任。

3. 强化业务指导。严格执行备案审查制度，上级院要对报备案件及时进行审查，提出处理意见，切实解决有些地方有案不备、备而不审的问题。强化上级院对重大疑难复杂案件、敏感案件、有较大影响案件和新类型案件的指导，下级院对上述案件要敢于负责，依法独立履行职责，但对确需请示的，应及时向上级院请示。建立健全案例指导制度，遇有典型案例，下级院要及时整理上报，上级院要精心筛选下发，以指导和规范办案工作，提高办案质量。

4. 认真开展案件评查。定期开展对捕后不诉、撤案、判无罪和诉后判无罪案件的评查，特别要重点做好对不诉后经复议或复核被上级院决定起诉或被害人向法院起诉后被判刑的案件，诉后判无罪的案件，起诉、审判后发现被错诉、错判的案件，案件作出处理后当事人非正常上访或矛盾激化等案件的评查，对该类案件逐案剖析并报告，通过评查和剖析，总结经验教训，解决突出问题，发现有违法违纪的，严格查究责任。

（四）注重落实宽严相济刑事政策

1. 始终保持对严重刑事犯罪的高压态势。坚持依法严厉打击严重危害国家政权稳固和社会治安的犯罪、严重暴力犯罪、严重影响人民群众安全感的犯罪、严重危害人民群众健康的犯罪、严重破坏社会主义市场经济秩序的犯罪、严重职务犯罪等，深入推进“打黑除恶”等专项斗争，积极参与“严打”整治行动，坚决维护国家统一、民族团结和社会和谐稳定。具体工作中，要强化对重点案件的办理和指导，健全重大案件介入侦查引导取证、挂牌督办等工作制度，始终保持对严重刑事犯罪的高压态势。

2. 对轻微刑事案件落实依法从宽政策。一是认真贯彻“两扩大、两减少”原则。审查起诉轻微刑事案件过程中，对于符合非羁押强制措施条件的尽量采用取保候审、监视居住，可诉可不诉的尽量不起诉。对必须依法提起公诉，如果具有法定从轻处罚情节以及有悔罪、积极赔偿等酌定从轻处罚情节，符合法定条件的，也可以提出判处缓刑、管制或者单处附加刑的量刑建议。二是促进刑事和解。认真落实高检院《关于当事人达成和解的轻微刑事案件的若干意见》，对双方达成和解的，公诉部门要认真审查，认为符合自愿、合法原则的，应依法从宽处理，可诉可不诉的不诉，必须起诉的建议法院从轻处理。三是准确把握众多嫌疑人案件和死刑案件的政策。对涉案人员众多的案件，要坚持打击少数，教育挽救多数，最大限度地减少定罪判刑的人数，分化瓦解违法犯罪。对于死刑案件，要贯彻“少杀、慎杀”的原则，正确把握法定从重、从轻情节，区分案件类型实行区别对待。

（五）注重不断完善公诉工作体制机制

公诉部门要按照中央深入推进司法体制和工作机制改革的要求和高检院的部署，积极推进公诉工作机制体制改革。改革要坚持依法推进改革的原则，对于法律法规没有明确具体规定，公诉部门在实践中探索的改革措施，必须严格按程序层报最高人民检察院批准后才能开展试点。目前公诉部门已开展的改革措施主要有：

1. 积极稳妥推进量刑建议改革。要按照“积极稳妥、循序渐进、注重质量”的原则，根据《人民检察院开展量刑建议工作的指导意见（试行）》的要求，进一步深化量刑建议工作，注重量刑建议的质量和效果，提高量刑建议的准确性，增强量刑监督能力。

2. 全面落实《关于加强职务犯罪一审判决法律监督的规定》，对职务犯罪一审判决实行上下级同步审查，切实解决职务犯罪案件量刑偏轻问题。

3. 认真贯彻《关于对司法工作人员在诉讼活动中的渎职行为加强法律监督的若干规定》，对审查起诉、诉讼监督过程中发现的司法人员渎职犯罪线索，及时移交职务犯罪侦查部门，配合做好相关工作。

四、公诉工作能力素质要求

公诉队伍的主体和核心是公诉人，要认真贯彻落实最高人民检察院《关于加强公诉人建设的决定》，以公诉人建设为重点带动整个公诉队伍建设，使公诉队伍成为政治坚定、业务精通、执法公正、作风优良的队伍。

（一）公诉人应具备的基本能力素质

1. 思想政治素质。公诉人必须牢固树立社会主义法治理念，坚持理性、平和、文明、规范执法，坚持执法办案数量、质量、效率、效果相统一。认真遵守《检察官职业道德基本准则（试行）》，牢固树立忠诚、公正、清廉、文明的职业道德。

2. 法律专业素养。熟悉法律专业知识是每个公诉人必须具备的最基本要求。审查起诉、出庭公诉、揭露犯罪、证实犯罪都需要有坚实的法律专业知识做后盾，公诉人必须不断加强学习，全面掌握不同领域法律知识，完善知识结构，为有力指控犯罪和进行诉讼监督打牢专业根基。

3. 公诉职业能力。（1）要有较强的审查判断证据能力。要坚持全面客观审查、甄别、判断证据材料，提高对重大疑难复杂案件和新类型案件的审查能力，提高对物证、书证、鉴定结论、视听资料等证据的审查能力，提高引导侦查机关（部门）根据出庭公诉的要求，依法收集、固定和完善证据的能力，提高对非法证据的审查能力。（2）要有较强的法律适用和政策运用能力。要正确理解法律和司法解释，准确认定犯罪性质和情节，善于从犯罪的本质特征即行为社会危害性方面把握行为性质，善于科学把握犯罪构成要件，善于研究司法实践中出现的新情况、新问题，善于正确把握执行法律与贯彻刑事政策的关系。（3）要有较强的出庭公诉的能力。公诉人必须注重提高庭前预测能力、庭上指控犯罪能力、庭上辩驳能力、庭上应变能力以及语言表达能力，从而增强出庭的综合效果。（4）要有较强的诉讼监督能力。坚持强化监督意识，突出监督重点，坚持监督原则，讲究监督方法，提高监督质量，拓宽监督思路，增强监督实效。（5）要有较强的参与处置突发敏感事件、应对各种复杂局面以及化解社会矛盾的能力。要注重提高对突发敏感事件的预见性、主动性、针对性和时效性，做到处置快速有力，应对妥善有效，程序公开透明，方式慎重稳妥。

4. 社会责任。公诉人要注重公诉职能向修复社会关系延伸，坚持把化解矛盾纠纷贯穿于公诉工作始终，在审查起诉、出庭公诉、抗诉等各个环节采取多种方式化解矛盾，解决合理诉求，做到案结事了。要以履行构建和谐社会的社会责任感来提高做群众工作的能力，善于运用心理疏导等方式缓解当事人因案件产生的心理压力，善于运用通俗语言和群众易于接受的方式释法说理，善于引导群众采取理性合法的方式表达诉求，善于在依法办案过程中积极为当事人和解创造条件。

5. 公正廉洁执法能力。公诉人应当严格遵守《党员领导干部廉洁从政若干准则》、《检察机关党风廉政建设责任制实施办法》和《公诉人员六条纪律规定》等相关规定，筑牢拒腐防变的思想防线，确保公正廉洁执法。

（二）提高公诉工作能力的途径

1. 加强业务培训和岗位练兵。坚持理论与实践相结合、讲授式培训与研讨式培训相结合、面授教学与网络教学相结合，切实提高培训的实际效果。要建立专家型和专门性公诉人培训机制，加大对专家型公诉人才和专门性公诉人才在法治理念、刑事政策、理论前沿、公诉疑难问题研究以及证据审查、文书制作、多媒体示证、出庭公诉等方面的培训力度。要深入开展公诉理论研究，形成一批高质量的研究成果，并强化研究成果的运用，用公诉理论最新成果推动公诉工作实践。通过业务竞赛活动、优秀公诉人巡讲、论辩赛、观摩庭等多种形式，不断提高公诉人的实战能力。探索建立公诉人出庭抽查和考核制度，促使公诉人出庭能力不断提高。

2. 加强群众工作能力建设。要将群众工作能力作为公诉队伍建设的重要内容，积极开展各种专项培训，提高执法办案一线人员掌握群众心理、使用群众语言、协调处理群众诉求、引导和说服群众以及应对网络舆情的能力。积极开展实践锻炼，定期分批组织干警到基层执法办案一线锻炼，了解实际情况，提高做群众工作的能力。

3. 加强纪律作风建设。要严明职业纪律，加强自身监督制约，建立公诉人岗位风险防范机制。突出重点、分类指导、综合治理，抓住执法办案中容易产生风险的重点岗位、关键环节和特殊时段，建立具有针对性、科学性、系统性和前瞻性的风险防范机制，确保公诉人在办案纪律、办案质量、办案安全、办案效果等方面的风险得到有效防范。

第二章　公诉工作重点环节与要求

一、案件受理和审前程序

（一）管辖和受理

根据我国刑事诉讼法的规定，人民检察院作出起诉决定的案件，应当按照审判管辖的规定提起公诉。管辖的要求是既包括级别管辖应当与案别管辖相适应，也包括地域管辖应当与审判管辖相适应。实践中需要强调的是指定管辖的办理。

1. 指定管辖

指定管辖，是指当管辖不明，管辖存在争议或者有管辖权的司法机关不宜行使管辖权时，由上级司法机关以指定的方式确定案件的管辖权。其实质是法律赋予上级司法机关在一定情况下变更或者确定案件管辖的裁量权，解决实践中因管辖不明、管辖存在争议或者有管辖权的司法机关不宜行使管辖权时的管辖问题。

指定管辖一般适用于以下情况：

（1）因管辖不明而需要指定管辖的。例如，犯罪案件发生在两个或两个以上地方的交界处，或者犯罪地不能确定、被告人又无固定居住地的，经同级司法机关之间协商无法解决管辖问题的，为避免无受理案件的司法机关而延误案件的处理，可以由它们共同的上级司法机关指定某个下级司法机关管辖。

（2）因某种原因需要指定管辖的。实践中一般有以下几种情况：一是有管辖权的司法机关由于特殊原因不能行使管辖权的。二是上级司法机关认为由其他司法机关管辖更有利于公正、及时处理案件的，如侦查机关在侦查阶段已经指定侦查，在侦查终结后，为提高诉讼效率，节约司法资源，便于诉讼的顺利进行，上级检察机关、审判机关可以指定本来没有管辖权的与侦查机关同级的检察机关、审判机关管辖；又如为了回避或为了排除干扰，上级司法机关可以将案件指定给另一无管辖权的司法机关管辖，以保证案件的公正、及时处理。三是无管辖权的司法机关已经受理后发现无管辖权，而由其继续处理更有利于案件的公正、及时处理的，可以逐级报请其共同的上一级司法机关指定管辖。当然，如果无管辖权的司法机关已经受理后发现无管辖权，而由有管辖权的司法机关处理更为适宜的，则同级司法机关沟通协商后直接移送即可，无须上级司法机关指定管辖。

需要注意的是，上级检察机关在指定下级检察机关管辖时，一般应与同级人民法院沟通协商，取得一致意见后，再指定给下级检察机关管辖。

2. 报送、移送和移交管辖

人民检察院受理同级公安机关移送审查起诉的案件，经审查认为属于上级人民法院管辖的第一审案件时，应当写出审查报告，连同案卷材料报送上一级人民检察院，同时通知移送审查起诉的公安机关；认为属于同级其他人民法院管辖的第一审案件时，应当写出审查报告，连同案卷材料移送有管辖权的人民检察院或者报送共同的上级人民检察院指定管辖，同时通知移送审查起诉的公安机关。

上级人民检察院受理同级公安机关移送审查起诉案件，认为属于下级人民法院管辖时，可以直接交下级人民检察院审查，由下级人民检察院向同级人民法院提起公诉，同时通知移送审查起诉的公安机关。

3. 改变管辖后的处理

（1）移送案件

对于提起公诉后改变管辖的案件，原提起公诉的人民检察院应当将案件移送与审判管辖相对应的人民检察院。

（2）重新计算审查起诉期限

人民检察院审查起诉的案件，改变管辖的，从改变后的人民检察院收到案件之日起计算审查起诉期限。对于提起公诉后改变管辖的案件，案件移送后，接受移送的人民检察院重新对案件进行审查的，自收到案件之日起计算审查起诉期限。

(3) 换押

案件改变管辖时，犯罪嫌疑人或者被告人被羁押的，应当及时换押。公诉部门应当在3日内将有关换押情况书面通知本院监所检察部门。

4. 受理

人民检察院对移送审查起诉的案件，应当在7日内进行审查，审查的期限计入人民检察院审查起诉的期限。审查的内容包括：

(1) 案件是否属于本院管辖。

(2) 起诉意见书以及案卷材料是否齐备，案卷装订、移送是否符合有关要求和规定，诉讼文书、技术性鉴定材料是否装订成卷等。

(3) 对作为证据使用的实物是否随案移送，移送的实物与物品清单是否相符。

(4) 犯罪嫌疑人是否在案以及采取强制措施的情况等。

经审查，分别作出以下处理：

(1) 具备受理条件的，填写受理审查起诉案件登记表，正式受理。

(2) 对起诉意见书、案卷材料不齐备，对作为证据使用的实物未移送的，或者移送的实物与物品清单不相符的，应当要求侦查机关（部门）在3日内补送。对于案卷装订不符合要求的，应当要求侦查机关（部门）重新装订分类后再移送审查起诉。

(3) 对于犯罪嫌疑人在逃的，应当要求侦查机关（部门）采取必要措施保证犯罪嫌疑人到案后移送审查起诉；共同犯罪的部分犯罪嫌疑人在逃的，应当要求侦查机关（部门）采取必要措施保证在逃的犯罪嫌疑人到案后另案移送审查起诉，对于在案的犯罪嫌疑人的审查起诉应当照常进行。

(二) 告知

1. 自收到移送审查起诉的案件材料之日起3日以内，应当告知犯罪嫌疑人有权委托辩护人。

2. 自收到移送审查起诉的案件材料之日起3日以内，应当告知被害人及其法定代理人或者其近亲属、附带民事诉讼的当事人及其法定代理人有权委托诉讼代理人。被害人有法定代理人的，应当告知其法定代理人；没有法定代理人的，应当告知其近亲属。法定代理人或者近亲属为2人以上的，可以只告知其中一人，告知时应当按照父母、养父母、监护人和负有保护责任的机关、团体的代表的顺序择先进行；告知近亲属的，应当按照夫、妻、父、母、子、女、同胞兄弟姊妹的顺序择先进行。

3. 讯问犯罪嫌疑人或者询问被害人、证人时，应当分别告知其在审查起诉阶段所享有的诉讼权利。

4. 告知犯罪嫌疑人有关诉讼权利的同时，应当告知其如因经济困难无力委托辩护人的，可以通过人民检察院向当地法律援助机构申请法律援助。告知被害人及其法定代理人或者其近亲属、附带民事诉讼的当事人及其法定代理人有关诉讼权利的同时，应当告知其如因经济困难无力委托诉讼代理人的，可以向当地法律援助机构申请法律援助。

告知诉讼当事人诉讼权利，可以采取口头或者书面方式。口头方式，即当面告知或电话告知。口头告知的，应当记明笔录，由被告知人签名。书面告知的，可以直接送达或者邮寄送达，均应有送达回执收回入卷。无法告知的，应当记明笔录。

（三）公诉与辩护、代理关系的处理

1. 犯罪嫌疑人、被告人的辩护权

辩护权，是指犯罪嫌疑人、被告人及其辩护人针对控诉方的指控而进行的论证犯罪嫌疑人、被告人无罪、罪轻、减轻或免除罪责的反驳和辩解，以保护犯罪嫌疑人、被告人合法权益的一种诉讼权利。辩护权是犯罪嫌疑人、被告人在诉讼中的基本权利，在犯罪嫌疑人、被告人的各项诉讼权利中，辩护权居于核心地位。犯罪嫌疑人、被告人既可以自行辩护，也可以委托辩护人为其辩护，或者由有关机构指定承担法律援助义务的律师为其辩护。

2. 人民检察院应当依法保障犯罪嫌疑人、被告人的辩护权

人民检察院在审查起诉中，应当依法保障犯罪嫌疑人、被告人的辩护权。一是对于人民检察院审查移送起诉的案件，辩护律师认为人民检察院采取强制措施超过法定期限的，有权要求解除或者变更强制措施，人民检察院应当在7日内作出书面决定并由公诉部门书面答复辩护律师。二是审查移送起诉案件，应当听取犯罪嫌疑人、被害人委托的律师的意见，并记明笔录附卷。直接听取犯罪嫌疑人、被害人委托的律师的意见有困难的，可以向犯罪嫌疑人、被害人委托的律师发出书面通知，由其提出书面意见，律师在审查起诉期限内没有提出意见的，应当记明在卷。三是人民检察院对律师提出的证明犯罪嫌疑人无罪、罪轻或者减轻、免除其刑事责任的意见，办案人员应当认真进行审查。四是对于律师要求查阅、摘抄和复制与案件有关的诉讼文书及案卷材料的，公诉部门受理后应当安排办理，不能当日办理的，应当向律师说明理由，并在3日内及时通知律师。五是在人民检察院审查起诉期间和提起公诉以后，辩护律师发现犯罪嫌疑人无罪、罪轻、减轻或者免除处罚的证据材料向人民检察院提供的，公诉部门应当接受并进行审查。六是辩护律师申请人民检察院向犯罪嫌疑人提供的证人或者其他有关单位和个人收集、调取证据的，对于影响认定案件

事实和适用法律的，人民检察院应当依法收集、调取，并制作笔录附卷。七是辩护律师向人民检察院提出申请要求向被害人或者其近亲属、被害人提供的证人收集与本案有关的材料的，人民检察院应当征求被害人或者其近亲属、被害人提供的证人的意见，经过审查，在7日内作出是否许可的决定，并通知申请人，人民检察院没有许可的，应当书面说明理由，人民检察院根据辩护律师的申请收集、调取证据时，可以通知申请人在场。八是律师在办理刑事案件的过程中，发现人民检察院办案部门和办案人员违反法律和相关规定的，可以向承办案件的人民检察院或者上一级人民检察院投诉，人民检察院接到律师投诉后，应当依照有关法律和相关规定的要求及时处理，并及时向投诉人书面告知处理情况；对于律师投诉检察人员违法办案的，有关人民检察院应当及时调查，确属违法违纪的，应依法依纪追究有关人员的法律和纪律责任。

3. 诉讼代理

公诉案件的被害人及其法定代理人或者近亲属，附带民事诉讼的当事人及其法定代理人，自案件移送审查起诉之日起，有权委托诉讼代理人。既可由被害人本人委托，也可以由被害人的法定代理人或近亲属委托。

4. 人民检察院应当依法保障被害人的合法权利

人民检察院在办理公诉案件中，应当依法保障被害人的合法权利。

（1）被害人对侵犯其人身、财产权利的犯罪事实或者犯罪嫌疑人，有权向公安机关、人民检察院或者人民法院报案。人民检察院对于被害人的报案，应当接受。对于不属于自己管辖的，应当移送主管机关处理，并且通知报案人；对于不属于自己管辖而又必须采取紧急措施的，应当先采取紧急措施，然后移送主管机关。

（2）受理审查起诉案件后，应当告知被害人依法享有的诉讼权利，如申请回避、委托诉讼代理人等权利。

（3）依法保障公诉案件被害人及附带民事诉讼当事人委托诉讼代理人代理诉讼的权利。律师担任诉讼代理人经人民检察院许可，可以查阅、摘抄、复制与案件有关的诉讼文书及案卷材料，可以申请人民检察院收集、调取与本案有关的材料，人民检察院应当依法保障代理律师的上述权利。

（4）人民检察院办案部门应当将用作证据的鉴定结论告知犯罪嫌疑人、被害人；被害人死亡或者没有诉讼行为能力的，应当告知其法定代理人、近亲属或诉讼代理人。如果犯罪嫌疑人、被害人或被害人的法定代理人、近亲属、诉讼代理人提出申请，经检察长批准，可以补充鉴定或者重新鉴定，但应由请求方承担鉴定费用。

（5）人民检察院作出不起诉决定的，不起诉决定书应当送达被害人或者其近亲属及其诉讼代理人。送达时，应当告知被害人或者其近亲属及其诉讼代理人，如果他们对不起诉决定不服，可以自收到不起诉决定书后7日以内向上一级人民检察院申诉，也可以不经申诉，直接向人民法院起诉。

(6) 根据《法律援助条例》和最高人民法院、最高人民检察院、公安部、司法部《关于刑事诉讼法律援助工作的规定》，依法保障被害人获得法律援助的权利。

(7) 依法保障被害人提起附带民事诉讼的权利。人民检察院审查移送起诉的案件，应当查明有无附带民事诉讼，如果被害人可以提起附带民事诉讼而没有提起的，可以告知被害人有权提起附带民事诉讼。

(8) 依法保障被害人获得救助的权利。根据中央政法委员会、最高人民法院、最高人民检察院、公安部、民政部、司法部、财政部、人力资源和社会保障部《关于开展刑事被害人救助工作的若干意见》的规定，人民检察院对于不起诉案件中，符合救助条件的刑事被害人或其近亲属，应当积极向有关部门提出救助意见。

二、审查起诉

(一) 审查起诉的概念与任务

审查起诉，是指检察机关对公诉案件进行审查，以决定是否对犯罪嫌疑人提起公诉的活动。在刑事诉讼中，公诉案件是在侦查终结后，交付审判前，需要检察机关进行审查，以决定是否提起公诉。在我国，审查起诉是连接侦查与审判的重要环节，是刑事诉讼的一个独立阶段，是检察机关行使公诉权的一项重要基础工作。

审查起诉一方面要对侦查部门认定的犯罪事实、犯罪性质、有关证据以及适用法律的意见进行全面细致的审查，发现、弥补和完善侦查工作中的疏漏和不足，以便准确地作出起诉或者不起诉决定；另一方面要对侦查活动进行监督，发现和纠正侦查活动中的违法现象，保障当事人和其他诉讼参与人的诉讼权利和合法权益。此外，审查起诉还要掌握案件事实和证据的全面情况，为出庭支持公诉做好准备。

人民检察院受理审查起诉案件，应当由检察员或者经检察长批准代行检察员职务的代理检察员办理，也可由检察长办理。

(二) 审查起诉的基本要求

1. 实体性审查

(1) 犯罪嫌疑人的身份状况是否清楚。

查明犯罪嫌疑人的身份状况主要包括：犯罪嫌疑人的姓名、性别、国籍、出生年月日、职业、单位、民族以及出生地、住址、身份证号码等。

（2）犯罪事实、情节是否清楚，认定犯罪性质和罪名是否正确，有无法定的从重、从轻、减轻或者免除处罚的情节，共同犯罪案件的犯罪嫌疑人的责任认定是否恰当。

犯罪事实、情节清楚是正确定罪量刑的前提，在审查起诉的工作中，应当查明涉案犯罪事实的时间、地点、手段、后果、行为与结果的因果关系以及犯罪嫌疑人的犯罪动机、目的等，所要查明的事实情节，既包括定罪的事实与情节，也包括量刑的事实与情节，特别是有无法定的从重、从轻、减轻或者免除处罚的情节。

还要结合侦查终结认定的犯罪性质与罪名来进一步审查移送审查起诉的罪名是否准确，对犯罪性质的认定是否得当，要准确把握罪与非罪、此罪与彼罪、一罪与数罪的界限。对于共同犯罪的，要审查各共同犯罪人在共同犯罪中的地位、作用，以准确认定主犯、从犯、胁从犯或是教唆犯。

（3）证据是否确实、充分。

证据是否确实、充分，是人民检察院决定起诉、不起诉和人民法院正确定罪量刑的基础和重要依据。审查起诉中，主要是对侦查机关（部门）收集的证据材料从合法性、客观性和关联性的角度进行审查，确定证据是否确实、充分，与所指控的犯罪事实是否相互关联。

（4）有无遗漏罪行和其他应当追究刑事责任的人。

在审查起诉中，除了对侦查终结移送审查起诉的犯罪事实和犯罪嫌疑人进行审查以外，还要查明有没有应当发现而没有发现的其他罪行、应当追究刑事责任而没有追究的其他人员和单位。

（5）是否属于不应当追究刑事责任的情形。

惩罚犯罪、保障人权是刑事诉讼的两大价值目标，依法保障无辜的人不受追究是检察机关的职责之一，因此，在审查起诉中，要坚持实事求是的原则，对于法律规定不应追究刑事责任的情形，应当依法作出不起诉的决定，以保障公民的合法权益。

（6）有无附带民事诉讼，对于国家财产、集体财产遭受损失的，是否需要由人民检察院提起附带民事诉讼。

刑事附带民事诉讼分为两种情况，一种是由于犯罪行为使国家财产、集体财产遭受损失，由人民检察院提起的附带民事诉讼；另一种是由于犯罪嫌疑人的犯罪行为使被害人遭受物质损失，由被害人提起的附带民事诉讼。在审查起诉工作中，一方面应当审查犯罪行为是否给被害人造成物质损失，被害人是否提起附带民事诉讼，被害人没有提起附带民事诉讼的，应当依法告知被害人或其法定代理人有权选择在刑事诉讼中一并提出附带民事诉讼，或者另行向法院提起民事诉讼。另一方面，还要审查犯罪行为是否使国家财产、集体财产遭受损失，如果国家财产、集体财产遭受损失而被害人没有提起附带民事诉讼的，人民检察院依法可以在提起公诉时一并提起附带民事诉讼。

2. 程序性审查

（1）证据材料是否随案移送，不宜移送的证据的清单、复制件、照片或者其他证明文件是否随案移送。

侦查活动中收集的证据材料，无论是证明犯罪嫌疑人有罪还是无罪的证据、罪轻或者应当减轻、免除处罚的证据材料，都应当报送检察机关审查，以便全面审查判断整个案件事实。根据法律规定的要求，除法定的特殊情况外，侦查活动所移送的证据材料应当是原件、原物。只有在原件、原物已经灭失或者返还被害人，或者由于证据本身的特殊性质不易保存等无法移送的，这些情况下可以不移送原物、原件，但必须移送物品清单、照片、复制品复印件或者其他证明文件，供检察机关审查。

（2）采取的强制措施是否适当。

在审查起诉工作中，首先应当审查犯罪嫌疑人是否已被采取逮捕等强制措施，如果没有被采取强制措施，应当根据案件和犯罪嫌疑人的具体情况，结合刑事诉讼顺利进行的需要，决定是否对其采取强制措施和采取适当的强制措施，需要逮捕犯罪嫌疑人的，应当移送本院审查逮捕部门办理。如果犯罪嫌疑人已被采取强制措施，应当审查采取的强制措施是否适当，如果认为原来的强制措施不当的，应当及时予以变更、解除或者撤销。

（3）侦查活动是否合法。

人民检察院的审查起诉活动，是对侦查活动和结果进行法律监督的过程。在审查起诉工作中，除了要对事实证据进行审查以外，还要审查侦查活动是否符合法律的规定，有无违反法定程序的行为，有关诉讼活动的法律手续是否完备，有无侵犯当事人和其他诉讼参与人的诉讼权利和合法权益的行为。特别要重点审查在侦查活动中讯问犯罪嫌疑人、询问被害人、证人是否存在刑讯逼供和威胁、引诱、欺骗以及其他非法方法收集证据的情况。发现侦查活动存在违法行为的，应当及时提出纠正意见或者报检察长处理。发现侦查人员的违法行为构成犯罪的，应当依法追究刑事责任。

（4）与犯罪有关的财物及其孳息是否扣押冻结并妥善保管；对被害人的合法财产、违禁品或者不宜长期保存的物品的处理是否妥当，移送的证明文件是否完备。

与犯罪有关的财物及其孳息等赃款赃物不仅是认定案件事实的证据，而且往往涉及被害人、被告人的合法权益，因此，在审查起诉时要重视对涉案物品的审查。一是审查案件中有哪些财物，是否属于赃款、赃物，所有赃款、赃物是否已经追缴、扣押或者冻结，是否还有其他赃款、赃物没有查明去向。二是审查作为证据使用的物品是否移送，没有移送的原因。三是涉案物品中有无属于被害人的合法财产，是否违禁品或者不宜长期保存的物品，对这些物品的处理是否妥当。已经处理的，侦查机关移送的证明文件是否完备。

（三）证据的审查与复核

1. 证据审查的基本要求

证据的审查与复核是审查起诉的核心工作，按照我国刑事诉讼法的规定，证据必须符合法律规定的要求，查证属实，能够证明案件真实情况，才能作为定案的根据。审查符合证据的重点是从证据的客观性、关联性、合法性方面进行全面审查。

（1）证据的真实性。又称证据的客观性或者确实性。它是指证据所反映的内容应当是真实的、客观存在的。任何案件事实都是在一定的时间和空间发生的。案件事实发生后，必然会在客观外界遗留下某些物品或痕迹。这些事实以及它们同案件事实的联系都是客观的。检察人员应根据案件的具体情况，从以下方面审查证据的真实性，即证据形成的条件；发现证据时的客观环境；证据是否原件、原物或者复印件、复制品与原件、原物是否相符；证人或者提供证据人与案件有无利害关系；证据之间的相互关系；证据内容前后是否一致等。

（2）证据的关联性。证据的关联性又称相关性，是指证据与案件事实之间存在客观联系。证据与案件事实的联系是多种多样的。有因果联系、条件联系、时间联系、空间联系、必然联系和偶然联系等。其中，因果联系是最常见、最主要的联系。一切倾向于证明待证事实的证据均为相关证据，否则不具有关联性。检察人员应当从各证据与案件事实的关联程度、各证据之间的联系等方面进行综合审查判断。

（3）证据的合法性。证据必须是法定人员依照法律规定的程序和方法收集的。即取证主体合法、证据形式合法、取证方法和程序合法。但是并非不合法的证据都不具有证据效力，不同的国家有不同的刑事诉讼价值观，英美法系国家突出强调人权保护，对证据资格把握比较严，大陆法系则相对注重刑事诉讼控制犯罪维护国家安全稳定的价值，因此对证据的排除持较为谨慎的态度。

2. 证据审查的基本内容

（1）讯问犯罪嫌疑人、听取犯罪嫌疑人及其辩护人的意见，询问证人、被害人，听取被害人及其委托人的意见。

①讯问、听取意见应由2名以上办案人员进行，并制作笔录。对于不需要逮捕、拘留的犯罪嫌疑人，可以传唤到犯罪嫌疑人所在市、县内的指定地点或者到他的住处进行讯问，但是应当出示人民检察院的证明文件。

②讯问笔录应当交犯罪嫌疑人核对，对于没有阅读能力的，应当向他宣读。记载有遗漏或者差错的，犯罪嫌疑人可以提出补充。犯罪嫌疑人承认笔录没有错误后，应当签名或者盖章。讯问人员也应当在笔录上签名。犯罪嫌疑人请求自行书写供述的，应当准许。

③ 对证人证言笔录存在疑问或者认为对证人的询问不具体或者有遗漏的，可以对证人进行询问并制作笔录。

④直接听取被害人和犯罪嫌疑人、被害人委托的人的意见有困难的，可以向被害人和犯罪嫌疑人、被害人委托的人发出书面通知，由其提出书面意见，在指定期限内未提出意见的，应当记明笔录。

⑤讯问犯罪嫌疑人或者询问被害人、证人时，应当分别告知其在审查起诉阶段所享有的诉讼权利。

（2）审查物证、书证、视听资料等证据材料。

对物证、书证、视听资料、勘验、检查笔录存在疑问的，可以要求侦查人员提供物证、书证、视听资料、勘验、检查笔录获取、制作的有关情况。必要时也可以询问提供物证、书证、视听资料的人员并制作笔录，对物证、书证、视听资料进行技术鉴定。

对审查起诉案件中涉及专门技术问题的证据材料需要进行审查的，可以送交检察技术人员或者其他具有专门知识的人员审查。检察技术人员或者其他具有专门知识的人员审查后应当出具审查意见。

（3）审查勘验、检查笔录、鉴定结论。

①审查案件的时候，对公安机关的勘验、检查，认为需要复验、复查的，应当要求公安机关复验、复查，人民检察院可以派员参加；也可以自行复验、复查，商请公安机关派员参加，必要时也可以聘请专门技术人员参加。

②认为对犯罪嫌疑人或被害人需要进行医学鉴定的，应当要求公安机关进行；必要时也可以由人民检察院进行或者由人民检察院送交有鉴定资格的医学机构进行。自行对犯罪嫌疑人或者被害人进行医学鉴定的，可以商请公安机关派员参加，必要时还可以聘请医学机构或者专门鉴定机构有鉴定资格的人员参加。

③在审查起诉中，发现犯罪嫌疑人有患精神病可能的，人民检察院应当依照《人民检察院刑事诉讼规则》的有关规定对犯罪嫌疑人进行鉴定。犯罪嫌疑人的辩护人或者近亲属以犯罪嫌疑人有患精神病可能而申请对犯罪嫌疑人进

行鉴定的，人民检察院也可以依照有关规定对犯罪嫌疑人进行鉴定，并由申请方承担鉴定费用。

④对鉴定结论有疑问的，可以指派或者聘请有专门知识的人或者鉴定机构，对案件中的某些专门性问题进行补充鉴定或者重新鉴定。

（四）非法证据的排除

许多冤假错案来源于非法证据特别是刑讯逼供取得的证据。因此，审查起诉的一项极为重要的工作就是发现并排除非法证据。必须严格依照“两高三部”《关于办理刑事案件排除非法证据若干问题的规定》进行证据的合法性审查。

1. 应当排除刑讯逼供等非法方法所获得的言词证据。通过刑讯得到的口供应予以排除。对刑讯逼供以及以威胁、引诱、欺骗等非法手段获取的口供应当排除其证明效力，不能作为认定案件事实的依据。

2. 关于非法取得的物证、书证。由于物证、书证比较稳定，其证明力较强，因此首先要解决的是物证、书证的鉴真问题，即要保证物证、书证来源的客观真实性。经勘验、检查、搜查提取、扣押的物证、书证，未附有勘验、检查笔录，搜查笔录，提取笔录，扣押清单，不能证明物证、书证来源的，不能作为定案的根据。对物证、书证的来源及收集过程有疑问，不能作出合理解释的，该物证、书证不能作为定案的根据。其次，根据利益平衡原则，对重大违法行为所获得的实物证据应当排除，而对于一些违法取证行为情节轻微，影响不大，如果排除该证据将对全案造成巨大的损失，或者一些重大特殊案件，虽然有违法取证行为，但结合其他证据能够认定案件事实的，可以采用该证据。

（五）公诉审查报告的制作

1. 公诉案件审查报告的性质、功能

公诉案件审查报告是公诉部门承办人对案件审查后制作的综合性书面材料，是在对案件审查完毕之后，对前一段诉讼活动、审查起诉过程、案件全貌作出的全面总结，并对案件的事实认定、定性处理等提出意见。公诉案件审查报告不是对外产生法律效力的法律文书，而是主要体现公诉部门承办人审查案件、报告案件的检察机关内部工作文书，因此对其规范性的要求不像法律文书那样严格，具有一定的灵活性。《公诉案件审查报告（样本）》（〔2002〕高检诉发第112号，以下简称《样本》）只是供承办人制作审查报告时的参考，承办人制作审查报告时可以根据案件汇报的需要及案件本身的特点作适当的调整。但是，公诉案件审查报告既是报领导审核、报检察长或者检察委员会决定和制作起诉书、不起诉决定书等检察法律文书的基础，其制作质量直接影响着领导审核、检察长或者检察委员会对案件作出处理决定，也是日后检查案件质量，总结审查起诉工作经验教训的重要依据。因此，公诉承办人制作审查报告时，要参阅《样本》规定的项目和内容要素，全面、如实地反映审查起诉阶段的活动、审查过程和案件事实证据的全貌，并对事实认定和定性处理等认真提出意见。

2. 制作公诉案件审查报告的要求及需要注意的问题

公诉案件审查报告包括标题、首部、正文、尾部、附件五部分，制作时可以参照《样本》规定的具体项目和内容要素。制作公诉案件审查报告总的要求，一是内容要兼收并蓄，要把案件的来龙去脉、诉讼过程、工作过程、案件事实证据情况、侦查机关（或部门）对案件事实的认定和处理意见、相关当事人和诉讼参与人的意见以及存在的问题和争议等情况都要报告清楚，以保证检察长或者检察委员会能够在全面、充分地了解、研判案件的基础上，作出客观正确的处理决定；二是对相关的诉讼程序、工作程序要交代得全面、清楚，以供领导审查承办人在审查起诉工作中是否严格按照法律规定的程序和要求进行，强化对办案责任的监督制约；三是对能认定的事实予以认定，对不能认定的和存在的问题要作出分析说明；四是援引的法条要准确、完整；五是公诉案件审查报告系不公开的内部文书，应归入副卷，并注意保密。

有关具体要求及需要注意的问题：

（1）标题。公诉案件审查报告的标题要特定化，即应当写明犯罪嫌疑人的姓名和案由，如“关于犯罪嫌疑人××涉嫌××一案的审查报告”，不能简化为“审查报告”。

（2）首部。首部主要包括“提要”和“导语”两部分内容，其中“提要”的主要作用是简要提示审查报告的重要信息，包括“案件来源，收案时间，移送案由，犯罪嫌疑人姓名，强制措施，承办人意见”。“导语”部分主要是介绍案件的诉讼程序方面情况，包括案件的移送机关、移送文书、移送案由，本院受理的时间、收到的卷宗册数及其他案件材料、证物等情况，以及承办人在审查起诉中根据法律的要求所进行的程序方面的工作，包括履行对犯罪嫌疑人告知诉讼权利的义务，讯问犯罪嫌疑人，询问被害人和证人，退回侦查机关（或部门）补充侦查或者自行侦查，提请延长审限，补充鉴定，复验复查，听取被害人以及辩护人、被害人委托的人的意见，进行庭前证据交换等。需要注意的是对于刑事诉讼法明确要求履行的程序，如告知权利，讯问犯罪嫌疑人，听取被害人以及辩护人、被害人委托的人的意见等，审查起诉工作中必须严格遵循，在审查报告中也必须写明，而对于刑事诉讼法没有强制性要求的，则应当根据办案的实际情况，做了哪些工作，就写明哪些。另外，“导语”部分主要是一些程式化的内容，只要将承办人所履行的程序义务、所进行的有关诉讼程序方面的工作包括具体的时间、次数、经过等报告清楚即可，而有关实体方面的内容，如讯问犯罪嫌疑人的具体内容、补充侦查的具体事项等则在正文、附件等部分表述。

（3）正文。包括“一、犯罪嫌疑人及其他诉讼参与人的基本情况；二、破案经过；三、移送机关（部门）认定的犯罪事实与意见；四、相关当事人、诉讼参与人的意见；五、审查认定的事实和证据；六、需要说明的问题；七、审查结论和处理意见及结语”。

①犯罪嫌疑人及其他诉讼参与人的基本情况。此部分只要按照《样本》规定的要素结合案件具体情况制作即可，需要注意的是要将犯罪嫌疑人曾受到行政处罚（限与本罪有关）、刑事处罚的具体时间、原因、处罚方式、决定机关、释放时间等情况写明，为后面进一步明确对其是否应当认定累犯或具有从重情节等做好铺垫。

②破案经过。此部分要求根据案件材料记载，扼要叙写本案发案、立案、破案的时间、经过等情况。需要注意的是要写明犯罪嫌疑人的到案经过，以及涉及能否认定自首、立功等的相关事实情况，为后面认定自首、立功等做好铺垫。

③移送机关（部门）认定的犯罪事实与意见。此部分要求将移送机关（部门）认定的犯罪事实、犯罪情节和适用法律的意见等要全面概括叙明，内容既要忠实于移送起诉意见书，又要进行必要的归纳和概括，以便于领导审核时对移送机关的认定和意见有全面、客观的了解。

④相关当事人、诉讼参与人的意见。此部分要求如实反映被害人以及辩护人、被害人委托的人等对案件事实、证据、定性、量刑等问题的观点和对案件处理的意见。刑事诉讼法明确规定，检察机关审查起诉应当听取被害人以及辩护人、被害人委托的人的意见。因此，承办人在审查起诉中应当高度重视有关当事人、诉讼参与人对案件的意见，并将其具体意见在审查报告中充分表述，这不仅是严格执行法律的体现，也有利于检察机关在充分听取各方意见的基础上，作出客观公正的决定。

⑤审查认定的事实和证据。准确认定案件事实是正确适用法律处理案件的前提。对案件事实和证据的审查认定是审查起诉工作的核心，因此本部分是审查报告的关键部分，要求承办人要在对全案证据材料进行认真的审查复核后，作出对案件事实明确具体的认定，同时对于那些不真实或者不能采用的证据以及不能认定的事实和情节，作出有根据、有分析的说明，尤其是对有争议的事实和证据，更要重点分析论证。

认定的案件事实应当包括作案的时间、地点、动机、目的、实施过程、手段、犯罪情节、危害后果，以及犯罪嫌疑人作案后的表现等。一方面，凡是影响定罪量刑的事实、情节，包括法定量刑情节和酌定量刑情节等都要具体表述，为后面定性意见、量刑建议等做好铺垫；另一方面，凡是认定的事实、情节，都必须有确实、充分的证据予以支持。制作本部分需要注意以下问题：

一是对认定的事实、情节表述要全面，尤其不能遗漏关键的事实、情节。实践中有的审查报告对认定的事实、情节表述不全面，甚至遗漏关键的事实、情节。如在故意伤害案件中，只笼统地表述为："犯罪嫌疑人××将被害人××打伤，经鉴定构成轻伤。"至于采用何种手段、使用何种工具、造成何部位受伤等，都没有具体表述，导致领导审核时无从判断犯罪嫌疑人的主观恶性、人身危险性以及被害人的伤情与犯罪嫌疑人的加害行为是否具有直接的因果关系等。又如在共同犯罪中对于共同预谋的情节仅表述为"犯罪嫌疑人经预谋"，至于谁先提起犯意、如何预谋、如何分工等问题没有表述；在财产型犯罪中没有对赃物、赃款下落情况的交代，分赃情况不明等。

二是注意不要在认定的事实中夹杂一些与定罪量刑无关的内容。实践中有的审查报告没有紧紧围绕定罪量刑来认定案件事实，把一些与定罪量刑无关的事实、情节表述进去，不仅容易导致认定事实冗长繁琐，还容易节外生枝。

三是必须对案件事实进行明确认定。实践中，有的审查报告把有利于和不利于犯罪嫌疑人的证据夹杂在事实认定中，还有的是以犯罪嫌疑人的供述来替代事实认定，实际上承办人对案件事实并没有进行明确的认定。审查报告对案件事实的明确认定是后面适用法律认定案件性质、提出处理意见的前提，因此必须对案件事实作出明确认定，否则后面适用法律认定案件性质、提出处理意见就失去了基础，无法令人信服。

对于据以认定犯罪事实的有关物证、书证、证人证言、被害人陈述、勘验或者检查笔录、鉴定结论、视听资料、同案人供述和犯罪嫌疑人供述和辩解等证据，要在注明证据的来源和特征后具体列举，并对证据与案件事实的联系进行总结分析，对证据之间有矛盾的要进行实事求是的分析认证。制作时需要注意以下问题：一是按照从客观性证据到主观性证据的顺序进行审查、摘录，并注明证据的来源和特征。由于客观性证据的自然、稳定、直接的属性，其证明力及其与案件事实的关联性较强，因此审查证据时要贯彻从客观性证据到主观性证据审查的顺序要求，力求避免审查一开始就受主观性证据的影响。审查起诉的一项重要内容是审查复核证据材料的合法性、真实性，即审查证据材料的取证主体、取证程序及证据材料表现形式等是否符合法律规定，证据材料是否真实可信，从而排除非法、虚假证据，补充完善有瑕疵的证据。实践中有的审查报告在摘录证据时不注明证据的来源和特征，或者表述不全面，导致无法判断取证主体、取证程序等是否符合法律规定，以及证据的可信度等。如在涉案财产价格鉴定中没有注明鉴定基准日，导致无法审核鉴定结论的合理有效性等。二是摘录证据要全面，尤其不能遗漏关键证据。证据是正确认定案件事实的基础，因此摘录证据时应遵循全面、完整、真实的原则。实践中，有的审查报告对证据的内容摘录不全，如在故意伤害案中，证据摘录全部集中在犯罪嫌疑人殴打被害人的过程，而对于双方产生矛盾的原因、作案凶器的下落等证据摘录不完整。三是证据摘录时要进行必要的归纳，突出证据的关键点。实践中，有些审查报告对证据尤其是言词证据的摘录过于细碎，大量的全文摘抄，造成内容重复冗长，且证据的关键点不突出。四是要在摘录的每份证据后对其所证明的事项进行必要的分析总结，以证明所摘录的证据与本案事实之间的关联性，并要对每份证据在形式上或者实体上是否存在问题以及存在的问题是否影响对案件事实的认定等进行必要的分析说明，以确认所摘录的证据是合法有效的证据。如有的犯罪嫌疑人口供前后反复，或者与被害人陈述、证人证言等在某些环节上存在矛盾的情况经常发生，对此应当如实反映在案件审查报告中，并加以分析说明；又如有的证据在形式上存在瑕疵，但已无法弥补也无法替代的，也应当如实反映在案件审查报告中，并加以分析说明。

摘录所有证据后，要结合存在的问题，对全案证据进行综合分析论证，具体论述什么事实有哪些证据来证明，各项证据之间能否相互印证，形成完整的证据链条；对与所认定事实相反的证据，要具体论证不予采信的理由或依据，从而得出所建立的证据体系是否完善、证据是否充分的结论。尤其是对有争议的事实和证据，更要重点分析论证。对证据的综合分析论证，实际上是为了解决两个方面的问题：一是对证据确实性的审查判断。任何证据都不能自证属实，通过单个证据的审查判断，只能初步地排除虚假证据，要最终确定证据材料的客观性、相关性，仅靠审查每一个证据材料的来源及其所反映的内容是否合理等还不够，还必须将每一个证据材料与在案的其他证据材料加以对照、印证，从各证据材料的相互联系上进行考察，看它们所反映的内容是否协调一致，有无矛盾存在，并将所有证据材料所分别证明的若干案件事实结合起来进行检验，以查实它们之间是否相互呼应、协调一致。对于证据之间存在矛盾的，应结合证据体系分析论述矛盾是否能够排除。只有这样，才能最终判断据以定案的所有证据是否都具有确实性。二是对证据充分性的审查判断。首先应当把已有的证据材料数量与待证事实联系起来进行分析，看待证事实是否均已得到充分的证明，有无应该证明而未予证明的情况；再把已有的证据材料从质量、数量两方面进行评估。一般来讲，证明力强的直接证据结合一些间接证据便可以达到证据充分；直接证据证明力较弱或者以间接证据定案的，则要求形成闭合的证据锁链，方可达到证据充分。最后还要把已有的证据与定案结论联系起来分析，看据以定案的证据体系是否足以得出唯一的排他性结论，只有根据现有证据得出唯一结论时，证据才能算是充分，如依现有证据能得出几种结论，就不能认为该案证据充分。对于案件非主要事实及情节不够清楚的，还应分析论述该非主要事实、情节是否影响案件基本事实及主要情节的认定。总之，对证据的综合分析论证，不仅要将全案所有的证据材料联系起来，还要将全案证据材料与待证的案件事实联系起来，作综合性分析判断，除了论述证据能否相互印证，是否协调一致，有无矛盾存在，还要论述影响定罪量刑的一切情况是否都有相应的证据予以证明，从而最终确定事实是否清楚，证据是否确实充分。

对于一人多罪、多人多罪等复杂案件，“审查认定的事实和证据”部分一般应当采取一事一证一分析一小结的原则；但是对犯罪手段、情节等情况相同的案件，在叙写案件事实时，可以先对相同的情节进行概括叙述，然后再逐一列举出每起犯罪事实的具体时间、结果等情况，而不必详细叙述每一起犯罪事实的过程。但是在列举证据时，仍应当按照一事一证一分析一小结的方式，将每一起案件事实的证据列明，以保证能够清楚、完整地表述所认定每一起案件事实的具体证据情况。

⑥需要说明的问题。此部分主要是表述审查报告其他部分无法涵盖而承办人认为需要说明或者报告的事项，如有关案件管辖问题，追诉漏罪、漏犯情况，对共同犯罪案件中未一并移送起诉的同案人的处理问题，敏感案件预警或处置情况，侦查活动违法及纠正情况，有碍侦查、起诉、审判的违法活动及解决情况，扣押款物的追缴、保管、移交、处理情况，被害人及附带民事诉讼原告人、被告人及其亲属以及人民群众对案件的处理有无涉法、涉诉上访问题及化解矛盾情况，结合办案参与综合治理、发出检察建议等相关情况，以及需要由检察机关提起附带民事诉讼等。制作此部分应当根据具体案件的实际情况，有什么需要说明的问题，就写明什么问题。

⑦审查结论和处理意见。此部分要求承办人根据审查核实的证据和查明的事实与情节，依照有关法律、法规和司法解释等规定，运用有关法学理论，分析论述犯罪嫌疑人的行为性质、情节、社会危害性大小，定罪的证据是否充分，能否认定犯罪嫌疑人有罪，构成何种罪，是否应当负刑事责任及其责任的大小，有无法定从轻、减轻或者从重的情节和其他可以从宽、从严的情节，在法定量刑幅度的基础上应当判处什么刑罚等。制作时需要注意以下问题：一是提出审查结论和处理意见都必须有充分的法律依据。这不仅要将所适用的法律、法规、司法解释等规定的具体条款列明，还要结合案件事实，充分论证和

阐明犯罪嫌疑人的行为与所列明的法律、法规、司法解释等规定之间的内在联系，使事实、结论、处理形成相互联系的统一体，只有这样才能体现审查结论和处理意见的客观公正。二是在一案多名犯罪嫌疑人的情况下，应当分别论述清楚。三是对于涉及定罪、量刑等有争议的问题，如与侦查机关（部门）认定事实、采信证据等不一致，以及辩护人、被害人、诉讼代理人等对案件事实、证据、定性、量刑等意见都应当重点分析论证，说明是否应当采纳以及理由和依据。四是要在上述分析论证的基础上，提出明确的提起公诉、不起诉、建议撤销案件或作其他处理的意见，对于提起公诉的还要根据主从犯，犯罪中止、预备、未遂，自首、立功以及犯罪嫌疑人认罪态度、悔罪表现、退赃情况、造成损失等法定、酌定量刑情节，提出具体的量刑建议。

（4）尾部。审查报告的尾部，由承办案件的检察员或者助理检察员署名并写明年月日。

（5）附件。①与案件有关的法律法规及司法解释，供案件研究讨论时参考。②退回补充侦查提纲、自行补充侦查提纲。实践中，退回补充侦查和自行补充侦查前一般都要列写“提纲”，很多地方的侦查机关也明确要求：“退查时应列出明确、具体、全面的退查提纲，以便于补充侦查工作更具有针对性和有效性，避免案件反复退查。”因此，在审查报告附件中列明退回补充侦查提纲、自行补充侦查提纲，有利于进一步规范和制约退回补充侦查和自行补充侦查行为，对于保证诉讼效率和质量都具有积极意义。③起诉书或者不起诉决定书。公诉案件审查报告的基本功能是向检察长、检察委员会报告案件并由其决定是否提起公诉，其直接结果一般是对案件提起公诉或者不起诉。根据检察机关内部工作程序，起诉书、不起诉决定书等法律文书须经检察长签发，因此将其列为公诉案件审查报告的附件上报，有利于简化和规范内部程序。

（六）审查起诉的期限

1. 人民检察院对于公安机关移送起诉的案件，应当在1个月以内作出决定，重大、复杂的案件，可以延长半个月。

2. 人民检察院审查起诉的案件，改变管辖的，从改变后的人民检察院收到案件之日起计算审查起诉期限。

3. 在审查起诉过程中犯罪嫌疑人潜逃或者患有精神病及其他严重疾病不能接受讯问，丧失诉讼行为能力的，人民检察院可以中止审查。

4. 共同犯罪中的部分犯罪嫌疑人潜逃的，对潜逃犯罪嫌疑人可以中止审查；对其他犯罪嫌疑人的审查起诉应当照常进行。

5. 中止审查应当由办案人员提出意见，部门负责人审核，报请检察长决定。

（七）扣押、冻结款物的处理

在审查起诉时，应当对随案移送的扣押冻结涉案款物清单、处理意见情况进行审查，发现有违反规定或是处理不当的情况，应当报检察长批准后依照《执法工作基本规范》的要求处理。

（八）轻微刑事案件的快速办理

在审查起诉时，对于案情简单、事实清楚、证据确实充分、犯罪嫌疑人认罪的轻微刑事案件，可以简化工作程序，依照《执法工作基本规范》的规定快速办理。依法快速办理轻微刑事案件，应当坚持严格依法原则、公正与效率相统一原则、充分保障诉讼参与人诉讼权利原则和及时化解社会矛盾原则。

根据有关规定，适用快速办理机制的轻微刑事案件，应当具备以下条件：(1) 案情简单、事实清楚、证据确实充分；(2) 可能判处3年以下有期徒刑、拘役、管制或者单处罚金；(3) 犯罪嫌疑人承认实施了被指控的犯罪；(4) 适用法律无争议。对于适用快速办理机制的轻微刑事案件，可以简化制作审查起诉终结报告，重点阐述认定犯罪事实的理由和处理意见。在快速办理轻微刑事案件过程中，发现案件不宜适用快速办理机制的，应当及时报告，将案件转为普通审查方式办理。

三、公诉环节的侦查活动监督

（一）公诉环节侦查活动监督概述

侦查活动监督是人民检察院对各类侦查活动是否合法进行的法律监督。根据我国刑事诉讼法第82条第（一）项的规定，侦查活动的内容包括公安机关、人民检察院在办理案件过程中，依照法律进行的专门调查工作和有关的强制性措施。据此，侦查活动监督包括人民检察院对侦查机关（部门）的专门调查活动和运用强制措施是否合法进行监督这两方面的内容。

公诉部门在审查起诉过程中，通过提讯犯罪嫌疑人、证人和审查侦查卷宗材料等，对侦查部门的侦查活动是否合法进行监督、对侦查部门采取的强制措施是否合法进行监督。公诉部门认为侦查认定的事实不清或证据不足的，可以退回侦查机关（部门）补充侦查，也可以自行补充侦查，这是公诉部门对侦查活动实体性内容是否合法进行监督的有效手段；审查起诉中公诉部门认为对犯罪嫌疑人采取强制措施不当的，可以要求侦查机关（部门）变更、撤销或解除强制措施，这是对侦查活动程序性内容进行监督的有效手段。

（二）公诉环节对强制措施变更、解除和撤销的监督

案件进入审查起诉阶段后，公诉环节对侦查机关（部门）适用强制措施的监督主要是对侦查机关（部门）适用强制措施是否合法进行监督，同时对

强制措施是否依法变更、解除和撤销进行监督。刑事诉讼法第 73 条规定："人民法院、人民检察院和公安机关如果发现对犯罪嫌疑人、被告人采取强制措施不当的，应当及时撤销或者变更。公安机关释放被逮捕的人或者变更逮捕措施的，应当通知原批准的人民检察院。"第 74 条规定："犯罪嫌疑人、被告人被羁押的案件，不能在本法规定的侦查羁押、审查起诉、一审、二审期限内办结，需要继续查证、审理的，对犯罪嫌疑人、被告人可以取保候审或者监视居住。"第 75 条规定："犯罪嫌疑人、被告人及其法定代理人、近亲属或者犯罪嫌疑人、被告人委托的律师及其他辩护人对于人民法院、人民检察院或者公安机关采取强制措施超过法定期限的，有权要求解除强制措施。人民法院、人民检察院或者公安机关对于被采取强制措施超过法定期限的犯罪嫌疑人、被告人应当予以释放、解除取保候审、监视居住或者依法变更强制措施。"

1. 对强制措施变更的监督

公诉环节对强制措施变更的监督，主要是对侦查机关（部门）适用强制措施不当或期限届满等情况下应当变更而未及时变更的情形进行监督。因"采取强制措施不当"导致对其进行变更并不是否定原来适用某一强制措施的正确性，因"不当"可能是在诉讼进程中随着对案情的进一步掌握才能认识到的，这一点是把握变更强制措施必须明确的。根据我国刑事诉讼法对各种强制措施的具体规定，这种变更可以是不同类别的强制措施之间的互相变换，如将逮捕变更为取保候审或者反之，再如取保候审与监视居住之间的相互变更，对此，可以称为双向变更。但是有些强制措施只能进行单向的变更，如已经适用刑事拘留的，可以变更为其他强制措施，但已经适用了其他强制措施的，不能变更为拘留。因为拘留只适用于现行犯或者重大嫌疑分子，并且必须具备法定的七种情形之一。

根据刑事诉讼法及相关规定，强制措施变更的原因和条件，可以归结为如下几个方面：

一是因采用的强制措施不当而变更。所谓"不当"，是指采用的强制措施的强度与保障刑事诉讼顺利进行的需要不相符合。包括两种情况：一种是采用的强制措施的强度小于实际需要；另一种是采用的强制措施的强度大于实际需要。

二是因采用强制措施的期限届满而变更。刑事诉讼法对各种强制措施都规定了明确具体的期限，以保证犯罪嫌疑人、被告人的人权。如拘传最长不得超过 12 个小时，取保候审最长不得超过 12 个月，监视居住最长不得超过 6 个月，拘留根据不同的情况期限分别为 10 天、14 天、37 天（均含批捕期限）。逮捕后的羁押期限分别为：侦查阶段的羁押期限一般情况下为 2 个月，案情复杂期限届满不能终结的经批准可以延长 1 个月，具有交通十分不便的边远地区的重大复杂案件等情形的，期限届满不能侦查终结的，经省级检察院批准或决定，可以再延长2个月；如果犯罪嫌疑人可能被判处10年有期徒刑以上刑罚，在前述延长期限届满不能侦查终结的，省级检察院批准或决定，可以再延长2个月。起诉阶段逮捕的羁押期限为1个月，重大、复杂的案件，可以延长半个月。审判阶段，不论是一审还是二审，捕后羁押的期限都只能是1个月，重大、复杂的案件，可延长半个月，等等。如果上述期限届满，仍然需要适用强制措施的，就必须变更强制措施，不能将某一强制措施超期限的适用。

三是因犯罪嫌疑人、被告人个人情况的变化而变更。包括两种情况：第一种情况，因犯罪嫌疑人、被告人人身危险性的变化而变更。属于这种情形的有刑事诉讼法第56条、第57条规定的情形，即被取保候审的犯罪嫌疑人、被告人违反应当遵守的规定，除没收保证金、具结悔过外，可以根据情况变更为监视居住或者予以逮捕；被监视居住的犯罪嫌疑人、被告人违反应当遵守的规定，情节严重的，变更为逮捕。这两条规定中的变更强制措施都是因为犯罪嫌疑人、被告人人身危险性的增大所致。第二种情况，因犯罪嫌疑人、被告人的身体等原因不宜被羁押而变更。刑事诉讼法第60条第2款规定："对应当逮捕的犯罪嫌疑人、被告人，如果患有严重疾病，或者是正在怀孕、哺乳自己婴儿的妇女，可以采用取保候审或者监视居住的办法。"但这种变更是有限制的，是视情况可以变更，不是应当变更。此外，还有变更的禁止性规定，《公安机关办理刑事案件程序规定》第64条明确规定："对累犯、犯罪集团的主犯，以自伤、自残办法逃避追究的犯罪嫌疑人，危害国家安全的犯罪，暴力犯罪，以及其他严重犯罪的犯罪嫌疑人，不得取保候审。"《人民检察院刑事诉讼规则》第38条规定："人民检察院对于严重危害社会治安的犯罪嫌疑人，以及其他犯罪性质恶劣、情节严重的犯罪嫌疑人不得取保候审。"

2. 对强制措施解除的监督

强制措施的解除是指人民法院、人民检察院和公安机关在刑事诉讼中对已经采取的强制措施，因受法定期限的限制或者发现属于不应当追究刑事责任等情形时，将已经适用的强制措施予以解除的诉讼行为。当然，解除并不是对原先适用强制措施的否定性评价，因为按照原先掌握的情况，采取该项强制措施是正确的。公诉环节对强制措施解除的监督就是对侦查机关（部门）应当依法解除强制措施而未及时解除、或不应当解除而解除的情形进行监督。

根据刑事诉讼法的有关规定，强制措施解除的原因和条件主要包括：

一是因采用的强制措施的期限届满而解除。在这种情况下，解除与变更的原因和条件相同，都是按照刑事诉讼法关于强制措施期限的规定，是适用解除还是适用变更，应当根据实际情况决定，如果还有继续适用强制措施的需要，则适用变更，否则，应适用解除。

二是因不应当追究刑事责任而解除。根据刑事诉讼法第 58 条的规定，对于发现不应当追究刑事责任的，应当及时解除取保候审、监视居住。在刑事诉讼过程中，在对犯罪嫌疑人、被告人采取了强制措施的情况下，发现属于不应追究刑事责任的情形时，应当解除强制措施。该条规定的不应当追究刑事责任是指因不构成犯罪而不应当追究刑事责任，并不排除仍然可能追究其他法律责任的可能性。

三是因诉讼的终结而解除。强制措施的适用依托于刑事诉讼，刑事诉讼一旦终结，所采用的强制措施就自然应当终结。主要包括：侦查阶段，因撤销案件而使已适用的强制措施解除；审查起诉阶段，因作出了不起诉决定而使已适用的强制措施解除；审判阶段，因作出了生效裁判而使已适用的强制措施解除。

3. 对强制措施撤销的监督

强制措施的撤销，是指人民法院、人民检察院和公安机关在刑事诉讼中因采取强制措施不当而将其予以撤销的诉讼行为。撤销强制措施与解除强制措施的不同在于，解除强制措施不是对原先采取强制措施的否定性评价，而撤销强制措施是对原先采取的强制措施的否定性评价，也就是，按照原先适用某强制措施时所掌握的事实、证据就不该采取强制措施，因错误的判断和决定而适用了该强制措施。此外，撤销强制措施与变更强制措施相比，虽然刑事诉讼法第 73 条对变更和撤销规定的都是“采取强制措施不当”，但其中的含义是不同的，变更的“不当”是先前采取的强制措施与后来的实际需要不相符合，需要变更来适应后来的实际情况，而撤销的“不当”是本不该采用某种强制措施而采用了该种强制措施。公诉环节对强制措施撤销的监督就是对侦查机关（部门）应当依法撤销强制措施而未撤销或者不应当撤销强制措施而撤销等情形进行监督。

（三）退回补充侦查

1. 补充侦查概述

补充侦查是指公安机关或者人民检察院依照法定程序，在原有侦查工作的基础上继续补充收集证据的一种侦查活动。补充侦查只适用于事实不清、证据不足或者遗漏罪行、遗漏同案犯罪嫌疑人的案件，是我国刑事诉讼法规定的对侦查工作的一种补救措施。

（1）补充侦查的种类

一是审查批捕阶段的补充侦查。刑事诉讼法第 68 条规定：“人民检察院对于公安机关提请批准逮捕的案件进行审查后，应当根据情况分别作出批准逮捕或者不批准逮捕的决定。对于批准逮捕的决定，公安机关应当立即执行，并且将执行情况及时通知人民检察院。对于不批准逮捕的，人民检察院应当说明理由，需要补充侦查的，应当同时通知公安机关。”

二是审查起诉阶段的补充侦查。刑事诉讼法第140条规定：“人民检察院审查案件，对于需要补充侦查的，可以退回公安机关补充侦查，也可以自行侦查。对于补充侦查的案件，应当在一个月以内补充侦查完毕。补充侦查以二次为限。补充侦查完毕移送人民检察院后，人民检察院重新计算审查起诉期限。对于补充侦查的案件，人民检察院仍然认为证据不足，不符合起诉条件的，可以作出不起诉的决定。”

三是法庭审理阶段的补充侦查。根据刑事诉讼法第165条和第166条的规定，在法庭审理过程中，检察人员发现提起公诉的案件需要补充侦查，并提出补充侦查建议的，人民法院可以延期审理，补充侦查应当在1个月以内完毕。可见，法庭审理阶段补充侦查只有人民检察院依法提出建议，人民法院才能作出延期审理的决定。人民法院不能主动将案件退回人民检察院补充侦查。对于人民检察院提起公诉的案件，只要符合法律规定，人民法院就必须开庭审判。至于补充侦查的方式，一般由人民检察院自行侦查，必要时可以要求公安机关协助。

（2）补充侦查的方式

补充侦查可以分为两种方式，即退回补充侦查和自行补充侦查。退回补充侦查是指公诉部门将案件退回侦查机关（部门）补充侦查。自行补充侦查是指决定补充侦查的检察机关自行对案件补充侦查。在上述三种类型的补充侦查中，审查批捕阶段的补充侦查只能采取退回补充侦查的形式；审查起诉阶段的补充侦查，既可以采取退回补充侦查的形式，也可以由检察机关自行补充侦查；法庭审理时的补充侦查，通常由检察机关自行补充侦查。

2. 退回补充侦查

退回补充侦查是指人民检察院公诉部门对侦查机关（部门）移送起诉的案件进行审查起诉时，依法将事实不清、证据不足的案件退回原移送的侦查机关（部门）补充侦查的诉讼活动。它是在原有的侦查工作的基础上退回原侦查机关（部门）进行补充收集证据的一种侦查活动。

（1）退回补充侦查的条件

根据刑事诉讼法第140条、《人民检察院刑事诉讼规则》第266条的规定，退回补充侦查程序只适用于事实不清、证据不足或者遗漏罪行、遗漏同案犯罪嫌疑人的案件。此外，《人民检察院刑事诉讼规则》第265条规定：“严禁以非法的方法收集证据。以刑讯逼供或者威胁、引诱、欺骗等非法的方法收集的犯罪嫌疑人供述、被害人陈述、证人证言，不能作为指控犯罪的根据。人民检察院审查起诉部门在审查中发现侦查人员以非法方法收集犯罪嫌疑人供述、被害人陈述、证人证言的，应当提出纠正意见，同时应当要求侦查机关另行指派侦查人员重新调查取证，必要时人民检察院也可以自行调查取证。侦查机关未另行指派侦查人员重新调查取证的，可以依法退回侦查机关补充侦查。”据此，公诉部门发现侦查机关（部门）以非法方法收集调取证据的，可以要求其另行指派侦查人员重新调查取证，如果侦查部门不另行指派侦查人员重新取证的，也可以依法退回侦查机关补充侦查。

（2）退回补充侦查的限制性规定

一是“补充侦查以二次为限”。无论是检察机关自行侦查，还是退回侦查部门补充侦查，补充侦查以二次为限。对于在审查起诉期间改变管辖的案件，改变后的人民检察院对于符合刑事诉讼法第140条第2款的规定即需要补充侦查的案件，可以通过原受理案件的人民检察院退回原侦查的公安机关补充侦查，也可以自行侦查，改变管辖前后退回补充侦查的次数总共不得超过二次。退回补充侦查以二次为限，有利于防止案件久拖不决，对于保护犯罪嫌疑人的权利具有十分重要的意义。

二是“补充侦查应当在一个月以内完毕”。这一规定要求补充侦查应当及时进行，不得久侦不决。

（3）对退回补充侦查必要性的把握

刑事诉讼法规定，人民检察院审查案件时，对于需要补充侦查的，可以退回侦查机关（部门）补充侦查，也可以自行补充侦查，但对于在什么情况下退回侦查机关（部门）补充侦查，什么情况下自行补充侦查没有明确具体的标准。退回补充侦查会相应的延长犯罪嫌疑人的羁押期限，为了充分保障犯罪嫌疑人的合法权益，对于退回补充侦查应当采取审慎的态度，确有必要时才能退回补充侦查。检察机关在审查起诉时，对于以下情况，可以不再退回补充侦查，如属于单一罪行的案件，与定罪量刑有关的事实已经查清的，不影响定罪量刑的事实无法查清的；属于数个罪行的案件，部分罪行已经查清并符合起诉条件，其他罪行无法查清的；无法查清作案工具、赃物去向，但有其他证据足以对被告人定罪量刑等情况。总之，检察机关公诉部门在退回补充侦查前应进行严格把握，如果明知退回补充侦查不可能达到预期的目的，退回补充侦查已失去实际意义的，应当就现有的事实和证据对案件作出处理，不必要作出退回补充侦查的决定。

（4）正确理解退回补充侦查与存疑不起诉的关系

刑事诉讼法第140条第4款规定：“对于补充侦查的案件，人民检察院仍然认为证据不足、不符合起诉条件的，可以作出不起诉的决定。”这就是说，退回补充侦查是适用存疑不起诉的必要条件，人民检察院不得不经过退回补充侦查而直接作出不起诉决定，但有些案件经过一次退回补充侦查，已经可以确定案件证据不足，特别是证据已经灭失，证人死亡或去向不明，再次退回补充侦查对补充证据也无济于事，这时就没有必要再次退回补充侦查，而可以由检察机关作出存疑不起诉。案件经二次退回补充侦查而仍然事实不清、证据不足的，检察机关必须作出存疑不起诉的决定。

（四）中止审查

所谓中止审查，是指人民检察院在审查起诉期间，因发生某种特定情况，导致案件在较长时间内无法正常审查，决定暂时停止审查，待该项原因消失后，再恢复审查的制度。《人民检察院刑事诉讼规则》第 273 条规定了中止审查的条件、程序等。

中止审查的条件包括两类：一类是在审查起诉过程中犯罪嫌疑人潜逃或者患有精神病及其他严重疾病不能接受讯问，丧失诉讼行为能力的；另一类是共同犯罪中的部分犯罪嫌疑人潜逃的，对潜逃犯罪嫌疑人可以中止审查，此种情况下，对其他犯罪嫌疑人的审查起诉应当照常进行。

中止审查的程序是由办案人员提出意见，部门负责人审核，报请检察长决定。

撤销中止审查的决定，实际是指中止审查的条件不具备情况下恢复审查起诉程序，与决定中止审查的程序相同。

（五）退回侦查机关（部门）处理

《人民检察院刑事诉讼规则》第 262 条、第 263 条对审查起诉阶段公诉部门将移送审查起诉的案件退回侦查机关（部门）处理的具体情况进行了规定。按照该规定，对于公安机关移送的案件和对于本院侦查部门移送的案件，退回侦查机关（部门）的情况下，要作出不同的处理。具体来说：对于公安机关移送审查起诉的案件，发现犯罪嫌疑人没有违法犯罪行为的，应当书面说明理由将案卷退回公安机关处理；发现犯罪事实并非犯罪嫌疑人所为的，应当书面说明理由将案卷退回公安机关并建议公安机关重新侦查。如果犯罪嫌疑人已经被逮捕，应当撤销逮捕决定，通知公安机关立即释放。

公诉部门对于本院侦查部门移送审查起诉的案件，发现具有上述情形之一的，应当退回本院侦查部门，并建议作出撤销案件的处理。

四、提起公诉

（一）提起公诉的条件及程序

1. 提起公诉的条件

案件审查后，人民检察院认为犯罪嫌疑人的犯罪事实已经查清，证据确实、充分，依法应当追究刑事责任的，应当作出起诉决定，按照审判管辖的规定，向人民法院提起公诉。

其中，犯罪事实已经查清，证据确实、充分，主要是指：（1）定罪量刑的事实都有证据证明；（2）每一个定案的证据均已经法定程序查证属实；（3）证据与证据之间、证据与案件事实之间不存在矛盾或者矛盾得以合理排除；（4）共同犯罪案件中，被告人的地位、作用均已查清；（5）根据证据认定案件事实的过程符合逻辑和经验规则，由证据得出的结论为唯一结论。

2. 提起公诉的管辖决定

人民检察院提起公诉的案件，应当与人民法院审判管辖相适应。决定管辖的内容包括级别管辖和地域管辖两个方面。

（1）级别管辖

根据级别管辖的规定，人民检察院受理案件以后，经审查认为属于上级人民法院管辖时，应当写出审查报告，连同案卷材料报送上一级人民检察院，同时通知移送审查起诉的公安机关；一人犯数罪、共同犯罪和其他需要并案审理的案件，只要其中一人或者一罪属于上级人民法院管辖的，全案由上级人民法院管辖。

上级人民检察院受理同级公安机关移送审查起诉案件，认为属于下级人民法院管辖时，可以直接交下级人民检察院审查，由下级人民检察院向同级人民法院提起公诉，同时通知移送审查起诉的公安机关；人民检察院认为可能判处无期徒刑、死刑而向中级人民法院提起公诉的普通刑事案件，中级人民法院受理后，认为不需要判处无期徒刑以上刑罚的，可以依法审理，不再交基层人民法院审理。

（2）地域管辖

根据地域管辖的规定，人民检察院受理同级公安机关移送审查起诉的案件，认为属于同级其他人民法院管辖的第一审案件时，应当写出审查报告，连同案卷材料移送有管辖权的人民检察院或者报送共同的上级人民检察院指定管辖，同时通知移送审查起诉的公安机关。

人民检察院在审查案件中，发现有漏犯的，应当建议侦查机关补充移送审查起诉；对于犯罪事实清楚，证据确实、充分的，也可以直接提起公诉。公诉部门认为需要逮捕犯罪嫌疑人的，应当建议侦查机关提请检察机关批准逮捕；也可以将案卷材料移送本院侦查监督部门，由侦查监督部门作出是否逮捕的决定。

3．不属于本院侦查管辖案件的处理

实践中，人民检察院审查以后，改变公安机关认定罪名提起公诉的现象比较常见，也不存在争议。对于人民检察院立案侦查，公诉部门审查后，改变罪名提起公诉的自侦案件，存在两种情况：一种是改变以后的罪名仍然属于检察机关侦查管辖的，如侦查时以贪污罪立案，起诉时改变为挪用公款罪；另一种情况是改变以后的罪名不属于检察机关侦查管辖的，如侦查时以贪污罪立案，起诉时改变为职务侵占罪。对于前一种情形，自然不存在疑问，对于后一种情况，根据有关司法解释的规定，在审查起诉阶段发现事实不清、证据不足并且不属于人民检察院侦查管辖的，应当及时移送有管辖权的机关办理；如果证据确实、充分，符合起诉条件的，可以直接提起公诉。

需要注意的是，人民检察院立案侦查刑事案件，应当严格按照刑事诉讼法有关立案侦查管辖的规定进行，在侦查阶段发现不属于自己管辖的，应当及时移送有管辖权的机关办理。

4．起诉书的制作

人民检察院作出起诉决定后，应当制作起诉书。

起诉书的格式由首部、被告人（被告单位）的基本情况、案由和案件的审查过程、案件事实、证据、起诉的根据和理由、尾部七个部分组成。

起诉书的首部由人民检察院的名称和文号两部分组成。除最高人民检察院外，各地方人民检察院的名称前应写明省（自治区、直辖市）的名称；对涉外案件提起公诉时，各级人民检察院的名称前均应注明“中华人民共和国”字样。文号由制作起诉书的人民检察院的简称、案件性质、起诉年度、案件顺序号组成。

起诉书的尾部由两部分组成，一是具体承办案件公诉人的法律职务和姓名；二是起诉书的年月日，为签发起诉书的日期。

起诉书正文的主要内容包括：（1）被告人的基本情况，包括被告人的自然情况、是否受过刑事处罚、采取强制措施的情况；（2）案由和案件来源，包括退回补充侦查、延长审查起诉期限等情况；（3）案件事实，包括犯罪的时间、地点、经过、手段、动机、目的、危害后果等与定罪量刑有关的事实要素；（4）起诉的根据和理由，包括被告人触犯的刑法条款、犯罪的性质、法定从轻、减轻或者从重处罚的条件，共同犯罪各被告人应负的罪责等。要结合犯罪的各构成要件进行概括性的表述，突出本罪的特征，语言要精练、准确；对法律条文的引用，要准确、完整、具体，写明条、款、项。

案件事实部分，是起诉书的重点。对起诉书指控的所有犯罪事实，无论是一人一罪、多人一罪，还是一人多罪、多人多罪，都必须逐一列举。叙写案件事实，要按照合理的顺序进行。一般可按照时间的先后顺序：一人多罪的，应当按照各种犯罪的轻重顺序叙述，把重罪放在前面，把次罪、轻罪放在后面；多人犯罪的，应当按照主犯、从犯或者重罪、轻罪的顺序叙述，突出主犯、重罪。叙写案件事实，可以根据案件事实的不同情况，采取相应的表达方式。对于有证据证明的，特别是属于犯罪构成要件或者与定罪量刑有关的事实要素，必须详细写明，做到层次清楚，重点突出；对于没有证据证明或者证据不足，以及与定罪量刑无关的事实，要避免写入起诉书或者策略性的简化处理；对作案多起但犯罪手段、危害后果等方面相同的案件事实，可以先对相同的情节进行概括叙述，然后再逐一列举每起事实的具体时间、结果等情况。

5. 代表公共利益的附带民事诉讼

因被告人的犯罪行为使国家财产、集体财产遭受损失的，人民检察院在提起公诉的时候，可以提起附带民事诉讼。

如果被害人是自然人的，在审查起诉阶段，经人民检察院通知后，被害人通常会就自己的人身权利或者财产权利遭受犯罪侵害而造成的物质损失提起附带民事诉讼。实践中，有时会发生被害人已死亡，而被害人的身份又无法查清，无法找到死者的近亲属、法定代理人等有权提起附带民事诉讼的人的情况。在一些交通肇事案件中，死者是身份不明的流浪人员，在这种情况下，有些地方的检察机关协商当地的社会福利救助部门提起附带民事诉讼，不失为一种可行的方式。

如果是国家财产、集体财产遭受损失，检察机关应当通知受损失的单位提起附带民事诉讼，受损失的单位未提起附带民事诉讼，人民检察院在提起公诉时提起附带民事诉讼的，人民法院应当受理。

（二）案件的移送

1. 公诉案件证据的移送

人民检察院提起公诉的案件，应当向人民法院移送起诉书、证据目录、证人名单和主要证据复印件或者照片。

起诉书应当一式八份，每增加一名被告人增加起诉书五份。

证人名单应当包括在起诉前提供了证言的证人名单，证人名单应当列明证人的姓名、年龄、性别、职业、住址、通讯处。人民检察院对于拟不出庭的证人，可以不说明不出庭的理由。

证据目录应当是起诉前收集的证据材料目录。

关于被害人的姓名、住址、通讯处，有无扣押、冻结在案的被告人的财物及存放地点，被告人被采取强制措施的种类、是否在案及羁押的地点等问题，人民检察院应当在起诉书中列明，不再单独移送材料，其中对于涉及被害人隐私或者为了保护被害人人身安全，而不宜在起诉书中列明被害人姓名、住址、通讯处的，单独移送人民法院。

鉴定结论、勘验检查笔录已经作为主要证据移送复印件的，鉴定人、勘验检查笔录制作人姓名已载明，不再另行移送。

"主要证据"包括：（1）起诉书中涉及的各种证据种类中的主要证据；（2）多个同种证据中被确定为"主要证据"的；（3）作为法定量刑情节的自首、立功、累犯、中止、未遂、正当防卫的证据。办案人员可根据以上规定的范围和各个证据在具体案件中的实际证明作用加以确定。

对于适用简易程序审理的公诉案件，无论人民检察院是否派员出庭，都应当向人民法院移送全部案卷和证据材料。

2. 量刑建议

人民检察院对向人民法院提起公诉的案件，可以提出量刑建议。检察机关对公诉案件提出量刑建议，有利于保障当事人的诉讼权利，有利于强化对量刑裁判的监督制约，促进法院公正量刑。

（1）量刑证据和量刑情节的审查

人民检察院审查案件，要客观全面地审查案件证据，既要注重审查定罪证据，也要注重审查量刑证据；既要注重审查法定量刑情节，也要注重审查酌定量刑情节；既要注重审查从重量刑情节，也要注重审查从轻、减轻、免除处罚量刑情节。在审查案件过程中，还可以要求侦查机关提供法庭审判所需的与量刑有关的各种证据材料。

（2）量刑建议的提出

量刑建议除有减轻处罚情节外，一般应当在法定量刑幅度内提出，不得兼跨两种以上主刑。对于人民检察院不派员出席法庭的简易程序案件，应当制作量刑建议书。量刑建议一般应当具有一定的幅度，但对于某些敏感复杂的案件、社会关注度高的案件、涉及国家利益和严重影响局部地区稳定的案件等，也可暂不提出量刑建议，或者仅提出依法从重、从轻、减轻处罚等概括性建议。在法庭审理过程中，公诉人发现拟提出的量刑建议需要作出相应调整的，可以根据授权加以调整；需要报检察长决定调整的，应当依法建议休庭，报检察长决定后再提出。

检察机关以量刑建议书的形式提出量刑建议的，量刑建议书应当与起诉书一并移送人民法院；庭审中调整量刑建议的，可以在庭审后将调整的量刑建议书提交人民法院。

五、不起诉

(一) 概述

不起诉，是指因案件不符合提起公诉的法定条件或者没有追诉必要，检察机关决定不将其提交法院审判，从而在审查起诉阶段终止刑事诉讼的诉讼活动制度。就公诉权本身而言，对构成犯罪、具备起诉条件的应当起诉，也就意味着对不构成犯罪，或者证据不足，或者其他不具备起诉条件的案件应当决定不起诉。根据我国刑事诉讼法的规定，不起诉有三种，一是刑事诉讼法第 142 条第 1 款规定的不起诉，即“犯罪嫌疑人有本法第十五条规定的情形之一的，人民检察院应当作出不起诉决定”。由于该种不起诉属于遇有刑事诉讼法第 15 条规定的六种法定情形，检察机关应当作出不起诉决定，因此被称为“法定不起诉”或“绝对不起诉”。二是以刑事诉讼法第 142 条第 2 款规定为根据的不起诉，即“对于犯罪情节轻微，依照刑法规定不需要判处刑罚或者免除刑罚的，人民检察院可以作出不起诉决定”。由于该种不起诉属于检察机关有公诉权，但对案件进行权衡后认为放弃公诉权更为适宜的，因此被称为“酌定不起诉”或“相对不起诉”。三是以刑事诉讼法第 140 条第 4 款规定为根据的不起诉，即“对于补充侦查的案件，人民检察院仍然认为证据不足，不符合起诉条件的，可以作出不起诉的决定”。此种不起诉被称为“证据不足不起诉”或“存疑不起诉”。

(二) 不起诉的适用条件

1. 绝对不起诉的适用条件

根据刑事诉讼法的规定，绝对不起诉的适用条件是犯罪嫌嫌人具有以下六种情形之一：

(1) 情节显著轻微、危害不大，不认为是犯罪的。犯罪是具有相当程度的社会危害性的行为。行为构成犯罪是追究行为人刑事责任的前提。如果犯罪嫌疑人的行为情节显著轻微、危害不大，依照刑法第 13 条“但书”的规定，不认为是犯罪，人民检察院对非犯罪行为没有追诉权，应当依法决定不起诉。

(2) 犯罪已过追诉时效期限的。我国在刑法中对追诉时效期限进行了规定，对于超过追诉时效期限的犯罪行为一般不再追诉，检察机关应当依法作出不起诉决定；只有对于法定最高刑为无期徒刑、死刑的，经过 20 年以后，如果认为必须追诉的，须报请最高人民检察院核准。

(3) 经特赦令免除刑罚的。特赦是赦免的一种，是由国家元首或国家最高权力机关以命令的方式，对特定的犯罪人免除其刑罚的全部或部分的执行。我国宪法第 80 条规定：“中华人民共和国主席根据全国人民代表大会的决定和全国人民代表大会常务委员会的决定……发布特赦令……”这是特赦的法律依据。发布特赦令表明国家放弃对被特赦犯罪人的刑罚权，因而检察机关应当直接依据特赦令作出不起诉决定。

（4）依照刑法规定，告诉才处理的犯罪，没有告诉或者撤回告诉的。根据我国刑法规定，告诉才处理的案件只有四种：一是刑法第 246 条规定的侮辱、诽谤罪（但严重危害社会秩序和国家利益的除外）；二是刑法第 257 条规定的暴力干涉他人婚姻自由罪（但致使被害人死亡的除外）；三是刑法第 260 条规定的虐待罪（但致使被害人重伤、死亡的除外）；四是刑法第 271 条规定的侵占罪。对于上述四种案件，如果被害人没有告诉或者撤回告诉的，检察机关应当依法作出不起诉决定。

（5）犯罪嫌疑人死亡的。根据罪责自负原则，司法机关只能对实际构成犯罪的人行使刑事追诉权，犯罪嫌疑人死亡，便无法追究其刑事责任，因而检察机关应当依法作出不起诉决定。

（6）其他法律规定免予追究刑事责任的。如刑法第 17 条规定的不满 14 周岁的人犯罪，不负刑事责任；已满 14 周岁不满 16 周岁的人，犯故意杀人、故意伤害致人重伤或者死亡、强奸、抢劫、贩卖毒品、放火、爆炸、投毒罪之外的罪，不予追究；刑法第 18 条规定的精神病人在不能辨认或者不能控制自己行为的时候犯罪的，不负刑事责任；刑法第 20 条规定的正当防卫没有超过必要限度的，和对正在进行行凶、杀人、抢劫、强奸、绑架以及其他严重危害人身安全的暴力犯罪，采取防卫行为，造成侵害人伤亡的，不负刑事责任；刑法第 21 条规定的紧急避险未超过必要限度的；等等。此条规定可以用来涵盖其他法律中免予追究刑事责任的现行、有效规定，以及在以后颁布的刑事法律中取消了原来的某种罪或对原来的某种罪免予追究刑事责任等可能出现的新情况。

2. 相对不起诉的适用条件

根据刑事诉讼法第 142 条第 2 款的规定，相对不起诉的适用条件有二：一是犯罪嫌疑人的行为已构成犯罪，犯罪事实清楚，证据确实、充分；二是符合“犯罪情节轻微，依照刑法规定不需要判处刑罚或者免除刑罚”的要求。“犯罪情节轻微”是适用相对不起诉的前提条件，“依照刑法规定不需要判处刑罚或者免除刑罚”是适用相对不起诉的必要条件，只有同时具备这两个条件的案件才可以作出不起诉的决定。其中这里所说的“刑法规定”，不仅仅指刑法典，而是泛指所有规定有犯罪和刑罚条款的法律，“不需要判处刑罚或者免除刑罚”是指所有刑事法律中规定的不需要判处刑罚或者免除刑罚的情况。其中，“依照刑法不需要判处刑罚的”，与我国刑法第 37 条规定的“对于犯罪情节轻微，不需要判处刑罚的，可以免予刑事处罚”是一致的；而“免除刑罚”

主要是指我国刑法中规定的可以免除刑罚的情况，如刑法第 19 条规定的“又聋又哑的人或者盲人犯罪，可以从轻、减轻或者免除处罚”等。

根据《人民检察院办理不起诉案件质量标准（试行）》（〔2007〕高检诉发 63 号，以下简称《不起诉质量标准》），对于符合上述条件，同时具有下列情形之一的，依法作出相对不起诉决定：（1）未成年犯罪嫌疑人、老年犯罪嫌疑人，主观恶性较小、社会危害不大的；（2）因亲友、邻里及同学同事之间纠纷引发的轻微犯罪中的犯罪嫌疑人，认罪悔过、赔礼道歉、积极赔偿损失并得到被害人谅解或者双方达成和解并切实履行，社会危害不大的；（3）初次实施轻微犯罪的犯罪嫌疑人，主观恶性较小的；（4）因生活无着偶然实施盗窃等轻微犯罪的犯罪嫌疑人，人身危险性不大的；（5）群体性事件引起的刑事犯罪中的犯罪嫌疑人，属于一般参与者的。

对于具有下列情形之一，一般不应作相对不起诉决定：（1）危害国家安全犯罪的；（2）一人犯数罪的；（3）犯罪嫌疑人有脱逃行为或者构成累犯的；（4）犯罪嫌疑人系共同犯罪中的主犯，而从犯已被提起公诉或者已被判处刑罚的；（5）共同犯罪案件的同案犯，一并起诉、审理更为适宜的；（6）犯罪后订立攻守同盟、毁灭证据，逃避或者对抗侦查的；（7）因犯罪行为给国家或集体造成重大经济损失或者有严重政治影响的；（8）需要由人民检察院提起附带民事诉讼的；（9）其他不应当作不起诉处理的。

3. 存疑不起诉的适用条件

根据我国刑事诉讼法第 140 条第 4 款的规定，存疑不起诉的适用条件有二：一是程序条件，即案件必须经过补充侦查；二是实体条件，即案件的证据不足，不符合起诉条件。适用存疑不起诉的案件必须经过补充侦查这一法定程序，关于补充侦查的次数，人民检察院可以在两次以内根据案件情况确定，有的需要退回补充侦查两次，有的因存在证明案件构成要件事实的关键证据确已灭失、无法获得等情况，则在一次退回补充侦查后亦可以作出不起诉决定。但是根据 2002 年公布实施的《人民检察院法律文书格式（样本）》对不起诉决定书的规定，由人民检察院直接受理立案侦查的案件，必须经过两次补充侦查程序才能作存疑不起诉决定。根据《人民检察院刑事诉讼规则》第 286 条第 3 款的规定，所谓“证据不足，不符合起诉条件”，是指“（一）据以定罪的证据存在疑问，无法查证属实的；（二）犯罪构成要件事实缺乏必要的证据予以证明的；（三）据以定罪的证据之间的矛盾不能合理排除的；（四）根据证据得出的结论具有其他可能性的”。因此，只有定罪的证据不足，才能作存疑不起诉决定。《不起诉质量标准》中明确规定，“对定罪的证据确实、充分，仅是影响量刑的证据不足或者对界定此罪与彼罪有不同认识的案件，依照刑事诉讼法第一百四十条第四款作出不起诉决定的”属于不起诉错误。

（三）不起诉的适用程序

1. 不起诉的决定程序

根据《人民检察院刑事诉讼规则》的规定，不起诉的决定分别由检察长和检察委员会作出。

（1）由检察委员会作出决定的包括两种情况：一是对于补充侦查的案件，人民检察院仍然认为证据不足，不符合起诉条件的，经检察委员会讨论，作出不起诉决定。二是对于犯罪情节轻微，依照刑法规定不需要判处刑罚或者免除刑罚的，经检察委员会讨论，作出不起诉决定。即存疑不起诉和相对不起诉由检察委员会讨论决定。

（2）对于符合刑事诉讼法第15条规定的情形之一的，经检察长决定，作出不起诉决定。即绝对不起诉决定由检察长作出。

（3）根据《关于省级以下人民检察院对直接受理侦查案件作撤销案件、不起诉决定报上一级人民检察院批准的规定（试行）》（高检发办字〔2005〕15号，以下简称《上报批准规定》），对于省级以下人民检察院直接受理侦查案件拟作不起诉处理的，需要报上一级人民检察院批准。

2. 不起诉的宣布程序

刑事诉讼法第143条规定：“不起诉的决定，应当公开宣布。”《人民检察院刑事诉讼规则》第294条第2款明确规定：“不起诉决定书自公开宣布之日起生效。”根据上述规定，不起诉决定应当一律公开宣布，只有公开宣布，才发生法律效力。

3. 不起诉的善后程序

（1）送达不起诉决定书，告知相关诉讼权利。根据刑事诉讼法第143条至第146条的规定和《人民检察院刑事诉讼规则》第295条的规定，不起诉决定书应当送达被不起诉人及其所在单位、公安机关、被害人或者其近亲属及其诉讼代理人，送达时应当告知被害人或者其近亲属及其诉讼代理人，如果对不起诉决定不服，可以自收到不起诉决定书后7日以内向上一级人民检察院申诉，也可以不经申诉，直接向人民法院起诉；告知依照刑事诉讼法第142条第2款规定被不起诉的人，如果对不起诉决定不服，可以自收到不起诉决定书后7日以内向人民检察院申诉。

（2）对被不起诉人解除强制措施，解除扣押、冻结款物。根据刑事诉讼法第143条的规定，对于人民检察院决定不起诉的案件，如果被不起诉人在押的，应当立即释放；根据刑事诉讼法第142条第3款的规定，人民检察院决定不起诉的案件，应当同时对侦查中扣押、冻结的财物解除扣押、冻结。

（3）对需要给予被不起诉人行政处罚、行政处分或没收其违法所得的，提出检察意见并移送有关主管机关处理。根据刑事诉讼法第 142 条第 3 款的规定，对于需要对被不起诉人进行行政处罚、行政处分或者没收其违法所得的，检察机关应当提出检察意见，移交有关主管机关处理，有关主管机关应当将处理结果及时通知人民检察院。

4．不起诉决定的撤销程序

此程序并非所有不起诉的必经程序，根据《人民检察院刑事诉讼规则》的规定，只适用于不起诉决定确有错误的案件。不起诉决定的撤销分为两种：

（1）由上级人民检察院决定撤销。根据《人民检察院刑事诉讼规则》第 298 条、第 301 条、第 306 条的规定，对于人民检察院作出的不起诉决定，如果公安机关要求上级人民检察院复核以及被害人或者其近亲属及其诉讼代理人向上级人民检察院申诉，上级人民检察院认为不起诉决定确有错误的，应当撤销下级人民检察院的不起诉决定，交由下级人民检察院执行。

（2）自行撤销。根据《人民检察院刑事诉讼规则》第 297 条、第 303 条、第 305 条的规定，对于人民检察院作出的不起诉决定，如果提请起诉的公安机关或者其他侦查机关要求复议或被不起诉人提出申诉的，作出不起诉决定的人民检察院复查后，认为不起诉决定确有错误的，应当自行撤销不起诉决定。

（四）不起诉公开审查

1．不起诉公开审查的概念及法律依据

根据《人民检察院办理不起诉案件公开审查规则（试行）》（〔2001〕高检诉发第 11 号，以下简称《公开审查规则》），不起诉公开审查制度，是指人民检察院对于拟作不起诉处理的案件，以一定形式听取有关人员的意见，并向社会公开的一种工作制度。

我国刑事诉讼法虽然没有规定不起诉公开审查制度，但对不起诉案件实行公开审查，符合我国刑事诉讼法有关规定的精神。一是刑事诉讼法第 139 条规定，“人民检察院审查案件，应当讯问犯罪嫌疑人，听取被害人和犯罪嫌疑人、被害人委托的人的意见。”二是不起诉案件公开审查符合我国刑事诉讼法关于不起诉活动公开性的要求。我国刑事诉讼法第 143 条规定：“不起诉的决定，应当公开宣布，并且将不起诉决定书送达被不起诉人和他的所在单位。”《人民检察院刑事诉讼规则》第 290 条、第 294 条进一步明确规定：“人民检察院作出不起诉决定后，应当制作不起诉决定书。不起诉决定书的内容包括：……案件事实……不起诉的根据和理由……”；“不起诉决定，由人民检察院公开宣布。公开宣布不起诉决定的活动应当记明笔录。不起诉决定书自公开宣布之日起生效。”

2. 不起诉公开审查的案件范围

根据《公开审查规则》，公开审查的不起诉案件应当是存在较大争议并且在当地有较大社会影响的案件，对于案情简单，没有争议的案件不进行公开审查。另外，根据刑事诉讼法第152条的规定，有关国家秘密或者个人隐私的案件，不公开审理。14岁以上不满16岁未成年人犯罪的案件，一律不公开审理。16岁以上不满18岁未成年人犯罪的案件，一般也不公开审理。因此检察机关对于涉及国家秘密或者个人隐私的不起诉案件，以及14岁以上不满16岁未成年人犯罪的不起诉案件不允许进行公开审查；对于16岁以上不满18岁未成年人犯罪的不起诉案件，一般也不进行公开审查。

3. 不起诉公开审查的方式

《公开审查规则》规定的不起诉公开审查方式较为简便灵活，主要是听取侦查机关（部门），犯罪嫌疑人及其法定代理人、辩护人，被害人及其法定代理人、诉讼代理人对案件处理的意见，不出示证据，不进行辩论，不采取类似法庭庭审的方式，听取意见时既可以分别进行，也可以同时进行；但允许公民旁听，并可以邀请人大代表、政协委员、特约检察员等人士参加，根据案件需要或者当事人请求，还可以邀请有关专家及与案件有关的人参加；经人民检察院许可，新闻记者可以旁听和采访。

4. 不起诉公开审查程序的启动

《公开审查规则》规定不起诉公开审查程序应当在拟作不起诉决定之后但还未实际作出不起诉决定时启动，也就是在不起诉决定正式作出之前启动。

5. 不起诉公开审查的具体程序和内容

《公开审查规则》就不起诉公开审查的程序和内容作了具体规定，主要涉及以下几个方面：

（1）公开审查活动应当在人民检察院进行，也可以在人民检察院指定的场所进行。

（2）人民检察院在公开审查3日前，应当向社会公告案由、公开审查时间和地点，并通知参加公开审查活动的人员。

（3）人民检察院在公开审查时，应当公布案件承办人和书记员的姓名，宣布案由以及公开审查的内容、目的，告知当事人有关权利和义务，并询问是否申请回避。

（4）案件承办人应当根据案件事实和证据，依照法律的有关规定，阐述不起诉的理由，但不需要出示证据。参加公开审查的侦查人员，犯罪嫌疑人及其法定代理人、辩护人，被害人及其法定代理人、诉讼代理人可以就案件事实、证据、适用法律以及是否应予不起诉，各自发表意见，但不能直接进行辩论。

(5) 公开审查的活动内容由书记员制作笔录。笔录应当交参加公开审查的侦查人员，犯罪嫌疑人及其法定代理人、辩护人，被害人及其法定代理人、诉讼代理人阅读或者向其宣读，如果认为记录有误或者有遗漏的，可以请求补充或更正，确认无误后，应当签名或者盖章。

(6) 公开审查活动结束后，应当制作不起诉案件公开审查的情况报告。报告中应当重点写明公开审查过程中各方一致性意见或存在的主要分歧，并提出起诉或者不起诉的建议，连同公开审查笔录，呈报检察长或者检察委员会，作为案件是否作出不起诉决定的参考。

(五) 不起诉决定书的制作

1. 不起诉决定书的法律依据及作用

根据刑事诉讼法第143条及《人民检察院刑事诉讼规则》第290条的规定，人民检察院决定不起诉的案件，应当制作不起诉决定书，不起诉决定书的主要内容包括：(1) 被不起诉人的基本情况，包括姓名、出生年月日、出生地、民族、文化程度、职业、住址、身份证号码，是否受过刑事处罚，拘留、逮捕的年月日和关押处所等；(2) 案由和案件来源；(3) 案件事实，包括否定或者指控被不起诉人构成犯罪的事实以及作出不起诉决定根据的事实；(4) 不起诉的根据和理由，写明作出不起诉决定适用的法律条款；(5) 告知事项。不起诉决定书是人民检察院作出不起诉决定的载体，具有终止刑事诉讼的法律效力，而且不起诉决定书又是一种实用性很强，要求具体实施、立即兑现的法律文书。

2. 不起诉决定书的格式及制作时应当注意的问题

不起诉决定书是文字叙述式文书，根据《不起诉决定书格式（样本）》(2002年印发施行)，不起诉决定书由首部、正文、尾部三部分构成。其中首部包括制作文书的人民检察院名称、文书名称和文书编号；正文包括被不起诉人基本情况，辩护人基本情况，案由和案件来源，案件事实情况，不起诉理由、法律依据和决定事项以及告知事项；尾部包括作出不起诉决定的人民检察院的院名并加盖印及制作文书的年月日。制作不起诉决定书时，除遵循格式要求外，还要注意下列问题：

(1) 文书的名称。由于本文书为决定类文书，因此被称为“不起诉决定书”。但在实践中经常被误称为“不起诉书”，制作时要注意。

(2) 在不起诉决定书中，对不起诉的对象统一称为“被不起诉人”，而不是“犯罪嫌疑人”或“被告人”。如系被不起诉单位，应当写明被不起诉单位的名称、住所地，并以被不起诉单位替代不起诉书格式中的“被不起诉人”。

(3)“案由和案件来源”部分中，“案由”应当写移送审查起诉时或者侦查终结时认定的行为性质，而不是审查起诉部门认定的行为性质；“案件来源”包括公安、安全机关移送、本院侦查终结、其他人民检察院移送等情况。此外，还应写明移送审查起诉的时间和退回补充侦查的情况（包括退回补充侦查的日期、次数和再次移送日期）以及本院受理日期。

（4）“案件事实情况”部分包括否定或者指控被不起诉人构成犯罪的事实及作为不起诉决定根据的事实。此部分应当根据三种不起诉的性质、内容和特点，针对案件具体情况各有侧重地叙写。

（5）制作“不起诉理由、法律依据和决定事项”部分，应当注意所引用的法律要引全称，所引用的法律条款要用汉字，将条、款、项引全。

（6）制作“告知事项”部分，应当注意凡是有被害人的案件，不起诉决定书应当写明被害人享有申诉权及起诉权；相对不起诉决定书，还应当写明被不起诉人享有的申诉权，并按被不起诉人、被害人的顺序分别写明其各自所享有的权利。

（7）不起诉决定书的尾部应当统一署人民检察院院名，具文日期应当是签发日期。

（8）不起诉决定书以人为单位制作。不起诉决定是针对人作出的决定，而不是针对案件作出的决定，因此，有多少被不起诉人即制作多少份不起诉决定书。

（9）不起诉决定书应当有正本、副本之分，其中正本一份归入正卷，副本发送被不起诉人、辩护人及其所在单位、被害人或者近亲属及其诉讼代理人、侦查机关（部门）。

（六）不起诉的制约

刑事诉讼法在赋予检察机关具有不起诉决定权的同时，也相应设置了对这一权力的制约，以保证检察机关按照立法目的，正确行使这一权力。根据刑事诉讼法及相关法律的规定，对不起诉权的监督、制约，既有检察机关外部的监督制约，如来自于公安机关、被害人、被不起诉人等方面的制约，也有检察机关内部的监督制约，主要表现为上级检察机关对下级检察机关不起诉决定的监督制约。

1. 公安机关的制约（不起诉的复议、复核）

根据刑事诉讼法第 144 条的规定，公安机关认为不起诉决定有错误的时候，可以要求复议，如果意见不被接受，可以向上一级人民检察院提请复核。

2. 被不起诉人的制约（申诉）

相对不起诉决定是在确认被不起诉人有犯罪事实的基础上作出的，因此根据刑事诉讼法第 146 条的规定，被不起诉人如果认为自己没有犯罪事实，不服检察机关不起诉决定的，可以向检察机关申诉，以此来寻求救济。

3. 被害人的制约（申诉、起诉）

被害人是刑事案件中遭受侵害的一方，检察机关作出的不起诉决定如果有错误，被害人的利益就得不到应有的保护，犯罪嫌疑人也得不到应有的惩罚，首先被害方就会强烈不服不起诉决定。刑事诉讼法第145条明确规定了被害人的自我救济途径，主要有两条：一是向上一级检察机关申诉；二是如果检察机关维持不起诉决定的，可以直接向人民法院起诉。

4. 人民法院的制约

对于检察机关作出不起诉决定的案件，依“不告不理”原则，人民法院不能直接受理。但是依照我国刑事诉讼法第145条的规定，被害人不服不起诉决定的，可以向人民法院起诉；依照我国刑事诉讼法第170条、第171条的规定，人民法院对于被害人有证据证明对被告人侵犯自己人身、财产权利的行为应当依法追究刑事责任，而人民检察院不予追究被告人刑事责任的案件，可以作为自诉案件受理；犯罪事实清楚，有足够证据的案件，应当开庭审判。可见，人民法院对检察机关不起诉决定的监督制约，是通过被害人的起诉实现的。即检察机关对某一案件作出不起诉决定，而被害人有证据证明对被不起诉人应当追究刑事责任，其依照法律规定起诉，而人民法院有权对此进行裁决。设立这种“公诉转自诉”程序既有利于解决实践中被害人告状无门、权益受侵害的情况，从而有利于加强对被害人合法权益的保护，同时也是审判机关对侦查机关、公诉机关正确行使权力、严格执法的一种外部制约。

5. 社会的监督制约

（1）公开宣布不起诉决定。刑事诉讼法第143条规定，不起诉决定，应当公开宣布，通过公布不起诉的决定，由社会和群众对不起诉的决定进行监督。

（2）不起诉案件公开审查。根据《公开审查规则》的规定，人民检察院对于存在较大争议并且在当地有较大社会影响的案件，经审查后准备作不起诉处理的，在不起诉决定作出之前，就案件是否应当起诉，要以一定形式公开听取侦查机关（部门）以及犯罪嫌疑人、被害人或者犯罪嫌疑人、被害人委托的人的意见，并允许公民旁听。

（3）人民监督员监督。根据最高人民检察院《关于实行人民监督员制度的规定（试行）》（高检发〔2010〕21号）的规定，对于省级以下人民检察院直接受理侦查案件拟作不起诉处理的，要经人民监督员履行监督程序。

6. 检察机关内部制约

（1）对申诉、复核案件的复查。《人民检察院刑事诉讼规则》第 297 条规定，公安机关认为不起诉决定错误且其复议意见未被接受的，可以向上级人民检察院提请复核，上级人民检察应当受理并进行复查；第 299 条规定，对被害人不服人民检察院不起诉决定的，由上一级人民检察院复查。上级人民检察院撤销或改变下级人民检察院的决定时，下级人民检察院必须服从和执行。

（2）备案审查。《人民检察院刑事诉讼规则》第 293 条规定，人民检察院根据刑事诉讼法第 140 条第 4 款、第 142 条第 2 款对直接立案侦查的案件决定不起诉后，审查起诉部门应当将不起诉决定书副本及案件审查报告报送上一级人民检察院备案。

（3）上报审批。根据《上报批准规定》，省级以下人民检察院对直接受理侦查的案件作不起诉决定时，需要报上一级人民检察院批准。

六、出席第一审法庭

出席第一审法庭是公诉工作中的重要环节，也是检察机关履行指控犯罪和诉讼监督职责的重要途径。其中，支持公诉和追加、变更、撤回起诉是出席第一审法庭时的重要活动，而简易程序和普通程序简化审理是特殊的第一审法庭审理程序。

（一）出庭支持公诉

刑事诉讼法第 153 条规定：“人民法院审判公诉案件，人民检察院应当派员出席法庭支持公诉，……”《人民检察院刑事诉讼规则》第 328 条第 1 款规定：“提起公诉的案件，除适用简易程序决定不派员出庭的以外，人民检察院应当派员以国家公诉人的身份出席第一审法庭，支持公诉。”可见，出庭支持公诉是公诉人的基本职责。

1. 出庭支持公诉的活动内容

《人民检察院刑事诉讼规则》第 331 条规定了公诉人在法庭上应当依法进行的活动，共有八项。这八项规定除第八项“依法从事其他诉讼活动”属于兜底条款外，其余七项活动可以分为两大类。其中，第一项至第五项属于支持公诉的活动，第六项至第七项属于审判监督的活动。由此可见，公诉人出庭支持公诉的任务主要包括：

（1）代表国家指控、揭露和证实犯罪，提请人民法院对被告人依法审判。这一方面的任务主要通过以下活动完成：宣读起诉书；讯问被告人；询问证人、被害人、鉴定人；出示物证，宣读书证、未到庭证人的证言笔录、鉴定人的鉴定结论、勘验、检查笔录和其他作为证据的文书，向法庭提供作为证据的视听资料；对证据和案件情况发表意见，针对被告人、辩护人的辩护意见进行答辩，全面阐述公诉意见。

（2）结合案情进行法制宣传和教育并进行审判活动监督。公诉人在法庭上一方面要揭露犯罪、证实犯罪，另一方面要通过发表公诉意见分析犯罪发生的原因、讲解法律知识，促使犯罪分子改过自新，教育其他公民引以为戒，自觉遵守法律，以达到预防犯罪的目的。同时，要根据《人民检察院刑事诉讼规则》第331条第（六）项、第（七）项的规定进行审判活动监督。

2. 出庭支持公诉的准备

根据《人民检察院刑事诉讼规则》第330条的规定，公诉人在人民法院决定开庭审判后，应当做好以下几个方面的准备：

一是进一步熟悉案情，掌握证据情况。收到人民法院开庭通知后，公诉人需要重新阅卷和回顾审查起诉情况，将有关案件事实、证据、存在的问题、提起公诉的意见和理由重新梳理一遍，做到心中有数。在阅卷过程中，一方面要做到对案件事实、证据情况和侦查过程了如指掌；另一方面要注意查遗补漏，把可能存在的问题考虑周全。

二是深入研究与本案有关的法律政策问题。庭审前，公诉人对于与本案有关的法律政策问题，需要在审查起诉阶段已经有所了解、掌握的基础上，进行更加深入的研究。对于在审查起诉阶段没有考虑到或者考虑不周全的问题，要及时了解、掌握。对于疑难、复杂的案件，可以进行集体研究讨论，集思广益，必要时还可以向专家、学者咨询。

三是掌握审判中可能涉及的专业知识。对于审判中可能涉及的专业知识，公诉人在庭审前要充分了解，以确保在出席法庭过程中掌握主动。例如，对于破坏计算机信息系统案件，公诉人在出席法庭之前，应当对计算机信息系统的功能及运行程序等专业知识进行相应的掌握。

四是拟定法庭上讯问被告人、询问被害人、证人、鉴定人的提纲和示证、质证方案。

五是拟定公诉意见，准备辩论提纲。

3. 出庭支持公诉的活动

（1）宣读起诉书

公诉人宣读起诉书，应保持姿势端正。宣读起诉书应从“××人民检察院起诉书”开始至“检察员××”结束。宣读完毕后，应面向审判长告知：“审判长，起诉书宣读完毕。”

（2）讯问被告人

公诉人在法庭上讯问被告人，应当以庭前准备的讯问提纲为基础，结合被告人的当庭表现，依法对被告人进行讯问。

首先，公诉人在庭前应当准备好讯问提纲。

讯问提纲一般应立足起诉书指控的犯罪事实、情节和罪名，不能超越起诉书指控的内容，同时要注意安排好顺序，以使案件事实和有关情况能够清晰地展示出来。一般而言，讯问提纲可以按照以下内容和顺序准备：

①起诉书指控的犯罪事实是否存在，被告人是否认罪；

②实施犯罪的过程，包括预备情况、时间、地点、方法、手段、结果以及所侵犯对象和所使用工具的特征等；

③实施行为的动机、目的，故意或过失的心理态度，以及对犯罪对象、犯罪方法、危害结果、行为与危害结果之间的因果关系和行为性质等的认识；

④实施犯罪后的情况，如对犯罪工具和赃款赃物如何处理，是否为减少损害而采取补救措施，是否逃跑或者投案自首等；

⑤与定罪量刑有关的其他情况，如法定情节、前科情况等。

其中，对于定罪量刑有重要关系的事实、情节，或者可能成为双方争议焦点的问题，应当列出比较详细的提纲，以便进行重点讯问。

其次，要结合被告人的当庭表现进行讯问。对于被告人在法庭上有不同表现的，可以根据具体情况采取不同的讯问方法。实践中常用的方法有：

①直接讯问法。如果被告人在法庭上对起诉书的指控没有异议，公诉人可以要求被告人直接向法庭全面供述犯罪事实，再由公诉人对遗漏的情节或者重点情节进行补充发问或者追加发问。例如，公诉人可以发问“被告人，你将起诉书指控的你抢劫被害人的过程向法庭如实供述一遍”，在被告人自行供述完毕后，公诉人可以再补充发问。

②引导讯问法。如果被告人主观上愿意认罪，但由于心理紧张或者表达能力差而难以详细供述犯罪事实的，公诉人可以根据所指控的犯罪事实，采取长问短答的发问方法，引导被告人供述其犯罪事实。在引导发问时，既可以采取顺时法，按犯罪发生、发展的过程层层递进。如，公诉人可以发问“被告人，你是什么时间认识被害人的？何时因为什么原因产生了杀害被害人的念头？什么时间准备了什么作案工具？什么时间、什么地点杀害的被害人？如何杀害的？杀人后你对尸体是如何处理的？”等；也可以采取逆时法，先就犯罪结果进行发问，然后讯问犯罪过程、犯罪动机和前因等。如，公诉人可以发问“被告人，被害人是不是你杀害的？什么时间什么地点杀害的？怎样杀害的？为什么要杀害被害人？”等。

③驳斥讯问法。如果被告人在法庭上认罪态度恶劣，拒不供述犯罪事实，或者对关键情节拒不承认的，公诉人应当首先明确告知被告人，没有其供述，

证据确实、充分的，也可以定罪处罚。然后，从被告人不能反驳的事实入手发问，引出被告人无罪辩解的虚假性和矛盾性，使得被告人无法自圆其说，从而达到驳斥其辩解的目的。如，被告人将被害人的汽车以试驾为由骗走不归还，被害人当庭辩解只是没来得及归还、没有非法占有的目的，公诉人可以从被告人没有购买汽车的财产能力、被告人以假身份证抵押给被害人、被告人驾驶被害人的汽车逃离所在城市、被告人曾经和他人联系出售汽车事宜等入手进行发问，逐步驳斥被告人的虚假辩解，证明案件事实。

④矛盾讯问法。对于被告人翻供的内容，有其他证据予以充分反驳的，公诉人可以故意向被告人发问，引出其虚假的辩解，从而使得其辩解与其他物证、书证、证人证言、鉴定结论等不可辩驳的客观事实相矛盾，推翻被告人的虚假供述。如，被告人供述在侦查机关受到刑讯逼供，公诉人可以首先让其充分说明其供述是被逼供后自己编造的，然后再从作案工具是根据其供述提取的、提取的作案工具上经鉴定有被害人的血迹和被告人的指纹、被害人被抢的手机也是根据被告人的供述找到手机收买人后追回的等情节入手进行发问，逐步揭露辩解的虚假性。

实践中还有其他具体的讯问方法，需要注意的是，关于被告人翻供时如何宣读被告人以前的有罪供述，需要根据不同案情区别对待。如果被告人对基本事实一概不认，公诉人可以在出示其他证据之前宣读其以前的有罪供述；如果被告人对某些情节有所抵赖，公诉人可以结合其以前的有罪供述进行讯问，这样讯问的庭审效果会更好。这种发问方式可以是："被告人，在侦查卷宗第×卷第×页，侦查人员于×年×月×日在××看守所对你讯问时，你清楚地供述道：我害怕被害人将来报警后能够认出我，就用刀把她杀了。这份供述是否属实？"此时，即使被告人仍辩解以前的供述不实，也可以使得旁听人员及时了解被告人以前的供述情况，从而削弱被告人当庭辩解的影响力。

最后，要遵守讯问的要求。

公诉人当庭讯问被告人应遵守下列要求：①应在起诉书指控的范围内，围绕对被告人的定罪和量刑进行讯问；②应具有针对性，目的明确，有利于公正审判；③同一事实，一般不应重复讯问，但确需强调的除外；④不得使用有损人格或带有人身攻击性的语言进行讯问；⑤不得采取威胁、诱导等不正当方式进行讯问。

此外，还有一些规则需要遵守，如单一提问规则，即公诉人讯问被告人一般应当采用一问一答的方式，不宜提出许多问题让被告人一次性回答；问题明确规则，即公诉人讯问被告人的问题，应当知道已有一定数量证据支撑的答案，否则一旦被告人回答结果出乎公诉人的意料，公诉人将很难予以辩驳；

等等。

（3）询问被害人、证人、鉴定人

公诉人应当按照审判长确定的顺序向证人发问。公诉人应当首先要求证人就其所了解的与案件有关的事实进行连贯陈述。证人连贯陈述后，公诉人经审判长许可，可以对证人发问。证人不能连贯陈述的，公诉人也可以直接发问。对证人发问，应当针对证言中有遗漏、矛盾、模糊不清和有争议的内容，并着重围绕与定罪量刑紧密相关的事实进行。发问应当采取一问一答的形式，提问应当简洁、清楚。证人进行虚假陈述的，应当通过发问澄清事实，必要时还应当宣读证人在侦查、审查起诉阶段提供的证言笔录或者出示、宣读其他证据对证人进行询问。当事人和辩护人、诉讼代理人对证人发问后，公诉人可以根据证人回答的情况，经审判长许可，再次对证人发问。

询问被害人、鉴定人可以参照上述要求进行。需要强调的是，询问鉴定人重点要其说明鉴定结论的科学性和法律性问题。因为鉴定结论的证明力主要由其科学性和法律性决定。公诉人在询问鉴定人时重点要把握鉴定意见的鉴真和鉴定规则。

（4）出示、宣读未到庭证人、被害人证言，出示、宣读书证、物证等其他证据及质证

公诉人在法庭上示证、质证，要注意做好两个方面：一是做好庭审前的准备工作；二是做好庭审中的出示、质疑、答辩工作。

首先，公诉人要做好庭审前示证提纲、质证方案的准备工作。

①示证提纲，是公诉人为在法庭上提出充分证据证明犯罪，在庭前按照一定的标准和方法选择、组合、排列所要出示的证据而形成的提纲。准备和制作示证提纲一般应按照以下步骤进行：

一是确定需要出示的证据。刑事案件中有不同类型的证据，它们的证明力也各自不同。公诉人应当从指控犯罪的需要出发，选择重要的证据出示，既要保证出示证据全面，能够证明与定罪量刑有关的各种事实、情节，又要避免不必要的重复。对证明对象相同的多个证据，应进行对比，选择证明力较强的证据出示；对内容和证明力没有明显差别的多个证据，可以选择其中一个或者一部分证据出示，但要予以证据说明。

二是对证据进行组合排列，以确定示证的顺序。法庭示证是证据的展示，但绝不是证据的简单罗列，单个证据的证明力容易受到质疑。公诉人必须认识到证据之间的互相联系，通过适当的排列组合，使各个证据的证明力互相强化，从而增强出示证据的整体效果。另一方面，单个证据只能证明案件事实、

情节的一个方面或者一个判断，要证明全部案件事实、情节，必须运用一定的标准和方法，对证据进行排列组合，使各个证据之间紧密衔接、环环相扣，形成一个完整的证据锁链。实践中，运用比较多的示证顺序有：

顺时法，即按照犯罪事实发生、发展的时间顺序来排列、组织证据。先出示犯罪动机、犯罪预备的证据，然后出示犯罪实施过程、犯罪后果的证据，最后出示有关罪行轻重和量刑情节的证据。这种方法对于被告人认罪、事实简单、证据不复杂的案件较为常用。

犯罪构成法，即按照犯罪构成要件对证据分组，最后出示有关量刑情节的证据。这种方法在职务犯罪案件中运用较多。例如，对贪污案件可以先从主体方面出示证明其具有国家工作人员身份的证据，再从客观方面出示证明其利用职务上的便利侵吞、窃取、骗取或者以其他手段非法占有国有财产的证据，然后从主观方面出示证明被告人主观上是出于故意的证据，最后出示证明被告人具有从重、从轻或者减轻处罚等情节的证据。

侦破过程法，即按照案件侦破的顺序来排列、组织证据，先出示证明确有犯罪事实发生的证据，再出示确定犯罪行为实施人系被告人的证据，最后出示证明犯罪事实确系被告人所为的证据。这种方法可以适用于被告人不认罪的案件。

对于多罪名的案件或者一罪名多起犯罪事实的案件，一般还应按罪名和犯罪事实进行总体分组排序，每一项罪名或者每一起事实讯问完毕后，出示证明该项罪名或者该起事实的证据。罪名和事实的排列顺序，一般应当与起诉书相同。

②质证方案，是公诉人为了在法庭上针对辩方证据发表意见、提出质疑以及对辩护方就控方证据提出的质疑进行答辩，而在庭前拟定的方案。质证方案的内容主要包括两项：一是预测并列出辩护方对控方证据可能提出的质疑，并有针对性地准备答辩提纲；二是预测辩护方可能在法庭上出示的证据，并根据庭前所了解的情况拟写可供提出的质疑或者意见。

其次，公诉人要做好在法庭审理中的出示证据、答辩辩方质疑、质疑辩方证据工作。

公诉人在法庭审理中出示证据，要对证据予以必要的说明。一是要说明证据的名称及证据与案件的关系；二是要说明证据的来源，即证据的获取情况；三是要说明证据的基本内容，表明证据与案件的关系；四是要说明出示该证据的目的，即所出示的证据能够证明什么公诉主张；五是宣读、出示、播放证据。例如，“公诉人现在出示证人某某某证言，见侦查卷宗第×卷第×页至第×页。该证言是××公安局侦查员某某、某某于×年×月×日在某某地点对证人依法询问时制作的笔录。证人××是被害人的丈夫，他主要证明：在案发当晚回家后，听被害人告诉他是被告人入室对被害人进行了强奸。证人某某的证言证明了起诉书指控的被告人入室强奸被害人的犯罪事实。现对该份证言摘要宣读如下……”

在对证据分组出示的情况下，公诉人应当先就证据的分组情况进行概括说明，再分别出示每组证据。此时，由于每组证据的证明目的是一致的，可不必在单个证据的出示过程中说明证据的证明目的，而是在每组证据开始出示时总结说明该组证据的证明目的。例如，“公诉人现就起诉书指控的被告人受贿犯罪的事实向法庭出示证据。本案证据共有五组，分别从被告人的主体身份、职务便利、为他人谋取利益、收受贿赂和其他情节等五个方面对起诉书指控的事实予以证明”，“首先，公诉人出示第一组证据。第一组证据由×份书证、×份证人证言组成，分别是……上述证据证明，被告人在犯罪时系某某国有单位负责人，系国家工作人员，符合受贿罪的主体身份要求”。

需要注意的是，公诉人在法庭上出示物证、宣读书证前，应当对该物证、书证所要证明的内容、获取情况作概括的说明，并向当事人、证人等问明物证、书证的主要特征，让其辨认。

公诉人在法庭审理中答辩辩方质疑、质疑辩方证据，一般而言，主要是围绕证据的证据力来展开的，即答辩、质疑证据的合法性、真实性和关联性。对于证据的证明力的答辩、质疑，即证据证明案件事实的作用大小，虽然也可以在质证阶段展开，但不宜过多纠缠，而可以在法庭辩论阶段进行详细的论证。这样，可以保持示证的整体性、连续性不被破坏。

对证据合法性的质疑，主要包括证据的收集是否符合法定程序、有无逼供（证）、诱供（证）等违法行为等。此时，公诉人可以从证据来源的合法性和辩方质疑的不可信性正反两方面入手予以答辩。例如，被告人辩解以前的有罪供述是侦查机关刑讯逼供所致，不能作为证据使用，法庭经审查对被告人审判前供述取得的合法性也有疑问的，公诉人应当向法庭提供讯问笔录、原始的讯问过程录音录像或者其他证据，并可以根据实际情况予以答辩说明。如：“首先，被告人的有罪供述都是侦查机关依照法定程序讯问被告人制作的，讯问程序没有违法之处；其次，每一份讯问笔录都经过被告人阅读并签字，说明被告人对笔录的内容是认可的；最后，侦查机关专门出具的办案说明，并由侦查员签字，说明在对被告人讯问过程中没有任何违法行为。以上三点证明被告人的有罪供述来源合法。反观被告人关于侦查机关对其体罚虐待、逼取虚假有罪供述的辩解，第一，看守所入所体检表上没有记载被告人在入所时身上有任何伤痕；第二，看守所提审被告人登记表显示，被告人每次被侦查机关提审返回后，身上也没有伤痕；第三，被告人有罪供述的录音录像资料证明侦查机关对其讯问时没有任何违法行为。因此，被告人的辩解不能成立。”

对证据真实性的质疑，主要包括证据的内容是否可信、证据的结论是否正确等。此时，公诉人可以从证据产生的合理性、证据制作的规范性等方面入手进行答辩。例如，在一起交通肇事案中，被告人肇事后逃逸，有证人路过现场并记下了被告人驾驶车辆的车牌号。庭审时，辩护人对该证人证言内容的真实性提出质疑，认为一般人不会对与己无关的肇事车辆的车牌号记得如此清楚。公诉人答辩称：“一般人可能不会记得如此清楚，但证人的身份是一名交通警察，处理交通事故、追查逃逸车辆是他常做的工作。正是由于这份职业的特殊性，当他看到有交通事故发生且肇事车辆逃跑时，作为一名交通警察，出于职业惯性和职责要求，立即记下逃逸车辆的车牌号码就是十分正常的事情了。”

对证据关联性的质疑，主要是指证据与起诉指控事实有无联系。一般而言，被辩方质疑关联性的证据，都是间接证据，此时，公诉人不必纠缠于该证据本身与案件的联系，而是可以从该证据与其他证据的联系入手，说明该证据与其他证据一起形成证据体系、发挥证明作用即可。

公诉人对辩方证据的质疑，也应围绕以上几个方面进行，这里不再赘述。

需要注意的是，公诉人无论是对辩方质疑的答辩，还是对辩方证据的质疑，都要坚持实事求是的原则。如果辩方的质疑确有道理，或辩方提供的证据足以影响案件的认定，应当及时建议休庭并予以核实。

(5) 发表公诉意见，进行法庭辩论

公诉人在法庭上发表公诉意见和进行法庭辩论，应当在庭前准备的基础上，根据法庭审理的具体情况及时修改、调整或补充。

出庭前，公诉人应当根据阅卷、分析研究的情况事先写好公诉意见书的初稿。公诉意见书应当围绕检察机关指控的犯罪事实成立、被告人已构成犯罪、应当追究刑事责任的基本观点正面进行阐述、分析和论证。公诉意见书的结构一般分为以下几个方面：

一是对检察人员出庭支持公诉的法律依据、身份和职责进行简要说明。一般可表述为：“审判长、审判员：今天，×××人民法院依法开庭审理被告人×××……一案，依据《中华人民共和国刑事诉讼法》第一百五十三条的规定，我受×××人民检察院检察长指派，以国家公诉人的身份出席法庭支持公诉，并依法履行审判监督职责。”

二是根据法庭调查，对本案事实、证据情况进行综述，对质证情况进行总结和评述，并运用各证据之间的逻辑关系论证被告人的犯罪事实清楚，证据确实、充分。这一部分内容的详略程度，应当根据案件具体情况确定。如果被告人不供、翻供、避重就轻或者对事实、证据提出了较多异议，就应当充分论证本案事实清楚，证据确实充分。例如："在刚才的法庭调查中，公诉人详细讯问了被告人，宣读、出示了相关证据，并对证据进行了充分的质证。行贿人某某证明，其为寻求被告人的帮助，在行贿当天从银行取出5万元现金，由司机开车陪同到达被告人家楼下，自己单独上楼向被告人行贿5万元，并证明行贿之事是和妻子共同商定的，其司机也知情。对于行贿人的证言，行贿人之妻某某承认曾与丈夫共同商定向被告人行贿5万元，且事后听丈夫说钱已经送出，与行贿人的证言相吻合；行贿人司机某某承认曾开车与行贿人一同到银行取出5万元现金后到达被告人家楼下，行贿人拿钱上楼，过了一会儿下来说钱已经送给了被告人，与行贿人的证言相吻合；行贿人存取款记录证明行贿人在行贿当天从银行取出5万元，与行贿人证言相吻合；而被告人的存款记录显示在行贿当天之后第三天，被告人在银行存入了5万元，也与行贿人的证言相印证。且主管行贿人投标工程的证人某某证明，被告人作为其上级主管领导，曾向其打招呼要求关照行贿人的投标，说明行贿人所证明的寻求被告人职务上的帮助也确实得到了落实。以上证据相互印证，已经形成了完整的证据链条，足以证明被告人收受他人贿赂5万元并利用职务之便为他人谋取利益的犯罪事实存在。虽然被告人拒不认罪，但不影响对本案事实的认定。"

三是根据起诉书所指控罪名的犯罪构成要件，结合案件事实、情节，论证被告人的行为已经构成所指控的犯罪，应当负刑事责任，并根据其情节和认罪态度，提出从重、从轻、减轻处罚的意见。在案件适用法律可能存在争议时，这一部分应当着重描述。但由于此时辩方的辩护意见尚未发表，此时不宜先抛出罪与非罪、此罪与彼罪的区别等观点。例如，在辩方对间接故意杀人案件认为是过于自信过失致人死亡案件时，可以在论证被告人的主观故意时着重描述其对危害结果所持的放任心态；再如，在辩方对以打孔盗油方式破坏易燃易爆设备案件认为是盗窃案件时，可以在论证犯罪行为的危害后果和侵害客体方面着重描述其侵犯了公共安全。

庭审中，对于出现被告人当庭翻供、当庭认罪等情形的，公诉人应当在公诉意见中予以体现。

四是分析被告人犯罪行为的社会危害性和依法给予法律制裁的必要性，剖析其犯罪的思想根源和社会根源，进行必要的法制宣传和教育工作。这一部分主要结合被告人的认罪悔罪态度、犯罪特点等进行简明扼要的说明。

公诉人在法庭上开展法庭辩论，基础是制作好辩论提纲。制作辩论提纲的关键是做好对辩护观点的预测。一般而言，根据案件性质和证据材料本身存在的矛盾等问题，结合审查起诉时所听取的辩护人意见，可以大致分析辩护人在法庭上会从哪个角度提出辩论观点，哪些问题可能成为辩论焦点，从而有针对性地收集好辩论素材，准备好答辩意见。

对于辩护人的辩护观点，公诉人可以从以下几个方面进行答辩：

①辩护人提出事实不清、证据不足的，由于公诉人在示证、发表公诉意见等阶段已经详细论证了案件的证据体系，所以此时不必要再将所有的证据予以论证，而是仅针对辩护人提出的不足的证据部分进行答辩即可。

需要注意的是，辩护人在提出事实不清、证据不足观点时，往往采用以偏概全、过分夸大无罪证据的方式，此时公诉人应当首先对辩护人辩护观点立足的事实、证据基础予以攻击，揭露其辩护观点的片面性，从而达到事半功倍的效果。

②辩护人提出适用法律错误，作轻罪或无罪辩护的，公诉人可以针对辩护观点的错误之处进行答辩。如果辩护人的辩护观点立足于对案件事实不正确的认定，公诉人可以直接攻击其立足事实以驳斥其观点；如果辩护人以与法律规定不一致的学术观点作为辩护观点，公诉人可以直接说明其辩护观点的不合法之处。

③辩护人提出被告人具有从轻、减轻、免除处罚情节的，公诉人可以从该情节是否成立以及该情节是否可以从轻、减轻、免除处罚入手进行答辩。如果辩护人提出的情节没有事实依据，或不符合法律规定，公诉人可以直接予以驳斥；如果认为辩护人提出的情节确实存在但不足以对被告人从轻、减轻、免除处罚时，公诉人可以从被告人的犯罪事实、犯罪性质、犯罪情节、犯罪后果等入手进行答辩。

4. 出庭支持公诉中的规范用语和规范行为

最高人民检察院公诉厅于 2004 年 12 月 10 日出台了《公诉人出庭行为规范》，对公诉人的出庭行为进行了规范。公诉人应当重点掌握以下规定：

（1）语言规范

公诉人出庭支持公诉，除在少数民族聚居或者多民族杂居的地区使用当地通用的语言外，应当使用普通话。发言时应做到用语规范，语速适中，吐字清晰，声音洪亮。

（2）着装规范

公诉人出庭支持公诉，应当按照最高人民检察院《关于人民检察服装管理规定（试行）》中的规范要求着装，佩戴胸徽和制式领带。做到仪表整洁，举止得体，并遵守下列规定：①不得挽袖子、卷裤腿、穿拖鞋；②不得染彩发、化浓妆、涂彩色指甲；③不得戴耳环、佩项链及其他饰物，男同志不得留长发、剃光头、蓄胡须；④不得佩戴除检察胸徽以外的徽章；⑤不得有其他与公诉人形象不符的服饰、发型和举止。

（3）用语规范

公诉人出庭支持公诉，对合议庭组成人员应当分别称“审判长”、“审判员”、“人民陪审员”或统称“合议庭”。向法庭提出要求时应当称“审判长”；当某阶段活动完毕或发表公诉意见时应当称“审判长、审判员（人民陪审员）”。多名被告人聘请辩护人的，应当称“被告人×××的辩护人”，一名被告人聘请两名辩护人的，应当称“被告人×××的第一辩护人”、“被告人×××的第二辩护人”。在讯问中，对被告人应当称“被告人×××”，也可以根据具体情况称“你”。公诉人作上述称呼时，应当正视上述人员。公诉人可以自称为“公诉人”或者“本公诉人”。

（4）履行监督职责

公诉人出庭支持公诉，发现法庭审理案件严重违反法律规定的诉讼程序或严重侵犯诉讼参与人合法权益，影响案件公正审理的，应当在庭后及时向本院检察长报告，并根据需要提出意见。但是，如不当庭指出可能严重影响公正审判或者可能造成难以弥补损失的，公诉人可以当庭指出并于庭后及时向本院检察长报告。

在法庭调查阶段，遇有下列情况，公诉人应根据情况提请审判长制止，或者建议休庭：①被告人的供述与案件无关或答非所问的；②被告人使用污言秽语，或者攻击国家机关、社会团体或其他公民的；③辩护人或者诉讼代理人采取威胁、诱导等不正当方式进行提问的；④辩护人或者诉讼代理人的提问与案件无关的；⑤被告人的供述或者辩护人、诉讼代理人的发言可能泄露与案件无关的国家机密的；⑥辩护人越权为同案其他被告人辩护的，但该辩护有利于从轻、减轻或免除自己当事人刑罚的除外。

（二）变更、追加、撤回起诉

刑事诉讼法中没有关于公诉案件变更、追加、撤回起诉的规定，最高人民检察院、最高人民法院在各自的司法解释中就公诉案件的变更、追加、撤回起诉作了规定。《人民检察院刑事诉讼规则》第351条规定：“在人民法院宣告判决前，人民检察院发现被告人的真实身份或者犯罪事实与起诉书中叙述的身份或者指控犯罪事实不符的，可以要求变更起诉；发现遗漏的同案犯罪嫌疑人或者罪行可以一并起诉和审理的，可以要求追加起诉；发现不存在犯罪事实、犯罪事实并非被告人所为或者不应当追究被告人刑事责任的，可以要求撤回起诉。”最高人民法院《关于执行〈中华人民共和国刑事诉讼法〉若干问题的解释》第177条规定：“在宣告判决前，人民检察院要求撤回起诉的，人民法院应当审查人民检察院撤回起诉的理由，并作出是否准许的裁定。”第178条规定：“人民法院在审理中发现新的事实，可能影响定罪的，应当建议人民检察院补充或者变更起诉……”

1. 变更、追加、撤回起诉的条件

（1）变更起诉的条件

变更起诉的条件有两种：一是发现被告人的真实身份与起诉书叙述的身份不符。这里面既包括被告人的自然身份不符，如姓名、年龄等不符，也包括被告人的社会身份不符，如工作单位、有无前科不符等。二是发现被告人的犯罪事实与起诉书中叙述的犯罪事实不符。这主要是指被告人实际犯罪事实中的主要情节与起诉书叙述的犯罪事实中的主要情节不符。例如，起诉书指控被告人盗窃价值2万元的名牌手表一块，后来发现被告人盗窃的只是一块价值2千元的仿制名牌手表，此时就可以变更起诉，重新认定被告人的犯罪事实。

在变更起诉中有两点需要注意：一是对于发现起诉书叙述的犯罪事实并非被告人所为，而被告人另有其他犯罪事实时，不应变更起诉，而应当撤回起诉后再以新的事实重新起诉。因为此时起诉书叙述的犯罪事实和被告人实际所犯罪行没有任何联系，再次起诉指控意见并非是在原起诉指控意见上的变化，而是与原指控意见没有任何联系的一次新的指控意见，不存在适用变更起诉的事实基础和法律依据，而是应当以撤回起诉后重新起诉处理。二是对于发现起诉书叙述的犯罪事实没有错误但提出的适用法律意见错误时，是否变更起诉没有明文规定。我们认为，如果在开庭审判前或开庭审判中发现起诉书中适用法律的意见特别是定性意见有错误，应当要求变更起诉，否则会给公诉人出庭支持公诉带来很大困难。如果是在开庭审判后发现的，则从诉讼便宜的角度出发，一般不必变更起诉。因为法院在判决时有权变更起诉指控的罪名，不会因起诉指控罪名错误而侵害被告人的合法权益，这样也会减少不必要的重复起诉，提高诉讼效率。

（2）追加起诉的条件

追加起诉的条件有两种：一是发现遗漏被告人的罪行，可以一并起诉和审理的；二是发现遗漏同案犯罪嫌疑人，可以一并起诉和审理的。

在追加起诉中需要准确把握“可以一并起诉和审理”。无论是发现遗漏被告人的罪行，还是发现遗漏同案犯罪嫌疑人，都要“可以一并起诉和审理”，才可以追加起诉。“可以一并起诉和审理”包括两个方面的内容：一方面是指遗漏的被告人的罪行或同案犯罪嫌疑人的罪行已经查清，证据已经收集完毕，符合起诉和审理的条件；另一方面是指遗漏的被告人的罪行或同案犯罪嫌疑人适合在本案中一并起诉和审理。如果缺少其中任一方面内容，均不宜追加起诉。例如，起诉指控被告人犯诈骗罪，又发现被告人还涉嫌盗窃犯罪，但盗窃犯罪的证据尚未收集完毕、事实还没有全部查清，此时就不宜将盗窃罪追加起诉，否则会影响诈骗罪的正常审理。再如，起诉后发现遗漏对被告人实施窝藏行为的同案犯罪嫌疑人，但同时也发现该犯罪嫌疑人还犯有故意杀人罪。此时，将该犯罪嫌疑人的故意杀人罪和窝藏罪一并追加在本案中起诉和审理显然并不合适，而应当对该犯罪嫌疑人的故意杀人罪和窝藏罪另行起诉和审判更为适宜。

（3）撤回起诉的条件

撤回起诉的条件有三种：一是发现不存在犯罪事实。如起诉指控被告人犯合同诈骗罪，后发现纯系民事经济纠纷不构成犯罪。二是发现犯罪事实并非被告人所为。这主要是指确实存在犯罪事实，但犯罪事实并非被告人所为。三是发现不应当追究刑事责任。这主要包括两种情形：一是具有刑事诉讼法第15条规定的情形之一，不应追究被告人刑事责任；二是犯罪事实不清，证据不足，不符合起诉条件。

2. 变更、追加、撤回起诉的程序

《人民检察院刑事诉讼规则》第353条第1款、第2款规定："变更、追加或者撤回起诉应当报经检察长或者检察委员会决定，并以书面方式在人民法院宣告判决前向人民法院提出。在法庭审理过程中，公诉人认为需要变更、追加或者撤回起诉的，应当要求休庭，并记明笔录。"据此可以看出，变更、追加、撤回起诉应当由检察长或者检察委员会决定，公诉人在法庭上不能自己作出变更、追加、撤回起诉的决定。

3. 撤回起诉后重新起诉的条件

《人民检察院刑事诉讼规则》第353条第4款规定："撤回起诉后，没有新的事实或者新的证据不得再行起诉。"最高人民法院《关于执行〈中华人民共和国刑事诉讼法〉若干问题的解释》第117条第（四）项规定："……人民法院裁定准许人民检察院撤回起诉的案件，没有新的事实、证据，人民检察院重新起诉的，人民法院不予受理。"对此，应当从以下两个方面把握：

（1）"新的事实"是指原起诉指控犯罪事实以外的犯罪事实，且有新的证据来证明新的事实。如原起诉指控被告人犯贪污罪，因犯罪已过追诉时效撤回起诉，后又收集新的证据证明被告人另有受贿犯罪事实，此时就符合重新起诉的条件。

（2）"新的证据"是指对于认定原指控犯罪事实成立具有主要作用的证据。此时，原指控事实没有改变，只是证据发生了变化。如原起诉指控被告人犯抢夺罪，辩护人提供证据证明被告人作案时实际年龄不满16周岁，人民检察院认为不应当追究被告人刑事责任而撤回起诉后，又发现辩护人提供的证据系伪造，经重新收集证据后认为被告人作案时已满16周岁，此时即可以有新的证据为由重新起诉。

对于不应撤回起诉而错误撤回起诉的案件应当如何处理，法律没有具体规定。例如，起诉指控被告人抢劫他人财物价值500元，法院认为应当定性为敲诈勒索欲作无罪判决，检察院因此撤回起诉。经上级检察院复查，认为该案应当定性为抢劫罪。此时，案件本身的事实、证据已全部清楚、充分，不再具有收集新的证据的可能性，重新起诉显然不符合规定。我们认为，根据《人民检察院刑事诉讼规则》第7条的规定："在刑事诉讼中，上级人民检察院对下级人民检察院作出的决定，有权予以撤销或者变更。"因此，在这种情况下，应当由上级检察院依法撤销下级检察院的撤回起诉决定，以使得原起诉指控继续有效。

4. 变更、追加、撤回起诉文书的制作

关于变更、追加、撤回起诉文书的制作，根据变更、追加、撤回起诉的特点，应当注意把握以下要点：

一是文书的名称。变更起诉、追加起诉是在原起诉意见的基础上进行的，仍然是一种起诉意见，只不过对原起诉内容进行了改变。因此，变更起诉、追加起诉的文书名称还应当是"起诉书"，但为了以示和原起诉书的不同，应当在"起诉书"前面注明"变更"或"追加"字样。如"××人民检察院变更起诉书"、"××人民检察院追加起诉书"。而撤回起诉是对原起诉意见的撤销，不是起诉意见，而是一种新的决定，因此应当命名为"决定书"，如"××人民检察院撤回起诉决定书"。

二是文书的编号。如上所述，变更起诉和追加起诉是在原起诉意见的基础上进行的改变和补充，所以变更起诉书和追加起诉书的编号应当采用原起诉书的编号，以保持起诉工作的连贯性、统一性。而撤回起诉是一个新的决定，应当重新按照顺序予以编号。

三是文书的正文。在变更起诉时，由于变更起诉是对原起诉意见的改变，变更起诉书制作后原起诉书自然失效，变更起诉书其实就是新的起诉书，所以变更起诉书正文的制作应当按照起诉书正文要求予以制作；在追加起诉时，由于追加起诉的内容和原起诉内容合并在一起才是完整的起诉指控意见，原起诉书并不失效，所以追加起诉书的正文除了要按照起诉书正文要求予以制作外，还要表明案件部分事实已经起诉，并在结论部分提出原起诉书和追加起诉书合并指控意见；在撤回起诉时，由于撤回起诉是对原起诉意见的撤销，撤回起诉决定书制作后原起诉书当然失效，且不再有指控意见，所以撤回起诉决定书的正文只需要表明原起诉意见和撤回起诉决定即可。

四是文书的落款。由于变更起诉、追加起诉后，案件还要进行法庭审理，还需要公诉人出席法庭支持公诉，因此变更起诉书、追加起诉书的落款上除了有检察院的名称和公章外，还应当有检察院承办人员的名字；而撤回起诉决定作出后，不再发生法庭审理的情形，自然也不再需要公诉人出席法庭支持公诉，因此撤回起诉决定书的落款上只需要有检察院的名称和公章即可。

（三）简易程序

简易程序，是指人民法院对于符合法定条件的刑事案件可以依法适用的比普通程序简单的第一审程序。

1. 简易程序的适用条件

适用简易程序的案件可以是公诉案件，也可以是自诉案件。根据我国刑事诉讼法和有关司法解释的规定，可以适用简易程序的自诉案件应当是告诉才处理的案件或者被害人起诉的有证据证明的轻微刑事案件，而适用简易程序的公诉案件必须同时具备下列条件：

（1）必须是依法可能判处3年以下有期徒刑、拘役、管制、单处罚金或者免予刑事处分的案件。这里所谓的“依法可能判处”，是指人民检察院、人民法院根据犯罪事实、犯罪性质、情节和危害程度进行分析后，对被告人可能被宣告的刑罚的一种预测。被告人被指控的罪名，可以是一罪，也可以是数罪。

（2）必须是事实清楚、证据充分，并且被告人及辩护人对所指控的基本犯罪事实没有异议的案件。这里所说的事实清楚、证据充分，主要是指犯罪嫌疑人对起诉书指控的犯罪事实和适用法律意见没有较大争议，人民检察院提出了充分证据，无须进行复杂的法庭调查和辩论，人民法院就能查明案件事实和作出判决。

（3）必须经人民检察院建议或者同意。根据法律规定，公诉案件适用简易程序，必须经过人民检察院和人民法院双方协商同意，有一方认为不宜适用简易程序的，应当适用普通程序。人民检察院如果认为案件可以适用简易程序的，可以在提起公诉时或者开庭审判前向人民法院提出建议。人民法院认为案件可以适用简易程序时，也应当向人民检察院提出书面建议，人民检察院应当在10日内答复是否同意。

2. 简易程序的建议

人民检察院有建议或者同意适用简易程序的权力。根据最高人民法院、最高人民检察院、司法部《关于适用简易程序审理公诉案件的若干意见》的规定，检察机关和法院都有适用简易程序的建议权。具体来说，人民检察院建议适用简易程序的，应当制作《适用简易程序建议书》，在提起公诉时，连同全案卷宗、证据材料、起诉书一并移送人民法院。人民法院在征得被告人、辩护人同意后决定适用简易程序的，应当制作《适用简易程序决定书》，在开庭前送达人民检察院、被告人及辩护人。人民法院认为依法不应当适用简易程序的，应当书面通知人民检察院，并将全部案卷和证据材料退回人民检察院。对于人民检察院没有建议适用简易程序的公诉案件，人民法院经审查认为可以使用简易程序审理的，应当征求人民检察院与被告人、辩护人的意见。人民检察院同意并移送全案卷宗和证据材料后，适用简易程序审理。人民法院决定适用简易程序审理的，应当制作《适用简易程序决定书》，在开庭前送达人民检察院、被告人及辩护人。具有下列情形之一的公诉案件，不适用简易程序审理：(1) 比较复杂的共同犯罪案件；(2) 被告人、辩护人作无罪辩护的；(3) 被告人系盲、聋、哑人的；(4) 其他不宜适用简易程序审理的情形。

3. 简易程序的法庭审理

根据有关规定，简易程序的法庭审理具有下列特点：

(1) 由审判员一人独任审判。根据刑事诉讼法第 147 条、第 174 条的规定，基层人民法院适用简易程序的案件，可以由审判员一人审判。

(2) 人民检察院可以不派员出庭。适用简易程序的案件，人民法院在开庭前必须将开庭的时间、地点通知人民检察院。在案件事实清楚、证据充分、被告人对起诉书无异议的情况下，一般不需要进行复杂的法庭调查和法庭辩论，人民检察院不派员出庭不至于影响案件的公正审理。因此，法律规定对适用简易程序的案件，人民检察院可以不派员出庭。根据法律和司法解释的规定，对适用简易程序的案件，除人民检察院监督公安机关立案侦查以及其他人民检察院认为有必要派员出庭的案件外，人民检察院可以不派员出庭。但是，公诉人一般应随案提出书面的公诉意见，说明对被告人定罪量刑的意见，供法官审判时参考。

(3) 法庭调查、法庭辩论的程序明显简化。根据刑事诉讼法的规定，适用简易程序的案件，不受第一审普通程序关于讯问被告人、询问证人、鉴定人、出示证据、法庭辩论等程序规定的限制。独任审判员宣布开庭，传被告人到庭后，应当查明被告人的基本情况，然后依次宣布案由、独任审判员、公诉人、被害人、辩护人、诉讼代理人和翻译人员的名单，并告知当事人的诉讼权利。公诉人不出庭的案件，由独任审判员代为宣读起诉书，并询问被告人对起诉书的意见，问清被告人是否认罪，并告知有关法律规定及可能导致的法律后果。被告人及其辩护人可以就起诉书指控的犯罪事实进行辩护，被告人有作最后陈述的权利。适用简易程序的公诉案件，人民法院一般应当当庭宣判，并在5日内将判决书送达被告人和提起公诉的人民检察院。

(4) 简易程序可以转化为第一审普通程序。适用简易程序审理的公诉案件，人民法院发现不宜适用简易程序时，应当按照第一审普通程序重新审理。人民检察院发现与刑事诉讼法规定的适用简易程序条件不相符，应当立即书面通知人民法院，建议将简易程序变更为普通程序，人民法院应当将案件转为第一审普通程序审理。

发现案件符合下列情形之一的，应当决定将简易程序转为普通程序重新审理：(1) 被告人的行为不构成犯罪的；(2) 被告人应当判处3年有期徒刑以上刑罚的；(3) 被告人对起诉书指控的犯罪事实予以否认的；(4) 事实不清或者证据不足的；(5) 其他依法不宜适用简易程序的情形。

转为普通程序审理的案件，人民法院应当作出书面决定，通知人民检察院，并在3日内将全案卷宗和证据材料退回，审理期限从决定转为普通程序之日起重新计算。一般情况下，人民检察院不需要重新制作起诉书，但必须制作证据目录、证人名单以及主要证据复印件、照片，在5日内移送人民法院。对转为普通程序审理的案件，人民检察院必须派员出庭支持公诉。

（四）普通程序简化审理

普通程序简化审理，是指对依法应当适用普通程序的刑事案件，在符合一定条件的情况下，简化部分庭审程序，予以快速审结的审理方式。

1. 普通程序简化审理的适用条件

根据最高人民法院、最高人民检察院、司法部《关于适用普通程序审理"被告人认罪案件"的若干意见（试行)》(以下简称《认罪案件意见》) 的规定，被告人对指控的基本犯罪事实无异议，并自愿认罪的第一审公诉案件，一般适用简化审理方式。适用普通程序简化审理的公诉案件必须同时符合以下条件：

(1) 必须是依法适用普通程序的第一审公诉案件。具体而言，适用普通程序简化审理的案件是可能判处3年以上有期徒刑、无期徒刑的第一审公诉案件。

(2) 被告人对被指控的基本犯罪事实无异议。所谓对被指控的基本犯罪事实无异议，是指被告人对被指控的基本犯罪事实无异议，而不要求对被指控的全部犯罪事实均没有异议。

(3) 被告人自愿认罪。被告人自愿认罪，是指被告人自愿承认其行为构成犯罪，但不要求被告人完全承认被指控的罪名。有些情况下，被告人虽然知道其行为构成犯罪，但可能并不清楚其行为究竟构成何种罪名。因此，被告人是否认同指控的罪名一般不影响简化审理的适用。此外，被告人自愿认罪，不仅要承认犯罪，而且对作有罪供述的法律后果有明确的认识。

（4）经过人民检察院建议或者同意。根据法律规定，普通程序简化审理，必须经过人民检察院和人民法院双方协商同意。人民检察院如果认为案件可以适用普通程序简化审理的，可以在提起公诉时向人民法院提出书面建议。对于人民检察院没有建议适用普通程序简化审理的，人民法院经审查认为可以适用的，应当征求人民检察院的意见。

（5）被告人及辩护人同意适用简化审理。人民法院在决定适用简化方式审理案件前，应当征求被告人和辩护人的意见，向被告人讲明有关法律规定、认罪和适用简化审理可能导致的法律后果，确认被告人自愿同意适用简化审理。

2. 普通程序简化审理的建议

人民检察院和人民法院都可以提出对认罪案件适用简化审理方式的建议。根据《认罪案件意见》的规定，人民检察院认为符合适用简化审理条件的刑事案件，可以在提起公诉时书面建议人民法院适用简化审理方式。实践中，对人民检察院提出书面建议的案件，人民法院在向被告人送达起诉书时，应当征询其对指控的犯罪事实有无异议及异议的内容，并向被告人、辩护人征询适用简化审理的意见，作出是否适用的决定，并通知人民检察院；也可以由合议庭在法庭调查前征询被告人、辩护人对适用简化审理的意见，并根据被告人的认罪情况和对庭审程序的认知情况决定是否适用简化审理。对人民检察院没有建议适用简化审理的公诉案件，人民法院经审查认为可以适用简化审理的，应当征求人民检察院、被告人和辩护人的意见。人民检察院、被告人和辩护人同意的，也可适用简化审理方式。人民法院对于决定适用简化审理方式的，应当书面通知人民检察院、被告人及辩护人。

根据《认罪案件意见》的规定，下列案件不适用简化审理方式：（1）被告人系盲、聋、哑人的案件。（2）可能判处死刑的案件。（3）外国人犯罪的案件。（4）有重大社会影响的案件。（5）被告人认罪但经审查认为可能不构成犯罪的案件。（6）共同犯罪案件中，有的被告人不认罪或不同意适用简化审理的案件。（7）其他不宜适用简化审理的案件。

3. 普通程序简化审理方式的法庭审理

根据《认罪案件意见》的规定，对于决定适用简化审理的案件，人民法院在开庭前可以阅卷。对适用简化审理方式开庭审理的案件，合议庭应当在公诉人宣读起诉书后，询问被告人对被指控的犯罪事实及罪名的意见，核实其是否自愿认罪和同意适用简化审理方式进行审理，是否知悉认罪可能导致的法律后果。

对于被告人自愿认罪并同意适用简化审理方式进行审理的，可以对具体审理方式作如下简化：(1) 被告人可以不再就起诉书指控的犯罪事实进行供述。(2) 公诉人、辩护人、审判人员对被告人的讯问、发问可以简化或省略。(3) 控辩双方对无异议的证据，可以仅就证据的名称及所证明的事项作出说明。合议庭经确认公诉人、被告人、辩护人无异议的，可以当庭予以认证。对于合议庭认为有必要调查核实的证据，控辩双方有异议的证据，或者控方、辩方要求出示、宣读的证据，应当出示、宣读，并进行质证。(4) 控辩双方主要围绕确定罪名、量刑及其他有争议的问题进行辩论。

适用简化审理方式审理案件，应当严格执行刑事诉讼法规定的基本原则和程序，做到事实清楚，证据确实、充分，切实保障被告人的诉讼权利。人民法院对自愿认罪的被告人，酌情予以从轻处罚。对适用简化审理的案件，人民法院一般应当当庭宣判。适用简化审理的过程中，发现有不符合《认罪案件意见》关于简化审理条件的，人民法院应当决定不再适用简化审理，仍然按照普通程序审理案件。

七、二审检察

二审检察，是指与第二审人民法院同级的人民检察院根据刑事诉讼当事人提出的上诉或者下一级人民检察院提出的抗诉，对下一级人民法院尚未生效的一审判决和裁定进行审查，以检察员身份出席二审法庭发表意见，依法履行诉讼职责的诉讼活动。刑事诉讼法规定的第二审程序，赋予当事人和人民检察院在人民法院判决裁定尚未发生法律效力以前提出上诉、抗诉的权利，是为了避免和纠正第一审判决裁定中可能发生的错误。人民检察院通过启动和参与第二审程序，行使检察监督权有利于查明案件事实，有利于准确惩治犯罪分子，有利于保护当事人合法权益。

（一）人民检察院办理的第二审案件的范围

1. 当事人上诉的案件

上诉是产生第二审程序的重要途径，是指自诉人、被告人及其法定代理人，以及经被告人同意的辩护人或近亲属，附带民事诉讼的当事人及其法定代理人不服第一审未生效的判决、裁定，依照法定程序和期限，要求上一级人民法院对案件进行重新审判的诉讼行为。根据我国刑事诉讼法第 180 条的规定，上诉人的范围包括：

(1) 自诉人及其法定代理人。

(2) 被告人及其法定代理人。

（3）经被告人同意的辩护人和近亲属。

当事人提出上诉的案件，只有二审法院决定开庭审理通知人民检察院出庭的，二审检察程序才启动。

2. 被害人提请抗诉的案件

刑事诉讼法第182条规定了公诉案件被害人的请求抗诉权，被害人及其法定代理人不服地方各级人民法院第一审判决的，自收到判决书后5日以内，有权请求人民检察院提出抗诉。人民检察院自收到被害人及其法定代理人的请求后5日以内，应当作出是否抗诉的决定并且答复请求人。被害人及其法定代理人请求抗诉后，人民检察院是否抗诉，由人民检察院决定，因此，被害人及其法定代理人的请求抗诉权，并不必然引起二审检察程序。

3. 检察机关按照二审程序提出抗诉的案件

《刑事诉讼法》第181条、第183条规定，地方各级人民检察院认为本级人民法院第一审的判决、裁定确有错误的时候，应当向上一级人民法院提出抗诉。不服判决的上诉和抗诉的期限为10日，不服裁定的上诉和抗诉的期限为5日，从接到判决书、裁定书的第二日起算。对于抗诉案件，以下一级人民检察院是否提出抗诉为标准启动二审检察程序。

（二）第二审案件的审查

1. 二审检察员的职责

二审检察员具有双重职责：首先，因支持一审的追诉目标而具有公诉人身份，不论是抗诉还是上诉，二审程序一旦启动，就表明一审裁判尚未生效，一审公诉人所追求的目标还没有实现，需要二审检察员去落实。其次，出席二审法庭的检察员要从程序和实体上，对审判活动是否合法进行监督，当然具有法律监督者职责。二审检察员所具有的两种职责是相辅相成的，通过行使法律监督权，可以保障追诉目标的实现，通过参加法庭审理可以更好地增强法律监督的实效。

检察员办理二审案件的主要任务是：审查上诉理由，出席第二审法庭，根据案件事实和法律向人民法院提出维持原判、发回重审或者依法改判的出庭意见；审查下级人民检察院的抗诉或被害人提出的抗诉，向同级人民法院撤回不正确的抗诉，出席第二审法庭支持正确的抗诉；对第二审判决、裁定进行审查，对确有错误的判决、裁定依法提出抗诉或者监督意见；对人民法院第二审审判活动是否合法进行监督；发现和纠正侦查、审查起诉和第一审审判活动中的违法行为；维护诉讼参与人的合法权益，依法保障人权。

2. 案件受理和审查

下级人民检察院提出抗诉的案件，应当在提出抗诉后3日内将刑事抗诉书、检察内卷报上级人民检察院。上级人民检察院收到同级人民法院上诉案件的阅卷通知书及案件材料后，应当审查相关案件材料是否齐备，符合受理条件的，填写《受理案件登记表》。上级人民检察院受理二审检察案件之后，应当指定2名以上检察员或者经检察长批准代行检察员职务的助理检察员办理，也可以由检察长或者副检察长办理。

检察人员应当客观全面地审查原审案卷材料，并重点审查以下内容：第一审判决认定事实是否清楚、证据是否确实充分；适用法律是否正确，对有关量刑情节的认定是否准确，量刑是否适当；抗诉、上诉意见与第一审判决存在的分歧，抗诉、上诉理由是否正确、充分；抗诉、上诉中是否提出或者第一审判决后是否出现了可能影响定罪量刑的新事实、新证据；侦查、审查起诉和第一审审判活动是否存在违法情形，是否侵犯了诉讼参与人的合法权利，影响了公正判决；对于共同犯罪的案件，只有部分被告人提出上诉或者人民检察院只就第一审人民法院对部分被告人的判决提出抗诉的等，承担第二审人民法院的同级人民检察院，应当对全案进行审查，一并处理。

检察员审查案件，应当围绕抗诉、上诉理由主要开展下列工作：讯问被告人，讯问前认真制作讯问提纲，明确讯问目的，拟定重点解决的问题，讯问中核对被告人的基本情况，告知诉讼权利，听取上诉理由、辩解意见，核查是否有自首和立功等情节以及其他需要核实的问题，认真做好笔录，笔录首部内容应当填写完整，讯问人员应当在讯问笔录上签名；询问证人、听取辩护人、被害人的意见；核查主要证据，重点核查证据是否客观、真实，形式是否合法以及证据之间是否存在矛盾，对于以刑讯逼供取得的犯罪嫌疑人、被告人供述和以暴力、威胁等非法方法收集的被害人陈述、证人证言，不能作为定案的根据。需要原侦查机关补充调取和完善的证据，可以通过下级人民检察院要求原侦查机关提供；对鉴定结论有疑问的，可以重新进行鉴定或者补充鉴定。

检察员审查案件完毕，应当制作审查报告，一般包括以下内容：被告人基本情况；案件侦破过程及诉讼经过；审查认定的事实及对证据的分析；下级人民检察院的抗诉理由；当事人及其辩护人、诉讼代理人对第一审判决的意见；对第一审审判程序的审查情况；讯问及核实证据情况；需要说明的问题；审查意见。

3. 审核审批

对于上诉案件，检察员经审查后对原判决没有异议的，审查报告应当经公诉部门负责人审核后报主管副检察长；检察员认为原判决认定事实有错误或者判决确有错误的，审查报告应当提交公诉部门会议讨论后，报主管副检察长；公诉部门负责人对检察员的审查意见有异议的，审查报告应当提交公诉部门会议讨论后，报主管副检察长。

对于抗诉案件，审查报告应当提交公诉部门会议讨论后，报主管副检察长。公诉部门会议讨论案件时，可以要求下级人民检察院检察员或者公诉部门负责人参加。讨论案件应当制作笔录，并由参加讨论的人员核对后签名。

案件经主管副检察长、检察长审批或者经检察委员会讨论决定后，检察员应当及时执行。对于抗诉案件，检察员应当向同级人民法院送达支持刑事抗诉意见书或者撤回抗诉决定书，并通知提出抗诉的下级人民检察院；对于上诉案件，检察员应当告知同级人民法院阅卷完毕。

（三）出席二审法庭

1．庭前准备

收到同级人民法院《出庭通知书》后，出庭检察员应当填写《派员出席法庭通知书》，并及时送达人民法院并做好以下出庭准备工作：进一步熟悉案情和主要证据，确定在法庭上出示的证据和第一审质证后无异议的证据，及时了解证据的变化情况和辩护人向法庭提供的新证据；拟定出庭预案，包括讯问提纲、询问提纲、举证质证提纲、答辩提纲和出庭意见书；在开庭5日前将需要通知到庭的证人、鉴定人、翻译人员、被害人名单以及拟在庭审中出示的新证据提交合议庭。

出庭预案应当重点围绕抗诉与上诉理由，针对需要查证的、与定罪量刑有关的事实进行准备，根据具体案件情况，突出针对性和预见性。对于疑难、复杂和社会高度关注的案件，公诉部门必要时可以对出庭预案进行专门论证，制作临庭处置方案，应对可能出现的各种复杂情况。

出庭检察员意见书的主要内容包括对第一审判决的全面评价、对抗诉理由的分析或者对上诉理由的评析、出庭意见等。出庭检察员审查意见与审批决定意见不一致的案件，出庭检察员应当执行审批决定，并将出庭检察员意见书于开庭前报公诉部门负责人审核。

2．出席法庭

二审法庭准备阶段，审判长就法庭准备工作征求出庭检察员意见时，出庭检察员应当就存在的问题提出意见，请审判长予以纠正，或者表明没有意见。

法庭调查阶段，审判长或者审判员宣读第一审判决书后，抗诉案件先由出庭检察员宣读刑事抗诉书和支持刑事抗诉意见书；上诉案件先由上诉人陈述上诉理由；既有上诉又有抗诉的案件，先由出庭检察员宣读刑事抗诉书和支持刑事抗诉意见书，再由上诉人陈述上诉理由。审判长就抗诉、上诉未涉及的事实归纳总结后，出庭检察员认为这部分事实清楚、证据确实充分的，应当表示无异议，当庭予以确认；认为有异议的，应当指出，并提请法庭进行调查。对于审判长概括的审理重点和焦点问题，出庭检察员认为需要补充的，应当及时提出。

讯问被告人应当针对法庭需要调查的事实，围绕抗诉理由、上诉理由以及对原审判决、裁定认定事实有争议的部分进行，对没有异议的事实不再全面讯问。抗诉案件先由出庭检察员讯问，上诉案件先由辩护人发问，既有上诉又有抗诉的案件先由出庭检察员讯问。出庭检察员讯问应当注意：对被告人以前所作的供述是否属实进行讯问。对于先前供述不属实的辩解，应当就其提出的不属实部分进行有针对性的讯问。对于翻供要客观全面分析，认为翻供理由不成立的，应当举出相关证据予以反驳；对于被告人供述不清楚、不全面或者明显不合理，以及被告人供述与案件第一审已查证属实的证据相矛盾的问题应当讯问。与案件抗诉、上诉部分犯罪事实无关的问题可以不讯问；对于辩护人已经发问而被告人作出客观回答的问题，不进行重复讯问，但是被告人陈述矛盾、含糊不清或者翻供，影响对案件事实、性质的认定或量刑的，应当有针对性地进行讯问；检察员应当认真听取辩护人的发问，对辩护人的发问方式、内容不当的应提请审判长予以制止；在法庭调查结束前，可以根据辩护人、诉讼代理人发问、审判长（审判员）讯问的情况，进行补充讯问。

举证质证阶段，出庭检察员应当围绕对抗诉、上诉意见具有重要影响的关键事实和证据进行。抗诉案件先由出庭检察员举证，上诉案件先由上诉人或者辩护人举证，既有上诉又有抗诉的案件，先由出庭检察员举证。举证质证一般采取一证一举一质的方式，必要时可以运用多媒体示证系统，增强出庭效果。出庭检察员可以询问出庭证人、鉴定人、被害人。询问时应当围绕与定罪量刑紧密相关的事实进行，对证人证言、鉴定结论、被害人陈述中有虚假、遗漏、矛盾、模糊不清、有争议的内容，应当重点询问，必要时应当宣读、出示相关证据配合询问，通过询问澄清事实。出庭检察员应当对经法庭质证过的证据进行归纳和总结，准确阐述证据的客观性、有效性和证明作用，提请法庭采信；对被告人及其辩护人出示的无效证据，应当提请法庭不予采信。

法庭辩论阶段，对于上诉案件，出庭检察员应当在归纳法庭调查所出示证据的基础上，围绕双方在事实、证据、法律适用和量刑方面的争议焦点，依据事实和法律，客观公正地发表出庭意见：原判决正确的，建议维持原判；经法庭调查事实不清、证据不足或者原审法院的审判活动违反法律规定的诉讼程序应当重新审判的，建议发回重审；原判决认定事实没有错误，但适用法律错误或者量刑不当的，建议改判。对于抗诉案件，出庭检察员应当发表支持抗诉的意见。对于被告人、辩护人提出的观点可能影响对被告人的定罪或者量刑的，出庭检察员应当答辩。答辩应当观点明确、重点突出、主次分明、有理有据。对于与案件无关或者已通过辩论阐明了观点的问题，不再答辩。

3. 延期审理

法庭审理过程中遇有下列情形之一的，出庭检察员可以建议法庭延期审理：需要通知新的证人到庭，补充新的物证，重新鉴定或者勘验的；发现证据出现重大变化，可能影响案件准确认定的；对证据有疑问或者存在非法取证可能，需要进一步核实的；发现被告人可能有自首、立功等法定量刑情节需要补充侦查的。

(四) 诉讼监督

人民检察院要加强对诉讼活动的法律监督。对于侦查活动中情节较轻的违法情形，由办案人员向侦查人员或者公安机关负责人提出纠正，并及时向公诉部门负责人报告，必要的时候，由公诉部门负责人提出；对于情节较重的违法情形，应当报请检察长批准后发出《纠正违法通知书》；对于法庭审理活动违反法律规定的诉讼程序，出庭检察员应当建议休庭，在休庭后及时报告，并经检察长批准后提出纠正意见。

对于提出的监督意见，应当逐件跟踪，督促纠正。对于一定时期内侦查、审判活动中存在的问题，应当归纳、分析并及时提出监督意见。对于排斥监督或者经监督仍不纠正的，人民检察院可以通过上级人民检察院向被监督单位的上级机关通报，必要时可以向同级人民代表大会常务委员会报告。

承办人和公诉部门负责人应当为检察长列席审判委员会会议做好准备工作，通过检察长或者受检察长委托的副检察长列席审判委员会会议，进一步阐明检察机关的意见，加强对第二审审判活动的监督。

承办人应当及时了解第二审裁判情况，督促同级人民法院依法送达裁判文书。对于死刑第二审案件，第二审人民法院作出判决、裁定后，当庭宣判的，应当在5日以内将判决书或者裁定书送达当事人、辩护人和同级人民检察院；定期宣判的，应当在宣判后立即送达。人民检察院应当在接到第二审判决、裁定书后3日内进行审查，就第二审裁判认定事实、适用法律和量刑提出明确意见，并填制《二审判决、裁定审查表》报公诉部门负责人、主管副检察长逐级审批，对确有错误的判决、裁定依法提出抗诉或者监督意见。

省级人民检察院审查死刑第二审裁判后，对于最高人民检察院要求备案的死刑第二审案件，应当在收到死刑第二审裁判文书后10日内写出综合审查报告，并附《二审裁判审查表》及相关法律文书报最高人民检察院。

人民检察院办理第二审案件，应当注意发现执法不公背后可能存在的司法工作人员违法犯罪问题并及时查处。

（五）其他规定

对于被告人可能被判处死刑的案件，具有下列情形之一的，下级人民检察院公诉部门应当将案件基本情况和出现的重大问题，采取书面方式向上一级人民检察院公诉部门报告，必要时层报最高人民检察院公诉厅：厅级以上干部职务犯罪案件；在当地有较大影响的敏感案件和新闻媒体关注的案件；经过有关部门协调，协调意见与检察机关意见不一致或者参与协调的司法机关之间意见分歧较大的案件。上级人民检察院应当支持下级人民检察院依法独立公正行使检察权。

八、公诉环节的刑事审判法律监督

（一）刑事审判监督

1．刑事审判监督的基本含义

刑事审判监督，是指人民检察院对人民法院刑事审判活动是否依法所进行的专门法律监督。公诉环节的刑事审判监督，从程序上看，包括对人民法院第一审、第二审和再审程序的监督。从案件性质上看，不仅包括公诉案件，而且包括对自诉案件和刑事附带民事诉讼案件审判活动的监督。

2．刑事审判监督的内容

刑事审判监督包括对刑事审判程序是否合法进行监督和对人民法院的判决、裁定是否正确实行监督。

对刑事审判程序是否合法进行监督包括：（1）人民法院对刑事案件的受理是否合法；（2）人民法院对刑事案件的管辖是否合法；（3）人民法院审理刑事案件是否违反法定的审理和送达期限；（4）人民法院审判组织的组成是否合法；（5）法庭审理是否违反法定程序；（6）是否存在侵犯当事人和其他诉讼参与人的诉讼权利和其他合法权利；（7）法庭审理中对有关回避、强制措施、调查、延期审理等程序问题所作的决定是否符合法律规定；（8）审判人员在审判活动中是否存在徇私枉法行为；（9）是否存在其他违反法律规定的审理程序的行为。

对人民法院的判决、裁定是否正确实行监督包括：（1）原判决、裁定认定的事实是否清楚，证据是否充分；（2）原判决、裁定定性是否错误；（3）原判决、裁定适用法律是否错误；（4）原判决、裁定量刑是否适当；（5）人民法院在审理过程中是否违反法定的诉讼程序；（6）审判人员在审理案件时，是否有贪污、受贿、徇私舞弊、枉法裁判行为。

3．刑事审判监督的途径和纠正方法

刑事审判监督的途径包括：（1）出席法庭。法庭审理是审判活动的核心活动，因而对法庭审理活动进行监督是刑事审判监督的重点之一。(2) 庭外调查。受理诉讼参与人及其他相关人员的申诉、控告、检举，处理人民群众来信来访，包括讯问被告人、听取被害人和被告人、被害人委托的人的意见，询问证人，从中发现人民法院在审判活动中的违法行为。(3) 列席审判委员会。(4) 审查判决、裁定。

刑事审判监督纠正的方法包括：(1) 刑事抗诉。刑事抗诉是人民检察院履行刑事审判监督的主要方式，刑事抗诉包括：①第二审程序抗诉，是指地方各级人民检察院对于本级人民法院第一审尚未发生法律效力的刑事判决或裁定，认为确有错误，在法定期限内向上一级人民法院提出抗诉，也称为上诉程序的抗诉。②审判监督程序抗诉，是指最高人民检察院对地方各级人民法院、上级人民检察院对下级人民法院已经发生法律效力的刑事判决或裁定，认为确有错误，向同级人民法院提出的抗诉，也称为再审程序抗诉。(2) 纠正违法通知书和检察意见函。对人民法院违反法定程序或有错误的判决、裁定，尚未达到抗诉条件，或者没有抗诉必要的，可采取发纠正违法通知书或检察意见函的形式进行监督。(3) 口头监督。对审判过程中轻微违反程序，采取口头方式足以纠正的，或者审判活动正在进行当中，但应当及时指出错误的，可以采取口头方式进行监督，但应当将监督情况记录在案。(4) 追究违法者责任。对审判人员在审判活动中有贪污、受贿、徇私舞弊、枉法裁判行为的，移交有关部门追究党纪政纪责任直至刑事责任。

(二) 刑事抗诉

1. 刑事抗诉的概念

刑事抗诉，是指人民检察院认为刑事判决或裁定确有错误，按照法定诉讼程序，要求人民法院对案件进行重新审理并作出改判的法律监督活动。刑事抗诉的意义主要是确保法律的统一正确实施，维护被害人、社会公共利益以及被告人的合法权益，防止司法腐败，促进司法公正。

2. 刑事抗诉的特点

(1) 监督性。这是刑事抗诉的本质特征。根据宪法、人民检察院组织法等法律的规定，人民检察院是国家的法律监督机关，有权依法对人民法院的审判活动进行诉讼监督。

(2) 专门性。人民检察院是履行刑事审判监督的专门机关，其他任何机关、团体和个人都无权行使刑事抗诉职权。这种专门性，是由人民检察院在国家机构体系中作为专门法律监督机关的地位所决定的。

(3) 特定性。根据刑事诉讼法的规定，刑事抗诉只能针对人民法院“确有错误的判决和裁定”提出。

(4) 程序性。刑事抗诉必须依照法定程序进行，其表现在两个方面：一是刑事抗诉活动包括提出抗诉、出庭支持抗诉等，必须严格遵循法律规定的诉讼程序进行，否则不发生法律效力；二是刑事抗诉的法律效力体现为启动第二审程序或再审程序，具有程序性意义，抗诉启动程序所涉及的实体问题需要人民法院进行重新审理后才能解决。

(5) 有效性。刑事抗诉具有刚性，是一种有效的监督手段。其法律效力主要体现在：一是对人民法院具有约束力，必然引起人民法院对刑事判决、裁定进行重新审理，这是刑事抗诉基本的法律效力；二是人民检察院对尚未发生法律效力的刑事判决、裁定提出的抗诉，具有阻止其生效执行的效力；三是具有使诉讼当事人、证人、鉴定人等诉讼参与人继续或重新参加诉讼的效力；四是对人民检察院自身也产生约束力，除非撤回抗诉，人民检察院必须依法履行职责，参与提出抗诉后的诉讼活动，包括派员出席法庭支持抗诉等。

3. 第二审程序抗诉

(1) 第二审程序抗诉的条件

第二审程序抗诉的条件是指要求人民法院必须对案件进行重新审理的依据，也就是人民检察院提出抗诉的理由。具体而言包括两个方面：一是法定条件，即第一审的判决、裁定确有错误；二是客观条件，即确有抗诉的必要性。

判决、裁定确有错误是第二审程序抗诉的法定条件。刑事诉讼法第 181 条明确规定："地方各级人民检察院认为本级人民法院第一审的判决、裁定确有错误的时候，应当向上一级人民法院提出抗诉。"判决、裁定确有错误主要指实质性的错误，即导致刑事判决、裁定丧失客观公正性，在实体处理上发生了错误，但也包括程序上的错误足以影响实体问题的正确处理或者使实体处理具有发生错误的较大可能性的情形。

确有抗诉必要，是第二审程序抗诉的客观条件。抗诉必要性作为刑事抗诉的条件虽然尚未被法律明文规定，但长期司法实践的客观情况表明，刑事抗诉不能不考虑抗诉的必要性，只有把"确有错误"和"确有抗诉必要"两个条件结合起来，才符合刑事抗诉工作的规律和特点，唯此，检察机关才能在刑事抗诉工作中充分贯彻国家的刑事政策，实现法律效果、社会效果和政治效果的有机统一。刑事抗诉的必要性需要根据案件情况综合加以考虑。对刑事判决、裁定中存在的任何错误，人民检察院都应进行监督，但监督的方式要与错误的性质和严重程度相适应。判决、裁定的错误，可能是实体性错误，也可能是程序性错误，还可能是技术性差错。有的判决、裁定尽管在认定事实、适用法律等方面存在这样或者那样的错误，但是这些错误的存在可能对案件的实质性结论并没有影响。因此，有必要区分情况，对一些严重的错误以抗诉的方式进行监督，对其他错误采取发送纠正违法通知书、提出纠正意见等其他非抗诉方式进行监督。

（2）第二审程序抗诉的法定条件

具体而言，第二审程序抗诉的法定条件可以从以下四个方面进行把握：

第一，审查判决和裁定认定事实和采信证据是否确有错误。包括刑事判决或裁定认定事实有错误导致定性或者量刑明显不当和刑事判决或裁定采信证据有错误导致定性或者量刑明显不当。刑事判决或裁定认定事实有错误，导致定性错误或者量刑明显不当的，主要包括三种情形：一是刑事判决或裁定认定的事实与证据不一致，即法院所采信的证据不能证明所认定的案件事实，或者所认定的案件事实没有确实充分的证据予以证明；二是认定的事实与裁判结论有重大矛盾，即根据所认定的案件事实不能依法得出所作的裁判结论；三是有新的证据证明刑事判决或者裁定认定事实确有错误。司法实践中，人民法院根据检察机关提出的证据对事实进行认定并作出裁判以后，可能发现新的证据证明原判决、裁定认定事实与客观实际不符，对于这种错误是否应当抗诉，在理论上和实践中都存在争议。一种观点认为，原判决、裁定是根据当时的证据情况作出的，后来出现的新证据不能否定当时所作判决、裁定的正确性，因而检察机关不能提出抗诉。另一种观点认为，就提出抗诉的条件而言，所谓“确有错误”包括原判决、裁定认定事实不符合客观实际。我们认为，对发现新的证据证明原判决、裁定认定事实与客观实际不符的情况应予以监督和纠正，但采取什么方式需要具体情况具体分析。一般来说，对确有错误的判决、裁定，人民检察院依法都有权提出抗诉，但有时考虑到保障被告人的诉讼权利而作重新起诉处理，有时考虑到抗诉的必要性而采取了其他的监督方式。例如，原审以证据不足作出的无罪判决，判决后发现新的证据足以证明被告人有罪的，实践中应当作重新起诉处理。又如，判决后发现新的证据证明原审认定的犯罪时间、地点与客观事实有出入但不影响定罪量刑的，一般就不作抗诉处理，而通过其他方式予以监督。

刑事判决或裁定采信证据有错误，导致定性错误或者量刑明显不当的，主要包括下列情况：一是刑事判决或者裁定据以认定案件事实的证据不确实，即人民法院采信的主要证据不确实，导致认定事实错误，进而影响定罪量刑的。二是据以定案的证据不足以认定案件事实，或者所证明的案件事实与裁判结论之间存在矛盾，即人民法院采信的证据不够充分，不足以证明所认定的案件事实的。三是据以定案的证据之间存在矛盾，即人民法院所采信的证据互相矛盾，并且不能合理排除的。四是经审查犯罪事实清楚、证据确实、充分，人民法院以证据不足为由判决无罪错误的。

这里需要注意两个问题：一是在审查决定抗诉时，不能简单地以认定事实和采信证据是否错误为标准，关键要看定性和量刑是否明显不当。一般情况下，如果案件的基本事实认定无误，而定性和量刑无明显不当的，一般不需要提出抗诉。如果在认定事实和证据方面发生严重错误，严重损害当事人的权益，或者影响对其他人的刑事追究，检察机关就应依法提出抗诉。二是提出刑事抗诉，不仅要求判决、裁定本身确有错误，还要求人民检察院据以支持抗诉主张的证据确实、充分，表明判决、裁定确实发生了错误。如果支持抗诉主张的证据不确实、不充分，就无法证明判决、裁定是不是有错误、有什么错误。这涉及检察官和法官对证据的认识和采信问题。

第二，审查刑事判决或者裁定在适用法律方面是否确有错误。适用法律不仅包括对法律条文的引用和解释，也包括人民法院运用法律解决案件实体问题的过程。适用法律方面确有错误可以分为三类：一是定性错误。是指对案件进行实体评判时发生错误，导致有罪判无罪，无罪判有罪，或者混淆此罪与彼罪、一罪与数罪的界限，造成适用法律错误，罪刑不相适应的。二是量刑错误。是指重罪轻判或者轻罪重判，量刑明显不当的。主要包括：未认定有法定量刑情节而超出法定刑幅度量刑，也就是无依据地加重、减轻或者免除处罚；认定法定量刑情节错误，导致未在法定刑幅度内量刑或者量刑明显不当；适用主刑刑种错误，超出法定刑幅度量刑，如法定最低刑为有期徒刑而判处拘役；应当判处死刑立即执行而未判处，或者不应当判处死刑立即执行而判处；应当并处附加刑而没有并处，或者不应当并处附加刑而并处；依法不应当判处缓刑或免予刑事处分，而错误适用缓刑或判处免予刑事处分。三是对人民检察院提出的附带民事诉讼部分所作判决、裁定明显不当的。对于国家、集体利益遭受损失，由人民检察院提出附带民事诉讼的，如果人民法院附带民事诉讼判决、裁定确有错误的，人民检察院可以就附带民事诉讼部分的内容依法向上一级人民法院提出抗诉。需要注意的是，人民检察院针对量刑错误提出抗诉，一般要求是量刑方面存在畸轻畸重，明显违背罪刑相适应原则，超出法官自由裁量的幅度的情形。对量刑偏轻或者偏重，但是没有超出法定量刑幅度的，应视为在法官自由裁量的范围之内，一般不宜提出抗诉。一方面符合诉讼经济原则，另一方面也有利于维护判决、裁定的稳定性和审判的权威。

根据最高人民检察院《关于刑事抗诉工作的若干意见》，对具有下列情形的一般不宜提出抗诉：①法律规定不明确、存有争议，抗诉的法律依据不充分的；②刑事判决或裁定认定罪名不当，但量刑基本适当的；③具有法定从轻或者减轻处罚情节，量刑偏轻的；④未成年人犯罪案件量刑偏轻的；⑤被告人积极赔偿损失，人民法院适当从轻处罚的。

第三，审查人民法院在审判过程中是否严重违反法定诉讼程序。程序公正是司法公正的应有内容，人民法院在审判过程中严重违反法定诉讼程序必然严重影响公正的审判。根据相关规定，对于具有下列情形之一，可能影响公正审判的，人民检察院应当提出抗诉和支持抗诉：①违反有关回避规定的；②审判组织的组成严重不合法的；③除另有规定的以外，证人证言未经庭审质证直接作为定案根据，或者人民法院根据律师申请收集、调取的证据材料和合议庭休庭后自行调查取得的证据材料没有经过庭审辨认、质证直接采纳为定案根据的；④剥夺或者限制当事人法定诉讼权利的；⑤具备应当中止审理的情形而作出有罪判决的；⑥当庭宣判的案件，合议庭不经过评议直接宣判的；⑦其他严重违反法律规定的诉讼程序，影响公正判决或裁定的。

需要注意的是，人民法院审判活动虽然违反法定诉讼程序，但是未达到严重程度，不足以影响公正裁判的，一般不宜提出抗诉，必要时可以检察建议书、纠正违法通知书等形式向人民法院提出纠正意见，要求人民法院纠正审判活动中的违法情形。

第四，审查审判人员在案件审理期间是否有贪污受贿、徇私舞弊、枉法裁判行为。审判人员在案件审理期间，有贪污受贿、徇私舞弊、枉法裁判行为，影响公正判决或裁定，包括造成判决和裁定认定事实和采信证据确有错误、刑事判决或者裁定在适用法律方面确有错误，或者人民法院在审判过程中严重违反法定诉讼程序的，人民检察院应当提出抗诉和支持抗诉。办理此类抗诉案件，需要注意三点：一是有违法犯罪行为的人必须是审判人员，包括人民法院的院长、副院长、审判委员会委员，以及组成合议庭的审判员、助理审判员、人民陪审员等。二是有贪污受贿、徇私舞弊、枉法裁判行为，且已经查证属实。如果仅有嫌疑，尚未查证属实，不能作为抗诉的依据。三是审判人员的贪污受贿、徇私舞弊、枉法裁判行为必须与本案的审判活动有关，直接影响案件的公正审判。一般来说，审判人员在审理案件时有贪污受贿、徇私舞弊、枉法裁判等行为会影响判决、裁定的公正性、正确性，但两者之间并没有必然联系。应当对判决、裁定本身是否正确进行审查。对于存在司法腐败，判决、裁定确有错误或者有发生错误的较大可能性的，就应当坚决抗诉。同时，各级人民检察院在办理刑事抗诉案件中，在纠正不公正裁判的同时，要注意依法查处裁判不公背后可能存在的审判人员违法犯罪行为。

（3）提出第二审程序抗诉的机关

一是有权对人民法院尚未发生法律效力的一审判决、裁定提出第二审程序抗诉的是作出一审判决、裁定法院的同级地方人民检察院。刑事诉讼法第181

条规定："地方各级人民检察院认为本级人民法院第一审的判决、裁定确有错误的时候，应当向上一级人民法院提出抗诉。"可见，有权对人民法院尚未发生法律效力的一审判决、裁定提出抗诉的，只能是同级地方人民检察院。最高人民法院的判决、裁定都是终审的判决、裁定，所以最高人民检察院不能针对最高人民法院的判决、裁定提出第二审程序抗诉。

二是上级人民检察院可责成下级人民检察院依法提出抗诉。《人民检察院刑事诉讼规则》第 403 条第 2 款规定，上一级人民检察院在上诉、抗诉期限内，发现下级人民检察院应当提出抗诉而没有提出抗诉的案件，可以指令下级人民检察院依法提出抗诉。

三是被害人及其法定代理人有权请求人民检察院提出抗诉。刑事诉讼法第 182 条规定："被害人及其法定代理人不服地方各级人民法院第一审的判决的，自收到判决书后五日以内，有权请求人民检察院提出抗诉。"

四是上级人民检察院决定是否支持抗诉。刑事诉讼法第 185 条规定：地方各级人民检察院对同级人民法院第一审判决、裁定的抗诉，应当通过原审人民法院提出抗诉书，并且将抗诉书抄送上一级人民检察院。原审人民法院应当将抗诉书连同案卷、证据移送上一级人民法院，并且将抗诉书副本送交当事人。上级人民检察院如果认为抗诉不当，可以向同级人民法院撤回抗诉，并且通知下级人民检察院。法律如此规定，首先与我国检察机关的领导体制相适应。根据人民检察院组织法的规定，上下级人民检察院之间是领导与被领导的关系，上级人民检察院有权审查下级人民检察院所作的任何决定，并有权撤销其认为有错误的决定。其次根据刑事诉讼法第 188 条的规定，第二审人民法院开庭审理抗诉案件时，将由同级人民检察院派员出庭支持抗诉，而不是由提出抗诉的人民检察院派员出庭，因此上一级人民检察院必须对抗诉进行审查。最后由上一级人民检察院审查下级人民检察院提出的抗诉，也有利于保证刑事抗诉的准确性、严肃性和权威性。根据《人民检察院刑事诉讼规则》的规定，下级人民检察院对上一级人民检察院撤回抗诉的决定有提请复议权，如果认为上一级人民检察院撤回抗诉不当，可以提请复议。上一级人民检察院应当复议，并将复议结果通知下级人民检察院。

(4) 第二审程序抗诉的期限

抗诉期限是指刑事诉讼法规定的人民检察院提出第二审程序抗诉的时间限制。规定第二审程序抗诉期限的目的，主要是促使检察机关及时对判决、裁定进行审查，防止诉讼的过分延迟。根据刑事诉讼法第 183 条的规定，不服判决的抗诉期限为 10 日，不服裁定的抗诉期限为 5 日，从接到判决书、裁定书的第二日起算。如果期限届满未提出上诉、抗诉，刑事判决、裁定便发生法律效力。此后即使发现确有错误，同级人民检察院也不能提出第二审程序抗诉，只能由上级人民检察院按照审判监督程序提出抗诉。

(5) 第二审程序抗诉的审查

一是审查刑事判决书、裁定书。人民检察院收到同级人民法院第一审刑事判决书或者裁定书后，应当及时指定专人进行审查，并在法定抗诉期限内决定是否提出抗诉。审查判决书、裁定书是人民检察院刑事抗诉工作的重要基础。只有通过认真审查，才能及时发现判决、裁定中存在的错误，才有可能进行监督。被害人及其法定代理人不服判决，在收到判决书后5日以内请求人民检察院提出抗诉的，人民检察院应当受理，并尽快予以审查，在收到请求后5日内作出是否抗诉的决定，并且答复请求人。被害人及其法定代理人在法定期限内请求提出抗诉时，如果人民检察院已经对判决进行了审查并作出决定的，人民检察院也应当受理被害人及其法定代理人的请求，并将已作出的是否抗诉决定答复请求人。为加强对职务犯罪案件判决的法律监督，解决一些地方存在的职务犯罪案件轻刑化的问题，根据最高人民检察院《关于加强对职务犯罪案件第一审判决法律监督的若干规定（试行)》（高检发诉字〔2010〕140号）的规定，对人民法院作出的职务犯罪案件第一审判决的法律监督还要实行上下两级检察院同步审查的内部工作机制。

审查判决书、裁定书。一要及时。由于法定的抗诉期限比较短，而审查决定抗诉往往需要做大量的工作，如果不及时进行审查，就有可能在规定期限内发现不了判决、裁定中的错误，或者无法对有关问题进行认真细致的研究，影响抗诉决定的作出和办案质量，甚至可能来不及制作高质量的抗诉书。虽然在法定期限内未提出抗诉的案件，还可以由上级人民检察院按照审判监督程序提出抗诉，但后者程序比较复杂，并且与第二审程序抗诉具有阻止错误裁判生效执行的作用相比，提出审判监督程序抗诉的法律效果和社会效果都要差一些。二要全面。要对判决书、裁定书的内容进行全面细致的审查，避免遗漏。不仅要审查刑事部分是否正确，也要审查附带民事诉讼部分是否正确；不仅要审查针对主犯所作的判决、裁定内容是否正确，也要审查针对其他被告人所作的判决、裁定内容是否正确；不仅要审查对实体问题的处理是否正确，也要审查人民法院是否有严重违反法定诉讼程序、影响公正审判的情形。

对判决书、裁定书的刑事部分，应当重点围绕以下几个方面加以审查：①事实是否清楚。犯罪的动机、目的是否明确；犯罪的手段是否清楚；与定罪量刑有关的情节是否具备；犯罪的危害后果是否查明；行为和结果之间是否存在刑法上的因果关系。②证据是否确实、充分。认定主体的证据是否确实、充分；认定犯罪行为和证明犯罪要素的证据是否确实、充分；涉及犯罪性质、决定罪名的证据是否确实、充分；涉及量刑情节的相关证据是否确实、充分；提出抗诉的刑事案件，支持抗诉主张的证据是否具备合法性、客观性和关联性；抗诉主张的每一环节是否均有相应的证据予以证实；抗诉主张与抗诉证据之间、抗诉证据与抗诉证据之间是否存在矛盾；支持抗诉主张的证据是否形成完整的锁链。③适用法律是否正确。适用的法律和法律条文是否正确；罪与非罪、此罪与彼罪、一罪与数罪的认定是否正确；具有法定从重、从轻、减轻、免除处罚情节的，适用法律是否正确；适用刑种和量刑幅度是否正确；对人民检察院提出的附带民事诉讼部分的判决或裁定是否符合法律规定。④程序是否违法。

二是决定是否抗诉。案件承办人对判决、裁定审查后，应当填写《对法院刑事判决、裁定审查表》，提出同意刑事判决、裁定或者抗诉的具体意见，报公诉部门负责人审核。对拟提出抗诉的案件，还应写出《刑事抗诉案件审查报告》一并报经公诉部门负责人审核，呈报主管检察长。一般而言，公诉部门负责人应预先组织本处（科）对抗诉案件进行讨论，充分研究，并将各种不同意见一并报主管检察长。根据最高人民检察院《关于刑事抗诉工作的若干意见》的规定，拟抗诉的案件，应当提交检察委员会讨论决定。对于被害人及其法定代理人的抗诉请求，应填写《抗诉请求答复书》，在收到请求后的5日内答复请求人。

三是提出抗诉、支持抗诉和撤回抗诉。提出抗诉的人民检察院必须在法定期限内制作《刑事抗诉书》，通过原审人民法院向上一级人民法院提出抗诉，并且将抗诉书副本连同检察内卷材料报送上一级人民检察院。原审人民法院应当在3日内将抗诉书连同案卷、证据材料移送上一级人民法院，并且将抗诉书副本送达有关当事人。

上级人民检察院收到下级人民检察院《刑事抗诉书》副本后，指定专人阅卷审查，认为抗诉正确或者部分正确的，应当制作《支持刑事抗诉意见书》提交同级人民法院，并做好派员出席第二审法庭的准备。上级人民检察院对下级人民检察院的刑事抗诉意见，可以全部支持，也可以部分支持，并通知提起抗诉的下级人民检察院。

上级人民检察院收到下级人民检察院《刑事抗诉书》副本后，指定专人阅卷审查，认为抗诉不当的，应当制作《撤回抗诉决定书》，并向同级人民法院撤回抗诉；同时应当制作《撤回抗诉通知书》，通知提出抗诉的下级人民检察院。下级人民检察院认为撤回抗诉不当的，可以提请复议。上一级人民检察院应当进行复议，并将复议结果通知下级人民检察院。

上一级人民检察院在上诉、抗诉期限内，发现下级人民检察院对应当抗诉的案件没有提出抗诉的，可以指令下级人民检察院依法提出抗诉。第二审人民法院发回原审人民法院重新按照第一审程序审理的案件，如果人民检察院认为重新审判的判决、裁定确有错误，仍然可以按照第二审程序提出抗诉。

4. 审判监督程序抗诉

(1) 审判监督程序抗诉的对象

审判监督程序抗诉的对象是已经发生法律效力的刑事判决、裁定，既包括公诉案件的判决、裁定，也包括自诉案件的判决、裁定。发生法律效力的刑事判决、裁定包括：一是已经超过法定上诉、抗诉期限的第一审刑事判决、裁定；二是经第二审终审的刑事判决、裁定；三是最高人民法院所作的刑事判决、裁定；四是经最高人民法院核准死刑的判决；五是经高级人民法院核准判处死刑缓期二年执行的判决。

(2) 审判监督程序抗诉的条件

审判监督程序抗诉的条件与第二审程序抗诉的条件基本相同，一是终审判决、裁定确有错误，二是确有抗诉必要。但由于审判监督程序抗诉所针对的是已经发生法律效力的判决、裁定，因此，按照审判监督程序提出抗诉的案件，应当比照第二审程序抗诉案件的标准从严掌握。具体而言，一是对支持抗诉的证据，应当要求得更为严格。二是要充分考虑抗诉的法律效果和社会效果，注意维护刑事裁判的稳定性和刑事抗诉的权威性。三是要充分发挥刑事政策在刑事抗诉工作中的指导作用，包括认真贯彻宽严相济的刑事政策。

(3) 死刑抗诉案件的证据要求

办理按审判监督程序抗诉的死刑案件，必须有更为严格的证据要求。对于以下事实的证明必须达到证据确实、充分：①确有犯罪事实发生；②被告人实施了犯罪行为及实施犯罪行为的时间、地点、手段、后果以及其他情节；③影响被告人定罪量刑的身份情况；④被告人有刑事责任能力；⑤被告人的罪过；⑥是否共同犯罪及被告人在共同犯罪中的地位、作用；⑦对被告人从重处罚的事实。

根据相关规定，对于人民法院判处被告人死刑缓期二年执行的案件，有下列情形之一的，除原判认定事实、适用法律有严重错误或者罪行极其严重、必须判处死刑立即执行的以外，一般不宜按照审判监督程序提出抗诉：一是因被告人有自首、立功等法定从轻、减轻处罚情节而被判处死刑缓期二年执行的；二是因婚姻家庭、邻里纠纷等民间矛盾激化引发的案件，因被害方的过错行为引起的案件，被告人案发后真诚悔罪并积极赔偿被害人经济损失的案件，人民法院根据案件具体情况，判处被告人死刑缓期二年执行的；三是被判处死刑缓期二年执行的罪犯入监劳动改造后，考验期将满，认罪服法，狱中表现较好的；四是定罪的证据确实，但影响量刑的证据尚存有疑点，而判处被告人死刑缓期二年执行的。

(4) 提出审判监督程序抗诉的主体和时间要求

根据刑事诉讼法的规定，有权对已经发生法律效力的刑事判决、裁定提出抗诉的，只能是原审人民法院的上级人民检察院。也就是说，地方各级人民检察院对同级人民法院的刑事判决、裁定，认为确有错误时，不能按审判监督程序抗诉，只能提请上级人民检察院抗诉。提请上级检察院按审判监督程序抗诉的案件，原则上应当自法院作出裁判之日起二个月以内作出决定；需要复核主要证据的，可以延长一个月。上级检察院审查审判监督程序抗诉案件，原则上应当自收案之日起一个半月以内作出决定；需要复核主要证据或者侦查卷宗在15册以上的，可以延长一个月。最高人民检察院、省级人民检察院认为下级人民法院的刑事判决、裁定确有错误时，可以直接向同级人民法院提出抗诉，也可以指令作出生效判决、裁定的人民法院的上一级人民检察院向同级人民法院提出抗诉。

(5) 审判监督程序抗诉的审查

一是审查生效判决书、裁定书。在审判监督程序抗诉案件中，主要通过下列途径发现判决、裁定的错误：其一，收到人民法院生效判决书、裁定书后，人民检察院通过指定专人审查发现错误；其二，根据当事人及其法定代理人、近亲属的申诉，对判决、裁定审查后发现错误；其三，根据社会各界和有关部门转送的材料和反映的意见，对判决、裁定审查后发现错误；其四，在办案质量检查和案件复查等工作中，发现错误的判决、裁定。

如果是生效的一审判决、裁定，审查方法与按照第二审程序抗诉前审查判决书、裁定书的方法相同。如果是经过上诉、抗诉而生效的第二审判决、裁定，一般应将判决书、裁定书与一审判决书、裁定书以及引起二审的抗诉书或上诉状对照起来进行审查。主要审查终审判决、裁定在认定事实、采信证据、适用法律、定罪量刑和诉讼程序等方面是否正确、合法，是否采纳了检察机关正确的抗诉意见和上诉人的合理要求，对无理的上诉是否驳回。在审查过程中，承办案件的检察官应当审阅案卷材料，提讯在押的原审被告人，复核主要证据，了解原审被告人服刑期间的表现和社会各界对原审判决、裁定的反映，必要时针对尚不清楚的事实和情节提取新的证据。

二是提请抗诉。提请抗诉不是办理审判监督程序抗诉案件的必经程序。凡是本院有权按照审判监督程序提出抗诉的，可以根据下级人民检察院的提请作出抗诉决定，也可以不经提请直接作出抗诉决定。凡是本院不能按照审判监督程序提出抗诉的，应当审查决定是否提请上级人民检察院抗诉。需要由上一级人民检察院按照审判监督程序提出抗诉的案件，承办案件的检察人员完成审查判决书（裁定书）、审阅案卷材料、复核主要证据等工作后，应制作《刑事抗诉案件审查报告》，提出是否提请上一级人民检察院抗诉的意见，经公诉部门负责人审核，报请检察长提交检察委员会讨论决定。经检察委员会决定提请上一级人民检察院抗诉的案件，应当制作《提请抗诉报告书》，连同侦查、检察、审判卷宗一并报送上一级人民检察院审查决定。对终审判处被告人死刑、缓期二年执行的案件，省级人民检察院认为应判处死刑立即执行的，应当在收到终审判决书后一个月内提请最高人民检察院审查。

三是决定抗诉。最高人民检察院、上级人民检察院在接到《提请抗诉报告书》后，应当及时指定检察人员进行审查。特别是对认为判处死刑缓期二年执行不当，拟要求改判死刑立即执行的案件，应当尽快审查决定是否抗诉。一般地，承办案件的检察人员应当按照下列步骤审查案件：①认真细致地阅读《提请抗诉报告书》，熟悉案件的基本情况，重点要了解不同诉讼阶段对案件事实的认定有什么不同，公诉意见、历次判决结论有什么差异，并将判决理由与提请抗诉的理由进行对比，初步分析案件分歧的焦点所在。②审阅卷中起诉书、判决书，核对《提请抗诉报告书》所列举的公诉意见、判决结论、判决理由等内容是否存在错误。③审查卷中证据材料。在全面审阅的基础上，要重点审查生效判决所认定的案件事实有哪些证据证明，下一级检察院提请抗诉的理由有哪些证据可以作为依据，特别是对认定事实有分歧的，要仔细审查各个分歧意见分别有哪些证据。④根据卷中证据情况，提出对案件事实的初步认定意见，注意与生效判决的认定意见有没有不同。⑤列出案件分歧的焦点问题，包括事实认定上的分歧、认定证据上的分歧以及适用法律上的分歧等。⑥分析生效判决是否存在错误，提请抗诉的理由中哪些成立、哪些不成立以及是否存在疏漏，确定不抗诉或者抗诉的意见。⑦根据案件具体情况，应当提讯被告人、复核主要证据或提取新的证据。⑧根据复核证据的情况，进一步提出认定事实、证据和适用法律的意见，分析判决是否确有错误，抗诉的理由是否充分，最后作出抗诉或者不抗诉的结论。

决定抗诉后，应当制作《刑事抗诉书》，向同级人民法院提出抗诉。如果是以有新的证据证明原判决、裁定认定的事实确有错误为由提出抗诉，提出抗诉时应随附新的证据目录、证人名单和主要证据复印件或者照片。

人民检察院按照审判监督程序提出抗诉的案件，接受抗诉的人民法院应当组成合议庭重新审理。经重新审理作出的判决、裁定仍然确有错误时，如果是按照第一审程序审判的，同级人民检察院应当按照第二审程序向上一级人民法院提出抗诉；如果是按照第二审程序审判的，上级人民检察院应当按照审判监督程序向同级人民法院提出抗诉。

5. 第二审程序抗诉和审判监督程序抗诉的区别

第二审程序抗诉和审判监督程序抗诉主要有下列区别：

(1) 审理的对象不同。对第二审程序抗诉案件，法庭审理的是尚未发生法律效力的刑事判决、裁定；对审判监督程序抗诉案件，法庭审理的是已经发生法律效力的刑事判决、裁定。

(2) 审理的程序不同。第二审程序抗诉案件的法庭是按照刑事诉讼法规定的第二审程序进行审理的；审判监督程序抗诉案件的法庭，则按照审判监督程序进行审理，原来是一审的适用第一审程序，原来是二审的适用第二审程序。

(3) 审判结果的效力不同。第二审程序抗诉案件的审判结果是终审的判决、裁定，同级人民检察院不能再提出第二审程序抗诉，认为确有错误时，只能提请上一级人民检察院按照审判监督程序提出抗诉。审判监督程序抗诉案件的审判结果依所适用的审判程序而定：如果是按照第一审程序进行审理的，所作的判决或裁定，可以按照第二审程序提出抗诉；如果是按照第二审程序进行审理的，不能按照第二审程序提出抗诉。

(4) 审理的期限不同。对第二审程序抗诉的案件，人民法院应当在一个月以内审结，至迟不得超过一个半月；遇有法律规定的特殊情形，经省、自治区、直辖市高级人民法院批准或决定，可以延长一个月。对审判监督程序抗诉的案件，人民法院应当在3个月以内审结，必要时可以延长至6个月。

6. 不抗诉说理机制

对以下三种情形，人民检察院不抗诉或者不支持抗诉时要向申请抗诉的被害人及其法定代理人或者下级人民检察院阐明不抗诉或者不支持抗诉的理由：一是被害人及其法定代理人不服地方各级人民法院第一审的判决，在收到判决书后5日内请求人民检察院提出抗诉的，人民检察院经审查，在收到被害人及其法定代理人的请求后5日内作出是否抗诉的决定，并且答复请求人。对于决定不抗诉的，要阐明不抗诉的主要理由和法律依据，答复请求人。二是上一级人民检察院对下级人民检察院按照第二审程序提出抗诉的案件，认为抗诉不当，向同级人民法院撤回抗诉的，要将撤回抗诉情况以及撤回抗诉的理由告知下级人民检察院。三是对于下级人民检察院提请上一级人民检察院按照审判监督程序抗诉的案件，上一级人民检察院经审查，不支持下级人民检察院提请抗诉意见的，决定不抗诉的同时，应当阐明不支持抗诉的主要理由和法律依据并答复下级人民检察院。

九、死刑执行临场监督

（一）死刑临场监督程序的启动

人民检察院的死刑临场监督程序随着同级人民法院的《执行死刑临场监督通知》的送达而启动。在我国，死刑除依法由最高人民法院判决的以外，各高级人民法院和解放军军事法院依法判决和裁定的，应当报请最高人民法院核准，最高人民法院判决和核准的死刑立即执行的判决、裁定，应当由最高人民法院院长签发执行死刑命令，执行死刑命令应当按照统一格式填写，然后由院长签名，并加盖最高人民法院印章，通过高级人民法院交原审人民法院执行。原审人民法院接到执行死刑命令后，应当在7日以内交付执行，并在交付执行3日前通知同级人民检察院派员临场监督。

（二）死刑临场监督的任务、程序

人民检察院依法对执行死刑实行临场监督，保证执行死刑工作依法、准确、文明和规范进行。在收到《执行死刑临场监督通知》后，应当进行下列工作：

1. 核实执行人民法院是否收到最高人民法院核准死刑的判决或者裁定和最高人民法院院长签发的执行死刑命令；
2. 依法监督执行死刑的场所、方法和执行死刑的程序是否合法；
3. 发现不应当执行死刑情形的，建议执行人民法院停止执行；
4. 执行死刑后，监督检查罪犯是否确已死亡；
5. 发现和通知纠正执行死刑活动中的违法情况；
6. 履行法律、司法解释规定的其他监督任务。

承担临场监督执行死刑工作的人民检察院应当指派本院公诉部门承办该案或者熟悉该案案情的检察人员履行临场监督职责，临场监督人员应进一步熟悉该案案情，做好相关准备工作。但是对于由监所检察部门审查起诉的案件或者最高人民法院对被判处死刑缓期二年执行的罪犯核准执行死刑的案件，应当指派本院监所检察部门的检察人员履行临场监督职责。必要的时候，检察长应当到执行现场对临场监督工作进行具体指挥。人民检察院派员临场监督的时候，应当配备书记员担任记录，根据需要还应当配备司法警察负责临场监督人员进入和离开执行现场前后的安全保卫工作。人民检察院应当在执行一日前将执行临场监督任务的人员情况通报执行人民法院。

死刑可以在刑场或者指定的羁押场所内执行，死刑采用枪决或者注射等方法执行。采用注射方法执行死刑的，应当在指定的刑场或者羁押场所内执行。采用枪决、注射以外的其他方法执行死刑的，应当事先报请最高人民法院批准。指挥执行的审判人员对罪犯验明正身，讯问有无遗言、信札时，检察人员应当在场监督。审判人员应当核实罪犯姓名、别名、性别、年龄、职业、拘留、逮捕时间等，进一步核实是否确系应当执行的罪犯，防止错杀，讯问罪犯有无遗言、信札并应当制作笔录，然后交付执行人员执行死刑。执行死刑完毕，法医验明罪犯是否死亡时，检察人员应当在场监督。检察人员对法医出具的结论有疑问的，应当立即向指挥执行的审判人员提出。在执行死刑过程中，人民检察院临场监督人员根据需要可以进行拍照、摄像，对形成的资料要严格按照保密规定进行保存和管理。执行死刑后，临场监督的检察人员应当在执行人民法院的相关文书上签名确认，同时应当填写死刑临场监督笔录，签名后入卷归档并将最高人民法院的死刑判决、裁定层报最高人民检察院备查。

（三）突发情况的处理

人民检察院收到同级人民法院执行死刑临场监督通知后，发现有下列情形之一的，应当建议执行人民法院停止执行：

1. 被执行人并非应当执行死刑的罪犯的；

2. 罪犯犯罪时不满 18 周岁的；

3. 判决或者裁定可能有错误的；

4. 在执行前罪犯检举揭发重大犯罪事实或者有其他重大立功表现，可能需要改判的；

5. 罪犯正在怀孕的。

临场监督的检察人员在执行人员执行死刑前，如果发现可能有错误，应当建议暂停执行，并立即向本院检察长报告。检察长认为暂停执行建议正确的，应当向执行人民法院提出停止执行建议；认为暂停执行建议不当的，应当立即予以撤销。人民检察院建议停止执行死刑的，应当及时制作《停止执行死刑意见书》送达执行人民法院；停止执行死刑的原因消失后，应当制作《撤销停止执行死刑意见通知书》送达执行人民法院。人民检察院建议停止执行死刑的，应当逐级对案件提出意见，报告最高人民检察院。停止执行死刑的原因消失后，人民法院决定对罪犯重新执行死刑时，人民检察院应当核实有无最高人民法院院长再签发的执行死刑命令。人民检察院在死刑临场监督过程中，发现有玩忽职守、滥用职权或者收受贿赂等行为，涉嫌犯罪的，应当依法处理。

十、备案工作

（一）备案工作的任务和意义

备案工作是指检察机关公诉部门对部分案件实行备案审查制度和特别备案审查制度，以便加强业务指导，及时发现和纠正办案中存在的问题。其目的在于加强对下级院公诉部门的业务指导和及时发现各地执法不平衡情况，是有效实施诉讼监督的重要渠道。

(二) 备案工作的基本要求

一是要及时准确上报。要严格按照高检院对上报的各种备案材料的份数和时间要求，及时、准确上报有关材料，防止出现迟报、漏报、错报现象。二是提高备案材料质量。对于上报的各种备案材料要严格把关，认真进行审查。具体负责这项工作的人员，要规范填报上报的备案材料，确保填写内容齐全，层次清楚。三是认真抓好结案和案件追踪工作。对已经上报的特大和要案案件，要善始善终，跟踪到底，要指定专人落实对案件追踪工作，及时了解案件在起诉、判决过程的动态情况，及时上报。

(三) 报备材料的范围

报备材料包括：备案登记表，起诉书、判决书或者撤案决定书、不起诉决定书等法律文书副本或复印件。上报的备案登记表及法律文书一式一份。备案登记表加盖呈报单位公章。

(四) 备案审查的重点

1. 及时发现和纠正强制措施不当、利用退补变相超期羁押及错诉、漏诉和起诉质量不高问题。

2. 及时审查发现人民法院判决、裁定认定事实错误，适用法律不当等问题，通过抗诉、纠正违法、检察建议等途径，积极开展对审判活动的监督，既要抗诉重罪轻判、有罪判无罪案件，又要抗诉轻罪重判、无罪判有罪案件。

3. 及时审查发现侦查机关和侦查部门遗漏犯罪嫌疑人、遗漏犯罪事实及违反诉讼程序有关问题，通过追诉、纠正违法、检察建议等途径，积极开展对侦查活动的监督。

十一、未成年人犯罪的公诉

(一) 未成年人犯罪的公诉原则

未成年人犯罪在社会危害性、发生领域、表现形式以及产生原因等方面与成年人犯罪相比有着不同的特点，因此世界各国对未成年人犯罪与成年人犯罪采取不同的刑事政策，在刑事诉讼中更多的是强调司法保护。根据我国未成年人保护法、预防未成年人犯罪法等相关法律、法规的规定，对犯罪的未成年人追究刑事责任实行“教育、感化、挽救”的方针，坚持“教育为主、惩罚为辅”的原则。为具体贯彻落实上述方针、原则，检察机关在未成年人犯罪的公诉工作中应当始终坚持以下原则：

1. 寓教于审原则。指在未成年人犯罪公诉的各个环节，包括审查起诉、不起诉、提起公诉以及出庭支持公诉等过程中，都要针对未成年人的特点，不失时机地对未成年犯罪嫌疑人、被告人进行教育。因为对未成年人的教育是一个循序渐进、层层深入的过程，只有把教育与查明事实结合起来，才能增强教育的效果，达到教育的目的。教育的内容依诉讼阶段的不同而各有特色，具体包括法制教育、道德教育、认罪服法教育、接受改造教育等。

2．全面调查原则。指在未成年人犯罪的公诉中，不仅要查明案件的事实情况，还要对未成年人的成长经历、家庭环境、个性特点、社会活动等情况进行全面的调查，为办案提供参考。全面调查原则也是寓教于审原则的要求和必然体现，只有实行全面调查原则，才能因人施教，使寓教于审不流于形式。

3．诉讼权利保护原则。指检察机关在公诉中要切实保障未成年人的诉讼权利，包括针对未成年人的一些特殊诉讼权利，如刑事诉讼法第14条规定的讯问未成年犯罪嫌疑人其法定代理人到场制度。从程序公正的角度，未成年人不仅应当获得普通刑事犯罪嫌疑人、被告人所享有的刑事程序保障，并且由于他们不具备完全的行为能力，法律还赋予他们一些特别保障。

4．分案处理原则。指在未成年人与成年人共同犯罪案件中，要将未成年人犯罪与成年人犯罪分开处理，同时采取对未成年人的特殊保护措施，目的是保护未成年人的合法权益。

5．审查不公开原则。指检察机关在办理未成年人犯罪案件时，应当依法保护涉案未成年人的名誉，不得公开或者传播涉案未成年人的姓名、住所、照片、图像及可能推断出该未成年人的资料。

6．迅速办理原则。指对未成年人案件的审查起诉、决定不起诉或者提起公诉等都应当迅速进行，目的是为了避免诉讼给未成年人的身心带来负面影响，造成不必要的伤害。

7．区别对待原则。指检察机关在公诉的各个环节要时刻注意把握未成年人犯罪与成年人犯罪的不同特点，对未成年人犯罪与成年人犯罪区别对待，并充分考虑具体案件的各种情节，提出有针对性的公诉意见。

8．综合治理原则。指检察机关在公诉中要加强同政府有关部门、共青团、妇联、工会等人民团体以及学校和未成年人保护组织的联系，共同做好教育、挽救和预防未成年人犯罪工作。未成年人违法犯罪的原因是多方面、多层次的，治理未成年人违法犯罪是一项系统工程，包括未成年人犯罪处理、未成年人再犯罪预防以及对违法犯罪未成年人的改造等。

（二）未成年人犯罪公诉的特殊要求

1．审查起诉

（1）权利告知。在审查起诉阶段，公诉人员应当以未成年人听得懂、能理解的方式告知其所享有的各项诉讼权利，且告知的内容应当具体明确。

（2）讯问。讯问未成年犯罪嫌疑人，应当通知法定代理人到场，告知法定代理人依法享有的诉讼权利和应当履行的义务。实行法定代理人到场制度，在未成年人被讯问时有合适成年人为其提供帮助并对讯问活动合法性进行监督，有利于切实维护未成年人合法权益，体现对于未成年人的人性关怀和追求程序正义的精神。

（3）法律援助。为切实保障未成年人的辩护权和获得法律帮助权，检察机关在审查起诉时不仅有义务告知未成年人及其法定代理人有权委托辩护人或者诉讼代理人，还有义务帮助因经济困难或者其他原因没有委托辩护人、诉讼代理人的未成年人申请法律援助。

（4）强制措施审查。为保护未成年人的身心健康，审前羁押应作为万不得已的手段，而且时限应当尽可能的短。为此，对未成年犯罪嫌疑人被羁押的，检察机关在审查起诉阶段应当审查是否有必要继续羁押，对于不必要的应当撤销或变更。

（5）社会调查。《人民检察院办理未成年人刑事案件的规定》明确要求，检察机关在审查起诉阶段可以结合社会调查，通过学校、社区、家庭等有关组织和人员，了解未成年犯罪嫌疑人的成长经历、家庭环境、个性特点、社会活动等情况，为办案提供参考。着重于了解犯罪原因和背景的社会调查，既关系到寓教于审，还关系到司法机关对其的实体处理。其中涉及定罪量刑内容的社会调查材料，从诉讼意义上界定就是证据。因此，社会调查材料应该在法庭上出示，经过质证可以作为证据使用，并有助于教育感化工作。

（6）亲情会见。在具备一定条件的情况下，适当安排亲属会见在押的未成年人，有利于对未成年人的教育、挽救。因此《人民检察院办理未成年人刑事案件的规定》要求，对于移送审查起诉的案件，如果案件事实已基本查清，主要证据确实、充分，安排会见、通话不会影响诉讼活动正常进行的；未成年犯罪嫌疑人有认罪、悔罪表现，或者虽尚未认罪、悔罪，但通过会见、通话有可能促使其转化，或者通过会见、通话有利于社会、家庭稳定的；未成年犯罪嫌疑人的法定代理人、近亲属对其犯罪原因、社会危害性以及后果有一定的认识，并能配合公安司法机关进行教育的，检察人员可以安排在押的未成年犯罪嫌疑人与其法定代理人、近亲属等进行会见、通话。

2．不起诉

（1）不起诉标准的把握。对未成年人犯罪在不起诉条件的掌握上应当区别于成年人犯罪而适当放宽。①对于未成年人在成长中的一些问题，犯罪情节显著轻微的行为，以及其他能够不认定为犯罪的行为，应当作出绝对不起诉决定。如《最高人民法院关于审理强奸案件有关问题的解释》（法释〔2000〕4号）规定，“对于已满14周岁不满16周岁的人与幼女发生性关系，情节轻微，尚未造成严重后果的，不认为是犯罪。”②对于犯罪情节轻微，并具有下列情形之一的，包括被胁迫参与犯罪的；犯罪预备、中止的；在共同犯罪中起次要或者辅助作用的；是又聋又哑的人或者盲人的；因防卫过当或者紧急避险过当构成犯罪的；有自首或者重大立功表现的；以及其他依照刑法规定不需要判处刑罚或者免除刑罚的情形的未成年犯罪嫌疑人，一般应当依法作出相对不起诉决定。③对于未成年人实施的轻伤害案件、初次犯罪、过失犯罪、犯罪未遂的案件以及被诱骗或者被教唆实施的犯罪案件等，情节轻微，犯罪嫌疑人确有悔罪表现，当事人双方自愿就民事赔偿达成协议并切实履行，符合刑法第37条规定的，人民检察院可以作出相对不起诉决定。

（2）非刑罚处罚措施运用及帮教。对于未成年人犯罪可以更多地考虑非刑罚化的处理方式，从而给予其更多改过自新的机会，但同时也不能忽视对其进行必要的惩罚。惩罚作为一种外部动力，使用得当可以促使未成年人明辨是非善恶，激发其对错误行为产生羞耻感和负疚感，从而知罪悔罪、改恶从善。对未成年人教育、感化并不意味着对其所犯罪行可以不处罚或一味从轻处罚，而是必须处理好惩罚与教育的关系，否则过分纵容和袒护，只会使未成年人认识不到法律的真正威严。因此，检察机关在作出不起诉的同时，应当根据案件的不同情况，对被不起诉的未成年人予以训诫或者责令具结悔过、赔礼道歉；而且应当建立不起诉后的帮教制度，如建立不起诉回访考察制度、社区帮教制度、帮教责任状制度等，构筑起由家庭、单位、学校、社区等组成的帮教体系，对被不起诉的未成年人实施跟踪监督和帮教，帮助他们走上正常的人生道路，以实现对未成年人再犯罪的预防和减少。

3. 提起公诉

分案起诉。（1）分案起诉的原则与条件。由于在未成年人与成年人共同犯罪案件中，未成年人大多数处于从属性地位，因此对于未成年人与成年人共同犯罪案件并案起诉容易忽视对未成年人的司法保护程序，而且在办案中往往由于涉罪成年人的案件事实、情节、证据等原因延长办案期限、退回补充侦查等，致使未成年人案件不能尽快结案，不利于对未成年人合法权利的保护；在庭审中也容易发生未成年被告人面对成年被告人心有余悸，不敢如实陈述案情以及司法机关无法实施寓教于审等问题。为此，《人民检察院办理未成年人刑事案件的规定》要求，对未成年人与成年人共同犯罪案件，除未成年人系犯罪集团的组织者或者其他共同犯罪中的主犯的；案件重大、疑难、复杂，分案起诉可能妨碍案件审理的；涉及刑事附带民事诉讼，分案起诉妨碍附带民事诉讼部分审理的；或者具有其他不宜分案起诉情形的以外，都应当分别提起公诉。（2）分案起诉的具体操作。对于分案起诉的案件，可以根据全案情况制作一个审结报告，但起诉书和出庭预案等应当分别制作；提起公诉时一般应当同时移送人民法院，但对于需要补充侦查的，如果补充侦查事项不涉及未成年犯罪嫌疑人所参与的犯罪事实，不影响对未成年犯罪嫌疑人提起公诉的，应当对未成年犯罪嫌疑人先予提起公诉。分案起诉后，在诉讼过程中出现不宜分案起诉情形的，应当及时建议人民法院并案审理。

简易程序。对于符合适用简易程序审理条件的未成年人刑事案件，人民检察院应当向人民法院提出适用简易程序的建议。根据《关于加强适用简易程序公诉案件诉讼监督工作的通知》（〔2010〕高检诉发27号），对于适用简易程序审理的未成年人刑事案件，人民检察院一般应当派员出席法庭，不派员出席法庭的，要在开庭前通过移送对未成年被告人的社会调查材料等方式，协助人民法院进行法庭教育工作。

4．出庭

出庭前准备。（1）对未成年人进行接受审判的教育。出席未成年人犯罪案件法庭前，应当注意掌握未成年被告人的心理状态，并对其进行接受审判的教育。（2）与辩护人交换意见。对未成年人犯罪案件提起公诉后、出席法庭前，应当与未成年被告人的辩护人交换意见，共同做好教育、感化工作。所谓“交换意见”，就不仅仅是单方面地听取意见，而是双方意见的交流和讨论，涉及证据问题也必然要进行证据开示。这样做，不仅可以避免在法庭上的剧烈争论给未成年人留下不良的教育后果，还可以节约庭审时间，符合未成年人犯罪案件开庭时间不宜过长的原则。（3）根据案件和未成年被告人的特点，拟定讯问提纲、询问被害人、证人、鉴定人提纲、答辩提纲、公诉意见书和针对未成年被告人进行法制教育的书面材料。

出庭的特殊要求。（1）公诉人员出席未成年人犯罪案件法庭时，在讯问方式、语言风格、检控思路、证据展示步骤、形式以及询问、辩论等活动中，应当注意适合未成年人的身心特点，增加对法律规定、法律适用的阐释，以通俗易懂的方式帮助未成年被告人提高法律意识，并注意在依法指控犯罪的同时，剖析未成年被告人犯罪的原因、社会危害性，适时进行法制教育及人生观教育，促使其深刻反省，吸取教训，以达到良好的法制教育效果。（2）公诉人一般不提请未成年证人、被害人出庭作证。（3）对于未成年被告人情绪严重不稳定，不宜继续接受审判的，公诉人可以建议法庭休庭。（4）对于犯罪情节较轻，未造成严重后果的；主观恶性不大的初犯或者胁从犯、从犯；被害人同意和解或者被害人有明显过错的；以及其他具备可以适用缓刑的情节的，依法可能判处拘役、3年以下有期徒刑，悔罪态度较好，具备有效监护条件或者社会帮教措施、适用缓刑确实不致再危害社会的未成年被告人，人民检察院可以建议人民法院适用缓刑。人民检察院提出对未成年被告人适用缓刑建议的，应当将未成年被告人能够获得有效监护、帮教的书面材料一并于判决前移送人民法院。

第三章　公诉工作中常见问题及应对措施

一、审查起诉中的常见问题及应对措施

1. 审查起诉案件，讯问犯罪嫌疑人不得少于几人？犯罪嫌疑人请求自行书写供述的，如何处理？

审查起诉案件，讯问犯罪嫌疑人不得少于2人，犯罪嫌疑人请求自行书写供述的，应当准许，讯问人员也可以要求犯罪嫌疑人亲笔书写供述。

2. 审查起诉案件应当听取被害人的意见，直接听取被害人意见有困难的，如何处理？

审查起诉案件应当听取被害人的意见，直接听取被害人意见有困难的，可以向被害人发出书面通知，由其提出书面意见，在指定期限内未提出意见的，应当记明笔录。

3. 对于适用普通程序审理的被告人认罪的轻微刑事案件，应当如何处理？

对于符合适用简易程序的轻微刑事案件，应当建议人民法院适用简易程序，对于适用普通程序审理的被告人认罪的轻微刑事案件，应当建议人民法院简化审理。

4. 对“案件事实清楚，证据确实、充分”如何把握？

所谓“证据确实、充分”，是对作为定案根据的证据质和量总的要求。“确实”是对定案证据质的方面的要求，其含义是指据以定案的单个证据必须查证属实，经查实的单个证据必须具有证明力，单个证据的证明力必须和证明的对象范围相一致。“充分”是对定案证据量的方面的要求，指具有上述质的属性的证据在数量上必须符合法律关于定罪的要求，其含义是能够收集、应当收集的证据已依法收集，属于犯罪构成各要件的事实均有相应的证据加以证明，所有证据在总体上已足以对所要证明的案件事实得出确定无疑的结论，并

排除其他一切可能。

在办案过程中，对于证据的审查，注意对单一证据的审查和全案证据的综合判断。对单一证据的审查是“确实”的问题，全案证据综合审查则是“充分”的问题。要结合案件情况，对现有证据的证明力或价值能否足以证明案件事实。对此，需要从各个证据与案件事实比较关联程度以及各个证据相互之间的协调一致性判断证据整体的综合证明力。具体而言，需要把握以下几个方面：一是应当注意各个证据与案件事实之间的比较关联程度的审查判断。例如，原始证据的证明力大于传来证据，实物证据的证明力大于言词证据，与案件无利害关系的证人对案件客观事实所作的证言证明力大于与案件有利害关系的证人作的证言等。二是注意对单个证据相互之间的联系的审查判断。如果相互矛盾，则应分析矛盾形成原因来判断证据事实的真伪。三是对全部证据的审查判断。特别是在全案只有间接证据的情况下，认定案件事实要更加慎重。

二、不起诉中的常见问题及应对措施

1. 对于在审查起诉阶段发现没有犯罪事实，或犯罪事实并非犯罪嫌疑人所为的案件应如何处理？

《不起诉质量标准》中已有明确规定：“对于犯罪嫌疑人没有违法犯罪行为的，或者犯罪事实并非犯罪嫌疑人所为的案件，人民检察院应当书面说明理由将案件退回侦查机关作撤案处理或者重新侦查；侦查机关坚持移送，经检察长决定，人民检察院可以根据刑事诉讼法第一百四十二条第一款的规定作不起诉处理。”对上述规定应当从以下两个方面理解：一是刑事诉讼法第15条第（一）项规定的“情节显著轻微、危害不大，不认为是犯罪的”应该理解为缺少犯罪构成要件，但这种缺少仅是量上的差别，并非不具有违法性，作为违法构成的实体条件还是具备的，这与清白无辜还是有一定差别的。根据我国刑事诉讼法的有关规定，对于没有犯罪事实，或犯罪事实并非犯罪嫌疑人所为的案件退回公安机关作出撤销案件的处理，是还无辜者清白的一种可行的方法。二是如果侦查机关坚持移送的，经检察长决定，人民检察院也可以作不起诉处理。因为从理论上讲，没有犯罪事实或犯罪事实并非犯罪嫌疑人所为的案件是清白无辜者被错误追究刑事责任，这类案件实际上是既缺少诉讼条件，也缺少实体条件的案件，人民检察院当然可以作出不起诉决定。

2. 对刑法明文规定“犯罪情节严重”是犯罪构成必要要件的犯罪能否作相对不起诉处理？

我国刑事诉讼法第142条第2款规定，适用相对不起诉的前提条件是“犯罪情节轻微”，那么，对于一些虽然不属于严重刑事犯罪的行为，但法律将

“情节严重”作为犯罪构成的必要要件明文规定在法律条款中的犯罪，人民检察院是否可以作相对不起诉处理？司法实践中存在争议。如我国刑法第364条第1款规定的传播淫秽物品罪：“传播淫秽的书刊、影片、音像、图片或者其他淫秽物品，情节严重的，处二年以下有期徒刑、拘役或者管制。”有观点认为，对这类犯罪原则上都不应作相对不起诉处理。理由是如果对刑法明文规定“情节严重”是犯罪构成必要要件的犯罪也作相对不起诉处理，那么势必与“犯罪情节轻微”这一相对不起诉的前提条件相悖，易引起适用法律上的混乱，也不符合立法原意。有的观点认为，对这类犯罪人民检察院根本无法作相对不起诉处理。因为对于一个具体案件来说，承办案件的检察人员不可能说此案犯罪嫌疑人的行为“情节严重”，已构成犯罪，应当追究其刑事责任；又说其“犯罪情节轻微”可以适用相对不起诉。但也有观点认为，刑法规定“情节严重”是犯罪构成必要要件的犯罪，一般不属于严重刑事犯罪，对其中那些符合相对不起诉条件的案件，如具有投案自首情节等的案件，人民检察院可以决定相对不起诉。

刑法规定“情节严重”是犯罪构成必要要件的犯罪，实际上是将某些虽然有一定的社会危害性，但其程度尚未达到应受刑罚惩罚的行为排除在犯罪的范畴之外。即如果行为人的行为还未达到“情节严重”的程度，就不构成犯罪，而不构成犯罪就不应追究刑事责任，对此检察机关没有裁量权，就应当不起诉，即绝对不起诉；只有行为人的行为达到了“情节严重”构成犯罪的情况下，检察机关才有一定的裁量权，即决定起诉或者决定相对不起诉。如果其犯罪行为符合适用相对不起诉的条件，即“犯罪情节轻微，依照刑法规定不需要判处刑罚或者免除刑罚的”，人民检察院可以依法决定不起诉。也就是说对于刑法明文规定“情节严重”是犯罪构成必要要件的犯罪，如果行为人的行为虽然“情节严重”已构成了犯罪，但其在此种犯罪中如果属于“轻微”，且行为人具有投案自首或者有重大立功表现等情节，即符合“依照刑法不需要判处刑罚或免除刑罚”的条件，不应一概排除于相对不起诉之外。实际上，无论是“犯罪情节严重”还是“犯罪情节轻微”，其中的“情节”都不是点的概念，而是具有层次性，即与“罪刑阶梯”现象相适应，在形体上呈现出由轻到重的层次性。反映在我国现行立法中，即表现为从“犯罪情节显著轻微”到“犯罪情节特别严重”的逐渐加重。刑事诉讼法第142条第2款规定的“犯罪情节轻微”就是在已经构成犯罪的前提下的“情节轻微”。因此，对于刑法规定“犯罪情节严重”是构成犯罪必要要件的犯罪如传播淫秽物品罪，也应当是在行为人的行为已构成犯罪的前提下，综合考虑其是否符合刑事诉讼法第142条第2款规定的相对不起诉条件，如果符合，人民检察院可以作出相对不起诉决定。

3. 审查起诉阶段改变管辖的案件，改变管辖前已退回补充侦查两次，改变管辖后可否再退回补充侦查？

对此，司法实践中存在着模糊认识，有同志将案件在审查起诉阶段改变管辖作为重新移送审查起诉来对待的，认为整个审查起诉程序都应重新开始，进而认为改变管辖前已退回补充侦查两次的案件，改变管辖后的人民检察院审查起诉部门还可以将案件退回补充侦查两次。

《人民检察院刑事诉讼规则》第 271 条对上述问题已明确规定："对于在审查起诉期间改变管辖的案件，改变后的人民检察院对于符合刑事诉讼法第一百四十条第二款规定的案件，可以通过原受理案件的人民检察院退回原侦查的公安机关补充侦查，也可以自行侦查。改变管辖前后退回补充侦查的次数总共不得超过两次。"

4. 实践中，遇到被不起诉人请求检察机关不要对其所作的不起诉决定公开宣布的，人民检察院应当如何处理？

刑事诉讼法第 143 条明确规定，不起诉的决定，应当公开宣布。《人民检察院刑事诉讼规则》第 294 条第 2 款也明确规定，不起诉决定书自公开宣布之日起生效。根据上述规定，不起诉决定应当一律公开宣布，只有公开宣布，才发生法律效力。由于刑事诉讼法没有规定在哪些情况下可以不公开宣布不起诉决定，因此，对于不起诉决定，人民检察院一律应当公开宣布，而不应有所例外。

5. 在实践中有的公安机关对人民检察院作出的不起诉决定要求复议、复核时，又向人民检察院移送补充侦查的新的证据材料，并以此作为要求人民检察院改变不起诉决定的根据。对此应当如何处理？

根据刑事诉讼法第 144 条的规定，公安机关要求人民检察院对不起诉复议、复核的前提条件是认为不起诉决定有错误，而所谓的"有错误"，应当是人民检察院在原有证据的基础上对事实认定和法律适用的错误。因此，不能将公安机关补充的新证据作为复议、复核的根据。复议、复核程序实质上是一种纠错程序，是公安机关与检察机关之间一种解决诉讼争议的制约性程序，不能将其当做补充侦查的后续程序，否则一是会造成适用程序的错误，有损法律的严肃性；二是对于公安机关加强责任心，不断提高侦查水平，及时有效地收集证据不利；三是有可能损害检察机关的声誉，因为复议、复核程序中改变原不起诉决定就意味着原不起诉决定是错误的。

6. 对于案件部分事实符合绝对不起诉条件，部分事实符合相对不起诉条件，部分事实属于证据不足时，应当如何制作《不起诉决定书》？

实践中对此问题请示的较多。首先，现行的《不起诉决定书格式（样本）》对上述情况虽然没有作出明确规定，但明确规定了《不起诉决定书》的制作应当以人为单位。即不起诉决定是针对人作出的决定，不是针对案件作出的决定。因此，对于一人涉嫌数罪的案件，不能因为有的案件事实符合绝对不起诉条件，有的符合存疑不起诉条件，有的符合相对不起诉条件就针对不同的案件事实，对同一个人分别制作几份《不起诉决定书》，对于一人涉嫌数罪，对其只制作一份《不起诉决定书》即可。

其次，《不起诉决定书》是人民检察院作出不起诉决定的载体，是不起诉案件终止诉讼的标志。虽然不起诉决定不具有定罪的实体效力，在这一点上与法院的判决是不一样的；但不起诉决定却具有依法不再追究犯罪嫌疑人刑事责任的法律效力。现代刑事诉讼中一项公认的基本原则是“不告不理”，即对未经起诉的刑事案件，法院不得受理，因此，从一定意义上讲，起诉意味着启动刑事审判程序，使刑事诉讼进入到审判阶段，不起诉则表明刑事诉讼不进入审判阶段，阻断了刑事诉讼的继续进行，意味着刑事诉讼程序的终止。而不起诉的这一直接法律后果，无论是对于被不起诉人，还是对于被害人，都是具有实际意义的，即意味着被不起诉人是无罪的，被不起诉人将因《不起诉决定书》的公开宣布而被解除一切强制措施，在押的立即释放；而被害人可以《不起诉决定书》为依据向上一级人民检察院提出申诉或者向人民法院提起自诉；公安机关不服不起诉决定的可以依法要求复议、复核。这与人民检察院制作的《起诉书》不同，因此不能像《起诉书》那样只写涉嫌的数罪中已经查实的部分，而不必在《起诉书》中涉及没有查清的和不构成犯罪的案件事实。所以，应当在《不起诉决定书》中对侦查机关移送审查起诉的《起诉意见书》中指控的犯罪事实都作以回答。即在《不起诉决定书》中应当将移送起诉意见书中指控的犯罪事实都录写上，并分别按照不起诉决定书规定的三种格式制作。

三、出席第一审法庭中的常见问题及应对措施

1. 被告人提出被告人审判前供述是非法取得

被告人及其辩护人提出被告人审判前供述是非法取得的，首先由法庭要求其提供涉嫌非法取证的人员、时间、地点、方式、内容等相关线索或者证据。

经审查，法庭对被告人审判前供述取得的合法性有疑问的，公诉人应当向法庭提供讯问笔录、原始的讯问过程录音录像或者其他证据，提请法庭通知讯问时其他在场人员或者其他证人出庭作证，仍不能排除刑讯逼供嫌疑的，提请法庭通知讯问人员出庭作证，对该供述取得的合法性予以证明。公诉人当庭不能举证的，可以根据刑事诉讼法第 165 条的规定，建议法庭延期审理。

2. 被告人当庭供述与庭前供述不一致，辩护人提出应当以被告人当庭供述为准

根据《关于办理死刑案件审查判断证据若干问题的规定》第22条的规定，对被告人供述和辩解的审查，应当结合控辩双方提供的所有证据以及被告人本人的全部供述和辩解进行。被告人庭前供述一致，庭审中翻供，但被告人不能合理说明翻供理由或者其辩解与全案证据相矛盾，而庭前供述与其他证据能够相互印证的，可以采信被告人庭前供述。被告人不能合理说明翻供理由(或者其辩解与全案证据相矛盾)，而庭前供述与其他证据能够相互印证的，应当采信被告人的庭前供述。

3. 公诉人所举的证人证言的证人系被害人的亲属（或与本案有重大利害关系），其证词不能采信

根据《关于办理刑事案件排除非法证据若干问题的规定》第11条的规定，对证人证言应当着重审查以下内容：一是证言的内容是否为证人直接感知。二是证人作证时的年龄、认知水平、记忆能力和表达能力，生理上和精神上的状态是否影响作证。三是证人与案件当事人、案件处理结果有无利害关系。四是证言的取得程序、方式是否符合法律及有关规定。五是证人证言之间以及与其他证据之间能否相互印证，有无矛盾。

由此可见，证人系被害人的亲属（或与本案有重大利害关系），并不意味着证人不能作证，而是需要对其证言着重审查。如果该证言来源合法、内容真实，又能与其他证据相互印证，没有矛盾，自然可以作为定案的依据。

4. 被告人如实供述同案犯的共同犯罪事实，提供同案犯的工作单位、家庭住址、手机联系方式等，公安机关根据这些情况抓获同案犯的，要求认定构成立功

根据最高人民法院《关于处理自首和立功若干具体问题的意见》规定，犯罪分子提供同案犯姓名、住址、体貌特征等基本情况，或者提供犯罪前、犯罪中掌握、使用的同案犯联络方式、藏匿地址，司法机关据此抓捕同案犯的，不能认定为协助司法机关抓捕同案犯。因此，被告人的该行为不构成立功。

5. 被告人或辩护人以被害人行为有明显过错或对矛盾激化负有直接责任为由，要求对被告人从轻处罚

根据司法实践，所谓“明显过错”，是指从法律规定、道德要求上综合考量，矛盾的产生系被害人一方有违法行为或违背社会伦理道德、善良风俗的行为。如婚恋关系中被害人以维系恋爱关系为由长期索要行为人钱财；或在分手之后长期骚扰、纠缠行为人；对行为人隐瞒真相、同时与其他异性发生性关系等。

所谓“对矛盾激化负有直接责任”，是指被害人一方在矛盾的产生之初并无明显过错，但是在处理矛盾的过程中，采取不恰当的方式方法，直接激化、加剧了矛盾，刺激了行为人的犯罪心理，如被害人在争执过程中图一时口舌之快，言语上辱骂、挑拨、刺激行为人等。通常，此类案件很难查清引发矛盾的根本原因，双方当事人对案件起因都无明显过错或者都有一定过错，但在矛盾发生后，由于被害人对矛盾处理的方式不当而激怒行为人，从而引发故意杀人案件。此种情况，虽然不能认定被害人对案件发生有明显过错，但应当认定其对矛盾激化负有直接责任。

四、二审检察中的常见问题及应对措施

1. 关于检察机关二审办案期限的问题

根据最高人民法院《关于执行〈中华人民共和国刑事诉讼法〉若干问题的解释》第267条的规定和《关于严格执行案件审理期限制度的若干规定》第10条的规定，检察机关查阅二审案卷超过7日后的时间不计入二审审理期限，《人民检察院刑事诉讼规则》对检察机关“查阅案卷”也没有作出任何期限规定，导致各地检察机关办理二审案件的期限不统一，也使得刑事诉讼法第196条二审案件的审理期限最长为两个半月的规定形同虚设。

对检察机关二审办案期限的问题，应当通过修改刑事诉讼法的方式予以解决。在立法解决之前，我们应当通过加强办案力量、提高工作效率、理顺内部工作程序等措施，加快办案进度，但绝不能为了赶进度而忽视案件的质量。以死刑二审案件为例，多为重大疑难案件，出席二审法庭又需要检察机关准确运用证据和法律对一审判决进行评价，因此，检察机关需要足够的办案时间全面审查证据、吃透案情，才能很好地履行二审出庭和诉讼监督工作。死刑二审开庭审理是中央部署的一项重要工作，检察机关必须认真做好相关工作，要以审查出庭质量为核心，确保死刑案件不出差错。

2. 关于二审期间补充侦查的问题

当前，案件侦查质量还存在许多问题，尤其是案件证据的缺陷和瑕疵还很多，审查起诉和一审没有很好地发挥审查把关作用，大量证据有瑕疵的案件流入二审，以死刑二审案件为例，有些证据有缺陷的案件也判处了死刑进入二审程序，导致省级检察院和高级法院陷入到繁杂的补充证据工作当中。

案件证据问题应当尽可能解决在一审结束之前，二审阶段主要是针对一审判决认定的事实和适用法律是否正确、量刑是否适当等问题进行评判。检察机关审查二审案件不应把过多精力放在补充侦查和补充证据上，对于一审认定事实不清、证据不足或证据有重大遗漏、欠缺的，应当建议发回重审。否则容易

迁就侦查工作质量不高、审查起诉把关不严，一审职能作用发挥不到位等问题，形成恶性循环，使问题愈加严重。

高检院历来强调确保案件质量要从基层基础工作抓起，强调正确履行审查逮捕、审查起诉职能是确保二审案件质量的重要基础和关键环节，基层检察院公诉部门要切实做好各项工作，为案件质量打下坚实的基础。上级检察院应当督促下级检察院切实履行审查把关职责，利用贴近侦查的便利，及早解决案件证据的缺陷和瑕疵，避免问题和矛盾转入后续诉讼环节。

3. 办理死刑案件工作机制落实的问题

为从制度上确保死刑案件的办理质量，2008 年 3 月高检院公诉厅下发了《关于加强死刑案件办理和监督工作的指导意见》（以下简称《指导意见》），明确要求建立、健全介入侦查引导取证机制，对物证、书证、鉴定结论的专门审查制度，死刑案件质量评析通报制度，死刑案件矛盾疏导机制等七项工作机制，并且对死刑案件的证据审查工作提出了明确的要求，各地相继建立了部分工作机制，开展了一些有益的探索和尝试，但总体来看，办理死刑案件工作机制建设情况与办理死刑案件面临的任务和挑战仍有较大差距，各地方对于公诉工作机制改革的热情很高，但普遍存在追求创新有余，抓已有工作机制的落实不足的倾向。许多工作机制落实不到位。

如介入侦查引导取证机制，《指导意见》要求对于可能判处死刑的案件，市级检察院和基层检察院公诉部门要协调明确责任，逐步实现从现场勘查或立案侦查时开始介入侦查，引导侦查人员全面、客观收集证据。但许多地方反映由于公安机关侦查活动封闭进行，检察机关人员不足、引导侦查能力不强等问题，普遍存在检察机关实际介入侦查的案件数量少、介入时机滞后、指导取证的深度不够、实效性不强等问题，使这项机制的实际效果大打折扣。

又如死刑案件质量评析通报制度、办理死刑案件工作的综合分析和指导机制，许多地方没有切实坚持抓好这些工作，不能定期地将审查发现的案件质量问题通报给侦查机关和审判机关，许多案件质量上的问题长期存在，得不到纠正，案件质量也没有任何改观。

再如技术性证据的专门审查机制，其初衷是调动检察机关刑事技术力量协助公诉部门对专业性很强的技术证据进行审查把关，但只有为数不多的省份作了具体落实。

应当按照《指导意见》的要求，以提高案件质量为目标，做好相关机制的落实工作，并积极探索保证案件质量行之有效的新工作机制。

五、公诉环节的刑事审判法律监督中的常见问题及应对措施

对于按照第二审程序抗诉的案件，上一级人民检察院能否增加罪名、变更罪名或者增减案件事实？

某市人民检察院以张某犯故意杀人罪、王某犯故意伤害罪、李某等三人犯寻衅滋事罪提起公诉，该市中级人民法院认定张某作案时未满18周岁，并配合家人积极赔偿，对其从轻处罚，以故意杀人罪判处有期徒刑15年；王某有自首情节，并作出民事赔偿，对其减轻处罚，以故意伤害罪判处有期徒刑7年；对其他三人以寻衅滋事罪分别判处有期徒刑3年、3年、3年6个月。宣判后各被告人没有提出上诉。某市人民检察院以一审对张某量刑畸轻为由提出抗诉。

某市人民检察院的上一级人民检察院某省人民检察院审查后认为，某市人民检察院对张某的抗诉部分正确，应予支持。同时认为某市中级人民法院对原审被告人王某的量刑仍属较轻，应依法予以纠正，并向某省高级人民法院提交书面抗诉意见。某省高级人民法院公开开庭审理此案，合议庭以《支持抗诉意见书》意见超出市人民检察院《抗诉书》范围为由，对新的抗诉意见及理由宣布不予审理。

主要分歧意见：某省人民检察院认为，根据《人民检察院刑事诉讼规则》第362条“检察人员应当客观全面地审查原审案卷材料，不受上诉或者抗诉范围的限制，重点审查原审判决认定案件事实、适用法律是否正确，证据是否确实充分，量刑是否适当，审判活动是否合法，并应当审查下级人民检察院的抗诉书或者上诉人的上诉书，了解抗诉或者上诉的理由是否正确、充分”和《刑事抗诉案件出庭规则（试行）》（〔2001〕高检诉发第11号）第6条“上级人民检察院支持下级人民检察院提出的抗诉意见和理由的，支持抗诉意见书应当叙述支持的意见和理由；部分支持的，叙述部分支持的意见和理由，不予支持部分的意见应当说明。上级人民检察院不支持下级人民检察院提出的抗诉意见和理由，但认为原审判决、裁定确有其他错误的，应当在支持抗诉意见书中表明不同意，并且提出新的抗诉意见和理由”之规定，有权补充抗诉，故增加对王某的抗诉。

某省高级人民法院认为，根据刑事诉讼法第181条“地方各级人民检察院认为本级人民法院第一审的判决、裁定确有错误的时候，应当向上一级人民法院提出抗诉”的规定，引起第二审程序的主体应当是与一审法院同级的检察机关，上级检察机关在二审中是支持抗诉的机关。根据《人民检察院刑事诉讼规则》第403条“上一级人民检察院对下级人民检察院按照二审程序提出抗诉的案件，认为抗诉正确的，应当支持抗诉；认为抗诉不当的，应当向同

级人民法院撤回抗诉，并且通知下级人民检察院。下级人民检察院如果认为上一级人民检察院撤回抗诉不当的，可以提请复议。上一级人民检察院应当复议，并将复议结果通知下级人民检察院。上一级人民检察院在上诉、抗诉期限内，发现下级人民检察院应当抗诉而没有抗诉的案件，可以指令下级人民检察院提出抗诉”之规定，上一级人民检察院对于下级人民检察院提出抗诉在超过法定抗诉期限后，只有三种处理结果：支持抗诉、撤回抗诉和按照审判监督程序提出抗诉，而无法律依据直接提起抗诉或者增加抗诉内容。

人民法院审理第二审程序抗诉的案件期间，上一级人民检察院不应增加罪名、变更罪名或者增减案件事实。主要理由：

第一，增加罪名、变更罪名或者增减案件事实缺乏法律依据。刑事诉讼法第 181 条对此有明确规定，即二审程序的启动源于与地方各级人民法院同级人民检察院的抗诉，根据刑事诉讼法的规定，这一抗诉主体是明确的，上级人民检察院有权在法定期限内指令下级人民检察院提出抗诉，或者按照审判监督程序提出抗诉，而不能按照第二审程序直接提出抗诉，这也符合程序法定原则。

第二，增加罪名、变更罪名或者增减案件事实有违上诉不加刑的精神。对于共同犯罪案件，只有部分被告人上诉的，既不得加重提出上诉被告人的刑罚，也包括不得加重其他同案被告人的刑罚。本案各被告人均未提出上诉，某市人民检察院仅对张某提出抗诉，二审法院审理中，对其他被告人，应适用前述规定原则。如上一级人民检察院增加罪名、变更罪名或者增减案件事实，无疑违背了上诉不加刑原则。

第三，增加罪名、变更罪名或者增减案件事实容易侵犯未提出抗诉被告人的辩护权。对于提出抗诉的被告人，有时间、有必要进行辩护准备，而对于其他被告人则不然，没有进行辩护准备的必要时间，因为其已经认同了一审判决，并且有上诉不加刑这一原则保护着当事人的权益，如上一级人民检察院有权增加抗诉内容，势必影响到当事人的辩护权利。

第四，如果上一级人民检察院认为一审判决对其他被告人判决确有错误，可以按照审判监督程序提出抗诉。

六、备案工作中的常见问题及应对措施

1. 报送备案的材料应当包括哪些文书？

报送备案的材料包括各个诉讼阶段的法律文书副本或者复印件。

2. 备案审查应抓住哪些重点？

及时发现和纠正强制措施不当、利用退补变相超期羁押及错诉、漏诉和起

诉质量不高问题；及时审查发现人民法院判决、裁定认定事实错误，适用法律不当等问题，通过抗诉、纠正违法、检察建议等途径，积极开展对审判活动的监督，既要抗诉重罪轻判、有罪判无罪案件，又要抗诉轻罪重判、无罪判有罪案件；及时审查发现侦查机关和侦查部门遗漏犯罪嫌疑人、遗漏犯罪事实及违反诉讼程序等有关问题，通过追诉、纠正违法、检察建议等途径，积极开展对侦查活动的监督。

第八编　监所检察工作

【工作流程图】

（一）监所检察业务流程图

监所检察业务流程图

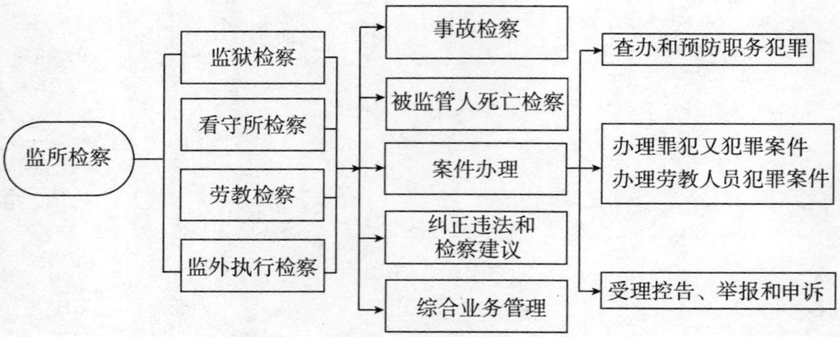

（二）监狱检察流程图

监狱检察流程图

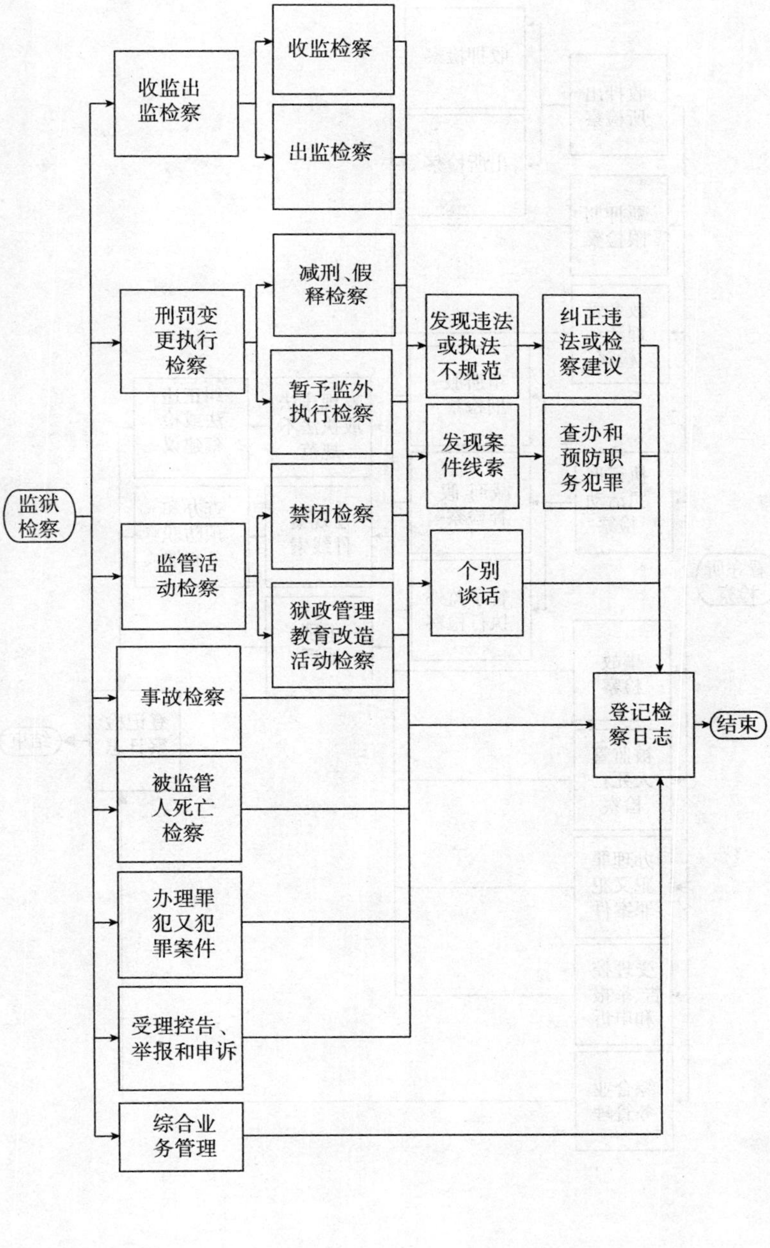

（三）看守所检察流程图

看守所检察流程图

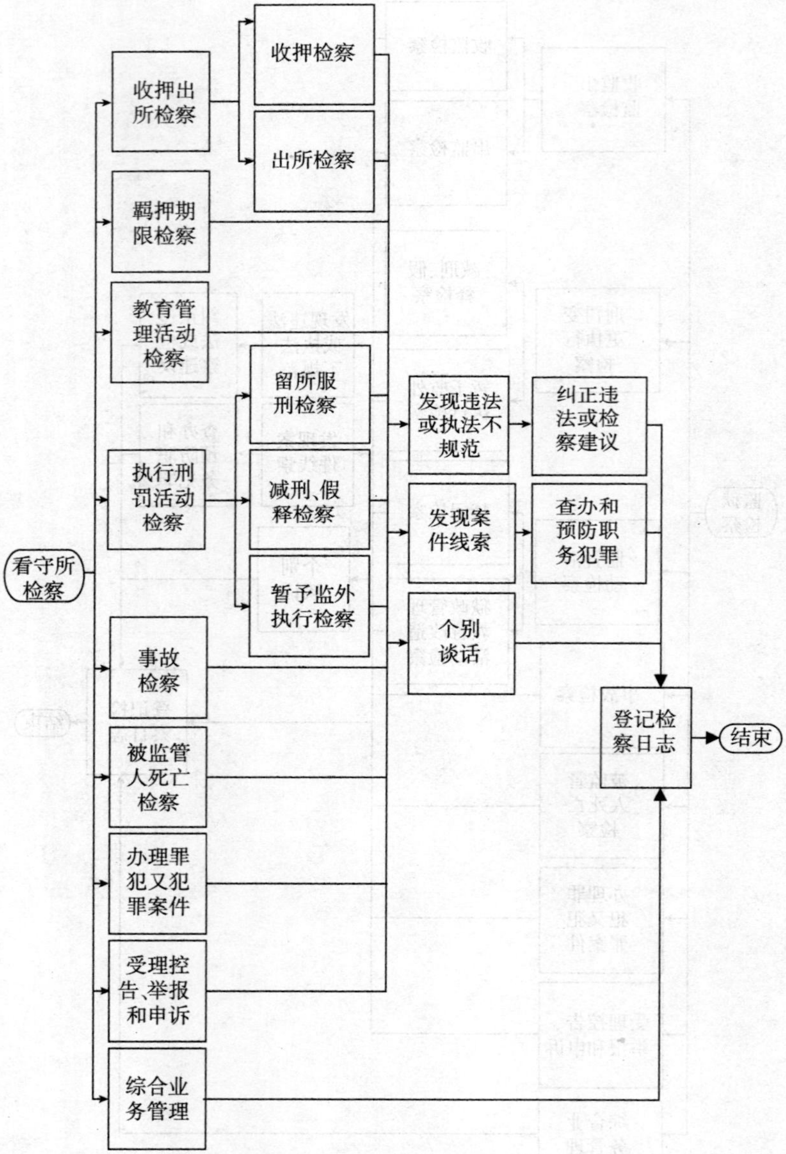

（四）劳教检察流程图

劳教检察流程图

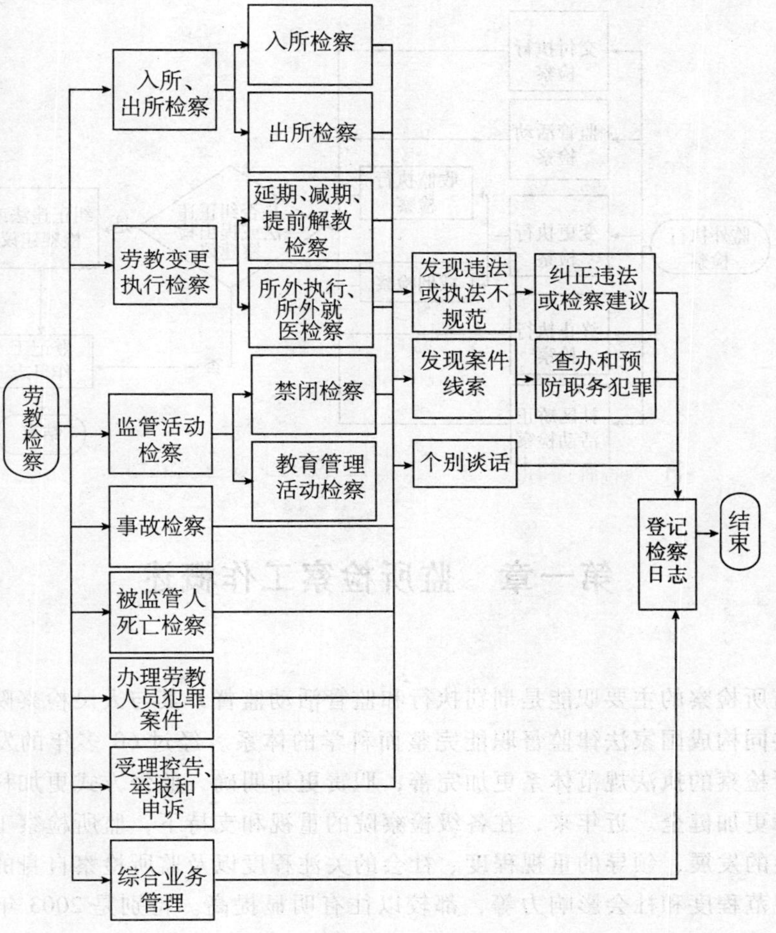

（五）监外执行检察流程图

监外执行检察流程图

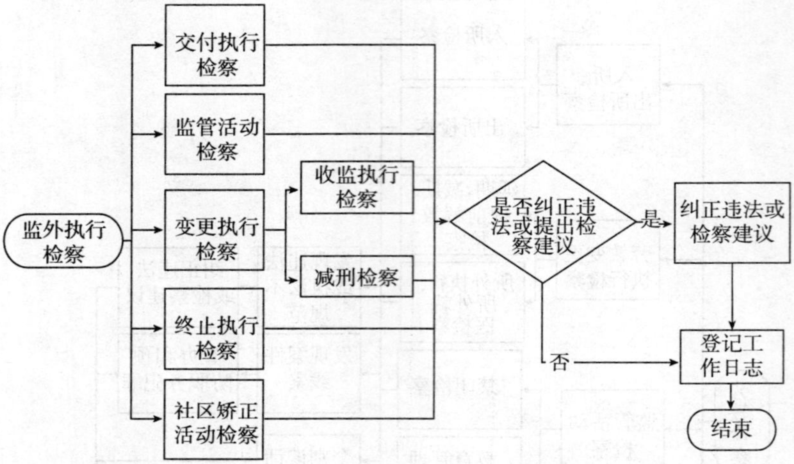

第一章　监所检察工作概述

监所检察的主要职能是刑罚执行和监管活动监督，其与人民检察院的其他职能共同构成国家法律监督职能完整而科学的体系。经过 60 多年的发展，我国监所检察的执法规范体系更加完善，职责更加明确，监督方式更加科学，组织保障更加健全。近年来，在各级检察院的重视和支持下，监所检察工作取得了长足的发展，领导的重视程度、社会的关注程度以及监所检察自身的工作力度、规范程度和社会影响力等，都较以往有明显提高。特别是 2003 年以来最高人民检察院先后会同有关部门联合开展了纠防超期羁押，减刑、假释、保外就医专项检查，核查纠正监外执行罪犯脱管、漏管专项行动，全国看守所监管执法专项检查，全国监狱清查事故隐患、促进监管安全专项活动等全国性的专项检察活动，发现和纠正了一大批刑罚执行和监管活动中的违法问题，社会各界给予了较高的评价。

一、监所检察的概念和特点

监所检察是新中国检察机关自成立之日起就承担的一项传统的检察业务工

作。1949年12月颁布的《中央人民政府最高人民检察署试行组织条例》规定的最高人民检察院职权包括“检察全国司法与公安机关犯人改造所及监所之违法措施”。1951年修改通过的《最高人民检察署暂行组织条例》规定的最高人民检察院职权包括“检察全国监所及犯人劳教改造机构之违法措施”。据此，最高人民检察院设立专门的机构职掌“关于检察各犯人改造所及监所之措施是否合法事项”。1954年9月通过的《人民检察院组织法》第4条规定，最高人民检察院负责“对于刑事判决的执行和劳动改造机关的活动是否合法，实行监督”，之后最高人民检察院成立了监所、劳动改造机关监督厅承担这一职责。但监所检察作为一个专门的法律名词，则是在1979年7月全国人大常委会颁布人民检察院组织法以后。该法第20条规定：“最高人民检察院设置刑事、法纪、监所、经济等检察厅。”最高人民检察院据此设立了监所检察厅，负责“对于刑事案件判决、裁定的执行和对监狱、看守所、劳动改造机关的活动是否合法，实行监督”。之后，各省、市、县级人民检察院开始设立监所检察处、科。自1984年开始，各地陆续在大型监狱、劳教所和监管场所比较集中的地区设立派出检察院，在监狱、看守所和劳教所等监管场所设立派驻检察室。相应的监所检察部门承担的法律监督职能，统称为监所检察。监所检察部门自建立之初，其所承担的职能就是对刑事案件判决、裁定的执行和对监狱、看守所、劳动改造机关等监管活动进行监督。1978年检察机关恢复重建后，最高人民检察院先后制定下发了《人民检察院监所检察工作试行办法》、《关于监所检察工作若干问题的规定》、《关于加强和改进监所检察工作的决定》及《人民检察院监狱检察办法》、《人民检察院看守所检察办法》、《人民检察院劳教检察办法》、《人民检察院监外执行检察办法》等一系列规范性文件，进一步明确监所检察的工作职责、任务和具体要求，监所检察被广泛运用于检察工作文件之中，监所检察制度逐步建立和完善。法学理论界和司法实务部门也开始重视和加强对监所检察制度的专门研究。

根据人民检察院组织法、刑事诉讼法、监狱法等法律和最高人民检察院制定的有关规范性文件的规定，监所检察是指人民检察院依照法律规定的权限和程序，对刑罚执行和监管活动是否合法实行法律监督。监所检察具有法律监督的一些共性特点，同时也有自身的规律和特点。概括起来主要有：

1. 监督职权的综合性。监所检察主要是在监管改造场所行使检察机关的各项职权，是一项综合性的检察业务，较为充分地体现了人民检察院的法律监督职能。与检察机关的其他业务部门相比，监所检察部门的业务比较复杂，职责涉及检察机关法律监督职能的各个方面，既承担着对刑罚执行和监管活动是否合法进行监督的职责，也有审查逮捕、审查起诉和出庭公诉，刑事立案监督、侦查监督、审判监督的职责，同时还负有立案侦查刑罚执行和监管活动中职务犯罪案件的职责。由此可见，监所检察职权具有综合性的特点。刑罚执行监督和监管活动监督是监所检察的主要业务，决定了监所检察的职能定位，是监所检察业务的特色所在。

2. 监督内容的广泛性。监所检察监督的内容涉及刑事诉讼的全过程，从被刑事拘留、逮捕的犯罪嫌疑人、被告人的羁押期限，刑事判决、裁定的交付执行，到罪犯减刑、假释、暂予监外执行，直到罪犯刑满释放，都有监所检察的内容。既包括对执行刑罚活动的监督，也包括对监管活动的监督；既包括对监管场所执行刑罚情况的监督，也包括对社会上执行刑罚的监督。可以说，监所检察贯穿于刑事诉讼的整个过程，体现了对刑罚执行和监管活动监督的全方位性。监所检察部门还负责对劳动教养机关审批和管理教育劳教人员的活动是否合法实行监督，使监督活动涉及行政执法领域。

3. 监督对象的特定性。监所检察部门监督的对象主要是监狱、看守所、劳教所等监管机关及监管民警。当然，还包括作出减刑、假释裁定的人民法院的审判人员，监所检察具有监督地域范围和监督对象的特定性。监所检察部门对于监管场所的监管活动实行全面的、经常性的监督。

二、监所检察的主要职责和任务

（一）监所检察部门的主要职责

2007年最高人民检察院《关于加强和改进监所检察工作的决定》对监所检察职责作了具体明确的规定，主要包括：（1）对监狱、看守所执行刑罚和监管活动是否合法实行监督；（2）对人民法院裁定减刑、假释是否合法实行监督；（3）对监狱管理机关、公安机关、人民法院决定暂予监外执行活动是否合法实行监督；（4）对劳动教养机关的执法活动是否合法实行监督；（5）对公安机关、司法行政机关管理监督监外执行罪犯活动是否合法实行监督；（6）对刑罚执行和监管活动中的职务犯罪案件立案侦查，开展职务犯罪预防工作；（7）对罪犯又犯罪案件和劳教人员犯罪案件审查逮捕、审查起诉，对立案、侦查和审判活动是否合法实行监督；（8）受理被监管人及其近亲属、法定代理人的控告、举报和申诉；（9）承办检察长交办的其他事项。

监所检察的职责主要涉及四个方面：刑罚执行和监管活动监督；查办和预防刑罚执行和监管活动中的职务犯罪；对罪犯又犯罪案件和劳教人员犯罪案件审查逮捕、审查起诉及相关立案、侦查和审判活动监督；受理被监管人及其近亲属、法定代理人的控告、举报和申诉。其中，刑罚执行和监管活动监督是中心工作；查办和预防刑罚执行和监管活动中的职务犯罪是强化刑罚执行和监管活动监督的手段和保障；打击罪犯又犯罪和劳教人员犯罪是为了保障刑罚执行和监管活动的正常开展；受理被监管人及其近亲属、法定代理人的控告、举报和申诉是为了加强对刑罚执行和监管活动的监督，维护被监管人的合法权益。

从监督内容来看，监所检察主要是刑罚执行监督和监管活动监督。检察机关对刑罚执行的监督主要是监督刑罚执行机关是否严格按照国家的有关法律、法规和政策执行刑罚，纠正各种影响和破坏执行刑事判决、裁定的违法现象。包括对刑罚交付执行的监督，对死刑立即执行的监督，对减刑、假释、暂予监外执行等刑罚变更执行的监督，对刑罚终止执行的监督等。检察机关对监管活动的监督，主要是指对监管机关在生产、卫生、生活等方面的管理教育以及执行有关监管措施方式的监督。

目前，监所检察部门内部的业务分工主要是根据监督场所来划分的。主要包括监狱检察、看守所检察、劳教检察和监外执行检察。监狱检察，主要是针对监狱、未成年犯管教所执行刑罚和监管活动是否合法进行法律监督。看守所检察，主要是对看守所对被拘留、逮捕的犯罪嫌疑人、被告人的羁押、监管活动和对被判处有期徒刑一年以下、剩余刑期在一年以下的罪犯的执行刑罚和监管活动是否合法实行法律监督。劳教检察，主要是对劳动教养机关的审批和管理教育劳教人员活动是否合法实行法律监督。监外执行检察，是指对人民法院、公安机关、司法行政机关对管制、剥夺政治权利、缓刑、假释和暂予监外执行罪犯的交付执行、监督管理及社区矫正活动是否合法实行法律监督。

（二）监所检察的主要任务

监所检察的主要任务是：依法对刑罚执行和监管活动实行监督，维护刑罚执行和监管活动的公平公正，维护监管秩序稳定，维护被监管人合法权益，保障国家法律统一正确实施。这体现了惩罚违法犯罪与保障人权并重的思想和国家设置监所检察权的目的，也体现了党和人民群众对监所检察的期望和要求。根据监所检察“四个办法”[①] 的规定，具体来说，监所检察的主要任务包括：

1. 维护刑罚执行和监管活动的公平公正。目前，刑罚执行和监管活动中还存在滥用监管执法权、违法减刑、假释、暂予监外执行等问题，检察机关作为国家法律监督机关有职责、有义务及时发现和纠正刑罚执行和监管活动中存在的这些违法问题，以维护国家法律、法规的严肃性和权威性，维护刑罚执行和监管活动的公平公正。

2. 维护被监管人的合法权益。被监管人的人权保护程度，在一定程度上体

---

① “四个办法”是指《人民检察院监狱检察办法》、《人民检察院看守所检察办法》、《人民检察院劳教检察办法》和《人民检察院监外执行检察办法》。

现了我国人权保护的状况。随着经济社会和法治建设的发展，如何保障被监管人的合法权益，越来越受到社会各界的广泛关注。特别是在刑罚执行和监管执法制度还不够健全的情况下，必须强化对被监管人的合法权益的保护。国家赋予检察机关对刑罚执行和监管活动的法律监督权，在很大程度上是为了保护被监管人的合法权益。监管场所的特殊性，决定了保障被监管人的合法权益，既需要规范监管场所的执法行为，强化被监管人的自我保护意识，同时也需要加强监所检察工作。因此，保障被监管人合法权益是监所检察的一项重要任务。

3. 维护监管秩序稳定。监管场所监管秩序稳定是监管工作的重要保障，也是社会稳定的重要方面。检察机关必须依法运用批捕、起诉等职能，严厉打击被监管人犯罪活动，以维护监管秩序稳定。同时，通过加强刑事立案监督、侦查监督、审判监督和安全防范检察，及时监督纠正有案不立、以罚代刑、重罪轻判等问题和安全隐患。

4. 保障国家法律法规在刑罚执行和监管活动中的统一正确实施。监所检察既要保证宪法和法律关于国家权力行使、公民权利保障的一般性规定能够在刑罚执行和监管活动中正确实施，也要保证有关刑罚执行和监管执法的专门规定能够得到正确实施。

三、监所检察的工作方式和程序

监所检察监督内容的广泛性和监督对象的特定性，决定了监所检察监督方式具有多样性的特点，在监督方式、程序等方面与检察机关的其他诉讼监督工作方式有所不同。

（一）主要监督方式

1. 实行派驻检察与巡回检察相结合，以派驻检察为主。基于监所检察的主要对象是监管场所，与其他法律监督职能不同，我国监所检察实行了派驻检察与巡回检察相结合的方式。其中，派驻检察是检察机关开展监所检察监督工作的主要方式，包括派出检察院和派驻检察室两种组织形式。检察机关依照法律规定和监督工作的需要，在大型监管场所或监管场所相对集中的区域设置派出检察院，全面履行监所检察职责。对于没有设置派出检察院的监狱、看守所，一般由市级人民检察院派驻检察室。截至2010年年底，全国各级检察机关已设置80个监所派出检察院和3000多个派驻检察室，对全国95%的监狱、看守所、劳教所等监管场所实行了派驻检察。没有设立派出检察机构的监管场所，也都实行了巡回检察。此外，检察机关还对监外执行活动是否合法实行巡回检察。检察机关在监管场所派驻检察工作人员实行法律监督，是中国特色的检察制度的一个重要组成部分。派驻检察是搞好监所检察的组织保证。因此，监所检察部门与其他检察业务部门不同，实行“小机关，大派驻”，主要人员充实到派驻监管场所的检察室。派驻检察工作坚持以监督监管活动是否合法为中心。

2. 实行事前、事中监督与事后监督相结合，向全程同步监督发展。我国检察机关现在实施的主要是事后监督，即一般在刑罚执行机关和监管机关作了有关报请、裁定、决定刑罚变更执行等决定后，才开展审查监督。近年来，监所检察部门积极探索监所检察监督的新方式，全国各级检察机关监所派出检察院、派驻检察室开始与看守所等监管场所实行信息联网和监控联网，加强监管执法活动的实时监督和动态监督。一些地方监所检察部门积极探索对刑罚执行活动实行全过程同步监督。刑罚执行机关在向人民法院提请罪犯减刑、假释之前，都主动把案卷材料送至人民检察院审查征求意见；人民法院对于监管场所提请减刑、假释的案件，如果没有附送人民检察院意见的，原则上不予审理裁定。一些地方人民法院试行开庭审理减刑、假释案件，邀请人民检察院派员出席，使得人民检察院对人民法院减刑、假释裁定活动的监督，向前延伸到了人民法院的庭审活动。实践表明，检察机关对刑罚执行活动实行全程同步监督，既有利于维护刑罚执行公正和被监管人员的合法权益，也有利于对罪犯的改造和预防犯罪，同时还有利于预防职务犯罪，保护监管民警。

3. 监督的手段包括口头提出纠正意见、发出纠正违法通知书、提出检察建议、查办职务犯罪等多种手段。监所检察人员在开展刑罚执行和监管活动监督中，对于轻微违法问题，及时提出口头纠正意见，并督促纠正。对于严重违法问题，经本院检察长批准后向监管场所发出《纠正违法通知书》，要求告知纠正结果，并抄报其主管机关。对于发现监管场所存在安全隐患、制度漏洞的，提出检察建议。

查办刑罚执行和监管活动中发生的职务犯罪，是监所检察部门开展监督工作的重要手段和保障。根据刑法、刑事诉讼法规定和检察机关内部分工，监所检察直接办理监管人员体罚虐待被监管人的案件，私放在押人员的案件，过失致使在押人员脱逃的案件，徇私舞弊办理减刑、假释、暂予监外执行的案件，以及监管民警在刑罚执行和监管活动中实施的其他渎职侵权和贪污贿赂犯罪等。

派驻检察人员通过日常执法检察、受理被监管人及其法定代理人、近亲属的控告、举报和申诉，从不正常的执法行为背后等多种途径发现刑罚执行机关和监管机关的违法犯罪问题。有的派驻检察机构在监管场所设立检察官信箱，实行“检察官接待日制度”、“预约检察官制度”等，依法受理和及时处理被监管人及其法定代理人、近亲属的控告、举报和申诉等。针对人民群众反映强烈的刑罚执行和监管活动中存在的突出问题，以及监所检察工作中存在的一些薄弱环节，监所检察部门还积极开展专项检察，增强监督力度和效果。

（二）日常监督程序

根据监所检察“四个办法”关于“纠正违法和检察建议”的规定，监所检察部门在对刑罚执行和监管活动开展日常监督工作时，发现存在违法或不当问题的，实行的是“递进检察纠正程序”。即：对于轻微违法情况，实行三步骤的递进检察纠正程序；对于严重违法情况，实行两步骤的递进检察纠正程序。具体来说，就是：派驻检察（监所检察）人员发现轻微违法情况，可以当场提出口头纠正意见，并及时向派驻检察机构负责人报告，填写《检察纠正违法情况登记表》。派驻检察机构（监所检察部门）发现严重违法情况，或者在提出口头纠正意见后被监督单位7日内未予纠正且不说明理由的，应当报经本院检察长批准，及时发出《纠正违法通知书》。人民检察院发出《纠正违法通知书》后15日内，被监督单位仍未纠正或者回复意见的，应当及时向上一级人民检察院报告。对严重违法情况，派驻检察机构（监所检察部门）应当填写《严重违法情况登记表》，向上一级人民检察院监所检察部门报送并续报检察纠正情况。

赋予监所检察人员对发现的轻微违法情况可以提出口头纠正意见的职权。这主要是根据派驻检察机构通常远离检察机关以及监所检察工作地“点多、线长、面广”的特点决定的，符合监所检察工作解决纠正违法“及时性”的实际需要，也是实践中行之有效的做法。关于“轻微违法”和“严重违法”的划分和认定问题，对看守所检察来说，有1999年5月10日最高人民检察院监所检察厅和公安部十三局联合印发的《看守所活动中轻微违法和严重违法标准（试行）》为依据；对监狱检察、劳教检察和监外执行检察来说，尚无明确规定。实践中，可以借鉴《看守所活动中轻微违法和严重违法标准（试行）》，并参考1999年5月31日司法部《关于监狱劳教人民警察执法过错责任追究办法（试行）》和1999年6月11日公安部《公安机关人民警察执法过错责任追究规定》，结合“四个办法”有关章节规定的“纠正情形”条款，来进行具体划分和认定。有的还可以结合刑法的犯罪构成进行认定，如对体罚虐待被监管人的行为，则应视为“严重违法”情况。因为体罚虐待被监管人致轻伤的，即已构成犯罪，应当追究刑事责任。被监督单位对人民检察院的纠正违法意见书面提出异议的，人民检察院应当复议。被监督单位对于复议结论仍然提出异议的，由上一级人民检察院复核。

第二章 监所检察工作重点环节与要求

一、监狱检察工作的重点环节与要求

（一）收监检察

收监是指刑罚执行机关将被判处监禁刑罚的罪犯依照法定程序予以收押入监执行的一项制度。收监检察是指人民检察院对监狱收监罪犯的管理活动是否合法进行监督。在收监检察工作中，主要从罪犯的相关凭证入手进行检察，包括三类相关凭证：（1）人民检察院的起诉书副本和人民法院的刑事判决（裁定）书、执行通知书、结案登记表；（2）撤销假释裁定书、撤销缓刑裁定书或者撤销暂予监外执行的收监执行决定书；（3）从其他监狱调入罪犯的审批手续。

根据目前派驻监狱检察人员配置的情况，对不同情况的收监采取不同措施进行检察。对个别收监罪犯，主要是指零星收监罪犯，包括撤销假释、缓刑和暂予监外执行裁定或决定而收监的罪犯和单独调监的罪犯等，对这类罪犯不仅要逐人检察，而且要重点检察。对集体收监罪犯，选择重点人员进行检察，如何选择重点人员，由于各监狱关押罪犯情况不同，要依据各监狱的具体情况进行选择，比如选择涉黑、涉恶、涉毒罪犯，一些重要案件的罪犯等。对新收犯监区，派驻检察人员要经常进行检察，重点是接收罪犯的控告、举报和申诉，从罪犯的控告、举报和申诉中发现监狱在收监管理活动中存在的问题以及收监之前司法工作中存在的问题。

在收监检察工作中，发现监狱在收监管理活动中有下列情形的，应当及时提出纠正意见：（1）没有收监凭证或者收监凭证不齐全而收监的；（2）收监罪犯与收监凭证不符的；（3）应当收监而拒绝收监的；（4）不应当收监而收监的；（5）罪犯收监后未按时通知其家属的；（6）其他违反收监规定的。

（二）出监检察

出监是指罪犯刑满释放和依照有关规定允许罪犯离开或临时离开监狱的一系列制度。出监检察是指人民检察院对监狱办理罪犯出监的活动是否合法进行监督。

出监罪犯主要包括刑满释放罪犯、假释罪犯、暂予监外执行罪犯、离监探亲和特许离监罪犯、临时离监罪犯和调监罪犯等，前三类人员出监活动是监狱在出监活动中常见的情形，后几类情形不常见，但易存在问题。特别是离监探亲和特许离监罪犯以及调监罪犯离开监狱只需要监狱部门的批准，监狱有相当大的自主权，对这类罪犯出监活动的检察是出监检察工作的重点工作。

出监检察主要有两种方法。一是查阅出监登记和出监凭证；二是与出监罪犯个别谈话，了解情况。根据司法部《监狱教育改造工作规定》第55条“监狱对即将服刑期满的罪犯，应当集中进行出监教育，时限为三个月”的规定，派驻检察人员应采取同接受出监教育罪犯谈话的方式与罪犯沟通，派驻检察人员要明确与罪犯谈话的目的不仅是对罪犯进行法制教育，而且要通过谈话了解罪犯的一些想法，掌握罪犯提供的一些信息，比如通过谈话了解在罪犯关押期间监狱和检察机关存在的一些问题等，以便拓宽和改进监狱检察工作。

在出监检察工作中，发现监狱在出监管理活动中有下列情形的，应当及时提出纠正意见：（1）没有出监凭证或者出监凭证不齐全而出监的；（2）出监罪犯与出监凭证不符的；（3）应当释放而没有释放或者不应当释放而释放的；（4）罪犯没有监狱人民警察或者办案人员押解而特许离监、临时离监或者调监的；（5）没有派员押送暂予监外执行罪犯到达执行地公安机关的；（6）没有向假释罪犯、暂予监外执行罪犯、刑满释放仍需执行附加剥夺政治权利罪犯的执行地公安机关送达有关法律文书的；（7）没有向刑满释放人员居住地公安机关送达释放通知书的；（8）其他违反出监规定的。

（三）减刑、假释检察

减刑、假释属于刑罚执行制度，是对罪犯的奖励措施。正确运用减刑、假释制度，能极大限度地调动罪犯改造的积极性，特别是假释制度，附条件将罪犯提前释放，起着罪犯从监禁生活回归社会生活的过渡阶段的作用，有助于减少罪犯对社会生活的不适应而导致重新犯罪。

在减刑、假释检察内容中，除了通常的“提请减刑、假释罪犯是否符合法律规定条件”和“提请减刑、假释的程序是否符合法律和有关规定”，即实体和程序方面要合法外，为突出保护罪犯合法权益的理念，规定了“对依法应当减刑、假释的罪犯，监狱是否提请减刑、假释”。这主要有两种情况：第一种是罪犯符合刑法第78条规定的6种重大立功，应当减刑而监狱没有提请对该罪犯减刑的情况；第二种是在办理减刑过程中出现的个别异常情况。如目前各监狱都在执行《司法部关于计分考核奖罚罪犯的规定》，监狱对罪犯每日、每个阶段的计分考核情况都要进行公示，每名罪犯对自己排在什么位置都很清楚。实践中，有的罪犯提出排在自己后面的罪犯已经得到减刑，而自己由于干警的喜好或其他原因没有被减刑，检察工作中关注的应是这类罪犯的情况，而不是由于比例限制而无法减刑、假释的情况。对这类罪犯的减刑、假释情况，派驻检察人员要对罪犯的表现认真调查，查清监狱不予办理减刑的原因，认为监狱不予办理的理由不成立的，要及时向监狱提出提请减刑、假释的建议。

在减刑、假释检察工作中，要把书面检察和实地调查、全面检察和重点检察有机地结合起来。要从罪犯计分考核原始凭证入手进行审查，2003 年司法部颁布了《监狱提请减刑、假释工作程序规定》，规范了监狱办理减刑、假释活动的程序，监狱提请减刑、假释，需要由分监区集体评议，监区长办公会审核，监狱提请减刑假释评审委员会评审，监狱长办公会决定。从这几年的实践来看，由于办理减刑、假释的程序越来越规范，环节也不少，有些干警开始在罪犯计分考核，即减刑、假释的源头上做文章，编写虚假的计分考核原始凭证，徇私舞弊。鉴于此，检察人员的工作思路和方法也要随之转变，要从审查罪犯计分原始凭证入手。在审查罪犯减刑、假释的案卷材料中，要注重对罪犯表扬、奖励和记功情况的审查。表扬、奖励和记功是罪犯获得减刑、假释条件的一种直接方式，各地要重点审查，审查表扬奖励是否符合相关规定的标准、证据是否充分；奖励的事实是否真实存在，奖励是否有权威机构鉴定，尤其是涉及技术革新方面的奖励，罪犯投票程序是否符合规定等。在书面审查发现问题后，向有关人员（这里的有关人员包括罪犯、罪犯家属和干警）了解情况；在日常检察活动中，通过与罪犯和干警谈话和沟通情况发现问题，与书面材料进行印证，两种方法结合起来，充分发挥作用。

在纠正监狱在提请减刑活动中的违法情形时，要注意“提请对罪犯减刑的起始时间、间隔时间和减刑后又假释的间隔时间不符合有关规定的”情形。1997 年最高人民法院《关于办理减刑、假释案件具体应用法律若干问题的规定》对罪犯减刑起始时间和间隔时间、罪犯减刑后又假释的间隔时间都有明确的规定，但在实践中监狱提请和法院裁定往往会突破规定的时间。比如，文件中规定“被判处五年以上有期徒刑的罪犯，一般在执行一年半以上方可减刑；两次减刑之间一般应当间隔一年以上。被判处十年以上有期徒刑的罪犯，一次减二年至三年有期徒刑之后，再减刑时，其间隔时间一般不得少于二年”。但实践中会出现判处 10 年以上有期徒刑的罪犯一次减刑超过 3 年或再次减刑的间隔期不到两年的情形，在 2004 年全国开展的减刑、假释、保外就医专项检查活动中，这类问题比较突出，有些法院的同志认为上述规定是“一般”情况下的规定，法官有裁定的自由裁量权，可以突破这个界限。因此，在检察工作中，要注意这个问题，为什么要突破这个规定，是否有充足的理由来突破这个规定，对这些理由都要认真审查。对减刑、假释起始时间和间隔时间的检察是纠正违法情形的一个重点。

(四) 暂予监外执行检察

按照我国刑事诉讼法的规定，符合暂予监外执行条件的罪犯有三种：一是有严重疾病需要保外就医的；二是怀孕或者正在哺乳自己婴儿的妇女；三是生活不能自理，适用暂予监外执行不致危害社会的。目前监狱提请减刑、假释程序方面和人民法院审理减刑、假释案件实体方面有很明确的规定，设计出严格的实体条件和严密的程序规定，而暂予监外执行所依据的是1990年司法部、最高人民检察院、公安部《罪犯保外就医执行办法》和所附的《罪犯保外就医疾病伤残范围》，该办法历时已久，无法解决现在出现的一些新情况，并且只规定了暂予监外执行的一种情况保外就医。同时，由于严重疾病而保外就医不需要时间上的严格限制，许多罪犯为了早日离开监狱，会千方百计地利用保外就医来达到目的。由于上述种种原因，派驻检察人员要充分认识暂予监外执行检察工作中的困难和问题，加强对暂予监外执行检察的力度，有效地发挥检察职能。

在暂予监外执行检察工作中，把书面审查与实地调查有机结合。派驻检察人员要认真审查监狱呈报暂予监外执行罪犯的病残鉴定和病历资料，了解罪犯病史，同时向有关人员，比如罪犯同一监区的其他罪犯、管教干警、家属等了解情况，可以通过建立病残罪犯档案等形式全面掌握罪犯的身体状况，提出合理的建议。

在暂予监外执行检察工作中，省级检察院监所检察部门要发挥应有的作用。省级监狱管理部门是暂予监外执行的审批单位，所以在暂予监外执行检察中，省级院监所检察部门要充分发挥作用，特别要注意派驻检察机构认为暂予监外执行不当向监狱提出纠正意见后，监狱未予采纳的情况。省级人民检察院收到省级监狱管理机关批准暂予监外执行的通知后，应当及时审查。认为暂予监外执行不当的，应当自接到通知之日起1个月内向省级监狱管理机关提出书面纠正意见。省级人民检察院应当监督省级监狱管理机关是否在收到书面纠正意见后1个月内进行重新核查和核查决定是否符合法律规定。

(五) 禁闭检察

禁闭是监狱对严重破坏监管秩序的罪犯采取的一种处罚措施，也是在特定条件下采取的防范措施。

1. 检察“适用禁闭是否符合规定条件”，即适用禁闭的罪犯应当是严重破坏监管秩序者；加戴戒具仍不能消除危险者；重新犯罪正在审理者；报处死刑待批者。其中，严重破坏监管秩序主要针对监狱法第58条规定的8类情况：一是聚众哄闹监狱，扰乱正常秩序的；二是辱骂或者殴打人民警察的；三是欺压其他罪犯的；四是偷窃、赌博、打架斗殴、寻衅滋事的；五是有劳动能力拒不参加劳动或者消极怠工，经教育不改的；六是以自伤、自残手段逃避劳动的；七是在生产劳动中故意违反操作规程，或者有意损坏生产工具的；八是有违反监规纪律的其他行为的。派驻检察人员通过听取被禁闭人和有关人员的意见，查阅有关材料，了解适用禁闭是否符合规定。

2. 检察"适用禁闭的程序是否符合有关规定"。对罪犯适用禁闭有严格的程序规定，一般由中队填写申请关押禁闭审批表，经大队和狱政部门审核同意后，报监狱主管领导批准。对罪犯实行禁闭的期限，除死刑待批和正在审理的罪犯，应为7至15天。派驻检察人员通过认真审阅禁闭登记和审批手续，掌握禁闭程序是否合法。

3. 检察"执行禁闭是否符合有关规定"，监狱是否按照有关规定执行禁闭是检察的内容之一，1990年司法部《监管改造环境规范》第16条规定："禁闭室根据需要设在罪犯生活区内、外，使用面积每间不少于3平方米，室内高度不低于3米，窗户不小于0.8平方米；门、窗、灯要安装防护装置；罪犯睡铺要保证防潮保暖；室内要通风透光，经常消毒；室外要有放风场"等，同时，对被关禁闭人员在伙食、活动等方面都有一定标准，派驻检察人员要做到每周到禁闭室进行现场检察，检察禁闭室的条件、被执行禁闭罪犯的生活条件是否符合标准，听取被禁闭人的意见，掌握在执行禁闭中是否存在违法问题。特别要关注被禁闭罪犯是否受到体罚虐待，监狱违法使用戒具等情形，发现这类问题，要及时提出纠正意见。

（六）狱政管理、教育改造活动检察

狱政管理、教育改造活动主要包括监狱的分押分管工作，警戒工作，人民警察戒具和武器的使用情况，罪犯通信、会见、生活、卫生、劳动和教育改造情况。分押分管是监狱根据监狱法及其有关法律规定，依据服刑罪犯的性别、年龄、犯罪类型、刑罚种类、刑期、主观恶性程度、改造表现等情况实行的分类关押、分级管理的制度。该制度可以最大限度地减少和预防不同类型罪犯之间的交叉感染，以求得最佳的监管效果。警戒是指为了防止和打击罪犯逃跑、破坏、行凶、暴乱等犯罪行为，预防其他意外事故的发生，确保监狱安全和监管改造工作的顺利进行而建立的。戒具是用以预防和制止罪犯中某些危险行为发生的专门器械。戒具的使用主要是对付一些罪犯采用的特殊手段，不是惩罚罪犯的刑具。戒具有防范和警戒两个作用。会见、通信制度是指有关罪犯会见、通信活动必须遵守的办事规程，其意义在于能为罪犯及其亲属消除彼此间的忧虑、误解，使双方正常的亲情需要得到满足，有利于培养罪犯正常的情感情绪，从而安心服刑改造。生活卫生管理制度是指监狱必须遵循的有关罪犯衣、食、住、用、疾病的预防与治疗以及劳动保护等方面的办事规程。教育改

造是指监狱在对罪犯惩罚管制的前提下，以转变罪犯思想、矫正犯罪恶习为目的，灌输政治思想和文化、技术教育为主要内容的，有组织、有计划、系统的活动。

检察的内容不仅包括监狱的狱政管理、教育改造活动是否符合有关法律规定，而且还要检察罪犯合法权益是否得到保障。检察方法上就是我们平时说的深入监狱生活、学习、劳动三大现场，加强对重点部位、重点时间的检察，重点部位指会见室、劳动地点等场所，重点时间指法定节日、重大活动之前或者期间，在重点时间检察问题上，检察机关的职责是督促监狱进行安全防范和生活卫生检查，这里的督促也可以与监狱联合进行检查，但不是越俎代庖地进行检察。如《人民检察院监狱检察办法》第 39 条规定："派驻检察机构每半年协助监狱对罪犯进行一次集体法制宣传教育。派驻检察人员应当每周至少选择一名罪犯进行个别谈话，并及时与要求约见的罪犯谈话，听取情况反映，提供法律咨询，接收递交的材料等。"需要注意的是，对罪犯进行教育矫正的主体是监狱，派驻检察人员约见罪犯谈话的内容主要应集中在罪犯反映的情况、提供法律咨询和接受递交的材料上，在检察工作中一定要把握住检察机关的工作性质和任务。

在狱政管理、教育改造活动检察工作中，发现监狱有下列情形的，应当及时提出纠正意见：(1) 监狱人民警察体罚、虐待或者变相体罚、虐待罪犯的；(2) 没有按照规定对罪犯进行分押分管的；(3) 监狱人民警察没有对罪犯实行直接管理的；(4) 安全防范警戒设施不完备的；(5) 监狱人民警察违法使用戒具的；(6) 没有按照规定安排罪犯与其亲属会见的；(7) 对伤病罪犯没有及时治疗的；(8) 没有执行罪犯生活标准规定的；(9) 没有按照规定时间安排罪犯劳动，存在罪犯超时间、超体力劳动情况的；(10) 其他违反狱政管理、教育改造规定的。

二、看守所检察工作的重点环节与要求

(一) 收押检察

1. 收押检察的内容

收押检察是指人民检察院对看守所拘禁和羁押活动是否合法进行的检察监督，是发现和纠正错拘、错捕、错押和非法关押的首要环节。收押检察的内容有三项：(1) 检察看守所对犯罪嫌疑人、被告人及罪犯的收押活动是否符合有关规定；(2) 检察看守所收押人员有无相关凭证；(3) 检察看守所是否收押法律禁止收押的人员。其中，对看守所收押人员有无相关凭证的检察是收押检察工作的重点，具体检察内容为：第一，检察看守所收押犯罪嫌疑人、被告

人，是否具备县级以上公安机关、国家安全机关签发的刑事拘留证、逮捕证。第二，检察看守所临时收押异地犯罪嫌疑人、被告人及罪犯，是否具备县级以上人民法院、人民检察院、公安机关、国家安全机关或者监狱签发的通缉、追捕、押解、寄押等证明文书。第三，检察看守所收押剩余刑期在1年以下的有期徒刑、判决确定前未被羁押的罪犯，是否具备人民法院的刑事判决（裁定）书、执行通知书。第四，检察看守所收押被收监执行的罪犯，是否具备撤销假释裁定书或者撤销缓刑裁定书或者撤销暂予监外执行的收监执行决定书。

另外，为了保护在押人员的生命健康等合法权利，在收押检察活动中，检察人员应当把看守所对收押人员的入所健康体检活动作为一项重要检察内容。2009年云南晋宁县看守所“躲猫猫事件”发生后，为了加强看守所的安全管理工作，公安部专门制定下发了《关于规范和加强看守所管理确保在押人员身体健康的通知》（公监管〔2010〕214号），对在押人员入所健康检查的标准和程序、每羁押超过6个月后应按照入所健康检查的标准重新进行健康检查、在押人员被提讯前后和被提解出所及送返看守所时看守所应当对其进行体表检查等作了详细规定。驻所检察人员在入所检察中，应当依据该通知的规定内容监督看守所的入所健康体检活动，发现有违反该通知规定的，应当及时向看守所提出纠正意见。

2. 收押检察的方法

收押检察的方法有审查看守所收押凭证和现场检察收押活动两种。这两种方式既可以同时采用，也可以根据情况分别进行。在检察中，对白天收押的人员，驻所检察人员应当当天检察登记完毕；对晚上收押的人员，应当次日上班后及时进行补充登记；对节日、假日收押的人员，应当在节日、假日上班后的第一天进行补充登记。对检察情况和发现的违法及纠正情况，既要在检察日志中有所反映，也要在《在押人员情况检察台账》中详细记录。对于收押检察，《人民检察院监狱检察办法》并没有强制规定必须逐人进行收押检察，派驻检察人员根据工作量的大小和看守所在押人员数量的多少，可以逐人检察，也可以采取抽查的形式。

3. 收押检察中特殊情况的检察处理

（1）对禁止收押活动的检察。关于禁止收押的情形，《中华人民共和国看守所条例》的规定与刑事诉讼法第60条第2款的规定有所不同。看守所条例第10条规定：看守所收押人犯，应当进行健康检查，有下列情形之一的，不予收押：一是患有精神病或者急性传染病的；二是患有其他严重疾病，在羁押中可能发生生命危险或者生活不能自理的，但是罪大恶极不羁押对社会有危险性的除外；三是怀孕或者哺乳自己不满1周岁的婴儿的妇女。而刑事诉讼法第

60 条第 2 款规定：对应当逮捕的犯罪嫌疑人、被告人，如果患有严重疾病，或者是正在怀孕、哺乳自己婴儿的妇女，可以采取取保候审或者监视居住的方法。看守所条例的收押规定是禁止性规定，而刑事诉讼法对患有严重疾病或者正在怀孕、哺乳自己婴儿的妇女适用拘留、逮捕措施则是选择性规定，并非强制性规定。刑事诉讼法第 60 条第 2 款的法律用语规定的是“可以”采取取保候审或者监视居住，而并没有使用“应当”或者“必须”这一术语，显然适用拘留、逮捕的强制措施并予以羁押也并不违法。因此，实践中可视具体情形而定，对于不适宜取保候审或者监视居住的怀孕、哺乳自己婴儿的犯罪妇女，也可以羁押。根据立法法关于法律文件效力层级中上位法优于下位法的原则规定，刑事诉讼法的法律效力大于看守所条例，二者冲突时应当执行刑事诉讼法。作为行政法规的看守所条例第 10 条的规定与刑事诉讼法的规定相冲突，存在抵触，抵触的规定自然无效，相关问题应该按照刑事诉讼法的规定执行。

检察机关派驻检察人员对于看守所收押患有严重疾病以及正在怀孕、哺乳自己婴儿妇女的活动，应当依据刑事诉讼法等法律规定依法监督，对于看守所内羁押的怀孕女性犯罪嫌疑人、被告人，应当区别情况进行检察处理：①对于符合法定生育条件、属于计划内怀孕的被羁押妇女，可以变更强制措施为取保候审或者监视居住。②对于虽属于计划内怀孕的被羁押妇女，但是其罪行十分严重，有逃跑、串供等妨碍刑事诉讼活动可能的，或者采取取保候审、监视居住等方法尚不足以防止发生社会危险性的，或者该妇女系为了规避法律故意利用怀孕进行犯罪活动的，对该妇女仍然可以继续羁押而不予变更强制措施，但是需要单独关押或者采取特殊监管措施。③对于不符合法定生育条件计划外怀孕的女性被羁押人，一般不应该拒绝收押或者变更强制措施。公安机关或者人民检察院应该及时和当地的人口与计划生育管理部门联系，在可以采取人工流产且能保证其人身安全的情况下，由该部门依法劝告或者采取法定措施使该妇女终止妊娠，然后由司法机关决定是否继续羁押或者变更强制措施。

（2）关于不负刑事责任的情形。检察人员发现看守所收押了刑事诉讼法第 15 条、刑法第 17 条规定情形的人，应当立即向看守所提出纠正意见，并督促看守所立即释放：一是情节显著轻微，危害不大，不认为是犯罪的；二是犯罪已过追诉时效期限的；三是经特赦令免除刑罚的；四是依照刑法告诉才处理的犯罪，没有告诉或者撤回告诉的；五是不满 16 周岁的人除犯故意杀人、故意伤害致人重伤或者死亡、强奸、抢劫、贩卖毒品、放火、爆炸、投毒罪外，不负刑事责任的等。

（3）收押检察后应当逐人建立《在押人员情况检察台账》。检察台账是驻所检察人员对每名在押人员从入所开始到其出所为止的档案记录，记载着看守所每一名在押人员的基本情况、诉讼环节、羁押期限、留所服刑及刑罚变更执行的情况，是驻所检察人员对在押人员情况进行检察监督的依据和凭证。通过检察台账，驻所检察人员可以随时掌握和及时发现看守所在收押、释放、羁押期限中存在的违法问题，及时提出纠正意见，督促看守所纠正，实现对看守所监管活动的有效监督。检察台账由三部分组成。一是在押人员基本情况，包括在押人员的羁押场所、姓名、性别、出生日期、案由、入所时间等。二是羁押期限情况。这里的羁押期限情况与日志中的羁押期限情况不同，记录每一名在押人员的诉讼环节、羁押时限及其期限变化情况，不是看守所总体羁押期限情况。三是所内主要表现情况。主要记录在押人员奖惩情况。驻所检察人员要把检察台账登记与信息联网工作有机结合起来，已经实现与看守所信息系统联网的，可从看守所信息系统中直接获取在押人员的基本情况，建档备查；未实现联网的，要及时与看守所核对情况，进行登记，填写台账。检察台账实行在押人员一人一账，登记内容应当做到及时、准确、无误。

（二）出所检察

1. 出所检察，是指对看守所办理在押人员释放、交付执行刑罚、提押、押解等出所管理活动是否合法所进行的检察活动。

2. 出所检察的内容。包括：检察看守所对在押人员的出所管理活动是否符合有关法律规定；检察在押人员出所有无相关凭证，包括：（1）被释放的犯罪嫌疑人、被告人或者罪犯，是否具备释放证明书；（2）被释放的管制、缓刑、独立适用附加刑的罪犯，是否具备人民法院的判决书、执行通知书；（3）假释的罪犯，是否具备假释裁定书、执行通知书、假释证明书；（4）暂予监外执行的罪犯，是否具备暂予监外执行裁定书或者决定书；（5）交付监狱执行的罪犯，是否具备生效的刑事判决（裁定）书和执行通知书；（6）交付劳教所执行的劳教人员，是否具备劳动教养决定书和劳动教养通知书；（7）提押、押解或者转押出所的在押人员，是否具备相关凭证。

3. 出所检察的方法。包括查阅出所人员出所登记和出所凭证，与出所人员进行个别谈话，了解情况等。检察人员发现看守所在出所管理活动中有下列情形的，应当及时提出纠正意见：（1）出所人员没有出所凭证或者出所凭证不齐全的；（2）出所人员与出所凭证不符的；（3）应当释放而没有释放或者不应当释放而释放的；（4）没有看守所民警或者办案人员提押、押解或者转押在押人员出所的；（5）判处死刑缓期2年执行、无期徒刑、剩余刑期在1年以上有期徒刑罪犯或者被决定劳动教养人员，没有在1个月内交付执行的；（6）对判处管制、宣告缓刑、裁定假释、独立适用剥夺政治权利、决定或者批准暂予监外执行罪犯，没有及时交付执行的；（7）没有向刑满释放人员居住地公安机关送达释放通知书的；（8）其他违反出所规定的。

4. 关于看守所交付执行活动的检察监督。检察人员检察发现看守所对于被判处死刑缓期2年执行、无期徒刑、剩余刑期在1年以上有期徒刑罪犯或者被决定劳动教养人员，没有在1个月内交付执行的，应当及时提出纠正意见。实践中，看守所对于判决生效的已决罪犯一般是在集中一批罪犯后，集中押送到指定监狱交付执行，因此在判决生效和交付执行期间有一个时间段。《监狱法》第15条规定了交付执行的具体时限，即：人民法院对被判处死刑缓期2年执行、无期徒刑、有期徒刑的罪犯，应当将执行通知书、判决书送达羁押该罪犯的公安机关，公安机关应当自收到执行通知书、判决书之日起1个月内将该罪犯送交监狱执行刑罚。因此，在实践中，检察人员如果发现看守所在判决生效后超过1个月还没有将罪犯交付执行，应当及时提出纠正意见予以纠正。另外，从理论上讲，由于劳动教养是一种行政强制措施，与拘役、徒刑等监禁刑罚的性质和惩罚程度不同，因此如果看守所的在押人员未被追究刑事责任而被决定劳动教养的，看守所收到劳动教养决定书后应当立即将该人送交劳教所执行劳教，检察人员发现看守所未及时将被决定劳教人员交付劳教所执行的，应当及时提出纠正意见，并督促看守所及时纠正。

5. 填写《监外执行罪犯出所告知表》。为了防止监外执行罪犯漏管，《人民检察院看守所检察办法》第13条规定：被判处管制、宣告缓刑、裁定假释、决定或者批准暂予监外执行的罪犯，独立适用剥夺政治权利或者刑满释放仍需执行附加剥夺政治权利的罪犯出所时，驻所检察室应当填写《监外执行罪犯出所告知表》，寄送执行地人民检察院监所检察部门。填写《监外执行罪犯出所告知表》并寄送执行地人民检察院监所检察部门，是为了防止监外执行罪犯漏管采取的一项重要措施，驻所检察室应当认真落实，完成这一“必选动作”。

（三）羁押期限检察

刑事诉讼中的羁押期限，是指犯罪嫌疑人、被告人在被羁押的状态下，公安机关、人民检察院、人民法院根据刑事诉讼法关于拘留期限、侦查期限、审查起诉期限和审理期限的规定，办理刑事案件的期限。检察机关加强对羁押期限的监督，预防和纠正超期羁押，对于维护在押人员合法权益，保证刑事诉讼活动的顺利进行具有重要的意义。经过检察机关多年的不懈努力，近年来全国超期羁押这一刑事诉讼顽症已基本得到遏制。但是，超期羁押问题容易反弹，边纠边超、前清后超等问题仍然存在。

1. 羁押期限检察的内容

一是看守所执行办案换押制度是否严格、应当换押的是否及时督促办案机关换押。换押制度是指人民法院、人民检察院、公安机关在办理案件中，按照法律规定变更诉讼程序对被羁押的犯罪嫌疑人、被告人递次移送时，应当履行的期限交接手续的制度。1999年“两高一部”联合制定的《关于羁押犯罪嫌疑人、被告人实行换押制度的通知》，规定凡对在押的犯罪嫌疑人、被告人依法变更刑事诉讼程序的，均应办理换押手续。公安机关侦查终结移送人民检察院审查起诉的，人民检察院审查或者职务犯罪侦查终结后人民法院决定受理的，二审法院受理上诉、抗诉案件时，在递次移送交接时，移送机关应当填写《换押证》，随案移送；接收机关应当在《换押证》上注明承接时间，填写本诉讼阶段的法定起止时间，及时送达看守所。从实践看，换押制度执行得很不理想。表现在以下三个方面：首先，有的办案机关主要是法院办理换押不及时或者不办理换押手续，如法院二审程序不换押，死刑复核程序不换押，造成二审期限难以掌握；其次，接收机关换押不积极，因换押不及时而造成隐性超期羁押问题出现；最后，羁押期限变更通知制度没有落实，各环节期限变更情况无法了解。驻所检察室发现办案机关不办理换押、羁押期限变更不通知看守所和检察机关的，应当及时向办案机关提出纠正意见，或者建议看守所督促办案机关办理换押手续，执行羁押期限变更通知制度。

二是看守所是否认真执行羁押期限即将届满提示制度。提示制度，是指看守所和人民检察院监所检察部门按照有关规定在办案期限即将届满前，应当向办案机关履行的提前告知程序的制度。分为两种情形：一种情形是在押的犯罪嫌疑人、被告人羁押期限届满前7日，看守所向办案机关发出羁押期限即将届满通知书进行提示。另一种情形是对检察机关立案侦查的职务犯罪案件，在犯罪嫌疑人羁押期限届满前7日，除看守所按规定进行提示外，监所检察部门应当向本院办案部门或者办理案件的其他检察院发出《犯罪嫌疑人羁押期限即将届满提示函》。也就是说，对检察机关立案侦查的职务犯罪案件，实行看守所和监所检察部门双提示制度。这里的7日，指的是案件决定逮捕后的侦查羁押期限、审查起诉期限、审理期限届满前的7日，作为驻所检察人员不仅对看守所是否履行提示职责负有监督责任，同时还对检察机关自侦案件负有期限提示责任。

三是看守所是否在犯罪嫌疑人、被告人超期羁押后，立即向人民检察院发出超期羁押报告书，并抄送办案机关。发生犯罪嫌疑人、被告人被超期羁押情况后，看守所应当立即向人民检察院报告。派驻检察人员通过监督落实换押制度，可以准确掌握在押人员诉讼环节和办案期限；通过预警提示，切实防止超期羁押问题的发生；通过监督看守所执行超期羁押报告制度，可以使超期羁押问题得到及时发现和纠正。

2. 羁押期限检察的方法

对羁押期限的检察，是驻所检察人员每天必须进行检察的内容之一。驻所检察人员必须按照《人民检察院看守所检察办法》第15条规定，查阅看守所登记和换押手续，逐一核对在押人员诉讼环节及其羁押期限，及时记录诉讼环节及其羁押期限变更情况；通过驻所检察室与看守所信息联网，对羁押期限实行动态监督；对期限即将届满的案件，监督看守所及时履行羁押期限预警提示职责。对羁押期限的检察情况，驻所检察人员既要在检察日志中有所反映，更要在《在押人员情况检察台账》中详细记录。关于羁押期限提示和超期羁押报告，都应当有相应的法律文书。

3. 关于超期羁押的检察处理

检察人员发现在押犯罪嫌疑人、被告人被超期羁押后，应当区别情况予以纠正、报告：（1）发现看守所没有报告超期羁押的，立即向看守所提出纠正意见；（2）发现同级办案机关超期羁押的，立即报经本院检察长批准，向办案机关发出纠正违法通知书；（3）发现上级办案机关超期羁押的，及时层报上级办案机关的同级人民检察院；（4）发出纠正违法通知书后5日内，办案机关未回复意见或者仍然超期羁押的，报告上一级人民检察院处理。此外，实践中还存在异地羁押问题，办案机关并非派驻看守所检察室所在的检察院的上级公检法机关，对于异地羁押的犯罪嫌疑人、被告人超期羁押了如何监督纠正，《人民检察院看守所检察办法》没有规定。我们认为，对于异地羁押的犯罪嫌疑人、被告人超期羁押的，派驻看守所检察室所在的人民检察院可以直接向异地的办案机关发出纠正违法通知书，并将情况通报该办案机关同级的人民检察院监所检察部门。

4. 关于超期羁押纠正程序的特殊规定

发现办案机关超期羁押后，人民检察院应当向办案机关发出《纠正违法通知书》。发出《纠正违法通知书》5日后，办案机关未回复意见或者仍然超期羁押的，要立即报告上级人民检察院处理。这样规定，主要是针对羁押期限监督的特殊性和时效性，增强羁押期限监督的时效和工作力度，有利于超期羁押问题得到及时的纠正。

（四）教育管理活动检察

教育管理活动检察是对看守所教育和监管犯罪嫌疑人、被告人的活动是否符合法律规定的监督。加强对看守所监管活动的检察，对促进看守所严格执法，文明管理，有效防止"牢头狱霸"、监管民警虐待被监管人等违法现象，切实避免在押人员脱逃、破坏监管秩序、伤残、死亡等各类事故，维护在押人员合法权益，维护看守所监管秩序安全稳定，保障刑事诉讼活动顺利进行具有重要的作用。

1. 教育管理活动检察的内容

根据《看守所条例》、《看守所条例实施办法（试行）》等有关文件的规定，看守所教育管理活动包括警戒看守、械具使用、提讯、生活卫生、会见通信、教育奖惩等内容。检察看守所教育管理犯罪嫌疑人、被告人的重要活动是否符合规定，具体应从以下几个方面着手进行：（1）检察看守所是否按照规定对羁押的犯罪嫌疑人、被告人由民警直接监管，监管民警有无体罚、虐待或者变相体罚、虐待在押人员，以及利用在押人员管理在押人员。（2）检察看守所是否严格执法，监管民警有无为在押人员通风报信、私自传递信件、伪造立功材料等问题。（3）检察看守所是否按照规定对在押人员分别羁押，即对男性和女性，同案犯罪嫌疑人、被告人，未成年人和成年人，未决人员和已决犯实行分别羁押，有无对在押人员混押混管。（4）检察看守所对关押犯罪嫌疑人、被告人的安全防范措施是否落实，特别是重要案犯、死刑犯的监管警戒措施是否严密、安全。（5）检察看守所是否按照规定依法使用警械具，有无违法使用警械具或者使用非法定械具的问题。（6）检察看守所是否按照规定适用禁闭措施，有无违反规定的条件和程序适用禁闭措施。（7）检察看守所是否按照规定安排办案人员提讯犯罪嫌疑人、被告人，有无违反规定安排办案人员一人提讯。（8）检察看守所是否按照规定安排律师及在押人员亲属与在押人员会见，有无违反规定安排律师及在押人员亲属与在押人员会见。（9）检察看守所是否按照规定执行在押人员的生活卫生标准，伤病是否得到及时治疗。（10）检察看守所是否按照规定安排在押人员劳动，在押人员有无超时间、超体力劳动情况。

2. 教育管理活动检察的方法

一是对监区、监室、提讯室、会见室、禁闭室等场所进行实地检察和巡视检察。派驻检察人员应当深入在押人员"劳动、学习、生活"三大现场，对在押人员的监区、监室进行实地查看，检察看守所有无对在押人员混管混押的情况；对提讯室、会见室进行巡视检察，检察看守所是否按照规定安排办案人员提讯犯罪嫌疑人、被告人，以及安排律师及在押人员家属与在押人员会见，有无违反规定安排办案人员一人提讯、安排律师及在押人员亲属与在押人员会见的问题。二是查阅在押人员登记名册、伙食账簿、会见登记和会见手续，检察看守所对在押人员使用警械具、适用禁闭措施、安排会见等活动，是否按照规定办理批准手续。三是通过谈话等方式向在押人员及其家属和监管民警了解情况，听取意见，及时了解和掌握看守所执法管理情况以及保障在押人员合法权益等情况。发现看守所民警对在押人员及其亲属索贿、受贿，为在押人员通风报信、私下传递信件物品，以及虐待在押人员的，应当及时收集和提取相关证据材料。四是在法定节日、重大活动之前或者期间，督促看守所进行安全防范检查和生活卫生检查。

3. 对“牢头狱霸”和混押、混管等突出问题的检察处理

当前在看守所的教育管理活动中，存在着一些突出的问题：如“牢头狱霸”、“跑风漏气”、假立功、违法使用械具、虐待在押人员等，各地应当结合工作实际，要把检察监管民警体罚、虐待或者变相体罚、虐待在押人员，监管民警为在押人员通风报信、私自传递信件、帮助在押人员伪造立功材料，以及非法使用警械具或者使用非法定械具等活动，作为检察监督的重点，适时组织专项检察活动。发现违法情况，及时提出纠正意见。教育管理活动监督工作中一个重要内容是防范和打击“牢头狱霸”。2009 年 2 月云南晋宁县看守所“躲猫猫”事件发生以后，“牢头狱霸”这一看守所的老问题重新引起了人们的重视。“牢头狱霸”问题，不仅严重影响了看守所的监管秩序和安全稳定，容易引起“牢头狱霸”殴打、虐待、打死、打伤其他在押人员等严重侵犯在押人员合法权益的恶性事件，而且也是滋生看守所腐败和权钱交易的一大因素。因此，检察机关特别是驻所检察室检察人员，要监督和配合看守所严厉打击和预防“牢头狱霸”：一是监督看守所及监管民警严格贯彻落实公安部监所管理局 2009 年 5 月制定的《看守所防范和打击“牢头狱霸”十条规定》规定的 10 种制度和措施。二是发现“牢头狱霸”苗头的，要及时提出检察建议，建议看守所及时予以制止、打击、处罚。三是发现部分“牢头狱霸”构成又犯罪的，要依法监督公安机关立案追究其刑事责任。监所检察部门可以探索犯罪嫌疑人、被告人羁押表现纳入量刑情节改革，协调本院公诉部门、公安机关及看守所、人民法院刑事审判庭，将在押人员在羁押期间的表现作为酌定量刑情节纳入量刑程序。这样，通过羁押表现纳入量刑情节这一制度改革，可以有效地约束和激励在押人员认真遵守监规纪律，防止“牢头狱霸”的产生。目前，看守所在押人员混押、混管问题在全国许多地方是一个普遍存在的老问题，也是看守所管理中的一个顽疾。对此，在看守所检察时必须严格依法监督，杜绝混押、混管问题。目前，看守所混押问题主要是未决人员和已决犯混押以及同案的犯罪嫌疑人、被告人混押两种，原因有二：一是看守所监室有限，押犯数量过多，或者警力有限，造成监管压力过大，不能实现分押、分管，如某一共同犯罪案件的同案犯可能多达数十人，一个看守所所有监室全部使用，每一个监室羁押一人都无法避免同案犯混押。二是看守所留所服刑罪犯过多，特别是大量余刑 1 年以上的罪犯被违法留所服刑，导致未决人员和已决犯混押。监督纠正混押混管问题，首先，必须严格依法监督，发现混押的，及时向看守所提出

纠正意见，并督促纠正；其次，协调配合看守所解决混押问题，如可以通过上级检察机关协调，将某一案件的过多的同案在押人员分散到异地看守所羁押；再次，切实杜绝和监督纠正违法留所服刑，防止未决人员和已决犯混押。

（五）留所服刑检察

留所服刑，是指短期被剥夺人身自由的罪犯，根据法律规定留在看守所执行刑罚。留所服刑检察就是对看守所办理留所服刑活动是否合法的监督。留所服刑检察的内容有三个方面：一是看守所办理罪犯留所服刑是否符合有关规定。二是看守所是否将未成年犯或者被决定劳教人员留所执行。三是看守所是否将留所服刑罪犯与其他在押人员分别关押。

目前，实践中存在看守所因特殊需要，对个别余刑1年以上已决犯，可以留在看守所执行的问题。对于所谓特殊需要，1987年“两高两部”《关于罪犯在看守所执行刑罚以及监外执行的有关问题的通知》中曾规定，因侦破重大、疑难案件需要和极个别罪行轻微又确有监视死刑犯、重大案犯需要暂时留作耳目的。这里包括两种人：一种是因侦破重大、疑难案件需要的“特情”，另一种是确有监视死刑犯、重大案犯需要的“耳目”。但是，2008年公安部制定的《看守所留所执行刑罚罪犯管理办法》在总则第2条规定，被判处有期徒刑的罪犯，在被交付执行刑罚前，剩余刑期在1年以下的，由看守所代为执行刑罚。这一规定明确表明看守所留所服刑的对象只有也只能是剩余刑期在1年以下的罪犯，余刑在1年以上的罪犯不属于留所服刑的范围，这符合刑事诉讼法第213条第2款的规定，因此余刑1年以上的罪犯依法不能留所服刑。根据刑事诉讼法第213条第3款规定，对未成年犯应当在未成年管教所执行刑罚。这样规定是基于我国一直坚持“分押分管”的原则，对未成年犯的教育改造应当区别于对成年犯的教育改造，看守所本身不是专门的刑罚执行场所，对未成年人的教育改造应当由专门的执行机关来进行。因此，对未成年犯只能也必须在未成年犯管教所执行刑罚，看守所不得将余刑在1年以下的未成年犯留在看守所执行刑罚。

三、劳教检察工作的重点环节与要求

（一）入所检察

开展入所检察，是保障劳动教养决定执行活动依法进行的第一个环节。劳教检察人员要及时掌握劳教所收容劳教人员的时间，按时进入收容现场开展检察活动。劳教人员个别入所的，应逐人检察。劳教人员集体入所的，可以实行重点检察。对新收劳教人员大队，要实行巡视检察。入所检察的对象不仅包括新收容劳教人员，也包括被收回所内执行剩余劳教期的劳教人员和从其他劳教所调入的劳教人员，收回所内执行剩余劳教期的劳教人员包括收回所内继续执行劳教的所外执行、所外就医人员等。

入所检察的重点包括以下几个方面：

1. 检察被决定劳教的人是否属于劳教的适用对象，是否属于需要追究刑事责任的人。在入所检察中，要认真审查有关法律文书和审批手续。包括新收容劳教人员的劳动教养决定书和劳动教养通知书，被收回所内执行剩余劳教期的劳教人员和从其他劳教所调入的劳教人员的审批手续，重点是审查劳动教养决定书和劳动教养通知书。既有形式审查，也有实质审查。由于时间的关系，有些审查活动要在事后进行。特别是对于一些有疑点的，事后要进行深入细致的审查和调查。要从形式上检察交付执行的劳教决定是否合法、有效、齐全。如法律文书是否由劳动教养管理委员会作出并盖印，法律文书确定的被劳教人员是否与交付执行的人员相符，重点是审查被决定劳教的人是否属于劳教的适用对象。2002 年《公安机关办理劳动教养案件规定》中吸收了 1990 年全国人大常委会关于禁毒的决定、关于严禁卖淫嫖娼的决定和治安管理处罚条例等法律、法规和司法解释的有关内容，将劳动教养的对象明确为 10 类、45 种人。另外，对实施危害国家安全、危害公共安全、侵犯公民人身权利、侵犯财产、妨害社会管理秩序的犯罪行为的人，因犯罪情节轻微人民检察院不起诉、人民法院免予刑事处罚，符合劳动教养条件的，规定可以依法决定劳动教养。这是目前确定劳教适用对象的主要依据，入所检察就是要检察被决定劳教的人是否属于上述适用对象。同时，还要检察被劳教人员是否属于需要追究刑事责任的人，即是否存在“以教代刑”、“以教代拘”的现象。

2. 重点检察劳教决定是否存在劳教期计算、折抵差错等错误。除了对劳教期的计算错误之外，实践中最常见的是劳教期折抵发生差错。根据规定，劳教人员在投送劳动教养场所执行之前，因同一违法行为被先行羁押或者被行政拘留的，或者以其他形式被留置审查而实际上失去人身自由的，都应当予以折抵劳教期，一日折抵劳教期一日。由于《戒毒条例》取消了戒毒劳教制度，实践中会出现劳动教养与强制隔离戒毒重合的问题，对此，检察人员要依照 2009 年《公安部关于对强制隔离戒毒与劳动教养能否合并执行问题的批复》的规定监督劳教所进行处理：即公安机关对吸食毒品成瘾人员依法决定强制隔离戒毒，又发现其有其他违法犯罪行为应予劳动教养的，应当依法决定劳动教养。对被劳动教养人员投所执行的，应当在劳动教养场所一并执行强制隔离戒毒，由劳动教养场所给予必要的戒毒治疗。劳动教养期满而强制隔离戒毒尚未期满的，应当转送到强制隔离戒毒场所执行剩余的强制隔离戒毒期限。

3. 重点检察劳教所是否收容了不应当收容的人员。不应当收容的人员包括：（1）本身属于不应当决定劳教的人员。如不满16周岁的少年；精神病人；在我国领域内违法的外国人、华侨，在大陆违法的台湾居民和在内地违法的香港、澳门特别行政区居民。（2）决定劳动教养正确，但应当所外执行、所外就医的，也就是说属于不应当所内执行的劳教人员。如对盲、聋、哑人，严重疾病患者，怀孕或者哺乳自己不满1周岁婴儿的妇女，以及年满60周岁又有疾病等丧失劳动能力者，一般不决定劳动教养，确有必要劳动教养的，可以同时决定劳动教养所外执行。

劳教检察人员发现劳教所在收容管理活动中存在收容劳教人员没有入所凭证或者入所凭证不齐全；收容劳教人员与入所凭证不符；应当收容而拒绝收容；收容怀孕的妇女、正在哺乳自己未满1周岁婴儿的妇女或者丧失劳动能力的人；收容除法律、法规有特殊规定外的精神病人，呆傻人，盲、聋、哑人，严重病患者；劳教人员入所后未按时通知其家属的以及其他违反收容规定的情况，应当及时提出纠正意见。发现入所人员不符合劳动教养条件或者需要依法追究刑事责任的，应当在发现后3日内，报经本院检察长批准，将有关材料转交劳教审批地人民检察院监所检察部门办理。

（二）出所检察

出所检察是指检察机关对劳教所出所管理活动是否合法所进行的监督。出所检察的内容包括：1. 劳教所对解除劳教和劳教人员出所管理活动是否符合有关规定。2. 劳教人员出所有无相关凭证：（1）解除劳教人员，是否具备解除劳动教养证明书、劳教审批机关撤销原劳教决定书、人民法院撤销原劳教决定的判决书；（2）所外执行人员，是否具备所外执行劳教呈批表、所外执行劳教证明；（3）所外就医人员，是否具备劳教人员所外就医呈批表、劳教人员所外就医证明；（4）离所人员，是否具备拘留证、逮捕证、调离转所审批手续或者因办案需要临时离所批准手续；（5）放假、准假人员，是否具备劳教人员放假、准假呈批表、劳教人员准假证明。

出所检察的方法包括：（1）查阅出所人员的出所登记和出所凭证；（2）与出所人员进行个别谈话，了解情况。

检察人员发现劳教所在出所管理活动中有下列情形之一的，应当及时提出纠正意见：（1）出所人员没有出所凭证或者出所凭证不齐全的；（2）出所人员与出所凭证不符的；（3）到期不及时办理解教手续或者无故扣押解教证明的；（4）被刑事拘留、逮捕或者因办案需要临时离所以及调离转所人员，没有劳教所民警或者办案人员押解的；（5）没有向解教人员居住地公安机关送达解除劳动教养通知书的；（6）没有向所外执行、所外就医人员居住地公安机关送达有关法律文书的；（7）其他违反出所规定的。

(三) 劳教变更执行检察

1. 劳教变更执行检察的概念

劳教变更执行检察，是指检察机关对劳教所、劳教管理机关办理劳教变更执行活动是否合法所进行的监督。劳教变更执行包括变更执行期限和变更执行方式，前者包括延长劳动教养期限、减期、提前解除劳动教养，后者包括所外执行、所外就医。劳教变更执行检察是劳教检察工作的重点，它既包括对劳教所呈报劳教变更执行活动的同步监督，也包括对劳教管理机关和劳教所劳教变更执行决定活动的事后监督。

2. 劳教变更执行检察的内容

主要是检察呈报延期、减期、提前解教、所外执行、所外就医的劳教人员以及相关决定是否符合规定的条件和程序；对应当延期、减期、提前解教、所外执行、所外就医的劳教人员，劳教所或者劳教管理机关是否呈报和决定延期、减期、提前解教、所外执行、所外就医。

3. 劳教变更执行检察的方法

包括：派驻劳教所检察机构根据与劳教所建立的工作联系制度，加强日常检察工作；认真查阅被呈报延期、减期、提前解教、所外执行、所外就医劳教人员的案卷材料和劳教人员所在中队办公会记录、计分考核原始凭证、劳教人员病历资料、医院诊断证明以及劳教所的审查意见；向有关人员了解被呈报延期、减期、提前解教、所外执行、所外就医劳教人员的表现等情况；列席劳教所研究呈报延期、减期、提前解教、所外执行、所外就医的会议，并提出检察意见。

4. 劳教变更执行检察应注意的问题

在劳教变更执行检察过程中，需要注意以下几个方面的问题：一是要严把延期、减期、提前解教、所外执行、所外就医的条件关。经检察，发现劳教人员不符合劳教变更执行的条件，应当及时提出纠正意见。二是要严把延期、减期、提前解教、所外执行、所外就医的程序关。要检察延期、减期、提前解教、所外执行、所外就医是否按照规定程序，经过逐级上报、批准，是否经过集体讨论等；延期、减期3个月以上，提前解教，所外执行的是否经过劳动教养管理委员会或受其委托的劳动教养工作管理局审批；所外就医是否由劳动教养管理所医院（卫生所）或指定的地方县以上医院出具诊断证明，家属或者原单位提出书面申请并同意担保，由劳动教养人员所在中队报经劳动教养管理所审核同意，报主管劳动教养工作管理局（处）批准。三是严格审查延期、减期、提前解教、所外执行、所外就医有关材料的真实性。检察是否有虚假“记分”、“表扬”、“记功”、“医疗鉴定”、“诊断证明”等。四是保证监督的准确性。派驻检察机构收到劳教所移送的呈报延期、减期、提前解教、所外执行、所外就医材料的，应当及时审查并签署意见。认为呈报不当的，应当提出纠正意见。对呈报延期、减期、提前解教所提纠正意见未被采纳的，可以报经本院检察长批准，向受理本案的劳教管理机关的同级人民检察院报送。

5. 对不当劳教变更执行的监督纠正程序

在变更执行检察过程中，发现劳教所在呈报劳教变更执行活动中存在对劳教期间表现不好或者有重新违法犯罪可能的劳教人员，呈报减期、提前解教、所外执行；对多次流窜作案被劳教的人员呈报提前解教、所外执行；对因吸毒被劳教尚未戒除毒瘾的人员呈报提前解教、所外执行；对患有性病未治愈的劳教人员呈报提前解教、所外执行；呈报所外就医人员没有劳教所医院或者指定地方县级以上医院出具的证明，或者没有家属提出书面申请或者担保等情形的，应当及时提出纠正意见。派驻检察机构发现延期、减期、提前解教、所外执行、所外就医的决定不当的，报经本院检察长批准，应当立即向作出批准决定的劳教管理机关的同级人民检察院监所检察部门报告。同级人民检察院监所检察部门收到派驻检察机构的报告后，应当及时审查。认为延期、减期、提前解教、所外执行、所外就医不当的，应当向劳教所或者劳教管理机关提出书面纠正意见。

四、监外执行检察工作的重点环节与要求

(一) 交付执行检察

交付执行检察，是指人民检察院对人民法院判决、裁定管制、剥夺政治权利、缓刑、假释和决定暂予监外执行的法律文书送达情况和对监狱、看守所对监外服刑罪犯交付活动的监督。

1. 对人民法院法律文书送达的检察

人民法院监外执行法律文书送达的方式。(1) 邮寄送达。(2) 派员送达。(3) 传真送达，或先传真，再派员或邮寄送达。(4) 网络送达。随着信息网络使用的普及，有的机关经过双方沟通确认后，开始采用网络送达的形式。传真送达和网络送达法律、法规中没有规定，只是实践中有这种做法，但应当以送达到位和必要的保密为前提。

针对人民法院监外执行法律文书送达的方式，人民检察院应当检察以下内容：

(1) 是否按时送达。现有的法律、法规对判决生效后的法律文书的送达没有具体时间规定，只规定“及时”送达看守所或公安机关。由于法律的缺失，导致人民法院法律文书送达不及时的情形比较普遍。为加强和规范监外执

行工作，2009年中央社会治安综合治理委员会办公室、最高人民法院、最高人民检察院、公安部、司法部制定了《关于加强和规范监外执行工作的意见》（以下简称《意见》）。《意见》规定：人民法院对罪犯判处管制、单处剥夺政治权利、宣告缓刑、决定暂予监外执行、裁定假释的，应当在判决、裁定、决定生效后5个工作日内，将有关法律文书送达并抄送有关部门。人民检察院发现人民法院没有按照《意见》规定的时间送达法律文书的，应当提出纠正意见。

（2）是否齐全送达。法律文书是否齐全送达，是指法律规定应当送达的法律文书是否全部送达。人民法院对被判处管制、宣告缓刑、独立适用剥夺政治权利和决定暂予监外执行，应当送达的法律文书有判决（裁定）书、暂予监外执行决定书、起诉书副本、执行通知书、结案登记表。按照监狱管理机关和公安机关的有关规定，监狱、看守所对被裁定假释的罪犯，送达的法律文书有假释裁定书、执行通知书、假释证明书。对罪犯暂予监外执行的，送达的法律文书有暂予监外执行审批表、暂予监外执行决定书。对主刑执行完毕附加执行剥夺政治权利的，送达的法律文书有附加剥夺政治权利执行通知书，释放证明书。人民检察院发现人民法院、监狱、看守所法律文书送达不齐全，并影响监外执行工作正常进行的，应当向有关机关提出纠正意见。

（3）是否抄送人民检察院。对人民法院、监狱、看守所是否将判决、裁定和决定相关法律文书抄送人民检察院，也是交付执行检察的重要内容。当然，抄送人民检察院的法律文书相对简单，比如，监狱法第32条规定，罪犯裁定假释的，假释裁定副本应当抄送人民检察院。监狱法第26条规定，监狱管理机关批准罪犯暂予监外执行，批准机关应当将暂予监外执行的批准决定抄送人民检察院。

2. 对人民法院、监狱、看守所交付活动的检察

司法实践中对于监外服刑人员交付执行主要有以下三种形式：（1）押送交付。根据中央政法委2005年《关于进一步加强保外就医工作的通知》的规定，监狱管理机关、公安机关批准的暂予监外执行罪犯，监狱、看守所多采取押送罪犯到执行地交付有关机关执行的方式，但是也有部分监狱、看守所因押送交付成本高，而没有严格执行这一规定。《意见》再次明确：监狱管理机关、公安机关决定罪犯暂予监外执行的，交付执行的监狱、看守所应当将罪犯押送至居住地，与罪犯居住地公安机关办理移交手续。押送交付一般应与法律文书送达一并进行。（2）通知交付。即由交付执行机关与有关公安机关联系之后，再由罪犯带着相关法律文书到监外执行地机关报到。采取这种方式的主要有以下几种情形：一是人民法院决定暂予监外执行的罪犯，判决、裁定生效

前未被羁押的，由人民法院通知罪犯居住地的公安机关执行。二是人民法院裁定假释和主刑执行完毕后附加执行剥夺政治权利的罪犯，由监狱、看守所将假释证明书、刑满释放通知书和执行剥夺政治权利附加刑的判决书、裁定书等法律文书，通知罪犯居住地公安机关主管部门。三是罪犯服刑地与居住地不在同一省（区、市），需要回原籍暂予监外执行的，服刑地的省级监狱管理机关、公安机关监管部门应书面通知罪犯居住地的监狱管理机关、公安机关监管部门，由其指定一所监狱、看守所接收罪犯档案，负责办理该罪犯暂予监外执行情形消失后的收监、刑满释放等手续，并通知罪犯居住地县级公安机关主管部门、县级人民检察院监所检察部门。（3）告知交付。即被判处管制、裁定剥夺政治权利、宣告缓刑罪犯的判决、裁定生效后，以及被裁定假释罪犯、主刑执行完毕后附加执行剥夺政治权利罪犯出监时，人民法院、监狱、看守所除了口头告知其必须按时到居住地公安派出所报到外，还应当书面告知其必须按时到居住地公安派出所报到，以及不按时报到应承担的法律责任，并由罪犯本人在告知书上签字。

3. 交付执行检察方法

（1）文书检查。最高人民检察院《关于加强对监外执行罪犯脱管、漏管检察监督的意见》规定："公诉部门收到人民法院送达的管制、剥夺政治权利、缓刑和暂予监外执行的法律文书后，应当在三日内将法律文书复印件送监所检察部门。"承担监外执行检察任务的人民检察院的监所检察部门，收到法律文书后要对判决裁定监外执行的罪犯逐一进行登记，建立检察台账，掌握法院判决、裁定罪犯监外执行和法律文书送达的情况。同时要按照上述要求，认真审查法律文书是否齐全，手续是否完备，交付执行包括法律文书的送达是否及时。

（2）登记审查。按照监外执行检察办法，各级人民检察院派驻监狱、看守所的检察机构对监狱、看守所假释、暂予监外执行、附加剥夺政治权利的三种罪犯释放时都应给这些罪犯执行地人民检察院发《监外执行罪犯出监（所）告知表》，监外罪犯服刑地的人民检察院监所检察部门收到《监外执行罪犯出监（所）告知表》后要进行登记和审查，以掌握监狱、看守所向执行地公安机关交付执行被裁定假释、批准暂予监外执行以及刑满释放仍需执行附加剥夺政治权利的罪犯情况。

（3）通报核对。通过对检察机关公诉部门和派驻监狱、看守所检察机构《监外执行罪犯出监（所）告知表》的审查，再向公安机关通报情况，并核查了解公安机关是否收到相关法律文书，监外执行罪犯是否报到，监狱对暂予监外执行罪犯是否押送到公安机关执行等。

（二）监管活动检察

监管活动检察，是指人民检察院对被判处管制、剥夺政治权利、宣告缓刑、裁定假释、批准决定暂予监外执行的监外服刑人员的监督管理活动是否合法依法实施的监督。

1. 对公安机关监管活动的检察

（1）对判处管制、剥夺政治权利罪犯监管活动的检察

公安机关收到人民法院对罪犯作出的管制、剥夺政治权利的判决，或者监狱、看守所对主刑执行完毕仍需附加执行剥夺政治权利的法律文书后，应指定罪犯居住地的派出所具体负责监督考察，落实罪犯居住地的居民委员会、村民委员会或者原所在单位协助监管的措施，及时组成监督考察小组，建立被监督管理罪犯档案，制定和落实监督管理的具体措施。

管制、剥夺政治权利罪犯居住地的派出所应向罪犯及其原所在单位或者居住地群众宣布其犯罪事实，被管制、剥夺政治权利的期限，以及罪犯在执行期间应当遵守的规定。

被管制的罪犯需要离开所居住区域时，公安机关应履行审查、批准和办理相关手续。公安部《公安机关对被管制、剥夺政治权利、缓刑、假释、保外就医罪犯的监督管理规定》第11条规定："被管制的罪犯需要离开所居住的区域的，必须经公安机关批准，取得外出证明。到达和离开目的地时，必须向当地公安派出所报告，并由目的地公安派出所在外出证明上注明往返时间及表现情况。返回执行地时，必须立即报告并将证明交回公安机关。"

监外执行罪犯迁居的，迁出地公安机关应及时向迁入地公安机关通报情况、移送监外执行罪犯的监督考察档案，迁入地公安机关应及时接管、接续监督考察。

对违反公安部门监督管理规定、尚未构成新罪的，公安机关应依法给予治安管理处罚。

被管制、剥夺政治权利罪犯的合法权益应受到保护。在监外执行期间，罪犯的人格不受侮辱，人身不受伤害，财产不受侵占，劳动和劳动报酬等合法权利应得到保障。

（2）对被宣告缓刑、裁定假释罪犯监管活动的检察

对被宣告缓刑、裁定假释的罪犯，在缓刑、假释考验期内，公安机关应指定罪犯居住地的派出所具体负责监督考察，落实罪犯居住地的居民委员会、村民委员会或者原所在单位协助监督的措施，及时组成监督考察小组，建立被监督管理罪犯档案，制定和落实监督管理的具体措施。

负责监督考察的派出所应根据人民法院的判决、裁定，向罪犯及罪犯原所

在单位或者居住地群众宣布其犯罪事实、监督考察期限，以及罪犯在监督考察期限内应当遵守的规定。

对被宣告缓刑、裁定假释的罪犯有违反公安部门监督管理规定的行为，公安机关应依法给予治安管理处罚。

被宣告缓刑、裁定假释罪犯的合法权益应得到保护。罪犯在监督考察期间，依法享有公民权利，人格不受侮辱、人身不受伤害、财产不受侵犯、劳动和劳动报酬等合法权利应得到保障，特别是未成年的缓刑、假释罪犯的受教育权利应特别注意。

（3）对决定暂予监外执行罪犯监管活动的检察

公安机关应向暂予监外执行的罪犯及其原所在单位和居住地群众宣布其犯罪事实、暂予监外执行的原因，以及罪犯在暂予监外执行期间应当遵守的规定。

公安机关应指定罪犯居住地或者就医地的派出所负责监督考察，落实罪犯居住地的居民委员会、村民委员会或者原所在单位协助监督的措施。必要时可专人负责监督。及时组成监督考察小组，建立被监督管理罪犯档案，制定和落实监督管理的具体措施。暂予监外执行罪犯原所在监狱，也应当按照规定定期派员或者发函向当地公安机关了解被暂予监外执行罪犯的表现和疾病治疗情况，针对新出现的情况和问题，及时采取措施处理。

公安机关对暂予监外执行罪犯在暂予监外执行期间，违反规定尚未构成新的犯罪的，应依法给予治安管理处罚。构成犯罪的，应依法追究刑事责任。

2. 监督考察活动的检察方法

（1）查阅公安机关监外执行罪犯监督管理档案。监管档案应当记载对罪犯的告知权利和义务情况、表现考察情况、外出批准情况、奖惩情况以及罪犯的定期汇报情况等。因此，查阅监管档案能够发现公安机关的监管责任人是谁，监管措施是否落实，监管是否依法进行，罪犯是否脱管，罪犯的权利是否依法得到保障。

（2）向协助公安机关监督考察监外执行罪犯的单位和基层组织了解核实有关情况。一是了解核实罪犯的表现情况；二是了解核实公安机关对罪犯的监督管理情况。

（3）与监外执行罪犯及其亲属谈话，了解情况，听取意见。通过与监外执行罪犯及其亲属谈话，可以了解罪犯遵纪守法情况，了解公安机关的监管情况，包括了解执行机关是否存在侵犯其合法权益的情况。同时，也可以听取他们对监管工作和检察监督的意见和建议。与罪犯及其亲属谈话，一般应 2 人以上。可以检察机关人员 2 人以上，也可以检察人员与有关机关人员 2 人以上共同进行。谈话的地点可以在机关单位、街道居委会、村委会进行，也可以到罪犯的家里进行。

（三）收监执行检察

收监执行检察是变更执行检察中的一种，是指人民检察院对公安机关、人民法院提请、裁定撤销缓刑、假释和对执行机关的收监执行活动是否合法进行的监督。收监执行的对象是缓刑犯、假释犯和暂予监外执行犯。

1. 收监执行的检察内容

（1）检察公安机关撤销缓刑、假释的建议和对暂予监外执行罪犯的收监执行是否符合有关法律规定。一是对公安机关撤销缓刑、假释的建议的检察。撤销缓刑和假释是对监外执行罪犯最严厉的处罚之一，因此检察的重点是公安机关提请撤销缓刑、假释的原因是什么，是否因监外执行罪犯又犯新罪，是否发现其有漏罪或者其在缓刑、假释考验期内违反法律、行政法规或者公安部有关监督管理规定，尚未构成新的犯罪的。二是对公安机关对暂予监外执行罪犯收监执行活动的监督。检察机关通过检察或者公安机关通过监管发现暂予监外执行罪犯的暂予监外执行的条件消失，出现有不符合暂予监外执行情形时，公安机关是否与决定暂予监外执行的监狱和看守所联系，予以收监。

（2）检察人民法院撤销缓刑、假释裁定是否符合法律规定。公安机关因监外执行罪犯又犯新罪，发现其有漏罪或者其在缓刑、假释考验期内违反法律、行政法规或者公安部有关监督管理规定，尚未构成新的犯罪，向人民法院提请收监执行建议的，检察机关应当检察原作出缓刑假释裁判的人民法院是否是自收到同级公安机关提出撤销缓刑、假释建议书后在 1 个月内依法作出裁定。

（3）检察监狱、看守所收监执行活动是否符合法律规定。检察机关通过检察或者公安机关通过监管发现暂予监外执行罪犯的暂予监外执行的条件消失、出现有不符合暂予监外执行情形时，公安机关与决定暂予监外执行的监狱和看守所联系通知应予收监后，监狱、看守所是否及时将暂予监外执行罪犯收监执行。

2. 收监执行的检察方法

（1）查阅相关罪犯违法违规的材料。审查公安机关建议撤销缓刑、假释和对暂予监外执行收监执行所依据的材料是否属实，是否依照规定的条件和程序提出建议。防止在适用撤销缓刑、假释问题上应当建议撤销缓刑、假释而不建议撤销，或不应当撤销缓刑、假释而建议撤销的。

（2）向监管单位和基层组织、罪犯原所在单位了解情况。核对查实与撤销缓刑、假释和对暂予监外执行收监执行的相关事实材料。同时注意听取公安机关对缓刑、假释罪犯没有建议撤销缓刑、假释的原因，认真分析，在结合对其他情况和材料审查和调查的基础上，作出正确的判断。

(3) 与相关罪犯谈话，听取他们的申诉意见。以进一步核实搞清撤销缓刑、假释和对暂予监外执行收监执行的相关情况。

第三章　监所检察工作中常见问题及应对措施

一、刑罚变更执行的同步监督

(一) 同步监督概述

我国刑事诉讼法第8条、第224条和监狱法第6条赋予了检察机关对刑罚执行活动进行法律监督的职责。因此，只要涉及刑罚执行的内容，无论处于哪个阶段，无论对象如何，检察机关均有权实行监督。《人民检察院刑事诉讼规则》也规定了检察机关对执行机关报请减刑、假释、暂予监外执行活动及人民法院裁定减刑、假释的活动进行监督的职责和权力。

2005年，中央政法委《关于进一步加强保外就医工作的通知》（政法〔2005〕11号文件）第2条提出，要强化对保外就医审批工作的监督管理，“变事后监督为同步监督，从程序上确保保外就医工作的全过程置于法律监督之下”。

2007年，《最高人民检察院关于加强和改进监所检察工作的决定》第12条要求建立对减刑、假释的提请和裁定活动的同步监督机制。

2007年，最高人民检察院出台的《关于减刑、假释法律监督工作的程序规定》，以及2008年出台的《人民检察院监狱检察办法》，体现了检察机关对减刑、假释实行同步监督、全过程监督的精神，要求人民检察院在执行机关启动提请减刑、假释程序时，同时启动监督程序，对执行机关的提请活动和人民法院的裁定活动实行全过程监督。

2008年，中共中央关于深化司法体制和工作机制改革的文件，确认了检察机关对减刑案件的同步监督制度。要求改革和完善人民检察院对刑罚执行的法律监督制度，完善对减刑、假释、暂予监外执行的法律规定，严格重大刑事罪犯减刑、假释、暂予监外执行的适用条件，建立检察机关同步监督制度。

(二) 在同步监督中如何突出检察重点

目前，监狱办理减刑、假释、暂予监外执行通常采取分批形式进行，由于监狱规模不同，每次提请的数量有很大差异，从十几件到几百件不等。一个监狱刑罚变更执行案件数量庞大，而驻监检察干部数量有限。另一方面，从刑罚变更执行案件情况分析，真正属于重大、疑难、复杂、需要重点把握或开展调查的案件所占比例较少。因此，在同步监督中，应注意全面检察和重点检察相结合。

按照《关于加强和改进监所检察工作的决定》和《关于重点监督罪犯建档的规定》，应当将以下九类罪犯作为检察重点：（1）职务犯罪的罪犯；（2）涉黑、涉恶、涉毒犯罪的罪犯；（3）破坏社会主义市场经济秩序的侵财性犯罪的罪犯；（4）服刑中的顽固型罪犯和危险型罪犯；（5）从事文化技术教员、图书管理员、监督岗等事务性活动的罪犯；（6）获得3次以上减刑的罪犯；（7）在看守所留所服刑的罪犯；（8）服刑期间单独调换监管场所的罪犯，或者不按定点监管场所交付执行的罪犯；（9）其他需要重点监督的罪犯，如近亲属在政法机关工作或在其他国家机关担任较高职务或在社会上有较强经济实力的罪犯等。

（三）如何对刑罚变更执行案件签署意见

《执法规范》规定，“派驻检察机构收到监狱移送的提请减刑材料的，应当及时审查并签署意见。认为提请减刑不当的，应当提出纠正意见，填写《监狱提请减刑不当情况登记表》。”“派驻检察机构收到监狱移送的提请假释材料的，应当及时审查并签署意见，填写《监狱提请假释情况登记表》，向受理本案的人民法院的同级人民检察院报送。”

这里都规定了派驻检察机构在审查监狱提请的减刑、假释材料后，应当签署意见。以往在签署意见的问题上，各地的认识和做法各不相同，检察机关根据各地的实际情况，有的与当地监狱、法院等部门形成共识，在审查有关材料后签署意见，法院只有在检察机关签署意见后才办理；而有的地方只是审查，但不表态，不签意见。我们认为，还是应当签署意见，对刑罚变更执行案件开展同步监督，尤其是对案件进行审查后，应当形成是否符合刑罚变更执行法定条件和程序的检察意见。检察机关既然对减刑、假释的材料进行了审查，就要有个结果，有个态度，可能有的同志认为签署意见会束缚我们的手脚，以后发现减刑、假释有问题，我们再提出纠正意见和查办案件会受到影响，这种思想是不可取的。大家在实践工作中可以感到，有些深层次的问题主要是依靠日常检察和其他渠道才能逐渐显现，审查案卷材料只是其中的一个方面，我们只是在每一个环节上认真履行好自己的职责，在审查过程中，严把事实关和法律程序关。同时，签署意见也可以加强派驻检察人员的责任感，促使派驻检察人员认真、细致地了解有关情况，审查案卷材料，及时发现问题。

二、久押不决的检察处理

久押不决是指犯罪嫌疑人、被告人被羁押超过3年而案件仍未审结的情况。刑事案件久押不决是检察机关羁押期限检察中常见问题之一，2009年以来，最高人民检察院把清理久押不决作为一项重要工作，开展了专项活动，采取挂牌督办、定期通报、实地督办等措施，使一大批久押不决案件得到清理，但是久押不决案件前清后现的问题仍然存在，因此做好久押不决案件的检察处理工作是十分重要的。

（一）造成部分刑事案件久押不决的主要原因

1. 因案件事实不清、证据不足，造成一些案件久拖不决，对案犯羁押时间过长。由于侦查阶段调查工作不细致，获取证据不到位，有些案件在公、检、法机关之间几经反复，又因时过境迁，难以补充新的证据，导致案件一直无法办结；有些案件在法院环节多次发回重审（最多的达4次），难以作出最终判决。这是造成案件久押不决的最主要原因。

2. 个别法院案件管理不规范，办案法官不负责任，致使案件久拖不决。

3. 一些社会影响较大的案件，法院以维护稳定为由暂缓宣判。对于一些社会影响较大的案件，出于政治效果、法律效果和社会效果并重的考虑，法院以维护稳定、避免矛盾激化为由暂缓宣判，导致这类案件久押不决。

4. 有关法律规定不完善。一是法定办案期限与实际办案需要不相协调。久押不决案件不少是一些重大、复杂、疑难案件或者集团犯罪的案件，刑事诉讼法对这类案件的审理期限没有特别规定，而是与其他一般刑事案件的审理期限相同，有些案件确实难以在法定期限内审结，这是造成当前久押不决案件的重要原因。二是对二审案件一些办案环节所需时间未作规定。如一些被告人在二审审理期间为减轻罪责又检举揭发他人犯罪事实，有的调查核实需要较长时间；一些案件在二审审理期间需要重新进行伤残鉴定，造成案件审理期限的延误。三是部分案件因中止审理导致被告人被长期羁押。如被告人患有精神疾病、无诉讼能力，法院只好裁定中止审理。

（二）对久押不决案件的检察处理意见

1. 应当采取有效措施，切实解决案件久押不决问题。久押不决问题较为严重的地区，检察机关可以请求政法委牵头，法院、检察院、公安机关参加，开展对久押不决案件的集中清理专项活动。对有的久押不决的死刑二审案件，各省级检察院要加强与高级法院的沟通协调，积极争取当地党委、人大、政法委的领导和支持，对重大、复杂、久拖不决的案件，可以专题报告党委、人大、政法委请求协调解决。

2. 检察人员要严格、依法、规范监督，切实加强羁押期限的检察监督。各级检察院监所检察部门和驻看守所检察室要积极发挥职能作用，加强对羁押期限情况的监督，逐案逐人建立检察登记台账，及时记录看守所在押人员羁押期限执行情况和羁押期限变化情况，掌握案件的诉讼进程和超期原因，并做好统计和上报工作。

3. 严格贯彻落实和完善换押制度。要严格贯彻落实1999年“两院一部”《关于羁押犯罪嫌疑人、被告人实行换押制度的通知》。检察机关要严格监督各办案机关严格执行现行的换押制度，对法院不依法办理换押手续或者通知看守所延长、重新计算羁押期限的，应当使用纠正违法通知书或者检察建议等监督方式，要求其予以纠正。对死刑二审案件超审限的，县、市级检察院监所检察部门要及时层报省级院监所检察部门，各省级检察院要依法、及时向高级人民法院发出纠正超期羁押通知，提出纠正意见，并填入检统表。

三、留所服刑的检察监督

在对看守所留所服刑活动进行检察监督时，应当注意做好以下几个方面的工作：

1. 各地检察机关应当停止审批同意余刑1年以上罪犯留所服刑。根据刑事诉讼法第213条之规定，检察机关应当严格依法办事，依法监督，一律停止审批同意看守所将余刑1年以上的罪犯留所服刑。

2. 加强对看守所留所服刑活动的检察监督。各级检察机关监所检察部门及其派驻检察人员要严格依据刑事诉讼法和公安部《看守所留所执行刑罚罪犯管理办法》的规定，加强对看守所留所服刑工作的检察监督，对未成年人、余刑1年以上罪犯留所服刑的，应当及时发现，及时提出纠正意见，并监督看守所纠正。各地可以根据本地实际情况，适时开展违法留所服刑清理整顿专项检察活动。对于看守所为补充经费保障的不足，截留余刑1年以上罪犯留所服刑从事生产劳动的，检察机关应当及时提出纠正意见，要求其将这些罪犯交付监狱执行刑罚。

3. 要依法监督监狱收押看守所交付执行的罪犯。根据刑事诉讼法第213条，监狱法第16条、第17条的有关规定和2005年《中共中央政法委员会关于进一步加强保外就医工作的通知》的要求，看守所和监狱应当实现“全交全收”，即看守所对余刑1年以上的已决罪犯，除了人民法院决定暂予监外执行的以外，都应当全部交付监狱执行刑罚。监狱对于看守所交付执行的罪犯，不得以健康原因拒收，应当全部收监执行，对符合保外就医条件的，由监狱依法办理暂予监外执行手续。在实践中，监狱拒收看守所交付执行的罪犯是一个常见的老问题，其原因是多方面的，主要是监狱出于部门利益考虑，怕医疗费用支出过大，老弱病残罪犯无法参加劳动等，不严格执行法律。如有的监狱对患有一般疾病或者残疾、年老体弱的罪犯以各种理由拒收。为加强对监狱拒收看守所交付执行罪犯问题的监督，《人民检察院看守所检察办法》第12条规定，“监狱违反规定拒收看守所交付执行罪犯的，驻所检察室应当及时报经本院检察长批准，建议监狱所在地人民检察院监所检察部门向监狱提出纠正意见”。监狱所在地人民检察院监所检察部门收到驻所检察室的建议通报后，应当以检察院的名义向监狱提出纠正意见，要求监狱对看守所交付执行的罪犯依法收监执行。

四、劳动教养决定的监督

对劳教决定进行监督，是人民检察院劳教检察的法定职责之一。《人民检察院劳教检察办法》规定了对劳教决定的事后监督。检察机关监所检察部门对劳教决定的监督，主要有两种：

（一）入所检察监督

根据《人民检察院劳教检察办法》的规定，派驻检察机构发现被收容入所的人员不符合劳动教养条件或者需要依法追究刑事责任的，应当在发现后3日内，报经本院检察长批准，将有关材料转交劳教审批地人民检察院监所检察部门办理。劳教审批地人民检察院监所检察部门收到相关材料后，应当在15日内进行核查，并将核查情况和处理意见反馈劳教执行地人民检察院监所检察部门。劳教审批地人民检察院监所检察部门经核查，确定入所人员是否属于不符合劳动教养条件或者需要依法追究刑事责任的人，情况属实的，由劳教审批地的人民检察院向本级劳动教养管理委员会提出纠正意见；对于发现依法需要追究刑事责任的，派驻检察机构可以将有关材料转有关检察院侦查监督部门审查，作为立案监督案件，防止放纵犯罪情况的发生。

（二）通过受理不服劳教决定的申诉案件进行监督

人民检察院监所检察部门审查劳教人员不服劳教决定的申诉，认为原劳教决定有错误可能，需要复查的，应当移送原劳教审批地的人民检察院监所检察部门办理。复查原劳教决定，就是启动对劳教审批决定的监督程序，对劳教审批决定进行调查核实。经过调查核实，确定劳教人员不符合劳动教养条件的，由劳教审批地的人民检察院向本级劳动教养管理委员会提出纠正意见，并监督纠正。

五、监外执行罪犯漏管、脱管的检察监督

（一）监外执行罪犯漏管的检察监督

所谓漏管，是指监外执行罪犯未被公安机关列为监督考察对象的。漏管一般发生在监外执行罪犯交付执行环节，造成监外执行罪犯漏管的主要原因，一是监狱、看守所未按规定将暂予监外执行罪犯押送至居住地公安机关，暂予监外执行罪犯也未到公安机关报到，导致执行地公安机关未将其列管；二是人民法院、监狱、看守所未按规定送达法律文书，导致执行地公安机关对罪犯漏管。

为防范和纠正监外执行罪犯漏管，检察监督的主要措施是：

1. 对于监狱管理机关、公安机关决定罪犯暂予监外执行的，担负检察任务的检察机关应告知和督促交付执行的监狱、看守所将罪犯押送至居住地，在与罪犯居住地县级公安机关办理移交手续的同时，将暂予监外执行决定书等法律文书抄送罪犯居住地公安机关主管部门和人民检察院监所检察部门。

2. 对于罪犯服刑地与居住地不在同一省（区、市），需要回居住地暂予监外执行的，担负检察任务的检察机关告知和督促服刑地的监狱管理机关、公安机关监管部门书面通知罪犯居住地的同级监狱管理机关、公安机关监所管理部门，由其指定一所监狱、看守所接收罪犯档案，负责办理该罪犯暂予监外执行情形消失后的收监、刑满释放等手续，并通知罪犯居住地公安机关主管部门、人民检察院监所检察部门。

3. 对于人民法院对罪犯判处管制、单处剥夺政治权利、宣告缓刑的，检察机关应当告知和督促法院在判决、裁定生效后5个工作日内，核实罪犯居住地后将判决书、裁定书、执行通知书送达罪犯居住地县级公安机关主管部门，并抄送罪犯居住地县级人民检察院监所检察部门。

4. 对于人民法院决定暂予监外执行的罪犯，判决、裁定生效前已被羁押的，由公安机关依照有关规定办理移交。判决、裁定生效前未被羁押的，检察机关应当告知并督促人民法院通知罪犯居住地的县级公安机关执行。人民法院应当在作出暂予监外执行决定后5个工作日内，将暂予监外执行决定书和判决书、裁定书、执行通知书送达罪犯居住地县级公安机关主管部门，并抄送罪犯居住地县级人民检察院监所检察部门。

5. 对于人民法院裁定假释的，检察机关一定告知并督促法院将假释裁定书送达提请假释的执行机关和承担监所检察任务的人民检察院。告知并督促监狱、看守所核实罪犯居住地，在释放罪犯后5个工作日内将假释证明书副本、判决书、裁定书等法律文书送达罪犯居住地县级公安机关主管部门，抄送罪犯

居住地县级人民检察院监所检察部门。对主刑执行完毕后附加执行剥夺政治权利的罪犯，监狱、看守所应当核实罪犯居住地，并在释放罪犯前一个月将刑满释放通知书、执行剥夺政治权利附加刑所依据的判决书、裁定书等法律文书送达罪犯居住地县级公安机关主管部门，抄送罪犯居住地县级人民检察院监所检察部门。

6. 被判处管制、剥夺政治权利、缓刑罪犯的判决、裁定作出后，以及被假释罪犯、主刑执行完毕后附加执行剥夺政治权利罪犯出监时，检察机关应当告知并督促人民法院、监狱、看守所书面告知其必须按时到居住地公安派出所报到，以及不按时报到应承担的法律责任，并由罪犯本人在告知书上签字。自人民法院判决、裁定生效之日起或者监狱、看守所释放罪犯之日起，在本省、自治区、直辖市裁判或者服刑、羁押的应当在10日内报到，在外省、自治区、直辖市裁判或者服刑、羁押的应当在20日内报到。告知书一式三份，一份交监外执行罪犯本人，一份送达执行地县级公安机关，一份由告知机关存档。

（二）监外执行罪犯脱管的检察监督

所谓脱管，是指监外执行罪犯脱离公安机关的监督管理。脱管一般发生在监管活动中。造成监外执行罪犯脱管的原因较多，一是公安机关对监外执行罪犯未采取任何监管措施，监外执行罪犯实际处于未被监管状态的；二是县级公安机关收到监外执行罪犯有关监外执行的法律文书后，未向派出所移送法律文书，致使该罪犯未被公安机关监督管理的；三是未经执行地公安机关批准，监外执行罪犯离开居所地或去向不明的；四是监外执行罪犯3个月以上未向公安机关报告情况的；五是公安机关已收到法律文书，但罪犯未在规定时间内报到，去向不明的。

为防范和纠正监外执行罪犯脱管，检察监督的主要措施是：

1. 公安机关已收到法律文书，但罪犯未在规定时间内报到的，检察机关应当告知并督促派出所上报上级公安机关主管部门，由上级公安机关通报作出判决、裁定或者决定的机关。

2. 对于暂予监外执行罪犯未经批准擅自离开所居住的市、县，经警告拒不改正，或者拒不报告行踪、下落不明的，检察机关应与公安机关协商，由公安机关按照有关程序上网追逃。

3. 监外执行罪犯在执行期、考验期内，违反法律、行政法规或者国务院公安部门有关监督管理规定的，检察机关应当督促公安机关依照《中华人民共和国治安管理处罚法》第60条的规定给予治安管理处罚。

4. 没有建立监外执行罪犯监管档案和组织的，检察机关应当督促公安机关按照公安部《公安机关对被管制、剥夺政治权利、缓刑、假释、保外就医罪犯的监督管理规定》第4条的规定："公安机关收到人民法院对罪犯作出的管制、剥夺政治权利、缓刑、假释、保外就医的判决、裁定、决定或者监狱管理机关对罪犯批准保外就医的决定后，应当及时组成监督考察小组，建立被监督管理罪犯档案……"

5. 监外执行罪犯迁居，迁出地公安机关没有移送监督考察档案，迁入地公安机关没有接续监管的，检察机关应当督促公安机关按照公安部《公安机关对被管制、剥夺政治权利、缓刑、假释、保外就医罪犯的监督管理规定》第5条规定，及时向迁入地负责执行的公安机关介绍罪犯的情况，移送监督考察档案。

六、被监管人立功问题的检察监督

立功，是指犯罪分子揭发他人的犯罪行为，查证属实的，或者提供重要线索，从而得以侦破其他案件的行为。服刑罪犯在执行期间，如果有立功表现的，可以减刑；有重大立功表现的，应当减刑。但是在一些地方，在立功的实际操作过程中出现了一些问题，突出表现为在押人员及其亲友为了减轻在押人员的刑罚，通过各种不正当手段获取有关立功信息，然后向司法机关揭发或者提供，例如买功，帮助立功，通过暴力、胁迫手段获得立功信息，串通立功等，这些假立功情形检察机关应予以注意，及时发现假立功并依法查处假立功背后的违法犯罪问题。

（一）假立功的特点及表现形式

1. 举报犯罪的时间具有疑点。有的举报线索，涉及的他人作案时间却是在举报人被羁押之后，按常理他不可能知晓他人的作案情节；有的举报他人作案线索，虽在举报人被羁押之前，但不是在刑事诉讼过程中的量刑阶段提出，而是在服刑期间提出，完全是为了减刑之用。有的犯罪分子举报的数人数案，完全可以一次举报，但却分期分批，"按需举报立功"，作为每次减刑之用。

2. 举报犯罪的罪名和地点具有疑点。举报人本身与举报涉及的罪名和犯罪地点上不具有相关性，如贪污犯、受贿犯举报盗窃犯、寻衅滋事犯，北京的服刑罪犯举报广东发生的犯罪案件等。

3. 举报犯罪的成果具有疑点。有的监管民警顺水推舟，夸大一般事实（或事件）为立功，甚至有监管人员为掩饰工作过失，将监管民警的渎职失职事件转化为罪犯的立功行为。有的在押人员检举他人犯罪行为后，管教民警串通承办人员将案值通过高估冒算等形式做大，变非立功为立功，变立小功为立大功。

4. 立功的线索和材料的来源具有不正当性。有的是职务获取，即本人原担任查禁犯罪等职务，本来就掌握一些他人的犯罪线索，本人犯罪案发后，就拿出来举报。有的是他人违反监管规定向犯罪分子提供，如罪犯近亲属勾结监管人员或通过律师会见渠道把立功信息从监管场所外传递给里面的在押人员。有的是监管民警将可能的立功机会有意识地安排给某个在押人员，将有隐案在身且有坦白想法的在押人员安排与受托关照的某个对象同一监室，同时加大对在押人员的深挖犯罪力度，一旦有所突破，即将成果转化为该名对象检举他人犯罪，为其争取立功情节。有的是本人通过非法手段或者非法途径获取的，如在羁押期间，以同吃、馈赠食品、许诺好处、买卖等非法手段向同监犯获取检举揭发线索。有的通过托朋友找关系而非法获得。实践中，有的办案人员把已经掌握的犯罪嫌疑人的犯罪事实或已经抓获的在逃疑犯的功劳嫁接到在押人员身上，使其假立功获得轻判或减刑。更有甚者，竟然发生立功线索被出售的问题，有的身为司法警察，竟知法犯法，互相勾结起来替服刑人员杜撰立功材料。

（二）如何认定和处理假立功问题

1. 准确把握立功的法定条件。最高人民法院《关于处理自首和立功若干具体问题的意见》规定，“犯罪分子通过贿买、暴力、胁迫等非法手段，或者被羁押后与律师、亲友会见过程中违反监管规定，获取他人犯罪线索并‘检举揭发’的，不能认定为有立功表现。犯罪分子将本人以往查办犯罪职务活动中掌握的，或者从负有查办犯罪、监管职责的国家工作人员处获取的他人犯罪线索予以检举揭发的，不能认定为有立功表现。”2009 年 3 月，最高人民法院和最高人民检察院出台的《关于办理职务犯罪案件认定自首、立功等量刑情节若干问题的意见》要求，立功必须是犯罪分子本人实施的行为。为使犯罪分子得到从轻处理，犯罪分子的亲友直接向有关机关揭发他人犯罪行为，提供侦破其他案件的重要线索，或者协助司法机关抓捕其他犯罪嫌疑人的，不应当认定为犯罪分子的立功表现。据以立功的他人罪行材料应当指明具体犯罪事实；据以立功的线索或者协助行为对于侦破案件或者抓捕犯罪嫌疑人要有实际作用。犯罪分子揭发他人犯罪行为时没有指明具体犯罪事实的；揭发的犯罪事实与查实的犯罪事实不具有关联性的；提供的线索或者协助行为对于其他案件的侦破或者其他犯罪嫌疑人的抓捕不具有实际作用的，不能认定为立功表现。犯罪分子揭发他人犯罪行为，提供侦破其他案件重要线索的，必须经查证属实，才能认定为立功。职务犯罪分子据以立功的线索、材料来源有下列情形之一的，不能认定为立功：（1）本人通过非法手段或者非法途径获取的；（2）本人因原担任的查禁犯罪等职务获取的；（3）他人违反监管规定向犯罪分子提供的；（4）负有查禁犯罪活动职责的国家机关工作人员或者其他国家工作人员利用职务便利提供的。正确理解和把握刑法的规定和“两高”的司法解释，对认定在押人员的立功具有极其重要的意义，监所检察部门应当协助侦查机关、检察机关公诉部门等有关部门调查核实，根据刑法的有关规定和“两高”的司法解释来认定在押人员是否具有立功情节。

2. 严格审查立功材料。在过去的司法实践中，对立功的审查一般并不到位，仅凭办案部门出具的一份证明材料就可能予以确认，证明内容也比较简单。作为立功的证据、在押人员立功受奖线索的来源是否合法或正当往往不会去过问。监所检察部门应注意改变以往的检察方式，严格审查立功材料。重点审查所检举揭发的犯罪是否已查证属实、所提供线索的其他案件是否已侦破、是否属重大立功及重大立功的相关证据、据以立功的线索和材料来源是否合法，核实其真实性、合法性。审查是否构成立功，不仅要审查办案机关的说明材料，还要审查有关事实和证据以及与案件定性处罚相关的法律文书，如立案决定书、逮捕决定书、侦查终结报告、起诉意见书、起诉书或者判决书等。

3. 对于确实符合立功条件的，应当配合或建议有关部门兑现奖励政策，给予在押人员从轻、减轻处理。对于犯罪嫌疑人、被告人在看守所羁押期间的立功，经查证属实的，监所检察部门应当配合侦查机关、本院公诉部门、人民法院在对罪犯判决时予以兑现奖励政策。对于罪犯在监狱或看守所服刑期间的立功，监所检察部门应当配合或建议监狱和看守所兑现奖励政策，依法提请减刑。

4. 依法纠正假立功案件并查处背后隐藏的职务犯罪问题。监所检察部门一旦发现假立功的疑点就要及时查清，及时作出认定和处理，坚决堵死为在押人员用“假立功”来减轻或开脱罪责的违法犯罪的渠道。对涉及“假立功”的减刑、假释案件，坚决提出纠正意见，依法予以纠正。同时，假立功的背后一般隐藏着行贿受贿、徇私枉法、包庇放纵、渎职失职等违法犯罪问题，监所检察部门应增强侦查意识，深挖假立功背后的职务犯罪问题。

七、被监管人死亡的检察监督

2010年2月6日，最高人民检察院检察委员会通过了《最高人民检察院关于监管场所被监管人死亡检察程序的规定（试行）》。因此，在看守所等监管场所被监管人死亡的检察处理中，应当依据该规定开展检察工作。

监管场所发生被监管人死亡的，人民检察院应当分别不同情形，根据职责分工，依法开展检察工作。监所检察部门在被监管人死亡检察工作中，应当坚持依法独立行使检察权，主动及时，客观公正，注重与有关部门协调配合，在查明死亡事实和原因后，应当分清责任，依法处理。

（一）被监管人死亡的受理和报告

人民检察院接到监管场所被监管人死亡报告后，应当立即受理，并开展调查和相关处理工作。县级检察院担负检察任务的监管场所发生被监管人死亡的，由地市级检察院负责调查和相关处理工作，或者组织、指导县级检察院开展调查和相关处理工作。地市级以上检察院担负检察任务的监管场所发生被监管人死亡的，由本院负责调查和相关处理工作。监所检察派出检察院对本辖区监管场所发生被监管人死亡的，负责调查和相关处理工作。对重大、敏感、社会关注的被监管人死亡事件，应当由省级检察院负责调查处理或者组织办理。

担负检察任务的人民检察院对监管场所发生被监管人死亡的，应当立即口头报告上一级检察院，并在报告后的24小时内填报被监管人死亡情况登记表。上一级检察院接到被监管人死亡情况登记表后，应当在12小时内进行审查并填写审查意见呈报省级检察院。对非正常死亡的，省级检察院应当在接到下级检察院报告后的24小时内，在被监管人死亡情况登记表上填写审查意见后呈报最高人民检察院。遇有法定节假日，应当在24小时内口头报告，再书面补充报告。对正常死亡的，省级检察院应当在每月10日前将上月本辖区监管场所发生的死亡人员名单列表呈报最高人民检察院。对死亡原因一时难以确定的，应当按照非正常死亡报告程序报告，死因查明后再补充报告。从现实情况看，死亡原因一时难以确定的案件具有较大的不确定性（突出的如猝死），也容易出现将非正常死亡作为正常死亡处理的情形，因此应当慎重对待，对于死亡原因一时难以确定的，按照非正常死亡的程序报告是必要的，有利于对这类死亡情况的深入调查，作出客观公正的结论，待死亡原因查明后，可以再正式补充报告。

对非正常死亡或者死亡原因一时难以确定的，省级检察院应当每月向最高人民检察院报告一次工作进展情况和下一步工作意见。对重大、敏感、社会关注的被监管人死亡事件，省级检察院应当随时向最高人民检察院报告工作进展情况。

（二）被监管人死亡的调查

担负检察任务的人民检察院接到监管场所发生被监管人死亡报告后，应当立即派员赶赴现场，进行下列工作：（1）了解被监管人死亡的有关情况；（2）监督监管场所对现场进行妥善保护并拍照、录像，或者根据需要自行对现场进行拍照、录像；（3）协同有关部门调取或者固定被监管人死亡前15日内原始监控录像，封存死亡人员遗物；（4）收集值班民警值班记录或者值班巡视记录；（5）调取死亡的被监管人档案；（6）参与有关部门组织的调查工作，了解调查情况；（7）根据需要对有关材料进行复印、复制；（8）收集其他有关材料。

地市级检察院在接到县级检察院负责检察的监管场所发生被监管人死亡的报告后，应当派员在24小时内到达现场，开展工作；交通十分不便的，应当派员在48小时内到达现场。

对被监管人死亡的，在监管机关调查的同时，担负调查任务的检察人员应当进行下列工作：(1) 审查现场勘验资料，必要时，可以要求监管机关对现场进行复验、复查，或者根据情况对现场自行进行勘验，并制作勘验笔录；(2) 查验尸表，对尸体拍照或者录像，制作尸表查验笔录；(3) 审查原始监控录像、死亡人员档案、值班民警值班记录或者值班巡视记录，收集和补充有关证据，检查已封存的死亡人员遗物，对有关物品和文件进行拍照、录像或者复印；(4) 向监管民警和狱医调查了解死亡人员生前被监管及治疗情况，制作调查笔录；(5) 向同监室被监管人及其他知情人调查了解死亡人员的死亡时间、抢救经过及死亡人员生前的情况，制作调查笔录；(6) 对住院时间较长并在住院期间死亡的，向医院调取医疗档案和死亡证明书，向主治医生了解救治情况，制作调查笔录；(7) 对因突发情况经医院抢救无效死亡的，向医院调取抢救记录及死亡证明书，向参加抢救的医生调查了解死亡情况，制作调查笔录；(8) 调查和收集其他与被监管人死亡有关的情况和材料。

由于监管场所被监管人死亡具有特殊性，现场勘验、查验尸表、审查监控录像等专业性、技术性较强，因此在被监管人死亡调查过程中，可以指派检察技术人员参加；根据工作需要，担负调查任务的人民检察院可以指派、聘请有专门知识的人进行技术性审查和鉴定。担负调查任务的人民检察院应当为鉴定人进行鉴定提供必要条件，向鉴定人介绍情况、明确提出要求鉴定解决的问题并提供下列材料：(1) 死亡人员基本情况、入监（所）体检情况及病历档案等原始材料；(2) 死亡发生过程等与鉴定有关的材料；(3) 死亡人员发病、救治情况材料；(4) 医院出具的死亡证明书、监管机关提供的被监管人死亡医疗鉴定或者法医鉴定等材料；(5) 其他需要提供的材料。对于技术性审查意见和鉴定意见，担负调查任务的检察人员应当进行审查，必要的时候，可以提出补充鉴定或者重新鉴定的意见，报检察长批准后进行补充鉴定或者重新鉴定。检察长也可以直接决定进行补充鉴定或者重新鉴定。

在调查中，担负调查任务的检察院应当根据调查和了解的情况，对监管机关作出的调查结论进行审查，经审查对调查结论无异议的，可以终结调查；有异议的，应当继续调查，并将调查结果通知监管机关。

死亡人员家属对监管机关提供的死亡原因有疑义，向人民检察院提出的，人民检察院应当受理。经审查认为需要进一步调查的，应当继续调查，并将调查结果通知监管机关，同时告知死亡人员家属。

调查终结后，担负调查任务的检察人员应当撰写被监管人死亡检察报告。报告内容应当包括：事件来源、调查经过、认定事实、死亡原因和处理意见等。

（三）调查终结后的处理

被监管人死亡案件调查终结后，人民检察院应当根据调查结果，分别下列情况，作出处理：（1）认为监管机关处理意见不当的，提出意见或者建议，必要时提出检察建议；（2）对监管机关监管执法中存在的问题，提出纠正意见或者检察建议，督促整改；（3）对涉嫌犯罪的被监管人，依法移送有关主管机关处理；（4）对负有渎职侵权责任的人员，建议有关部门给予纪律处分或者组织处理，涉嫌犯罪的，依法立案侦查。

监管机关或者死亡人员家属对人民检察院的调查结论和处理决定有异议要求复议的，人民检察院应当复议；监管机关或者死亡人员家属对复议结论仍然有异议提请复核的，上一级人民检察院应当复核。

人民检察院在对被监管人死亡的调查处理过程中，发现检察监督工作存在问题的，应当及时整改，对负有责任的检察人员，应当依法、依纪作出处理。在对被监管人死亡的善后处理工作中，人民检察院应当立足检察职能，同监管机关相互配合。

对被监管人非正常死亡的，担负调查任务的人民检察院应当在调查处理工作结束后的15日内，将调查过程、死亡结论、监管工作和检察监督工作中存在的问题及处理情况，形成书面材料向上一级检察院报告，并附死亡证明书、法医鉴定书、相关证人证言等主要证据材料和有关资料复印件。

省级检察院在接到下级检察院非正常死亡调查处理情况的报告后，应当进行审查。经审查认为需要补充有关材料的，可以要求下级检察院补充调查，也可以自行补充调查。经审查或者补充调查认为可以终结的，应当将死亡人员基本情况、调查过程、相关事实、有关责任人员处理情况及本院的审查处理意见等形成调查处理情况综合报告呈报最高人民检察院，并附死亡证明书、法医鉴定书、相关证人证言、下级检察院报告等主要证据材料和有关资料复印件。

调查终结或者处理工作结束后，担负检察任务和调查任务的人民检察院应当建立死亡人员档案。死亡人员档案的主要内容包括：（1）被监管人死亡情况登记表；（2）调查笔录、勘验笔录、监控录像材料；（3）死亡证明书、文证审查意见、尸表检验报告或者法医鉴定书等相关资料的复印件；（4）被监管人死亡情况调查报告；（5）相关责任人员处理情况及被追究刑事责任人员立案决定书、起诉书、判决书等相关文书的复印件；（6）纠正违法通知书、检察建议书及监管场所相关回复材料；（7）复议、复核情况材料；（8）调查处理情况综合报告；（9）其他需要归档的材料。

八、查办刑罚执行和监管活动中的职务犯罪案件

（一）监所检察部门查办职务犯罪案件的范围

查办刑罚执行和监管活动中发生的职务犯罪案件，是人民检察院监所检察部门的法定职责之一，是检察机关对刑罚执行和监管活动进行法律监督的一个重要手段和有效方式。

2004 年 9 月，《最高人民检察院关于检察机关内部直接受理案件侦查分工调整的通知》规定，除体罚虐待被监管人案，私放在押人员案，失职致使在押人员脱逃案，徇私舞弊减刑、假释、暂予监外执行案继续由监所检察部门负责侦查外，原由反贪部门和渎检部门负责的监管场所发生的职务犯罪案件，划归监所检察部门负责侦查。

2007 年 3 月，《最高人民检察院关于加强和改进监所检察工作的决定》对监所检察部门查办职务犯罪案件的范围作了进一步的明确，监所检察的主要职责之一，是对刑罚执行和监管活动中的职务犯罪案件立案侦查。

刑罚执行和监管活动中发生的职务犯罪案件的范围，不仅包括监管场所发生的职务犯罪案件，也包括在社会上执行刑罚和监管活动中发生的职务犯罪案件。也就是说，刑罚执行和监管活动中发生的全部职务犯罪案件，均属监所检察部门负责侦查。职务犯罪主体，既包括监狱、看守所、劳教所、拘役所、强制戒毒所等监管场所的工作人员，也包括公安、检察、法院、司法行政部门和其他部门有关的国家工作人员，还包括参与共同犯罪或者行贿、介绍贿赂的犯罪嫌疑人、罪犯、劳教人员及社会人员。

对于重大、复杂、跨地区的职务犯罪案件，检察长可以将案件交由反贪污贿赂部门或者渎职侵权检察部门办理，监所检察部门予以配合。《最高人民检察院关于检察机关内部直接受理案件侦查分工调整的通知》之所以对此作出规定，是因为考虑到部分地区监所检察部门的办案人员较少，为了更好地侦查职务犯罪案件，由反贪部门、渎检部门协作配合监所检察部门共同查办职务犯罪案件。当然，对于重大、复杂、跨地区的职务犯罪案件，如果当地监所检察部门具有查办案件的人员和能力，报告检察长后，可以由监所检察部门立案查办，这样既符合检察机关直接受理职务犯罪案件侦查分工调整的精神，也有利于职务犯罪案件的查办，还能促进监所检察部门对监管场所法律监督工作的开展。

（二）刑罚执行和监管活动中职务犯罪案件的特点

发生在刑罚执行和监管活动中的职务犯罪案件与其他职务犯罪案件相比，有着自身独特的规律和特点。

1. 具有一定的隐蔽性，权钱交易的特点比较明显。监管场所具有一定的封闭性，犯罪行为人往往暗中交易，难为外界所知晓。

2. 案件之间具有关联性，群体性作案特点突出。刑罚执行环节的职务犯罪往往不是一个人的职务行为就能够达到犯罪目的，需要多个行为人共同操作才能完成。

3. 当事人身份具有双重性。由于在押人员人身自由受到限制，权钱交易一般需要通过中间人（罪犯家属或亲朋好友）来实施。案件知情人往往就是利害关系人，取证困难，同时又给调查取证扩大了空间。

4. 犯罪嫌疑人具有较强的反侦查能力。涉案的人员要么是监管民警或者司法工作人员，要么是在押的人员，这些人熟悉办案程序和办案方式，具有较强的对抗能力。

实践中，办案人员就是根据这些特点认真分析案情，找准案件突破口，从而侦破了案件。

（三）如何发现刑罚执行和监管活动中的职务犯罪案件线索

1. 深化检务公开，利用群众举报获取案件线索。群众举报仍然是我们发现职务犯罪案件的主渠道。发生在刑罚执行和监管活动中的职务犯罪案件，社会反映强烈，广大监管民警和在押人员及其家属对此也深恶痛绝。各地通过深化检务公开，畅通举报渠道，消除举报人后顾之忧，使广大群众对检察机关查办司法腐败案件树立信心，敢于举报，愿意举报。

2. 加强执法监督，从违法问题背后、不正常的管理现象背后和监管事故背后发现案件线索。如在刑罚执行中，存在着罪犯减刑幅度、间隔期不符合规定和违反法定条件假释；改造表现一般，却多次立功受奖；犯重罪或无特长却被安排在特殊岗位；身体健康却被保外就医；无特别原因却频繁调监等不正常现象。又如在刑事诉讼中，存在着涉嫌职务犯罪或经济犯罪的犯罪嫌疑人突然翻供、串供；刑期长却被留所服刑等不正常现象。对这些监管活动中出现的违法问题和不正常现象进行深入调查都可能发现职务犯罪案件线索。

3. 疏通案件来源渠道，提高自行发现犯罪的能力。注意从刑罚执行和监管活动中职务犯罪易发、多发的“八个环节”入手，重点加强对“九种人”的监督，通过“六条渠道”，发掘案件线索。“八个环节”是：罪犯留所服刑、分配监区环节；日常奖惩考核环节；安排劳动工种环节；违反监规所纪处理环节；呈报（裁定、决定）罪犯减刑、假释、保外就医和劳教人员减期、所外执行、所外就医环节；调犯环节；监外罪犯脱管失控环节；生产经营环节等。“九种人”是：职务犯罪罪犯、涉黑涉恶涉毒罪犯、破坏经济秩序的侵财性犯罪的罪犯、顽固型罪犯和危险型罪犯、从事事务性活动的罪犯、多次减刑或者保外就医罪犯、留所服刑罪犯、调换监管场所服刑的罪犯、其他需要重点监督的罪犯等。“六条渠道”是：从日常检察监督中发现线索；从事故、事件的调查中发现案件线索；从专项检察活动中发现案件线索；从举报和控告中获取案件线索；从与监管机关纪检监察部门的工作联系中获取案件线索；从查办案件中深挖案件线索等。

（四）如何查办刑罚执行和监管活动中的职务犯罪案件

1. 各省级院监所检察处要切实发挥办案主导作用。因为监所检察部门在机构设置和人员配置上有其自身的特点，监所检察部门的办案工作强调“以省级院为主导，以市级院为主体，以基层院为基础”。省级院监所检察处应加强对办案工作的督办指导，加强内外协调，根据需要指定管辖，必要时要直接领办案件，真正把全省办案工作统管起来。市级院监所检察处要能够整合全市监所检察办案力量，带领派出检察院和派驻检察室，集中突破本辖区内的刑罚执行和监管活动中发生的职务犯罪。对于基层院监所检察部门而言，要注意发挥基础性作用，在做好对看守所日常监督工作的基础上，捕捉案件线索，积极配合市级院做好办案工作。当然，对监所派出检察院的要求又有所不同，我们一直强调要发挥派出检察院的办案主力军作用，有些派出检察院的办案工作是很出色的。

2. 要建立健全适合本地办案工作的机制。纵向上强调发挥全省监所检察部门整体优势，协调一个市乃至全省的优秀办案骨干集中突破案件，横向上注意与反贪、反渎部门搞好协作配合。特别是在查办重大案件时，省、市院监所检察部门加强与反贪、渎检部门的协调和配合，利用反贪和渎检部门的侦查资源和侦查技术优势，形成打击合力，发挥整体作战效能。不拘泥于形式，只要在法律规定的框架内，能够强化监所检察部门办案工作，办成案、办好案就是好的。

3. 提高办案质量，确保办案安全。要严格遵守法定办案程序，严把程序关；认真审查、甄别证据，严把证据关。坚持“一要坚决，二要慎重，务必搞准”的原则，严把法律适用关。确保案件立得住、诉得出、判得了，防止发生错案。要特别重视办案安全问题，认真落实办案安全防范的有关规定，克服麻痹思想，杜绝重大办案安全事故的发生。

九、志、账、表及有关法律文书的填写

根据“四个办法”规定，监所检察主要使用18个表格，其中4个通用表格。其中，监狱检察工作中使用“一志八表”。看守所检察工作中使用“一志一账六表”，包括《检察日志》、《在押人员情况检察台账》、《监外执行罪犯出所告知表》、《看守所办理减刑、假释、暂予监外执行情况登记表》、《重大事故登记表》、《控告、举报和申诉登记表》、《检察纠正违法情况登记表》和《严重违法情况登记表》。劳教检察工作中使用“一志六表”，包括《劳教检察日志》、《劳教所办理延期、减期、提前解教不当情况登记表》、《劳教所办理所外执行、所外就医情况登记表》、《重大事故登记表》、《控告、举报和申诉登记表》、《检察纠正违法情况登记表》和《严重违法情况登记表》。监外执行检察工作中使用“一账三表”，包括《罪犯监外执行情况检察台账》、《检察纠正违法情况登记表》、《严重违法情况登记表》、《监外执行罪犯减刑情况登记表》。人民检察院法律文书中通用文书2种，包括《检察建议书》、《纠正违法通知书》，监所检察部门专用文书3种，包括《纠正不当假释裁定意见书》、《纠正不当减刑裁定意见书》、《纠正不当暂予监外执行决定意见书》；这些志、账、表和法律文书贯穿着派出监所检察工作，监所检察人员在填写中要注意以下问题：

（一）监狱检察工作中志、表的填写

1.《检察日志》。《检察日志》应当按照高检院监所检察厅2003年关于印发《派驻监狱检察室检察日志填写标准》的通知要求进行填写。日志主要由基本情况、开展检察工作情况和其他工作情况三部分组成。基本情况主要是监狱当日押犯数，罪犯收监、出监活动情况；开展检察工作情况是重点，要具体填写检察了哪些地方、审查了哪些材料、与干警和罪犯谈话情况，发现了什么问题，提出了哪些意见，监狱对检察机关意见的反馈情况等，当天检察的情况要全部进行记录，填写中要从检察监督的角度记日志，不可将检察日志记成监狱日志。其他工作情况主要是指检察室与有关部门开会情况、自身学习、培训、领导检查工作等情况。

2.《监外执行罪犯出监告知表》。每一名被裁定假释罪犯、批准暂予监外执行的罪犯和刑满释放仍需执行附加剥夺政治权利的罪犯出监时，派驻检察人员都应当填写《监外执行罪犯出监告知表》，寄送执行地人民检察院监所检察部门。其中，改判罪名和刑期截止时间，是指罪犯在服刑期间因又犯罪、发现漏罪、申诉等情形造成罪名改变的情况，以及因罪名改变后的刑罚截止时间。报到时间，是指监狱规定的截止时间或者一段期限。告知内容，因监外执行罪

犯不同，告知内容也有所不同。对裁定假释的罪犯，应告知其在监狱内关押期间的表现，特别是受到惩戒的情况；批准监外执行的罪犯，应告知其病情情况；对剥夺政治权利的罪犯，应告知其剥夺政治权利的时间。

3.《监狱提请减刑不当情况登记表》、《监狱提请假释情况登记表》、《监狱呈报暂予监外执行情况登记表》。这三张表格分别记录检察机关审查监狱提请、呈报减刑、假释、暂予监外执行案件的情况，对减刑案件，发现不当的情况才进行登记，而对假释和暂予监外执行案件要做到对每一起案件进行登记。其中，改判刑期，是指减刑的时间。刑期截止时间，是指减刑后的时间。法定条件，是指对提请减刑、假释或者呈报暂予监外执行罪犯具备的具体的条件，必须详细列出。法定程序，是指对提请减刑、假释或者呈报暂予监外执行罪犯所必经的公示、研究会议等程序。检察意见，是指派驻检察人员在审查法定条件、法定程序后作出的判断，并签署意见。

此表为一人一次一表，多次减刑的情况可以在备注中予以注明。

(二) 看守所检察工作中志、账、表的填写

1.《检察日志》。检察日志由三部分组成：一是收押出所检察情况。记录审查收押、出所凭证和现场检察收押、出所活动情况，检察的方法、存在的问题及提出纠正的情况。二是羁押期限检察情况。记录看守所总体羁押情况，各诉讼环节的人数，查阅看守所登记和换押手续执行情况，核对在押人员诉讼环节及羁押期限，提示制度的执行情况和超期羁押情况。三是其他检察工作情况。是指按照"四个办法"要求，记录驻所检察人员开展对看守所刑罚执行和监管活动监督的情况。包括：监管活动的事故检察及教育管理活动检察，执行刑罚活动的留所服刑检察及减刑、假释、暂予监外执行检察，办理罪犯又犯罪案件，受理控告、举报和申诉等。

填写日志要克服两种倾向。一是防止检察日志记成看守所日志。检察日志是检察监督看守所监管活动情况的记录，不是看守所活动本身过程的记录。二是防止将检察日志记成流水账，千篇一律或者敷衍了事。

2.《在押人员情况检察台账》。检察台账由三部分组成。一是在押人员基本情况，包括在押人员的羁押场所、姓名、性别、出生日期、案由、入所时间等。二是羁押期限情况。这里的羁押期限情况与日志中的羁押期限情况不同，它是记录每一名在押人员的羁押期限情况，而不是看守所总体羁押期限情况。记录在押人员诉讼环节、羁押期限及其变化情况。三是所内主要表现情况。不是记录在押人员所内的一般表现情况，而是记录在押人员羁押期间的奖惩情况，是否有立功表现，或者是否因违反监规受到处罚。

驻所检察人员要把台账登记与信息联网工作有机结合起来，已经实现与看

守所信息系统联网的，可从看守所信息系统中直接获取在押人员基本情况，建档备查；未实现联网的，要及时与看守所核对情况，进行登记，填写台账。检察台账实行在押人员一人一账，登记内容应当做到及时、准确、无误。

3. 监外执行罪犯出所告知表。派驻检察人员在出所检察时，对每一名被判处管制、宣告缓刑、裁定假释、决定或者批准暂予监外执行的罪犯，独立适用剥夺政治权利或者刑满释放仍需执行附加剥夺政治权利的罪犯出所时，驻所检察室都应当填写《监外执行罪犯出所告知表》，寄送执行地人民检察院监所检察部门。其中，改判罪名和刑期截止时间，是指罪犯在服刑期间因又犯罪、发现漏罪、申诉等情形造成罪名改变的情况，以及因罪名改变后的刑罚截止时间。报到时间，是指看守所规定的截止时间或者一段期限。告知内容，因监外执行罪犯不同，告知内容也有所不同。对判处管制、宣告缓刑、裁定假释的罪犯，应告知其在所内关押期间的表现，特别是受到惩戒的情况。对剥夺政治权利的罪犯，应告知其剥夺政治权利的时间。对决定或者批准监外执行的罪犯，应告知其病情情况。

4. 看守所办理减刑、假释、暂予监外执行情况登记表。看守所与监狱不同，看守所不是专门的刑罚执行场所，执行刑罚罪犯的数量相对监狱要少，因此，对每一名罪犯的刑罚执行变更情况都要详细记录，并签署检察意见。其中，改判刑期，是指减刑的时间。刑期截止时间，是指减刑后的时间。法定条件，是指对提请减刑、假释或者呈报暂予监外执行罪犯具备的具体的条件，必须详细列出。法定程序，是指对提请减刑、假释或者呈报暂予监外执行罪犯所必经的公示、研究会议等程序。检察意见，是指驻所检察人员在审查法定条件、法定程序后作出的判断，并签署意见。

此表为一人一次一表，多次减刑的情况可以在备注中予以注明。

（三）劳教所检察工作中志、表的填写

1.《检察日志》。《检察日志》包括入所检察情况、开展检察工作情况和其他有关情况三部分。入所检察工作情况内容应写：劳教所收容劳教人员的时间、姓名、罪错性质、法律文书名称，如果入所人员较多的，有关情况可以概括性地填写；驻所检察人员对劳教所收容管理活动是否合法进行检察的内容。出所检察工作情况应填写：劳教人员出所的时间和法律文书是否合法；劳教人员因何原因办理出所手续及承办单位。其他工作情况，包括变更执行检察、监管活动检察、办理劳教人员犯罪案件、受理控告举报和申诉等情况，主要是围绕落实“四个办法”的相关规定和具体工作开展情况填写。

2.《劳教所办理延期、减期、提前解教不当情况登记表》。该表不仅包括劳教所呈报不当情况，也包括劳教所自行审批不当情况。应全面填写呈报单

位、被呈报的劳教人员情况、呈报情况和检察意见，重点是发现的不当之处、提出的监督意见。其中，呈报情况下面有三个子栏目，分别是规定条件、规定程序和列席会议。规定条件是指被呈报劳教人员具备的具体条件，如有立功应具体写明。法定程序是指公示、研究会议等程序。检察意见栏中要对法定条件和法定程序作出判断并提出意见。属于呈报不当的，要向受理本案的劳教管理机关的同级人民检察院报送此表。一人一次一表，多次减期应在备注栏中注明。

3.《劳教所办理所外执行、所外就医情况登记表》。派驻检察机构收到劳教所移送的呈报所外执行、所外就医材料，应当将审查情况填入《劳教所办理所外执行、所外就医情况登记表》，报送受理本案的劳教管理机关的同级人民检察院监所检察部门。应全面填写呈报单位、被呈报的劳教人员情况、呈报情况和检察意见。

（四）监外执行检察工作中志、表的填写

1.《罪犯监外执行情况检察台账》。台账表的填写时间是在监所检察部门收到法律文书，或者知道本辖区监外执行罪犯报到时，至于检察情况记录，有情况即可随时填写。

2.《监外执行罪犯减刑情况登记表》。本表在公安机关决定提请对监外执行罪犯减刑时填写，并续写公安机关提请之后法院裁定减刑的情况。目的是掌握公安机关提请减刑、人民法院裁定减刑的情况。本表主要有四个栏目。如果发现违法情况的，应当同时填写《检察纠正违法情况登记表》，或者《严重违法情况登记表》。

（五）通用表格的填写

1.《重大事故登记表》。详细填写重大事故发生的时间、地点、人员、原因、性质，派驻检察人员是否及时赶赴现场，了解情况，并将上述情况填入重大问题报告表，向上级人民检察院报告。视调查进度，及时续报情况。

2.《控告、举报和申诉登记表》。收到罪犯及其家属的控告、举报、申诉材料时，应在检察日志中简要记录；如“今天收到罪犯某某申诉材料一份”，详细情况填写在《控告、举报和申诉登记表》中。

3.《检察纠正违法情况登记表》和《严重违法情况登记表》。“四个办法”在收监、出监检察，刑罚变更执行检察和监管活动检察中，对相应的收监活动及出监活动，办理减刑、假释、暂予监外执行情况，禁闭检察，事故检察及狱政管理，教育改造活动检察等，都详细列举了应当纠正的违法情形。在上述检察监督中，派驻检察人员要按照“四个办法”的要求，积极开展各项业务工作，在发现和提出纠正的同时，认真填写《检察纠正违法情况登记

表》。其中属于严重违法情况的，还应填写《严重违法情况登记表》。

（六）有关法律文书的填写

1.《检察建议书》。该文书由发往单位、问题的来源或提出建议的起因、提出建议所依据的事实、提出建议的依据和建议内容、要求事项等五个部分组成。其中，发往单位需写明主送单位的全称。问题的来源或提出建议的起因中写明本院在办理案件过程中发现该单位在管理等方面存在的漏洞以及需要提出有关建议的问题。提出建议所依据的事实部分为提出检察建议所依据的事实。对事实的叙述要客观、准确、概括性强，要归纳成几条反映问题实质的事实要件，然后加以叙述。提出建议的依据和建议内容中引用依据有两种情况，一种情况是检察机关提出建议的行为依据的有关规定；另一种情况是该单位存在的问题不符合那项法律、法规和有关规章制度的规定。建议内容应当具体明确，切实可行。要与以上列举的事实紧密联系。要求事项中写明实现建议内容或督促建议落实而向受文单位提出的具体要求。可包括：研究解决或督促整改；回复落实情况，可提出具体时间要求。

2.《纠正违法通知书》。该文书由发往单位、发现违法情况、认定违法的理由和法律依据、纠正意见等四个部分组成。其中，发往单位即发生违法情况的单位。发现违法情况包括违法人员的姓名、所在单位、职务、违法事实等，如果是单位违法，要写明违法单位的名称。违法事实中要写明违法时间、地点、经过、手段、目的和后果等。认定违法的理由和法律依据，包括违法行为触犯的法律、法规和规范性文件的条款，违法行为的性质。纠正意见中写明“根据××规定，特通知你单位予以纠正。请将纠正情况告知我院。”

3.《纠正不当假释裁定意见书》、《纠正不当减刑裁定意见书》、《纠正不当暂予监外执行决定意见书》。该三种文书由发往单位，罪犯基本情况，原判决、裁定情况和执行刑期情况，裁定假释（裁定减刑、决定暂予监外执行）情况，认定裁定假释（裁定减刑、决定暂予监外执行）不当的理由及法律依据，纠正意见等六个部分组成。其中，发往单位即裁定假释（裁定减刑、决定暂予监外执行）的人民法院。罪犯基本情况包括罪犯姓名、性别、年龄、罪犯所在的监管场所。原判决、裁定情况和执行刑期情况包括原判决、裁定认定的罪名、刑期，已执行的刑期及减刑情况，剩余刑期。裁定假释（裁定减刑、决定暂予监外执行）情况写明假释（减刑、暂予监外执行）理由。认定裁定假释（裁定减刑、决定暂予监外执行）不当的理由及法律依据写明被裁定假释（裁定减刑、决定暂予监外执行）罪犯不符合假释条件的具体情况；假释裁定（裁定减刑、决定暂予监外执行）的不当之处。

第九编　民事行政检察工作

【工作流程图】

民事行政检察工作流程图

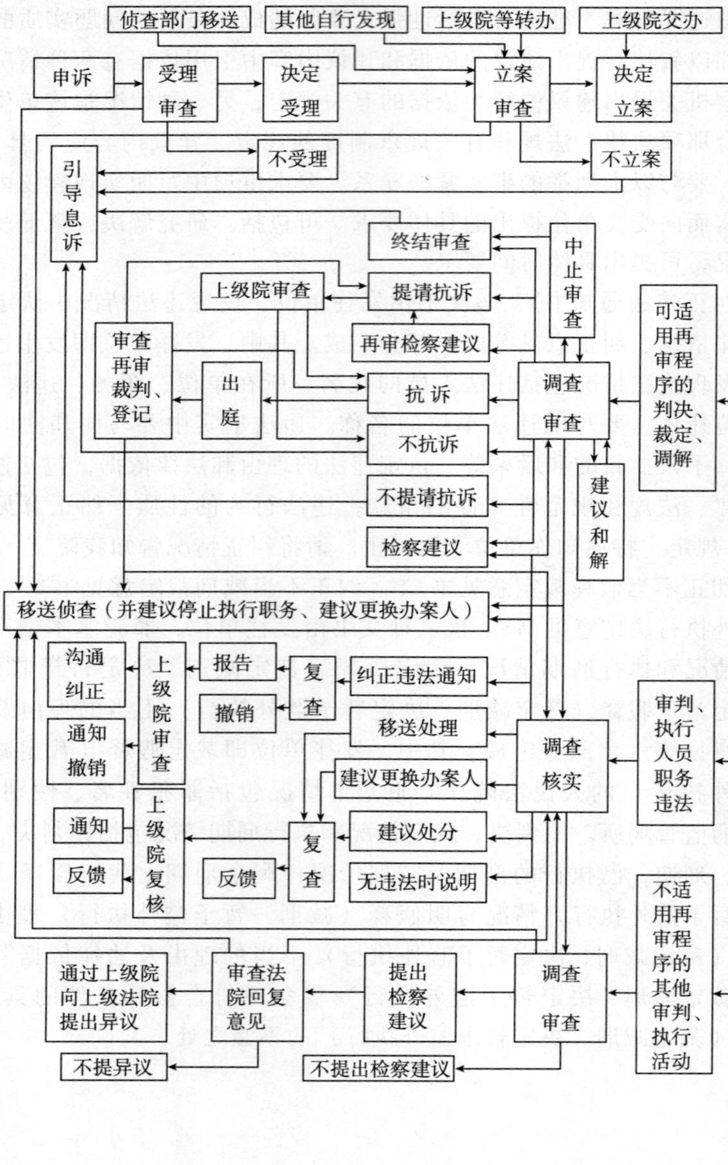

第一章　民事行政检察工作概述

一、民事行政检察工作面临的形势和任务

（一）民事行政检察工作的基本职责

1. 民事行政检察的监督对象

明确民事行政检察的职责，首先需要明确民事行政检察的监督对象。

民事诉讼法第14条明确规定，“人民检察院有权对民事审判活动实行法律监督”，因此民事检察的监督对象是民事审判活动。鉴于这是一种公权活动，民事检察在性质上是对公权力（审判权）的监督。

人民法院依法行使民事审判权的活动都是民事审判活动，包括特别程序、督促程序、公示催告程序、破产程序、海事诉讼特别程序等程序中行使审判权的活动。按照我国宪法、人民法院组织法、民事诉讼法等规定，人民法院依法行使审判权，但没有“执行权”，所谓法院“执行权”只是一种习惯说法，实际上仍是审判权；因此，人民法院在执行程序中的各项活动也是行使审判权的具体体现，属于审判活动。①

行政诉讼法第10条明确规定，“人民检察院有权对行政诉讼实行法律监督”。从概念上讲，行政诉讼活动包括法院的审判活动和诉讼参加人的诉讼活动，因而检察监督的对象包括行政审判活动和诉讼参加人的诉讼活动两个方面。但是，行政诉讼法分则部分只规定了对生效裁判（属于行政审判活动）的监督，没有规定对诉讼参加人诉讼活动的监督。从这个角度上讲，行政检察的监督对象实际上只限于对行政审判活动的监督，行政检察也是对公权（审判权）的监督。

因此，《最高人民检察院关于加强和改进民事行政检察工作的决定》明确指出：“民事行政检察工作在改革发展中必须立足并坚持法律监督属性。一是，民事行政检察监督作为检察机关法律监督的重要组成部分，在性质上是对

①全国人大法律委员会王汉斌主任在《关于〈中华人民共和国民事诉讼法（试行）〉（修改草案）的说明》中也指出：“执行是审判工作的一个十分重要的环节，它关系到法律和人民法院的尊严，有效保障公民、法人和其他组织的合法权益，维护正常的社会经济秩序。目前有些地方人民法院在审判工作中执行难的问题比较突出。”这说明，审判活动包括执行活动，民事诉讼法的检察监督原则包括了对执行活动的法律监督。

公权力的监督，监督对象是民事审判、行政诉讼活动；……”

民事行政检察的监督对象与刑事检察的监督对象不同，后者既包括公权活动（主要是司法机关的刑事诉讼活动），也包括公民活动（主要是刑事法律的遵守情况）。

2011年3月10日，最高人民法院和最高人民检察院会签了两份民事行政检察改革的文件，分别是《关于对民事审判活动与行政诉讼实行法律监督的若干意见（试行）》（以下简称《民行监督意见》）和《关于在部分地方开展民事执行活动法律监督试点工作的通知》（以下简称《执行试点通知》），除了对应予监督的审判活动范围进行明确外，还在两个大的方面对于监督范围作了明确规定：第一，明确了检察机关对于民事、行政执行工作的监督。第二，《民行监督意见》第11条规定，“人民检察院……发现行政机关有违反法律规定、可能影响人民法院公正审理的行为，应当向行政机关提出检察建议”，这是对诉讼参与人诉讼活动的监督，是对行政诉讼法第10条规定的细化明确。①

2. 民事行政检察的监督方法

所有的检察职权都可以分为两大类：一是追查权（包括检查、调查、侦查等措施）及其附属的强制措施权，二是检控权（包括要求纠正违法行为和要求制裁违法人员）及其附属的程序参与权（如出庭）。追查权和检控权相互依存，不可分割。

民事行政检察作为检察制度的重要组成部分，其检察监督措施也同样可以分为两大类，一是属于追查权的调查（包括调卷），二是属于检控权的抗诉以及提出检察建议、纠正违法通知等，还有从属于查控权的抗诉案件出庭等。完善民事行政检察制度的核心内容，就是在明确监督对象的基础上，完善追查职责（调查）和检控职责（如抗诉），并完善抗诉案件出庭等制度。

3. 民事行政检察工作的基本职责

明确了民事行政检察工作的监督对象和监督方法，也就明确了民事行政检察工作的基本职责。

民事行政检察首先是对民事、行政审判活动（包括执行活动）的监督，其基本职责是对这些审判活动中的违法行为进行调查，然后提出相应的处理意见（如抗诉）。这种监督对象可分为三类：一是对可以适用再审程序的生效裁

①《执行试点通知》第5条规定：“对于国家机关等特殊主体为被执行人的执行案件，人民法院因不当干预难以执行的，人民检察院应当向相关国家机关等提出检察建议。”这可以理解为对民事诉讼当事人诉讼活动的监督。但是，考虑到民事诉讼法规定的检察监督对象只限于民事审判活动，将本条理解为对行政活动之检察监督可能更为合适。

判、调解活动的监督；二是对不适用再审程序的其他审判活动的监督；三是对审判人员（包括执行人员）职务违法行为的监督。这三类审判活动中的违法行为，既可以反映在个别案件中，需要个案监督；也可以反映在多个类似案件中，需要类案监督。其监督方法，一是进行调查以查明违法行为，二是提出意见以纠正违法行为（如抗诉）或制裁违法人员（如建议处分）。行政诉讼法第10条规定对行政诉讼活动实行法律监督，据此，检察机关不但应对行政审判活动实行监督，还应对行政诉讼参加人的诉讼活动实行监督。后一种监督在法律上还缺乏具体规定，① 有待进一步探索、研究。

此外，一些法律和地方法规对行政执法监督作出了规定，人民检察院也应当遵照执行，并进一步探索、研究。

民事行政检察部门的职责，首先是按照现行法律、法规和司改文件的要求，做好本职工作，并在工作方法上进行探索、创新，以提高办案质量和效率，实现有效监督。但是，任何工作创新的前提都是遵守现有的法律规定，不得违反，至少不能违反民事诉讼法第14条和行政诉讼法第10条的原则性规定。对民事审判活动、行政诉讼活动和行政执法活动之外的其他任何活动进行监督，都超出了现行法律的规定，有违法制之要求。②

（二）民事行政检察工作面临的新形势和任务

1. 新形势

在中国特色社会主义法律体系已经形成的大背景下，本次司法改革也在几个重大方面对民事行政检察制度作出了重要的完善性规定：第一，明确了检察机关对可抗诉之外的其他审判活动之监督；第二，明确了对民事调解、行政赔偿调解的抗诉措施；第三，明确了同级检察机关提出再审检察建议的制度；第四，明确了法院裁定驳回再审申请后，检察机关抗诉的对象应当是原生效裁判、调解，不是驳回再审申请的裁定；第五，明确了对民事、行政执行活动的监督措施与程序；第六，对法院回复意见有异议时，明确了通过上级院向法院提出的制度。前五项内容是为了明确、完善检察监督的对象与措施，第六项内容是为了实现有效监督。

2. 新任务

民事行政检察工作的职责是维护民事法律、行政法律的统一正确实施。民

---

①《民行监督意见》第11条的规定涉及了对行政机关诉讼活动的监督，是对行政诉讼法第10条规定的细化明确。

②检察权是公权，凡法律没有明确授予的权力，均不得行使。检察机关是法律监督机关，但不是唯一的监督机关，因此不能认为属于监督活动就当然属于检察监督的范围。

事行政检察工作在依法调查、审查的基础上，通过抗诉、提出检察建议等方式进行个案监督，通过提出意见或建议等方式进行类案监督，通过建议更换办案人、停止执行职务以及提出纠正违法意见、予以处分的检察建议等方式进行对人监督，维护司法公正，维护法律权威。检察机关通过这些监督促进公正审判、公正执行，间接地为化解社会矛盾、实现社会和谐作出贡献。

上述司法改革的成果为进一步做好民事行政检察工作打下了良好基础，同时也提出了新的任务和要求。检察机关应当按照规定履行职责，更好地在民事诉讼和行政诉讼中维护国家法制统一；在工作中不断总结经验，发现问题，为将来进一步完善民事行政检察制度提供支持。

3. 存在的问题

本次司法改革虽然取得了很多成绩，但是由于时间、认识以及其他多种原因，这些成果还是阶段性的，有些重要内容没有明确规定，已经规定的内容不全面、不准确甚至可能不当。总之，这些规定都需要在实践中进一步检验，也需要在理论上进一步研究，并在将来修改法律或作出相关规定时进一步完善。

二、民事行政检察工作的基本思路和基本要求

（一）基本思路

1. 明确民事行政检察的基本职责，在民事、行政诉讼中维护国家法制统一

民事行政检察工作通过对民事审判活动、行政诉讼活动实行法律监督，可以在民事、行政诉讼中维护国家法律的统一正确实施，维护司法公正和法律权威，维护国家法制统一。

2. 民事行政检察的任务是维护国家利益、社会公益以及个人合法权益，其方法是对违法的民事审判和行政诉讼活动进行监督

人民检察院组织法第4条规定了检察机关的基本任务，主要内容是："通过行使检察权"，维护社会主义法制，维护法律所保护的各种秩序，保护合法的财产关系，保护公民的各种权利。检察官法第8条规定的检察官义务之一是"维护国家利益、公共利益，维护自然人、法人和其他组织的合法权益"。因此，可以认为检察机关的任务是维护一切合法权利，包括国家利益、社会公益和个人私益。

检察机关通过维护国家法制，最终可以维护国家利益、社会公益以及个人合法权益，这是检察工作的任务。为完成这一任务，应当对民事审判活动、行政诉讼活动中的违法行为进行调查和检控，这是民事行政检察的方法。

正确地区分监督任务与监督方法，就能够通过对违法行为的监督来维护国

家利益、社会公益以及其他合法权益，完成监督任务，实现监督目标。

3. 提高办案质量与效率，实现有效监督

《最高人民检察院关于加强和改进民事行政检察工作的决定》提出，“使监督范围更加明确，监督措施更加有效，监督程序更加规范，监督机制更加科学，监督效果更加明显，推动民事行政检察工作实现新的跨越式发展。”实现有效监督十分重要。

检察机关通过出席抗诉案件再审法庭、加强与法院沟通等方式，实行跟踪监督，确保实现有错必纠、有责必究。对于法院不依法纠正错误等违法行为，检察机关应启动新的监督程序，履行监督职责，否则就是渎职。

（二）民事行政检察工作的基本要求

1. 公权监督公权

依照法律规定，人民检察院依法对民事审判活动和行政诉讼活动实行法律监督，是对民事审判权和行政审判权的监督。①因此，民事行政检察是公权（检察权）对公权（审判权）的监督，不是对诉讼当事人私权活动（民事活动）的监督，这是民事诉讼法和行政诉讼法规定的基本原则。

公权监督公权的原则，要求围绕民事和行政审判活动是否合法开展监督工作：因怀疑有违法行为而进行调查、审查，因认定有违法行为而提出抗诉或检察建议等。民事行政检察的全部方法和程序都是针对审判活动，审查内容亦是针对审判活动的合法性。当事人或利害关系人的申诉、控告事项，只是发现审判活动违法的重要线索；民事行政检察不针对当事人的申诉请求，不是审查当事人在诉讼中的主张是否成立，亦非审查当事人（维护自己权利的）申诉或答辩理由是否成立。

实践中，检察机关曾经作了不少探索。有些探索是正确的，例如对审判过程以及执行活动中违法行为的监督工作，符合公权监督公权的这一基本要求，已经在本次司法改革中得到确认；也有些探索是不成熟的，例如督促起诉、支持起诉，因为不属于对审判活动的监督，因而未予规定。②

2. 依职权监督

民事行政检察是公权对公权的监督，任务是维护国家法制统一，这要求检察机关必须积极履行职责，不能寻找任何理由和借口逃避职责。当事人、利害关系人或者知情人的申诉、控告、检举，以及检察机关自行发现，都是案件的

①在本次司法改革中，要求检察机关对于行政诉讼中行政机关的诉讼违法行为进行监督，这仍是检察权对公权的监督，不过在这里暂不讨论。

②对其他诉讼活动的监督，即对诉讼参加人的诉讼活动的监督，还需要进一步探索。

来源；无论是因当事人申诉而立案，还是因利害关系人、知情人的控告、检举而立案，或是因检察机关自行发现而立案，都是检察机关依职权进行监督的不同表现形式。

我国宪法和人民检察院组织法明确规定："人民检察院依照法律规定独立行使检察权，不受其他行政机关、团体和个人的干涉。"诉讼当事人或者其他诉讼参与人不得以任何方式或理由干涉人民检察院履行职责；检察机关也不得以诉讼参与人的任何行为或意见作为逃避职责的借口。

我国民事诉讼法第 187 条、行政诉讼法第 64 条规定，人民检察院"发现"有抗诉事由时"应当"或"有权"抗诉，明确规定了依职权抗诉原则。《民行监督意见》第 9 条规定，"人民法院的审判活动有本意见第五条、第六条以外违反法律规定情形，不适用再审程序的，人民检察院应当向人民法院提出检察建议。"也规定了依职权监督原则。因此，当事人申诉只是人民检察院"发现"抗诉事由的线索来源之一，而非必要条件。

当然，由于检察机关没有参与民事诉讼和行政诉讼，当事人或利害关系人的申诉或控告是检察监督的重要案件来源，这是一个客观事实，但不能成为反对依职权监督的理由。类似的是，公安机关的绝大多数刑事、治安案件是因受害人报案而来，但不能据此认为这些案件实行受害人不告不理制度。

如果将法院审判中的不告不理原则照搬于检察工作中，就混淆了检察权与审判权的差别；并且，将当事人的意见作为检察权行使的依据，亦违反了检察权独立行使的宪法原则。

3. 事后监督

所有的检察监督都是事后的，检察机关只能对已经发生的违法行为进行监督。在违法行为发生前，只有预防，没有监督。在违法行为持续过程中（包括正在发生、尚未完结的），违法行为已经发生，对这些违法行为的监督仍然是事后监督。

事后监督原则中的"事后"，是指"事件"已经发生，包括尚在持续中，不是指"案件"已经完结。对于违法不作为而言，尚未结束正是监督的前提；如果要求此类案件在结束后才能予以监督，反而会陷入无法监督的悖论。

4. 个案监督与类案监督相结合

《最高人民检察院关于加强和改进民事行政检察工作的决定》明确提出："积极开展类案监督研究，使民事行政检察监督由个案监督向类案监督拓展，促进公正司法。"因此，对于个案中表现出来的违法行为，以及类案中表现出来的违法行为，检察机关都有依法监督之责。

对于类案中表现出来的违法行为，例如同类案件的判决方式不同，多起案件中表现出来的同类错误，检察机关应在详加调查研究后一并予以监督，可以起到监督一（类）案，纠正一片的良好效果。另外，类案监督更符合检察机关维护国家法制的职责，在监督过程中检法两院思考问题也更客观更理性，更容易达成共识，效果更好。

5. 对人监督与对事监督相结合

人民法院的审判活动（包括执行活动）是通过审判人员、执行人员的职务活动进行的，因此，审判人员、执行人员的职务活动也是审判活动的一种，对审判人员、执行人员职务违法行为的监督也是民事行政检察监督的内容之一。

最高人民法院、最高人民检察院、公安部、国家安全部、司法部2010年《关于对司法工作人员在诉讼活动中的渎职行为加强法律监督的若干规定（试行）》（以下简称《渎职监督规定》）第2条规定，“人民检察院依法对诉讼活动实行法律监督。对司法工作人员的渎职行为可以通过依法审查案卷材料、调查核实违法事实、提出纠正违法意见或者建议更换办案人、立案侦查职务犯罪等措施进行法律监督。”第17条规定，“本规定所称的对司法工作人员渎职行为的调查，是指人民检察院在对刑事诉讼、民事审判、行政诉讼活动进行法律监督中，为准确认定和依法纠正司法工作人员的渎职行为，而对该司法工作人员违反法律的事实是否存在及其性质、情节、后果等进行核实、查证的活动。”另外，《人民检察院检察建议工作规定（试行）》第5条规定，“人民检察院在检察工作中发现有下列情形之一的，可以提出检察建议：……（四）在办理案件过程中发现应对有关人员或行为予以表彰或者给予处分、行政处罚的；……”

因此，人民检察院在通过抗诉、提出检察建议等方式对人民法院的审判活动进行监督的同时，还应当对审判人员的职务违法行为进行监督，按照规定进行调查、提出相应的处理意见，包括提出予以处分的检察建议。只有制裁违法和纠正违法并举，才能有效地维护社会主义法制。

《渎职监督规定》第10条第2款规定：“对于司法工作人员涉嫌渎职犯罪需要立案侦查的，对渎职犯罪的侦查和对诉讼活动的其他法律监督工作应当分别由不同的部门和人员办理。”据此，查办民事、行政案件中审判人员、执行人员的渎职违法行为，属于“其他法律监督工作”，应当与侦查工作分别由不同的部门和人员办理，只能由民事行政检察部门办理。

三、民事行政检察工作的能力素质要求

（一）民事行政检察人员应具备的能力素质

民事行政检察人员应当至少具备以下几个方面的能力素质：

1. 对通过检察监督维护国家法制有坚定的信仰、信念和信心，树立牢固的立检为公、检察为民检察理念。

2. 熟悉民事法律和民事诉讼法律，并能够正确应用。

3. 熟悉行政法律和行政诉讼法律，并能够正确应用。

4. 熟悉民事诉讼、行政诉讼中职务违法行为与职务犯罪行为的界线与标准，并能够正确应用。

5. 熟悉并掌握对职务违法行为进行调查的方法、技巧以及其他必要知识。

（二）如何提高民事行政检察工作能力

民事行政检察人员提高检察工作能力，至少应从如下几个方面着手：

1. 加强相关法律知识的学习，并了解民事诉讼、行政诉讼的实践状况。

2. 勤于思考，善于发现问题、分析问题和解决问题。

3. 重事实、重证据、不主观臆断的工作态度和方式。

4. 坚持法律、维护正义的执著精神。

5. 遵守法律、遵守纪律、廉洁奉公的职业操守。

第二章　民事行政检察工作重点环节与要求

一、立案

（一）案件来源

《人民检察院民事行政案件办案规则》（以下简称《办案规则》）和《执法规范》列举了四种案件来源，其中转办和交办的案件也可分为有申诉和无申诉两种，因此检察机关受理民事、行政案件的真正来源只有两种，一是当事人申诉，二是人民检察院自行发现，后者包括检举、控告、媒体报道、查办其他案件时发现、其他部门转办等多种情况。

需要说明的是：在办理审判人员、执行人员涉嫌职务违法的渎职案件时，还有四个特殊的案件来源：一是民行部门在审查是否抗诉、提出再审检察建议的案件时（针对可以适用再审程序的生效裁判、调解），发现有涉嫌职务违法

线索的；二是民行部门在审查法院对抗诉案件的再审裁判时，发现有涉嫌职务违法线索的；三是民行部门在审查是否提出检察建议时（针对不能适用再审程序的其他审判活动、执行活动），发现有涉嫌职务违法线索的；四是民行部门在审查法院对检察建议的回复意见时，发现有涉嫌职务违法线索的。这四种案件来源都属于“自行发现”的案件。①

（二）立案条件

民事行政检察工作的立案条件，与最终提出监督意见（如抗诉、检察建议等）的条件相联系。如果提出监督意见的条件可以概括为审判活动违法，立案条件就可以概括为审判活动涉嫌违法（可能违法）。例如，《执法规范》第7·10条规定的立案条件之一是：“已经发生法律效力的民事判决、裁定可能符合民事诉讼法第一百七十九条规定情形之一的。”

（三）立案程序

立案管辖。民事审判活动、行政诉讼活动所在法院的同级或上级人民检察院按照规定享有管辖权。

立案后，检察机关应当按照规定通知申诉人和其他当事人，并将申诉状副本送给其他当事人，同时进入实质审查程序。

下级人民检察院自行发现线索或收到转办案件（包括侦查部门转办）后，无需受理审查程序，直接登记（相当于受理决定）后直接进入立案审查程序，决定是否立案。

下级人民检察院收到交办案件后，无需立案审查程序，直接登记（相当于立案决定）后直接进入实质审查程序。

二、审查

（一）调卷

必要时，检察机关应当调阅原卷宗，查阅审判副卷，以核实相关证据材料，全面了解审判人员处理案件的基本思路和理由，避免情况不明而作出误判。

最高人民法院办公厅、最高人民检察院办公厅《关于调阅诉讼卷宗有关问题的通知》对于调卷问题作了比较明确的规定，人民检察院在调卷中应当执行。这里特别需要注意两个问题：第一，按照该通知第2条的规定可以用其他方式或查阅、拷贝电子卷、复制、摘录等方式满足办案需要的，不再调阅原卷；第二，在调阅内卷时一定要注意保密，按照该通知第6条保密规定执行。

①需要说明的是，在这四种情况下，如果发现涉嫌犯罪的，则应依法移送侦查部门。

（二）要求说明理由

必要时，可以要求审判人员对裁判活动或者其他审判活动的情况和理由作出说明，以便迅速、全面、有效地了解案件情况，要求说明理由，既是对法院工作的尊重，对于提高办案质量和效率亦大有裨益。

（三）调查

必要时，检察人员应当进行调查。例如，发现审判人员、审判活动有违法嫌疑、需要调查核实的；发现证据可能不实、需要调查核实的；法院应当调查而未调查，但该证据对案件结果是否有实质性影响不明，难以决定是否抗诉的，等等。

调查的具体条件、方法与程序，应遵守《执法规范》、《办案规则》和《民行监督意见》的规定。

（四）书面审查并提出审查意见

在调卷、调查、要求说明理由等基础上，应当有针对性地认真审查。

审查完毕后，承办人应当提出审查意见，按规定提请研究。

三、抗诉

（一）对于生效裁判的抗诉条件

民事诉讼法在2007年对抗诉条件作了重大修改，人民检察院发现人民法院的生效裁判有第179条所列情形之一的，应当提出抗诉。

该条第1款列举了13项可以提出抗诉的事由，其中前5项属于事实认定问题，第（六）项属于法律适用问题，第（七）至第（十一）项属于程序违法问题，第（十二）、（十三）项属于其他问题。《执法规范》结合修改中的《办案规则》，对第（一）、（二）、（六）、（七）至（十）、（十三）项分别作了进一步的解释。

该条第2款规定的事由有两类。对于第一类事由，即违反法定程序可能影响案件正确判决、裁定的情形，《执法规范》作了细化的解释。对于第二类事由，即审判人员在审理该案件时有贪污受贿、徇私舞弊、枉法裁判行为的，《执法规范》增加规定了两项内容，即“有证据证明有滥用职权、玩忽职守行为的”。

行政诉讼法第64条对于抗诉条件的规定十分原则，即“违反法律、法规规定的”；《办案规则》第37条将抗诉条件细化为11项，《执法规范》结合修改中的《办案规则》，将之合并调整为9项，其变化是：

第一，《办案规则》第37条中两项涉及程序问题的内容，即第（一）项“人民法院对依法应予受理的行政案件，裁定不予受理或者驳回起诉的”和第

（二）项“人民法院裁定准许当事人撤诉违反法律规定的”，在《执法规范》中删去，合并入“违反法定程序”。

第二，《办案规则》第37条中的第（三）项“原判决、裁定违反《中华人民共和国立法法》第七十八条至第八十六条的规定适用法律、法规、规章的”，《执法规范》第7·43条修改为第（三）项“违反立法法的规定适用法律、法律解释、法规、条例、规章的”。

第三，《办案规则》第37条中涉及事实问题的内容，即第（五）项“原判决、裁定认定行政事实行为是否存在、合法发生错误的”和第（七）项“原判决、裁定认定事实的主要证据不足的”，在《执法规范》中调整为第（一）项“对有足够证据证明的基本事实不予认定的”和第（二）项“认定事实的证据未经质证或者是具体行政行为作出后收集的”。

（二）调解案件的抗诉条件

《民行监督意见》第6条规定对调解案件的抗诉条件是“损害国家利益、社会公共利益”，这一规定十分概括。民事诉讼法第9条规定“人民法院审理民事案件，应当根据自愿和合法的原则进行调解”，检察机关为维护国家法制统一，应当对违反该条规定的调解，即协议内容违法和违反自愿原则的，提出抗诉。

认定违反自愿原则时要特别注意。一些当事人同意调解后反悔，又以违反自愿原则的理由申诉，但不能提供证据的，应当不予支持。

（三）抗诉案件的审查方式和程序

1. 审查方式

审查抗诉案件，应当注意以下几个方面：

第一，掌握本案的基本法律关系、基本事实，重点对有争议部分、有违法嫌疑问题进行审查。

第二，对于当事人申诉明显不成立的部分应首先排除，然后重点审查有可能成为抗诉事由的部分。

第三，对于有疑问的重要事实和理由，要详细阅卷，必要时进行调查核实。

第四，必要时可与法院承办人沟通，了解法院认定事实、适用法律的理由、根据、所考虑的因素等，迅速全面知悉相关案情。

第五，形成审查意见，认真准备审查材料。

2. 抗诉审查的程序

承办人形成审查意见后，应及时报请研究，然后由检察长批准或者由检察委员会决定，作出抗诉书。

经研究决定不抗诉的，应当按照规定程序审批，作出不抗诉决定书。

（四）抗诉书的制作要求

《办案规则》第40条规定："人民检察院决定抗诉的案件，应当制作《抗诉书》。《抗诉书》应当载明：案件来源、基本案情、人民法院审理情况及抗诉理由。"这是关于抗诉书制作的基本要求。

引用法律条文时，表示序数的数字不能加括号，应当是"第一"、"第二"、"第三"等，不是"第（一）"、"第（二）"、"第（三）"等。例如引用我国民事诉讼法第179条第1款相关内容作为抗诉依据时，应当是"第一项、第二项之规定"，不是"第（一）项、第（二）项之规定"。

四、检察建议

（一）适用检察建议的案件

在民事行政检察中，适用检察建议的案件主要有：

第一，依照《办案规则》和《民行监督意见》，对于同级人民法院的生效裁判，提出再审检察建议。

第二，依照《民行监督意见》，对于不适用再审程序的其他生效裁判、其他审判活动，提出再审检察建议。

第三，依照《执行试点通知》，对于执行活动中的违法行为提出检察建议。

第四，依照《人民检察院检察建议工作规定（试行）》，对于下述情况提出检察建议：(1)"行业主管部门或者主管机关需要加强或改进本行业或者部门的管理监督工作的"；(2)"在办理案件过程中发现应对有关人员或行为予以表彰或者给予处分、行政处罚的"；(3)"人民法院……在执法过程中存在苗头性、倾向性的不规范问题，需要改进的"；(4)"其他需要提出检察建议的"。

（二）适用检察建议的条件

不同类型的检察建议有不同的适用条件，例如，提出再审检察建议的，应当是符合再审条件；对其他审判活动提出检察建议的，应当是"违反法律规定"；提出予以行政处分的检察建议的，应当是违反相关的法律、法规等规定，等等。

（三）提出检察建议的程序

提出检察建议，应当遵守相应的程序。例如，《民行监督意见》规定，"经检察委员会决定，可以向同级人民法院提出再审检察建议"。

第三章 民事行政检察工作中常见问题及应对措施

一、如何正确理解"损害国家利益、社会公共利益"

《民行监督意见》第3条关于调查的条件、第6条关于调解案件的抗诉条件以及《执行试点通知》第2条关于执行监督的条件，都有"损害国家利益、社会公共利益"的内容。对于这一规定应当正确理解。

1. 国家利益、社会公共利益的内涵和外延是什么，在理论界尚有很多争论，在实务中也很难把握，这导致难以判断何谓"损害国家利益、社会公共利益"。

2. 对于这一规定的正确理解，应当与检察职责联系起来。依照人民检察院组织法第4条规定，人民检察院的任务是维护国家法制、维护法律秩序和保护合法权益，其方法是"行使检察权"。该法中规定的维护国家法制和法律秩序，可以视为维护国家利益和社会公共利益，因此检察监督的任务包括了维护国家利益、社会公益以及其他一切合法权利。检察监督的方法，则是针对不遵守法律的行为（违法行为）进行调查，然后提出纠正违法行为和制裁违法人员的意见。通过这种方式区分检察监督的任务与方法，既可以保持正确方向，又便于实践操作。

3. 保护国家利益和社会公益要依法进行，不能离开法律抽象地谈论保护国家利益和社会公益。法律就是国家利益、社会公益以及其他一切合法权益的具体体现，违反法律的行为不但侵害了国家所保护的民事权利，也侵害了法律所保护的法律秩序、公共利益；没有违反法律的，就不能认为侵害了他人合法权益，也不能认为损害了国家利益和社会公共利益。这样理解就和检察机关的法律监督职责一致起来。

二、对于一审生效的裁判，检察机关如何进行监督

《民行监督意见》第4条规定，当事人对一审生效裁判申诉时，应当说明未提出上诉的理由；没有正当理由的，不予受理。对此，应当正确理解、把握。民事诉讼法第187条规定人民检察院抗诉的对象是"发生法律效力的判决、裁定"，包括了一审生效的裁判，《民行监督意见》不能违反这一规定。

1. 作出这一规定的目的，是为了引导当事人正确行使权利，尽量通过上诉程序解决争议，减少不必要的申诉活动。

2. 经初步审查发现当事人缺乏明显的正当理由，案件本身又没有明显的违法之处，应终结审查。

3. 经初步审查发现案件明显违法的，或者审判人员可能有违法行为的，应当依法立案，依法监督。

4. 检察机关对于未上诉理由是否正当的判断和是否受理申诉的决定，属于检察职责范围，法院不得以未上诉的理由不正当为由拒绝检察监督。

三、对民事、行政审判活动监督时，应当何时使用抗诉措施，何时使用检察建议

民事诉讼法第 188 条规定，“人民检察院提出抗诉的案件，接受抗诉的人民法院应当自收到抗诉书之日起三十日内作出再审的裁定”，这说明民事抗诉的法律效力是引起再审程序（行政抗诉的效力亦同）。因此，可以抗诉的判决、裁定必须能够适用再审程序，否则抗诉后法院将无法裁定再审。

并非所有的生效裁判都可以适用再审程序。例如，对依据公示催告程序作出的除权判决不能申请再审。又如，最高人民法院明确规定可以适用再审程序的民事裁定有三种，分别是驳回起诉裁定、不予受理裁定和按自动撤回上诉处理的裁定；可以适用再审程序的行政裁定有四种，分别是不予受理、驳回起诉、管辖权异议和准予撤诉的裁定。其他裁定尚未明确规定可以适用再审程序。

根据是否可以适用再审程序，本次司法改革对不同的审判活动分别规定了不同的监督措施：可以适用再审程序的生效裁判以及调解，应当依法抗诉；不能适用再审程序的生效裁判以及其他审判活动，不能提出抗诉，只能提出检察建议。

四、对于人民法院裁定驳回再审的案件，检察机关在监督中应注意什么问题

《民行监督意见》第 8 条规定：人民法院裁定驳回再审申请后，当事人又向人民检察院申诉的，人民检察院对驳回再审申请的裁定不应当提出抗诉。人民检察院经审查认为原生效判决、裁定、调解符合抗诉条件的，应当提出抗诉。人民法院经审理查明，抗诉事由与被驳回的当事人申请再审事由实质相同的，可以判决维持原判。在执行该规定时，需要注意如下几点：

1. 抗诉的对象是原审生效判决、裁定、调解，不是驳回再审申请的裁定。在驳回再审申请前，原判决、裁定、调解已经生效，检察机关对生效裁判的抗诉与驳回再审申请的裁定无关，也不受该裁定的影响。

2. 人民法院依法审判，不能违反法律。在抗诉事由与被驳回的当事人申请再审事由实质相同时，人民法院可以依法维持原判，但不得随意维持原判；如果原判决确有错误，人民法院仍要依法纠正。人民法院应当纠正但没有纠正的，人民检察院应当依法再次提出抗诉，并采取其他必要的监督措施。

五、人民检察院如何正确地履行出庭职责

关于检察人员的出庭任务，《办案规则》和《民行监督意见》都作出了规定，除宣读抗诉书的内容相同外，其他内容均有不同，在执行中需要注意。

1. 关于发现庭审活动违法时的监督方式。《办案规则》规定，“发现庭审活动违法的，向再审法院提出建议”；《民行监督意见》的规定更为详细，即：“检察人员发现庭审活动违法的，应当待庭审结束或者休庭后，向检察长报告，以人民检察院的名义提出检察建议”。这就产生了一个问题：有些庭审活动违法需要立即纠正，否则将会导致庭审无效或者产生其他严重后果，有时还会产生检察机关“不负责任”、与法院“官官相护”的误解，损害司法公正的形象。因此，检察机关仍应通过适当方式，例如要求休庭后及时向法院提出。否则，检察机关可以无需出庭，通过事后观看录像的方式来发现庭审违法行为。

2. 关于出示、说明依职权调查的证据。《办案规则》对此没有规定，但《民行监督意见》作了规定。检察机关出示和说明依职权调查的证据，是支持抗诉的重要方式之一，但要注意检察机关不是民事案件的一方当事人，其出示和说明也不同于当事人的举证和质证。

3. 关于发表出庭意见。《办案规则》作了明确规定，但《民行监督意见》对此没有规定。发表出庭意见是检察人员出庭的基本职责，是出庭支持抗诉的基本形式。检察人员不发表出庭意见，将导致出庭工作失去意义。在不允许发表出庭意见的情况下，宣读抗诉书、出示证据的工作都可以由审判人员代劳，发现庭审活动违法的功能可以通过事后观看录像方式实现，检察人员出庭制度可以取消。

总之，各地检察机关应当与法院积极沟通，就出庭工作达成更为详细、更可操作的共识，建立有利于维护庭审公正秩序的出庭监督制度。

六、人民检察院如何开展类案监督工作

对案件类似但处理结果不一致的多个案件，对于同一法院或地区发生多个类似错误的案件，以及对于同一法院、地区出现的多起假案、枉法裁判案件等情况，检察机关实行类案监督，不但可以使多起案件及时得到纠正，并有利于规范以后的类似案件。

开展类案监督中，检察机关应当注意如下几个问题：

1. 认真调查，查证核实该类案件中的重要、关键问题。

2. 认真学习、研究案件中涉及的法律问题。特别是对于相关法律规定、理论观点、实践状况要有全面、准确的了解和把握。必要时应当向法院了解类案处理的相关情况，向专家学习请教。

3. 可以召开类案监督的研讨会，并邀请学者、专家参加；同时还要及时向上级院请示汇报，严格把关。

4. 认真、慎重地准备类案监督的检察建议或意见。必要时，在提出监督意见之前或之后，可以与法院进行联合调研，实现有效的沟通交流。

总之，检察机关开展类案监督，一定要特别注意理论联系实际，确保办案质量，并通过类案监督不断提高监督水平。坚决反对以数量论英雄的错误倾向，避免出现质量问题。

七、如何开展对民事、行政审判人员和执行人员职务违法行为的监督工作

《渎职监督规定》规定，对于包括民事行政审判人员、执行人员在内的司法工作人员涉嫌渎职的行为，人民检察院应当调查核实，并通过提出纠正违法意见、建议更换办案人等方式进行监督。该文件内容比较详细，在此类工作中均应遵循。

《人民检察院检察建议工作规定（试行）》规定可以提出“给予处分”的检察建议，在对审判人员、执行人员的职务违法监督中也应遵照适用。

在对职务违法行为进行监督中，如果发现涉嫌犯罪，应当按照规定移送。

八、人民检察院如何通过跟踪监督实现有效监督

人民检察院提出抗诉或检察建议后，法院不按照规定受理或者不按照规定时间处理的，应当及时要求人民法院说明理由；人民法院不说明理由，或者说明的理由不成立的，应当通知人民法院立即受理、处理。

人民检察院提出抗诉后，法院违法维持原裁判、有错不纠的，应当按照规定重新抗诉或者提请抗诉。

人民检察院提出再审检察建议后，认为人民法院不予再审的决定不当的，应当提请上级人民检察院提出抗诉。

人民检察院按照《民行监督意见》第9条或者《执行试点通知》的规定提出检察建议后，对人民法院的回复意见有异议的，可以通过上一级人民检察院向上一级人民法院提出。

在分别上述不同情况进行处理的同时，检察机关还应当注意查明是否有贪污受贿、枉法裁判、滥用职权等渎职行为。发现有违法嫌疑的，进行调查处理；发现涉嫌犯罪的，移送侦查。

此外，检察机关在必要时还应当积极向人大常委会、组织部门、纪检委等有关部门作专案汇报或类案汇报，由有关部门按照各自权限采取措施，对违法行为人给予相应的处理。

九、人民检察院如何加强管理以提高办案质量和办案效果

人民检察院办理民事行政检察案件，应当不断提高办案质量和效率，取得良好的办案效果。以抗诉案件为例，可以采取如下方法：

人民检察院向法院提出抗诉后，法院维持或基本维持原裁判的，应当对该案进行复查，分别三种情况进行处理：

1. 抗诉正确、法院维持或基本维持也正确的。例如，检察机关的抗诉理由是审判组织不合法或应当开庭但未开庭，法院重新组成合议庭后开庭审理，仍然维持原判的，法院在事实上已经纠正了违法的程序活动；法院维持原判与检察机关正确抗诉并不矛盾，属于正常情况。

2. 抗诉正确，法院维持或基本维持错误的。在这种情况下，检察机关不但要继续监督，要求法院纠正错误，还应注意调查其中是否存在贪污受贿、枉法裁判、滥用职权、徇私舞弊等违法行为。对于因为业务水平差而出现的错案，应建议法院调整其工作岗位。

3. 法院维持或基本维持正确，检察机关监督错误的。在这种情况下，检察机关应当对监督错误的成因进行调查，特别是调查有无贪污受贿、滥用职权、徇私舞弊等违法行为，如有发现必须严惩不贷。对于因为业务水平差而出现的错案，也应调整其工作岗位。

总之，通过建立这种案件评估机制，不但有助于加强对外监督，还有助于加强对内监督，对于提高办案质量和效率、提高监督力度和效果均有重大意义。

十、在办理民事行政检察案件中，如何引导当事人息诉

引导当事人息诉的核心内容，是要求检察机关在作出不受理、不立案、不抗诉、不提请抗诉或终结审查等决定时，向申诉人说明理由。

引导息诉是对检察决定正当性、合法性的一个考验，是对检察人员说理能力和表达、沟通能力的考验；但息诉工作不是将“申诉人满意”作为工作标准，更不是由检察机关包揽本来属于其他部门的工作，不是包揽本来应由其他程序解决的问题。

十一、《执行试点通知》中需要注意的问题

《渎职监督规定》第3条第（九）项明确规定了检察机关对法院执行活动的监督范围，第10条第1款第（二）项明确规定了监督的方法（发出纠正违法通知、移送有关机关处理和建议更换办案人），因此，无论试点地区还是非试点地区，检察机关都应按照《渎职监督规定》开展对法院民事执行、行政执行的监督工作。此外，试点地区检察机关还应按照《执行试点通知》的规定，通过检察建议的方式对所列的法院执行活动开展监督试点工作。

在全面贯彻《渎职监督规定》的基础上，还需要注意与执行监督试点工作有关的如下几个问题：

1. 这12个地区中，未被选择为试点院的地区如何办。

这12个地区的省级人大已经通过了决定或决议，要求在本地区开展执行监督工作；因此，未被选择为试点院的地方，仍然要按照地方人大的决定，开展执行监督工作。

2. 被选择为试点院的地方，如何确定执行监督的范围。

这12个省级人大的决议或决定中，有的还规定了详细的执行监督范围，并且大于“两高”规定的监督范围。在这个问题上，“两高”的《执行试点通知》和地方人大的决定都要执行，其具体方法是：凡“两高”明确规定要监督的，试点院应当监督；凡“两高”没有规定监督，但按照地方人大的决议应当监督的，也要予以监督。

我国宪法第41条规定：“中华人民共和国公民对于任何国家机关和国家工作人员，有提出批评和建议的权利；对于任何国家机关和国家工作人员的违法失职行为，有向有关国家机关提出申诉、控告或者检举的权利，但是不得捏造或者歪曲事实进行诬告陷害。”“对于公民的申诉、控告或者检举，有关国家机关必须查清事实，负责处理。任何人不得压制和打击报复。”因此，对于《执行监督试点》中未明确可以监督的执行活动，如有申诉、控告或检举，检

察机关也有义务“查清事实，负责处理”，否则就违反了宪法的明确要求。

3. 被选择为试点院的地方，应采用何种监督方式。

《执行试点通知》规定执行监督的方式是提出检察建议。但是，如果地方人大的决定另有规定，试点院也可以根据情况，同时采用地方人大规定的监督方式。

4. 试点地区的两院可否根据本地情况，就执行监督工作中的一些问题再作出适合本地区的具体规定。

《执行试点通知》的规定十分原则，不能解决各地实践中的全部问题。因此，对于《执行试点通知》没有涉及的内容，地方两院已有相应的会签文件的，还可以继续执行；地方两院也可以根据本地的实际情况，另行制定出适合当地情况的具体规定。

5. 这 12 个地区之外的其他省、自治区、直辖市，执行监督工作如何开展。

在这 12 个地区之外，一些市级、县级人大已经作出了一些执行检察监督的规定，人民检察院应当按照要求开展工作；另外，还有一些地方的两院会签了一些执行监督的文件，也应继续执行，并在实践的基础上不断完善。

《执行试点通知》下发后，其他一些地方的人大还会作出执行监督的规定，亦应认真贯彻；地方两院还可以新制定一些适合本地情况的执行监督文件，不断为将来建立执行监督制度积累经验。

第十编　综合性检察工作

第一章　承办人民监督案件

【工作流程图】

（一）承办人民监督案件流程图

承办人民监督案件流程图

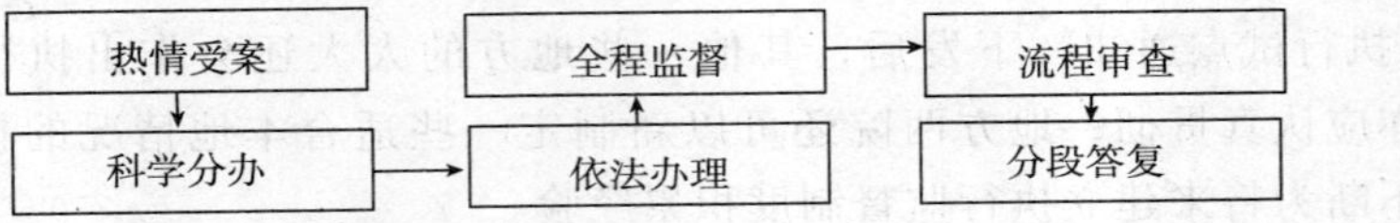

（二）人民监督员选任流程图

人民监督员选任流程图

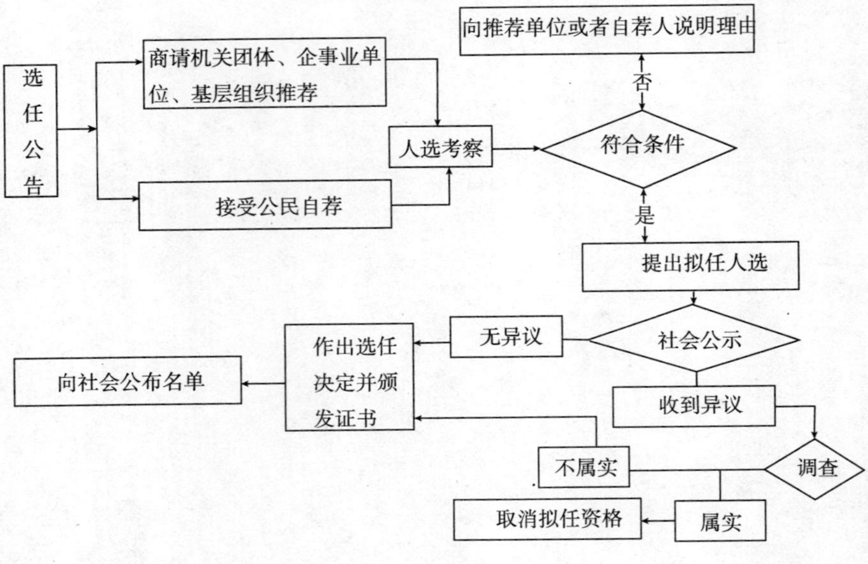

（三）人民监督员监督案件流程图

人民监督员监督案件流程图

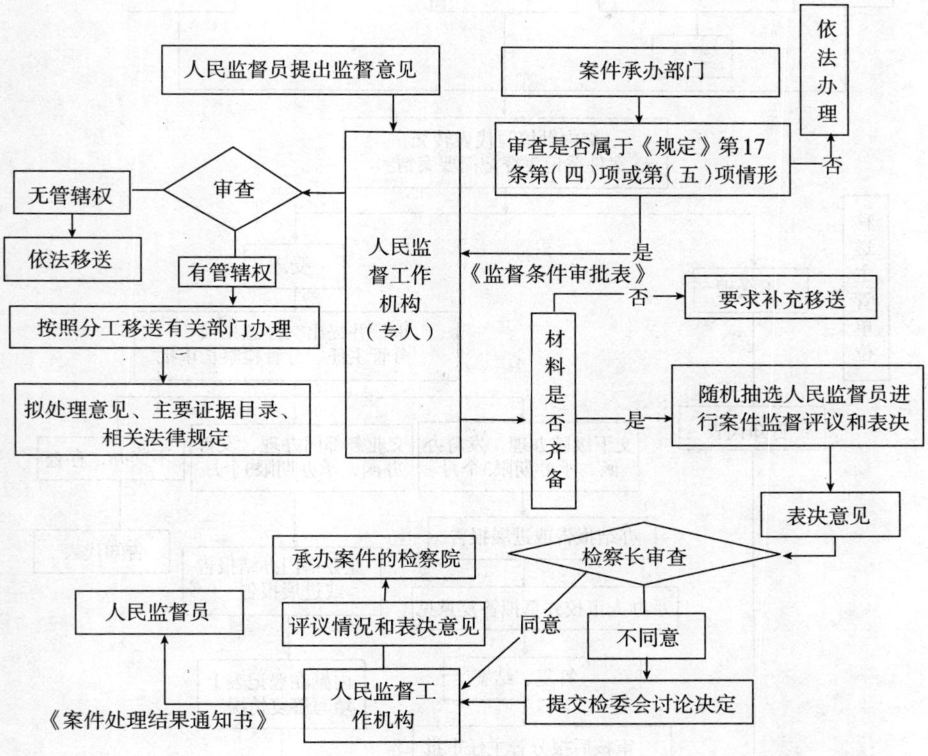

（四）人大代表转交案件办理流程图

人大代表转交案件办理流程图

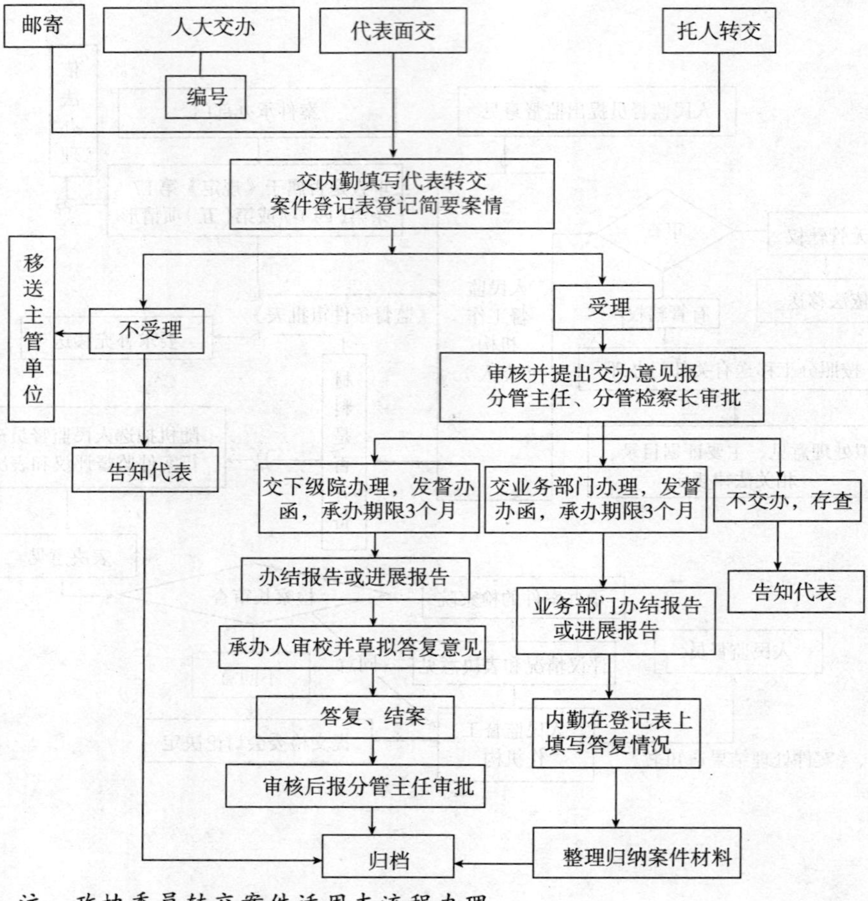

注：政协委员转交案件适用本流程办理

一、承办人民监督案件概述

检察机关承办人民监督案件，是在接受人民监督的过程中同步强化法律监督职能、有效促进司法公正的必要途径和重要形式。

（一）承办人民监督案件的概念

承办人民监督案件是检察机关接受人民监督的重要义务，特指检察机关承接人大代表及社会各界代表人士转交的案件，或在人民群众有序参与司法的直接监督之下，依照法律和相关制度规定的特殊程序，严肃查办案件并及时反馈办案进展情况和查处结果，是检察机关的一项常规性的综合检察业务。

（二）人民监督案件的主要特征

检察机关承办的人民监督案件具有以下主要特征：

1. 监督主体的代表性

人民监督案件的监督主体涵盖面大且具有不同的代表性，主要包括各级人大代表、政协委员、特约检察员、人民监督员等。

2. 办案程序的特殊性

人民监督案件办理程序的特殊性，主要表现在既要适用三大诉讼的有关法定程序，又要适用依法制定的相关监督程序，在办案中要严格同步适用两种程序合成的特殊程序，充分体现了检察机关接受人民监督的行为规范严密，履行监督义务恭谨认真。

3. 接受监督的整体性

人民监督案件分布于全国各地，包含各种诉讼案件及有关涉案、涉法、涉检事项。承办这类案件既需要各项检察职能的配合与制约，又需要检察机关上下“一盘棋”地攻坚克难，已形成全国检察干警履行接受人民监督义务的规范性平台和有效载体，又成为全国检察机关在依法办案中接受人民监督的职责共同体。

（三）承办人民监督案件的总体要求

依照有关法律和制度承办人民监督案件的总体要求：

1. 统一协调，分工负责

人民监督案件由人民监督工作机构统筹管理、统一协调督办。案件的具体查处工作按照检察机关级别管辖及内设机构的管辖分工各司其职、各负其责。

2. 双管齐下，依法办案

监督业务管理按照监督程序加强对案件的督办：上级督察下级；主管部门督促办案部门。

诉讼业务管理按照诉讼程序强化对案件的查办：上级对口部门重点指导办案；本院相关职能部门审查制约把关。

3. 三个效果有机统一

（1）在依法办案中实现法律效果

坚持以事实为根据、以法律为准绳的原则来统一监督者与被监督者、当事人与办案人等相关各方的认识和意见，进而努力实现以案释法和弘扬法治权威的普法教育作用。

（2）以公开促公正显现社会效果

人民监督案件都是社会上有争议甚至反映强烈的案件，应按规定适用有关公开审查、听证、检察文书说理等制度，接受社会各界特别是诉讼参与人的监督，促使检察机关有错必纠，以公开促公正、以公正赢公信，力争取得良好的社会效果。

（3）坚持执法为民体现政治效果

政治文明的核心是民主法治的制度文明，而现代法治就是民意的体现。衡量执法办案政治效果的根本标准，就是人民认可不认可，人民满意不满意，人民赞成不赞成。因此，检察官应牢记“立检为公、执法为民”，检察机关承办人民监督案件务必充分体现“人民检察为人民”。

二、承办人民监督案件的重点工作环节

承办人民监督案件重点环节中的工作重点是：

（一）受案环节的重点工作

受案是办案的开端，应抓好以下重点工作：

1. 依法及时承接案件

对人大代表和社会各界代表人士通过信函、来访、参加会议送交或其他方式转交的案件及其涉案事项，检察机关应当依法受理。接受案件要逐件登记、严守秘密；对来访、送交的案件，请来人留下联系方式以便联络和反馈。

2. 归口管理及时审查

人民监督案件由人民监督工作办公室主管（未设人民监督工作办公室的检察院由院办公室主管，下同）。有关部门接受案件后，应当及时移送主管部门归口管理、分类登记，并及时逐案审查：

（1）不属于人民检察院管辖的，依照法定管辖和最高人民检察院规定的程序移送主管机关处理，并向转交案件人反馈；

（2）属于人民检察院管辖的，按内部职能分工和管辖规定拟办分流或移送手续。

（二）分办环节的重点工作

人民监督工作办公室应当根据案件的具体情况提出分办意见，报请分管院领导审批后，以院办公厅（室）书面督办通知的形式分办案件：

1. 分交本院内设机构办理

对本院管辖的案件，连同案件材料、案件转交人的联系方式等通知有关内设机构办理。每年“两会”期间收到的批量案件，应及时集中审查报批并集中交办。

2. 分送有关的检察院办理

对非本院管辖的案件，连同案件材料、转交人的联系方式等移送有管辖权

的检察院办理。对交由下级院办理的案件，应同时抄送本院相关内设机构。

（三）办案环节的重点工作

办案环节的重中之重是突出抓好以下重点工作：

1. 依照法律和制度查处案件

（1）程序实体并重、政策法律兼容。政策是法律的灵魂，法律是政策的定型化。人民关注的重点大多是即期案件，而法律具有滞后性，故需要优化政策的灵活性与法律的稳定性，既遵循诉讼程序严格执法，又在有关政策指导下依法查证定性。

（2）提级承办案件、全面调查取证。实行上提一级办案制度，复查案件实行原办案人回避制，办案人与案件转交人保持联系沟通听取意见，针对监督者反映的问题全面深入地查清事实，认真细致地核实案情，手续严格地收集证据。

（3）定案实事求是、坚持有错必纠。应以刚正与矫正集成的检察职业道德践行不枉不纵的法律监督精神，尤其是办理复查案件务必有错纠正，决不能文过饰非。

2. 同步穿插适用不同的程序

（1）严肃遵循监督程序。遵循监督程序是虚心诚意接受监督的体现，应严肃认真地执行督查、期间、反馈等一系列监督办案程序。

（2）严格执行诉讼程序。人民监督案件大多原本是三大诉讼案件之一，承办部门应当及时启动有关诉讼程序，严格执行诉讼规程深入查办或复查案件。

（3）严密整合两种程序。一是监督程序与诉讼程序并轨运行。即监督程序跟踪诉讼程序同步督办案件；二是督办案件与查办案件穿插偕行。若两种程序不一致时，按照诉讼程序兼采监督程序的原则规范办案行为。如督办期限比诉讼期限短，对进入诉讼程序的案件按照法定时限抓紧办理，但应自收到督办通知的3个月期满前向督查工作部门报告进展情况。

（四）监督环节的重点工作

强化监督是确保办案质量的关键。

1. 办案全程跟踪监督

人民监督工作机构应当全程跟踪督办案件，同时催促上级院督察下级院、主管部门督促办案部门。

2. 办案流程多层监督

职能机构应当对办案流程进行诉讼监督，同时强化上级对口职能部门重点督导办案、本院相关职能部门监督制约严格把关。

3. 办案过程民主监督

在办案过程中，除遵照检务公开的规定接受社会监督外，有的案件还要启动特定程序严格接受公民有序参与检察的直接民主监督。如人民监督员对检察机关自侦案件的监督程序规定：首先向随机抽选的人民监督员提交案件的拟处理决定及相关法律规定、主要证据目录及有关材料，由办案人介绍案情、说明拟处理决定的理由和依据并回答提问；然后请人民监督员独立进行评议和表决。因此，对启动人民监督员直接监督程序的案件，如果承办案件检察院的检察长不同意人民监督员表决意见的，应当提交检察委员会根据案件事实和法律规定全面审查、认真研究监督意见，依法作出决定。

（五）审查环节的重点工作

按照检察机关级别管辖及职能分工审查案件：

1. 职能审查逐级核实

承办案件的检察院及其办案部门乃至上级院的对口职能部门，对办案程序、文书手续、案件事实、相关证据、援引法律等，应遵循诉讼规则和检察业务规程逐级审查、层层核实，严格把好程序关、事实关、证据关和法律适用关，尽可能地杜绝办案差错。

2. 综合审查统筹把关

各级检察院分管领导应当对案件的结论性意见进行审查；具体查办案件检察院的检察长或检察委员会对职能部门的结案报告必须综合审查统筹把关：

（1）交办案件的结论应审查无误后上报。对上级院交办的案件，应当经院领导审查无误后提出明确意见，再批准报上级院审查。

（2）中转案件的结论经审查同意后转报。将上级院交办的案件又转交下级院办理的，中转院必须对下级院的结案报告全面审查严格把关：发现不符合结案要求的，明确提出退查或自行补查的书面意见进行督查；同意结案的提出明确意见后上报，由本院行文并将下级院的结案报告作附件。

（3）确认案件的结论由院领导审批反馈。负责最终答复的检察院领导应审查确认案件的结论性意见。以最高人民检察院答复全国人大代表转交的案件为例，如交省级院办理的结案报告，由办公厅送相关内设机构30日内审查完毕；发现问题未查清的提出书面退查意见由办公厅退原承办省级院重查，必要时可经院领导批准由最高人民检察院有关内设机构自行补查；同意省级院结案报告的写出审查报告，如果是本部门直接查办或补查的写出结案报告，经分管院领导审批后连同代议“答复函”送办公厅办理正式答复。

（六）反馈环节的重点工作

反馈环节由管辖案件的检察院办公厅（室）负责答复转交案件或参与监

督案件的承办情况，审核内设机构代议的答复函及有关事宜由人民监督工作办公室承办。不同的办案阶段必复的情形不同：

1. 案件已分办的答复重点

对已分办的案件，主要反馈案件的分（交）办等情况，如告知案件已分交本院职能部门或下级院查办，办案人将会与案件转交人联系。

2. 办案期满时的答复重点

对逾期未结案的，主要反馈办案进度或阶段性进展等情况；对本年度未办结的案件，次年1月底前必须答复进展情况，并说明将抓紧办案的后续工作。

3. 案件办结后的答复重点

对案件已办结的，主要反馈结论性意见；对直接监督的案件主要反馈特约检察员参办案件、人民监督员评议表决案件的处理结果。最终答复主要采用书面函的形式，但也可以根据案件情况和人大代表、政协委员等人士的要求，电话答复并做好电话记录；或由院领导、有关内设机构负责人及承办案件的下级院检察长走访人大代表、政协委员等人士，当面答复并做好面复记录。

三、承办人民监督案件的常见问题及应对措施

检察机关承办人民监督案件的总体情况良好，长期以来得到人大代表和社会各界的高度评价。但随着社会主义民主法治的推进，人民群众对检察机关人民监督工作的期望值日益提升，在承办人民监督案件中出现一些不适应新形势和新要求的常见问题亟待应对。

（一）承办人民监督案件的常见问题

承办人民监督案件存在一些违规失范的常见问题：

1. 案结疑存办案质量欠佳

（1）案结疑存

少数案件调查不深入细致、结案时未查清存疑的案情。如有的未查清监督者反映的全部问题，或案件的部分问题没有全部查清；还有对多人监督同一案件的，有的只查清反映主要问题的监督者的疑问，而没有查清甚至未查其他监督者提出的问题。

（2）回避问题

有的办案结论模棱两可，明显回避问题难以自圆其说；有的对监督者在提出疑问的同时提供其质疑所依据的证言和书证等佐证材料视而不见，或以“经调查没有发现什么问题”不了了之，法律文书既没有清楚地叙述调查过程，又没有针对疑问及其佐证说明查否或无法查明的原因及其证据，难以令人置信。

2. 违规办案适用程序不当

(1) 程序违规

如有的将交办案件违规转由被指发生问题的检察院办理；有的违反上提一级的办案制度将案件转由原办案的检察院复查；有的违背回避规定以熟悉案情为由抽调原办案人参与办案；有的弄虚作假规避人民监督员的监督；有的甚至在接受直接监督现场面拒监督者的质疑；有的在办案中只执行诉讼程序而忽视甚至不遵循监督程序，不与转交案件的代表或委员等人士联系、沟通和交流。

(2) 期间超限

最高人民检察院规定承办案件的检察院3个月内查报结果，但部分逾期未结的案件有的报告进展后长期未结；有的既不报告办案的阶段性进展，又不说明未结案的原因；还有的案件拖延半年、一年、甚至几年未结案。

(3) 督办不力

对转交案件的督查落实情况，负责人民监督工作的机构未坚持定期向院领导综合报告及向内设机构和下级院通报；案件督查的信息沟通、组织协调、及时督促、现场催办、检查处理等工作的力度不适应督查实践的需要；对督查工作中带普遍性的问题进行综合研究和总结推广成功经验不力。

3. 结案报告失范，内容不全

结案报告常见的突出问题：

(1) 行文变相越级，程序违规

有的省级院将下级院的结案报告直接转手报送最高人民检察院，既缺省级院的审查意见，又不符合行文规范。

(2) 报告的制作主体不适格

如有的由办案部门制作结案报告报上级院，文中看不出该院领导是否同意其内设机构的意见。

(3) 滥用文种，缺失基本内容

最高人民检察院在逐案交办的公文中明确要求省级院报告查处结果，但有的滥用文种，以“关于某某案件的说明”非正式地报送结案情况；有的对复查案件仅报送原案查处的简要情况及相关法律文书，没有复查情况及结论；有的不但行文格式不规范、上报公文不盖章，而且没有省级院的审查意见或直接查处的结果，从形式到内容都不符合结案报告的基本要求。如此等等，亟待改正。

(二) 承办人民监督案件的应对措施

承办人民监督案件涉及全国检察机关的各项检察业务，需要进一步提高全体检察干警的认识，着力强化执法办案规范，及时健全应对机制，形成全国检察系统一体化的全局观念，齐心协力地做好承办人民监督案件的各项工作。

1．提高认识切实加强领导

思想是行为的先导，应对常见问题的首要措施是进一步提高认识，切实加强对这项综合性检察业务的领导，以“抓纲带目”之策祈求“纲举目张”之效。当务之急是应从以下方面深化认识：

（1）承办人大代表转交案件是接受人民监督的重要体现

宪法规定检察机关由人民代表大会产生，对它负责并受它监督。人大代表是全国社会基本成员的代表和群众意见领袖，是依法选举产生的国家权力机关组成人员，代表人民的利益和意志。检察实践中承办的各级人大代表转交的案件，大多直接关系国计民生或公民权益问题，影响大且群众反映强烈，若不及时查处势必影响民生，损害国家法制尊严和法律监督机关的履职形象。因此，最高人民检察院专门依法制定《关于检察机关办理全国人大代表转交案件的规定》，要求各级检察院务必高度重视，切实加强领导，精益求精地做好这项责无旁贷的重要检察工作。

（2）承办政协委员转交案件是检察决策民主化的要求

宪法规定中国共产党领导的政治协商制度将长期存在和发展。人民政协是协商民主的主要载体，是中华民族强大凝聚力的重要实现形式；政协委员是全国各党派、团体、民族、界别推举成为政协会议成员的代表人。认真办理政协委员转交的案件，是检察机关坚持中国共产党领导的政治协商制度，自觉接受民主监督，有效实现检察决策科学化、民主化的必然要求。

（3）特约检察员监督办案是协商民主制度的检察实践

宪法规定中国共产党领导的多党合作制度将长期存在和发展。这种中国特色政党制度的格局是：“中共领导、多党合作，中共执政、多党参政”。民主党派是参政党，参加检务管理，参与国家执法和监督检察权的行使，推举本党成员担任检察机关的领导职务等，都是参政议政内容和政治协商形式的重要组成部分。特约检察员是各民主党派、有关组织、无党派人士推荐的代表性人士，代表所在党派和组织参与检务、商议检察。2009年颁发的《最高人民检察院与各民主党派中央全国工商联和无党派人士联络工作办法》中，明确规定“人民监督工作办公室与各民主党派中央、全国工商联和无党派人士联络工作的主要职责”包括：“负责办理各民主党派中央、全国工商联和无党派人士转交的人民群众举报、控告、申诉案件。”以上足以说明承办特约检察员参办或转交的案件，是中国民主党派参政议政的重要内容，更是人民检察院常规化地接受民主监督的有效实践形式。

（4）人民监督员监督案件体现着公众参与的制度创新

宪法规定一切国家机关和国家工作人员必须接受人民的监督；公民对任何国家机关和国家工作人员有提出批评和建议的权利。检察院组织法规定人民检察院在工作中必须坚持接受群众监督。人民监督员监督的案件，既有必须启动特定程序监督的检察机关自侦案件，又有可以不启动或不适用特定程序进行监督的各类案件及涉案情形，后者按规定“由人民监督员办事机构根据业务分工情况报检察长批准后移送有关部门处理”。根据《最高人民检察院专项督查工作规定》的要求，“院领导同志批示交办事项和案件的落实情况”是督查的主要任务之一，应当及时督查。人民监督员是社情民意和公民意见的代言人，监督的重点是检察机关的自侦案件及其履职行为，体现了公众参与司法反腐的制度创新，对于更加扎实有效地做好新形势下检察机关依法反腐倡廉的各项职能工作，具有十分重要的意义。

综上所述，承办人民监督案件有利于检察机关自觉把检察工作放到党和国家工作大局中谋划，针对广大群众最关心的社会问题强化法律监督，推动社会矛盾化解、社会管理创新和公正廉洁执法，提高法律监督的公信力，确保检察权不被滥用。应当从人民主权的宪政高度和执法为民的政治高度进一步提高认识，切实加强领导，努力做好这项事关发展和完善中国特色社会主义检察制度的履职要务。

2. 落实办案制度，强化督办功能

为了严格规范承办人民监督案件，除必须遵循三大诉讼程序的相关规定外，最高人民检察院制定了一系列刚性制度规范，如《关于检察机关加强同全国人大代表联系工作的意见》，《专项督查工作规定》，《关于检察机关办理全国人大代表转交案件的规定》，《关于聘请民主党派和无党派人士担任特约检察员的意见》，《关于实行人民监督员制度的规定》等。全方位、全过程规范办案的制度应有尽有，只要严格执行有关法律和制度，办案中的常见问题均可有效应对。因此，当务之急就是狠抓办案规定的贯彻落实，严格规范办案行为，强化监督制约措施，“三查并举”地强化跟踪督办功能：

(1) 职能调查

凡对案件负有查办职能的机构和人员，务必遵行三大诉讼的法定职能，忠于职守，据法履职，依法调查，合法取证，循法办案。

(2) 领导审查

凡对查办案件负有直接领导职责的机关和人员，应当依法指挥办案，根据诉讼标准对案件事实与定案证据进行认真审查、严格把关。

(3) 上级督查

凡对办案负有监督责任的上级机关和人员，必须跟踪督办，对到期未结案的必须及时催报进展情况并强化督查或现场催办。

只有全国检察机关及全体检察干警坚持用有关法律制度和司法政策统一规范办案行为，形成“一盘棋”的全局观念，就会立竿见影地克服承办人民监督案件的各种常见问题。

3. 针对常见问题完善办案机制

总结经验教训扬长避短，针对常见问题完善办案机制：

（1）强化与人大代表等人士的联系沟通机制

最高人民检察院已实行在督办案件的通知中注明人大代表等人士的联系方式，要求在办案中加强与人大代表等人士的联系沟通；尤其在结案前必须进行电话或当面沟通，听取对办理结果的意见和建议。报送最高人民检察院的报告中要有与人大代表等人士沟通的具体情况及主要内容。

（2）采取灵活方式健全办案信息的反馈机制

对人大代表转交的案件，最高人民检察院要求在答复之前评估答复效果，并根据不同情况采取电话、书面或当面答复等形式进行反馈。对交由省级院办理的案件，在省级院与全国人大代表沟通后如果代表仍反映强烈、对办理结果可能不满意的，最高人民检察院将会同省级院派员共同向代表当面反馈，尽力做好说明解释工作。

（3）定期清理和通报办案情况，完善督办机制

高检院对交办的人民监督案件将定期进行全面清理，逾期未结的（包括已报进展的），要在延期内报告办理结果；延期届满前仍无法办结的，应说明原因和后续工作措施，并在向最高人民检察院报告办理情况前与人大代表等人士沟通，认真做好解释工作，取得其理解。最高人民检察院还将对办理转交案件的情况加强定期通报。要求省级院收到全国人大代表反映的问题或转交案件的办理情况，以及办理转交案件中对检察机关有误解的，要在及时报告最高人民检察院的同时派员向代表做好解释工作，消除误解，取得理解，增进共识，并跟踪回访。必要时最高人民检察院将派员登门回访。全国检察机关承办人民监督案件工作，要在明确各自责任的同时统一思想行动，相互协调配合，努力完善规范化、制度化的督办机制。

现代法治是建筑在民意上的“大厦”。宪法和法律在确认人民主权原则的同时，明确规定人民有权监督包括检察权的国家权力。承办人民监督案件就是接受人民监督的重要方式，也是检察机关光荣而又艰巨的常规履职任务。这项综合性的检察业务涉法面广、政策性强、工作量大、时限紧张、要求极高，而且办案工作又必须上下联动、协调左右、联系内外、沟通各方、难度极大，需要全国检察机关形成职责共同体，精诚合作，无条件地履行在承办人民监督案

件中接受人民监督的法定义务：既要在虚心接受监督过程中办案，又要切实办好案件诚恳接受监督。

第二章 对司法工作人员在诉讼活动中渎职行为的法律监督

2010 年 7 月 26 日，最高人民法院、最高人民检察院、公安部、国家安全部、司法部联合制发了《关于对司法工作人员在诉讼活动中的渎职行为加强法律监督的若干规定（试行）》（以下简称《规定》）。

一、制定《规定》的背景、目的和意义

《规定》是在近年来中央强调加强对权力的监督制约，加强对司法工作人员在诉讼活动中的渎职行为的法律监督的背景下制定的。2004 年中共中央转发的《中央司法体制改革领导小组关于司法体制和工作机制改革的初步意见》提出："人民检察院发现司法工作人员在立案、侦查、批捕、起诉、审判和执行中有渎职行为或其他影响公正办案情形的，可以建议有关部门依法更换办案人"。"人民检察院发现或接到反映、举报司法工作人员在办案过程中有枉法裁判、徇私舞弊、以权谋私、刑讯逼供或其他损害当事人合法权益的行为时，应予以受理并进行调查。对涉嫌犯罪的，应依法立案侦查；未涉嫌犯罪的，应移送有关部门调查处理。"2008 年 12 月，中共中央转发的《中央政法委员会关于深化司法体制和工作机制改革若干问题的意见》再次明确提出："依法明确、规范检察机关调阅审判卷宗材料、调查违法、建议更换办案人、提出检察建议等程序，完善法律监督措施。"根据中央关于深化司法体制和工作机制改革的要求，有关部门历经数年，经过反复调研、论证，综合各方面情况，共同制定了《规定》。

《规定》第 1 条明确了目的，即"为加强对司法工作人员在诉讼活动中的渎职行为的法律监督，完善和规范监督措施，保证司法工作人员公正司法"。

制定《规定》，是落实中央关于深化司法体制和工作机制改革部署的一项重要举措，也是完善检察机关法律监督机制，提高法律监督能力，维护司法公正的必然要求。

二、《规定》的主要内容

（一）检察机关的职责

根据《规定》第2条，人民检察院依法对诉讼活动实行法律监督。对司法工作人员的渎职行为可以通过依法审查案卷材料、调查核实违法事实、提出纠正违法意见或者建议更换办案人、立案侦查职务犯罪等措施进行法律监督。

（二）应当进行调查核实的情形

根据《规定》第3条，司法工作人员在诉讼中具有下列情形之一的，可以认定为司法工作人员具有涉嫌渎职的行为，应当调查核实：（1）徇私枉法、徇情枉法，对明知是无罪的人而使其受追诉，或者对明知是有罪的人而故意包庇不使其受追诉，或者在审判活动中故意违背事实和法律作枉法裁判的；（2）非法拘禁他人或者以其他方法非法剥夺他人人身自由的；（3）非法搜查他人身体、住宅，或者非法侵入他人住宅的；（4）对犯罪嫌疑人、被告人实行刑讯逼供或者使用暴力逼取证人证言，或者以暴力、威胁、贿买等方法阻止证人作证或者指使他人作伪证的，或者帮助当事人毁灭、伪造证据的；（5）侵吞或者违法处置被查封、扣押、冻结的款物的；（6）违反法律规定的拘留期限、侦查羁押期限或者办案期限，对犯罪嫌疑人、被告人超期羁押，情节较重的；（7）私放在押的犯罪嫌疑人、被告人、罪犯，或者严重不负责任，致使在押的犯罪嫌疑人、被告人、罪犯脱逃的；（8）徇私舞弊，对不符合减刑、假释、暂予监外执行条件的罪犯，违法提请或者裁定、决定、批准减刑、假释、暂予监外执行的；（9）在执行判决、裁定活动中严重不负责任或者滥用职权，不依法采取诉讼保全措施、不履行法定执行职责，或者违法采取诉讼保全措施、强制执行措施，致使当事人或者其他人的合法利益遭受损害的；（10）对被监管人进行殴打或者体罚虐待或者指使被监管人殴打、体罚虐待其他被监管人的；（11）收受或者索取当事人及其近亲属或者其委托的人等的贿赂的；（12）其他严重违反刑事诉讼法、民事诉讼法、行政诉讼法和刑法规定，不依法履行职务，损害当事人合法权利，影响公正司法的诉讼违法行为和职务犯罪行为。

上述12种情形，涵盖了司法工作人员在诉讼活动中涉嫌渎职行为的各个方面。严重的渎职行为将可能构成刑法第四章、第六章、第八章、第九章所规定的有关个罪。第一种情形，可能构成徇私枉法罪或民事、行政枉法裁判罪；第二种情形，可能构成非法拘禁罪；第三种情形，可能构成非法搜查罪或非法侵入住宅罪；第四种情形，可能构成刑讯逼供罪或暴力取证罪以及妨害作证罪或帮助毁灭、伪造证据罪；第五种情形，可能构成贪污罪或非法处置查封、扣押、冻结的财产罪；第七种情形，可能构成私放在押人员罪或失职致使在押人员脱逃罪；第八种情形，可能构成徇私舞弊减刑、假释、暂予监外执行罪；第九种情形，可能构成执行判决、裁定失职罪或执行判决、裁定滥用职权罪；第十种情形，可能构成虐待被监管人罪；第十一种情形，可能构成受贿罪；第六种和第十二种情形，则可能构成滥用职权罪或玩忽职守罪。其中，非法拘禁，刑讯逼供，暴力取证，虐待被监管人致人重伤、伤残或死亡的，应按照故意伤害罪和故意杀人罪定罪。

（三）调查的启动

检察机关在办理审查逮捕、审查起诉、控告申诉案件以及开展诉讼监督其他方面的工作中，应当注意审查司法工作人员在诉讼活动中是否有渎职行为。需要进行调查核实的，分三种情形，设定了不同的启动程序。

1. 一般情形。根据《规定》第4条，人民检察院在开展法律监督工作中，发现有证据证明司法工作人员在诉讼活动中涉嫌渎职的，应当报经检察长批准，及时进行调查核实。对于单位或者个人向人民检察院举报或者控告司法工作人员在诉讼活动中有渎职行为的，人民检察院应当受理并进行审查，对于需要进一步调查核实的，应当报经检察长批准，及时进行调查核实。

2. 国家安全机关工作人员的渎职行为和公安机关工作人员办理危害国家安全犯罪案件中渎职行为的调查核实。根据《规定》第5条，人民检察院认为需要核实国家安全机关工作人员在诉讼活动中的渎职行为的，应当报经检察长批准，委托国家安全机关进行调查。国家安全机关应当及时将调查结果反馈人民检察院。必要时，人民检察院可以会同国家安全机关共同进行调查。对于公安机关工作人员办理危害国家安全犯罪案件中渎职行为的调查，比照关于国家安全机关工作人员的规定执行。

3. 检察人员渎职行为的调查核实。根据《规定》第6条，人民检察院发现检察人员在诉讼活动中涉嫌渎职的，应当报经检察长批准，及时进行调查核实。人民法院、公安机关、国家安全机关、司法行政机关有证据证明检察人员涉嫌渎职的，可以向人民检察院提出，人民检察院应当及时进行调查核实并反馈调查结果。上一级人民检察院接到对检察人员在诉讼活动中涉嫌渎职行为的举报、控告的，可以直接进行调查，也可以交由下级人民检察院调查。交下级人民检察院调查的，下级人民检察院应当将调查结果及时报告上一级人民检察院。《规定》把关于检察人员渎职行为的调查核实单列一条规定，体现了对加强内部监督制约的重视。

（四）调查的方式、程序

为保证顺利开展诉讼活动的法律监督，有必要赋予检察机关必要的调查方式和手段。根据《规定》第7条，人民检察院可以询问有关当事人或者知情人，查阅、调取或者复制相关法律文书或者报案登记材料、案卷材料、罪犯改造材料，对受害人进行伤情检查。在调查期间，应当对调查内容保密。同时，为了防止将调查违法和职务犯罪侦查相混淆，不得限制被调查人人身自由、财产权利。鉴于调查活动可能是在诉讼过程中进行的，为了减少对有关机关办案造成的影响，人民检察院通过查阅、复制、摘录等方式能够满足调查需要的，一般不调取相关法律文书或者报案登记材料、案卷材料、罪犯改造材料。

（五）调查期限

根据《规定》第8条，人民检察院对司法工作人员在诉讼活动中的涉嫌渎职行为进行调查，调查期限不得超过1个月。确需延长调查期限的，可以报经检察长批准，延长2个月。这样，调查期限最长可达到2个月。

（六）被调查人执行职务

根据《规定》第9条，人民检察院对司法工作人员在诉讼活动中的涉嫌渎职行为进行调查，在查证属实并由有关机关作出停止执行职务的处理前，被调查人不停止执行职务。

（七）调查后的处理

根据《规定》第10条，人民检察院对司法工作人员在诉讼活动中的涉嫌渎职行为调查完毕后，应当制作调查报告，根据已经查明的情况提出处理意见，报检察长决定后作出处理。《规定》第10条明确了5种情形下的处理方式。

1. 认为有犯罪事实需要追究刑事责任的，应当按照刑事诉讼法关于管辖的规定依法立案侦查或者移送有管辖权的机关立案侦查，并建议有关机关停止被调查人执行职务，更换办案人。这是调查完毕后，对于最严重的渎职行为的处理。调查违法本身不是刑事诉讼中的侦查，经调查认为有犯罪事实需要追究刑事责任的，应按刑事诉讼法，作为刑事案件处理。属于职务犯罪的，由检察机关立案侦查，属于非职务犯罪的，由有管辖权的机关如公安机关等立案侦查。在此情形下，应当建议有关机关停止被调查人履行职务，更换办案人。

2. 对于确有渎职违法行为，但是尚未构成犯罪的，应当依法向被调查人所在机关发出纠正违法通知书，并将证明其渎职行为的材料按照干部管理权限移送有关机关处理。对于确有严重违反法律的渎职行为，虽未构成犯罪，但被调查人继续承办案件将严重影响正在进行的诉讼活动的公正性，且有关机关未更换办案人的，应当建议更换办案人。这是调查完毕后，对渎职违法尚未严重到构成犯罪程度的处理。在此情形下，一是从诉讼活动法律监督的角度，应当向被调查人所在机关发出纠正违法通知书；二是将证明被调查人渎职行为的材料移送有关机关处理，因为此种渎职违法行为违反了党纪政纪，应当由纪检监察部门处理；三是对于严重的渎职违法行为，被调查人继续承办案件将严重影响诉讼活动的公正性，应当建议更换办案人。

3. 对于审判人员在审理案件时有贪污受贿、徇私舞弊、枉法裁判或者其他违反法律规定的诉讼程序的行为，可能影响案件正确判决、裁定的，应当分别依照刑事诉讼法、民事诉讼法和行政诉讼法规定的程序对该案件的判决、裁定提出抗诉。这是根据刑事诉讼法第 204 条、民事诉讼法第 179 条、行政诉讼法第 60 条以及其他相关法条和司法解释而制定的。

4. 对于举报、控告不实的，应当及时向被调查人所在机关说明情况。调查中询问过被调查人的，应当及时向被调查人本人说明情况，并采取适当方式在一定范围内消除不良影响。同时，将调查结果及时回复举报人、控告人。

5. 对于举报人、控告人捏造事实诬告陷害，意图使司法工作人员受刑事追究，情节严重的，依法追究其刑事责任。调查人员与举报人、控告人恶意串通，诬告陷害司法工作人员的，一并追究相关法律责任。

（八）被调查人的救济方式和程序

根据《规定》，检察机关对司法工作人员涉嫌渎职行为进行调查核实，可以根据不同情形，采取发出纠正违法通知书，建议更换办案人，对涉嫌职务犯罪的人立案侦查等方式，这样就建立了不同层次、相互衔接的诉讼监督措施体系。同时，为保障被调查人的合法权益，《规定》设置了相应的救济方式和程序。根据《规定》第 11 条，被调查人不服人民检察院的调查结论的，可以向人民检察院提出申诉，人民检察院应当进行复查，并在 10 日内将复查决定反馈申诉人及其所在机关。申诉人不服人民检察院的复查决定的，可以向上一级人民检察院申请复核。上一级人民检察院应当及时进行复核，并将复核决定及时反馈申诉人，通知下级人民检察院。

（九）非法证据的排除

根据《规定》第 12 条，人民检察院经过调查，认为作为案件证据材料的犯罪嫌疑人、被告人供述、证人证言、被害人陈述系司法工作人员采用暴力、威胁、引诱、欺骗等违法手段获取的，在审查或者决定逮捕、审查起诉时应当依法予以排除，不得作为认定案件事实的根据。有关调查材料应当存入诉讼卷宗，随案移送。

（十）对纠正违法意见的处理

根据《规定》第 13 条，人民检察院提出纠正违法意见或者更换办案人建议的，有关机关应当在 15 日内作出处理并将处理情况书面回复人民检察院。对于人民检察院的纠正违法通知书和更换办案人建议书，有关机关应当存入诉讼卷宗备查。有关机关对人民检察院提出的纠正违法意见有异议的，应当在收到纠正违法通知书后5日内将不同意见书面回复人民检察院，人民检察院应当在7日内进行复查。人民检察院经过复查，认为纠正违法意见正确的，应当立即向上一级人民检察院报告；认为纠正违法意见错误的，应当撤销纠正违法意见，并及时将撤销纠正违法意见书送达有关机关。上一级人民检察院经审查，认为下级人民检察院的纠正违法意见正确的，应当及时与同级有关机关进行沟通，同级有关机关应当督促其下级机关进行纠正；认为下级人民检察院的纠正违法意见不正确的，应当书面通知下级人民检察院予以撤销，下级人民检察院应当执行，并依照本规定第10条第1款第（四）项的规定，说明情况，消除影响。

（十一）犯罪线索及相关材料的移送

根据《规定》第14条，有关机关在查处本机关司法工作人员的违纪违法行为时，发现已经涉嫌职务犯罪的，应当及时将犯罪线索及相关材料移送人民检察院。人民检察院应当及时进行审查，符合立案条件的，依法立案侦查，并将有关情况反馈移送犯罪线索的机关。

（十二）对检察机关自身执法活动的监督制约

在对检察机关自身执法活动的监督制约方面，也作出了较为详细的规定。一是根据《规定》第16条，司法工作人员，是指依法负有侦查、检察、审判、监管和判决、裁定执行职责的国家工作人员，检察机关工作人员的渎职行为，也在调查核实的范围；二是强化检察机关的内部监督制约，根据《规定》第10条第2款，对于司法工作人员涉嫌渎职犯罪需要立案侦查的，对渎职犯罪的侦查和对诉讼活动的其他法律监督工作应当分别由不同的部门和人员办理；三是强化检察人员的法律责任。根据《规定》第15条，检察人员对于司法工作人员在诉讼活动中的渎职行为不依法履行法律监督职责，造成案件被错误处理或者其他严重后果，或者放纵司法工作人员职务犯罪，或者滥用职权违法干扰有关司法机关依法办案的，人民检察院的纪检监察部门应当进行查处；构成犯罪的，依法追究刑事责任。

三、准确把握调查的内涵

依据《规定》，检察机关有权对司法工作人员在诉讼活动中涉嫌渎职的行为进行调查核实。这里的“调查”和职务犯罪侦查、纪检监察机关的调查有何区别，是适用《规定》时需要注意的问题。《规定》第17条就检察机关对司法工作人员的渎职行为的调查界定为人民检察院对刑事诉讼、民事审判、行政诉讼活动进行法律监督中，为准确认定和依法纠正司法工作人员的渎职行为，而对该司法工作人员违反法律的事实是否存在及其性质、情节、后果等进行核实、查证的活动。

检察机关是国家的法律监督机关，依法对刑事诉讼、民事审判活动、行政诉讼实行法律监督。实践中，有些司法工作人员涉嫌渎职违法的情况，仅通过审查书面材料难以确定，只有对违法情况进行调查，才能全面了解违法行为的性质和具体情况，才能有针对性地予以监督纠正。因此，检察机关只要发现或接到有关司法工作人员在办案中有枉法裁判、徇私舞弊、以权谋私、刑讯逼供或其他损害当事人合法权益的行为的反映、举报，即应予以受理和进行调查。在调查后，认为涉嫌犯罪的，应依法立案侦查；未涉嫌犯罪的，应移送有关部门进行调查处理。检察机关的调查是开展诉讼活动法律监督的手段，与纪检监察部门的调查不同。检察机关的调查，目的是确认违法行为是否存在，以及违法的性质和情节，以便及时、准确地纠正违法，保障诉讼活动公正进行，在调查时机上往往是与诉讼活动同步进行，在范围上仅限于司法工作人员在诉讼活动中的渎职违法行为。检察机关在调查后，根据查实的违法行为提出更换办案人的建议和提出纠正违法意见等，都是属于诉讼过程中的纠错措施，不具有纪律处分的性质。而纪检监察部门的调查虽然也是为了确认违纪、违法行为是否存在，但其后果主要是确定应否追究当事人的纪律责任，在性质上属于党纪、政纪监督，在调查时机上往往是在诉讼活动结束后进行，在范围上也不仅限于司法工作人员在诉讼活动中的渎职行为。

调查与对职务犯罪的初查也不同。检察机关在开展诉讼活动法律监督调查后，如果发现涉嫌职务犯罪，才进入初查或立案侦查阶段。对此，在《人民检察院刑事诉讼规则》中已有相应规定，如该规则第 372 条、第 373 条、第 393 条、第 423 条、第 428 条关于立案监督、审判监督、刑罚执行监督的规定中，均规定了“调查”这一监督措施。

第三章　检察长列席审判委员会会议

一、检察长列席审判委员会会议的法律地位及其作用

根据《人民法院组织法》的规定，人民检察院检察长可以列席同级人民法院审判委员会会议。检察长列席审判委员会会议是人民检察院依法对人民法院的审判活动实行法律监督的一种重要方式，是中国特色社会主义司法制度的

重要体现。

人民检察院是国家的法律监督机关，对人民法院的审判活动负有监督职责。审判委员会的任务是总结审判经验，讨论重大的或者疑难的案件和其他有关审判工作的问题。审判委员会属于审判组织，审判委员会会议是一种重要的司法活动和审判活动。检察长列席审判委员会会议对于有效加强对审判活动的法律监督，提高司法工作的质量和效率，维护和促进司法公正，具有重要作用。

二、检察长列席审判委员会会议的任务

人民检察院检察长列席人民法院审判委员会会议的任务是，对于审判委员会讨论的案件和其他有关议题发表意见，依法履行法律监督职责。

具体讲，检察长列席审判委员会会议的主要任务包括：（1）对人民检察院提起公诉或者提出抗诉的案件的事实、证据及法律适用等情况加以说明和阐释，以利于审判委员会全面、客观、公正地作出决定；（2）对相关案件的认定和处理等问题以及与检察工作相关的司法解释和规范性文件草案提出意见和建议，供审判委员会决策参考；（3）对包括审判委员会审议活动在内的人民法院审判活动是否合法实施法律监督。

三、列席的人员和范围

人民检察院检察长可以列席同级人民法院审判委员会会议。检察长不能列席时，可以委托副检察长列席同级人民法院审判委员会会议。检察长或者检察长委托的副检察长列席审判委员会会议及其在审判委员会会议上的发言，均代表人民检察院而不是其个人。实践中，根据实际需要并经与人民法院沟通，检察长或者检察长委托的副检察长可以带案件承办人等检察人员作为助手列席审判委员会会议。

人民法院审判委员会讨论下列案件或者议题，同级人民检察院检察长可以列席：（1）可能判处被告人无罪的公诉案件；（2）可能判处被告人死刑的案件；（3）人民检察院提出抗诉的案件；（4）与检察工作有关的其他议题。包括司法解释、规范性文件以及人民检察院为赔偿义务机关的刑事赔偿案件等。

四、列席的程序

1. 告知议题。人民法院院长决定将属于检察长列席范围的案件或者议题提交审判委员会讨论的，人民法院应当通过适当方式告知同级人民检察院。

2. 启动列席。检察长列席审判委员会可以由人民检察院主动提出，也可

以由人民法院主动邀请。对于人民法院审判委员会讨论的议题，人民检察院认为有必要的，可以向人民法院提出列席审判委员会会议；人民法院认为有必要的，可以邀请人民检察院检察长列席审判委员会会议。

3. 会前准备。人民检察院检察长决定列席审判委员会会议的，人民法院应当将会议议程、会议时间通知人民检察院，并将会议材料在送审判委员会委员的同时送人民检察院检察长。人民检察院检察长列席审判委员会会议，应当在会前进行充分准备，必要时可就有关问题召开检察委员会会议进行讨论。

4. 会议发言。检察长或者受检察长委托的副检察长列席审判委员会讨论案件的会议，可以在人民法院承办人汇报完毕后、审判委员会委员表决前发表意见。审判委员会会议讨论与检察工作有关的其他议题，检察长或者受检察长委托的副检察长的发言程序适用前述规定。检察长或者受检察长委托的副检察长在审判委员会会议上发表的意见，应当记录在卷。实践中，经列席会议的检察长提出并经会议主持人同意，检察长所带助手可以作补充发言。

5. 送达相关文书。人民检察院检察长列席审判委员会会议讨论的案件，人民法院应当将裁判文书及时送达或者抄送人民检察院。人民检察院检察长列席的审判委员会会议讨论的其他议题，人民法院应当将讨论通过的决定文本及时送给人民检察院。

五、需要注意的问题

1. 检察长列席审判委员会会议要坚持客观公正的原则。检察长在审判委员会会议发言时，是以法律监督者的身份而不是公诉方的身份，要注意全面客观地反映案件情况，特别是要注意如实介绍被告人的辩解和辩护人的辩护意见以及检察机关和法院意见分歧等情况，做到不偏不倚。

2. 检察长列席审判委员会会议既不能越位也不能消极。检察长是审判委员会的列席者，不是审判委员会成员，不参加审判委员会表决，在发言时也要按规定的顺序进行，而且发言也要注意简洁，同时，还要避免列席会议走形式。要努力通过富有成效的列席活动充分发挥检察机关的法律监督职能。

第四章　检察统计工作

【工作流程图】

检察统计数据原始资料产生于各种法律文书或工作文书。各级检察机关执法办案人员（业务内勤）依据法律文书或工作文书将各种办案信息填入最高人民检察院统一制发的案件登记卡并输入计算机中，形成检察案件信息数据库，经检察统计信息处理系统自动生成各类检察统计报表；各级检察统计人员对填报的案件登记卡、统计报表逐级审核汇总并上报，最终汇总形成全国检察统计报表数据。此工作流程可由下图所示：

检察统计工作流程图

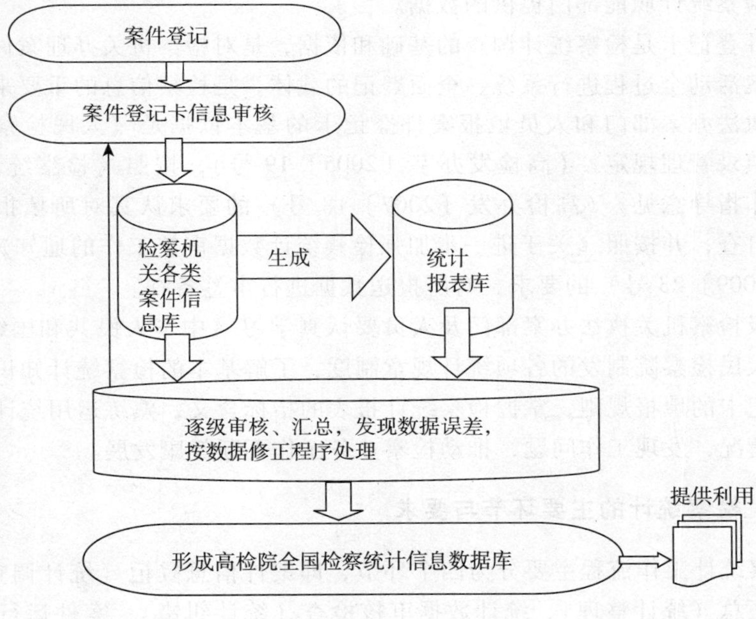

一、检察统计的概念

检察统计是促进检察机关执法规范化和管理科学化的重要手段，是根据国家既定的统一标准，通过各种调查统计方法，收集、整理和分析检察机关执法办案信息，反映检察机关执法办案情况以及各类违法犯罪行为特点及规律，为各级检察院领导同志和上级检察机关科学决策、正确指导工作提供基本依据的标准化活动。

检察统计是检察业务工作重要组成部分，是执法办案活动的延伸。检察业务工作是检察统计的对象，案件运行态势和检察业务发展情况是检察统计反映的内容。准确、及时、全面反映案件办理情况，填报案件登记卡和各类案件统计调查表是检察机关执法办案部门及执法办案人员的法定义务和工作责任。

检察统计实行集中统一的工作原则，各项检察业务工作情况实行归口统计。最高人民检察院统计职能部门负责制定全国检察业务统计调查项目、统计标准、统计制度；收集、整理、提供全国性检察业务统计基础资料。检察业务统计报表表式、统计代码，由最高人民检察院统计职能部门统一制定，报国家统计局备案。对于已纳入集中统计的检察业务工作情况，检察业务部门不得重复开展统计调查。检察业务统计数据发布和使用实行归口管理，由检察统计职能部门统一提供。各检察业务部门反映已纳入集中统计的检察业务工作情况，应使用检察统计职能部门提供的数据。

案件登记卡是检察统计调查的基础和依据，是对检察机关办理案件基本情况和办案活动全过程进行系统、全面登记的载体，是检察信息的重要来源。检察机关执法办案部门和人员填报案件登记卡的基本依据是《人民检察院案件登记卡填录管理规定》（高检发办字〔2005〕19 号），按照《检察统计审核、检查工作指导意见》（高检办发〔2007〕18 号）的要求认真对所填报数据进行审核自查，并按照《关于进一步加强检察统计数据审签工作的通知》（高检办字〔2009〕23 号）的要求，对所报送数据进行审签备查。

各级检察机关执法办案部门及人员要认真学习《中华人民共和国统计法》及最高人民检察院制发的各项统计规章制度，了解基本的检察统计知识，熟悉案件登记卡的填报规则，掌握检察统计报表的指标含义，熟练运用统计数据反映工作情况，发现工作问题，推动检察业务工作不断健康发展。

二、检察统计的主要环节与要求

检察统计工作流程主要分为四个环节，即案件信息登记（统计调查）、案件信息汇总（统计整理）、统计数据审核检查（统计纠错）、案件运行态势分析及数据提供（统计服务）。其中，与执法办案部门和人员最为相关的重要环节是案件信息登记和统计数据审核检查，涉及执法办案信息的填报、审核与统计审签上报等工作。本章拟就案件信息登记和统计数据审核检查两个环节进行重点说明和阐述。

（一）案件信息登记

（涉及《执法规范》第 9 · 21 条至第 9 · 23 条）

案件信息登记是执法办案部门的一项重要基础工作。最高人民检察院实行统一的案件登记卡制度，制发统一格式的案件登记卡，并在全国各级检察机关应用统一的《检察机关案件管理系统》统计软件开展案件信息登记工作。根据检察机关办案工作情况和需要，案件登记卡按照不同业务类型共分 15 种，由检察机关各个执法办案部门负责填报。

案件承办人或业务部门内勤应当依据办案进展情况，全面、准确、及时填录案件登记卡，不得虚报、瞒报、拒报、迟报，不得伪造、篡改、泄露案件信息。发现案件或案件信息项目漏报的，应及时进行补录，补录案件或项目中涉及日期的，按照补录月份的时间进行填录并生成报表，案件办理的实际日期要标注说明。案件登记卡项目填录要以法律文书和工作文书为依据，没有文字记载的项目，由案件承办人员负责提供。

案件登记卡实行一人一卡，一人一号。对共同犯罪案件的犯罪嫌疑人，先登记主犯（首犯），后登记其余共犯。职务犯罪案件应当按照《职务犯罪案件检察统计填录细则》（高检办发〔2010〕4号）的有关要求进行填报；刑事抗诉案件和民事、行政抗诉案件分别按照《刑事抗诉案件检察统计填录细则》、《民事行政抗诉案件检察统计填录细则》（高检办发〔2007〕22号）的要求进行填报，其他类案件按照《人民检察院案件登记卡填录管理规定》（高检发办字〔2005〕19号）的要求进行填报。

（二）统计数据审核检查

（涉及《执法规范》第9·24条至第9·30条）

对填报的案件信息进行审核检查是保证统计数据质量的重要环节。统计审核是在数据报送前保证数据质量的关口；统计检查是在数据报送后及时发现和纠正数据质量问题的有效手段。检察统计审核、检查工作的重点是对照统计填录常态情况，从统计数据间关系、案件登记卡内容之间的关系，以及统计报表与案件登记卡的相互关系中，排查出可能存在数据质量问题的统计异常情况。对统计异常情况进行核实，发现和纠正重报、漏报、错报等数据质量问题，是检察统计审核、检查工作的主要任务。

统计数据审核检查工作涉及检察统计的两个重要制度：一是统计数据审签制度；二是统计数据修正制度。各级检察机关执法办案部门和人员应当按照统计审签和数据修正制度的要求，开展数据审核检查和修正工作，确保数据质量责任落实到位。

1. 统计数据审签制度

统计数据审签制度是指负责提供基础统计信息的执法办案部门或检察院在报送本部门或本院统计数据之前要由部门负责人或单位主要领导进行审核签发的制度。统计数据审签制度是落实检察统计数据质量工作责任和领导责任的重要保证。

（1）统计数据审核。各级检察院统计职能部门要按照检察统计审核工作的相关规定，深入审核本院填录的案件登记卡信息，发现统计异常情况和填录不规范问题，要及时与执法办案部门沟通核实。

（2）执法办案部门审签。审核完成后，生成本院执法办案情况统计报表，并填写《检察统计审核意见表》，注明无填录质量问题，或列举仍需要本院执法办案部门核实、更正的统计异常情况和填录不规范问题，由统计人员签字后，报统计职能部门负责人签字，连同生成的本院执法办案情况的统计报表，分别反馈给相关执法办案部门。各执法办案部门对于所反馈的统计报表，要全面核实；对于所反馈的统计异常情况，要重点核实。核实完成后，要在《检察统计审核意见表》中填写核实意见，注明工作情况，填录全面、真实，或列举需要更正的内容，由执法办案部门主要负责人签字，连同已核实的统计报表，返回本院统计职能部门。

（3）统计数据更正。经本院执法办案部门核实后，确属数据质量问题的，由执法办案部门按照统计职能部门的要求，更正案件登记卡内容，改正不实的统计资料，认真纠正填录工作中的问题，并将更正的统计信息重新报送统计职能部门，由统计职能部门重新生成统计报表，并将《检察统计审核意见表》留存备查。

（4）主要院领导审签。各级检察院在报送本地区案件登记卡和统计报表前，统计人员要在《人民检察院案件登记卡、统计报表审签表》（以下简称《审签表》）的"统计部门审核意见"栏中签字，并将《审签表》连同本地区统计报表、《检察统计审核意见表》，报统计职能部门领导复核并签署审核意见，再报本院主要领导审核签发并加盖院章。

统计职能部门在核实统计数据和案件登记卡内容过程中，需要检查有关原始记录、了解工作情况的，各执法办案部门要予以支持和配合，主动向统计人员通报有关工作情况，及时提供核实数据所需的原始资料，不得拒绝、推诿，更不得虚报或隐瞒。

2. 统计数据修正制度

统计数据修正制度是检察统计职能部门从坚持实事求是，客观反映检察业务工作情况出发，对于已向上级检察院报送的统计数据中存在的统计误差，按照最高人民检察院统一部署进行修改更正的措施。

（1）数据修正原则

数据修正实行集中统一原则。各级检察院执法办案部门填录的案件登记卡，报送后集中由统计职能部门管理，对发现的数据差误，由统计职能部门统一组织修正；下级院已报送的统计资料，由上级院组织统一修正。对于已报送的统计数据和案件登记卡内容，一律不得擅自随意改动。

（2）数据修正程序

对于已报送的案件信息和统计数据，执法办案部门根据办案情况，自行发现数据差误的，要及时向本院统计职能部门报告。需要对统计差误进行修改的，要向本院统计职能部门提出申请（执法办案部门负责人签字），并提供相关原始资料，由本院统计职能部门报送上一级检察院审查核实，并逐级报告、备案至最高人民检察院。

统计人员在日常数据审核检查中发现统计差误的，在上级院审核、汇总完成前，可提出在当月修正，上级院审核、汇总完成后，则作为统计检查中发现的数据质量问题，逐级报告、备案至最高人民检察院；上级院在统计检查中发现、经核实需要修正的数据错误，在逐级报告、备案至最高人民检察院的同时，要逐级通知至发生数据错误的下级院统计职能部门并逐级留存备查。

每年年底，全国统一修正当年检察统计资料。根据实际需要，最高人民检察院集中时间，统一部署统计数据修正工作，下发数据修正表。各地要按照最高人民检察院统一部署，严格依照数据修正表逐级修正。各级检察院统计职能部门在修正统计资料的同时，应要求执法办案部门修正相关的案件登记卡内容。在全国统一的修正时间之外，各级检察院均不得自行修正已报送数据。重大工作情况的数据误差，确需及时修正的，按照《人民检察院案件登记卡填录管理规定》第 11 条的规定报最高人民检察院办公厅审查处理。

三、检察统计常见问题及应对措施

（一）查办职务犯罪案件统计

1. 一人犯数罪的职务犯罪案件如何统计？

解答：根据《人民检察院案件登记卡填录管理规定》的有关要求，各级检察院不得对同一犯罪嫌疑人涉嫌多个不同侦查部门管辖的犯罪事实重复统计立案。立案前同时发现分属不同部门管辖的犯罪事实的，应当通过协商，根据案件性质及社会危害性确定其中一个部门立案并统计。侦查部门对同一犯罪嫌疑人涉嫌的多个罪名一并立案侦查的，只统计填报主罪。

反贪部门、反渎部门、监所检察部门确因侦查工作需要对同一犯罪嫌疑人涉嫌多个罪名分别立案的，立案统计填报时，应当由最先立案的部门统计填报立案。立案后，移送本院其他侦查部门侦查的，最先统计填报立案的侦查部门，按照“移送其他部门”程序统计填报。接收案件继续侦查的部门按“再立案”程序统计填报。案件的侦结情况由再立案部门填报。最先统计填报立案的侦查部门没有将案件移送本院其他侦查部门侦查，而本院其他侦查部门直接对同一犯罪嫌疑人涉嫌的其他罪名立案侦查的，后立案的侦查部门应当按照“再立案”程序统计填报，案件事实查清后，由最先立案侦查部门一并填报案件的侦结情况，后立案侦查部门按照“移送其他部门”程序填报案件登记卡。

2. 共同犯罪案件如何统计填报？

解答：共同犯罪的案件应当根据司法实践确认的主从犯情况在主犯中确定一名犯罪嫌疑人作为检察统计的主犯统计填报立案，其他犯罪嫌疑人作为从犯统计，不得拆分统计造成立案件数虚增。虽有共同犯罪情节，但其中部分犯罪嫌疑人还涉嫌单独作案情节被分别立案的（有单独的立案法律文书），可将单独作案的犯罪嫌疑人作为独立案件分别统计填报立案，共同犯罪案件中不再统计此类犯罪嫌疑人情况。

共同犯罪中，主犯按全案数额填录，作为生成检察统计报表中“立案数额”、“侦结数额”和“挽回经济损失”项目的依据，从犯按各自认定的数额填录。一人犯数罪的，按全部犯罪数额填录，按侦办数罪挽回的全部经济损失填报“挽回经济损失”。

因侦查工作需要，虽有共同犯罪情节，但涉嫌共同犯罪的每个嫌疑人都还有独立作案情节被分别单独立案统计的，其中一名对共同犯罪情节负主要责任的嫌疑人数额，填录为共同犯罪情节所涉及的全部数额和其本人单独犯罪所涉及的数额之和，其他有单独犯罪情节的嫌疑人数额填写其单独犯罪所涉数额，不得填写其涉嫌的共同犯罪数额；虽有共同犯罪情节，但只有部分犯罪嫌疑人涉嫌独立作案情节被分别单独立案统计的，有共同犯罪情节的犯罪嫌疑人按照共同犯罪数额填报规则填录数额，其他有单独犯罪情节的嫌疑人立案数额填写其单独犯罪所涉数额，不得填写其涉嫌的共同犯罪数额。

因玩忽职守、滥用职权导致发生重大责任事故的案件，侦查部门对涉及的多名犯罪嫌疑人分别立案的，应当在最先立案的犯罪嫌疑人案件登记卡立案数额中填报该事故所涉数额及伤亡人数，侦结时应当在最先立案的犯罪嫌疑人案件登记卡侦结数额、造成经济损失、挽回经济损失、侦结轻伤人数、侦结重伤人数、侦结死亡人数中填报该事故最后认定所涉各项数额及伤亡人数，其他犯罪嫌疑人案件登记卡不得填录。

(二) 诉讼活动法律监督案件统计

1. 诉讼活动法律监督案件统计填报标准是什么？

解答：为进一步规范诉讼活动法律监督业务工作和相关统计活动的正常开展，确保统计数据准确适用，最高人民检察院下发了《关于对今年以来检察统计数据进行核查修正的通知》（高检办字〔2010〕253号），其中附录了《诉讼监督书面纠正违法工作数据核查的重点问题和统计标准》，其基本囊括了诉讼活动法律监督案件统计中的常见情形及统计填报标准，在具体执法办案中应遵照执行。

（三）审查逮捕、审查起诉案件统计

1. 立案监督案件如何在审查逮捕和审查起诉中及时体现办案质量？

解答：在审查逮捕、审查起诉案件登记卡中均设有“是否立案监督”项目，案件填报人员应当及时与立案监督部门沟通，正确填报相应选项，及时体现立案监督案件质量。

2. 检察机关对于撤回起诉后又重新起诉的案件如何填写？

解答：检察机关决定撤回起诉后，应算做结案。撤回起诉后又重新起诉的案件，应重新填写案件登记卡，从受案填起，填写方法与重新受理新案相同。

3. 生效判决书签收日期迟于实际判决生效日期如何统计填报？

解答：检察统计报表中关于判决结果以判决生效日期为依据进行统计，但是司法实践中，如果出现生效判决书的签收时间滞后于实际判决生效时间，且不在当月的，案件登记卡的判决生效日期以实际签收生效判决书的日期为准填写。实际判决生效日期附注说明。

（四）其他案件统计

可参考《人民检察院案件登记卡填录管理规定》（高检发办字〔2005〕19号）、《刑事抗诉案件检察统计填录细则》、《民事行政抗诉案件检察统计填录细则》（〔2007〕高检办发22号）进行填写。

第五章　检察诉讼档案的立卷归档

【工作流程图】

检察诉讼档案归档流程图

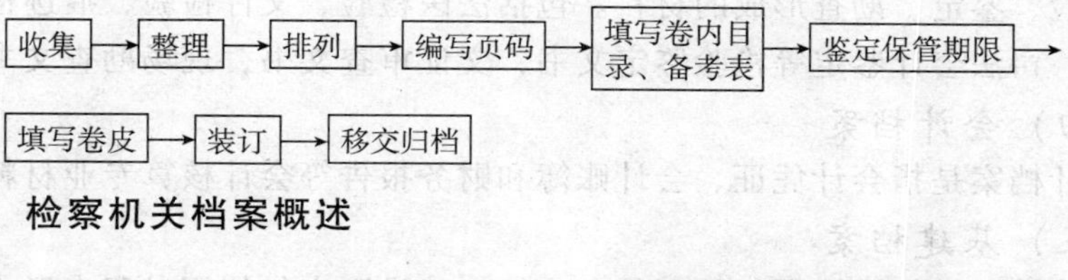

一、检察机关档案概述

检察档案是检察机关在履行职责活动中形成的全部档案的总和。按照载体的不同，可以分为纸质档案、音像档案、实物档案、电子档案等；按照内容的不同，可以分为文书档案、检察诉讼档案、检察技术档案、会计档案、基建档案等。

（一）文书档案

文书档案是检察机关在其行政工作活动中形成的，具有历史查考价值的文件、材料。包括本机关印发的正式文件、刊物及其修改、签发的过程；召开有关会议的记录、纪要、领导讲话及会议相关材料；人事任免、机构设置、启用印章等；外事活动的请示、批复、报告，签定的协议、公报以及需要贯彻执行的上级机关下发的文件；下级机关报送的重要文件等。

（二）检察诉讼档案

检察诉讼档案是人民检察院以办理案件为目的，依法进行诉讼活动形成的，具有查考利用价值的诉讼文书、音像材料及其他材料的总称。检察诉讼档案可以分为刑事诉讼档案、民事诉讼档案、行政诉讼档案三部分，并以刑事诉讼档案为主。

检察诉讼档案记录了检察机关办案的全过程，客观地反映了检察机关依法履行职责的情况，具有重要价值。

1. 凭证价值。检察诉讼档案是检察机关依法履行法律监督职能的真实记录，也是证明检察机关是否公正执法的重要依据，特别是在复查案件时，办案人员只有通过对原始案卷进行调阅、审查和全面分析，才能作出正确的处理决定。

2. 研究价值。检察诉讼档案客观地反映了检察机关履行法律的过程，是总结检察工作经验，推动检察事业深入发展的重要史料，是中国法制理论研究的宝贵财富。

3. 文献价值。检察机关的一些重要检察诉讼档案，如起诉日本战犯、“四人帮”反革命集团的材料等，都是珍贵的法制文献，具有重要的史料价值。

（三）检察技术档案

检察技术档案是检察技术部门为查明和确定案件真实情况，运用科学技术进行检验、鉴定、勘查形成的材料。包括法医检验、文件检验、痕迹检验、理化检验、司法会计鉴定等检验鉴定文书，文证审查文书，现场勘查文书等。

（四）会计档案

会计档案是指会计凭证、会计账簿和财务报告等会计核算专业材料。

（五）基建档案

基建档案是指基建项目从酝酿、决策、建设到交付使用过程中形成的，应当归档保存的文字材料、图纸、图表、计算材料、音像材料等形式与载体的文件材料。

（六）音像档案

音像档案是检察机关在其职能活动中形成的，具有保存利用价值的照片及其底片、缩微胶片、录音带、录像带、影视片、光盘等音像材料。

（七）实物档案

实物档案是检察机关在开展检察工作活动中形成的，记载特定时期机关重大活动，具有保存价值的奖状、奖章、荣誉证书、锦旗、匾额、题词、印章、外事礼品及出版的汇编书籍等。

（八）电子档案

电子档案是指检察机关通过电子传输系统处理的电子公文以及经过数字化加工处理的纸质档案的电子数据。

二、检察诉讼档案的立卷原则

立卷是将检察机关在办理案件过程中形成的检察诉讼文书及书证、证人证言、犯罪嫌疑人供述等证据材料，按照一定的原则与方法，进行鉴别、整理、排列，装订成案卷的工作。立卷时，应根据案件材料的形成特点，保持材料间的历史联系与行为因果关系。

（一）按办案程序立卷原则

按办案程序立卷是指按照检察机关的办案程序排列案件材料，整理归档。本机关各部门按不同法律程序办理同一案件的，由各部门分别立卷；上、下级检察院联合办案或同级检察院协作办案的，由材料形成部门分别立卷。

（二）结案立卷原则

结案立卷是指案件办结后再将案件材料整理归档。如果案件尚在办理中就先行立卷，可能出现卷内材料有头无尾或频繁续卷等情况。实践中应注意，一是法定诉讼程序完结，如一般审查批捕案件作出批捕或不批捕决定后，即可视为结案；二是已归档案件因办案程序的改变需要再次办理的，再次办结后的材料应另行立卷；三是久拖不结的案件，视为办案程序中断，现有材料应立卷备查。

（三）承办人立卷原则

承办人立卷是指案件承办人负责收集所承办的案件材料，并在案件办结后及时整理归档。由于案件承办人始终参与办案全过程，熟悉案件，了解诉讼文书材料的形成过程，并负责收集、保管检察文书，所以，由承办人立卷可以最大限度地保证立卷的完整、系统、准确、及时。

（四）检察卷（A卷）与检察内卷（B卷）

为安全、方便地利用档案，直接受理立案侦查的刑事案件等应分为检察卷与检察内卷两部分分别立卷。检察卷（A卷）存放直接受理立案决定书、搜查证、批准逮捕决定书、起诉书等法律文书以及调查笔录、讯问笔录、证人证言等证据材料；检察内卷（B卷）存放检察机关在办理案件过程中产生的内部材料，如请示、报告、讨论意见、检察委员会意见、领导批示以及法律文书的起草、签发过程等材料。

三、检察诉讼档案的立卷步骤

（一）收集

收集是将分散形成的案件材料按归档范围集中保存，以便进行整理的工作。收集工作是立卷归档的第一步，也是保证诉讼案件材料齐全完整，实现档案集中统一管理的重要措施。

1. 应归档的案件

收集工作开始前，承办人应先明确哪些案件需要归档保存。《人民检察院诉讼档案保管期限表》中所列举的各类案件，包括直接受理立案侦查的刑事案件，立案、侦查、审判、执行监督的刑事案件，控告申诉案件，民事行政案件等，都应归档保存。

2. 应归档的案件材料

了解哪些案件需要归档后，还应进一步明确案件材料的归档范围：

(1) 法律文书的印件、签发稿及重要修改稿。其中，应归档的法律文书包括以下几类：

①立案文书，包括受理案件登记表、立案决定书、不立案通知书等；

②侦查文书，包括提押证、传唤通知书、询问通知书、搜查证及各种物品清单、侦查终结报告等；

③强制措施文书，包括拘传证、监视居住决定书、取保候审决定书、提请刑事拘留书、刑事拘留决定书、拘留人犯通知书、决定逮捕通知书、批准逮捕决定书、不批准逮捕决定书及部分撤销类文书等；

④起诉出庭文书，包括移送起诉被告人建议书、起诉书、不起诉决定书、派员出席法庭通知书及部分撤回类和撤销类文书等；

⑤抗诉文书，包括刑事判决、裁定审查表，提请抗诉报告书，抗诉、提请抗诉案件审批表，抗诉书，撤回抗诉决定书等；

⑥审批延长办案期限文书，包括提请延长办案期限报告书、批准延长羁押期限决定书、不批准延长羁押期限决定书等；

⑦控告申诉文书，包括来信（访）登记表、申诉案件处理表、初查案件移送表、申诉案件复议建议书、复查案件结案报告等；

⑧技术鉴定文书，包括受理检验鉴定登记表、委托检验鉴定书、尸体检验记录、活体检验记录等；

⑨笔录类文书，包括讯问笔录、调查笔录、讨论案件记录、宣布笔录、搜查笔录、出庭笔录、死刑临场监督笔录等；

⑩监督文书，包括纠正违法通知书、纠正违法报告书、纠正减刑（假释）不当建议书、重大事故报告书等；

⑪其他通用文书，包括其他各种意见书、通知书和决定书等。

（2）有关具体案件的请示、批复（包括传真、电话记录、口头指示记录等）和讨论案件记录、阅卷笔录等材料；

（3）案件来源材料，包括立案线索，举报、控告、申诉材料，领导交办的案件材料等；

（4）证据材料（包括作为证据的视听资料）；

（5）处理结果，即人民检察院对案件的处理决定；

（6）移交赃款赃物清单；

（7）其他有保存价值的材料。

案件承办人应注意做好平时的收集工作，在案件办理过程中随时清理，结案后及时整理，装订成册，按时归档。

（二）整理

整理是指对所收集的案件材料进行全面清理，剔除没有保存价值的材料，补齐缺少的材料。整理时应注意以下问题：

1. 不应归档的案件材料

（1）重份文书材料（包括内容相同的信件）和未定稿的法律文书（特殊、重大案件除外）；

（2）与定罪量刑无关的材料，包括没有保存价值的信封、信件、户籍资料等；

（3）定罪量刑时引用过的法律和法规性文件；

（4）办案中借阅的人事档案和犯罪嫌疑人（被告人）前科材料；

（5）其他没有保存价值的材料。

2. 信件的处理

（1）申诉信。申诉人可能反复邮寄内容相同的控告申诉材料，归档时，应保存第一份信件，并将收到重复申诉信的时间逐一记录入卷。

（2）信封。检察机关日常处理大量的举报、申诉等信件，对于落款明确的信件，一般不需保存信封。对于没有落款的举报信、申诉信等需要用信封体现来信地址或来信人姓名，或在定罪量刑中有证据作用的信封，应留存入卷。

整理时，应将信封打开平放，邮票不得启掉。

（3）介绍信。案件承办人调查取证或到上级机关请示汇报时，通常要开具本单位介绍信。这些行政介绍信只是办案的手续，不能反映案件本身的情况，不需归档保存。但人大、政协、妇联等群众团体或其他有社会影响的单位介绍申诉人申诉或附函转申诉材料的介绍信等，在一定程度上反映了案件的社会影响，对判断案件的价值有参考作用，需归档保存。

3. 计算机打印的文件清样

办公现代化后，许多单位采用电脑打印件作为法律文书的签发稿，有些打印件的形式和内容与法律文书的印件完全相同，可以视为重份文件予以剔除。经院领导修改的文稿，体现了法律文书的形成过程和修改者承担的责任，应归档保存。其中，使用铅笔、圆珠笔修改的文稿，应复印后放原件前保存。为防止铅笔字迹因摩擦褪色，铅笔修改的文稿应装入透明纸袋保存。

4. 纸张的要求

（1）归档材料应选择新纸；

（2）破损的纸张应进行修补；

（3）纸面过小的材料，应粘贴在 A4 纸上归档；

（4）材料纸面大于 A4 纸型的，应按照 A4 纸的尺寸加以折叠。折叠时，应尽量减少折叠层次，折痕应尽量位于字迹之外。

5. 传真件应复印保存，并将原件剔除。领导直接在传真件上批示的，应保存批示原件并附在复印件后。

6. 下级检察院上报的案件办理结果，应归档红头文件原件。

7. 外文材料应附有中文译文。

（三）材料排列

案件材料整理完毕后，应按一定方法进行排序，使其层次分明、脉络清晰。承办人应根据案件具体情况，按以下方法排列案件材料：

1. 按办案程序排列

按办案程序排列指按照检察机关实际办案过程，依次排列案件材料。按办案程序排列，可以清楚地反映检察机关办案的原始情况，操作时，应注意以下几个问题：

（1）主件与附件的排列

主件排列在前，附件在后。例如，下级检察院在案件请示中附了该案的原处理决定。承办人排列材料时，应先排下级检察院的请示，再排原处理决定，清楚地反映报送材料的程序。

（2）“呈批件”或“公文处理纸”与被呈批或被处理的材料的排列

案件材料呈送领导审批时，承办人或承办单位通常在被呈批或处理的文件前附加一张“呈批件”或“公文处理纸”等，方便领导签署意见。立卷时，应将“呈批件”或“公文处理纸”等排列在前，被呈批或被处理的材料排列在后。

（3）正式印件、发文纸与底稿的排列

检察机关法律文书经有关领导签发并加盖印章后才能生效，立卷时，应将正式印件排列在前，发文纸与底稿依序排列在后，以便清晰地反映检察诉讼文书产生并发生法律效力的过程。

2．按重要程度排列

按重要程度排列指根据检察机关办理案件的实际情况，将主要犯罪嫌疑人的材料或在证据中起主要作用的材料排列在其他相关材料之前。主要有两层含义：

（1）重犯材料排列在前

集团案件和共同犯罪案件中，应按犯罪嫌疑人在实施犯罪中的主次地位，将涉及首犯、主犯的材料排列在前，从犯的材料排列在后。例如，同一案件中对多个犯罪嫌疑人分别决定起诉和不起诉时，应将起诉材料排列在前，不起诉材料排列在后。

（2）主要证据排列在前

承办人在整理证据时，应将众多证据材料中起主要作用或证明主要罪行的证据材料排列在前。

①对定罪量刑起主要作用的证据材料，应排在其他证据材料的前面；

②涉及多种罪行的案件，证明主要罪行的证据材料排列在前；

③多次讯问犯罪嫌疑人的案件，应将最后一次综合讯问笔录排在前面，其他讯问笔录依时间顺序排列。

3．按时间顺序排列

按时间顺序排列指按照案件材料的形成时间先后进行排列。由于办案是按时间先后进行的，所以，按时间顺序排列与按办案程序排列基本上是一致的。不一致时，应先按办案程序排列，再将同一程序内的各种材料按时间顺序排列。排列时应注意以下问题：

（1）案件材料中出现多种证据的，应先按证据的种类分类，同种类证据再按时间顺序排列。

（2）单一犯罪嫌疑人案件的讯问笔录，按讯问犯罪嫌疑人的时间顺序排列；共同犯罪案件的讯问笔录，应先按犯罪嫌疑人在实施犯罪中的主次地位排列，再分别依时间顺序排列。

4. 参照《人民检察院诉讼文书立卷归档办法》附件中的排列顺序排列

《人民检察院诉讼文书立卷归档办法》4个附件分别列出了立案、侦查、审判、执行监督的刑事案卷，直接受理立案侦查的刑事案卷，控告申诉案卷，民事行政案卷的排列顺序。如果办案过程中产生未列入其中的其他材料，承办人应按照实际办案程序和材料形成时间先后，插入案卷中的适当位置。

（四）编写页码

归档的案件材料应逐页编写页码，以固定其位置。编写页码时应注意：

1. 每本案卷的页码应从“1”开始用铅笔逐页编写，不能采用打号机或其他书写材料编写页码。

2. 双面印刷的材料两面都应编写页码。正面页码写在右上角，反面页码写在左上角，页码不能重复或遗漏。

3. 案卷卷皮、卷内目录、备考表不编写页码。

（五）填写卷内目录

检察诉讼档案的卷内目录用于介绍案卷材料的内容和文件的位置。卷内目录设有顺序号、文号、责任者、文件（材料）名称、日期、页号、备注等7项内容。

1. 顺序号，指卷内材料的次序号，即各份材料在本卷内的先后排列顺序。顺序号记载了卷内材料的份数，编写时应以一份案卷材料为单位，从“1”开始逐项填写。

2. 文号，指发文机关编制的文件字号。填写文号时，应将发文机关代字、发文年度和文件顺序号等填写齐全。例如“〔2010〕高检监发28号”。

3. 责任者，指对诉讼文书的内容承担主要责任的机关、部门或个人。填写时应注意：

（1）正式文件（包括法律文书），责任者应填写盖章或落款单位的全称或规范简称；

（2）两个或两个以上单位联合印发的文件，责任者应填写所有的发文单位；

（3）领导批示件，责任者应填写作出批示的领导人姓名；

（4）阅卷笔录、接待来访记录、提讯笔录、电话记录等，责任者应填写承办人的姓名；

（5）《检察委员会纪要》，责任者应填写“检察委员会”。

4. 文件（材料）名称，指文件（材料）的标题。填写时应注意：

（1）文件（材料）的标题不能简写

①原文件（材料）的标题完整的，应照抄原标题，不能随意缩写；

②文件（材料）的标题不能过于简单，应写清楚文件或材料涉及的具体案件。例如“转办函”，“电话记录单”、“阅卷笔录”、“起诉书”等应填写为“关于×案的转办函”、“关于×案×问题的电话记录”、“关于×案的阅卷笔录”、“关于×案的起诉书”。

（2）文件（材料）无标题的，应根据材料正文的内容简明扼要地拟写标题或事由。例如，某份信件无标题，根据其正文内容总结出文件名称为“关于××涉嫌贪污的举报信”。

5. 日期，指文件（材料）的落款日期。没有落款日期的，填写发文日期，日期中的年、月、日三项应标注齐全。例如，落款日期为2009年8月23日的文件，日期应填写为“20090823”。

6. 页号，指检察诉讼案卷材料的所在页码。除最后一份文件应填写起止页码外，其余文件只填写起始页码。

7. 备注，用于填写需要注明的问题，如有院领导批示的，应填写“××检察长批示”。

填写卷内目录要求，一是要准确。填写的内容和顺序应与被登记材料的内容和顺序相一致，既不能填写错误也不能遗漏。二是要齐全。卷内目录应逐项填写完整，方便查卷人员利用，不能过于笼统。例如，询问证人笔录，应填写为“询问证人笔录（×××）”，将证人的姓名表述清楚，不能只填写为“证据”或“询问证人笔录”。

（六）填写备考表

备考表用于说明立卷日期、立卷人和本卷文件保管、使用及变动情况等。例如，案卷材料有丢失，有关人员应在备考表中注明发现时间、丢失原因、处理结果等；案卷归档后有新的材料需要插入时，承办人经档案人员同意后，应在备考表中注明插入材料的情况，并签署本人姓名与拆卷时间。

（七）填写案卷卷皮

检察诉讼档案的卷皮用于介绍案件的承办单位、承办人以及来源、处理结果等主要情况，同时保护案卷材料免受磨损。卷皮设有全宗名称、类目名称、年度字号、案件来源、申诉人、犯罪嫌疑人（被告人）、案由、处理结果、收案日期、结案日期、卷数及卷册号、页数、承办人、保管期限、全宗号、目录号、年度、卷号等18项内容。

1. 全宗名称，指立档单位的名称，即各级人民检察院全称，例如“北京市人民检察院”。

2. 类目名称，指检察诉讼档案的分类名称。按组织机构分类的，应填写立档单位编制序列中的第一层次机构，即本机关各处（科）的名称。例如，省级院填写“××处”，县（区）级院填写“××科”。

3. 年度字号，指发文机关编发的检察诉讼文书代号。应填写能反映本案分类特征的卷内主要法律文书的年度和字第号。例如，直接受理立案侦查的案卷应填写“×年×检侦监字第×号”。

4. 案件来源，指引起检察机关办理案件的起因。应填写移送、交办案件的机关或举报、控告、申诉的单位（个人）的名称。

5. 申诉人，指不服人民法院判决、裁定及检察机关不起诉决定等，向检察机关提出申诉的人员。为便于查找案卷，举报人、控告人、被害人等也可填写在此栏。填写时应注意将所有申诉人、举报人、控告人、被害人等的姓名填写齐全。

6. 犯罪嫌疑人（被告人），指在诉讼中被指控的一方当事人，包括被举报或被指控的单位等。要注意将所有犯罪嫌疑人（被告人）的姓名填写齐全，不能用“×××等”简写。

7. 案由，指卷内材料记载的案件性质或由检察机关认定的罪名。案件性质和罪名尚不清楚的，应简明扼要地填写卷内涉及的主要事由，例如“×××案件物品扣押问题的请示”等。

8. 处理结果，指检察机关对案件的最后处理决定。经人民法院判决的案件，应注明法院的判决或裁定。

9. 收案日期，指检察机关收案登记的日期。接收的材料上盖有本机关收文印章的，应以收文印章时间为收案日期；领导交办或其他单位转办的，应以本机关最早收到的时间为收案日期。

10. 结案日期，指本级检察机关办理案件的终结日期，即办理本案最后形成材料的日期。例如，不起诉案件，填写不起诉决定的日期；不抗诉的一审案件，填写刑事判决（裁定书）审查表的日期；抗诉案件，填写抗诉书的形成日期，法院改判的，填写改判日期；转交下级检察机关办理并要求上报查办结果的，以本局（处）领导审查同意结案存档的签字日期为结案日期。

11. 卷数及卷册号，指一个案件的全部材料装订成册的案卷总数及每一个分册的序号。例如“本案共三卷，第一卷”。

12. 页数，指每本案卷材料的总页数。

13. 承办人，指负责办理本案的人员，应填写案件承办人员的姓名。

14. 保管期限，指根据《人民检察院诉讼档案保管期限表》确定的案卷保存价值，分为永久、长期和短期三种。案件承办部门应初拟每个案卷的保管期限，用铅笔填于卷皮“保管期限”一栏中。

15. 全宗号，指档案馆指定给立档单位的编号。

16. 目录号，指全宗内案卷所属目录的编号。

17. 年度，指案卷应归入的年度，一般填写结案年度。

18. 卷号，指检察诉讼档案目录内案卷的顺序编号。

卷皮的各项内容应填写清楚、完整，年度字号、日期等数字应使用阿拉伯数字。全宗号、目录号、年度等项目由档案人员填写；保管期限、卷号等项目，归档前暂由立卷人或业务部门的内勤用铅笔填写，归档后由档案人员正式填写。

（八）装订

装订是将零散的案件材料以一定方式固定成案卷的工作，也是立卷的最后一个步骤。装订时，应注意不压住卷内材料字迹，以免影响阅读和复印。

1. 装订前，应先拆除案卷材料上的曲别针、大头针、订书钉等金属物，防止金属锈蚀后损坏卷内材料。

2. 卷内材料字迹偏左、装订后影响阅卷的，装订前应将原材料左边进行裱贴，装订后将材料右边多余部分折齐。

3. 案卷应右齐下齐，三孔双线装订牢固。一般每本案卷不超过200页。

4. 公安机关移送和人民法院退回的案卷应保持原样，并作为该案的分册编制案卷号。

5. 案卷装订并经档案管理部门检验合格归档后，任何人不得随意拆卷。如果有应入卷或撤出的材料需要拆卷时，承办人应经档案部门同意并在备考表中注明。

（九）移交归档

移交归档流程图

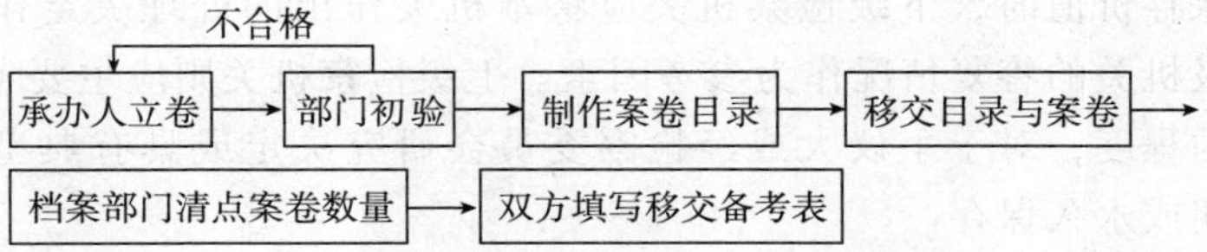

承办人立卷后，应将案卷交本部门内勤进行初验。内勤应按照归档要求，检查已办结案件是否全部立卷，案卷材料是否收集齐全完整，排列是否符合归档要求，卷内目录和卷皮填写是否准确等。检查不合格的案卷，应退原承办人进行修改。案卷检查合格后，各部门内勤应集中编写本部门案卷目录，将案卷和目录一并移交档案管理部门。档案人员应逐卷清点并检查案卷质量，确认符合要求后，由内勤填写档案移交备考表一式两份，双方签字后保存备查。

四、保管期限的鉴定

鉴定是指按照一定的原则和方法，确定检察诉讼档案的保存价值，划定检察诉讼档案的保管期限，并对保管期限届满的档案进行清理、鉴定和处理。各级检察机关每年都办理大量的案件，如果不区分价值一并保管，不但造成人、财、物的浪费，还使有价值的案卷材料淹没其中，无法充分发挥作用。因此，案件承办人应根据《人民检察院诉讼档案保管期限表》的规定，准确判断案卷的价值。检察诉讼档案保管期限分为永久、长期（60 年）和短期（30 年）3 种。其中，本机关直接办理的大案、要案以及有重要影响的典型案件等，需要长久利用的，永久保存；本机关直接办理或参与办理的案件，在相当长的时期内具有利用价值的，长期保存；上级检察机关归档的一般性指导案件或转下级院办理的初查不立案案件等，短期内具有利用价值的，短期保存。承办人鉴定检察诉讼档案保管期限时，应着重考虑以下因素：

（一）处理决定是确定检察诉讼档案保管期限的主要依据之一

处理决定是指检察机关在依法办理案件的各个主要阶段以法律文书的形式做出的决定。例如，批捕决定书、起诉书等。处理决定揭示了检察机关在审理案件过程中的职能及法律责任，因此，鉴定检察诉讼档案价值时，应首先考虑检察机关在办理案件的哪个阶段做出什么决定。

1．检察机关批准逮捕、决定起诉或不起诉、提出抗诉等案件，重要的，永久保存；一般的，长期保存。

2．上级检察机关转下级检察机关办理并要求上报查处结果的案件，应归档保存。其中，社会影响力或关注度大的案件，应长期或永久保存。

3．关于上级检察机关就确定案件性质对下级检察机关请示的答复，确定这类案件保存价值时，下级检察机关应将本机关作出的处理决定作为主要依据，将上级机关的答复情况作为参考因素。上级检察机关则应主要考虑本机关参与案件的程度，对于争议大或经检察委员会研究决定或具有典型意义的案件，应长期或永久保存。

4．下级检察机关按照法定程序上报的备案材料，有重大影响的案件长期保存，纠正案件长期或短期保存。这些案件主要包括侦查、审判监督的刑事案件中予以纠正的或有重大影响的案件以及直接受理立案侦查的刑事案件等。

（二）案件性质是划分检察诉讼档案保管期限的重要依据之一

刑法分则规定的各种罪名，深刻地揭示了各类犯罪的性质，决定了对不同犯罪的处罚，对于确定案件的保管期限具有十分重要的作用。对同一性质案件的价值，不同的承办单位判断标准有所区别。对于具体办理案件的检察机关而言，重大恶性案件的材料一般应永久保存，犯罪性质轻微的案件短期或长期保存。对于指导办案的省级以上检察机关而言，其指导下级院办理的案件材料以检察机关内部办案活动材料为主，在确定保管期限时，不能简单地完全以案件性质为依据，对于案件性质恶劣但情节简单、争议小、不具有典型意义的案件，短期或长期保存。

（三）案件的社会影响是确定检察诉讼档案保管期限的重要因素

案件的社会影响主要是指案件在本县（区）、本地区、本省乃至全国范围内形成的社会舆论情况。社会媒介多次曝光，引起社会争论或广泛关注；犯罪嫌疑人或案件其他当事人具有较高的社会知名度或担任处局级以上领导职务等的案件，一般应长期或永久保存。

（四）案件来源对确定检察诉讼档案保管期限具有重要影响

案件来源是引起检察机关办理案件的起因。上级领导机关或有关领导同志交办的案件，或案件性质严重或社会影响大或案件疑难，应长期或永久保存。

承办人应根据案件办理的实际情况，综合分析本机关对案件的处理决定以及案件的性质、情节、社会影响、史料价值等因素，确定案件价值。

五、近几年诉讼档案归档的常见问题

近年来，全国各级检察机关深入推进档案业务建设、基础设施建设和队伍建设，检察档案工作制度化、规范化和现代化水平进一步提高，检察诉讼档案质量稳步提升，但是也还存在一些问题，主要是：

1. 案卷收集不齐全。

一是已办结案件未归档。有的案件承办人换岗、离岗时对自己所办结的案件未办理任何移交手续，致使这部分案件无法归档。二是已办结案件归档不及时。有的案件承办人因法院未作出判决，就认为案件尚未办结，拖迟立卷归档。对于这部分案件，承办人应先行归档，待法院判决后再将判决材料续卷。

2. 卷内材料不完整规范。

一是缺少必要的文件材料。有的缺少起诉意见书、起诉书、法院判决书等法律文书，有的遗漏了重要证据材料，有的未将检察卷的法律文书装入检察内卷。二是法律手续不规范。例如扣押冻结款物案卷中，出现缺少扣押款物处理情况的相关凭证及审批手续、用财政收据代替扣押法律文书或白条扣押、白条返还，扣押冻结清单上没有见证人签字或只有一个承办人签字等情况。

3. 案卷卷皮、卷内目录填写不规范。

一是填写不一致。有的案卷卷皮、卷内目录与案卷材料内容不符。二是填写不齐全。有的文件字号、结案日期、承办人等项目未填写，有的共同犯罪案件未将全部犯罪嫌疑人列举齐全。三是填写不准确。有的处理结果未使用规范用语填写具体办理结果，如“查实”、“查否”、“审结报领导”等。“查否”应填写为“举报索贿受贿等问题失实”，“查实”、“审结报领导”应填写为“侦查终结，移送审查起诉”等。

4. 部分证据材料复印模糊，无法辨认出具体内容。

5. 归档的上报案件办理结果是复印件、传真件，应将红头文件原件整理归档。

6. 保管期限鉴定不准确。应根据《人民检察院诉讼档案保管期限表》进行准确判断。

7. 部分案卷装订不符合要求，如未取金属钉，装订不整齐、不牢固或者压字等，影响了阅读和使用。

8. 案件移交手续不清。有些单位业务部门与档案管理部门之间的档案移交手续不规范，移交登记台账未能进行详细、严格的记载。

9. 档案人员及业务部门内勤更换频繁，对检察业务和档案管理工作不熟悉，对立卷归档工作的指导和检查把关不严，严重影响了诉讼档案质量的提高。

为深入贯彻落实《中华人民共和国档案法》和周永康、曹建明等领导同志关于加强档案管理工作的重要指示精神，确保检察档案安全和规范管理，2011 年 4 月，最高人民检察院办公厅下发了《关于进一步加强和改进全国检察机关档案工作的意见》，要求各级检察机关：一是切实加强检察档案资源建设。凡是对检察工作发展有参考利用价值的，包括纸质档案、实物档案、录音、录像、照片、电子等介质的档案都要纳入检察档案资源建设体系，全面收集，科学管理。二是严格落实检察档案管理制度。继续深入开展诉讼档案质量及安全大检查，促进检察档案管理各项规章制度的落实。三是着力推进检察档案信息化建设。充分利用信息化手段，提高档案管理和利用的现代化水平。四是努力提高检察档案利用服务能力。积极开展多种形式的档案宣传和利用服务，由原来单一的借阅模式向文档查询、档案编研、档案宣传、检察历史文化研究等更加全面、更深层次的服务转变，努力把检察档案管理部门打造成宣传检察工作的窗口，研究检察工作的智库。五是全面加强检察档案队伍建设。按照“政治强、作风好、业务精”的要求，及时充实、合理调配档案人员，注意吸收专业型人才到检察档案队伍，逐步解决档案人员年龄偏大、兼职较多的问题，努力培养和造就一批热爱档案事业，掌握法律、档案、计算机等专业知识和先进管理理念的复合型档案管理人才。六是进一步加强检察档案基础设施建设。要落实《人民检察院办案用房和专业技术用房建设标准》（建标 137 -

2010)，抓好档案库房规范化建设。加大档案专用设备的投入，配齐档案库房与机房的监控报警设备、温湿度控制调节设备、气体灭火设备、驱虫杀菌设备、音像检测及播放设备、数字档案扫描、存储、备份及专用服务器等设备，确保档案实体和档案信息的安全。七是不断加强对检察档案工作的领导，将检察档案工作纳入目标管理考核体系，把档案日常归档、安全保管与按时归还情况作为检察人员绩效考核和执法档案的重要内容，形成全员参与、人人有责的档案管理工作机制。

检察档案是国家档案资源的重要组成部分，是检察机关执法活动的真实记录。检察诉讼档案不仅是执法信息的有效载体，而且是执法过程的客观体现。各级检察机关干警要以对历史负责、对检察工作负责的态度，切实做好检察诉讼档案归档工作。

第六章 执法办案内部监督

2008 年 1 月 24 日，最高人民检察院第十届检察委员会第九十次会议讨论通过了《人民检察院执法办案内部监督暂行规定》，后以高检发〔2008〕4 号文印发各地贯彻执行。该规定的颁布实施，标志着检察机关执法办案内部监督工作更加规范化和制度化，发展到一个全新阶段。

一、出台《人民检察院执法办案内部监督暂行规定》的背景、过程

（一）加强执法办案内部监督的必要性与重要意义

检察机关作为国家的法律监督机关和惩治、预防职务犯罪的重要职能部门，依法履行审查逮捕、审查起诉、职务犯罪侦查和诉讼活动监督等重要职责。执法办案是检察机关履行法律监督职能的主要方式，也是检察权最集中的体现。检察权用好了，是对犯罪分子的惩处，也是对人民群众的保护。检察权如果被滥用，不仅会使公民、法人和其他社会组织的合法权益遭受严重的侵害，而且会降低法律监督机关的公信力，影响国家的法治形象，给党和人民的利益带来不可估量的损失。防止检察权的滥用，最根本的就是加强监督，确保公正、严格、文明执法。针对社会上出现的“检察机关监督别人，谁来监督检察机关”的言论及检察机关内部存在的监督制约不到位的问题，必须切实强化对执法活动的内部监督制约。强化对执法办案活动的内部监督，既是提高检察机关执法公信力的客观需要，也是新形势下的必然选择。

近年来，为了确保检察权的正确行使，各级检察机关认真贯彻“从严治检”的方针，大力加强党风廉政建设和自身反腐败工作，尤其是在开展社会主义法治理念教育和维护司法公正、规范执法行为的专项整改活动中，检察机关的执法办案工作进一步规范，一些群众反映强烈的突出问题得到了有效遏制，干警违纪违法案件逐年减少，检察队伍的面貌发生了深刻变化。但是，个别地方检察机关执法不严、执法不公等现象仍时有发生，多年来发生在执法办案环节的检察人员违纪违法案件占到发案总数的60%左右，这些环节之所以出问题，主要是因为监督缺位或流于形式。为此，时任最高人民检察院检察长贾春旺多次指出：“要把加强对执法办案的监督作为检察机关党风廉政建设和自身反腐败工作的切入点和着力点，进一步健全执法办案各个环节的监督制约机制，强化监督措施，加大监督力度。”为强化执法办案内部监督，各级检察机关普遍探索并建立了“一案三卡”、检务督察、办案流程监督、执法责任倒查、个人执法档案等。同时，在最高人民检察院的积极推动下，各级检察机关普遍推行人民监督员制度，有效地加强了对检察机关执法办案工作的外部监督。应当说，这些努力初步形成了对检察机关执法办案活动实行内外监督的制度体系。但是，由于最高人民检察院此前没有出台过全面加强执法办案内部监督的规范性文件，一些地方的检察机关在执法办案的内部监督方面还存在着机制不健全、形式不规范、责任不明确、工作不到位等问题，影响了监督的质量和效果，影响此项工作的整体推进和平衡发展。因此，制定《人民检察院执法办案内部监督暂行规定》对于进一步健全和完善内部监督与外部监督相结合、纵向监督与横向监督相结合，上级监督与同级监督和下级监督相结合的执法办案监督机制，整体推进检察机关对自身执法办案活动及检察人员依法履行执法办案职责的监督工作，确保检察人员严格、公正、文明执法具有十分重要的意义。

（二）《人民检察院执法办案内部监督暂行规定》的制定过程和主要考量

2006年7月，最高人民检察院司改领导小组决定将健全和完善人民检察院执法办案内部监督机制列为司法改革项目，并交由最高人民检察院纪检组、监察局承办。为此，最高人民检察院纪检组、监察局在广泛调研的基础上，于同年10月抽调相关业务骨干组成了文件起草小组。在认真落实中央和最高人民检察院领导关于加强执法办案内部监督的相关文件和指示精神，充分借鉴各地检察机关开展执法办案内部监督工作成功经验的基础上，反复论证，数易其稿，形成了《暂行规定》征求意见稿。同年11月，最高人民检察院纪检组、监察局分别召开了由10个省级院的纪检组长、16个市级院的副检察长或业务部门负责人、10个基层院的检察长参加的座谈会，对征求意见稿进行专题研讨。随后又根据座谈征求的意见，对征求意见稿进行了两次较大修改。2007年3月下旬，最高人民检察院纪检组、监察局将修改后的《暂行规定》分别印送最高人民检察院各有关部门征求意见，并在充分采纳各部门意见的基础上，对《暂行规定》稿进行了进一步的修改完善。在反复调研、论证、征求意见并多次修改的基础上，形成了《人民检察院执法办案内部监督暂行规定(审议稿)》(以下简称《审议稿》)。2007年7月5日，最高人民检察院第十届检委会第七十九次会议对《审议稿》进行了审议。会后，根据检委会的意见，纪检组、监察局对《审议稿》再次进行了较大幅度的修改，形成了二次审议稿。经领导审阅并批交检委会秘书处审核后，对二次审议稿进行了进一步修改。2008年1月24日，最高人民检察院第十届检察委员会第九十次会议讨论通过了《人民检察院执法办案内部监督暂行规定》，随后，最高人民检察院于3月3日以高检发〔2008〕4号文，发出《关于印发〈人民检察院执法办案内部监督暂行规定〉的通知》，印发各地贯彻执行。

制定《人民检察院执法办案内部监督暂行规定》考量的几个主要问题：

1. 关于文件定位问题。《人民检察院执法办案内部监督暂行规定》是人民检察院建立健全执法办案内部监督机制、开展执法办案内部监督工作的基础性文件。文件力求明确检察机关开展执法办案内部监督工作的目的与原则、对象与内容、主体与职责、措施与方式，并重点解决“监督什么”、“谁来监督”、“怎样监督”及“如何保证监督落实”等问题。

2. 关于执法办案内部监督与其他监督形式的关系问题。执法办案内部监督是人民检察院对自身执法办案活动采取的一种自我监督形式，包括检察机关自身开展的执法监督、案件管理、案件督察和执法过错责任追究等形式。虽然这一监督形式与法律规定的诉讼监督和人民监督员监督等其他执法办案监督形式在适用的角度、范围、方式上存在不同，但它与其他执法监督形式的目标、对象一致，因此，执法办案内部监督与其他执法办案监督形式具有相辅相成的关系，能够共同形成对检察机关执法办案活动实行多角度、全方位、全过程监督的完整体系，从而更为有效地促进检察机关严格、公正、文明执法，因此，文件中规定了执法办案内部监督应当与其他监督形式相结合的总体要求。但为了避免已有的法律规定和文件规定在本文件中过多地重复出现，对法律和其他文件已经明文规定的诉讼监督方式、人民监督员监督方式以及人民检察院纪检监察监督、案件管理监督、检务督察监督等方式，没有再作更多的具体阐述。

3. 关于制定细则问题。由于检察机关执法办案内部监督的涉及面较广，而各级检察机关各个业务部门的情况差异较大，如果要在本文件中针对各级检察机关和各业务部门的不同情况分别规定监督内容及监督方式，必然会使文件的内容过于庞杂。文件中规定了各级人民检察院及其执法办案部门可以根据本规定制定实施细则，这样既可以避免本文件过于冗长和挂一漏万等问题，又有利于调动各级人民检察院及其执法办案部门结合实际不断探索和创新监督方式的积极性。

二、关于执法办案内部监督必须明确和把握的几个主要问题

《执法规范》第9·46条至第9·62条共分三节，涵盖执法办案内部监督的监督对象和监督内容、监督责任主体和监督职责、监督措施和监督方式等主要内容。

执法办案内部监督在具体实践中应当明确和把握以下几个主要问题：

（一）必须明确和把握执法办案内部监督的目的、基本内涵、指导方针与原则、工作格局

执法办案内部监督目的是为了保证人民检察院及检察人员正确履行法律赋予的职责，确保严格、公正、文明执法，保障公民、法人和其他组织的合法权益。其基本内涵是指人民检察院对自身执法办案活动和检察人员在履行执法办案职责时遵守法律、纪律和规章制度情况实施的监督。执法办案内部监督应当贯彻从严治检的方针，坚持实事求是、有错必纠、立足防范、注重教育的原则，促进执法办案规范化。

考虑到执法办案内部监督工作是一项系统工程，涉及检察机关的各级领导、各个部门和执法办案的各个环节，暂行规定对执法办案内部监督的总体工作格局作出了专条规定。执法办案内部监督由检察长统一领导，副检察长分工负责，监察部门和执法办案部门各司其职，其他部门和广大检察人员普遍参与。

（二）必须明确和把握执法办案内部监督的对象、主要内容、重点

围绕"监督什么"的问题，本章对执法办案内部监督的对象、主要内容和监督重点作出了规定。

执法办案内部监督的对象是各级人民检察院及检察人员的执法办案活动。

执法办案内部监督的主要内容是：（1）在执法办案活动中遵守法律规定的情况；（2）在执法办案活动中遵守检察纪律和规章制度的情况；（3）在执法办案活动中履行法定职责的情况。

人民检察院在执法办案内部监督中，应当重点监督下列案件：（1）初查后决定不立案的具有较大影响的职务犯罪案件；（2）对犯罪嫌疑人、被告人

变更强制措施的职务犯罪案件；（3）侦查机关或者侦查部门持有异议的不予逮捕或者不予起诉的刑事案件；（4）犯罪嫌疑人、被告人被逮捕后撤销案件、不起诉或者撤回起诉的刑事案件；（5）人民法院作出无罪判决，或者被人民法院改变犯罪性质、改变罪名后明显影响量刑的刑事案件；（6）当事人长期申诉、上访，经备案审查、复查、复核后改变原处理决定的刑事案件及民事、行政申诉案件，或者决定给予国家赔偿的刑事案件及民事、行政申诉案件；（7）人民监督员提出不同意见，或者在人民检察院内部存在重大意见分歧的职务犯罪案件；（8）社会普遍关注，或者人民群众反映强烈的刑事案件，民事、行政申诉案件；（9）上级要求重点监督的刑事案件，民事、行政申诉案件。

人民检察院在执法办案内部监督中，应当重点防止和纠正下列行为：（1）侵犯举报、控告、申诉人合法权益，或者泄露、隐匿、毁弃、伪造举报、控告、申诉等有关材料的；（2）违法违规剥夺、限制诉讼参与人人身自由，或者违反办案安全防范规定的；（3）非法搜查，违法违规查封、扣押、冻结追缴款物，或者违法违规处理查封、扣押、冻结追缴款物及其孳息的；（4）违法违规采取、变更、解除、撤销强制措施，或者超期羁押犯罪嫌疑人、被告人的；（5）刑讯逼供、暴力取证，或者以其他非法方法获取证据的；（6）违法使用警械警具，或者殴打、体罚虐待、侮辱诉讼参与人的；（7）隐匿、毁弃、伪造证据，违背事实作出勘验、检查、鉴定结论，包庇放纵被举报人、犯罪嫌疑人、被告人，或者使无罪的人受到刑事追究的；（8）违反法定程序或者办案纪律干预办案，或者未经批准私自办案的；（9）私自会见案件当事人及其亲友、辩护人、代理人，或者接受上述人员提供的宴请、财物、娱乐活动的；（10）为案件当事人及其亲友、代理人打探案情、通风报信，或者泄露案件秘密的；（11）越权办案、插手经济纠纷，利用执法办案之机拉赞助、乱收费、乱罚款，让发案单位、当事人报销费用，或者占用发案单位、当事人的交通、通讯工具的；（12）违法违规剥夺、限制当事人诉讼权利，或者妨碍律师参与刑事诉讼的；（13）具有法定回避情形而不申请回避的；（14）其他不履行或者不正确履行法律监督职责的。

（三）必须明确和把握执法办案内部监督的责任主体和监督职责

要把执法办案内部监督工作落到实处，必须进一步明确执法办案内部监督的主体，同时要赋予监察部门对执法办案内部监督工作实行归口管理的职能，以确保这一制度能够落到实处。围绕“谁来监督”的问题，规定了检察长、副检察长、执法办案部门负责人及其检察人员、监察部门等五个方面的监督主体，同时按照“责权一致”的原则，分别给不同监督主体赋予了不同的职责。

检察长、副检察长在执法办案内部监督中承担以下职责：（1）对执法办案内部监督工作实施领导，提出任务和要求，研究解决工作中的突出问题；（2）对本院执法办案部门和下级人民检察院的执法办案活动进行监督；（3）对本院其他领导班子成员、执法办案部门负责人、上级人民检察院检察人员和下级人民检察院领导班子成员履行执法办案职责的情况进行监督；（4）组织查处本院和下级人民检察院发生的执法过错案件，并责令纠正；（5）完成上级人民检察院交办的其他执法办案内部监督任务。

监察部门在执法办案内部监督中承担以下职责：（1）对执法办案内部监督工作进行归口管理，研究制定有关的工作措施和规章制度，对本院执法办案部门和下级人民检察院执法办案内部监督工作进行指导、督促和检查；（2）对本院检察人员和下级人民检察院的领导干部履行执法办案职责的情况进行监督；（3）受理、核查、处理在执法办案内部监督中发现的执法过错和违纪、违法线索；（4）向本院领导和上级人民检察院监察部门报告执法办案内部监督工作的情况，对执法办案活动中存在的问题提出监察建议，并督促落实；（5）完成上级交办的其他执法办案内部监督任务。

执法办案部门负责人在执法办案内部监督中承担以下职责：（1）组织制定本部门和下级人民检察院对口部门执法办案内部监督的工作制度，明确岗位职责、办案流程和纪律要求；（2）对本部门和下级人民检察院对口部门的执法办案活动进行监督；（3）对本部门其他检察人员、本院领导班子成员和上级人民检察院对口部门检察人员履行执法办案职责的情况进行监督；（4）协助有关部门调查处理本部门和下级人民检察院对口部门发生的执法过错案件，并责令纠正；（5）完成上级交办的其他执法办案内部监督任务。

执法办案部门检察人员在执法办案内部监督中承担以下职责：（1）对本院检察长、副检察长和上级人民检察院对口部门检察人员履行执法办案职责的情况进行监督；（2）对本院和下级人民检察院对口部门检察人员履行执法办案职责的情况进行监督；（3）及时向上级或者有关部门反映所发现的执法过错问题；（4）完成上级交办的执法办案内部监督任务。

人民检察院的其他部门及其他检察人员发现执法办案部门及其检察人员在执法办案活动中有违纪违法行为的，应当进行监督。下级人民检察院发现上级人民检察院及其检察人员在执法办案活动中有违纪违法行为的，应当进行监督。

（四）必须明确和把握执法办案内部监督的措施与方式

主要围绕“如何监督”的问题，广泛吸纳了各级检察机关开展执法办案内部监督工作的成功经验，规定了执法办案内部监督的措施及具体监督形式。

同时，为了使内部监督机制更好地与监督对象和监督主体的业绩、奖惩、任用挂钩，本章还对建立执法办案人员个人执法档案、将有关人员履行监督职责的情况纳入岗位目标考核等问题作出了明文规定。

检察长、副检察长、执法办案部门负责人履行执法办案内部监督职责时，可以在其职责范围内组织采取下列措施：（1）参加或者列席执法办案工作会议，审查和调阅有关文件、案件材料、办案安全防范预案、审讯同步录音录像资料及其他相关材料；（2）察看办案现场，旁听开庭审理，或者通过局域网对执法办案活动进行网络监控；（3）听取有关机关、部门或者人民监督员的意见，向发案单位或者诉讼参与人了解情况；（4）组织检务督察和专项检查；（5）要求相关单位和人员就监督事项涉及的问题作出解释或者说明；（6）责令相关单位和人员停止违反法律、纪律或者规章制度的行为；（7）建议或者责令相关人员暂停执行职务，建议或者决定更换案件承办单位、案件承办人员；（8）符合有关规定、不影响办案工作正常进行的其他措施。

人民检察院监察部门履行执法办案内部监督职责时，可以采取《人民检察院监察工作条例》规定的各种监督措施；经检察长授权后，也可以采取本条例第 17 条规定的各项措施。

人民检察院各内设部门的检察人员可以采取下列方式对其他检察人员履行执法办案职责的情况进行监督：（1）在相关的会议及案件管理、案件评查、执法检查等活动中，对其他检察人员的执法过错行为提出纠正建议；（2）对其他检察人员不履行或者不正确履行执法办案职责的行为予以告诫、提醒；（3）向主管领导或者有关部门反映其他检察人员不履行或者不正确履行执法办案职责的问题；（4）符合有关规定、不影响办案正常进行的其他方式。

规定还明确，下级人民检察院和下级检察人员在执法办案活动中，对上级下达的明显违反法律规定的命令、指示，应当予以提醒。必要时，可以向上级人民检察院或者主管领导反映。

检察人员在执法办案活动中遇到说情或者其他干扰时，应当主动向主管领导或者上级人民检察院报告。遇有需要依法回避的情形时，应当主动提出回避申请。

人民检察院应当建立检察人员个人执法档案，将其办案的数量、质量、效果以及在执法办案活动中执行法律、遵守纪律、接受奖惩等情况记录归档。

人民检察院应当将检察人员履行执法办案内部监督职责的情况列为年度岗位目标考核内容。

（五）必须明确和把握执法办案内部监督的责任追究问题

主要围绕监督主体履行职责和接受监督中的责任追究问题，原则规定了应予处罚的行为和给予处罚的依据。检察人员在执法办案活动中发生执法过错或者违纪违法行为的，应当依照有关规定追究其执法过错责任和违纪违法责任。

检察人员拒不接受执法办案内部监督，并具有下列情形之一的，应当给予批评教育并责令其改正，构成违纪违法的，应当依照有关规定追究其违纪违法责任：(1) 故意干扰、阻挠执法办案内部监督的；(2) 拒不配合有关部门对执法过错和违纪违法案件进行调查处理的；(3) 拒不纠正执法过错和违纪违法行为的；(4) 对提出监督意见的人员进行打击报复的；(5) 造成其他严重后果或者恶劣影响的。

检察人员在履行执法办案内部监督职责时，具有下列情形之一的，应当给予批评教育并责令其改正，构成违纪违法的，应当依照有关规定追究其违纪违法责任：(1) 不履行或者不正确履行监督职责，导致发生严重违纪违法案件的；(2) 发现严重执法过错和违纪违法行为不及时制止、纠正或者报告的；(3) 非法干预执法办案工作的；(4) 泄露案件或者工作秘密的；(5) 其他玩忽职守、滥用职权的。

三、执法办案内部监督工作面临的问题、机遇与发展展望

近年来，曹建明检察长多次强调，要坚持把强化内部监督放在与强化法律监督同等重要的位置来抓，做到“两手抓、两手都要硬”。这给执法办案内部监督工作提出了新的更高的要求。执法办案内部监督工作既面临前所未有的机遇，也面临前所未有的挑战。一方面，执法办案内部监督要解决在实践中存在的发展不平衡、落实不到位等问题；另一方面，还要适应新的形势和任务的要求，进一步改革创新，完善制度机制，真正发挥好监督功能和作用。

2010 年 12 月 15 日，最高人民检察院十一届检察委员会第五十三次会议审议通过了《最高人民检察院关于强化上级人民检察院对下级人民检察院执法办案活动监督的若干意见》(以下简称《若干意见》)。《若干意见》旨在切实强化上级人民检察院对下级人民检察院执法办案活动的监督，着力促进公正廉洁执法，提升检察机关的执法公信力。《若干意见》紧紧围绕强化上级院对下级院执法办案活动监督这一主题，从宏观上提出了明确要求，又对执法办案监督所涉及的各个方面和环节提出了具体要求，涉及严格执行和完善执法办案有关审批制度、备案审查制度、请示报告制度、执法办案工作考评和监督机制、检察工作一体化机制建设、责任追究机制等。同时，注意整合最高人民检察院在加强检察机关内部监督制约方面已经出台的各项规定，将一些行之有效的好经验、好做法纳入其中；对建立和完善执法办案专项检查制度、案件评查机制、办案同步监督制度、回访监督、执法人员档案等提出了一些新的指导性意见。

执法办案内部监督与检察机关各项执法办案工作存在辩证统一关系。检察机关各项执法办案工作是执法办案内部监督工作的源头和归宿，也给后者提供了丰富的内容与课题；后者的发展也必将促进各项执法办案工作的发展与提升。执法办案内部监督工作的理论研究近年来也在法学界和实务界的关注下逐步深化，其具体实践也在进一步丰富与发展。随着司法改革和检察实务的创新与发展，执法办案内部监督工作也必将在实践中制度体系不断完善，内容形式不断丰富，实际效果不断提高。

第七章　检察人员执法过错责任追究

胡锦涛总书记在党的十七大报告中指出，要“加强政法队伍建设，做到严格、公正、文明执法”，这是党在国家经济社会发展的关键时期，对司法机关和司法人员提出的新的要求。保障检察人员严格、公正、文明执法，是检察机关全面落实依法治国基本方略，推动建设社会主义法治国家的重要途径。2007 年，最高人民检察院以强化对检察人员执法办案监督、保障公正执法为切入点，在总结 1998 年实施错案责任追究制度以来取得成功经验的基础上，按照新时期党和国家对检察工作提出的新的更高的要求，坚持吸收、创新、发展的原则，决定在全国检察机关实施执法过错责任追究制度。实施执法过错责任追究制度，有利于进一步加强检察机关队伍建设，同时为规范执法行为，提高执法水平，遏制司法腐败提供了重要的制度保障。

一、建立执法过错责任追究制度的背景

为加强队伍建设，防止冤假错案，解决办案中存在的执法不严格、不公正等问题，最高人民检察院于 1998 年 6 月颁布了《人民检察院错案责任追究条例》，初步建立了对执法过错责任进行追究的工作机制。错案责任追究制度的实施，不仅使广大检察人员增强了严格执法、公正执法的责任意识，促进了办案质量和执法水平的提高，减少了错案的发生，而且在提高检察机关法律监督的公信力、树立检察机关的良好形象等方面都发挥了积极的作用。

然而，随着经济社会发展，检察工作出现了一些新问题、新情况，错案责任追究制度遇到了前所未有的困难与挑战，究其原因：一是随着依法治国进程的不断加快，人民群众的法治意识逐渐增强，社会各界要求“程序与实体并重”、“严格规范执法行为”的呼声越来越高，而错案责任追究制度将追责范

围局限于“错案”，以至于那些实体没错、但程序违法的案件无法进入追责范围，因而已不能完全适应检察机关严格执法、规范执法的需要；二是错案责任追究制度确定的追责条件既要求程序上查明违纪违法事实，又要求实体上查明处理结果错误，致使实际操作的难度过大；三是错案责任追究制度确定的追责范围和追责方式与相关法律和纪律条规的规定相互重叠，特别是《检察人员纪律处分条例（试行）》出台以后，错案责任追究制度的追责范围完全被其覆盖，从而使错案责任追究制度失去了适用价值；四是错案责任追究制度有关追责的启动程序和责任落实部门的规定不甚明确，导致实践中存在着追责程序难以启动、追责任务无人承担等现象。因此，建立符合检察工作规律的、适应规范执法与公正执法需要的执法过错责任追究制度显得十分必要和紧迫。在反复论证和广泛征求意见的基础上，最高人民检察院于2007年7月出台了《检察人员执法过错责任追究条例》。

二、执法过错责任追究制度的基本内容

执法过错责任追究制度在充分吸收错案责任追究制度合理内容的同时，重点作了以下几方面的修改：一是将责任追究的基本要件由“错案”修改为“执法过错”，扩大了责任追究的范围，即把处理结果没错但程序违法的行为一并纳入追责范围，以期达到既保障实体公正又保障程序合法的目的。二是将大量达不到法律和纪律处罚标准的执法过错行为作为执法过错责任追究制度的主要调整对象。三是将批评教育、组织处理增列为执法过错责任追究的方式，使执法过错责任追究制度在避免与相关法律和纪律重叠的同时，弥补法律和纪律在追责范围上的空白。四是明确了责任追究的启动机制，即相关职能部门。执法过错责任追究制度将检察机关近年创建的执法办案内部监督机制，如检务督察机制作为发现执法过错线索的重要途径，明确了这些职能部门的移送责任，从而解决责任追究启动难的问题。执法过错责任追究制度还对执法过错线索的受理、调查、确认及追究等职能作了明确规定，基本做到了责任追究分工明确、流转有序。

执法过错责任追究制度由总则、责任追究范围、责任追究程序和附则四部分组成：

1. 总则。规定了建立执法过错责任追究制度的依据、执法过错的定义、责任追究的原则、责任追究的种类及其适用方式。在总则中将执法过错定义为“检察人员在执法办案活动中，故意违反法律和有关规定或者工作严重不负责任，导致案件实体错误、程序违法以及其他严重后果或者恶劣影响的行为”，使单纯的程序违法问题因此被纳入追责范围。在追究的方式上，除了规定

"构成违纪的，应当依照检察纪律的规定给予纪律处分；构成犯罪的，应当依法追究刑事责任"外，还规定了批评教育、组织处理两大类11种追究方式。

2. 责任追究范围。按照故意和过失两类情况，对检察机关主要执法办案环节可能出现的17种执法过错情形作了较为详尽的规定，同时用兜底条款将其他执法办案环节可能出现的问题纳入追责范围。明确了承办人员、主管人员、上下级检察机关及参与集体讨论的相关人员的责任划分方式，同时规定了免责的相关要件。

3. 责任追究程序。规定了追究执法过错责任的受理、调查、确认、追究、申诉等程序，建立了监察部门或政工部门统一管理线索、线索管理部门和检察长指定的部门实施责任调查、检察长办公会确认过错责任、相关部门按照职能权限落实追究决定的工作机制。逐一列明了执法过错线索的来源，规定了执法过错调查部门的调查措施及义务。

4. 附则。明确了责任追究的对象、时效以及解释权的归属等问题。

三、执法过错责任追究制度的主要特点

（一）明确了执法过错含义

执法过错责任追究制度中的执法过错，是指检察人员在执法办案活动中故意违反法律和有关规定，或者工作严重不负责任，导致案件实体错误、程序违法以及其他严重后果或者恶劣影响的行为。变以错误结果追责为以过错行为追责，将那些处理结果没错但程序违法的行为也一并纳入追责范围，体现了实体与程序并重的原则。既彰显了现代法治精神，又符合检察机关规范执法、严格执法的时代要求。

（二）明确了责任追究方式

执法过错责任追究制度确定的责任追究方式包括批评教育、组织处理、纪律处分和刑事处理。既避免了执法过错责任追究方式与相关法律和纪律条规的完全重叠，又弥补了法律和纪律条规在追责范围上所留空白。同时还分别确定了批评教育和组织处理的具体方式。其中，批评教育包括责令检查、诫勉谈话、通报批评、到上级人民检察院检讨责任；组织处理包括暂停执行职务、调离执法岗位、延期晋级晋职、责令辞职、免职、调离检察机关、辞退。在追究检察人员执法过错责任的同时，充分体现了实事求是、主观过错与客观行为相一致、责任与处罚相适应、惩戒与教育相结合的原则。

（三）明确了责任追究范围

执法过错责任追究制度从故意和过失的层面，对检察机关主要执法办案环节可能出现的17种执法过错情形作了较为详尽的规定。同时，用两个兜底条

款将其他执法办案环节可能出现的问题纳入了追究执法过错责任的范围。

故意实施以下行为之一的，应当追究执法过错责任：（1）包庇、放纵被举报人、犯罪嫌疑人、被告人，或者使无罪的人受到刑事追究的；（2）刑讯逼供、暴力取证或者以其他非法方法获取证据的；（3）违法违规剥夺、限制当事人、证人人身自由的；（4）违法违规限制诉讼参与人的诉讼权利，造成严重后果或者恶劣影响的；（5）超越刑事案件管辖初查、立案的；（6）非法搜查或者损毁当事人财物的；（7）违法违规查封、扣押、冻结款物，或者违法违规处理查封、扣押、冻结款物及其孳息的；（8）对已经决定给予刑事赔偿的案件拒不赔偿或者拖延赔偿的；（9）违法违规使用武器、警械的；（10）其他违反诉讼程序或者执法办案规定，造成严重后果或者恶劣影响的。

检察人员在执法办案活动中不履行、不正确履行或者放弃履行职责，造成以下后果之一的，应当追究执法过错责任：（1）认定事实、适用法律错误，或者案件被错误处理的；（2）重要犯罪嫌疑人或者重大罪行遗漏的；（3）错误或者超期羁押犯罪嫌疑人、被告人的；（4）涉案人员自杀、自伤、行凶的；（5）犯罪嫌疑人、被告人串供、毁证、逃跑的；（6）举报控告材料或者其他案件材料、扣押款物遗失、损毁的；（7）举报控告材料内容或者其他案件秘密泄露的；（8）矛盾激化，引起涉检信访人多次上访、越级上访的；（9）其他严重后果或者恶劣影响的。

（四）明确了过错责任划分

结合检察机关执法办案的实际，按照“谁有过错谁负责”的原则，执法过错责任追究制度划分了承办人员、主管人员、上下级检察机关的人员及参与集体讨论人员各自应当承担的执法过错责任，体现了权责一致的精神。

1. 检察人员个人造成执法过错的，由个人承担责任。两名以上检察人员造成执法过错的，应当根据其各自所起的作用分别承担责任。

2. 承办人员的意见经主管人员审核批准造成执法过错的，由承办人员和主管人员分别承担责任。主管人员不采纳或者改变承办人员的意见造成执法过错的，由主管人员承担责任。承办人员因执行主管人员的错误命令、决定造成执法过错的，由主管人员承担责任。承办人员有过错的，也应当承担相应责任。承办人员隐瞒、遗漏案件主要事实、证据或者重要情况，导致主管人员作出错误命令、决定并造成执法过错的，由承办人员承担责任。主管人员有过错的，也应当承担相应责任。

3. 下级检察机关的意见经上级检察机关同意造成执法过错的，由下级检察机关和上级检察机关的有关人员分别承担责任。上级检察机关不采纳或者改变下级检察机关的意见造成执法过错的，由上级检察机关有关人员承担责任。

下级检察机关因执行上级检察机关的错误决定造成执法过错的，由上级检察机关有关人员承担责任。下级检察机关有关人员有过错的，也应当承担相应责任。下级检察机关隐瞒、遗漏案件主要事实、证据或者重要情况，导致上级检察机关作出错误命令、决定并造成执法过错的，由下级检察机关有关人员承担责任。上级检察机关有过错的，也应当承担相应责任。

4. 检察机关及其执法办案部门经集体讨论造成执法过错的，由集体讨论的主持人和导致错误决定产生的其他人员分别承担责任。案件承办人隐瞒、遗漏案件主要事实、证据或者重要情况，导致集体讨论结果错误并造成执法过错的，由案件承办人承担责任。

（五）明确了责任追究程序

执法过错责任追究制度用了近二分之一的篇幅，较为详细地规定了追究执法过错责任的受理、调查、确认、追究、申诉等具体程序，建立了监察部门统一管理线索、监察部门和检察长指定的部门实施责任调查、检察长办公会确认过错责任、相关部门按照职能权限落实追究决定的工作机制。从而使执法过错责任追究程序严谨、规范，操作简便、易行。

一是确立了执法过错线索的统一管理部门和管辖，有效避免了多头管理和无人管理的局面。检察人员执法过错线索由检察机关监察部门统一管理。没有设置监察部门的基层检察机关，由政工部门统一管理。地方各级检察机关检察长、副检察长和检察委员会专职委员的执法过错线索，由上一级检察机关受理、调查。其他检察人员的执法过错线索由其所在检察机关受理、调查，必要时上级检察机关也可以直接受理、调查。

二是确立了发现执法过错线索的途径及初步审查或核实。检察长、副检察长及内设部门通过以下途径发现执法过错线索后，应当在职责范围内进行初步审查或者初步核实，认为需要进一步调查和追究执法过错责任的，应当及时移送执法过错线索管理部门处理：（1）受理来信来访和办理申诉、赔偿案件中发现的；（2）执法办案内部监督和部门间相互制约中发现的；（3）检务督察、专项检查、案件管理和业务指导中发现的；（4）通过其他监督途径发现的。执法过错线索管理部门收到执法过错线索后，应当及时填写执法过错线索受理登记表，并在1个月内审核完毕，分别情况作出处理：（1）认为需要对执法过错线索进行调查的，报主管领导或者检察长批准后进行调查，也可以报请检察长另行指定部门进行调查；（2）认为没有执法过错或者具有免责情形的，提出不予调查的审核意见，报主管领导批准后回复提供线索的部门或者人员。

三是确立了执法过错线索的调查方式和被调查人的申辩。调查部门在调查核实执法过错线索的过程中，可以采取的方式有：（1）查阅有关案件卷宗及其他相关资料；(2) 要求被调查人员就调查事项涉及的问题作出解释和说明；(3) 与相关知情人员谈话、了解情况；(4) 察看执法办案现场，走访相关单位；(5) 符合法律规定的其他方式。执法过错线索调查结束前，调查部门应当听取被调查人的陈述和申辩，并进行调查核实。对查证属实的申辩意见应当予以采纳，不予采纳的应当说明理由。

四是确立了执法过错的确认和处理决定的承办部门。检察长办公会对检察人员涉嫌执法过错的事实、证据研究确认后，应当分别情况作出以下处理：(1) 执法过错事实清楚、证据确实充分、需要追究执法过错责任的，作出追究执法过错责任决定；(2) 执法过错事实不清、证据不足的，退回调查部门补充调查，必要时，也可以另行指定部门重新调查；(3) 虽有执法过错事实，依照执法过错责任追究制规定不应当追究执法过错责任的，作出不追究执法过错责任决定；(4) 不存在执法过错事实的，作出无执法过错责任决定。

检察长办公会决定给予执法过错责任人批评教育的，由检察长办公会指定的部门或者人员承办；决定给予执法过错责任人组织处理的，由政工部门承办；决定给予执法过错责任人纪律处分的，由监察部门承办。需要追究执法过错责任人刑事责任的，由执法过错线索管理部门依法移送司法机关处理。

五是规定了被调查人的救济条款。执法过错责任人对纪律处分或者组织处理决定不服的，可以自收到处分、处理决定书之日起30日内向作出处分、处理决定的监察部门或者政工部门提出申诉，受理申诉的部门应当按照相关规定进行复查。执法过错责任人对复查决定仍不服的，可以自收到复查决定书之日起30日内向上一级检察机关监察部门或者政工部门申请复核。上一级检察机关监察部门、政工部门应当按照相关规定进行复核。复查、复核期间，不停止原决定的执行。

(六) 明确了责任追究对象

按照"谁执法谁担责"的原则，根据岗位职责的不同，将检察机关所有履行执法办案职责的人员统统纳入责任追究对象，实现了权力义务对等，避免了无人担责和无法追究的尴尬局面，确保了执法过错责任追究落到实处。执法过错责任追究的对象是检察人员和承担相应职责的承办人员及主管人员。其中，检察人员是指各级检察机关检察长、副检察长、检察委员会委员、检察员、助理检察员、书记员、司法警察以及其他依法履行执法办案职责的人员；承办人员，是指在执法办案活动中直接承担执法办案任务的检察人员；主管人员，是指在执法办案活动中担负领导、指挥、审核职责的检察长、副检察长和内设部门负责人。

后记

为确保教材质量，我们对教材的编审工作进行了精心设计和严密组织。其中，教材编写实行分工负责制，编写人员全部由高检院各有关部门的业务骨干组成，各部门对所编写部分的内容和质量负责；审稿则组织部分全国检察业务专家进行，并特邀权威资深专家对教材进行了统审。根据专家审稿意见，对教材进行修改后，反馈各编写单位征求意见，修改形成教材审校稿。经报教材编审委员会委员审看后，进行了再次修改，最后由教材编审委员会审核定稿。

教材的编写分工和撰稿人如下（以本书各编顺序为序）：

第一编《总则》由法律政策研究室负责，撰稿人为罗庆东、石献智。

第二编《控告检察工作》由控告检察厅负责，撰稿人为刘太宗、齐占洲、李效安、白会民、李高生、马晓敏、郑小鹏。

第三编《刑事申诉检察工作》由刑事申诉检察厅负责，撰稿人为时磊、王庆民、宋伟、赵景川。

第四编《职务犯罪侦查工作》以反贪污贿赂总局为主编写，反贪总局、渎检厅、国际合作局和政治部警务部各负其责。撰稿人分别为反贪总局詹复亮、杨兴国、陈方联、周晓永、王德光、陈雷；渎检厅杨书文；国际合作局郭明聪、王贺；政治部警务部雷凤鸣、辽宁省院法警总队陈铁钢、福建省院法警总队周晓君。

第五编《职务犯罪预防工作》由职务犯罪预防厅负责，撰稿人为陈正云、胡健泼、柳晞春。

第六编《侦查监督工作》由侦查监督厅负责，撰稿人为黄琳、王海、刘雅清、刘福谦、张建中、刘辰、李薇薇。

第七编《公诉工作》由公诉厅负责，撰稿人为黄河、陈鸷成、张晓津、张希靖、张寒玉、尚洪涛、张志强、张军、齐涛、郭竹梅、周颖。

第八编《监所检察工作》由监所检察厅负责，撰稿人为王伦轩、刘继国、刘颖、曹锋、黄耕、李文峰、尚爱国、陈梦琪、郁勇。

第九编《民事行政检察工作》由民事行政检察厅负责，撰稿人为孙加瑞。

第十编《综合性检察工作》由办公厅、法律政策研究室、监察局和司法体制改革领导小组办公室各负其责。撰稿人分别为办公厅陈金亮、薛琳、于千、文盛堂；研究室罗庆东、石献智；监察局方剑明、杨复晗；司改办闵钐。

在教材编审中，我们聘请了高检院原专职委员戴玉忠同志担任总审稿人，由其审读了本书全部书稿；同时我们还聘请了十一位全国检察业务专家作为教材各编的审稿人，由他们对相应内容进行了审改把关，他们是（按姓氏笔画排列）：王文生（原国家检察官学院吉林分院院长）；王永金（湖北省院党组成员、反渎局局长）；尹吉（江苏省院案件监督管理处处长）；王新环（北京市院公诉一处处长）；田凯（国家检察官学院河南分院副院长）；关福金（高检院渎检厅侦查指挥中心主任）；吴克利（安徽省滁州市琅琊区人民检察院纪检组组长）；李忠诚（高检院渎检厅副厅长）；李爱君（江苏省南京市院公诉一处处长）；李继华（北京市院政治部教育培训处处长）；徐燕平（上海市清浦区院检察长）。戴玉忠同志和审稿专家为保证教材质量付出了大量辛勤劳动，提出了许多宝贵的建议，在此致以衷心的感谢！

由于时间紧、任务重，书中难免有疏漏之处，恳切希望广大检察人员多提宝贵意见，使之更加完善。

教材编审委员会办公室

二〇一一年七月

图书在版编目（CIP）数据

检察机关执法规范培训学程／最高人民检察院组织编写．—北京：中国检察出版社，2011.8

ISBN 978－7－5102－0530－9

Ⅰ.①检…　Ⅱ.①最…　Ⅲ.　①检察机关－行政执法－规范－培训－教材－中国　Ⅳ.①D926.3－65

中国版本图书馆 CIP 数据核字(2011)第 148317 号

检察机关执法规范培训学程

最高人民检察院组织编写

出版发行：中国检察出版社
社　　址：北京市石景山区鲁谷西路 5 号（100040）
网　　址：中国检察出版社（www.zgjccbs.com）
电　　话：(010)68630385(编辑)　68650015(发行)　68636518(门市)
经　　销：新华书店
印　　刷：保定市中画美凯印刷有限公司
开　　本：720mm×960mm　16 开
印　　张：34 印张
字　　数：622 千字
版　　次：2011 年 8 月第一版　　2011 年 12 月第七次印刷
书　　号：ISBN 978－7－5102－0530－9
定　　价：45.00 元

检察版图书，版权所有，侵权必究
如遇图书印装质量问题本社负责调换